VERLAG ÖSTERREICH

D1731334

Christoph Grabenwarter
Mathis Fister

Verwaltungsverfahrensrecht und Verwaltungsgerichtsbarkeit

6. Auflage

2019

Lehrbuch

VERLAG
ÖSTERREICH

Univ.-Prof. DDr. Christoph Grabenwarter
Institut für Europarecht und Internationales Recht (EIR)
Wirtschaftsuniversität Wien
Vizepräsident des Verfassungsgerichtshofes

Dr. Mathis Fister
Institut für Europarecht und Internationales Recht (EIR)
Wirtschaftsuniversität Wien
Rechtsanwalt

© 2008, 2010 und 2011 Springer-Verlag/Wien
© 2014, 2016 und 2019 Verlag Österreich GmbH, Wien
www.verlagoesterreich.at
Gedruckt in Deutschland

Satz: Grafik & Design, Claudia Gruber-Feigelmüller, 3580 Horn, Österreich
Druck und Bindung: Strauss GmbH, 69509 Mörlenbach, Deutschland

Gedruckt auf säurefreiem, chlorfrei gebleichtem Papier

Bibliografische Information der Deutschen Nationalbibliothek
Die Deutsche Nationalbibliothek verzeichnet diese Publikation in der Deutschen Nationalbibliografie; detaillierte bibliografische Daten sind im Internet über http://dnb.d-nb.de abrufbar.

ISBN 978-3-7046-6726-7 5. Aufl Verlag Österreich
ISBN 978-3-7046-8031-0 6. Aufl Verlag Österreich

Vorwort

Die Vorauflage ist nicht lange nach dem Inkrafttreten der verfassungsge-
setzlichen und einfachgesetzlichen Bestimmungen über die zweistufige
Verwaltungsgerichtsbarkeit erschienen. Damals waren nur einige erste
Zweifelsfragen durch Rechtsprechung und Literatur beantwortet. Nun
sind bald sechs Jahre seit dem Beginn der neuen Verwaltungsgerichtsbarkeit ins Land gezogen und eine Reihe weiterer Zweifelsfragen wurden in
der rechtswissenschaftlichen Diskussion sowie in der Rechtsprechung geklärt. Auch hat sich das Verhältnis zwischen Verwaltungsverfahren, Verwaltungsgerichtsbarkeit erster Instanz und dem Höchstgericht in Gestalt
des Verwaltungsgerichtshofes in der Praxis eingespielt. Im Besonderen
zeigt sich, dass der Verwaltungsgerichtshof seine Rolle als Revisionsinstanz gefunden hat und aktiv wahrnimmt. Mehr als er dies in den Jahren
der Überlastung davor tun konnte, entscheidet er Zweifelsfragen des Verfahrensrechts zeitnahe und in einer Weise, die maßgeblich zur Rechtsein-
heit und damit zur rechtsstaatlichen Qualität der Verwaltungsgerichtsbarkeit insgesamt wesentlich beiträgt. Nicht minder bedeutsam ist die Art
und Weise, wie sorgfältig das Bundesverwaltungsgericht und die Landesverwaltungsgerichte ihren Aufgaben nachgehen, indem sie mit den Verfahrensgarantien der Verwaltungsgerichtsbarkeit Rechtsfrieden herstellen,
der häufig die Anrufung der Höchstgerichte entbehrlich erscheinen lässt.
Dieser Befund lässt sich sinngemäß auch auf die Qualität der Verwaltungsverfahren übertragen, es muss auch an der Qualität der Verwaltungsverfahren liegen, dass die Einführung der Verwaltungsgerichtsbarkeit nicht zu einer Beschwerdeflut geführt hat.

Neben der Konsolidierung der Verwaltungsgerichtsbarkeit insgesamt ist
der Zeitraum, der von dieser Auflage abgedeckt wird, durch eine Reihe von
Neuregelungen auf der Ebene der Gesetzgebung geprägt. Hervorzuheben
sind die Novelle BGBl I 24/2017 (ua Neuregelung der Verfahrenshilfe vor
den Verwaltungsgerichten), die Novelle BGBl I 138/2017 (Entfall der Wei-
sungsbeschwerde), die Novelle BGBl I 57/2018 (umfangreiche Änderungen
va des VStG) und die Novelle BGBl I 14/2019 (Erweiterung der Zuständig-

keiten der Verwaltungsgerichte). Diese und alle weiteren Änderungen werden in der vorliegenden Neuauflage umfassend berücksichtigt.

Auch zur 5. Auflage haben uns zahlreiche Anregungen erreicht, für die wir allen aufmerksamen Leserinnen und Lesern sehr herzlich danken möchten. Mit diesem Dank ist neuerlich die Bitte verbunden, auch für die nunmehr vorliegende 6. Auflage nicht zu zögern, uns Fehler, Unklarheiten oder Ergänzungsvorschläge zukommen zu lassen, am besten auf kurzem Weg per E-Mail an sekretariat.grabenwarter@wu.ac.at.

In bewährter Weise wurden wir vom Verlag Österreich betreut – namentlich von der Verlagsleiterin Frau MMag. *Barbara Raimann*, Herrn Dr. *Otto Kammerlander* und Herrn Mag. *Richard Kopschar*. Ihnen allen sei auf das herzlichste gedankt. Genauso danken wir Herrn *Stephan Reisenberger*, LL.M. (WU), der sich mit größter Sorgfalt und Präzision der Fahnenkorrektur und des Stichwortverzeichnisses angenommen hat.

Wien, im September 2019   *Christoph Grabenwarter*
                                                                                    Mathis Fister

Aus dem Vorwort zur 4. Auflage

Zum zweiten nimmt das Werk nun neben dem Lehrbehelf „Verwaltungs-verfahrensrecht und Verwaltungsgerichtsbarkeit" auch die von Ass.-Prof. Dr. *Mathis Fister* verfasste Lern- und Praxisunterlage „Praktisches Verwal-tungsverfahrensrecht" auf. So war es nur natürlich, dass er ab dieser Auflage zum Mitautor des neuen Werks wird. Gemeinsam haben wir alle Neuerun-gen dargestellt und zusätzliche Inhalte eingearbeitet.

Auf diese Weise ist der Umfang so angewachsen, dass wir – dritte Neuerung – mit der neuen Auflage auch die Kategorie wechseln und nun-mehr ein echtes *Lehrbuch* vorlegen, das hoffentlich auch ein gutes *Lernbuch* geblieben ist und darüber hinaus als *Praxishandbuch* gute Dienste leisten kann.

Damit ist – viertens – zum Inhaltlichen übergeleitet. Die B-VG-Novelle BGBl I 51/2012 bildet eine Zäsur in der Verfassungsgeschichte, es ist *die* Zäsur für die Verwaltungsgerichtsbarkeit seit 1920. Der Titel unseres Werks war von Anfang an Programm für ein rechtspolitisches Vorhaben, an das viele nicht mehr geglaubt haben, das aber gegen Ende der 24. Gesetzge-bungsperiode mit all seinen Umsetzungsgesetzen auf Bundes- und Länder-ebene doch noch Wirklichkeit geworden ist.

Verwaltungsverfahren und Verwaltungsgerichtsbarkeit gehören un-trennbar zusammen, für den Rechtsschutzsuchenden ist es ohnehin selbst-verständlich. Auch die Lehre an den Universitäten wird sich dem im Gefol-ge der Einführung einer Verwaltungsgerichtsbarkeit erster Instanz auf Dau-er nicht verschließen. Das vorliegende Werk war von Anfang an auf diese Einheit gegründet und kann daher im Grundkonzept unverändert bleiben. Gegenüber der Vorauflage entfällt naturgemäß das Berufungsverfahren vor den UVS. Das allgemeine administrative Berufungsverfahren wird weiter-hin dargestellt, tritt aber insgesamt in den Hintergrund, weil es künftig nur mehr im eigenen Wirkungsbereich der Gemeinde (und da nicht überall) eine Rolle spielt. Dem steht eine umfassende und sowohl didaktisch als auch für die Praxis übersichtlich aufbereitete Darstellung des Beschwerdeverfahrens vor den Verwaltungsgerichten sowie des Revisionsverfahrens vor dem Ver-waltungsgerichtshof gegenüber. Die Zahl der Beispiele aus Judikatur und

Praxis wurde an allen Stellen deutlich vermehrt, ebenso jene der Hinweise auf europarechtliche Einflüsse. Die zahlreichen Muster für Schriftsätze und Erledigungen wurden angepasst und erweitert.

Inhaltsverzeichnis

Abkürzungsverzeichnis XXI

A. Grundlagen 1
  1. Verfassungsrechtliche Grundlagen 1
    1.1. Bundesstaatliche Kompetenzverteilung im
        Verwaltungsverfahren 1
    1.2. Verwaltungsgerichte und Verwaltungsgerichtshof............... 3
        1.2.1. Verwaltungsgerichte 3
        1.2.2. Verwaltungsgerichtshof....................................... 4
    1.3. Das Verhältnis zwischen Verwaltungsverfahren 5
  2. Einfachgesetzliche Grundlagen 6
    2.1. Verfahren vor den Verwaltungsbehörden
        (Verwaltungsverfahren) 6
    2.2. Verfahren vor den Verwaltungsgerichten 7
    2.3. Verfahren vor dem Verwaltungsgerichtshof 7
  3. Vollziehung von Unionsrecht 8

B. Das Einführungsgesetz zu den Verwaltungsverfahrensgesetzen
  (EGVG) 9
  1. Anwendungsbereich der Verwaltungsverfahrensgesetze 9
    1.1. Anwendungsbereich 10
    1.2. Ausnahmen 10
        1.2.1. Ausnahme bestimmter Materien 10
        1.2.2. Ausnahme bestimmter Akte 11
  2. Verwaltungsstraftatbestände 11
    2.1. Winkelschreiberei 12
    2.2. Schwarzfahren 12
    2.3. Diskriminierung 13
    2.4. Verbreitung nationalsozialistischen Gedankenguts 14

C. Das allgemeine Verwaltungsverfahren 15
  1. Zuständigkeit der Verwaltungsbehörden 15

1.1. System der festen Zuständigkeitsverteilung.......................... 15
1.2. Arten der Zuständigkeit 16
 1.2.1. Sachliche Zuständigkeit.. 16
 1.2.2. Örtliche Zuständigkeit.. 16
 1.2.3. Funktionelle Zuständigkeit....................................... 17
1.3. Zuständigkeitskonkurrenz 18
1.4. Zuständigkeitskonflikt.. 18
1.5. Unzuständigkeit und ihre Folgen.. 20
 1.5.1. Amtswegige Wahrnehmung der Zuständigkeit......... 20
 1.5.2. Weiterleitung 21
1.6. Befangenheit von Verwaltungsorganen................................. 22
 1.6.1. Befangenheitsgründe.. 22
 1.6.2. Rechtsfolgen der Befangenheit von Organwaltern... 23
2. Parteien, Beteiligte und Vertreter.. 24
2.1. Partei- und Prozessfähigkeit 24
2.2. Parteien... 25
 2.2.1. Parteibegriff... 25
 2.2.2. Subjektive öffentliche Rechte................................... 26
 2.2.3. Arten und Umfang der Parteistellung...................... 28
 2.2.4. Parteienrechte.. 29
 2.2.5. Strittige Parteistellung und übergangene Partei 30
 2.2.6. Verwaltungsverfahrensgemeinschaft 32
 2.2.7. Rechtsnachfolge in die Parteistellung...................... 32
2.3. (Bloße) Beteiligte.. 33
2.4. Vertretung 33
 2.4.1. Gesetzliche Vertretung 33
 2.4.2. Gewillkürte Vertretung 33
 2.4.3. Prozess- und Abwesenheitskuratel 36
3. Verkehr zwischen Behörden und Beteiligten 36
3.1. Anträge.. 37
 3.1.1. Inhalt eines Antrags... 37
 3.1.2. Abweichen vom Antrag 38
 3.1.3. Formerfordernisse von Anbringen............................ 39
 3.1.4. Zeit des Anbringens... 41
 3.1.5. Verbesserungsauftrag... 42
 3.1.6. Gebührenpflicht bei Eingaben 44
3.2. Mitteilungen... 46
3.3. Identifikation des Einschreiters bei elektronischer
 Kommunikation.. 47
3.4. Rechtsbelehrungen – Manuduktionspflicht 48
3.5. Behördliche Beurkundungen 50

3.5.1. Niederschriften 50

3.5.2. Aktenvermerke.. 52

3.6. Akteneinsicht.. 53

3.6.1. Allgemeines 53

3.6.2. Art der Akteneinsicht.. 54

3.6.3. Einschränkungen... 54

3.6.4. Gleichbehandlungspflicht 55

3.6.5. Verweigerung der Akteneinsicht 55

3.7. Erledigungen.. 56

3.7.1. Interne Erledigungen 56

3.7.2. Ausfertigung.. 57

3.8. Ladungen 59

3.8.1. Voraussetzungen 59

3.8.2. Form der Ladung... 59

3.8.3. Inhalt 62

3.8.4. Rechtswirkungen der Ladung und Folgen der
Missachtung... 62

3.9. Zustellungen 66

3.9.1. Anwendungsbereich und Begriffsdefinitionen.......... 66

3.9.2. Zustellorgane und Zurechnung 67

3.9.3. Zustellverfügung 67

3.9.4. Zustelladresse 68

3.9.5. Zustellungsvollmacht... 69

3.9.6. Physische Zustellung (§§ 13 bis 27 ZustG)............... 71

3.9.7. Elektronische Zustellung (§§ 28 bis 37 ZustG)........ 78

3.9.8. Zustellmängel 83

3.10. Fristen.. 83

3.10.1. Arten von Fristen... 84

3.10.2. Fristberechnung 85

3.10.3. Voraussetzungen der Fristwahrung........................... 86

3.11. Verfahrenspolizei... 87

3.11.1. Bedeutung und Funktion 87

3.11.2. Sitzungspolizei und Ordnungsstrafe wegen
beleidigender Schreibweise 87

3.11.3. Ordnungsstrafe wegen Verweigerung der Aussage... 88

3.11.4. Mutwillensstrafe.. 88

3.11.5. Rechtsschutz... 89

4. Allgemeines zum Ablauf des Verwaltungsverfahrens.................... 89

4.1. Grundsätze.. 89

4.1.1. Grundsatz der Effizienz des Verfahrens bzw der
Verfahrensökonomie.. 89

4.1.2.	Grundsatz der arbiträren Ordnung	91
4.1.3.	Grundsatz der Amtswegigkeit und materiellen Wahrheit; Mitwirkungspflicht der Partei	92
4.1.4.	Grundsatz des Parteiengehörs	93
4.1.5.	Grundsatz der Unbeschränktheit der Beweismittel	94
4.1.6.	Grundsatz der freien Beweiswürdigung	94
4.2.	Einleitung des Verfahrens	95
4.3.	Ermittlungsverfahren	95
4.3.1.	Allgemeines zum Beweisverfahren	95
4.3.2.	Urkunden	97
4.3.3.	Zeugen	98
4.3.4.	Beteiligtenvernehmung	99
4.3.5.	Sachverständige	100
4.3.6.	Augenschein	103
4.3.7.	Mittelbare Beweisaufnahme	103
4.3.8.	Beurteilung von Vorfragen	104
4.3.9.	Antrag auf Vorabentscheidung gem Art 267 AEUV	106
4.3.10.	Mündliche Verhandlung	107
4.3.11.	Präklusion (Verschweigen bis zum Ende der mündlichen Verhandlung)	110
4.3.12.	Großverfahren	116
4.4.	Beendigung des Verfahrens	120
4.4.1.	Bescheidbegriff	121
4.4.2.	Arten von Bescheiden	122
4.4.3.	Bescheiderlassung	123
4.4.4.	Mandatsbescheide	126
4.4.5.	Fehlerhaftigkeit von Bescheiden	128
4.4.6.	Bescheidwirkungen	131
4.4.7.	Erledigung ohne Erlassung eines Bescheids	133
5.	Rechtsschutz	133
5.1.	Allgemeines	133
5.2.	Berufung gegen erstinstanzliche Bescheide in Angelegenheiten des eigenen Wirkungsbereichs der Gemeinde	134
5.2.1.	Anfechtungsgegenstand	135
5.2.2.	Instanzenzug	136
5.2.3.	Berufungslegitimation	137
5.2.4.	Inhalt und Form der Berufung	137
5.2.5.	Einbringungsbehörde	138
5.2.6.	Berufungsfrist	139
5.2.7.	Aufschiebende Wirkung von Berufungen	139
5.2.8.	Berufungsvorentscheidung und Vorlageantrag	140

5.2.9. Berufungsmitteilung 143

5.2.10. Verfahren vor der Berufungsbehörde......................... 144

5.3. Vorstellung gegen Mandatsbescheide 147

5.4. Amtswegige Abänderung und Behebung von Bescheiden... 148

    5.4.1. Aufhebung und Abänderung rein belastender Bescheide (§ 68 Abs 2)... 149

    5.4.2. Abänderung von Bescheiden in Wahrung des öffentlichen Wohls (§ 68 Abs 3) 150

    5.4.3. Nichtigerklärung von Bescheiden (§ 68 Abs 4)........ 150

    5.4.4. Sonstige Befugnisse zur Zurücknahme oder Einschränkung einer Berechtigung 151

5.5. Durchbrechung der Rechtskraft kraft Unionsrechts 152

5.6. Wiederaufnahme des Verfahrens (§§ 69, 70) 152

    5.6.1. Wiederaufnahmegründe 153

    5.6.2. Einleitung des Wiederaufnahmeverfahrens 155

    5.6.3. Fristen 156

    5.6.4. Entscheidung im Wiederaufnahmeverfahren 157

    5.6.5. Entscheidung im wiederaufgenommenen Verfahren 158

    5.6.6. Rechtsschutz.. 158

    5.6.7. Sonstige Rechtsschutzinstrumente nach Eintritt der Rechtskraft des Bescheids........................... 158

5.7. Wiedereinsetzung in den vorigen Stand (§§ 71, 72) 159

    5.7.1. Wiedereinsetzungsgründe und Voraussetzungen...... 159

    5.7.2. Wiedereinsetzungsantrag....................................... 162

    5.7.3. Entscheidung über den Antrag auf Wiedereinsetzung 164

    5.7.4. Rechtsschutz... 165

5.8. Geltendmachung der Entscheidungspflicht der Behörde (§ 73) 165

    5.8.1. Begründung der Entscheidungspflicht.................... 166

    5.8.2. Devolutionsantrag als Rechtsbehelf gegen Säumnis bzw Untätigkeit der erstinstanzlichen Gemeindebehörde 166

    5.8.3. Weitere Inhalts- und Formerfordernisse 168

    5.8.4. Rechtswirkungen des Devolutionsantrags 168

    5.8.5. Entscheidungsmöglichkeiten aufgrund des Devolutionsantrags 169

6. Kosten des Verwaltungsverfahrens.. 170

6.1. Kosten der Beteiligten... 170

    6.1.1. Grundsatz der Kostenselbsttragung........................ 170

    6.1.2. Ausnahmen vom Grundsatz der Selbsttragung im AVG 171

6.1.3. Geltendmachung und Höhe des Kostenersatz-
anspruchs 171
6.2. Kosten der Behörde 171
6.2.1. Grundsatz der amtswegigen Kostentragung 171
6.2.2. Kostenersatzanspruch gegenüber den Beteiligten
nach AVG 172
6.2.3. Gefährdung des Unterhalts 172

D. Verwaltungsstrafrecht 173
1. Grundlagen und Geltungsbereich 173
2. Allgemeines Verwaltungsstrafrecht 174
2.1. Begriff und Elemente der Verwaltungsübertretung 174
2.1.1. Tatbildmäßiges Verhalten – objektiver Tatbestand ... 174
2.1.2. Rechtswidrigkeit 175
2.1.3. Verschulden – subjektiver Tatbestand 175
2.1.4. Beweislast für die Tatbildmäßigkeit und das
Verschulden 177
2.1.5. Typen von Tätern 178
2.1.6. Versuch 178
2.2. Besondere Fälle der Verantwortlichkeit 179
2.2.1. Verwaltungsstrafrechtliche Verantwortlichkeit von
Organen juristischer Personen 179
2.2.2. Bestellung verantwortlicher Beauftragter durch
Einzelunternehmer 180
2.2.3. Für beide Fälle geltende Bestimmungen 181
2.3. Strafen und Strafbemessung 182
2.3.1. Primäre Freiheitsstrafen 182
2.3.2. Geldstrafen und Ersatzfreiheitsstrafen 182
2.3.3. Verfall 183
2.3.4. Strafbemessung 183
2.3.5. Außerordentliche Strafmilderung 184
2.3.6. Absehen von der Anzeige, von der Verfolgung oder
von der Verhängung einer Strafe 184
2.3.7. Deliktskonkurrenzen – Zusammentreffen von
strafbaren Handlungen 185
3. Verwaltungsstrafverfahren und Verwaltungsstrafvollstreckung ... 186
3.1. Allgemeines 186
3.1.1. Offizialmaxime 186
3.1.2. Zuständigkeit 186
3.1.3. Parteien und Verteidiger 188
3.1.4. Verjährung 188
3.1.5. Sicherungsmaßnahmen 190

3.2. Einleitung des Verwaltungsstrafverfahrens............................. 195
    3.2.1. Ausforschung 195
    3.2.2. Einleitung durch eine Verfolgungshandlung............ 195
    3.2.3. Information der Medien...................................... 196
3.3. Ordentliches Verwaltungsstrafverfahren 196
    3.3.1. Parteiengehör 197
    3.3.2. Mündliche Verhandlung.................................... 200
    3.3.3. Aussetzung des Verfahrens 200
    3.3.4. Erledigung des ordentlichen Strafverfahrens............ 200
3.4. Abgekürzte Verfahren 206
    3.4.1. Strafverfügung (§§ 47 bis 49) 206
    3.4.2. Anonymverfügung (§ 49a) 207
    3.4.3 Organstrafverfügung (§ 50)............................... 210
3.5. Privatanklagesachen und Privatbeteiligung 211
3.6. Rechtsschutz.. 212
    3.6.1. Einspruch gegen Strafverfügungen 212
    3.6.2. Wiederaufnahme 214
    3.6.3. Aufhebung bzw Abänderung und Nichtigerklärung
        rechtskräftiger Bescheide von Amts wegen.............. 214
    3.6.4. Entscheidungspflicht und Rechtsschutz gegen Säumnis 215
3.7. Strafvollstreckung 215
3.8. Kosten 217
    3.8.1. Kosten bei Verhängung einer Strafe 217
    3.8.2. Kosten bei Einstellung des Strafverfahrens 217

E. Verwaltungsvollstreckung... 219
1. Allgemeines... 219
2. Vollstreckungstitel.. 220
3. Zuständigkeit.. 221
4. Vollstreckungsverfahren 222
5. Vollstreckungsmittel 224
    5.1. Ersatzvornahme – Erzwingung vertretbarer Leistungen 224
    5.2. Zwangsstrafen – Erzwingung von unvertretbaren
        Handlungen, Duldungen und Unterlassungen.................... 224
    5.3. Anwendung unmittelbaren Zwangs 225
6. Einstweilige Verfügung... 225
7. Kosten 226

F. Die Verwaltungsgerichte 227
1. Rechtsgrundlagen des verwaltungsgerichtlichen Verfahrens 227
2. Organisation der Verwaltungsgerichte 228

2.1. Bundesverwaltungsgericht 228
2.2. Landesverwaltungsgerichte 230
3. Zuständigkeiten der Verwaltungsgerichte 230
3.1. Sachliche Zuständigkeit 230
3.2. Örtliche Zuständigkeit 231
3.3. Funktionelle Zuständigkeit 232
3.4. Zuständigkeitsabgrenzung zwischen BVwG und LVwG ... 233
3.5. Befangenheit 235
3.6. Rechtshilfe 235
4. Die Beschwerden an das Verwaltungsgericht 236
4.1. Gemeinsame Grundsätze für alle Beschwerdearten 237
4.1.1. Form 237
4.1.2. Keine Anwaltspflicht 237
4.1.3. Kosten, Gebühren und Verfahrenshilfe 237
4.1.4. Beschwerdeverzicht 241
4.1.5. Beschwerden von juristischen Personen des
       öffentlichen Rechts 241
4.1.6. Keine bedingten Anträge, aber Eventualanträge 241
4.1.7. Umfassende Mängelbehebung 241
4.2. Die Bescheidbeschwerde gem Art 130 Abs 1 Z 1 B-VG 242
4.2.1. Beschwerdegegenstand 242
4.2.2. Beschwerdelegitimation 243
4.2.3. Frist 243
4.2.4. Einbringungsstelle 244
4.2.5. Inhalt der Beschwerde 245
4.2.6. Aufschiebende Wirkung 246
4.3. Die Maßnahmenbeschwerde gem Art 130 Abs 1 Z 2 B-VG 246
4.3.1. Beschwerdegegenstand 246
4.3.2. Beschwerdelegitimation 247
4.3.3. Frist 247
4.3.4. Einbringungsstelle 248
4.3.5. Inhalt der Beschwerde 248
4.3.6. Aufschiebende Wirkung 248
4.4. Die Säumnisbeschwerde gem Art 130 Abs 1 Z 3 B-VG 249
4.4.1. Beschwerdegegenstand 249
4.4.2. Beschwerdelegitimation 249
4.4.3. Frist 250
4.4.4. Einbringungsstelle 250
4.4.5. Inhalt der Beschwerde 251
4.4.6. Aufschiebende Wirkung 251

4.5. Die Verhaltensbeschwerde gem Art 130 Abs 2 Z 1 B-VG ... 251
4.6. Beschwerdemitteilung 252
5. Das Vorverfahren vor der Verwaltungsbehörde 253
5.1. Schriftsätze im Vorverfahren 253
5.2. Aufschiebende Wirkung 254
5.2.1. Bescheidbeschwerden 254
5.2.2. Rechtsschutz 255
5.2.3. Vorgehen bei Änderung der Umstände 255
5.2.4. Maßnahmenbeschwerden, Verhaltensbeschwerden
und Säumnisbeschwerden 255
5.2.5. Einstweilige Anordnungen 256
5.3. Beschwerdevorentscheidung und Vorlageantrag bei
Bescheidbeschwerden 256
5.4. Nachholung des Bescheids bei Säumnisbeschwerden 258
6. Das Verfahren vor dem Verwaltungsgericht 259
6.1. Parteien des Verfahrens 260
6.2. Schriftsätze 261
6.3. Akteneinsicht 261
6.4. Aufschiebende Wirkung von Beschwerden 262
6.4.1. Maßnahmen- und Verhaltensbeschwerden 262
6.4.2. Bescheidbeschwerden 263
6.4.3. Vorgehen bei Änderung der Umstände 263
6.4.4. Säumnisbeschwerden 263
6.4.5. Einstweilige Anordnungen und einstweilige
Verfügungen 263
6.5. Beweisverfahren 264
6.5.1. Ladungen 264
6.5.2. Verhandlung 264
6.5.3. Beweisaufnahme 268
6.5.4. Grundsatz der Unmittelbarkeit 269
6.6. Prüfungsumfang 269
7. Entscheidung des Verwaltungsgerichts 271
7.1. Erkenntnisse 272
7.1.1. Allgemeines 272
7.1.2. Entscheidung in der Sache 272
7.1.3. Verkündung und Ausfertigung der Erkenntnisse 278
7.1.4. Rechtsmittelbelehrung 281
7.1.5. Ausspruch gem § 25a VwGG 282
7.2. Beschlüsse 282
7.3. Wiederaufnahme des Verfahrens 283
7.3.1. Voraussetzungen 283

7.3.2. Wiederaufnahme auf Antrag 284

7.3.3. Wiederaufnahme von Amts wegen 284

7.3.4. Entscheidung über die Wiederaufnahme 284

7.4. Wiedereinsetzung in den vorigen Stand 285

7.4.1. Voraussetzungen 285

7.4.2. Antrag 286

7.4.3. Entscheidung und Rechtswirkungen 286

7.5. Entscheidungspflicht und Fristsetzungsantrag..................... 286

8. Kosten bei Maßnahmen- und Verhaltensbeschwerden 288

9. Besondere Verfahrensbestimmungen 290

9.1. Das Verfahren in Rechtssachen in den Angelegenheiten des eigenen Wirkungsbereichs der Gemeinde........................ 290

9.2. Das Verfahren in Verwaltungsstrafsachen........................ 291

9.2.1. Sonderregelungen betreffend die Erhebung der Beschwerde 292

9.2.2. Verfahrenshilfeverteidiger 292

9.2.3. Sonderregelungen betreffend das Vorverfahren vor der Verwaltungsbehörde 293

9.2.4. Sonderregelungen betreffend das Verfahren vor dem Verwaltungsgericht 294

9.2.5. Sonderregelungen über die Entscheidung des Verwaltungsgerichts 299

9.2.6. Kosten 301

9.3. Das Verfahren über Beschwerden wegen Rechtswidrigkeit eines Verhaltens einer Behörde in Vollziehung der Gesetze 302

9.4. Die Vorstellung gegen Erkenntnisse und Beschlüsse des Rechtspflegers.................................... 302

10. Exekution von Entscheidungen der Verwaltungsgerichte 304

G. Der Verwaltungsgerichtshof 305

1. Rechtsgrundlagen des Verfahrens vor dem VwGH 305

2. Grundzüge der Organisation des VwGH 305

3. Zuständigkeiten des VwGH 306

4. Verfahren des VwGH 307

4.1. Allgemeines 307

4.1.1. Rechtsgrundlagen 307

4.1.2. Vertretung vor dem VwGH 308

4.1.3. Akteneinsicht 308

4.2. Das Verfahren über Revisionen gem Art 133 Abs 1 Z 1 B-VG 309

4.2.1. Allgemeines 309

4.2.2. Legitimation 309

4.2.3. Parteien des Revisionsverfahrens 313

4.2.4. Prozessvoraussetzungen 314

4.2.5. Anforderungen an Revisionen 325

4.2.6. Vorentscheidung durch das Verwaltungsgericht und Vorlageantrag 337

4.2.7. Revisionsverfahren vor dem VwGH 338

4.2.8. Entscheidung des VwGH über die Revision 346

4.3. Das Verfahren über Fristsetzungsanträge gem Art 133 Abs 1 Z 2 B-VG 352

4.3.1. Partei des Verfahrens 352

4.3.2. Der Fristsetzungsantrag 353

4.3.3. Vorentscheidung durch das Verwaltungsgericht und Vorlageantrag 354

4.3.4. Entscheidung durch den VwGH 355

4.4. Das Verfahren über Kompetenzkonflikte gem Art 133 Abs 1 Z 3 B-VG 356

4.5. Wiederaufnahme des Verfahrens 359

4.5.1. Voraussetzungen 359

4.5.2. Der Wiederaufnahmeantrag 361

4.5.3. Vorentscheidung durch das Verwaltungsgericht 361

4.5.4. Entscheidung durch den VwGH 362

4.5.5. Wiederaufnahme nach einer Entscheidung des VwGH in der Sache selbst 362

4.5.6. Wiederaufnahme nach einer Vorentscheidung des Verwaltungsgerichts 362

4.6. Wiedereinsetzung in den vorigen Stand 362

4.6.1. Voraussetzungen 362

4.6.2. Der Wiedereinsetzungsantrag 363

4.6.3. Vorentscheidung durch das Verwaltungsgericht 364

4.6.4. Entscheidung über den Wiedereinsetzungsantrag ... 364

4.7. Verfahren zur Feststellung der Rechtswidrigkeit 364

4.8. Verfahren nach der DSGVO 365

5. Gebühren und Kosten 366

5.1. Gebühren 366

5.2. Kosten 367

H. Muster für Eingaben 369

1. Antrag 369

2. Berufung gemäß §§ 63 ff AVG 371

3. Vorlageantrag gemäß § 64a Abs 2 AVG 373

4. Vorstellung gemäß § 57 Abs 2 AVG 375

XIX

5. Antrag auf Wiedereinsetzung in den vorigen Stand
gemäß § 71 AVG 377
6. Antrag auf Wiederaufnahme des Verfahrens gemäß § 69 AVG ... 379
7. Devolutionsantrag gemäß § 73 Abs 2 AVG 381
8. Einspruch gemäß § 49 VStG 383
9. Bescheidbeschwerde gemäß Art 130 Abs 1 Z 1 B-VG 385
10. Vorlageantrag gemäß § 15 VwGVG 388
11. Maßnahmenbeschwerde gemäß Art 130 Abs 1 Z 2 B-VG 390
12. Säumnisbeschwerde gemäß Art 130 Abs 1 Z 3 B-VG 393
13. Verhaltensbeschwerde gemäß Art 130 Abs 2 Z 1 B-VG 395
14. Vorstellung gemäß § 54 VwGVG 398
15. Revision gemäß Art 133 Abs 1 Z 1 B-VG 400
16. Fristsetzungsantrag gemäß Art 133 Abs 1 Z 2 B-VG.................. 405

Stichwortverzeichnis 407

Abkürzungsverzeichnis

AA	Abänderungsantrag
AB	Ausschussbericht
ABGB	Allgemeines bürgerliches Gesetzbuch
AbgEO	Abgabenexekutionsordnung
ABl	Amtsblatt der EU (Teil C: Mitteilungen und Bekanntmachungen, Teil L: Rechtsvorschriften)
Abs	Absatz, Absätze
AEUV	Vertrag über die Arbeitsweise der Europäischen Union
aF	alte Fassung
AgrVG	Agrarverfahrensgesetz
AHG	Amtshaftungsgesetz
AlVG	Arbeitslosenversicherungsgesetz
AnhO	Anhalteordnung
Anm	Anmerkung(en)
ArbIG	Arbeitsinspektionsgesetz
arg	argumentum
Art	Artikel
ASVG	Allgemeines Sozialversicherungsgesetz
AsylGH	Asylgerichtshof
AuslBG	Ausländerbeschäftigungsgesetz
AusuvBZ	Ausübung unmittelbarer verwaltungsbehördlicher Befehls- und Zwangsgewalt
AuvBZ	Akt unmittelbarer verwaltungsbehördlicher Befehls- und Zwangsgewalt
AVG	Allgemeines Verwaltungsverfahrensgesetz
AWEG	Arzneiwareneinfuhrgesetz
AWG	Abfallwirtschaftsgesetz
BAO	Bundesabgabenordnung
BauO	Bauordnung
BDG	Beamten-Dienstrechtsgesetz
BeglV	Beglaubigungsverordnung
BEinstG	Behinderteneinstellungsgesetz
BFA	Bundesamt für Fremdenwesen und Asyl
BFA-G	BFA-Gesetz
BFA-VG	BFA-Verfahrensgesetz
BFG	Bundesfinanzgericht
BFGG	Bundesfinanzgerichtsgesetz

BG	Bundesgesetz(e)
BGBl	Bundesgesetzblatt
BH	Bezirkshauptmannschaft
BK	Bundeskanzler
BKA	Bundeskanzleramt
BKA-VD	Bundeskanzleramt-Verfassungsdienst
BKommGebV	Bundes-Kommissionsgebührenverordnung
BlgNR	Beilage(n) zu den stenographischen Protokollen des Nationalrates
BM	Bundesminister
BPräs	Bundespräsident
BReg	Bundesregierung
BStG	Bundesstraßengesetz
Bsw	Beschwerde (EGMR)
BuLVwG-EGebV	BuLVwG-Eingabengebührverordnung
BVB	Bezirksverwaltungsbehörde
BVergG	Bundesvergabegesetz
BVergGKonz	Bundesvergabegesetz Konzessionen
BVergGVS	Bundesvergabegesetz – Verteidigung und Sicherheit
B-VG	Bundes-Verfassungsgesetz
BVwAbgV	Bundesverwaltungsabgabenverordnung
BVwG	Bundesverwaltungsgericht
BVwG-EVV	BVwG-elektronischer-Verkehr-Verordnung
BVwGG	Bundesverwaltungsgerichtsgesetz
BVwG-PauschGebV Vergabe	BVwG-Pauschalgebührenverordnung Vergabe
bzw	beziehungsweise
dh	das heißt
DSG	Datenschutzgesetz
DSGVO	Datenschutz-Grundverordnung
DVG	Dienstrechtsverfahrensgesetz
DVV	Dienstrechtsverfahrensverordnung
ecolex	Fachzeitschrift für Wirtschaftsrecht
EGEO	Exekutionsordnung-Einführungsgesetz
EGMR	Europäischer Gerichtshof für Menschenrechte
E-GovG	E-Government-Gesetz
EGVG	Einführungsgesetz zu den Verwaltungsverfahrensgesetzen
E-ID	Elektronischer Identitätsnachweis
ElWOG	Elektrizitätswirtschafts- und -organisationsgesetz 2010
EMRK	Europäische Menschenrechtskonvention
EO	Exekutionsordnung
Erläut	Erläuterungen
ERV	Elektronischer Rechtsverkehr
etc	et cetera
EU	Europäische Union
EuGH	Europäischer Gerichtshof
EUV	Vertrag über die Europäische Union

EU-VStVG	EU-Verwaltungsstrafvollstreckungsgesetz
EWR	Europäischer Wirtschaftsraum
f	und der/die folgende
FERG	Fernseh-Exklusivrechtegesetz
ff	und die folgenden
FinStrG	Finanzstrafgesetz
FN	Firmenbuchnummer
FPG	Fremdenpolizeigesetz
FS	Festschrift
FSG	Führerscheingesetz
F-VG	Finanz-Verfassungsgesetz
FVwGG	Finanzverwaltungsgerichtsbarkeitsgesetz
G	Gesetz
GebAG	Gebührenanspruchsgesetz
GebG	Gebührengesetz
GebR	Gebührenrichtlinien
GEG	Gerichtliches Einbringungsgesetz
gem	gemäß
GewO	Gewerbeordnung
ggf	gegebenenfalls
GO-VwGH	Geschäftsordnung des Verwaltungsgerichtshofes
GP	Gesetzgebungsperiode
GR	Gemeinderat
GRC	Europäische Grundrechtecharta
GV	Gemeindevorstand
GWG	Gaswirtschaftsgesetz
hA	herrschende Ansicht
Hrsg	Herausgeber
idF	in der Fassung
idgF	in der geltenden Fassung
idR	in der Regel
insb	insbesondere
iSd	im Sinne des/der
iSv	im Sinne von
iVm	in Verbindung mit
iW	im Wesentlichen
JN	Jurisdiktionsnorm
Jud	Judikatur
K-BO	Kärntner Bauordnung
KFG	Kraftfahrgesetz
LFG	Luftfahrtgesetz
LH	Landeshauptmann

lit	litera (literae)
LPD	Landespolizeidirektion
LReg	Landesregierung
LVwG	Landesverwaltungsgericht(e)
LVwGG	Landesverwaltungsgerichtsgesetz
MBG	Militärbefugnisgesetz
mHa	mit Hinweis auf
MinroG	Mineralrohstoffgesetz
mwN	mit weiteren Nachweisen
NO	Notariatsordnung
OGH	Oberster Gerichtshof
ÖJT	Österreichischer Juristentag
ÖJZ	Österreichische Juristen-Zeitung
oö	oberösterreichisch
ORF	Österreichischer Rundfunk
OrgHG	Organhaftpflichtgesetz
ÖZK	Österreichische Zeitschrift für Kartellrecht
PartG	Parteiengesetz
PersFrBVG	Bundesverfassungsgesetz vom 29.11.1988 über den Schutz der persönlichen Freiheit
PMG	Postmarktgesetz
PolKG	EU-Polizeikooperationsgesetz
RAO	Rechtsanwaltsordnung
RFG	Recht & Finanzen für Gemeinden
Rn	Randnummer, Randnummern
RpflG	Rechtspflegergesetz
Rs	Rechtssache
Rsp	Rechtsprechung
RV	Regierungsvorlage
Rz	Randzahl, Randzahlen
Sbg	Salzburger
Slg	Sammlung
sog	so genannt(e)
SPG	Sicherheitspolizeigesetz
StAG	Staatsanwaltschaftsgesetz
StbG	Staatsbürgerschaftsgesetz
StEG	Strafrechtliches Entschädigungsgesetz
StGB	Strafgesetzbuch
stRsp	ständige Rechtsprechung
StudFG	Studienförderungsgesetz
StVO	Straßenverkehrsordnung

TGO	Tiroler Gemeindeordnung
TP	Tarifpost
TSchG	Tierschutzgesetz
ua	unter anderem
UAbs	Unterabsatz, Unterabsätze
UBAS	Unabhängiger Bundesasylsenat
udgl	und dergleichen
UFSW	Unabhängiger Finanzsenat Wien
UG	Universitätsgesetz
UVP-G	Umweltverträglichkeitsprüfungsgesetz
UVS	Unabhängige(r) Verwaltungssenat(e)
UWG	Gesetz gegen den unlauteren Wettbewerb
V	Verordnung
va	vor allem
VAnw	Volksanwaltschaft
VbVG	Verbandsverantwortlichkeitsgesetz
VfGG	Verfassungsgerichtshofgesetz
VfGH	Verfassungsgerichtshof
VfllV	Verfallsverordnung
VfSlg	Sammlung der Erkenntnisse und Beschlüsse des Verfassungsgerichtshofs
vgl	vergleiche
VGWG	Gesetz über das Verwaltungsgericht Wien
VStG	Verwaltungsstrafgesetz
VVG	Verwaltungsvollstreckungsgesetz
VwFormV	Verwaltungsformularverordnung
VwGbk-ÜG	Verwaltungsgerichtsbarkeits-Übergangsgesetz
VwGG	Verwaltungsgerichtshofgesetz
VwGH	Verwaltungsgerichtshof
VwGVG	Verwaltungsgerichtsverfahrensgesetz
VwSlg	Sammlung der Erkenntnisse und Beschlüsse des Verwaltungsgerichtshofs
Wr	Wiener
WRG	Wasserrechtsgesetz
Z	Ziffer(n)
zB	zum Beispiel
ZfV	Zeitschrift für Verwaltung
ZMR	Zentrales Melderegister
ZP-EMRK	Zusatzprotokoll zur Europäischen Menschenrechtskonvention
ZPO	Zivilprozessordnung
ZustDV	Zustelldiensteverordnung
ZustFormV	Zustellformularverordnung
ZustG	Zustellgesetz
ZVR	Zentrales Vereinsregister, Zeitschrift für Verkehrsrecht

A. Grundlagen

Das Verwaltungsverfahrensrecht regelt die Vorgangsweise beim verwaltungsbehördlichen Vollzug von Normen (Abschnitt B. und C.), im Gegensatz zum Organisationsrecht, das die Zuständigkeit zum Vollzug festlegt; beide Rechtsgebiete bilden das formelle Verwaltungsrecht. Das Verwaltungsstrafrecht umfasst einerseits die allgemeinen Grundsätze der Sanktionierung von Verwaltungsübertretungen, andererseits das behördliche Verwaltungsstrafverfahren, das einige Besonderheiten zum Allgemeinen Verwaltungsverfahrensrecht enthält (Abschnitt D.). Die Umsetzung von verwaltungsbehördlichen und -gerichtlichen Entscheidungen in die Wirklichkeit folgt den Regeln des Verwaltungsvollstreckungsrechts (Abschnitt E.).

Nach Abschluss des Verwaltungsverfahrens kommt idR die Anrufung der Verwaltungsgerichte in Betracht. Das vor diesen durchzuführende Verfahren ist im Wesentlichen im VwGVG geregelt (Abschnitt F.). Entscheidungen der Verwaltungsgerichte sind im Revisionsweg vor dem Verwaltungsgerichtshof bekämpfbar; das Verfahren richtet sich nach dem VwGG (Abschnitt G.).

1. Verfassungsrechtliche Grundlagen

1.1. Bundesstaatliche Kompetenzverteilung im Verwaltungsverfahren

Das Verwaltungsverfahren ist eine Annex- oder Adhäsionsmaterie, dh dass die Gesetzgebungs- und die Vollzugskompetenz sich grundsätzlich nach der Sachmaterie richten, zu der das Verfahren gehört. Um rechtsverbindliche Wirkung haben zu können, ist der Entstehungsprozess von Rechtsnormen an die Einhaltung strenger Formalverfahren gebunden. Diese beinhalten neben weiteren Voraussetzungen stets, dass Normen sprachlich zu fassen, also in Texten festzulegen sind. Juristische Tätigkeit bedeutet daher immer, Texte zu analysieren, mit Texten zu arbeiten.

> **Beispiele:** In Angelegenheiten des Art 15 Abs 1 B-VG, zB im Baurecht, sind die gesetzliche Regelung und der Vollzug des Verfahrens Ländersache. Angelegenheiten des Art 10 B-VG (zB Gewerberecht, Art 10 Abs 1 Z 8 B-VG) sind in Gesetzgebung und Vollziehung (die idR gem Art 102 B-VG in mittelbarer Bundesverwaltung durchgeführt wird) Bundessache.

Das Annexprinzip ergibt sich aus Art 10 Abs 1 Z 6 B-VG, der dem Bund die Gesetzgebung und Vollziehung des „Strafrechtswesens mit Ausschluss des ... Verwaltungsstrafverfahrens" zuweist. Dieser Ausschluss ergibt jedoch nur dann Sinn, wenn grundsätzlich das Verwaltungsstrafverfahren vom Kompetenztatbestand Strafrechtswesen umfasst wird (VfSlg 3054/1956). Aus dieser Bestimmung wird daher der allgemeine Grundsatz abgeleitet, dass Verwaltungsverfahren, Verwaltungsstrafverfahren (einschließlich des allgemeinen Teils des Verwaltungsstrafrechts) und Verwaltungsvollstreckung Adhäsionsmaterien sind.

Auch Art 11 Abs 2 B-VG geht von diesem Prinzip aus, normiert aber eine Möglichkeit der Abweichung bzw Durchbrechung. „Soweit ein Bedürfnis nach Erlassung einheitlicher Vorschriften als vorhanden erachtet wird" (subjektives Kriterium), kann der Bund einheitliche Verfahrensvorschriften erlassen und deren Anwendung bei Materien, in denen die Gesetzgebung Ländersache ist, vorsehen (Bedarfskompetenz, Bedarfsgesetzgebung).

In Verwaltungsangelegenheiten, die vom Bundesgesetzgeber nicht einheitlichen Vorschriften unterworfen wurden, ist das Verwaltungsverfahren weiterhin Annexkompetenz.

Abweichende Bestimmungen zu einheitlichen Bedarfsgesetzen des Bundes dürfen die Länder, aber auch der Bund selbst nur treffen, „wenn sie zur Regelung des Gegenstandes erforderlich sind". Der VfGH legt dies eng aus und erachtet abweichende Sondervorschriften nur dann als zulässig, wenn dafür ein objektiver Bedarf besteht, dh wenn sie aufgrund besonderer Umstände „erforderlich" oder „unerlässlich" sind (VfSlg 8945/1980, 19.787/2013).

> **Beispiel:** Gem § 64 Abs 1 AVG haben Berufungen gegen erstinstanzliche Bescheide in Angelegenheiten des eigenen Wirkungsbereichs der Gemeinden aufschiebende Wirkung. Die Bauordnungen weichen bei baupolizeilichen Aufträgen (Bescheiden) davon ab, indem sie die aufschiebende Wirkung von Berufungen generell ausschließen, damit etwa die verfügte Baueinstellung wegen Gefahr im Verzug nicht durch die Erhebung einer Berufung unterlaufen werden kann. Der VfGH hat derartige vom AVG abweichende Vorschriften als im Sinne des Art 11 Abs 2 B-VG „unerlässlich" qualifiziert (VfSlg 17.346/2004).

Diese Abweichungsmöglichkeit ist jedoch keinesfalls mit der Situation zu verwechseln, in der der Bedarfsgesetzgeber einzelnen einheitlichen Vorschriften nur subsidiäre Geltung verleiht, die also nur dann zur Anwendung kommen, wenn in den Verwaltungsvorschriften der Materiengesetzgeber „nichts anderes bestimmt ist". Dies ist bei zahlreichen Bestimmungen des AVG und des VStG der Fall (zB § 13 Abs 1 Satz 1 AVG), sodass in diesen Bereichen keine Vereinheitlichung erreicht wurde.

> **Beispiel:** Gem § 62 Abs 1 AVG können Bescheide sowohl schriftlich als auch mündlich erlassen werden, „wenn in den Verwaltungsvorschriften nicht anderes bestimmt ist". § 35 Abs 1 VStG umschreibt die Voraussetzungen, unter denen die Organe des öffentlichen Sicherheitsdienstes – „außer den gesetzlich besonders geregelten Fällen" – Personen festnehmen dürfen; der Materiengesetzgeber ist daher befugt, weitere Festnahmeermächtigungen vorzusehen (vgl VfSlg 19.665/2012; zB § 112 lit c ForstG).

Aufgrund der Ermächtigung des Art 11 Abs 2 B-VG wurden im Jahre 1925 die einheitlichen Verwaltungsverfahrensgesetze geschaffen (EGVG, AVG, VStG und VVG). Auch das ZustG beruht auf der kompetenzrechtlichen Grundlage des Art 11 Abs 2 B-VG (VfSlg 19.787/2013).

Allerdings bezieht sich die Bedarfskompetenz nur auf das Verfahrensrecht und nicht auf die Organisationsvorschriften (dh betreffend die sachliche, örtliche und funktionelle Zuständigkeit), die vom Organisationsgesetzgeber und vom Materiengesetzgeber erlassen werden. Dies gilt jedoch nach hA nicht für den Bereich des Verwaltungsstrafrechts; hier umfasst die (Bedarfs-)Kompetenz zur Regelung der allgemeinen Bestimmungen und der Verfahrensbestimmungen auch die Regelung der Zuständigkeiten (vgl die §§ 26 ff VStG). Die besonderen Bestimmungen des materiellen Verwaltungsstrafrechts (Straftatbestände und Strafdrohungen) obliegen hingegen dem Materiengesetzgeber.

Die Vollziehung der Bedarfsgesetze iSd Art 11 Abs 2 B-VG obliegt gem Art 11 Abs 4 B-VG dem Bund oder den Ländern, je nachdem, welcher Gebietskörperschaft in den Kompetenzartikeln die Vollziehung der betreffenden Materie übertragen wird. Zur Erlassung von Durchführungsverordnungen ist der Bund ermächtigt (Art 11 Abs 3 B-VG), der jedoch im Bedarfsgesetz eine Landeskompetenz dafür vorsehen darf (vgl die Ermächtigung der LReg in § 78 Abs 5 AVG).

1.2. Verwaltungsgerichte und Verwaltungsgerichtshof

1.2.1. Verwaltungsgerichte

Gem Art 129 B-VG bestehen für jedes Land ein Verwaltungsgericht des Landes und für den Bund ein Bundesverwaltungsgericht und ein Bundesfinanzgericht (sog **9+2-Modell**).

Die Zuständigkeit zur Regelung der **Organisation** der Verwaltungsgerichte ist zwischen dem Bund und den Ländern geteilt: Der Bund regelt die

3

Organisation der Verwaltungsgerichte des Bundes (vgl das BVwGG und das BFGG), die Länder die Organisation der Landesverwaltungsgerichte (Art 136 Abs 1 B-VG; vgl auch Art 10 Abs 1 Z 1 B-VG, wonach die „Verwaltungsgerichtsbarkeit mit Ausnahme der Organisation der Verwaltungsgerichte der Länder" in Gesetzgebung und Vollziehung Bundessache ist).

Das **Verfahren** der Verwaltungsgerichte (mit Ausnahme des BFG) wird hingegen gem Art 136 Abs 2 B-VG durch Bundesgesetz einheitlich geregelt (vgl das VwGVG). Abweichende Verfahrensvorschriften in Bundes- oder Landesgesetzen sind nur unter der Voraussetzung zulässig, dass sie zur Regelung des Gegenstandes erforderlich sind oder soweit das VwGVG sie dazu ermächtigt (Art 136 Abs 2 letzter Satz B-VG). Der Ausdruck „erforderlich" in Art 136 Abs 2 B-VG entspricht jenem in Art 11 Abs 2 B-VG und ist daher auch hier im Sinne von „unerlässlich" zu verstehen (siehe oben 1.1.).

Beispiel: Gem § 13 Abs 1 VwGVG haben Bescheidbeschwerden grundsätzlich (vgl aber § 13 Abs 2 sowie § 22 Abs 2 VwGVG) aufschiebende Wirkung. Ein Gesetz, das die aufschiebende Wirkung von Beschwerden generell ausschließt (zB § 49c Abs 4 SPG), ist nur dann mit Art 136 Abs 2 letzter Satz B-VG vereinbar, wenn dies unerlässlich ist. Der VfGH hat dies etwa für die Vorschrift des § 56 Abs 3 AlVG verneint, die die aufschiebende Wirkung von Beschwerden grundsätzlich ausschloss (sie konnte nur unter bestimmten Voraussetzungen zuerkannt werden); diese Regelung war – mangels Erforderlichkeit der Abweichung vom VwGVG – wegen Widerspruchs zu Art 136 Abs 2 B-VG verfassungswidrig (VfSlg 19.921/2014). Aus demselben Grund war § 16 Abs 1 BFA-VG (teilweise) verfassungswidrig, wo eine vom VwGVG abweichende Verkürzung der Beschwerdefrist in Asylsachen festgelegt war (VfSlg 20.193/2017).

Die Vollversammlungen der Verwaltungsgerichte haben ferner **Geschäftsordnungen** zu beschließen (Art 136 Abs 5 B-VG, § 19 BVwGG und § 6 Abs 3 BFGG), die die Organisations- und Verfahrensgesetze konkretisieren (vgl *Faber*, Verwaltungsgerichtsbarkeit [2013] Art 136 B-VG Rz 29 ff).

1.2.2. Verwaltungsgerichtshof

Der VwGH fällt in die Gesetzgebungs- und Vollziehungskompetenz des Bundes (Art 10 Abs 1 Z 6 B-VG).

Der VwGH erkennt gem Art 133 Abs 1 B-VG (**verfassungsunmittelbare Zuständigkeiten**) über

– Revisionen gegen das Erkenntnis eines Verwaltungsgerichts wegen Rechtswidrigkeit;
– Anträge auf Fristsetzung wegen Verletzung der Entscheidungspflicht durch ein Verwaltungsgericht;
– Kompetenzkonflikte zwischen Verwaltungsgerichten oder zwischen einem Verwaltungsgericht und dem VwGH.

Durch Bundes- oder Landesgesetz können **sonstige Zuständigkeiten** des VwGH zur Entscheidung über Anträge eines ordentlichen Gerichts auf Feststellung der Rechtswidrigkeit eines Bescheids oder eines Erkenntnisses eines Verwaltungsgerichts vorgesehen werden (Art 133 Abs 2 B-VG); davon wurde in § 11 AHG, § 9 OrgHG, § 3 Abs 9 FERG, § 373 Abs 5 BVergG 2018, § 116 Abs 5 BVergGKonz 2018 und § 142 Abs 4 BVergGVS 2012 Gebrauch gemacht (siehe unten G. 4.7.).

Ferner erkennt der VwGH über die Beschwerde einer Person, die durch den VwGH in Ausübung seiner gerichtlichen Zuständigkeiten in ihren Rechten gemäß der DSGVO verletzt zu sein behauptet (vgl Art 133 Abs 2a B-VG).

Die Organisation und das Verfahren des VwGH werden gem Art 136 Abs 4 B-VG durch ein **besonderes Bundesgesetz** geregelt (vgl das VwGG, das in § 62 Abs 1 die subsidiäre Anwendbarkeit des AVG anordnet). Die Vollversammlung des VwGH hat ferner eine **Geschäftsordnung** zu beschließen (Art 136 Abs 5 B-VG).

1.3. Das Verhältnis zwischen Verwaltungsverfahren

Mit der B-VG Novelle BGBl I 51/2012 wurde die Verwaltungsgerichtsbarkeit auf eine grundlegend neue Basis gestellt. Vor allem der Umstand, dass Verwaltungsgerichte nunmehr im Regelfall im Bescheidbeschwerdeverfahren in der Sache selbst (reformatorisch) entscheiden, bringt einen Wandel des Verhältnisses mit sich. Gleichwohl führt diese Veränderung nicht dazu, dass das Verwaltungsverfahren analog zur Rechtslage in Deutschland nur ein Vorlauf zum verwaltungsgerichtlichen Verfahren wäre. Das Jahr 2012 hat daher für den Rechtsschutz im Öffentlichen Recht zwar Akzentverschiebungen, aber keinen Paradigmenwechsel gebracht (*Grabenwarter*, Vom Verwaltungsstaat zum Justizstaat? in ÖJK [Hrsg], Justizstaat – Chance oder Risiko? [2014] 69 ff). Nach wie vor ist der Bescheid als Verfassungsbegriff verankert und bildet er den wichtigsten Anfechtungsgegenstand im verwaltungsgerichtlichen Verfahren. Dadurch setzt aber das nunmehr Achte Hauptstück des B-VG nach wie vor ein Verfahren voraus, das in rechtsstaatlich gebotener Weise zum Verwaltungsakt des Bescheides führt. Die geltende Verfassungsrechtslage gewährleistet solcherart die Eigenständigkeit des Verwaltungsverfahrens und setzt einem Austausch rechtsstaatlicher Garantien zwischen Verwaltungsgerichtsbarkeit einerseits und Verwaltungsverfahren andererseits Grenzen.

Die Rechtmäßigkeit der Verwaltungsentscheidung ist in Zusammenschau von Art 18 B-VG und Art 130 B-VG verfassungsrechtlich ebenso geboten, wie die ergänzende Kontrolle durch die Verwaltungsgerichtsbarkeit in der neuen Form angeordnet ist. Ausgeprägtere Verfahrensgarantien in der Verwaltungsgerichtsbarkeit dürfen nicht als verfassungsrechtliches Argument für die Absenkung von Standards im Verwaltungsverfahren herangezogen werden. In der weit überwiegenden Zahl der Fälle wird die erst- und in vielen Fällen gleichzeitig letztinstanzliche Verwaltungsentscheidung des Bescheides der rechtskräftige Verwaltungsakt sein, der für die Rechtsunterworfenen verbindlich ist (aus der Literatur dazu *Pesendorfer*, Die Rechtstellung des von einem bevorzugten Wasserbau berührten Grundeigentümers, ZfV 1979, 1 ff; *Thienel*, Der mehrstufige Verwaltungsakt [1996] 77 ff; *Grabenwarter*, Verfahrensgarantien in der Verwaltungsgerichtsbarkeit [1997] 679 ff; *Holoubek*, Das Verwaltungsverfahren – Juristische Erstversorgung oder „endgültiges" Verwaltungsverfahren?, in *Holoubek/Lang* (Hrsg) Korrektur fehlerhafter Entscheidungen [2017] 1 ff).

2. Einfachgesetzliche Grundlagen

2.1. Verfahren vor den Verwaltungsbehörden (Verwaltungsverfahren)

Im Jahre 1925 wurden die **Verwaltungsverfahrensgesetze** erlassen und im Jahre 1991 (das EGVG nochmals im Jahre 2008) wiederverlautbart. Dazu gehören
– das **EGVG**,
– das **AVG**,
– das **VStG** (subsidiär gilt – nach Maßgabe des § 24 VStG – das AVG) und
– das **VVG** (subsidiär gilt – nach Maßgabe des § 10 Abs 1 VVG – das AVG).

An wichtigen **Nebengesetzen** sind insb das ZustG über die Zustellung von Schriftstücken im behördlichen Verfahren (beachte auch die dazu ergangene ZustDV sowie die ZustFormV) und das E-GovG zu erwähnen.

Zu den Verwaltungsverfahrensgesetzen sind folgende **Durchführungsverordnungen** erlassen worden:
– Verwaltungsformularverordnung – VwFormV,
– Beglaubigungsverordnung – BeglV,
– Bundesverwaltungsabgabenverordnung 1983 – BVwAbgV,
– Bundes-Kommissionsgebührenverordnung 2007 – BKommGebV,
– Anhalteordnung – AnhO,
– Verfallsverordnung – VfllV,
– Organstrafverfügungenverordnung – OrgStVfgV,
– Vorläufige-Sicherheiten-Verordnung – VorlSV,
– Verordnung über den Vorgang bei der Eintreibung von Geldleistungen im Verwaltungsvollstreckungsverfahren.

Neben den Verwaltungsverfahrensgesetzen bestehen folgende **Sonderver-fahrensordnungen**:

– das **AgrVG** (subsidiär gilt – nach Maßgabe des § 1 AgrVG – das AVG),
– das **DVG** sowie die dazu ergangene DVV (subsidiär gilt – nach Maßgabe des § 1 DVG – das AVG),
– in Abgabensachen: die **BAO**, das FinStrG und die AbgEO.

2.2. Verfahren vor den Verwaltungsgerichten

Die für das Verfahren vor den Verwaltungsgerichten maßgebliche Verfahrensordnung ist das **VwGVG**, das die subsidiäre Anwendbarkeit der Verwaltungsverfahrensgesetze (AVG und VStG), einzelner Sonderverfahrensordnungen (BAO, AgrVG und DVG) sowie einschlägiger materiengesetzlicher Sonderverfahrensbestimmungen festlegt (vgl im Einzelnen §§ 17 und 38 VwGVG). Daneben enthalten auch die Bundesverfassung und das VwGG einzelne für die Verwaltungsgerichte maßgebliche Verfahrensbestimmungen (vgl F. 1. und F. 9.2.).

Abweichend davon gilt für das Verfahren vor dem BFG die **BAO** (vgl § 2a BAO und § 1 VwGVG; siehe näher F. 1.).

Auf der Grundlage des Art 151 Abs 51 Z 11 B-VG regelt das **VwGbk-ÜG** den Übergang zur zweistufigen Verwaltungsgerichtsbarkeit mit Ausnahme jener Angelegenheiten, die zur Zuständigkeit des BFG gehören (vgl dazu insb § 323 Abs 36 bis 39 BAO sowie die §§ 28 und 29 BFGG). Das Gesetz behandelt ausschließlich verfahrensrechtliche Übergangsfragen, indem bestimmt wird, von wem und mit welchen Maßgaben zum 1. 1. 2014 anhängige Verfahren fortzuführen sind. Daneben enthalten die Materiengesetze vereinzelt intertemporales Sonderverfahrensrecht für den Übergang zur neuen Rechtslage (zB § 46 Abs 24 UVP-G). Die Übergangsfragen, die sich durch die Änderung der Behörden- und Gerichtsorganisation ergeben, sind nicht im VwGbk-ÜG, sondern in Art 151 Abs 51 Z 1 bis 5 B-VG sowie in den Organisationsgesetzen der Verwaltungsgerichte (zB § 28 BVwGG) geregelt. Der Großteil der Übergangsfälle infolge der Verwaltungsgerichtsbarkeits-Novelle 2012 ist erledigt, das VwGbk-ÜG kommt im Wesentlichen nur noch auf anhängige Altfälle zur Anwendung.

2.3. Verfahren vor dem Verwaltungsgerichtshof

Das Verfahren vor dem VwGH richtet sich nach dem 1985 wiederverlautbarten **VwGG**. Weitere verfahrensrechtliche Bestimmungen sowie Regelungen über die Geschäftsführung und die Organe des VwGH finden sich in der Geschäftsordnung des VwGH, die von der Vollversammlung beschlossen wird und vom Bundeskanzler gem § 19 VwGG im Bundesgesetzblatt kundzumachen ist.

Im Verfahren vor dem VwGH gilt subsidiär das AVG (vgl § 62 Abs 1 VwGG).

3. Vollziehung von Unionsrecht

Die Vollziehung von Unionsrecht erfolgt nur zu einem geringen Teil durch Organe der Union selbst, zum größeren Teil ist sie Aufgabe der Mitgliedstaaten. Dabei hat die mitgliedstaatliche Vollziehung grundsätzlich **nach den nationalen Verfahrensvorschriften** zu erfolgen, und zwar sowohl hinsichtlich der Bestimmung der zuständigen Gerichte als auch hinsichtlich der Ausgestaltung der Verfahren (**Verfahrensautonomie der Mitgliedstaaten**; vgl EuGH 24.4.2008, Rs C-55/06, *Arcor*, Slg 2008, I-2931, Rn 166). Nur vereinzelt enthält das Unionsrecht selbst Verfahrensbestimmungen, die für die nationalen Behörden und Gerichte maßgeblich sind.

Im (Regel-)Fall der mitgliedstaatlichen Vollziehung verlangt allerdings die Rechtsprechung des EuGH, dass jene nationalen Verfahren, durch die der Schutz der den Bürgern aus dem Unionsrecht erwachsenden Rechte gewährleistet werden soll, nicht weniger günstig gestaltet sein dürfen als bei entsprechenden Klagen, die nur innerstaatliches Recht betreffen (**Äquivalenzgrundsatz**; EuGH 26.1.2010, Rs C-118/08, *Transportes Urbanos*, Rn 33 f), und sie darüber hinaus die Ausübung der durch die Unionsrechtsordnung verliehenen Rechte nicht praktisch unmöglich machen oder übermäßig erschweren dürfen (**Effektivitätsgrundsatz**; EuGH 24.4.2008, Rs C-55/06, *Arcor*, Slg 2008, I-2931, Rn 166; 6.10.2009, Rs C-40/08, *Asturcom*, Rn 38; OGH 8.3.2005, 10 ObS 172/04y; 19.12.2007, 3 Ob 205/07d). Die Rechtsprechung des EuGH wurde durch den Vertrag von Lissabon in Art 19 Abs 1 UAbs 2 EUV kodifiziert: Nach dieser Vorschrift schaffen die Mitgliedstaaten „die erforderlichen Rechtsbehelfe, damit ein wirksamer Rechtsschutz in den vom Unionsrecht erfassten Bereichen gewährleistet ist". Der EuGH leitet daraus jüngst eine Grundlage für die Wahrung rechtsstaatlicher Grundsätze in den Mitgliedstaaten ab (vgl EuGH 25.7.2018, Rs C-216/18 PPU, *LM*, Rn 33 ff).

B. Das Einführungsgesetz zu den Verwaltungsverfahrensgesetzen (EGVG)

1. Anwendungsbereich der Verwaltungsverfahrensgesetze

Im EGVG wird festgelegt, welche Verwaltungsorgane die Verwaltungsverfahrensgesetze in welchen Angelegenheiten bei der Besorgung der behördlichen Aufgaben anzuwenden haben. Gemeint ist damit ausschließlich die **Hoheitsverwaltung** (im Gegensatz zur Privatwirtschaftsverwaltung, vgl VwGH 20.5.2015, Ra 2015/10/0044; daraus folgt etwa, dass in nicht-hoheitlichen Angelegenheiten beispielsweise kein Recht auf Akteneinsicht gem § 17 AVG besteht, vgl VwGH 17.3.2016, Ro 2014/11/0012), und zwar hinsichtlich der **Erlassung von Bescheiden** (vgl VwGH 24.2.2017, Ra 2016/11/0150), nicht aber hinsichtlich der Erlassung von Verordnungen, der Erteilung von Weisungen oder der Ausübung von Befehls- und Zwangsgewalt.

Auch wenn keine Verwaltungsverfahrensvorschriften anwendbar sind, sind nach der Judikatur des VfGH und des VwGH die „**Grundsätze eines rechtsstaatlichen Verfahrens**" maßgeblich (siehe etwa für das Verfahren vor dem Ausschuss der Rechtsanwaltskammer – jeweils noch zur Rechtslage vor der Novelle BGBl I 33/2013 – VwGH 24.3.2014, 2013/01/0117; 28.11.2014, 2013/01/0095). Dazu gehören der Grundsatz des Parteiengehörs, der Ausschluss wegen Befangenheit, die Begründungspflicht, die Zulässigkeit außerordentlicher Rechtsmittel und der Gedanke der materiellen Rechtskraft, ferner der Grundsatz, dass eine Erledigung, um wirksam werden zu können, demjenigen, für den sie bestimmt ist, bekannt gegeben werden muss (VwGH 2.7.2010, 2010/09/0046), der Grundsatz „ne bis in idem" (vgl VwGH 13.5.2011, 2007/10/0032) und der Grundsatz der Wiederaufnahme des Verfahrens, wenn neue Tatsachen hervorkommen, die die Partei ohne ihr Verschulden nicht geltend machen konnte (VwGH 23.6.2010, 2007/06/0004). Diese Rechtsprechung hat ihre Bedeutung inzwischen insofern verloren, als nach der Novelle BGBl I 33/2013 alle Behörden von

Art I EGVG erfasst werden und daher die Verwaltungsverfahrensgesetze anzuwenden haben (vgl auch RV 2009 BlgNR 24. GP 15).

1.1. Anwendungsbereich

Mit der Novelle BGBl I 33/2013 wurde die frühere taxative Aufzählung von bestimmten Arten von Verwaltungsverfahren und Behörden zu Gunsten einer Generalklausel aufgegeben (VwGH 3.5.2018, Ra 2017/19/0609). Gem Art I Abs 2 EGVG sind von den Verwaltungsverfahrensgesetzen anzuwenden:
- das **AVG** auf das behördliche Verfahren der Verwaltungsbehörden (vgl zB VwGH 14.11.2018, Ra 2018/08/0193 [AMS]);
- das **VStG** auf das Strafverfahren der Verwaltungsbehörden mit Ausnahme der Finanzstrafbehörden des Bundes (vgl zB VwGH 29.3.2019, Ro 2018/02/0023 [FMA]);
- das **VVG** auf das Vollstreckungsverfahren der Behörden der allgemeinen staatlichen Verwaltung, der Organe der Städte mit eigenem Statut und der Landespolizeidirektionen.

Art II EGVG enthält Legaldefinitionen:
- **Behörden:** Wo im EGVG, im AVG oder im VStG von „Behörden" gesprochen wird, sind darunter die Verwaltungsbehörden zu verstehen, für deren Verfahren diese Bundesgesetze gemäß Art I Abs 2 Z 1 bzw Z 2 EGVG gelten (Art II Abs 1 EGVG).
- **Verwaltungsvorschriften:** „Verwaltungsvorschriften" im Sinne der Verwaltungsverfahrensgesetze sind alle die verschiedenen Gebiete der Verwaltung regelnden, von den im Art II Abs 1 EGVG bezeichneten Behörden zu vollziehenden Gesetze – das EGVG inbegriffen –, Verordnungen, Staatsverträge und unmittelbar geltenden Vorschriften des Unionsrechts (Art II Abs 2 EGVG).
- **Verwaltungsübertretungen:** „Verwaltungsübertretungen" im Sinne des VStG sind die von den in Art I Abs 2 Z 2 EGVG genannten Behörden zu ahndenden Übertretungen (Art II Abs 3 EGVG).

1.2. Ausnahmen

Gem Art I Abs 3 EGVG sind die Verwaltungsverfahrensgesetze auf folgende behördliche Angelegenheiten nicht anzuwenden (soweit nicht der einfache Gesetzgeber anderes bestimmt):

1.2.1. Ausnahme bestimmter Materien

Folgende Sachbereiche sind explizit vom Anwendungsbereich der Verwaltungsverfahrensgesetze ausgenommen (Art I Abs 3 EGVG):

- Angelegenheiten der **öffentlichen Abgaben und Beiträge,** die von den Abgabenbehörden erhoben werden, mit Ausnahme der Verwaltungsabgaben nach § 78 AVG (Art I Abs 3 Z 1 EGVG); auf diese sind die BAO sowie das FinStrG und die AbgEO anzuwenden;
- Angelegenheiten des **Patentwesens** sowie des Schutzes von **Mustern, Marken und anderen Warenbezeichnungen** mit Ausnahme des in diesen Angelegenheiten durchzuführenden Strafverfahrens (Art I Abs 3 Z 1a EGVG); der Grund für diese Ausnahme liegt im zivilrechtsähnlichen Charakter dieser Angelegenheiten und der starken Ähnlichkeit des Verfahrens vor dem Patentamt mit dem Zivilprozess (ErläutRV 2009 BlgNR 24. GP 15);
- Angelegenheiten der **Bodenreform** mit Ausnahme des in diesen Angelegenheiten durchzuführenden Strafverfahrens (Art I Abs 3 Z 1b EGVG);
- Angelegenheiten des **Familienlastenausgleichs** mit Ausnahme des in diesen Angelegenheiten durchzuführenden Strafverfahrens (Art I Abs 3 Z 2 EGVG);
- **Dienstrechtsverfahren**: Für diese gibt es die spezielle Regelung des DVG 1984 (Art I Abs 3 Z 3 EGVG). Das DVG bestimmt, dass die Vorschriften des AVG mit den im DVG normierten Abweichungen anzuwenden sind (§ 1 Abs 1 leg cit), und normiert im Folgenden explizit auf das AVG bezogene abweichende Bestimmungen.
- Angelegenheiten der Durchführung von **Wahlen** sowie Angelegenheiten der Durchführung von Volksbegehren, Volksabstimmungen, Volksbegehren und Europäischen Bürgerinitiativen, jeweils mit Ausnahme des in allen diesen Angelegenheiten durchzuführenden Strafverfahrens (Art I Abs 3 Z 4 EGVG; keine verfassungsrechtlichen Bedenken: VfGH 6.3.2018, W I 4/2017 mwN);
- **Disziplinarverfahren** (Art I Abs 3 Z 5 EGVG).

1.2.2. Ausnahme bestimmter Akte

Überhaupt ausgenommen vom Anwendungsbereich der Verwaltungsverfahrensgesetze sind **Prüfungen,** die der Beurteilung der Kenntnisse von Personen auf bestimmten Sachgebieten dienen. Die Ausnahme gilt jedoch nicht für das Verfahren der Zulassung zur Prüfung (Art I Abs 3 Z 6 EGVG). Im Übrigen bestehen für das Verfahren über Prüfungen verschiedentlich spezialgesetzliche Bestimmungen (vgl etwa § 79 UG).

2. Verwaltungsstraftatbestände

In Art III EGVG sind überdies vier **Verwaltungsstraftatbestände** enthalten. Zur Verfolgung und Ahndung dieser Verwaltungsübertretungen berufen sind

– die **Bezirksverwaltungsbehörde** (die Organe der Bundespolizei haben
  dabei als Hilfsorgane der zuständigen Bezirksverwaltungsbehörde ein-
  zuschreiten, vgl Art III Abs 2 EGVG);
– die **Landespolizeidirektion** in den Fällen des Schwarzfahrens (Art III
  Abs 1 Z 2 EGVG) und der Verbreitung nationalsozialistischen Gedankenguts (Art III Abs 1 Z 4 EGVG) für das Gebiet einer Gemeinde, für
  das die Landespolizeidirektion zugleich Sicherheitsbehörde erster Instanz ist.

2.1. Winkelschreiberei

Gem Art III Abs 1 Z 1 EGVG begeht eine Verwaltungsübertretung, wer in
Angelegenheiten, in denen er **nicht zur berufsmäßigen Parteienvertretung befugt** ist (dies sind idR nur Rechtsanwälte, Notare, Steuerberater,
Wirtschaftsprüfer sowie Unternehmensberater nach Maßgabe des § 136
Abs 3 GewO), **gewerbsmäßig** (dieser Begriff ist iSv § 1 Abs 2 bis 5 GewO
zu verstehen, vgl VwSlg 12.833 A/1988)
– für den Gebrauch vor inländischen oder ausländischen Gerichten oder
  Verwaltungsbehörden schriftliche **Anbringen oder Urkunden verfasst,**
– einschlägige **Auskünfte** erteilt,
– vor inländischen Gerichten oder Verwaltungsbehörden Parteien **vertritt**
  oder
– sich zu einer dieser Tätigkeiten in schriftlichen oder mündlichen Kund-
  gebungen **anbietet.**

Der Straftatbestand ist gem Art III Abs 3 EGVG nicht anzuwenden, soweit
besondere Vorschriften gegen die unbefugte Parteienvertretung bestehen
(vgl zB § 57 Abs 2 RAO sowie dazu VwGH 3.6.1996, 95/10/0123; ferner
§ 78 PatentG). Auch wenn die Tat – etwa wegen Betrugs gemäß § 146 StGB
(vgl dazu OGH 25.2.2015, 9 Ob 86/14h) – **gerichtlich strafbar** ist, tritt
Art III Abs 1 Z 1 EGVG zurück (§ 22 VStG).

Als Sanktion ist eine Geldstrafe von bis zu 218 Euro vorgesehen. Im
Verwaltungsstrafverfahren haben unter den Voraussetzungen des § 58 RAO
bzw des § 187 NO auch die jeweils zuständige Rechtsanwaltskammer bzw
Notariatskammer (Legal-)Parteistellung und Rechtsmittelbefugnis.

2.2. Schwarzfahren

Der Straftatbestand des Schwarzfahrens wurde durch die Novelle
BGBl I 57/2018 neu gefasst. Gem Art III Abs 1 Z 2 EGVG begeht eine Verwaltungsübertretung, wer sich die **Beförderung** durch eine dem öffentlichen Verkehr dienende Einrichtung **verschafft**, ohne das nach den Tarifbe-

stimmungen und Beförderungsbedingungen dieser Einrichtungen festgesetzte Entgelt ordnungsgemäß zu entrichten, und bei der Betretung im Beförderungsmittel auf Aufforderung den Fahrpreis und einen allfälligen in den Tarifbestimmungen oder Beförderungsbedingungen vorgesehenen Zuschlag entweder nicht unverzüglich oder, wenn seine Identität feststeht, nicht binnen zwei Wochen zahlt. Zur Identitätsfeststellung ermächtigt insb § 34b VStG (vgl zur praktischen Bedeutung dieser Regelung gerade in Fällen des Schwarzfahrens ErläutRV 193 BlgNR 26. GP 7).

Eine Verwaltungsübertretung liegt erst dann vor, wenn der Schwarzfahrer den Fahrpreis samt Zuschlag auf Aufforderung nicht unverzüglich oder (nach Feststellung seiner Identität) nicht binnen der zweiwöchigen Frist entrichtet (ErläutRV 193 BlgNR 26. GP 3). Dies hat zur Konsequenz, dass eine Verwaltungsübertretung nicht vorliegt, wenn der Schwarzfahrer nicht im Beförderungsmittel betreten, sondern etwa erst später bei der Behörde angezeigt wird, zumal Art III Abs 1 Z 2 EGVG tatbestandsseitig kumulativ auf eine derartige Betretung abstellt (arg *„und bei der Betretung im Beförderungsmittel"*).

Als Sanktion droht auch hier eine Geldstrafe von bis zu 218 Euro (vgl Art III Abs 1 EGVG).

Der Verwaltungsstraftatbestand des Art III Abs 1 Z 2 EGVG ist gem § 22 VStG gegenüber den Fällen, in denen Schwarzfahren mit **gerichtlicher Strafe** bedroht ist (vgl § 149 StGB – Erschleichung einer Leistung), **subsidiär** (ErläutRV 2009 BlgNR 24. GP 15).

2.3. Diskriminierung

Gem Art III Abs 1 Z 3 EGVG begeht eine Verwaltungsübertretung, wer einen anderen aus dem Grund der **Rasse**, der **Hautfarbe**, der nationalen oder ethnischen **Herkunft**, des **religiösen Bekenntnisses** oder einer **Behinderung diskriminiert** oder ihn hindert, Orte zu betreten oder Dienstleistungen in Anspruch zu nehmen, die für den allgemeinen öffentlichen Gebrauch bestimmt sind. Eine verpönte Diskriminierung kann sowohl darauf abstellen, dass die diskriminierte Person einer Ethnie, Nation oder Religion angehört, als auch, dass sie einer solchen Ethnie, Nation oder Religion nicht angehört (VwGH 24.4.2018, Ro 2017/03/0016). Eine Diskriminierung aufgrund des Geschlechts ist hingegen nicht sanktioniert (siehe *Hengstschläger/Leeb*, Verwaltungsverfahrensrecht[6] [2018] Rz 54 FN 47).

Angedroht ist eine Geldstrafe bis zu 1090 Euro. Strafbarkeit nach Art III Abs 1 Z 3 EGVG besteht allerdings nur dann, wenn die Tat nicht gerichtlich strafbar ist (vgl § 22 VStG) und wenn sie nicht nach anderen Verwaltungsstrafbestimmungen mit strengerer Strafe bedroht ist (Art III Abs 1 EGVG).

Beispiel: Durch Postings, in denen auf der Facebook-Seite eines Lokals *„Wir sind ab jetzt wieder asylantenfrei"* verkündet wird, wird eine Diskriminierung iSd Art III Abs 1 Z 3 EGVG bewirkt (VwGH 24.4.2018, Ro 2017/03/0016).

2.4. Verbreitung nationalsozialistischen Gedankenguts

Gem Art III Abs 1 Z 4 EGVG begeht eine Verwaltungsübertretung, wer **nationalsozialistisches Gedankengut** im Sinne des VerbotsG **verbreitet**. Unter „Verbreiten" ist jede Handlung zu verstehen, mit der derartiges Gedankengut einem größeren Personenkreis zugänglich gemacht wird, etwa das Verteilen von Flugzetteln (VwSlg 17.498 A/2008), nicht aber die Wiedergabe des Liedtextes eines NS-Liedes als Reaktion auf eine offenkundig falsche Wiedergabe des Textes dieses Liedes (VwSlg 13.690 A/1992); die Situation und der Zweck der Äußerungen sind mithin zu berücksichtigen (vgl näher VwGH 22.2.2018, Ra 2017/03/0063). Art III Abs 1 Z 4 EGVG soll eine verwaltungsstrafrechtliche Handhabe gegen das Übel der Verharmlosung nationalsozialistischen Gedankenguts bieten (VfSlg 20.207/2017) und in dieser Hinsicht „ärgerniserregenden Unfug" hintanhalten (vgl VfSlg 12.002/1989, 20.207/2017), dem nicht der Vorsatz zugrunde liegt, in Österreich ein nationalsozialistisches Regime zu installieren (vgl VwSlg 13.548 A/1991; VfSlg 20.207/2017). Ist letzteres der Fall, ist die Tat bereits als Wiederbetätigung nach dem VerbotsG strafbar.

Bei Verstößen gegen Art III Abs 1 Z 4 EGVG droht eine Geldstrafe bis zu 2180 Euro. Bereits der Versuch ist strafbar; auch können Gegenstände, mit denen die strafbare Handlung begangen wurde, für verfallen erklärt werden (Art III Abs 1 letzter Satz EGVG).

Strafbarkeit nach Art III Abs 1 Z 4 EGVG besteht nur dann, wenn die Tat nicht gerichtlich strafbar (§ 22 VStG) und nicht nach anderen Verwaltungsstrafbestimmungen mit strengerer Strafe bedroht ist (Art III Abs 1 EGVG). Ist ein gerichtliches Strafverfahren wegen einer Tat nach Art III Abs 1 Z 4 EGVG anders als durch Rücktritt von der Verfolgung (Diversion) oder durch rechtskräftigen Schuldspruch beendet worden, so ist dies der Behörde mitzuteilen. Die Mitteilung obliegt im Fall der Einstellung des Ermittlungsverfahrens der Staatsanwaltschaft, in allen anderen Fällen dem Gericht (Art III Abs 4 EGVG). Die Zeit von der Erstattung der Strafanzeige wegen einer Tat nach Art III Abs 1 Z 4 EGVG bis zum Einlangen der Mitteilung gemäß Abs 4 bei der Behörde ist in die Verjährungsfrist (§ 31 Abs 1 VStG) nicht einzurechnen (Art III Abs 5 EGVG).

C. Das allgemeine Verwaltungsverfahren

1. Zuständigkeit der Verwaltungsbehörden

1.1. System der festen Zuständigkeitsverteilung

Der einfache Gesetzgeber ist verfassungsrechtlich dazu verpflichtet (Art 18 Abs 1, Art 83 Abs 2 B-VG), die Zuständigkeit der Behörde klar, zweifelsfrei und konkret zu bestimmen. Jede Behörde hat nur innerhalb des genau abgegrenzten Zuständigkeitsbereiches zu handeln. Verfassungsrechtlicher Hintergrund dieses Gebots ist das rechtsstaatliche Prinzip, demzufolge der grundsätzlich unbegrenzten Freiheit der Bürger die strenge Verhaltensbindung der staatlichen Organe gegenübersteht.

Halten die Behörden sich nicht an die ihnen eingeräumte Zuständigkeit, verletzt dies nicht nur die einfachgesetzliche Zuständigkeitsordnung (zB VwSlg 7952 F/2004), sondern auch das verfassungsgesetzlich gewährleistete Recht auf den gesetzlichen Richter (Art 83 Abs 2 B-VG). Dies ist einerseits dann der Fall, wenn eine Behörde eine Zuständigkeit in Anspruch nimmt, die ihr nach dem Gesetz nicht zukommt (VfSlg 11.073/1986), und andererseits dann, wenn die zuständige Behörde ihre Zuständigkeit zu Unrecht ablehnt und damit eine Sachentscheidung verweigert (VfSlg 9696/1983, 14.690/1996; siehe auch VwGH 21.11.2018, Ro 2018/03/0049). Auch die Entscheidung durch eine unrichtig zusammengesetzte Kollegialbehörde bildet einen Fall der Unzuständigkeit (vgl VfSlg 5522/1967, 14.499/1996; VwGH 23.11.1990, 89/17/0031). Dasselbe gilt für die Verwaltungsgerichte (vgl VfSlg 19.671/2012, 20.190/2017).

Eigenmächtige Abweichungen von der Zuständigkeitsverteilung sind unzulässig. Der Gesetzgeber kann jedoch eine Delegation (Übertragung einer gesetzlich zugewiesenen Kompetenz durch Willensakt des zuständigen Organs auf ein anderes Organ, zB § 334 GewO) oder eine Devolu-

---

Hinweis: Paragraphenangaben ohne Nennung des zugehörigen Gesetzes beziehen sich in Kapitel C immer auf das AVG.

tion (Übergang der Zuständigkeit ohne Willensakt des zuständigen Organs, zB § 73 AVG) vorsehen.

1.2. Arten der Zuständigkeit

1.2.1. Sachliche Zuständigkeit

Unter sachlicher Zuständigkeit versteht man die Befugnis einer Verwaltungsbehörde, in bestimmten Angelegenheiten Akte der Vollziehung zu setzen. Die Festlegung der sachlichen Zuständigkeit obliegt nicht dem Verfahrensgesetzgeber, sondern dem **Materiengesetzgeber** (vgl § 1) und fällt nicht in die Bedarfsgesetzgebungskompetenz des Art 11 Abs 2 B-VG.

Für den Fall, dass im Materiengesetz keine Regelung der sachlichen Zuständigkeit getroffen wird (dh **subsidiär**) und dass der Bund der Materiengesetzgeber ist, bestimmt § 2, dass in Angelegenheiten der **Bundesverwaltung** die **BVB** sachlich zuständig sind (mittelbare Bundesverwaltung).

In Angelegenheiten der **Landesverwaltung** hingegen regeln die Länder als Materiengesetzgeber die Zuständigkeit. Subsidiär ist regelmäßig die Zuständigkeit der BVB vorgesehen (zB § 3 Abs 3 Sbg Bezirkshauptmannschaften-Gesetz: „Sofern die Verwaltungsvorschriften nichts anderes bestimmen, ist die Bezirkshauptmannschaft in den Angelegenheiten der Landesvollziehung als Bezirksverwaltungsbehörde sachlich zuständige Behörde.").

1.2.2. Örtliche Zuständigkeit

Jede Behörde hat auch einen örtlichen Wirkungsbereich und ist somit bei der Ausübung ihrer sachlichen Zuständigkeit räumlich begrenzt. Die örtliche Zuständigkeit wird festgelegt, indem der Materiengesetzgeber eine Verknüpfung zwischen einer Rechtssache und einem Amtssprengel (für dessen Einrichtung der Organisationsgesetzgeber zuständig ist) herstellt.

§ 3 gelangt erst dann zur Anwendung, wenn die Vorschriften über den Wirkungsbereich der Behörde und die Verwaltungsvorschriften über die örtliche Zuständigkeit nichts bestimmen (VwGH 29.3.2017, Ro 2015/05/0022; 19.4.2018, Ro 2017/07/0017). Für den Fall der Nichtregelung durch den Materiengesetzgeber enthält § 3 folgende Vorgaben (subsidiäre Regelung):
- primär ist für Verwaltungsangelegenheiten betreffend ein **unbewegliches Gut** die Behörde zuständig, in deren Sprengel das Gut liegt (Z 1);
- bei Verwaltungssachen betreffend den **Betrieb einer Unternehmung** oder eine sonstige dauernde Tätigkeit ist der Ort maßgeblich, an dem das Unternehmen betrieben oder die Tätigkeit ausgeübt wird oder werden soll (Z 2);

– in **sonstigen Sachen** wird die örtliche Zuständigkeit in folgender Weise bestimmt (Z 3):
  • zunächst nach dem Hauptwohnsitz (Sitz) des Beteiligten, und zwar im Zweifelsfall des belangten oder verpflichteten Teiles,

> Die Definition des **Hauptwohnsitzes** natürlicher Personen enthält Art 6 Abs 3 B-VG: Dieser ist dort begründet, wo sich die Person in der erweislichen oder aus den Umständen hervorgehenden Absicht niedergelassen hat, hier den Mittelpunkt ihrer Lebensbeziehungen zu schaffen. Bei juristischen Personen knüpft man an den gesetzlichen oder vertraglich vereinbarten **Sitz** an.

  • dann nach seinem Aufenthalt,
  • dann nach seinem letzten Hauptwohnsitz (Sitz) im Inland oder
  • schließlich nach seinem letzten Aufenthaltsort im Inland.
  • Kann die örtliche Zuständigkeit nach keinem dieser Kriterien bestimmt werden oder besteht Gefahr im Verzug, ist der Ort des Anlasses zum Einschreiten entscheidend.
  • Kann jedoch auch danach die Zuständigkeit nicht bestimmt werden, so ist die sachlich in Betracht kommende oberste Behörde zuständig (vgl VwGH 10.10.2018, Ra 2018/03/0042).

> § 3 ist keine Regelung des Verwaltungsverfahrensrechts. Da er sich nicht nur auf die Bundesverwaltung bezieht, sondern auf den gesamten Anwendungsbereich des AVG, ist er bezüglich der Angelegenheiten, die in die Landesgesetzgebungskompetenz fallen, kompetenz- und daher verfassungswidrig.

1.2.3. Funktionelle Zuständigkeit

Die funktionelle Zuständigkeit – dh die Verteilung der Funktionen auf verschiedene Organe des sachlich und örtlich zuständigen Organkomplexes – ist der Sache nach ein Teil der sachlichen Zuständigkeit (VwSlg 9742 A/1979).

Beispiele: Festlegung des Instanzenzuges, Aufteilung von Aufgaben zwischen Mitgliedern von Kollegialorganen, Zuteilung zu den verschiedenen Wirkungsbereichen einer Behörde.

Die Regelung der funktionellen Zuständigkeit kommt daher dem Materiengesetzgeber zu, subsidiär ist für die Angelegenheiten der Bundesverwaltung § 2 maßgeblich (siehe oben 1.2.1).

1.3. Zuständigkeitskonkurrenz

Zuständigkeitskonkurrenz oder -kumulation entsteht, wenn **in derselben Rechtssache gleichzeitig zwei oder mehrere Verwaltungsbehörden** sachlich und örtlich zuständig sind.

> **Beispiel:** Baubewilligung betreffend ein Bauwerk, das sich über zwei Grundstücke erstrecken soll, die in verschiedenen Gemeinden (oder in den Sprengeln zweier Behörden) liegen.

§ 4 ordnet für Fälle, in denen sich aus den besonderen Verwaltungsvorschriften oder aus § 3 Z 1 oder Z 2 mehrere zuständige Behörden ergeben, an, dass die Behörden **einvernehmlich vorzugehen** haben. Einvernehmen iSd § 4 bedeutet Überstimmung der Meinungen beider Behörden über die Entscheidung, ein rechtmäßiges Vorgehen setzt daher eine übereinstimmende Willensbetätigung voraus (vgl VwGH 29.3.2017, Ro 2015/05/0022). Das bedeutet, dass die zuständigen Behörden einvernehmlich einen (einzigen) gleichlautenden Bescheid zu erlassen haben (VwSlg 13.192 A/1990).

Kommt kein Einvernehmen zustande, geht die Zuständigkeit zur Entscheidung auf die **sachlich in Betracht kommende Oberbehörde** über, diese muss den Übergang von Amts wegen wahrnehmen. Sind demnach wieder verschiedene Oberbehörden zuständig, zwischen denen kein Einvernehmen erzielt wird, entscheidet die sachlich in Betracht kommende gemeinsame Oberbehörde.

Gem § 4 Abs 3 ist im Falle von **Gefahr im Verzug** jede zuständige Behörde zur Setzung der zur Gefahrenabwehr notwendigen Maßnahmen und zur Verständigung der anderen Behörden verpflichtet.

Keine Lösung bietet § 4 in Fällen, in denen
- sich die Zuständigkeit mehrerer Behörden aus § 3 Z 3 ergibt,
- eine der Behörden das AVG nicht anzuwenden hat oder
- es für den Fall der Nichteinigung keine gemeinsame Oberbehörde gibt (vgl VwGH 29.3.2017, Ro 2015/05/0022; zB gleichzeitige Zuständigkeit mehrerer LReg).

Auch Vorschriften des besonderen Verwaltungsrechts sehen gelegentlich Sonderregelungen zur Lösung von Zuständigkeitskonkurrenzen vor, wie zB § 101 WRG (vgl dazu VwGH 22.12.2016, Ra 2014/07/0060) oder § 335 GewO.

1.4. Zuständigkeitskonflikt

Ein Zuständigkeitskonflikt liegt vor, wenn aufgrund des Gesetzes (nur) eine Behörde zur Besorgung einer Verwaltungsangelegenheit sachlich und örtlich zuständig ist, aber mehrere Behörden tätig werden (**positiver Zustän-**

digkeitskonflikt) oder die Zuständigkeit ablehnen, eine davon zu Unrecht (**negativer Zuständigkeitskonflikt**). Der Unterschied zur Zuständigkeitskonkurrenz liegt darin, dass rechtlich nur eine Behörde zuständig ist.

Gem § 5 Abs 1 entscheidet über den Konflikt die **sachlich in Betracht kommende gemeinsame Oberbehörde** durch verfahrensrechtlichen Bescheid von Amts wegen oder auf Antrag der Parteien. Liegt Gefahr im Verzug vor, so gilt § 4 Abs 3, wonach jede Behörde in ihrem Amtsbereich die notwendigen Amtshandlungen unter gleichzeitiger Verständigung der anderen Behörden vorzunehmen hat (§ 5 Abs 2; vgl oben 1.3.).

Diese Regelung hat wenig Sinn, da sich bei negativen Kompetenzkonflikten ohnehin keine Behörde als zuständig erachtet, also keine Behörde Maßnahmen setzt, und bei positiven Kompetenzkonflikten jede Behörde schon deswegen tätig wird, weil sie sich für zuständig hält.

Keine Lösung bietet § 5 in folgenden Fällen:

– Es gibt keine sachlich in Betracht kommende gemeinsame Oberbehörde (zB bei Kompetenzstreitigkeiten zwischen einer Gemeinde im eigenen Wirkungsbereich und einer BVB).
– Nicht alle beteiligten Behörden haben das AVG anzuwenden.

Neben der Entscheidung durch eine übergeordnete Behörde gibt es noch andere, nicht in diesem Zusammenhang im AVG genannte Möglichkeiten.

– Zwischen über- und untergeordneten Behörden können Zuständigkeitskonflikte durch **Weisung** gelöst werden.
– Gem Art 138 Abs 1 B-VG fallen Kompetenzkonflikte zwischen den Ländern, zwischen einem Land und dem Bund, zwischen Verwaltungsbehörden und Gerichten, zwischen ordentlichen Gerichten und Verwaltungsgerichten oder dem VwGH sowie zwischen dem VfGH selbst und allen anderen Gerichten in die Entscheidungsbefugnis des **VfGH**, der auf Antrag einer Partei oder einer beteiligten Behörde tätig wird.
– Gem Art 133 Abs 1 Z 3 B-VG erkennt der **VwGH** über Kompetenzkonflikte zwischen Verwaltungsgerichten oder zwischen einem Verwaltungsgericht und dem VwGH selbst (siehe unten G. 4.4.).
– Die Parteien können gegen eine Entscheidung einer unzuständigen Behörde **Rechtsmittel** ergreifen (Beschwerde an die Verwaltungsgerichte, Berufung an die übergeordnete Gemeindebehörde in Angelegenheiten des eigenen Wirkungsbereichs).
– Negative Zuständigkeitskonflikte können den Gegenstand eines **Devolutionsantrags** (§ 73 Abs 2) oder einer **Säumnisbeschwerde** an das Verwaltungsgericht (Art 130 Abs 1 Z 3 B-VG) bilden.
– Letztlich kann die **Oberbehörde** einer unzuständigen Behörde deren zu Unrecht ergangene Sachentscheidung gem § 68 Abs 4 Z 1 aufheben (siehe unten C. 5.4.3.).

1.5. Unzuständigkeit und ihre Folgen

Die Entscheidung durch eine unzuständige Behörde belastet den Bescheid mit einem Mangel, der mit Beschwerde an die Verwaltungsgerichte (bzw in Angelegenheiten des eigenen Wirkungsbereichs der Gemeinde mit Berufung an die übergeordnete Gemeindebehörde) aufgegriffen werden kann. Außerdem kann ein solcher Bescheid durch die sachlich in Betracht kommende Oberbehörde von Amts wegen gem § 68 Abs 4 Z 1 aufgehoben werden.

1.5.1. Amtswegige Wahrnehmung der Zuständigkeit

Verwaltungsbehörden haben ihre Zuständigkeit **von Amts wegen** und **in jeder Verfahrenslage** wahrzunehmen, ohne dass dazu Parteiengehör gewährt werden müsste (VwGH 19.3.2014, 2013/09/0156). Maßgeblich für die Feststellung der Zuständigkeit ist die Sach- und Rechtslage im Zeitpunkt der Erlassung des Bescheides (siehe zB VwGH 20.1.2016, Ra 2015/17/0068). Auch nach Anhängigwerden eines Verwaltungsverfahrens ist eine eintretende Unzuständigkeit aufzugreifen und das Verfahren von der zuständigen Behörde fortzuführen (zB VwGH 26.6.2014, Ra 2014/03/0004). Es gibt also keine *perpetuatio fori* (Fortwirken der Zuständigkeit der Behörde; vgl VwGH 4.9.2014, 2011/12/0074; 16.3.2018, Ro 2018/02/0001).

> Die Judikatur macht davon jedoch eine Ausnahme: Ändert sich die Zuständigkeit der Behörde erster Instanz durch Änderung der Sachlage erst im Verfahren vor der Berufungsbehörde bzw dem Verwaltungsgericht, bleibt die bisher gegebene Zuständigkeit der Berufungsbehörde bzw des Verwaltungsgerichts bestehen (vgl schon zur alten Rechtslage VwGH 30.5.1995, 95/18/0120). Diese Rechtsprechung hat seit dem 1.1.2014 auch für das Beschwerdeverfahren vor den Verwaltungsgerichten Relevanz.

Die gesetzlich festgelegte Zuständigkeit kann weder durch die Behörde noch durch die Parteien geändert werden (§ 6 Abs 2: keine *prorogatio fori*). Die Berufungsbehörde hat eine Unzuständigkeit der Unterbehörde auch dann von Amts wegen aufzugreifen, wenn sie weder im Verfahren eingewendet noch in der Berufung releviert wurde (VwGH 24.7.2014, 2013/07/0270); dasselbe gilt gemäß § 27 VwGVG für das Beschwerdeverfahren vor den Verwaltungsgerichten (arg *„Soweit das Verwaltungsgericht nicht Rechtswidrigkeit infolge Unzuständigkeit der Behörde gegeben findet"*; siehe dazu etwa VwGH 16.3.2018, Ro 2018/02/0001; 27.3.2018, Ra 2015/06/0072).

1.5.2. Weiterleitung

Hält sich die Behörde zur Entscheidung über ein bei ihr eingelangtes Anbringen für **unzuständig**, hat sie das Anbringen nur dann **zurückzuweisen**, wenn

- die beantragende Partei auf der Zuständigkeit beharrt,
- es keine zuständige Behörde gibt, an die weitergeleitet oder verwiesen werden könnte (zB VwGH 24.4.2015, 2013/17/0798; 18.5.2018, Ra 2017/02/0029), oder
- Zweifel an der Unzuständigkeit der Behörde, die Adressat des Anbringens ist, bestehen (vgl VwGH 10.12.2018, Ro 2018/12/0017).

Ansonsten hat die Behörde den Antragsteller an die zuständige Behörde zu verweisen oder selbst das Anbringen an die zuständige Behörde **weiterzuleiten** (§ 6 Abs 1). Diese Regelung soll vor Nachteilen schützen, die aus einer Unkenntnis der Partei betreffend die Behördenorganisation und die Zuständigkeitsnormen resultieren können (vgl dazu näher VwGH 28.11.2016, Ro 2016/11/0015). Gleichwohl besteht kein subjektives Recht der Partei auf Weiterleitung (VwGH 6.9.2018, Ra 2017/17/0680).

Die Weiterleitung gem § 6 Abs 1 muss „ohne unnötigen Aufschub" vorgenommen werden und sie erfolgt „auf Gefahr des Einschreiters" (VwGH 21.3.2016, Ra 2015/08/0180), dh dieser trägt das Risiko einer Fristversäumnis wegen Verlusts oder Verspätung des Anbringens. Die Tage des Postlaufs werden gem § 33 Abs 3 nicht in die Frist eingerechnet, dh es reicht, wenn die unzuständige Behörde das Anbringen innerhalb der Frist zur Post gibt (vgl VwGH 23.10.2014, Ro 2014/11/0067). Die Weiterleitung darf von der Behörde nicht beliebig lange hinausgezögert werden (arg „ohne unnötigen Aufschub"); im Fall „grundloser extremer Verzögerungen" kann ein Wiedereinsetzungsantrag gem § 71 Abs 1 Z 1 gestellt werden (vgl VwGH 28.5.2014, 2013/12/0209; 23.10.2014, 2012/07/0209; 10.9.2018, Ra 2018/19/0331). Hingegen bedeutet die Verletzung der Weiterleitungspflicht keine Verletzung der Entscheidungspflicht iSd § 73 (VwGH 10.12.2018, Ro 2018/12/0017).

Die Weiterleitung erfolgt durch formlose Verfügung (vgl VwGH 30.10.2018, Ra 2018/05/0253; eine entsprechende Mitteilung an die Partei ist kein Bescheid: VwGH 17.2.2015, Ra 2015/01/0022) und befreit die unzuständige Behörde von ihrer Entscheidungspflicht. Diese lebt aber wieder auf, wenn der Antragsteller weiterhin die Zuständigkeit der ursprünglichen Behörde behauptet (VwSlg 12.896 A/1989).

1.6. Befangenheit von Verwaltungsorganen

Die Grundlage für die Befangenheitsregeln besteht in der Einsicht, dass die unparteiische Entscheidung durch unsachliche psychologische Motive gehemmt wird (vgl VwGH 11.4.2018, Ra 2017/08/0122). Die Entscheidung im Verwaltungsverfahren darf nicht von Organwaltern getroffen werden, die zu einer Partei oder zum Verfahrensgegenstand in einem bestimmten Naheverhältnis stehen und daher **nicht objektiv und unparteiisch** sind oder zu sein scheinen. Die Regelung der Befangenheit findet auch auf Amtssachverständige (§ 53 Abs 1), in modifizierter Form auf nichtamtliche Sachverständige (§ 53 Abs 1 2. Satz) und auf Dolmetscher (§ 39a Abs 1 iVm § 53) Anwendung. Die Befangenheitsgründe gelten aber nicht für juristische Personen (vgl VwSlg 2221 A/1951) oder für Behörden als solche (vgl VwGH 29.3.2000, 94/12/0180).

1.6.1. Befangenheitsgründe

a) Absolute Befangenheitsgründe

§ 7 Abs 1 nennt Gründe, bei deren Vorliegen das Verwaltungsorgan jedenfalls als befangen erachtet wird:
– das Organ ist selbst an der Sache beteiligt (Z 1);
– Naheverhältnis zu einer Partei als Angehöriger oder als vom betreffenden Organwalter zu vertretene schutzberechtigte Person (Z 1); Angehörige sind gem § 36a Ehegatten, nähere Verwandte und Verschwägerte, Wahleltern und -kinder sowie Pflegeeltern und -kinder, Personen in einer Lebensgemeinschaft und eingetragene Partner; schutzberechtigte Personen sind solche iSd § 21 ABGB (idF des 2. ErwSchG, BGBl I 59/2017; vgl ErläutRV 195 BlgNR 26. GP 3);
– Bevollmächtigung durch eine Partei (Z 2);
– im Berufungsverfahren (vor der übergeordneten Gemeindebehörde), wenn die betreffende Person an der Erlassung des unterinstanzlichen Bescheids mitgewirkt hat (Z 4); eine solche Mitwirkung an der Erlassung eines Bescheids erfolgt aber nur durch die unmittelbare Teilnahme des gleichen Organwalters an der Erzeugung des Spruchs, nicht aber bereits durch eine andere Tätigkeit im unterinstanzlichen Verfahren (vgl VwGH 26.7.2018, Ro 2014/11/0104); der Befangenheitsgrund der Z 4 liegt auch dann nicht vor, wenn der betreffende Organwalter bloß durch Handhabung des Weisungsrechts auf den Inhalt des Bescheids Einfluss genommen hat (vgl VwGH 23.9.2009, 2009/03/0091) oder schon vor Einleitung des verwaltungsbehördlichen Verfahrens eine für die Partei ungünstige Rechtsmeinung vertreten hat (vgl VwGH 19.6.2018, Ra 2018/03/0023).

Für das Beschwerdeverfahren vor den Verwaltungsgerichten siehe § 6 VwGVG sowie dazu unten F. 3.5.

b) Relative Befangenheitsgründe

Ein Verwaltungsorgan darf sein Amt ferner auch dann nicht ausüben, wenn **sonstige wichtige Gründe** vorliegen, die geeignet sind, seine volle Unbefangenheit in Zweifel zu ziehen (§ 7 Abs 1 Z 3). Der VwGH beurteilt eine mögliche Befangenheit danach, ob ein Beteiligter bei vernünftiger Würdigung aller Umstände einen Anlass hat, an der Unvoreingenommenheit des Organwalters zu zweifeln (VwGH 16.7.1992, 92/09/0120; 8.8.2018, Ra 2015/04/0013); somit wird die Befangenheit bereits durch den **objektiven Anschein** einer Voreingenommenheit bewirkt (VwGH 30.6.2015, Ro 2015/03/0021; 28.3.2017, Ro 2016/09/0009). Es genügen Umstände, die die volle Unbefangenheit zweifelhaft erscheinen lassen können und die eine gewisse Wahrscheinlichkeit der Befangenheit begründen können (VwGH 6.3.2019, Ro 2018/03/0031). Befangenheit liegt dann vor, wenn eine unparteiische Entscheidung in Bezug auf die konkreten Fachfragen durch unsachliche psychologische Motive gehemmt ist (VwGH 24.1.1991, 89/06/0212; 18.2.2015, Ra 2014/03/0057). Nicht ausreichend für eine Befangenheit sind bloße Animositäten (VwGH 13.3.1991, 90/13/0211) oder parteipolitische Zugehörigkeiten (VwSlg 2422 A/1952; vgl auch VfSlg 13.338/1993). Ebenso wenig begründet der Umstand für sich genommen eine Befangenheit, dass ein Verwaltungsorgan angesichts des Vorbringens einer Partei seine Meinung nicht ändert oder Beweise nicht wie von der Partei gewünscht aufnimmt (VwGH 21.4.2015, Ra 2014/09/0042); auch gegen die Äußerung einer „vorläufigen Einschätzung" des Entscheidungsorgans hatte der VwGH keine Bedenken (vgl VwGH 7.4.2016, Ra 2015/08/0198; 15.11.2017, Ra 2016/08/0184).

1.6.2. Rechtsfolgen der Befangenheit von Organwaltern

Jedes Verwaltungsorgan muss **von Amts wegen** seine mögliche Befangenheit **prüfen** und bejahendenfalls seine **Vertretung veranlassen** (§ 7 Abs 1). Bei Gefahr im Verzug hat auch ein befangenes Organ unaufschiebbare Amtshandlungen zu setzen, wenn nicht für unverzügliche Vertretung gesorgt werden kann (§ 7 Abs 2).

Parteien und Beteiligte haben **kein subjektives Recht auf Ablehnung** eines Verwaltungsorgans und auch keine Möglichkeit, eine Vertretung zu beantragen (VfSlg 5054/1965; VwSlg 15.293 A/1928; VwGH 19.10.2016, Ra 2015/12/0081). Anderes gilt allerdings im Fall der Befangenheit eines nichtamtlichen Sachverständigen (siehe dazu C. 4.3.5.).

Die Befangenheit des Organwalters bewirkt **nicht** die **Unzuständigkeit** des Organs bzw der Behörde (vgl VfSlg 5334/1966; VwGH 13.4.1993, 90/05/0224; 22.1.2015, Ro 2014/06/0002). Auch eine Kollegialbehörde, der ein befangenes Organ angehört, ist weder unzuständig noch unrichtig zusammengesetzt. Daher liegt in solchen Fällen keine Verletzung des Rechts auf den gesetzlichen Richter vor (VfSlg 3408/1958), außer wenn die Verwaltungsvorschriften ausnahmsweise ein Ablehnungsrecht der Parteien vorsehen und der Ablehnungsantrag zu Unrecht abgewiesen wird (VfSlg 2609/1953) oder das Ablehnungsrecht der Parteien durch Nichtbekanntgabe der Mitglieder einer Kollegialbehörde umgangen wird (VfSlg 13.526/1993).

Eine Aufhebung des Bescheids infolge Befangenheit des bescheiderlassenden Organs durch die Berufungsbehörde oder das Verwaltungsgericht kommt nicht in Betracht, wenn der Bescheid im Übrigen rechtmäßig ist (vgl VwSlg 2422 A/1952). Der in der Befangenheit des Entscheidungsorgans gelegene Verfahrensmangel wird insoweit durch die Entscheidung der unbefangenen Berufungsbehörde (VwGH 27.1.2011, 2010/06/0219) oder des unbefangenen Verwaltungsgerichts (VwGH 27.6.2017, Ra 2016/12/0001; 24.10.2017, Ra 2016/06/0051) saniert.

2. Parteien, Beteiligte und Vertreter

Im Verwaltungsverfahrensrecht gilt der Grundsatz, dass (idR durch Erlassung eines Bescheids) betroffene Personen am Verfahren teilnehmen und bei der Feststellung oder Gestaltung ihrer Rechtssphäre mitwirken können.

2.1. Partei- und Prozessfähigkeit

Voraussetzung für die Teilnahme von Personen am Verfahren ist ihre Partei- und Prozessfähigkeit. Unter **Parteifähigkeit** versteht man die prozessuale Rechtsfähigkeit, dh die Fähigkeit einer Person, Trägerin von prozessualen Rechten und Pflichten zu sein. Nicht parteifähig sind beispielsweise Gesellschaften bürgerlichen Rechts (VwGH 30.5.2017, Ra 2015/07/0106) oder eine „Gemeinschaft von Liegenschaftseigentümern" (vgl auch VwGH 27.4.2017, Ra 2015/07/0067 [„Bürgerliste"]), da es sich hiebei nicht um juristische Personen handelt.

Die Fähigkeit natürlicher Personen, durch eigenes Handeln oder durch das eines selbstgewählten Vertreters rechtswirksame Verfahrenshandlungen zu setzen, nennt man **Prozessfähigkeit** oder prozessuale Handlungsfähigkeit. Juristische Personen selbst sind nicht prozessfähig. Sie können sich am Verfahren nur durch ihre nach Gesetz oder Satzung zur Vertretung zuständigen Organe beteiligen (VwGH 13.11.1992, 91/17/0047). Prozessunfähigkeit liegt bei Unmündigkeit sowie bei vorübergehender Sinnesverwirrung oder dauernder geistiger Behinderung vor.

Die Partei- und Prozessfähigkeit von Personen bestimmt sich gem § 9 primär nach den Verwaltungsvorschriften, subsidiär nach den Vorschriften des bürgerlichen Rechts (VwGH 4.4.2019, Ra 2019/01/0083). Das AVG legt sohin die zivilrechtliche Rechts- und Geschäftsfähigkeit zugrunde; allfällige Einschränkungen dieser zivilrechtlichen Rechts- und Geschäftsfähigkeit sind also auch im Verwaltungsverfahren zu beachten (VwGH 28.5.2019, Ra 2018/05/0188). Ein Mangel der Partei- und Prozessfähigkeit ist in jeder Lage des Verfahrens von Amts wegen wahrzunehmen (VwGH 28.5.2019, Ra 2018/10/0117). Bescheide, die nicht partei- und prozessfähigen Personen zugestellt werden, entfalten diesen gegenüber keine Rechtswirkungen (VwSlg 7409 A/1968, 8057 A/1971); einem nicht rechtsfähigen Gebilde können auch keine Kosten auferlegt werden (vgl VwGH 30.5.2017, Ra 2015/07/0106).

Von der Prozessfähigkeit zu unterscheiden ist die **Postulationsfähigkeit**. Darunter versteht man die Fähigkeit, selbst (also nicht durch einen gesetzlichen oder gewillkürten Vertreter) Verfahrenshandlungen zu setzen.

Beispiel: Eine Partei, die gem § 34 Abs 2 von einer Amtshandlung ausgeschlossen wurde, ist nicht postulationsfähig. Für sie kann nur ein gewählter Vertreter, dessen Bestellung ihr aufzutragen ist, handeln.

2.2. Parteien

2.2.1. Parteibegriff

Parteien sind natürliche und juristische Personen, die „an der Sache vermöge eines Rechtsanspruches oder eines rechtlichen Interesses beteiligt sind" (Legaldefinition des § 8). Die Unterscheidung zwischen Rechtsanspruch und rechtlichem Interesse ist heute weitgehend bedeutungslos geworden. Partei eines Verwaltungsverfahrens ist demnach, wer durch den jeweiligen Verfahrensgegenstand in einem subjektiven öffentlichen Recht betroffen ist. § 8 knüpft damit an das Bestehen materieller Berechtigungen an und verleiht deren Träger die prozessuale Stellung einer Partei (VwGH 28.6.1994, 92/04/0268). Die Frage, wer in einem konkreten Verwaltungsverfahren die Rechtsstellung einer Partei besitzt, kann daher nicht anhand des AVG allein gelöst werden, sondern muss vielmehr aufgrund der im jeweiligen Fall anzuwendenden Verwaltungsvorschrift (zB GewO, BauO) beantwortet werden (vgl VwGH 26.2.2003, 2000/03/0328).

Die Verwaltungsvorschriften können die Parteistellung ausdrücklich regeln („**Legalparteistellung**"; siehe zB § 102 Abs 1 WRG: „*Parteien sind: ...*")

oder sie können **subjektive öffentliche Rechte** einräumen, die in Verbindung mit § 8 die Parteistellung im Verwaltungsverfahren vermitteln. Für die Parteistellung genügt bereits die *Möglichkeit* der Verletzung dieser subjektiven öffentlichen Rechte (VwGH 13.12.2016, Ra 2016/05/0058). Ein bloß tatsächliches, insb wirtschaftliches Interesse vermittelt keine Parteistellung (vgl zB VwGH 28.3.2008, 2007/02/0325; 24.11.2016, Ro 2014/07/0072), es sei denn, die Rechtsordnung erkennt es zugleich als rechtliches Interesse an (VwGH 3.4.2019, Ra 2017/08/0053). Gleiches gilt für öffentliche Interessen (vgl VwGH 30.9.1992, 89/03/0224; 29.5.2018, Ra 2018/06/0045).

Als Partei iSd § 8 kommt – soweit das Gesetz nichts anderes bestimmt – nur eine physische Person oder eine kraft Gesetzes mit Rechtspersönlichkeit ausgestattete Einrichtung in Betracht (VwGH 7.9.1998, 98/10/0248).

2.2.2. Subjektive öffentliche Rechte

Nach der herrschenden Ansicht versteht man unter dem Begriff des subjektiven öffentlichen Rechts die dem Einzelnen kraft öffentlichen Rechts verliehene **Rechtsmacht, vom Staat zur Verfolgung seiner Interessen ein bestimmtes Verhalten zu verlangen** (VwGH 28.8.1997, 97/04/0106). Subjektive öffentliche Rechte sind von den Befugnissen staatlicher Organe zu unterscheiden, die in Wahrung des öffentlichen Interesses ausgeübt werden (Kompetenzen).

Nach der überwiegenden Lehre und der Rechtsprechung (VwGH 18.10.1994, 94/04/0016) liegt ein subjektives öffentliches Recht nur vor, wenn es auch (etwa durch Klage oder Beschwerde) **durchsetzbar** ist. Nach anderer Meinung handelt es sich bei der Durchsetzbarkeit um eine Rechtsfolge des Vorliegens subjektiver öffentlicher Rechte. Jedenfalls sind diese idR mit einer Durchsetzungsmöglichkeit verbunden (insb weil § 8 den Trägern solcher Rechte Parteistellung einräumt). Dieser Zusammenhang ist grundsätzlich verfassungsrechtlich geboten (VfSlg 14.295/1995), aber nicht begriffsnotwendig. Ein wesentlicher Zweck der subjektiven öffentlichen Rechte ist die Wahrung individueller Interessen durch die Einräumung der Parteistellung und die Möglichkeit, die gerichtliche Kontrolle des Verwaltungshandelns in Anspruch zu nehmen.

Die Beurteilung, ob eine gesetzliche Vorschrift ein subjektives Recht gewährt, ist einfach, wenn die (Materien-)Vorschrift ausdrücklich bestimmte Personen berechtigt. Insbesondere dann aber, wenn subjektive Rechte nur in Gestalt von Pflichten anderer zum Ausdruck kommen, ist der Interpretationsvorgang schwierig. Für solche Fälle hat die Lehre auf Basis der Interessentheorie die sog „**Schutznormtheorie**" entwickelt, welche durch die Gerichtshöfe des öffentlichen Rechts aufgegriffen wurde: Wird der Behörde durch eine Norm des objektiven Rechts eine Pflicht nicht nur im Interesse der Allgemeinheit, sondern insbesondere auch im Interesse bestimmter Personen auferlegt, so wird im Rechtsstaat vermutet, dass diese Personen eine subjektive Berechtigung und somit Parteistellung haben (VfSlg 12.838/1991; VwSlg 9151 A/1976). Es kommt daher auf den vom materiellen Recht verfolgten Schutzzweck an, welcher nicht nur im allgemeinen Ordnungszweck bestehen darf. Die Annahme eines subjektiven Rechts setzt somit ein von der Rechtsordnung gewolltes Element voraus, welches das Individuum begünstigt. Im Gegensatz dazu gibt es auch begünstigende Wirkungen, die sich aus der objektiven Rechtslage ergeben, ohne dass diese Rechtslage ein subjektives Recht auf die begünstigende Wirkung einräumt (Rechtsreflex).

Der Begriff des subjektiven öffentlichen Rechts und der Begriff der Parteistellung stehen idR in untrennbarem Zusammenhang, sind aber nicht gleichzusetzen. Es ist auch möglich, dass die Parteistellung und die Einräumung subjektiver öffentlicher Rechte auseinander fallen: einerseits dann, wenn der Gesetzgeber die Parteistellung trotz Fehlens einer subjektiven Berechtigung einräumt, andererseits dann, wenn die Parteistellung gesetzlich ausgeschlossen ist, obwohl sie nach den materiellen Vorschriften in Verbindung mit § 8 gegeben wäre; die verfassungsrechtliche Zulässigkeit derartiger von § 8 abweichender Regelungen ist insb an Art 11 Abs 2 B-VG zu messen.

Beispiel: Ausschluss oder Beschränkung der Parteistellung im vereinfachten Genehmigungsverfahren nach § 359b GewO.

Subjektive private Rechte begründen grundsätzlich keine subjektiven öffentlichen Rechte und sind daher auf dem Zivilrechtsweg geltend zu machen (VwGH 1.8.2018, Ra 2018/06/0094; 27.3.2019, Ra 2019/06/0037). Ausnahmsweise besteht jedoch auch bei Berührung von Privatrechten Parteistellung gem § 8, wenn der Behörde die Wahrung von Privatrechten im betreffenden Verfahren übertragen ist (VwGH 21.6.2017, Ro 2016/03/0002). Im Übrigen bestehen mitunter spezialgesetzliche Bestimmungen, die die Behörde zu einem Einigungsversuch verpflichten (zB § 357 GewO, § 113 WRG, § 45 AWG 2002 und § 151 Abs 3 GWG 2011).

Ein unionsrechtlich eingeräumtes subjektives Recht (subjektives Unionsrecht) ist auch als subjektives Recht im Sinne des § 8 zu qualifizieren. Sobald sich daher aus dem Unionsrecht ein Anspruch für den Rechtsunterworfenen ergibt, ist dieser dem Verwaltungsverfahren beizuziehen, widrigenfalls (auch) das verfassungsgesetzlich gewährleistete Recht auf ein Verfahren vor dem gesetzlichen Richter (Art 83 Abs 2 B-VG) verletzt wäre (näher *Frank*, Gemeinschaftsrecht und staatliche Verwaltung [2000] 407 ff [insb 416 f]; *Grabenwarter*, Subjektive Rechte und Verwaltungsrecht, 16. ÖJT Band I/1 [2006] 46; *Ranacher/Frischhut*, Handbuch Anwendung des EU-Rechts [2009] 350 ff). Auf diese Weise kann sich die Parteistellung auch unmittelbar aus dem Unionsrecht ergeben (siehe zB VwGH 28.3.2018, Ra 2015/07/0152 [Umweltorganisationen]). Das Unionsrecht kann daher zu einer Erweiterung des Kreises der an einem Verwaltungsverfahren zu beteiligenden Parteien führen (vgl beispielhaft VwGH 26.3.2008, 2008/03/0020).

Allerdings besteht in einer Rechtsordnung wie der österreichischen, in der für eine Anlage mehrere Bewilligungen erforderlich sind, unionsrechtlich keine Notwendigkeit, in *jedem* der nach dem innerstaatlichen Recht durchzuführenden Verfahren den von der Anlage und deren Auswirkungen betroffenen Anrainern eine formelle Parteistellung im Sinn des § 8 einzuräumen (VwGH 27.9.2007, 2006/07/0066).

2.2.3. Arten und Umfang der Parteistellung

Nach der Art der Beteiligung am Verwaltungsverfahren unterscheidet man zwischen Hauptparteien und Nebenparteien:

Hauptparteien sind der Antragsteller und diejenigen Parteien, denen eine Verpflichtung auferlegt wird. Hauptparteien haben ein Mitspracherecht hinsichtlich aller für die Entscheidung maßgeblichen Fragen.

Mitbeteiligten Parteien soll eine Berechtigung eingeräumt oder eine Verpflichtung auferlegt werden, nur hinsichtlich dieser Berechtigung oder Verpflichtung besteht ein beschränktes Mitspracherecht der Partei, das häufig in der Möglichkeit der Erhebung von Einwendungen besteht.

Im Fall von **Legalparteien** stellt der Materiengesetzgeber selbst durch Definitionen oder Aufzählungen klar, wer in einer Verwaltungssache Parteistellung hat (vgl zB § 102 Abs 1 WRG). Mit der Stellung einer Legalpartei ist zwar regelmäßig, nicht aber notwendigerweise die Einräumung eines materiellen subjektiven Rechts verbunden. Ein Beispiel für Parteien ohne subjektives Recht sind die **Formalparteien**, deren Anspruch auf die Mitwirkung im Verfahren als Partei beschränkt ist (siehe zB VwGH 27.2.2019, Ro 2019/10/0007; 25.4.2019, Ro 2018/09/0016). Der Zweck dieser prozessualen Rechtsstellung liegt meist in der Mitwirkung zur Wahrung öffentlicher Interessen. Die Formalpartei hat demnach zwar nicht zwingend materiellrechtliche subjektive Rechte (VwGH 30.1.2019, Ro 2017/04/0017), wohl aber prozessuale subjektive Rechte (VwGH 26.4.2017, Ro 2017/03/0010; 25.10.2018, Ra 2018/09/0107; 21.2.2019, Ra 2018/09/0132). Ein Sonderfall der Formalpartei sind die **Organparteien**. Hier wird Verwaltungsorganen die Stellung einer solchen Partei eingeräumt (vgl VwSlg 18.576 A/2013; VwGH 25.4.2013, 2012/10/0096 [Umweltanwaltschaft]). Gegen den verfahrensbeendenden Bescheid können Formal- und Organparteien regelmäßig wegen Verletzung ihrer prozessualen Rechte Beschwerde erheben, in der Sache selbst haben sie aber mangels materieller subjektiver Rechte keine Beschwerdelegitimation (vgl zum bisherigen Beschwerdeverfahren vor dem

VwGH VwSlg 12.662 A/1988), es sei denn, ihnen wurde durch Gesetz gem Art 132 Abs 5 B-VG eine solche Beschwerdelegitimation eingeräumt (was idR der Fall ist; siehe bspw § 42 Abs 1 Z 8 AWG 2002 – Umweltanwalt, § 26 Z 7 DMSG – Bundesdenkmalamt und § 55g Abs 3 WRG – wasserwirtschaftliches Planungsorgan).

2.2.4. Parteienrechte

Wer Parteistellung innehat, verfügt über folgende Rechte:
- Akteneinsicht (§ 17)
- Parteiengehör (§§ 37, 43 Abs 2, 3 und 4, 45 Abs 3)
- Ablehnung eines nichtamtlichen Sachverständigen oder Dolmetschers (§ 53 Abs 1)
- Ladung zur mündlichen Verhandlung (§§ 41 und 42)
- Verkündung bzw Zustellung des Bescheids (§ 62 Abs 1 bis 3)
- Erhebung von Rechtsmitteln (§§ 57, 63)
- Geltendmachung der Entscheidungspflicht (§ 73)
- Erhebung von Rechtsbehelfen (Antrag auf Wiederaufnahme gem § 69, Antrag auf Wiedereinsetzung in den vorigen Stand gem § 71).

Ohne Parteistellung bietet das Verwaltungsverfahren keine Möglichkeit, individuellen Interessen effektiv zum Durchbruch zu verhelfen. Alternative Wege der Rechtsdurchsetzung können sein:
- **Aufsichtsbeschwerden**, mit denen angeregt wird, die Aufsichtsbehörde möge ihr Aufsichtsrecht in einer bestimmten Richtung ausüben. Aufsichtsbeschwerde kann grundsätzlich von jedermann, der sich durch das Vorgehen eines Organs für beschwert erachtet, erhoben werden. Jedoch ist die angerufene Behörde nicht verpflichtet, dem Einschreiter eine Erledigung über seine Aufsichtsbeschwerde zukommen zu lassen. Der Einschreiter ist auch nicht Partei im Verfahren über die Aufsichtsbeschwerde; ihm kommen somit auch nicht die zuvor angeführten Parteienrechte zu (vgl zum Ganzen etwa VwGH 14.12.1995, 94/19/1174; 14.12.1995, 94/19/1203; 23.10.2013, 2013/03/0109).
- **Beschwerde an die Volksanwaltschaft:** Gem Art 148a Abs 1 B-VG kann sich jedermann bei der VAnw wegen behaupteter Missstände in der Verwaltung des Bundes einschließlich dessen Tätigkeit als Träger von Privatrechten beschweren, sofern er von diesen Missständen betroffen ist und soweit ihm ein Rechtsmittel nicht oder nicht mehr zur Verfügung steht. Die Zuständigkeit der VAnw erstreckt sich auf die gesamte Verwaltungstätigkeit des Bundes, und zwar ohne Rücksicht

darauf, ob es sich dabei um unmittelbare oder mittelbare, um hoheitliche oder nichthoheitliche Besorgung von Aufgaben handelt (VfSlg 14.139/1995). Die VAnw kann allerdings nur unverbindliche Empfehlungen erteilen (Art 148c B-VG). Die Abhilfemöglichkeiten sind mithin beschränkt.

- **zivilrechtliches Vorgehen**, etwa im Wege der Geltendmachung von **Unterlassungsansprüchen** (vgl *Fister*, Das Verwaltungsverfahren als Rechtsschutzalternative gegenüber dem Zivilprozess, ÖJZ 2011, 845), **Schadenersatzansprüchen** (zahlreiche Verwaltungsvorschriften sind als Schutzgesetze iSd § 1311 ABGB anzusehen, deren Übertretung ersatzpflichtig macht, wobei das Primat der Naturalrestitution gilt; vgl § 1323 ABGB und dazu OGH 26.6.2008, 2 Ob 158/07k; zum Schutzgesetzcharakter von Bescheiden vgl OGH 22.6.1993, 1 Ob 5/93; 19.12.2000, 1 Ob 178/00h) sowie von **Ansprüchen nach dem UWG** (ein Verstoß gegen Verwaltungsvorschriften – etwa gegen das Gewerberecht [OGH 24.2.1998, 4 Ob 54/98i; RIS-Justiz RS0077946] oder gegen das Vergaberecht [OGH 23.5.2006, 4 Ob 23/06w], aber auch gegen das Unionsrecht [OGH 15.10.2002, 4 Ob 201/02s] – kann gem § 1 Abs 1 Z 1 UWG mit den Mitteln des Wettbewerbsrechts verfolgbar sein [RIS-Justiz RS0078089; OGH 20.5.2008, 4 Ob 37/08g]).

2.2.5. Strittige Parteistellung und übergangene Partei

Wird eine Partei von der Behörde dem Verfahren **zu Unrecht nicht beigezogen** (obwohl sie von Gesetzes wegen zu beteiligen wäre), verliert sie ihre Parteistellung nicht. Zur Geltendmachung ihrer Parteistellung hat sie folgende Möglichkeiten:

- **Antrag auf bescheidmäßige Feststellung der Parteistellung** (bis zur Zustellung des Bescheids bzw bis zur Beiziehung im Verfahren). Im Feststellungsverfahren hat der Antragsteller jedenfalls Parteistellung.
- **Antrag auf Bescheidzustellung:** Die übergangene Partei kann nach Abschluss des Verfahrens unbefristet die nachträgliche Zustellung des zuletzt ergangenen Bescheids verlangen und diesen nach erfolgter Zustellung im Rechtsmittelweg bekämpfen (VwGH 21.3.2013, 2011/06/0118).
- Sie kann – auch wenn ihre Parteistellung im verwaltungsbehördlichen Verfahren strittig war (vgl VwGH 22.11.2017, Ro 2016/03/0014) – gegen einen im Mehrparteienverfahren erlassenen, ihr jedoch nicht zugestellten Bescheid sogleich **Beschwerde an das Verwaltungsgericht** (vgl § 7 Abs 3 VwGVG) bzw in Verfahren in Angelegenheiten des eigenen Wirkungsbereichs der Gemeinde, sofern ein innergemeindlicher Instanzen-

zug besteht (vgl dazu Art 118 Abs 4 B-VG), **Berufung** an die übergeordnete Gemeindebehörde erheben (vgl VfSlg 7941/1976; VwGH 18.2.1998, 97/03/0180). Damit wird implizit auf die Zustellung des Bescheids verzichtet (VwGH 17.10.2018, Ra 2018/11/0181).

> Letztere Vorgangsweise kann dazu führen, dass – zumal ohne Detailkenntnis des Bescheids und/oder des Akts, bei jedoch regulären Anforderungen an den Inhalt des Rechtsmittels (vgl VwGH 14.4.2016, Ra 2014/06/0017) – eine Beschwerde (eine Berufung) erfolglos bleibt; die unmittelbare Erhebung des Rechtsmittels ist daher idR nur dann ratsam, wenn sich lediglich Rechtsfragen stellen (hätte dann aber den Vorteil, dass die Klärung der Sache nicht erst über den Umweg eines eigenen Verfahrens über einen Antrag auf Zustellung des Bescheids bzw auf Zuerkennung der Parteistellung erfolgt; siehe dazu auch VwGH 30.3.2017, Ro 2015/03/0036). In der überwiegenden Anzahl der Fälle wird es hingegen zweckmäßig sein, einen Antrag auf Zustellung des Bescheids und (gegebenenfalls *in eventu*) einen Antrag auf bescheidförmige Anerkennung der Parteistellung zu stellen (zu den Folgen der Zustellung des Bescheids für das Feststellungsbegehren siehe VwGH 25.4.1996, 95/07/0216).

– Der übergangenen Partei steht bis zum Zeitpunkt der rechtskräftigen Entscheidung die Möglichkeit der nachträglichen Erhebung aller Einwendungen in einem eigenen Schriftsatz oder im Rechtsmittel offen. Übergangene Parteien können jedoch (mangels Fristversäumnis) keinen Wiedereinsetzungsantrag (§ 71) und (mangels rechtskräftiger Erledigung ihnen gegenüber; vgl VwGH 16.10.1967, 0438/67) keinen Wiederaufnahmeantrag (§§ 69 und 70) stellen und auch nicht im Wege einer gesonderten Antragstellung eine neue Sachentscheidung begehren (VwGH 18.2.1998, 97/03/0180). Auch ein Anspruch auf Neudurchführung des Verfahrens (insb der mündlichen Verhandlung) besteht nicht (VwGH 25.4.2018, Ra 2018/06/0046).

Die Rechte der übergangenen Partei können von dieser grundsätzlich unbefristet geltend gemacht werden, sofern der Gesetzgeber nicht eine Frist vorsieht (vgl VwGH 17.12.2004, 2001/03/0198; zB § 23 Abs 7 K-BO).

Eine übergangene Partei kann es nicht geben, wenn eine § 42 Abs 1 entsprechende „doppelte" Kundmachung der mündlichen Verhandlung erfolgt ist (siehe unten C. 4.3.11.).

> Auch wenn Bescheide lediglich den Parteien des Verfahrens gegenüber zu erlassen sind, stellen Verwaltungsbehörden verschiedentlich auch (vermeintlichen) Nichtparteien Bescheide „zur Kenntnisnahme" zu. Die Zu-

stellverfügung ist dann idR zweigeteilt in „Ergeht an: ..." (die Parteien) und „Ergeht zur Kenntnisnahme an: ..." (die Nichtparteien). Die Zustellung an Nichtparteien hat nicht zur Folge, dass diese Parteien des Verfahrens werden (VwSlg 7662 A/1969). Vorsicht ist allerdings geboten, wenn die Behörde zu Unrecht davon ausgeht, dass es sich bei einer Person nicht um eine Partei des jeweiligen Verfahrens handelt und eine **Zustellung „zur Kenntnisnahme"** bewirkt. In diesem Fall ist, auch wenn der Partei der Bescheid bloß „zur Kenntnisnahme" zugestellt wurde, diese nicht übergangen worden. Nach Ansicht des VwGH setzt auch eine solche Zustellung Rechtsmittelfristen in Lauf (siehe insb VwGH 4.2.1992, 92/11/0021; 9.4.1992, 88/06/0190; 16.12.1992, 92/02/0209).

2.2.6. Verwaltungsverfahrensgemeinschaft

Haben mehrere Bewerber die Erteilung einer Berechtigung beantragt, die die Behörde nur einem von ihnen erteilen kann, bilden die Antragsteller nach der Judikatur des VfGH und des VwGH in gewissen Fällen eine **Verwaltungsverfahrensgemeinschaft**. Die Behörde hat ein **einheitliches Verfahren** (Gesamtverfahren) zu führen und an alle Parteien einen die Sache erledigenden Bescheid zu erlassen, der mit **Erteilung des Rechts an einen Bewerber** die Anträge der **übrigen** Bewerber **abweist** (siehe VwGH 16.3.2016, Ra 2015/10/0063; 31.1.2019, Ra 2018/07/0486).

> **Beispiele:** Erteilung einer Apothekenkonzession bei sich überschneidenden Kundenkreisen (VwGH 28.5.2019, Ra 2019/10/0042); Ernennung eines Lehrers auf eine schulfeste Stelle (§ 26 Landeslehrer-DienstrechtsG; siehe VwGH 27.2.2014, 2013/12/0089; aber auch VfSlg 14.298/1995, 15.832/2000).

2.2.7. Rechtsnachfolge in die Parteistellung

Das AVG enthält keine spezielle Regelung für den Fall, dass eine Person, der Parteistellung zukommt, durch einen Rechtsnachfolger in ihrer Rechtsstellung ersetzt wird (zB Eigentumswechsel, Unternehmensübertragung). Der VwGH nimmt jedoch an, dass der Grundsatz der Zivilgerichtsbarkeit, dass der Rechtsnachfolger in die Parteistellung eintritt, auch für das Verwaltungsverfahren gilt (siehe zB VwGH 24.4.2018, Ra 2018/05/0032), sofern die Entscheidung der Behörde nicht von subjektiven persönlichen Eigenschaften der Partei (zB Befähigungsnachweis nach der GewO) abhängt (VwGH 28.9.1999, 95/05/0269; VwSlg 3635 A/1955).

2.3. (Bloße) Beteiligte

Bloße Beteiligte sind jene Personen, auf die sich die Tätigkeit der Behörde bezieht, ohne dass sie in ihren subjektiven Rechten berührt sind. Damit sind jene Personen gemeint, die keine rechtlichen Ansprüche, sondern **nur ein tatsächliches Interesse** haben. Dies ist zB dann anzunehmen, wenn eine Person im Verfahren bloß „anzuhören" ist (VwGH 26.7.2018, Ro 2014/11/0104), ohne dass nach der Absicht des Gesetzgebers daraus zu schließen ist, dass dieses Anhörungsrecht einen Anspruch auf Berücksichtigung bestimmter Interessen einräumt (vgl VwGH 7.11.1991, 91/06/0082). Beteiligte haben ein Recht auf Teilnahme an der mündlichen Verhandlung (§ 40 Abs 1) und auf Mitwirkung bei der Feststellung des maßgeblichen Sachverhalts. Werden sie dem Verwaltungsverfahren nicht beigezogen, sind Beteiligte deswegen dennoch nicht zur Erhebung von Rechtsmitteln berechtigt.

> **Beispiele:** Nach der Wr BauO ist bloß Beteiligter, wer durch das Baubewilligungsverfahren in seinen Privatrechten betroffen ist (vgl § 134 Abs 3 Wr BauO), etwa der Mieter. Siehe auch § 102 Abs 2 WRG (und dazu VwGH 28.4.2016, Ra 2016/07/0027). Die Beteiligtenstellung ist auch für Personen anzunehmen, welche im Verfahren lediglich Anhörungsrechte haben (zB Anstalten, gesetzliche Interessenvertretungen [zB VwGH 26.7.2018, Ro 2014/11/0104] und andere als die entscheidenden Behörden).

2.4. Vertretung

Es gibt mehrere Arten der Vertretung im Verwaltungsverfahren:
- gesetzliche Vertretung,
- gewillkürte Vertretung,
- Prozess- und Abwesenheitskuratel.

2.4.1. Gesetzliche Vertretung

Rechts- und daher parteifähige Personen, die nicht prozessfähig (siehe oben C. 2.1.) sind, benötigen einen gesetzlichen Vertreter. Wer gesetzlicher Vertreter ist, richtet sich nach den Verwaltungsvorschriften, subsidiär nach dem ABGB (§ 9). Juristische Personen werden durch ihre nach dem Gesetz oder nach der Satzung zuständigen Organe vertreten.

2.4.2. Gewillkürte Vertretung

Die Beteiligten und ihre gesetzlichen Vertreter können sich, sofern nicht ihr persönliches Erscheinen ausdrücklich gefordert wird, durch natürliche Personen, die volljährig und handlungsfähig sind und für die in keinem Bereich ein gerichtlicher Erwachsenenvertreter bestellt oder eine gewählte oder gesetzliche Erwachsenenvertretung oder Vorsorgevollmacht wirksam ist, durch juristische Personen oder durch eingetragene Personengesellschaften vertreten lassen (§ 10 Abs 1 Satz 1). Voraussetzung ist die Erteilung einer Vollmacht:

– Grundsätzlich ist die Vollmacht **schriftlich** zu erteilen (§ 10 Abs 1), der Vertreter hat sich durch die auf seinen Namen oder seine Firma lautende Vollmacht auszuweisen.
– Die Vollmacht kann auch **mündlich** vor der Behörde erteilt werden. Dieser Vorgang ist durch Aktenvermerk (ggf auch durch Vermerk in einem Verhandlungsprotokoll, vgl VwGH 23.6.2016, Ra 2016/20/0093) zu **beurkunden.**

Formulierungsbeispiel: *„Ich, xy, bevollmächtige und beauftrage yz im Sinne des § 10 AVG mit meiner Vertretung im Verfahren [Zahl] und erteile ihm/ihr auch Zustellungsvollmacht gemäß § 9 ZustellG.“*

Die Behörde kann in drei Fällen vom erforderlichen **Nachweis** einer Vollmacht **absehen:**

– Vertretung durch **amtsbekannte Angehörige** iSv § 36a, Haushaltsangehörige oder Angestellte der Partei, soweit keine Zweifel über Bestand und Umfang der Vertretungsbefugnis bestehen (§ 10 Abs 4; vgl dazu näher VwGH 26.3.2019, Ra 2019/16/0064);
– **Vertretung beruflicher oder anderer Organisationen** durch amtsbekannte **Funktionäre,** ebenfalls nur soweit keine Zweifel über Bestand und Umfang der Vertretungsbefugnis bestehen (§ 10 Abs 4);
– **berufsmäßige Parteienvertreter;** sie müssen sich auf eine erteilte Vollmacht nur berufen, diese aber nicht urkundlich nachweisen (§ 10 Abs 1 letzter Satz; dazu etwa VwGH 13.12.2018, Ra 2018/07/0476; siehe auch § 8 Abs 1 RAO und § 5 Abs 4a NO); die Berufung auf die Vollmacht kann durch die Klausel „Vollmacht erteilt" auf einem Schriftsatz (vgl VwGH 24.7.2018, Ra 2018/08/0074) oder auch schlicht dadurch erfolgen, dass eine Eingabe namens oder auftrags eines Mandanten eingebracht wird (siehe VwGH 2.5.2019, Ra 2019/18/0045).

Beruft sich ein berufsmäßiger Parteienvertreter auf die erteilte Vollmacht, wird er „bevollmächtigter" Vertreter genannt. Dagegen wird als „ausgewiesener" Vertreter derjenige bezeichnet, der sich gem § 10 Abs 1 Satz 2 durch eine schriftliche Vollmachtsurkunde ausweist.

Inhalt und Umfang der Vertretungsbefugnis richten sich nach den Bestimmungen der Vollmacht (so kann bspw eine Vollmacht generell auf die Vertretung im gesamten Verfahren oder eingeschränkt auf die Vornahme bloß einer bestimmten Verfahrenshandlung lauten); auftauchende Zweifel sind nach den Vorschriften des bürgerlichen Rechts zu beurteilen (vgl § 10 Abs 2; näher zur Auslegung von Vollmachten siehe VwGH 30.3.2016, Ra 2016/09/0023). Grundsätzlich bezieht sich eine Bevollmächtigung nur auf das jeweilige Verfahren, in dem sich der Bevollmächtigte durch eine schriftliche Vollmacht ausgewiesen hat, nicht jedoch auch auf andere bei der Behörde bereits anhängige oder anfallende Verfahren (vgl VwGH 30.3.2016, Ra 2016/09/0023).

Etwaige **Mängel** der Bevollmächtigung bzw Vollmacht hat die Behörde unter sinngemäßer Anwendung des § 13 Abs 3 von Amts wegen beheben zu lassen (§ 10 Abs 2); insb kann bei Zweifeln am Bestehen der Vollmacht oder deren Umfang nach § 13 Abs 3 vorzugehen sein (siehe VwGH 26.3.2019, Ra 2019/16/0064).

Die Behörde darf als Bevollmächtigte solche Personen **nicht zulassen**, die unbefugt die Vertretung anderer zur Erwerbszwecken betreiben (§ 10 Abs 3). Gemeint sind **Winkelschreiber** (vgl auch Art III Abs 1 Z 1 EGVG und näher oben B. 2.1.). Die Bevollmächtigung einer solchen Person ist aber nicht von vornherein unwirksam, sondern bedarf erst einer entsprechenden Verfügung der Behörde, einer derartigen Person die Ausübung dieser Tätigkeit zu unterbinden (VwGH 16.11.2017, Ra 2017/22/0179).

Die Bevollmächtigung hat verschiedene **Wirkungen**:
- Dem bevollmächtigten oder ausgewiesenen Vertreter ist Parteiengehör zu gewähren (vgl VwSlg 4557 A/1958).
- Die Behörde muss sich bei jeder an die Partei gerichteten Verfahrenshandlung an den Vertreter wenden. Schriftstücke sind bei sonstiger Unwirksamkeit der Zustellung dem Vertreter der Partei zuzustellen (vgl näher § 9 Abs 3 ZustellG; VwGH 11.6.2018, Ra 2018/11/0074); ein allfälliger mündlicher Bescheid ist ihm zu verkünden (VwSlg 10.920 A/1982), es sei denn, die Partei ist mit der Verkündung allein ihr gegenüber einverstanden (siehe VwGH 17.5.2016, Ra 2016/11/0069).

Die Parteistellung der vertretenen Person wird durch die Vertretung nicht berührt. Die Bestellung eines Bevollmächtigten schließt insb auch nicht aus, dass der Vollmachtgeber im eigenen Namen Erklärungen abgibt (siehe § 10 Abs 6). Bei Widersprüchen zwischen Erklärungen des Vertreters und der Partei haben jene der Partei Vorrang (VwSlg 4557 A/1958).

Gem § 10 Abs 5 können Beteiligte auch einen **Rechtsbeistand** beiziehen. Im Unterschied zum bevollmächtigten Vertreter kann jener die Partei nur beraten, aber keine rechtswirksamen prozessualen Akte setzen. Er muss daher allerdings auch nicht eigenberechtigt sein.

Die **Beendigung** der Vertretung ist nach zivilrechtlichen Regeln zu beurteilen. Sie tritt in folgenden Fällen ein:
- Tod der Partei oder des Vertreters (§ 1022 ABGB);
- Eröffnung des Insolvenzverfahrens über das Vermögen der Partei oder des Vertreters (§ 1024 ABGB);
- Verlust der Handlungsfähigkeit des Bevollmächtigten (nicht jedoch des Vollmachtgebers, vgl VwGH 15.3.2018, Ra 2017/21/0254);
- Kündigung der Vertretung (siehe § 1021 ABGB) bzw Widerruf der Vollmacht (siehe dazu auch § 11 Abs 2 und 3 RAO; zur Notwendigkeit der Mitteilung des Widerrufs an die Behörde vgl VwGH 27.1.2016, Ra 2016/05/0003; 9.11.2018, Ra 2017/17/0626);
- Erlöschen der Berechtigung zur Ausübung des Anwaltsberufs (vgl § 34 RAO).

2.4.3. Prozess- und Abwesenheitskuratel

Hat ein schutzberechtigter Beteiligter (vgl oben C. 2.1.) im Verfahren keinen gesetzlichen Vertreter, so kann die Behörde, wenn die Wichtigkeit der Sache es erfordert (zB wegen eines massiven Eingriffs in die Lebensinteressen, vgl VwGH 20.9.2000, 97/08/0564), die Betrauung einer Person mit der Obsorge oder die Bestellung eines gerichtlichen Erwachsenenvertreters (vgl VwSlg 19.509 A/2016) oder Kurators beim zuständige Gericht (§ 109 JN) veranlassen (§ 11).

Die Bestellung eines **Abwesenheitskurators** kann von der Behörde für Beteiligte unbekannten Aufenthalts veranlasst werden. Die Behörde ist dazu wiederum nur dann verpflichtet, wenn es die Wichtigkeit der Sache erfordert (siehe dazu erneut VwGH 20.9.2000, 97/08/0564). Zustellungen an Personen unbekannten Aufenthalts können gem § 25 ZustG durch öffentliche Bekanntmachung erfolgen.

3. Verkehr zwischen Behörden und Beteiligten

Anlass für die Durchführung eines Verwaltungsverfahrens ist häufig ein **Anbringen**. Darunter versteht man sämtliche Mitteilungen von Beteiligten an Behörden (§ 13 Abs 1: Gesuche, Anträge, Anzeigen etc; vgl VwSlg 18.493 A/2012).

Es gibt zwei Arten von Anbringen:
- **Anträge**, die ein Verfahren in Gang setzen und meist mit Bescheid zu erledigen sind, und
- **bloße Mitteilungen**, zB Anzeigen, Meldungen und Hinweise.

Ob es sich um einen Antrag oder eine bloße Mitteilung handelt, ergibt sich aus dem Inhalt des Anbringens in Verbindung mit der einschlägigen Rechtsvorschrift (VwGH 26.11.1986, 86/01/0157).

→ Siehe das Muster für einen Antrag unter H. 1.

3.1. Anträge

3.1.1. Inhalt eines Antrags

Ein Antrag kann, je nach Verwaltungsmaterie, auf Verschiedenes gerichtet sein, im Allgemeinen auf die Erlassung eines Rechtsgestaltungs-, eines Leistungs- oder eines Feststellungsbescheids, mitunter aber auch auf nicht bescheidförmige Erledigungen, wie insb die Vornahme von Realakten, zB die Erteilung einer Auskunft (vgl dazu das Auskunftspflichtgesetz) oder die Bewirkung der Zustellung eines (bereits erlassenen) Bescheids.

Ein Feststellungsbegehren ist im Allgemeinen nur dann zulässig, wenn dem rechtlichen Interesse der Partei nicht durch die Erlassung eines gestaltenden Leistungsbescheids in zumindest gleicher Weise Rechnung getragen werden kann (zB VwGH 16.12.2010, 2009/07/0119).

Bei antragsbedürftigen Verwaltungsverfahren bestimmt der Inhalt des Antrags den **Gegenstand des Verfahrens**. Aufgrund eines Antrags wird ein Verfahren eingeleitet und gleichzeitig die materiellrechtliche Grundlage für den Bescheid geschaffen. Ist der Inhalt des Antrags **unklar**, muss die Behörde nach dem Grundsatz der Amtswegigkeit und der materiellen Wahrheit die Absicht des Einschreiters ermitteln (zB durch Befragung; vgl näher VwGH 18.2.2019, Ra 2018/02/0082). Bezieht sich ein Antrag tatsächlich auf überhaupt keine bestimmte Angelegenheit, muss sich die Behörde nicht damit befassen (§ 13 Abs 6; siehe VwGH 14.1.2003, 2001/01/0229).

Bedingte Anträge sind – wie bedingte Prozesshandlungen im Allgemeinen (vgl VwGH 8.3.1994, 93/05/0117; 18.6.1996, 94/04/0183) – **unzulässig** (siehe zB VwGH 14.9.2004, 2001/10/0066, zu einem „allenfalls" gestellten Antrag). **Zulässig** sind hingegen **Eventualanträge**, die unter der aufschiebenden Bedingung gestellt werden, dass der Primärantrag erfolglos bleibt (VwGH 9.8.2001, 2000/16/0624; 24.1.2019, Ra 2018/21/0119). Eventualanträge dürfen sich nur auf innerprozessuale Bedingungen beziehen (VwGH 24.2.2016, Ro 2015/10/0003). Wird bereits dem Primärantrag stattgegeben, so wird der Eventualantrag gegenstandslos (vgl VwGH 9.10.1998, 98/19/0020; 24.1.2019, Ra 2018/21/0119); entscheidet die Behörde dennoch darüber, so überschreitet sie die Grenzen ihrer (funktionellen) Zuständigkeit (VwGH 25.9.1989, 88/10/0030); eine solche Unzuständigkeit ist vom Verwaltungsgericht (bzw von der Berufungsbehörde) von Amts wegen aufzugreifen, indem der Bescheid ersatzlos behoben wird (vgl VwGH 5.9.2008, 2007/12/0078).

> **Beispiel:** Stellung eines Antrags auf Versetzung in den Ruhestand wegen dauernder Dienstunfähigkeit nach § 14 BDG 1979, in eventu (für den Fall der Abweisung des Hauptbegehrens) auf Versetzung in den Ruhestand nach § 207n BDG 1979 aF (VwGH 13.3.2002, 2001/12/0041).

3.1.2. Abweichen vom Antrag

Die Behörde ist grundsätzlich an den Antrag **gebunden** und darf von sich aus nicht davon abweichen. Erlässt sie einen Verwaltungsakt (idR einen Bescheid) ohne diesbezüglichen Antrag oder unter Überschreitung des Antrags, verletzt sie das Recht auf ein Verfahren vor dem gesetzlichen Richter (VfSlg 11.502/1987) und das Recht auf Einhaltung der einfachgesetzlichen Zuständigkeitsordnung (VwGH 20.9.2012, 2011/07/0149). Entscheidet die Behörde nicht über den ganzen Antrag, verletzt sie bezüglich des nicht erledigten Teils ihre Entscheidungspflicht (vgl § 59 Abs 1 und § 73 AVG sowie § 8 VwGVG).

Die Partei kann im Allgemeinen in jeder Lage des Verfahrens ihr **Anbringen zurückziehen** (§ 13 Abs 7). Für die Zurückziehung bestehen keine besonderen Formerfordernisse. Sie muss allerdings ausdrücklich erfolgen und wird erst mit ihrem Einlangen bei der Behörde rechtsverbindlich. Die Zurückziehung ist nur bis zum Eintritt der Rechtskraft des verfahrensbeendenden Bescheids möglich (vgl VwGH 1.2.1995, 92/12/0286; 28.2.2018, Ro 2015/06/0003). Wird der verfahrenseinleitende Antrag im anhängigen Rechtsmittelverfahren zurückgezogen (VwGH 16.8.2017, Ro 2017/22/0005), bewirkt dies den Wegfall der Zuständigkeit der Behörde zur Erlassung des Bescheids und damit (nachträglich) dessen Rechtswidrigkeit, sodass die Berufungsbehörde bzw das VwG den bekämpften Bescheid aus diesem Grund ersatzlos zu beheben hat (VwGH 21.12.2016, Ra 2016/04/0127; 31.1.2019, Ra 2018/22/0086).

Die Partei kann ihren **Antrag** auch in jeder Lage des Verfahrens bis zu einer allfälligen Schließung des Ermittlungsverfahrens gem § 39 Abs 3 (diese Einschränkung erfolgte durch die Novelle BGBl I 57/2018, siehe dazu näher *Leeb*, Schluss des Ermittlungsverfahrens neu, ZVG 2019, 106 [116 ff] sowie unten C. 4.1.1.) **ändern**, allerdings nur unter folgenden weiteren Voraussetzungen (§ 13 Abs 8):
– Die Sache darf nicht in ihrem Wesen verändert werden (was einzelfallabhängig zu beurteilen ist, vgl zB VwGH 25.10.2017, Ra 2017/07/0073) und
– die sachliche oder örtliche Zuständigkeit darf nicht berührt werden.

Beispiel: Die Sache wird in ihrem Wesen geändert, wenn statt der Baubewilligung für ein Einfamilienhaus nunmehr die Baubewilligung für einen Industriebetrieb beantragt wird (in diesem Fall wäre eine gänzlich neue Antragstellung erforderlich). Wird der Antrag hingegen dahin geändert, dass lediglich die Terrasse des zur Bewilligung beantragten Einfamilienhauses verkleinert werden soll, so ist dies zulässig.

Die Behörde muss im Fall einer Antragsänderung den maßgebenden Sachverhalt für den geänderten Antrag feststellen (§ 37), soweit dies erforderlich ist (vgl VwGH 25.10.2017, Ra 2017/07/0073). Gegebenenfalls sind weitere Parteien und Beteiligte beizuziehen. Haben Personen ihre Parteistellung verloren (Präklusion: § 42 Abs 1; siehe unten C. 4.3.11.), sind sie aber von der Änderung betroffen, so lebt insofern ihre Parteistellung wieder auf (siehe näher VwGH 24.10.2017, Ra 2016/06/0007).

Besonderes gilt für Antragsänderungen im **Rechtsmittelverfahren:** Die Berufungsbehörde bzw das VwG dürfen nur in derselben Sache und in demselben Umfang entscheiden wie die (erstinstanzliche) Behörde (siehe § 66 Abs 4 AVG und §§ 27 f VwGVG), weshalb nur eine Einschränkung, nicht aber eine Ausweitung des verfahrenseinleitenden Antrags in der Rechtsmittelinstanz zulässig ist (siehe dazu etwa VwGH 25.9.2018, Ra 2017/01/0210; 31.1.2019, Ra 2018/22/0086). Diese Abgrenzungen können im Einzelfall schwierig sein.

3.1.3. Formerfordernisse von Anbringen

Für Anbringen besteht weitgehende Formfreiheit, sofern in den Verwaltungsvorschriften nicht anderes bestimmt ist (§ 13 Abs 1). Anbringen können daher schriftlich, mündlich und telefonisch eingebracht werden:

– **schriftlich:** als Schriftsatz auf dem Postweg oder in sonstiger zur Verfügung stehender technischer Weise, die die Behörde empfangen kann, zB per Telefax (VwGH 6.6.2019, Ra 2019/02/0037) oder per E-Mail (VwGH 28.6.2018, Ra 2018/02/0185); in der **Praxis** werden Schriftsätze aus Beweisgründen regelmäßig **eingeschrieben** (oder sogar per Bote) übermittelt;

– **mündlich:** ein Anbringen ist dann mündlich, wenn es der Behörde durch persönliches Vorsprechen zur Kenntnis gebracht wird;

– **telefonisch:** wenn es der Natur der Sache nach tunlich ist; bei Untunlichkeit eines telefonischen Anbringens hat die Behörde dem Einschreiter aufzutragen, das Anbringen innerhalb einer bestimmten Frist schriftlich oder mündlich einzubringen (§ 13 Abs 1 letzter Satz). Ein solches schriftliches oder mündliches Anbringen gilt als im ursprünglichen Zeitpunkt eingebracht.

Die Behörde hat die technischen Voraussetzungen der rechtswirksamen Einbringung von Anträgen festzulegen und diese im Internet bekanntzumachen (vgl § 13 Abs 2 letzter Satz; verfassungskonform: VfSlg 19.849/2014; vgl zB auch VwGH 6.6.2019, Ra 2019/02/0037). Wenn für den elektronischen Verkehr mit der Behörde besondere elektronische Übermittlungsformen (zB die Einbringung mittels Webformular) vorgesehen sind, kann die Behörde die Einbringung per E-Mail zur Gänze oder zum Teil ausschließen (vgl VwGH 26.9.2017, Ra 2017/04/0086).

Ein Einschreiter hat daher selbst zu ermitteln, ob er ein Anbringen an die Behörde mittels **Telefax** oder **E-Mail** einbringen kann, und muss sich in der Folge auch vergewissern, ob die Übertragung erfolgreich durchgeführt worden ist (vgl VwGH 25.8.2010, 2008/03/0077). Die Vorlage eines Telefax-Sendeberichts mit dem Vermerk „OK" lässt nicht zwingend den Schluss zu, dass eine Sendung tatsächlich beim Adressaten eingelangt ist (VwGH 23.11.2009, 2009/05/0118; 16.9.2010, 2010/09/0082; zur Fehleranfälligkeit des Absendens einer Telekopie siehe VwGH 23.11.2009, 2009/03/0089). Sinngemäßes gilt für **E-Mail-Nachrichten**: Im Streitfall hat der Einschreiter zu beweisen, dass die E-Mail-Nachricht in den elektronischen Verfügungsbereich der Behörde gelangt ist, wobei eine Bestätigung über die Absendung einer E-Mail-Nachricht für sich allein nicht als Beweismittel für das tatsächliche Einlangen der Sendung bei der Behörde geeignet ist (VwGH 29.1.2010, 2008/10/0251; 24.6.2014, 2012/05/0180); ebenso wenig das Ausbleiben eines E-Mail-Fehlerberichts (vgl VwGH 30.4.2018, Ro 2017/01/0003).

Das Postlaufprivileg des § 33 Abs 3 gilt nicht für **Telefax- und E-Mail-Eingaben** (vgl VwGH 31.3.2016, Ra 2016/07/0021), sodass diese am letzten Tag einer Frist **während der Amtsstunden** (§ 13 Abs 5) bei der Behörde **einlangen** müssen (vgl VwGH 22.4.2009, 2008/04/0089; 17.5.2016, Ra 2016/11/0070; 2.8.2017, Ra 2017/03/0071). Um Fristversäumnisse (oder Beweisschwierigkeiten) zu vermeiden, kann es ratsam sein, ein Anbringen nicht nur per Telefax oder E-Mail, sondern zugleich auch im Original auf dem Postweg einzubringen; diesfalls sollte das Anbringen auf der ersten Seite den Vermerk „per Telefax voraus" bzw „per E-Mail voraus" tragen (vgl aber zu den Gebührenfolgen C. 3.1.6.). Die sicherste Variante bleibt die Einbringung per Bote.

Auch Eingaben im **elektronischen Rechtsverkehr** müssen grundsätzlich **während der Amtsstunden** einlangen (vgl VwSlg 19.247 A/2015). Eine Sonderregelung enthält aber § 19 Abs 2 Satz 2 BVwGG (idF BGBl I 44/2019), wonach Schriftsätze, die im ERV übermittelt oder im Wege des ERV eingebracht worden sind, mit dem Tag ihrer Einbringung als eingebracht gelten, und zwar auch dann, wenn sie nach dem Ende der Amtsstunden eingebracht wurden; allfällige Pflichten des BVwG zur Vornahme bestimmter Handlungen werden diesfalls jedoch frühestens mit dem Wiederbeginn der Amtsstunden ausgelöst.

Mündliche Anbringen sind in einer Niederschrift (§ 14 Abs 1) oder in einem Aktenvermerk (§ 16 Abs 1) zu erfassen. Die Behörde kann dem Einschreiter auftragen, innerhalb einer von ihr zu bestimmenden Frist das Anbringen schriftlich zu bestätigen (§ 13 Abs 4), wenn der Inhalt aus technischen Gründen nicht vollständig ist oder Zweifel an der Authentizität des Anbringens oder an der Identität des Einschreiters bestehen.

In folgenden Fällen sind mündlich eingebrachte Anträge unzulässig:

– bei allen im AVG geregelten ordentlichen und außerordentlichen Rechtsmitteln;
– wenn die Eingabe an eine Frist gebunden ist oder den Lauf einer Frist auslöst (§ 13 Abs 1); nicht gemeint ist damit die sechsmonatige behördliche Entscheidungsfrist nach § 73 AVG oder § 8 VwGVG;
– wenn eine Verwaltungsvorschrift ausdrücklich die Schriftform anordnet.

3.1.4. Zeit des Anbringens

Zur Entgegennahme von Anbringen bzw zur Bereithaltung von Empfangsgeräten ist die Behörde nur zu gewissen Zeiten verpflichtet (vgl § 13 Abs 5):
– bei mündlichen und telefonischen Anbringen nur während der **Parteienverkehrszeit** (ausgenommen: bei Gefahr im Verzug, § 13 Abs 5);
– bei schriftlichen Anbringen während der **Amtsstunden**.

Nimmt die Behörde allerdings ein mündliches Anbringen außerhalb des Parteienverkehrs oder ein schriftliches Anbringen außerhalb der Amtsstunden an (wozu sie nicht verpflichtet ist), gilt es als wirksam und fristwahrend eingebracht (VwGH 20.1.1982, 81/01/0291). Wenn die Behörde außerhalb ihrer Amtsstunden Empfangsgeräte empfangsbereit hält, so gelten auf diese Weise einlangende schriftliche Anbringen als noch am selben Tag eingebracht; ausgenommen sind aber jene Fälle, in denen die Behörde ihre mangelnde Bereitschaft zur Entgegennahme elektronischer Anbringen außerhalb der Amtsstunden durch entsprechende Erklärungen mit der Wirkung zum Ausdruck bringt, dass elektronische Anbringen auch dann, wenn sie bereits in ihren elektronischen Verfügungsbereich gelangt sind, erst zu einem späteren Zeitpunkt (mit Wiederbeginn der Amtsstunden) als eingebracht (und eingelangt) gelten (vgl VwGH 6.6.2019, Ra 2019/02/0037).

Die Amtsstunden und die für den Parteienverkehr bestimmten Zeiten sind von der Behörde im Internet sowie durch Anschlag an der Amtstafel bekanntzumachen (§ 13 Abs 5 letzter Satz).

Einbringen, die am letzten Tag der Frist nach Ende der bekanntgemachten Amtsstunden per Telefax oder E-Mail eingebracht werden, sind daher nicht rechtzeitig (dazu näher oben C. 3.1.3.). Nach Ende der Amtsstunden kann die Frist daher nur durch Postaufgabe (Übergabe an einen Zustelldienst iSd § 2 Z 7 ZustellG) gewahrt werden.

Der Ausschluss der Rechtzeitigkeit solcher Anbringen durch die Bestimmungen des § 13 Abs 2 letzter Satz und § 13 Abs 5 gehört zu den Angelegenheiten des Verwaltungsorganisationsrechts und nicht des Verwaltungsverfahrensrechts; sie knüpfen in verfassungsrechtlich unbedenklicher Weise lediglich an Regelungen an, die ihre Grundlage in der Verwaltungsorganisation haben (VfSlg 19.849/2014). In Fallkonstellationen, in denen die zeitlichen Beschränkungen während des Fristenlaufs geändert werden, kann der Rechtsschutzsuchende einen erfolgreichen Wiedereinsetzungsantrag gemäß § 71 AVG stellen.

Dem VfGH zufolge ist es unter dem Gesichtspunkt des Gleichheitsgrundsatzes unbedenklich, wenn der Gesetzgeber bei der Regelung hinsichtlich des Einbringens einerseits zwischen schriftlichen Anbringen (gleichgültig, ob sie elektronisch oder nicht elektronisch sind), die direkt der Behörde übergeben werden, und andererseits schriftlichen Anbringen, welche einem Zustelldienst iSd § 2 Z 7 ZustellG übergeben werden, unterscheidet. Die sachliche Rechtfertigung liegt darin, dass nur bei jenen schriftlichen Anbringen, die einem Zustelldienst übergeben werden, ohne Schwierigkeiten der tatsächliche Zeitpunkt der Übergabe nachweisbar ist (vgl die Verpflichtungen der Universaldienstbetreiber nach dem PostmarktG). Dieser Nachweis ist für direkt bei der Behörde übergebene, schriftliche (elektronische oder nicht elektronische) Anbringen nicht in derselben Art möglich (VfSlg 19.849/2014).

3.1.5. Verbesserungsauftrag

§ 13 Abs 3 verpflichtet die Behörden bei **formellen oder materiellen Mängeln** des Anbringens, welche nicht unter § 13 Abs 4 fallen, von Amts wegen auf zweckmäßige Weise die Behebung zu veranlassen. Insbesondere ist dem Beteiligten ein **Verbesserungsauftrag** unter Setzung einer angemessenen Frist mit dem Hinweis, dass bei Nichtverbesserung innerhalb der Frist das Anbringen zurückgewiesen wird, zu erteilen. Der Verbesserungsauftrag ist eine bloße Verfahrensanordnung und daher nicht selbstständig anfechtbar (vgl § 7 Abs 1 VwGVG und § 63 Abs 2 AVG).

Formelle Mängel sind beispielsweise die Nichtvorlage einer Vollmacht, das Fehlen notwendiger Unterlagen (zB VwGH 28.2.2019, Ra 2018/22/0237) oder die Einbringung in einer anderen als der deutschen Sprache oder einer Amtssprache. Ein inhaltlicher Mangel ist das Fehlen gesetzlich geforderter Bestandteile eines Anbringens (vgl VwGH 26.4.2017, Ra 2017/05/0018; etwa das Fehlen von Berufungsantrag oder -begründung).

Unterlässt die Behörde trotz Notwendigkeit die Erteilung des Verbesserungsauftrags und weist sie den fehlerhaften Antrag mit Bescheid zurück, verletzt dieser Bescheid § 13 Abs 3 (VwGH 14.1.2003, 2001/01/0229). Weist die Behörde jedoch einen fehlerfreien Antrag zurück, weil sie zu Unrecht dessen Mangelhaftigkeit annimmt, verletzt sie das Recht auf den gesetzlichen Richter (VfSlg 13.047/1992).

Bei Erteilung eines Verbesserungsauftrags bestehen mehrere Möglichkeiten, wie das Verfahren fortzusetzen ist:
- Wird der Mangel innerhalb der gesetzten Frist **behoben**, gilt das Anbringen als ursprünglich richtig eingebracht. Eine Fristversäumnis während der Verbesserungsfrist ist somit ausgeschlossen.
- Wird jedoch **keine Mängelbehebung** vorgenommen, sind fristgebundene Anbringen (zB Rechtsmittel) jedenfalls nach Ablauf der gesetzten Frist zurückzuweisen, darauf ist im Behebungsauftrag hinzuweisen (§ 13 Abs 3, § 13a). Wird der Verbesserungsauftrag nur teilweise erfüllt, wird dies wie die gänzliche Unterlassung der Mängelbehebung behandelt.
- Eine **verspätete** Korrektur, welche noch vor Erlassung des Zurückweisungsbescheids erfolgt, ist zwar wirksam, aber erst mit dem Zeitpunkt der Verbesserung und nicht rückwirkend. Als Einbringungszeitpunkt gilt daher in diesem Fall der Zeitpunkt der Einbringung des verbesserten Antrags, dieser wird somit wie ein neues Anbringen behandelt (VfSlg 5170/1965; VwGH 22.2.1995, 93/03/0141).

§ 13 Abs 3 gilt im Übrigen auch für die Verwaltungsgerichte (vgl § 17 VwGVG) und für die Berufungsbehörde, wenn die Behörde (erster Instanz) Mängel des Anbringens übersehen hat. Ein Verbesserungsauftrag ist gleichwohl nur dann zu erteilen, wenn eine Entscheidung ohne die Mängelbehebung nicht möglich wäre.

> **Beispiel:** Fehlen Unterlagen im Betriebsanlagengenehmigungsverfahren, kann die Entscheidung über die Erteilung einer Genehmigung nicht getroffen werden. Daher hat die Behörde (gegebenenfalls auch noch das Verwaltungsgericht, vgl VwGH 29.5.2019, Ra 2017/06/0122) dem Genehmigungswerber die Verbesserung aufzutragen.

Bestehen **Zweifel** über die **Identität** des Einschreiters und die **Echtheit** des Anbringens (dh dass das Anbringen wirklich vom Einschreiter stammt; zu diesen Begriffen siehe unten C. 3.3.), kommt § 13 Abs 3 mit der Maßgabe zur Anwendung, dass das Anbringen nach fruchtlosem Ablauf der Frist als zurückgezogen gilt (§ 13 Abs 4). Es steht im Ermessen der Behörde, entweder förmlich eine Verbesserung oder Bestätigung aufzutragen oder aber auf andere Weise die Behebung des Mangels bzw den Nachweis der Authentizität zu veranlassen (vgl VwGH 26.9.2017, Ra 2017/05/0242).

- Die Identität des Einschreiters kann durch Vorsprache, notarielle bzw gerichtliche Beurkundung oder im elektronischen Verkehr mittels Personenbindung auf der Bürgerkarte (§ 4 E-GovG) nachgewiesen werden.
- Die Echtheit des Anbringens wird durch die eigenhändige Unterschrift oder durch notarielle bzw gerichtliche Beglaubigung nachgewiesen. Bei elektronischen Eingaben erfolgt der Nachweis durch die sichere elektronische Signatur.

Bei Erfüllung des behördlichen Auftrags gilt das Anbringen als ursprünglich richtig eingebracht.

3.1.6. Gebührenpflicht bei Eingaben

Gem § 14 TP 6 Abs 1 GebG unterliegen **Eingaben von Privatpersonen** (natürlichen und juristischen Personen) an Organe der Gebietskörperschaften in Angelegenheiten ihres öffentlich-rechtlichen Wirkungskreises, die die **Privatinteressen** der Einschreiter betreffen, einer festen Gebühr von € 14,30 (vgl dazu die Rz 279 ff GebR). Die Gebührenpflicht lösen nur schriftliche, nicht aber mündliche (telefonische) Anbringen aus (Rz 284 GebR).

Ein **privates Interesse** ist dann anzunehmen, wenn der Einschreiter bei Erfüllung des gestellten Begehrens irgendeinen ideellen oder materiellen Vorteil erreicht oder zu erreichen hofft, wobei es für die Erhebung der Eingabengebühr unerheblich ist, ob mit der überreichten Eingabe wissentlich oder unwissentlich auch öffentliche Interessen berührt werden bzw neben einem teilweisen Privatinteresse auch ein öffentliches Interesse an der mit der Eingabe verfolgten Angelegenheit besteht; ein bloß teilweises Privatinteresse genügt zur Erfüllung des Tatbestandes (VwGH 23.11.2006, 2006/16/0132; vgl auch Rz 296 und 297 GebR).

Für die in § 14 TP 6 Abs 2 und 3 GebG genannten Eingaben fallen **erhöhte Eingabengebühren** an. Dies betrifft beispielsweise Ansuchen um Erteilung einer Befugnis oder die Anerkennung einer Befähigung oder sonstigen gesetzlichen Voraussetzung zur Ausübung einer Erwerbstätigkeit (Abs 2) und Ansuchen um Erteilung eines Aufenthaltstitels und Ansuchen um Verleihung oder Erstreckung der Verleihung der österreichischen Staatsbürgerschaft (Abs 3).

Werden Eingaben in mehrfacher Ausfertigung überreicht, so unterliegen die zweite und jede weitere **Gleichschrift** nur der einfachen Eingabengebühr (§ 14 TP 6 Abs 4 GebG; vgl Rz 306 GebR). Dies gilt auch dann, wenn (gleiche) Eingaben vorweg per Telefax und auf dem Postweg eingebracht werden (vgl dazu UFSW 14.7.2005, RV/0134-W/05). **Halbschriften** sind gebührenfrei (VwSlg 5138 F/1977).

Werden **in einer Eingabe mehrere Ansuchen** gestellt, so ist für jedes Ansuchen die Eingabengebühr zu entrichten (§ 12 Abs 1 GebG). Nach der Rsp des VwGH liegen mehrere gebührenpflichtige Ansuchen dann vor, wenn in ein und demselben Schriftsatz, sei es auch von ein und derselben Person, mehrere Amtshandlungen begehrt werden, die untereinander in keinem Zusammenhang stehen. Liegt allerdings ein innerer Zusammenhang der Anträge vor, dann ist eine Kumulierung der Gebührenpflicht nicht vorzunehmen. Ein innerer Zusammenhang mehrerer in einem Schriftsatz gestellter Anträge liegt dann vor, wenn ein Antrag nur ein Akzessorium zu einem der anderen Anträge darstellt. Die Gleichartigkeit von Ansuchen und der begehrten Amtshandlungen hingegen bedeutet noch nicht, dass die mehreren Amtshandlungen in einem inneren Zusammenhang stehen (näher VwGH 18.7.2002, 2002/16/0158; 18.12.2006, 2006/05/0266).

§ 14 TP 6 Abs 5 GebG enthält einen Katalog von **Ausnahmen**, dh von Eingaben, die keiner Eingabengebühr unterliegen (Z 1 bis 28). Darunter fallen beispielsweise:

– Eingaben an die Gerichte (Z 1): Eingaben in Justizverwaltungsangelegenheiten sind allerdings nur dann von der Eingabengebühr befreit, wenn hiefür eine Justizverwaltungsgebühr vorgesehen ist; generell von der Befreiung ausgenommen sind Eingaben an die LVwG, das BVwG und das BFG, wobei aber der BMF ermächtigt wird, für Eingaben einschließlich Beilagen an das BVwG und die LVwG durch Verordnung Pauschalgebühren festzulegen (siehe die BuLVwG-EGebV und dazu VwGH 22.10.2018, Ra 2018/16/0172, sowie unten F. 4.1.3.); Eingaben an den VfGH und den VwGH fallen hingegen unter die Ausnahme der Z 1 (Rz 314 GebR; vgl aber die Gebührenregelungen in § 17a VfGG und § 24a VwGG);

– Eingaben in Abgabensachen (Z 4);

– Eingaben im Verwaltungsstrafverfahren (Z 7); darunter fällt auch die Anzeige einer Verwaltungsübertretung (VwGH 16.12.1991, 91/15/0057);

– Eingaben von Personen, die nicht durch berufsmäßige Parteienvertreter vertreten sind, um Anleitung zur Vornahme von Verfahrenshandlungen während eines Verfahrens (Z 12);

– Eingaben von Zeugen und Auskunftspersonen zur Erlangung der gesetzlich vorgesehenen Zeugengebühren (Z 13);

– Anfragen um Bekanntgabe, welches Organ einer Gebietskörperschaft für eine bestimmte Angelegenheit zuständig ist (Z 15);

– Eingaben, mit welchen in einem anhängigen Verfahren zu einer vorangegangenen Eingabe eine ergänzende Begründung erstattet, eine Erledigung urgiert oder eine Eingabe zurückgezogen wird (Z 17 – Folgeeingaben);

– Einwendungen und Stellungnahmen zur Wahrung der rechtlichen Interessen zu Vorhaben der Errichtung oder Inbetriebnahme von Bauwerken

und Anlagen aller Art sowie im Verfahren zur Genehmigung solcher Vorhaben; dies gilt nicht für Eingaben des Bewilligungswerbers (Z 20);
– Eingaben an die parlamentarischen Organe und Einrichtungen (Z 21);
– Anträge auf Bekanntgabe von Umweltdaten nach dem Umweltinformationsgesetz und nach gleichartigen landesgesetzlichen Vorschriften (Z 23);
– Anfragen über das Bestehen von Rechtsvorschriften oder deren Anwendung (Z 25).

Weitere **Ausnahmen** von der Gebührenpflicht bei Eingaben sind in den **Materiengesetzen** vorgesehen (vgl zB § 70 AsylG, § 70 Abs 1 AlVG, § 110 ASVG, § 23 BEinstG, uva).

Gem § 14 TP 5 Abs 1 GebG ist bei **Beilagen** – das sind Schriften und Druckwerke aller Art, wenn sie einer gebührenpflichtigen Eingabe (einem Protokoll) beigelegt werden – von jedem Bogen eine feste Gebühr von € 3,90 (jedoch nicht mehr als € 21,80 je Beilage) zu entrichten (vgl Rz 258 ff GebR; siehe auch die Ausnahmen in § 14 TP 5 Abs 2 und 3 GebG). Unter „gebührenpflichtig" ist die Pflicht zu verstehen, die in § 14 TP 6 GebG festgelegte Eingabengebühr zu entrichten (VwGH 25.4.2002, 2001/07/0040). Der Gebührenpflicht unterliegen auch Beilagen, die im Zusammenhang mit einer gebührenpflichtigen Eingabe nachgereicht werden (VwGH 19.9.2001, 2001/16/0174). Der Umstand, dass die Beibringung von Beilagen über behördlichen Auftrag oder auch nur über behördlichen Wunsch erfolgt, ändert nichts an der Gebührenpflicht (VwGH 14.4.1994, 91/15/0076).

Die **Gebührenschuld entsteht** bei Eingaben und Beilagen in dem Zeitpunkt, in dem die schriftliche Erledigung über das in der Eingabe enthaltene Anbringen dem Einschreiter zugestellt wird (vgl Rz 139, 277 und 312 GebR). Die Behörde, die die gebührenpflichtige Amtshandlung vornimmt, hat den Gebührenschuldner im Zeitpunkt des Entstehens der Gebührenschuld aufzufordern, die im jeweiligen Verfahren anfallenden Gebühren binnen angemessener Frist zu entrichten (Rz 61 GebR).

Die Eingabengebühren gem § 14 TP 6 GebG dürfen nicht mit den **Bundesverwaltungsabgaben** iSd § 78 AVG verwechselt werden (vgl VwGH 12.9.2017, Ra 2017/16/0122). Nur letztere sind „Kosten" iSd § 59 Abs 1 AVG. Eingabengebühren und Bundesverwaltungsabgaben fallen unabhängig voneinander (also ggf kumulativ) an.

3.2. Mitteilungen

Verwaltungsvorschriften verpflichten gelegentlich zu bestimmten Mitteilungen an die Behörde.

Beispiele: Anzeigepflichten des Gewerbetreibenden im Fall des Ruhens oder der Wiederaufnahme der Gewerbeausübung (§ 93 GewO); Pflicht der Partei, eine

Änderung der Abgabestelle im laufenden Verfahren der Behörde mitzuteilen (§ 8 Abs 1 ZustG).

Für den Fall der Nichterfüllung dieser Pflichten sind verschiedene Rechtsfolgen vorgesehen.

Beispiele: Die Nichterfüllung der Anzeigepflicht des § 93 GewO stellt eine Verwaltungsübertretung gem § 368 GewO dar. Teilt eine Partei der Behörde die Änderung ihrer Abgabestelle nicht mit, so kann ohne Zustellversuch sogleich hinterlegt werden (§ 8 Abs 2 ZustG).

Darüber hinaus können Personen die Behörde über sonstige Vorgänge informieren und dieser Wünsche und Anregungen mitteilen. Es besteht in diesem Fall zwar kein Rechtsanspruch auf Erledigung bzw Berücksichtigung (vgl auch oben C. 2.2.4.), die Behörde kann aber zu amtswegigem Vorgehen verpflichtet sein.

Beispiel: Die Behörde muss eine erteilte Gewerbeberechtigung entziehen, wenn sie im Wege einer Mitteilung erfährt, dass die Voraussetzungen des § 88 Abs 2 und 4 GewO (Nichtausübung des Gewerbes während der letzten drei Jahre und Zahlungsrückstand hinsichtlich der Umlage an die Landeskammer der gewerblichen Wirtschaft oder Nichtausübung des Gewerbes während der letzten fünf Jahre) eingetreten sind.

Die Untätigkeit der Behörde kann in solchen Fällen zu disziplinären oder zu amtshaftungsrechtlichen Konsequenzen führen (vgl *Fister*, ÖJZ 2011, 850). Unter Umständen hat der Organwalter auch einen Missbrauch der Amtsgewalt (§ 302 StGB) durch Unterlassung zu verantworten (vgl zB OGH 23.4.1996, 14 Os 27/96; 2.10.2012, 17 Os 14/12f; 27.5.2013, 17 Os 1/13w; 26.11.2013, 17 Os 26/13x; RIS-Justiz RS0129855).

3.3. Identifikation des Einschreiters bei elektronischer Kommunikation

Aufgrund der Möglichkeiten moderner elektronischer Kommunikation über das Internet bedarf es neuer Instrumente der Identifikation einschreitender Personen sowie der Sicherstellung der Echtheit elektronischer Anbringen. Insbesondere die Identifikation von Personen bei der elektronischen Kommunikation ist im BG über Regelungen zur Erleichterung des elektronischen Verkehrs mit öffentlichen Stellen (**E-GovernmentG E-GovG**) umfassend geregelt. Unionsrechtlicher Hintergrund ist die eIDAS-Verordnung (EU) Nr. 910/2014.

Durch die Novelle BGBl I 121/2017 zum E-GovG wurde die Bürgerkarte zu einem umfassenden elektronischen Identitätsnachweis („**Funktion E-ID**") weiterentwickelt (vgl IA 2227/A 25. GP 9). Die Registrierung der

Funktion E-ID erfolgt für Staatsbürger automatisch im Zuge der Beantragung eines Reisepasses, sofern der Betroffene dieser nicht ausdrücklich widerspricht (vgl § 4a Abs 1 E-GovG). Der E-ID dient – gleich einem amtlichen elektronischen Ausweis – dem Nachweis der eindeutigen Identität im elektronischen Verkehr (§ 4 Abs 1 E-GovG) und ermöglicht es dem E-ID-Inhaber auch, Erklärungen gegenüber der Behörde mit elektronischer Unterschrift zu signieren, die die Wirkung einer eigenhändigen Unterschrift haben (siehe § 4 Abs 1 Signatur- und Vertrauensdienstegesetz – SVG). Dadurch werden (eigenhändig zu unterschreibende) Papiereingaben und Behördenwege überflüssig. Anders als die bisherige Bürgerkarte kann der E-ID auch bei Anwendungen im EU-Ausland verwendet werden (§ 14a E-GovG).

Zum **Recht auf elektronischen Verkehr** mit den Gerichten und Verwaltungsbehörden gem § 1a E-GovG (ab 1.1.2020) siehe unten C. 3.9.7.

3.4. Rechtsbelehrungen – Manuduktionspflicht

Beteiligte, die nicht durch berufsmäßige Parteienvertreter vertreten sind, haben gem § 13a ein subjektives Recht auf „entsprechende" Belehrung durch die Behörde; die Manuduktion kann auch in schriftlicher Form erfolgen (vgl VwGH 8.4.2014, 2011/05/0124). Vertretene Personen haben ein solches Recht nur, soweit sie selbst Verfahrenshandlungen setzen. Diesem Recht korrespondiert auf Seiten der Behörde deren so genannte **Manuduktionspflicht**. Die Pflicht der Behörde bezieht sich jedoch nur auf verfahrensrechtliche Angelegenheiten im jeweils anhängigen Verfahren (vgl VwGH 8.3.2018, Ra 2018/11/0038). Keineswegs hat sie die Partei in materiellrechtlicher Hinsicht zu beraten oder bei der inhaltlichen Gestaltung von Anbringen oder der Korrektur inhaltlicher Mängel zu unterstützen (vgl VwGH 16.12.2014, Ro 2014/22/0020; 28.2.2019, Ra 2019/01/0042) oder künftige mögliche Rechtsfolgen im anhängigen oder in weiteren Verfahren mit der Partei zu erörtern (vgl VwGH 8.3.2018, Ra 2018/11/0038).

> **Beispiele:** Ratschläge, wie eine Gewerbeanmeldung inhaltlich auszuführen ist, welche Beweise eine Partei beantragen sollte (vgl VwGH 10.9.2018, Ra 2018/19/0169), welche für ihren Standpunkt günstigen Behauptungen sie aufzustellen bzw mit welchen Anträgen sie vorzugehen hätte (vgl VwGH 21.3.2017, Ra 2017/22/0013) oder wie eine Berufung inhaltlich zu begründen ist, fallen nicht unter die Manuduktionspflicht; ebenso wenig die Beratung bei der Planung eines Einfamilienhauses im Einklang mit den baurechtlichen Vorschriften.

Die Manuduktionspflicht umfasst folgende Handlungen der Behörde:
- Die Behörde muss der Partei bei der Vornahme der Verfahrenshandlungen die nötigen Anleitungen geben (vgl VwGH 27.3.2018, Ra 2018/06/0007).

– Sie muss die Partei über die unmittelbaren Rechtsfolgen ihrer prozessualen Handlungen oder Unterlassungen belehren (vgl VwGH 26.2.2016, Ra 2015/12/0042).

Die Behörde ist bei der Erlassung des Bescheids **nicht an die von ihr gegebenen Auskünfte gebunden**. Nur die maßgebliche Rechtslage, nicht aber die Auskunft, ist Grundlage für den Bescheid (vgl VwGH 22.3.2001, 97/03/0082). Erkennt daher die Behörde die Unrichtigkeit einer Auskunft, muss sie von ihrer Rechtsmeinung abgehen, wenn eine Vorgangsweise entsprechend der erteilten Auskunft zwingende gesetzliche Vorschriften verletzen würde (vgl VwGH 30.6.1998, 96/19/2504). Die Partei hat mithin kein subjektives Recht auf auskunftsgemäße Entscheidung (VwSlg 13.306 A/1990 verst Senat). Unrichtige Auskünfte der Behörde können allerdings amtshaftungsrechtliche Folgen nach sich ziehen.

Zu beachten ist, dass die Manuduktionspflicht bei einer Vertretung durch einen Rechtsanwalt von Vornherein nicht verletzt werden kann (VwGH 30.4.2010, 2010/18/0106). War die Partei unvertreten, stellt die **Verletzung der Manuduktionspflicht** zwar einen **Verfahrensmangel** dar, dieser kann grundsätzlich allerdings dadurch saniert werden, dass die Rechtsbelehrung durch das Verwaltungsgericht (bzw die Berufungsbehörde) erteilt wird. Ausnahmsweise sind aber Situationen denkbar, in denen der Verfahrensmangel durch eine nachträgliche Rechtsbelehrung nicht mehr saniert werden kann (siehe dazu *Hengstschläger/Leeb,* AVG I² [2014] § 13a Rz 10). In diesen Fällen bleibt dem Betroffenen nur die Geltendmachung des Schadens im Amtshaftungsverfahren.

Verletzt demgegenüber das Verwaltungsgericht die Manuduktionspflicht (vgl § 17 VwGVG iVm § 13a AVG), so ist dieser Verfahrensfehler im Revisionsverfahren vor dem VwGH nicht mehr sanierbar, sodass das Erkenntnis des Verwaltungsgerichts gem § 42 Abs 2 Z 3 lit c VwGG aufzuheben ist, vorausgesetzt, der Verfahrensmangel ist relevant (VwGH 29.6.2016, Ra 2016/05/0052; siehe auch unten G. 4.2.8. d.).

Besonders häufig kommt es zur Geltendmachung einer Verletzung der Manuduktionspflicht im Zusammenhang mit der **Präklusion** (§ 42). Wenn in der Ladung auf die Präklusionsfolgen hingewiesen, in der Verhandlung dann aber nicht mehr zur Erhebung von Einwendungen aufgefordert wurde, erachtet der VwGH die Manuduktionspflicht als nicht verletzt. Anderes nimmt er an, wenn an Beteiligte keine rechtzeitige Verständigung von der mündlichen Verhandlung ergangen ist, die Anwesenden unvertreten sind und nicht mit dem Projekt einverstanden zu sein scheinen. In einem solchen Fall muss der Verhandlungsleiter auf die Präklusionsfolgen und auf eine allfällige Ungeeignetheit von Einwendungen hinweisen (VwGH 28.3.1995, 93/05/0246).

Nicht unter § 13a fällt die Rechtsmittelbelehrung gem § 58 Abs 1 und § 61. Diese Vorschriften sind *leges speciales* zu § 13a. Inhalt, Form und Konsequenzen des Fehlens der Rechtsmittelbelehrung richten sich daher nicht nach § 13a, sondern nach den genannten Spezialvorschriften (vgl § 61). Für Inhalt und Form der Rechtsmittelbelehrung kommt es – im Gegensatz zu § 13a – nicht darauf an, ob die Partei einen berufsmäßigen Parteienvertreter hat.

3.5. Behördliche Beurkundungen

3.5.1. Niederschriften

Eine Niederschrift (§ 14) ist eine von der Behörde verfasste öffentliche Urkunde, die unter Mitwirkung der beigezogenen Personen (etwa Beteiligte, Zeugen, Sachverständige) bestimmte Verfahrenshandlungen förmlich beurkundet. Zwingend vorgeschrieben ist die Abfassung einer Niederschrift
- über jede mündliche Verhandlung (§ 44 Abs 1);
- über Inhalt und Verkündung eines mündlichen Bescheids (widrigenfalls mit der gravierenden Rechtsfolge der Nichtigkeit; § 62 Abs 2).

Bei Erforderlichkeit ist eine Niederschrift auch über Verfahrenshandlungen außerhalb einer mündlichen Verhandlung zu erstellen.

> **Beispiele:** Mündliche Anbringen von Beteiligten (§ 14 Abs 1), die Einvernahme von Zeugen oder Sachverständigen oder die Durchführung eines Augenscheins.

Gem § 14 Abs 2 hat die Niederschrift jedenfalls folgende **Angaben** zu enthalten:
- Bezeichnung der Behörde;
- Leiter der Amtshandlung;
- weitere Organe und sonstige Anwesende;
- Ort und Zeit der Amtshandlung;
- Gegenstand der Amtshandlung, insb Verlauf und Inhalt der Verhandlung sind richtig und verständlich wiederzugeben (§ 14 Abs 1);
- Hinweis auf die mündliche Verkündung des Bescheids, wenn diese am Schluss der Verhandlung erfolgt ist (§ 62 Abs 2), auf die Verlesung der Niederschrift und auf die Vorlage zur Durchsicht.

Der Niederschrift sind die sonstigen relevanten Unterlagen beizulegen.

> **Beispiele:** Schriftliche Sachverständigengutachten, schriftliche Äußerungen und Mitteilungen von Beteiligten, Niederschriften über Beweisaufnahmen außerhalb der mündlichen Verhandlung.

In dem einmal Niedergeschriebenen darf **nichts Erhebliches ausgelöscht, zugesetzt oder verändert** werden (vgl VwGH 18.5.2001, 2000/02/0078). Durchgestrichene Stellen sollen noch lesbar bleiben. Erhebliche Zusätze oder Einwendungen der beigezogenen Personen wegen behaupteter Unvollständigkeit oder Unrichtigkeit der Niederschrift sind in einen Nachtrag aufzunehmen und gesondert zu unterfertigen (§ 14 Abs 4).

Die Niederschrift ist vom Leiter der Amtshandlung und den beigezogenen Personen zu **unterschreiben.** Die Niederschrift über eine Amtshandlung, der mehr als drei Beteiligte beigezogen wurden, braucht nicht von allen von ihnen unterschrieben zu werden; es genügt, wenn sie von der antragstellenden Partei und zwei weiteren Beteiligten, oder, falls der Antragsteller der Amtshandlung nicht beigezogen wurde, von drei Beteiligten unterschrieben wird (§ 14 Abs 5). Unterbleibt die Unterschriftsleistung durch eine beigezogene Person, so ist dies unter Angabe der dafür maßgeblichen Gründe in der Niederschrift festzuhalten. Wird die Niederschrift elektronisch erstellt, so kann an die Stelle der Unterschriften des Leiters der Amtshandlung und der beigezogenen Personen ein Verfahren zum Nachweis der Identität (§ 2 Z 1 E-GovG) des Leiters der Amtshandlung und der Authentizität (§ 2 Z 5 E-GovG) der Niederschrift treten.

Die Niederschrift muss den jeweils betroffenen Personen vorgelegt oder auf andere Weise zur Kenntnis gebracht (zB vorgelesen) werden, sofern sie nicht darauf verzichten. Allerdings kann die Behörde auch bei Nichtvorliegen eines solchen Verzichts von der Wiedergabe absehen, woraufhin die Beteiligten die Zustellung einer Ausfertigung verlangen können (und sollten) und daraufhin binnen zwei Wochen ab Zustellung zur Erhebung von **Einwendungen** wegen Unrichtigkeit oder Unvollständigkeit berechtigt sind (§ 14 Abs 3). Falls den Parteien – wie es in der Praxis nicht selten vorkommt – sogleich im Anschluss an die Amtshandlung eine Ausfertigung der unberichtigten Niederschrift mitgegeben wird, läuft die zweiwöchige Frist ab diesem Zeitpunkt.

Wurde die Niederschrift nicht in Vollschrift (sondern etwa in Kurzschrift oder mit Diktiergerät) erstellt, ist sie in Vollschrift zu übertragen und auf Verlangen der Beteiligten diesen zuzustellen. Innerhalb von zwei Wochen können diese **Einwendungen** wegen behaupteter Unrichtigkeit oder Unvollständigkeit erheben (§ 14 Abs 7).

Die Niederschrift liefert als öffentliche Urkunde (§ 47 AVG iVm § 292 ZPO) **vollen Beweis** über Gegenstand und Verlauf der betreffenden Amtshandlung (§ 15 Satz 1; VwGH 31.8.1999, 99/05/0055). Gem § 15 ist die volle Beweiskraft allerdings nicht gegeben, wenn die Niederschrift den Bestimmungen des § 14 nicht vollinhaltlich entspricht oder wenn gegen die Niederschrift Einwendungen wegen Unvollständigkeit oder Unrichtigkeit erhoben wurden. § 15 Satz 2 lässt außerdem den **Gegenbeweis** der Unrichtigkeit des in der Niederschrift bezeugten Vorgangs zu, die Beweislast trifft denjenigen, der die Unrichtigkeit behauptet (VwGH 21.10.1994, 94/11/0132); er hat konkrete Gründe zur Entkräftung der Beweiskraft der Niederschrift vorzubringen und entsprechende Beweisanträge zu stellen (vgl VwGH 12.10.2016, Ra 2016/18/0232); bloße Behauptungen, bestimmte Aussagen seien aus unbekannten Gründen nicht (oder nicht richtig) protokolliert worden, genügen nicht (VwGH 20.1.2016, 2013/17/0033).

3.5.2. Aktenvermerke

Unter einem Aktenvermerk (§ 16) versteht man eine von einem Amtsorgan vorgenommene Aufzeichnung bedeutsamer Fakten, die im Unterschied zur Niederschrift ohne Mitwirkung der zum Verfahren beigezogenen Personen und weitgehend formlos erfolgt. Wenn kein Anlass zur Aufnahme einer Niederschrift besteht bzw wenn nicht anderes bestimmt ist, sind folgende Gegebenheiten erforderlichenfalls in einem Aktenvermerk kurz festzuhalten:

- amtliche Wahrnehmungen;
- mündliche oder telefonische Anbringen oder sonstige Mitteilungen an die Behörde;
- mündliche oder telefonische Belehrungen, Aufforderungen, Anordnungen und sonstige Äußerungen;
- schließlich Umstände, die nur für den inneren Dienst der Behörde in Betracht kommen.

Beispiele: Beurkundung der mündlichen Bevollmächtigung gem § 10 Abs 1 (VwSlg 19.388 A/2016); Pflicht der Behörde, das für den Verfahrensausgang wesentliche Geschehen im Akt zu dokumentieren (§ 18 Abs 1); Aktenvermerk über die Einstellung von Verwaltungsstrafverfahren gem § 45 Abs 2 VStG.

Der Aktenvermerk ist (nur) vom **Amtsorgan** unter Beisetzung des Datums zu **unterschreiben**. Wurde der Aktenvermerk elektronisch erstellt, kann an die Stelle dieser Unterschrift ein Verfahren zum Nachweis seiner Identität (§ 2 Z 1 E-GovG) und der Authentizität (§ 2 Z 5 E-GovG) des Aktenvermerks treten (§ 16 Abs 2).

Aktenvermerke sind **öffentliche Urkunden mit voller Beweiskraft**, sofern sie nicht einen Mangel aufweisen oder außerhalb des Wirkungsbereichs des Organs gelegen sind (VwGH 16.12.1997, 97/05/0260). Obwohl in § 16 nicht ausdrücklich erwähnt, ist ein Gegenbeweis wie bei allen öffentlichen Urkunden zulässig (VwGH 5.4.1990, 90/09/0005). Anders als bei der Niederschrift besteht aber bei einem Aktenvermerk nicht die Möglichkeit, die Beweiskraft durch die Erhebung von Einwendungen zu beseitigen.

3.6. Akteneinsicht

3.6.1. Allgemeines

Gem Art 20 Abs 3 B-VG unterliegen jene Tatsachen, die dem Organ ausschließlich aus seiner amtlichen Tätigkeit bekannt sind, der **Amtsverschwiegenheit**, sofern die Geheimhaltung aus einem der genannten öffentlichen Interessen oder im Interesse eines Privaten geboten ist. Der Gesetzgeber darf die Amtsverschwiegenheitspflicht von Organen zwar einschränken, aber nicht ausdehnen (VfSlg 6288/1970, 9657/1983). § 17 ist eine derartige, die Amtsverschwiegenheit einschränkende Regelung, da auch Schriftstücke der Einsicht unterliegen können, die gem Art 20 Abs 3 B-VG der Geheimhaltung unterlägen. Hintergrund dieser Regelung ist, dass eine zweckentsprechende Rechtsverfolgung im Verwaltungsverfahren in aller Regel die detaillierte Kenntnis des Inhalts der Behördenakten voraussetzt. Vor diesem Hintergrund soll das **Recht auf Akteneinsicht** es den Parteien – und zwar nur den Parteien (VwGH 27.5.2009, 2009/04/0104), wohl aber auch übergangenen Parteien (VwGH 30.1.2014, 2012/05/0011) – eines Verfahrens ermöglichen, genaue Kenntnis vom Gang des Verfahrens und von den Entscheidungsgrundlagen in diesem Verfahren zu erlangen (VwGH 9.9.2008, 2007/06/0056), und dadurch Waffengleichheit im Verfahren und die zweckmäßige Geltendmachung der Rechte der Partei (die Ausübung des Parteiengehörs) gewährleisten (VwGH 7.10.2010, 2006/17/0123).

§ 17 gewährt jeder Partei ein **subjektives prozessuales Recht** auf Akteneinsicht (VwGH 27.2.1991, 90/01/0143). Das subjektive Recht wird allerdings nur insoweit garantiert, als nicht die Verwaltungsvorschriften anderes bestimmen.

> **Beispiel:** Gem § 79 SPG besteht bezüglich verarbeiteter erkennungsdienstlicher Daten kein Recht auf Akteneinsicht. Ausgenommen sind Verfahren zur Löschung von Daten auf Antrag des Betroffenen, in denen Akteneinsicht bezüglich solcher Daten verlangt werden kann, aber keine Abschriften oder Kopien gemacht werden dürfen.

Die Akteneinsicht wird grundsätzlich **nur auf Verlangen**, nicht von Amts wegen gewährt (VwGH 14.1.1991, 90/15/0056; 15.11.2017, Ra 2016/08/0184). Es bedarf allerdings keines förmlichen Antrags (VwGH 5.4.1995, 93/18/0353) und auch keiner Begründung des Einsichtsbegehrens (VwGH 21.2.2005, 2004/17/0173; 17.9.2014, Ra 2014/04/0025; 24.4.2018, Ra 2018/05/0032), solange sich das Begehren auf ein oder mehrere konkrete(s) Verwaltungsverfahren bezieht (VwGH 24.2.2006, 2003/12/0052). Gegenstand der Akteneinsicht sind Akten und Aktenteile, Filme oder in sonstiger Weise gespeicherte Daten, die sich auf die Sache der Partei beziehen. Der Anspruch auf Akteneinsicht besteht nicht nur während des anhängigen Verfahrens, sondern auch nach rechtskräftiger Erledigung der Sache (VwGH 27.11.2000, 99/17/0312; 29.4.2014, 2013/04/0157), es sei denn, die Parteistellung der Einsicht begehrenden Person wäre bereits im zurückliegenden Verfahren infolge Präklusion in Verlust geraten (siehe dazu näher VwGH 24.4.2018, Ra 2018/05/0032).

Das Recht auf **Auskunft** (nach den Auskunftspflichtgesetzen) schließt keinen Anspruch auf Akteneinsicht ein (vgl VwGH 29.3.2017, Ra 2017/10/0021). Somit kann ein fehlendes Akteneinsichtsrecht nicht über die Auskunftspflicht umgangen werden.

3.6.2. Art der Akteneinsicht

Die Akteneinsicht kann auf verschiedene Weise erfolgen:
- Einsichtnahme im Rahmen des Parteienverkehrs;
- Anfertigung von Abschriften an Ort und Stelle;
- Erstellung von Kopien oder Ausdrucken (auf Kosten der Partei);
- Akteneinsicht in jeder technisch möglichen Form, zB Zugriff über das Internet, nach Ermessen der Behörde, soweit diese die betreffenden Akten elektronisch führt.

In der Praxis ist zumeist die Herstellung von Kopien unumgänglich. Die Partei hat nach der Rsp des VwGH einen Rechtsanspruch darauf, dass Kopien der Aktenteile (auf ihre Kosten) angefertigt werden, solange die Behörde über einen funktionstüchtigen Kopierer verfügt (VwGH 18.9.2002, 2001/07/0149; siehe zur Höhe der Kopierkosten VwGH 28.2.2008, 2007/06/0293). Die Behörde ist allerdings nicht verpflichtet, Kopien an die Partei zu übersenden (VwGH 15.9.2010, 2010/08/0146; 15.11.2017, Ra 2016/08/0184); ungeachtet dessen wird in der Praxis verschiedentlich (entgegenkommenderweise) so vorgegangen.

3.6.3. Einschränkungen

Grundsätzlich bezieht sich das Recht auf Akteneinsicht auf alle für die Sacherledigung maßgeblichen Unterlagen. Gem § 17 Abs 3 sind **Einschränkungen** der Akteneinsicht jedoch in folgenden Fällen geboten:
- Schädigung berechtigter Interessen einer Partei oder Dritter (dazu gehören nicht nur rechtliche, sondern auch wirtschaftliche und andere Interessen); hier ist das Interesse der Partei an der Akteneinsicht gegen das Interesse anderer Parteien im Einzelfall abzuwägen (vgl VwGH 18.8.2017, Ra 2017/04/0022);
- Gefährdung der Aufgaben der Behörde (zB ist bei staatspolizeilichen Erhebungen die Geheimhaltung von Informationsquellen erforderlich);
- Beeinträchtigung des Zwecks des Verfahrens.

Verfahren, in denen Verordnungen erlassen werden, sind von § 17 von Vornherein nicht erfasst (vgl oben B. 1.; VwGH 23.5.2005, 2004/06/0160; 10.7.2017, Ra 2017/05/0103). So haben etwa die Parteien eines Bauverfahrens keinen Anspruch darauf, in die Akten über die Erlassung des Flächenwidmungsplans Einsicht zu nehmen (vgl VwGH 23.5.2017, Ra 2017/05/0088).

3.6.4. Gleichbehandlungspflicht

Die Behörde muss den Parteien eines Verfahrens die Akteneinsicht jedenfalls **in gleichem Umfang** gewähren (§ 17 Abs 2). Wenn einer Partei die volle Einsicht gewährt wurde, darf die Einsicht durch die übrigen Parteien nicht gem § 17 Abs 3 beschränkt werden, da die Gleichbehandlungspflicht des Abs 2 der Beschränkungsmöglichkeit des Abs 3 vorgeht. Dies gilt auch dann, wenn die Behörde einer Partei die volle Einsicht zu Unrecht gestattet hat.

3.6.5. Verweigerung der Akteneinsicht

Die Verweigerung der Akteneinsicht durch die Behörde erfolgt je nach Adressat und Verfahrenslage in zwei verschiedenen Formen:
- Durch **Verfahrensanordnung** (vgl § 7 Abs 1 VwGVG und § 63 Abs 2 AVG), wenn das Verfahren noch anhängig ist (§ 17 Abs 4; VwGH 18.3.1992, 91/12/0073; 30.1.2014, 2012/05/0011; 15.11.2017, Ra 2016/08/0184) und die Verweigerung eine Partei des Verfahrens betrifft (VwGH 25.3.1999, 99/07/0015). Die Rechtswidrigkeit der Verweigerung der Akteneinsicht kann unter diesen Umständen erst und nur in der Beschwerde (bzw der Berufung in Fällen eines behördlichen Instanzenzugs) gegen den das Verfahren abschließenden Bescheid geltend gemacht werden (VwGH 1.9.2010, 2009/17/0153).
- Durch **verfahrensrechtlichen Bescheid**, wenn
  • das Verfahren bereits abgeschlossen ist oder
  • die Verweigerung nicht eine Partei des Verfahrens betrifft oder
  • wenn ein die Angelegenheit abschließend erledigender Bescheid nicht in Betracht kommt (VwGH 23.1.2007, 2005/11/0049; zB in Verfahren im Dienste der Strafjustiz).
  Gegen diesen verfahrensrechtlichen Bescheid steht dem Einsichtswerber die Beschwerde an das Verwaltungsgericht (bzw die Berufung in Fällen eines behördlichen Instanzenzugs) offen.

Wird die Akteneinsicht verweigert, so ist in der **Begründung** des das Verfahren abschließenden Bescheids (bzw in der Begründung des verfahrensrechtlichen Bescheids) **nachvollziehbar darzulegen**, welche Aktenteile davon betroffen sind und welche öffentlichen oder privaten Interessen dies im konkreten Fall rechtfertigen (VwGH 22.2.2018, Ra 2017/11/0313; 29.5.2018, Ro 2017/15/0021); dies gilt umso mehr, wenn die betreffenden Aktenteile für die (negative) Entscheidung in der Sache und damit auch für die Rechtsverfolgung durch die Partei wesentlich sind (vgl VwGH 11.5.2010, 2008/22/0284). Durch eine zu Unrecht erfolgte Nichtgewährung der Akteneinsicht haftet dem Verfahren und somit auch dem Bescheid der Mangel der Rechtswidrigkeit an (vgl VwGH 18.9.2000, 2000/17/0052).

3.7. Erledigungen

Erledigungen iSd § 18 sind alle hoheitlichen Akte von Behörden, mit denen sie ihre Aufgaben erfüllen. Für einzelne Erledigungen gibt es zusätzlich zu § 18 noch besondere Vorschriften (für Bescheide §§ 58 ff, für Ladungen § 19).

Die Behörde muss möglichst zweckmäßige, rasche, einfache und kostensparende Erledigungsformen wählen. Erledigungen, insb Belehrungen, sind daher möglichst **mündlich** vorzunehmen. Erforderlichenfalls ist der wesentliche Inhalt der Amtshandlung in einer Niederschrift oder einem Aktenvermerk festzuhalten (§ 18 Abs 1). Erledigungen haben **schriftlich** zu ergehen, wenn dies in den Verwaltungsvorschriften ausdrücklich angeordnet ist oder von der Partei verlangt wird (§ 18 Abs 2).

3.7.1. Interne Erledigungen

Voraussetzung für das Entstehen der Erledigung (idR des Bescheids) ist die **Genehmigung**. Sie ist ein behördlicher Willensakt, der den Inhalt der Erledigung festlegt. Die Genehmigung wird von dem Organwalter vorgenommen, der nach den Organisationsvorschriften den behördlichen Willen zu bilden hat (VwGH 19.1.1990, 89/18/0079); bei monokratischen Organen ist dies der Behördenleiter oder das von ihm ermächtigte (dh approbationsbefugte) Organ, bei Kollegialbehörden kommt es auf die jeweiligen Organisationsvorschriften an (VwGH 10.6.2015, 2012/11/0211).

Die zuständigen Organe können ihre gesetzlich eingeräumten Entscheidungsbefugnisse innerhalb der Behörde übertragen, indem sie andere Personen mit der entsprechenden **Approbationsbefugnis** ausstatten (vgl VwGH 10.12.2013, 2013/05/0039; die Erteilung der Approbationsbefugnis ist grundsätzlich an keine Form gebunden, sie kann daher auch mündlich erfolgen: VwGH 25.6.2013, 2013/08/0001). Das Handeln dieser Personen ist aber immer dem zuständigen Organ zuzurechnen. Die Genehmigung durch einen Organwalter ohne Approbationsbefugnis ist wirkungslos. Wird jedoch bei einer Genehmigung die erteilte Approbationsbefugnis überschritten, ist die Erledigung wirksam und dem ermächtigenden Organ zuzurechnen (VwSlg 12.734 A/1988; VwGH 17.9.1996, 95/05/0231; 25.6.2013, 2013/08/0001).

Ob bei der Unterfertigung des Bescheids die Wendung „iA" anstelle von „iV" verwendet wird, ist für die Bescheidqualität ohne Relevanz. Der Zusatz lässt nach außen bloß erkennen, dass nicht das zuständige Organ selbst den Bescheid gefertigt hat, trifft aber über die Berechtigung des Unterfertigenden selbst keine abschließende Aussage (VwGH 30.4.2014, 2013/12/0123).

Schriftliche Erledigungen sind vom Genehmigungsberechtigten mit seiner **Unterschrift** zu genehmigen (§ 18 Abs 3). Die Unterschrift muss ein individueller Schriftzug mit charakteristischen Merkmalen sein; Lesbarkeit ist nicht erforderlich. Ein Dritter, der den Namen des Unterzeichnenden kennt, muss diesen Namen aus der Unterschrift herauslesen können. Eine Paraphe allein ist jedoch nicht ausreichend (VwGH 4.9.2000, 98/10/0013). Wurde die Erledigung **elektronisch** erstellt, kann an die Stelle dieser Unterschrift ein Verfahren zum Nachweis der Identität (§ 2 Z 1 E-GovG) des Genehmigenden und der Authentizität (§ 2 Z 5 E-GovG) der Erledigung treten.

3.7.2. Ausfertigung

Voraussetzung der Außenwirksamkeit interner Erledigungen ist die Bekanntgabe an den Adressaten.

Schriftliche Ausfertigungen haben folgende Angaben zu enthalten (§ 18 Abs 4):
- die Bezeichnung der Behörde (bei sonstiger Nichtigkeit),
- das Datum der Genehmigung,
- den Namen des Genehmigenden (bei sonstiger Nichtigkeit; die Benennung von Organwaltern als Sachbearbeiter am Beginn der Erledigung genügt nicht: VwGH 19.3.2015, 2012/06/0145) und
- die Unterschrift des Genehmigenden (bei sonstiger Nichtigkeit); es muss sich um die originale Unterschrift handeln (eine bloß im Faxwege kopierte Unterschrift genügt nicht: VwGH 11.11.2013, 2012/22/0126); an die Stelle dieser Unterschrift kann die Beglaubigung der Kanzlei treten, dass die Ausfertigung mit der Erledigung übereinstimmt und die Erledigung gem Abs 3 genehmigt worden ist (vgl dazu VwGH 12.12.2017, Ra 2017/05/0105; 28.2.2018, Ra 2015/06/0125).

Am Schluss der schriftlichen Erledigung ist der **Name des Genehmigenden** wiederzugeben, nachfolgend ist die Klausel beizusetzen: „Für die Richtigkeit der Ausfertigung" („F.d.R.d.A."). Der Beglaubigende hat mit seinem Namen eigenhändig zu **unterschreiben**. Die Leserlichkeit der Unterschrift, mit der die Richtigkeit der Ausfertigung bestätigt wird, ist für die Bescheidqualität einer Erledigung einer Verwaltungsbehörde nicht von Bedeutung (VwGH 11.11.2013, 2012/22/0126; 28.2.2018, Ra 2015/06/0125).

> **Beispiel:** „Für den Bundesminister: Mag. XY. Für die Richtigkeit der Ausfertigung", mit der Unterschrift des Kanzleiorgans.

Ausfertigungen in Form von elektronischen Dokumenten haben eine **Amtssignatur** (§ 19 E-GovG) zu enthalten. Die Darstellung der Amtssignatur ersetzt allerdings nicht die Genehmigung, vielmehr ist darin lediglich die Urheberschaft der Behörde dokumentiert (VwGH 15.10.2014, Ra 2014/08/0009). Ausfertigungen in Form von Ausdrucken oder Kopien elektronischer Dokumente haben entweder die Voraussetzungen des § 20 E-GovG oder eine Unterschrift des Genehmigenden (bzw die Beglaubigung der Kanzlei) zu enthalten (vgl VwGH 25.2.2019, Ra 2018/19/0240).

Die Übermittlung kann durch förmliche Zustellung oder durch formlose Zusendung erfolgen:

- **Förmliche Zustellung**: Möglich ist die traditionelle Zustellung von Schriftstücken oder die elektronische Zustellung mit Zustellnachweis nach dem ZustG.
- **Formlose Zusendung**: Diese erfolgt per Fax oder per E-Mail, durch telegraphische oder fernschriftliche Übermittlung.

Welcher Behörde eine Erledigung **zuzurechnen** ist, ist anhand des äußeren Erscheinungsbilds der Erledigung, also insb anhand des Kopfes, Spruches, der Begründung, der Fertigungsklausel und der Rechtsmittelbelehrung, also nach objektiven Gesichtspunkten, zu beurteilen (vgl VwGH 27.2.2019, Ra 2019/05/0044). Die Behörde, der die Erledigung zuzurechnen ist, muss aus der Erledigung selbst hervorgehen (VwGH 12.12.2017, Ra 2016/05/0065).

Gelegentlich werden Entscheidungen einer Verwaltungsbehörde von einer anderen Behörde ausgefertigt und an die Partei übermittelt (**„Intimationsbescheid"**). Dies ist nur unter der Voraussetzung zulässig, dass aus der Ausfertigung eindeutig hervorgeht, welcher Behörde die Erledigung zuzurechnen ist (VwGH 19.2.1982, 81/08/0079). Als Genehmigender iSd § 18 Abs 4 scheint bei Intimationsbescheiden die mitteilende Behörde auf. Zuzurechnen ist die Erledigung allerdings der Behörde, welche die Entscheidung getroffen hat, nicht der mitteilenden Behörde.

Die Intimation kommt vor allem bei Behörden zur Anwendung, die über keine eigenen Dienststellen verfügen. So werden die Entscheidungen gewisser Kollegialorgane der Gemeinde Wien durch den Magistrat, die Entscheidungen des Gemeinderats durch den Bürgermeister (das Gemeindeamt ist die Dienststelle des Gemeindevorstands) und die Entscheidungen des Bundespräsidenten durch den zuständigen Bundesminister intimiert.

3.8. Ladungen

3.8.1. Voraussetzungen

Die Behörde darf unter folgenden Voraussetzungen Personen vorladen (§ 19):

– Das **Erscheinen** der Person muss **nötig** sein. Die Ladung ist nötig, wenn auf andere Weise der verfolgte Zweck nicht erreicht werden kann (VwSlg 13.999 A/1994). Dazu muss nicht zwingend bereits ein Verfahren anhängig sein.

– Der zu Ladende hat im Amtsbereich der Behörde seinen **Aufenthalt**. Ein Wohnsitz begründet die Vermutung des Aufenthalts. Bei juristischen Personen kommt es auf deren Sitz an. Bei Personen, die sich außerhalb des Sprengels aufhalten, kann nur gem § 55 (Vernehmung durch eine dazu ersuchte Behörde) vorgegangen werden, deren Ladung würde das Recht auf ein Verfahren vor dem gesetzlichen Richter (Art 83 Abs 2 B-VG) verletzen.

Im Unterschied zu den Verwaltungsbehörden dürfen die Verwaltungsgerichte gem § 23 VwGVG auch Personen vorladen, die ihren Aufenthalt (Sitz) außerhalb des Sprengels des Verwaltungsgerichts haben und deren Erscheinen nötig ist (siehe unten F. 6.5.1.).

Aus Sondervorschriften können sich zusätzliche Erfordernisse ergeben.

> **Beispiel:** Steht die zu ladende Person in einem öffentlichen Amt oder Dienst (etwa Lehrer, Ärzte einer öffentlichen Krankenanstalt) oder im Dienst eines dem öffentlichen Verkehr dienenden Unternehmens (etwa Lokführer oder Schaffner der ÖBB) und muss voraussichtlich zur Wahrung der Sicherheit oder anderer öffentlicher Interessen eine Stellvertretung während der Verhinderung dieser Person eintreten, so ist gem § 20 gleichzeitig deren vorgesetzte Stelle von der Ladung zu benachrichtigen. Aus dem Völkerrecht ergeben sich Beschränkungen der Ladung hochrangiger Vertreter eines Staats und von Diplomaten.

3.8.2. Form der Ladung

Die Ladung kann in zwei Formen erfolgen, als formlose einfache Ladung (Beispiel S 60) oder als Ladungsbescheid (Beispiel S 63). Die Wahl der Form liegt im Ermessen der Behörde.

Einfache Ladung	Ladungsbescheid
Verfahrensanordnung (§ 19 Abs 4)	verfahrensrechtlicher Bescheid ohne Ermittlungsverfahren (§ 56) und ohne Begründung

Behörde (Anschrift, Telefon, Telefax, E-Mail, DVR)

Zahl (Bitte bei Antworten angeben!)	Sachbearbeiter	Durchwahl	Datum

Ladung

Sehr geehrter Herr

Wir haben folgende Angelegenheit, an der Sie **beteiligt** sind, zu bearbeiten:

☐ Bitte kommen Sie persönlich in unser Amt. Sie können auch gemeinsam mit Ihrem Bevollmächtigten zu uns kommen.

☐ Bitte kommen Sie persönlich in unser Amt oder entsenden Sie an Ihrer Stelle einen Bevollmächtigten. Sie können auch gemeinsam mit Ihrem Bevollmächtigten zu uns kommen.

Bevollmächtigter kann eine eigenberechtigte natürliche Person, eine juristische Person oder eine eingetragene Personengesellschaft sein. Personen, die unbefugt die Vertretung anderer zu Erwerbszwecken betreiben, dürfen nicht bevollmächtigt werden.

Ihr Bevollmächtigter muss mit der Sachlage vertraut sein und sich durch eine schriftliche Vollmacht ausweisen können. Die Vollmacht hat auf Namen oder Firma zu lauten.

Eine schriftliche Vollmacht ist nicht erforderlich,

– wenn Sie sich durch eine zur berufsmäßigen Parteienvertretung befugte Person (zB einen Rechtsanwalt, Notar, Wirtschaftstreuhänder oder Ziviltechniker) vertreten lassen,

– wenn Ihr Bevollmächtigter seine Vertretungsbefugnis durch seine Bürgerkarte nachweist,

– wenn Sie sich durch uns bekannte Angehörige (§ 36a des Allgemeinen Verwaltungsverfahrensgesetzes 1991 – AVG), Haushaltsangehörige, Angestellte oder durch uns bekannte Funktionäre von Organisationen vertreten lassen und kein Zweifel an deren Vertretungsbefugnis besteht oder

– wenn Sie gemeinsam mit Ihrem Bevollmächtigten zu uns kommen.

Datum	Zeit	Stiege/Stock/Zimmer Nr.

Bitte bringen Sie diese Ladung, einen amtlichen Lichtbildausweis und folgende Unterlagen mit:

Wenn Sie dieser Ladung aus wichtigen Gründen (zB Krankheit, Behinderung, zwingende berufliche Behinderung, nicht verschiebbare Urlaubsreise) nicht Folge leisten können, teilen Sie uns dies bitte sofort mit, damit wir den angegebenen Termin allenfalls verschieben können.

Name des / der Genehmigenden

Unterschrift / Beglaubigung / Amtssignatur

61

Einfache Ladung	Ladungsbescheid
nicht zwangsweise durchsetzbar	im Fall des Nichterscheinens im Wege von Zwangsstrafen oder der zwangsweisen Vorführung des Geladenen durchsetzbar, wenn die Anwendung dieser Zwangsmittel in der Ladung angedroht war und die Ladung zu eigenen Handen zugestellt wurde (§ 19 Abs 3)
als Verfahrensanordnung nicht (abgesondert) bekämpfbar (vgl § 7 Abs 1 VwGVG, § 63 Abs 2 AVG)	mit Bescheidbeschwerde gem Art 130 Abs 1 Z 1 B-VG vor dem Verwaltungsgericht (in Angelegenheiten des eigenen Wirkungsbereichs der Gemeinde mit Berufung gem § 63 AVG) bekämpfbar

3.8.3. Inhalt

Eine Ladung hat gem § 19 Abs 2 zu enthalten:
- die Angabe von Ort, Zeit und Gegenstand der Amtshandlung;
- die Angabe, in welcher Eigenschaft der Geladene erscheinen soll (zB als Beteiligter, Zeuge usw);
- die Angabe, welche Behelfe und Beweismittel mitzubringen sind;
- die Angabe, ob der Geladene persönlich zu erscheinen hat oder ob die Entsendung eines Vertreters genügt und welche Folgen an ein Ausbleiben geknüpft sind (die Entsendung eines Vertreters ist gem § 10 Abs 1 nur bei Beteiligten möglich, nicht aber bei anderen dem Verfahren beigezogenen Personen, etwa Zeugen).
- beim Ladungsbescheid: die Angabe der Konsequenzen des Ausbleibens (§ 19 Abs 3).

3.8.4. Rechtswirkungen der Ladung und Folgen der Missachtung

Alle geladenen Personen trifft die Verpflichtung, der Ladung Folge zu leisten, außer bei Verhinderung durch Krankheit, Behinderung oder sonstige begründete Hindernisse (§ 19 Abs 3). Bei Vorliegen eines solchen Grundes besteht gar keine Pflicht, der Ladung nachzukommen, eine Entschuldigung ist somit nicht notwendig (VwGH 17.2.1994, 94/19/0941; 26.6.2019, Ra 2019/20/0137). Eine urlaubsbedingte oder berufliche Verhinderung kann nur dann ein begründetes Hindernis iSd § 19 Abs 3 bilden, wenn sie nicht etwa durch zumutbare Dispositionen hätte beseitigt werden können (VwGH 27.2.2018, Ra 2018/05/0008). Stets hat die Partei im Falle einer ordnungsgemäßen Ladung die Gründe für das Nichterscheinen darzutun (VwGH 19.4.2018, Ra 2018/08/0007); die Triftigkeit des Nichterscheinens muss überprüfbar sein (VwGH 24.10.2018, Ra 2016/04/0040). Auch ein

Behörde (Anschrift, Telefon, Telefax, E-Mail, DVR)

Zustellung zu eigenen Handen

Zahl (Bitte bei Antworten angeben!)   **Sachbearbeiter**   **Durchwahl**   **Datum**

Ladungsbescheid

Wir haben folgende Angelegenheit, an der Sie **beteiligt** sind, zu bearbeiten:

Bitte kommen Sie persönlich in unser Amt. Sie können auch gemeinsam mit Ihrem Bevollmächtigten zu uns kommen.

Bevollmächtigter kann eine eigenberechtigte natürliche Person, eine juristische Person oder eine eingetragene Personengesellschaft sein. Personen, die unbefugt die Vertretung anderer zu Erwerbszwecken betreiben, dürfen nicht bevollmächtigt werden.

Ihr Bevollmächtigter muss mit der Sachlage vertraut sein.

Datum	Zeit	Stiege/Stock/Zimmer Nr.

Bitte bringen Sie diesen Ladungsbescheid, einen amtlichen Lichtbildausweis und folgende Unterlagen mit:

63

Wenn Sie diesem Ladungsbescheid ohne wichtigen Grund (zB Krankheit, Behinderung, zwingende berufliche Behinderung, nicht verschiebbare Urlaubsreise) nicht Folge leisten, müssen Sie damit rechnen, dass

☐ über Sie eine **Zwangsstrafe** von   **Euro** verhängt wird.

☐ Ihre **zwangsweise Vorführung** veranlasst wird.

Teilen Sie uns daher in Ihrem eigenen Interesse sofort mit, wenn Sie zum angegebenen Termin nicht kommen können, damit wir ihn allenfalls verschieben können.

Rechtsgrundlage: § 19 des Allgemeinen Verwaltungsverfahrensgesetzes 1991 – AVG

Rechtsmittelbelehrung:

Sie haben das Recht gegen diesen Bescheid **Beschwerde** zu erheben.

Die Beschwerde ist innerhalb von **vier Wochen** nach Zustellung dieses Bescheides **schriftlich bei uns einzubringen**. Sie hat den Bescheid, gegen den sie sich richtet, und die Behörde, die den Bescheid erlassen hat, zu bezeichnen. Weiters hat die Beschwerde die Gründe, auf die sich die Behauptung der Rechtswidrigkeit stützt, das Begehren und die Angaben, die erforderlich sind, um zu beurteilen, ob die Beschwerde rechtzeitig eingebracht ist, zu enthalten.

Eine rechtzeitig eingebrachte und zulässige Beschwerde hat **aufschiebende Wirkung**, das heißt, der Bescheid kann bis zur abschließenden Entscheidung nicht vollstreckt werden.

Die Beschwerde kann in **jeder technisch möglichen Form übermittelt** werden, mit E-Mail jedoch nur insoweit, als für den elektronischen Verkehr nicht besondere Übermittlungsformen vorgesehen sind.

☐ Folgende technischen Voraussetzungen oder organisatorischen Beschränkungen des elektronischen Verkehrs sind im Internet bekanntgemacht:

Bitte beachten Sie, dass der Absender die mit jeder Übermittlungsart verbundenen Risiken (zB Übertragungsverlust, Verlust des Schriftstückes) trägt.

Name des / der Genehmigenden

Unterschrift / Beglaubigung / Amtssignatur

geladener Parteienvertreter kann sich auf die Rechtfertigungsgründe des § 19 Abs 3 berufen (VwGH 25.6.2013, 2012/08/0031).

Wird einer **einfachen Ladung** ungerechtfertigt nicht nachgekommen, kann sie zwar nicht zwangsweise durchgesetzt werden, es können aber sonstige nachteilige Folgen für den nicht erschienenen Geladenen eintreten:

– Zeugen, zur Vernehmung geladene Beteiligte, Dolmetscher oder nicht-amtliche Sachverständige können dazu verpflichtet werden, die verursachten Kosten aufgrund eines nachfolgenden Kostenbescheids zu ersetzen (§ 49 Abs 5). Auf diese Rechtsfolgen hat die Behörde in der Ladung aufmerksam zu machen.

– Versäumt der Antragsteller, der streng genommen nicht geladen, sondern nur persönlich verständigt werden kann, die mündliche Verhandlung, kann die Behörde entweder in seiner Abwesenheit die Verhandlung durchführen (VwGH 24.10.2018, Ra 2016/04/0040) oder auf seine Kosten die Verhandlung vertagen (§ 42 Abs 4).

Bei ungerechtfertigter Nichtbefolgung eines **Ladungsbescheids** können darüber hinaus die im Bescheid angedrohten Zwangsmittel zur Anwendung kommen:

– **Zwangsstrafen:** In Frage kommen gem § 5 VVG (siehe unten E. 5.2.) Geldstrafen (bis höchstens 726 Euro) und Haftstrafen (bis maximal 4 Wochen). Gegen die Verhängung der Zwangsstrafe durch die Vollstreckungsbehörde kann Beschwerde an das Verwaltungsgericht erhoben werden (vgl § 10 Abs 2 VVG).

– **Zwangsweise Vorführung** (§ 7 VVG, siehe unten E. 5.3.): Sie ist mittels Vollstreckungsverfügung (mit Bescheidqualität) anzuordnen (VwGH 15.10.1986, 85/01/0040). Gegen diese kann Beschwerde an das Verwaltungsgericht erhoben werden (vgl § 10 Abs 2 VVG).

Unzulässig ist die Vollstreckung angedrohter Zwangsmittel in folgenden Fällen:

– Die Behörde hat dem Geladenen die Möglichkeit der Entsendung eines Vertreters freigestellt (VwGH 17.9.1982, 82/04/0003; 29.11.1994, 94/04/0246).

– Der Geladene ist dem Auftrag, etwa zur Vorlage von Beweismitteln, bereits vor der Vollstreckung nachgekommen (VwGH 9.5.1990, 89/03/0269).

– Die Behörde hat die Verhinderung des Geladenen ohne Widerspruch zur Kenntnis genommen. Dies wird als Verzicht auf die Verhängung der angedrohten Sanktionen gewertet (vgl VwGH 26.6.2019, Ra 2019/20/0137).

3.9. Zustellungen

Das Zustellrecht gehört zu den praxisrelevantesten Bereichen des Verfahrensrechts, es regelt etwa die Voraussetzungen, unter denen behördliche Rechtsakte rechtlich wirksam werden. Bis 1983 war die Zustellung durch Verwaltungsbehörden im AVG geregelt, mit dem ZustG wurde ein einheitliches Zustellrecht sowohl für Gerichte als auch für Verwaltungsbehörden geschaffen. Es gilt nur für förmliche Zustellungen, nicht aber für formlose Zusendungen, wie sie zB das AVG ermöglicht. Dabei wird zwischen der traditionellen Zustellung an eine Abgabestelle (physische Zustellung, vgl §§ 13–27 ZustG) und der elektronischen Zustellung (§§ 28–37b ZustG) unterschieden. Für Zustellungen im Ausland und die Zustellung ausländischer Dokumente im Inland bestehen Sonderregelungen (vgl die §§ 11 und 12 ZustG).

3.9.1. Anwendungsbereich und Begriffsdefinitionen

Das Zustellgesetz regelt die Zustellung von Dokumenten der **Gerichte** und der **Verwaltungsbehörden** im Bereich der Hoheitsverwaltung. Gerichte und Verwaltungsbehörden werden durch das ZustG einheitlich als Behörden bezeichnet.

Einleitend sind wichtige **Begriffe** des ZustG mit ihrer gesetzlichen Definition zu nennen:

- Empfänger (§ 2 Z 1 ZustG): die von der Behörde in der Zustellverfügung (§ 5 ZustG) namentlich als solcher bezeichnete Person;
- Dokument (§ 2 Z 2 ZustG): Aufzeichnung unabhängig von ihrer technischen Form, insb eine behördliche schriftliche Erledigung;
- Zustelladresse (§ 2 Z 3 ZustG): eine Abgabestelle (Z 4) oder elektronische Zustelladresse (Z 5);
- Abgabestelle (§ 2 Z 4 ZustG): die Wohnung oder sonstige Unterkunft, die Betriebsstätte, der Sitz (bei juristischen Personen), der Geschäftsraum, die Kanzlei (bei berufsmäßigen Parteienvertretern, § 13 Abs 4 ZustG) oder auch der Arbeitsplatz des Empfängers, im Falle einer Zustellung anlässlich einer Amtshandlung auch deren Ort, oder ein vom Empfänger der Behörde für die Zustellung in einem laufenden Verfahren angegebener Ort;
- elektronische Zustelladresse (§ 2 Z 5 ZustG): eine vom Empfänger der Behörde für die Zustellung in einem anhängigen oder gleichzeitig anhängig gemachten Verfahren angegebene elektronische Adresse;
- Post (§ 2 Z 6 ZustG): die Österreichische Post AG (§ 3 Z 1 PMG);

– Zustelldienst (§ 2 Z 7 ZustG): ein Universaldienstbetreiber (§ 3 Z 4 PMG) sowie ein Zustelldienst im Anwendungsbereich des 3. Abschnitts (= §§ 27 ff) des ZustG;
– Ermittlungs- und Zustelldienst (§ 2 Z 8 ZustG): der Zustelldienst, der die Leistungen gem § 29 Abs 2 ZustG zu erbringen hat;
– Kunde (§ 2 Z 9 ZustG): Person, gegenüber der sich ein Zustelldienst, der die Leistungen gem § 29 Abs 1 ZustG zu erbringen hat, zur Zustellung behördlicher Dokumente verpflichtet hat.

3.9.2. Zustellorgane und Zurechnung

Die Durchführung der Zustellung (§ 3 ZustG) erfolgt, sofern in den für das Verfahren geltenden Vorschriften nicht eine andere Form der Zustellung vorgesehen ist, durch einen **Zustelldienst**, durch **Bedienstete der Behörde** oder – unter der Voraussetzung, dass dies im Interesse der Zweckmäßigkeit, Raschheit und Einfachheit liegt – durch **Gemeindeorgane**. Wer mit der Zustellung betraut ist (Zusteller), handelt hinsichtlich der Wahrung der Gesetzmäßigkeit der Zustellung als Organ der Behörde, deren Dokument zugestellt werden soll; diese Behörde ist daher für das Handeln der Zusteller amtshaftungsrechtlich verantwortlich (§ 4 ZustG iVm § 1 AHG). Für Personen- oder Vermögensschäden, die durch die Post oder einen sonstigen Zusteller unter Verletzung des PMG oder des ZustG verursacht wurden, haften der Bund, die Länder, die Gemeinden, sonstige Körperschaften des öffentlichen Rechts und die Träger der Sozialversicherung nach Maßgabe des AHG (§ 17 Abs 2 PMG).

3.9.3. Zustellverfügung

Die Behörde, welche ein Dokument zustellen will, trifft eine **Zustellverfügung**, die folgende inhaltliche Elemente aufzuweisen hat (§ 5 ZustG):
– die **Bezeichnung des Empfängers**: Die Person, in deren Verfügungsgewalt das Dokument gelangen soll, ist namentlich möglichst eindeutig zu bezeichnen. Als Empfänger gilt im Zustellrecht nur die in der Zustellverfügung genannte Person (formeller Empfängerbegriff). Dabei ist grundsätzlich derjenige zu nennen, für den die Erledigung auch ihrem Inhalt nach bestimmt ist („materieller" Empfänger). Wenn ein unzutreffender Empfänger in der Zustellverfügung genannt wird, kommt eine Heilung iSd § 7 Abs 1 ZustG durch tatsächliches Zukommen des Dokuments nicht in Betracht (vgl VwGH 20.3.2018, Ro 2017/05/0015; siehe auch VwSlg 19.490 A/2016 zur fälschlichen Nennung einer Gemeinde statt des Gemeinderates in einer Zustellverfügung);

- die für die Zustellung erforderlichen **sonstigen Angaben**: etwa die Zustelladresse oder die Angabe, ob die Zustellung mit oder ohne Zustellnachweis erfolgen soll.

Folgende Besonderheiten sind bei der Angabe des Empfängers zu beachten:
- Ist die natürliche Person, der das Dokument zukommen soll, **prozessunfähig**, muss die Behörde den gesetzlichen Vertreter in der Zustellverfügung angeben oder mangels gesetzlichen Vertreters die Bestellung eines Kurators beim zuständigen Gericht veranlassen (siehe oben C. 2.4.3.).
- Bei einer **juristischen Person** kann die Behörde wählen, ob sie die Person selbst oder ein Organ der juristischen Person als Empfänger bezeichnet (da das Dokument gem § 13 Abs 3 ZustG ohnehin an einen befugten Vertreter zuzustellen ist; vgl zB VwGH 23.3.2012, 2011/02/0084).
- Gibt es einen **Zustellungsbevollmächtigten** (als solche gelten auch berufsmäßige Parteienvertreter), so ist dieser als Empfänger anzugeben (vgl § 9 Abs 3 ZustG; vgl VwGH 23.5.2018, Ro 2018/22/0003), es sei denn, es ist gesetzlich anderes bestimmt.

3.9.4. Zustelladresse

a) Bestimmung der Zustelladresse

Grundsätzlich kann an jede Zustelladresse zugestellt werden, sofern nicht gesetzlich die Zustellung an einer bestimmten Zustelladresse vorgeschrieben ist.

> Bei der Bestimmung der Zustelladresse nimmt die Behörde auf die Grundsätze der Sparsamkeit, Wirtschaftlichkeit und Zweckmäßigkeit Bedacht (vgl § 18 Abs 1 AVG). Zur Ermittlung der Zustelladresse kann die Behörde die Unterstützung durch einen Zustelldienst in Anspruch nehmen.

Als Zustelladresse kommen die **Abgabestelle** des Empfängers (iSd § 2 Z 4 ZustG) und die **elektronische Zustelladresse** (iSd § 2 Z 5 ZustG; zB Telefax: VwGH 17.12.2014, Fr 2014/18/0033) in Betracht. Bestimmte Konstellationen weichen davon jedoch ab:
- Bei der physischen Zustellung kann mangels einer Abgabestelle im Inland an jedem Ort zugestellt werden, an dem der Empfänger angetroffen wird (§ 24a Z 2 ZustG). Ebenso kann am Ort des Antreffens zugestellt werden, wenn der Empfänger zur Annahme bereit ist (§ 24a Z 1 ZustG).
- Unmittelbare Ausfolgung (§ 24 ZustG): Dem Empfänger können versandbereite Dokumente bei der Behörde oder Dokumente, die die Behörde an eine andere Dienststelle übermittelt hat, bei dieser unmittelbar ausgefolgt werden.

– § 25 ZustG sieht die Möglichkeit der öffentlichen Bekanntmachung durch Anschlag an der Amtstafel vor.

Die Zustellung an einer bestimmten Zustelladresse darf nicht verfügt werden, wenn Grund zur Annahme besteht, dass sich der Empfänger **nicht regelmäßig an dieser Abgabestelle aufhält** oder er unter einer elektronischen Zustelladresse nicht regelmäßig erreichbar ist. Unter welchen Voraussetzungen eine Zustellung wirksam wird, wenn sich die Abwesenheit des Empfängers von der Abgabestelle erst nachträglich herausstellt, ist für die physische Zustellung in § 16 Abs 5, § 17 Abs 3 und § 26 Abs 2 ZustG und für die elektronische Zustellung in § 35 Abs 7 ZustG geregelt.

b) Änderung der Abgabestelle

Parteien oder Zustellungsbevollmächtigte (§ 9 Abs 6 ZustG), welche während eines anhängigen Verfahrens, von dem sie Kenntnis haben, die Abgabestelle ändern, haben dies der Behörde unverzüglich **mitzuteilen** (§ 8 Abs 1 ZustG). Dies gilt auch für die Aufgabe der Abgabestelle (vgl VwGH 22.6.2017, Ra 2016/03/0079). Eine Änderung der Abgabestelle liegt erst dann vor, wenn die Partei die Abgabestelle nicht nur vorübergehend, sondern auf Dauer verlässt (vgl VwGH 22.1.2014, 2013/22/0313).

> **Beispiel:** Eine bloß vorübergehende Abwesenheit kann durch Urlaub oder einen Krankenhausaufenthalt bedingt sein; eine längerfristige Abwesenheit ist etwa ein 14-monatiger Aufenthalt in den USA.

Wird diese Mitteilung unterlassen, so ist, soweit die Verfahrensvorschriften nicht anderes vorsehen, die Zustellung durch Hinterlegung ohne vorausgehenden Zustellversuch (§ 23 ZustG) vorzunehmen, falls eine Abgabestelle nicht ohne Schwierigkeiten festgestellt werden kann (§ 8 Abs 2 ZustG). Die Behörde muss jedenfalls versuchen, die neue Abgabestelle auszuforschen, bevor sie eine Zustellung durch Hinterlegung ohne vorausgehenden Zustellversuch bewirkt (VwGH 22.1.2014, 2013/22/0313).

3.9.5. Zustellungsvollmacht

a) Bestellung eines Zustellungsbevollmächtigten durch Beteiligte

Gem § 9 ZustG können (soweit in den Verfahrensvorschriften nicht anderes bestimmt ist) die Parteien und Beteiligten andere natürliche oder juristische Personen oder eingetragene Personengesellschaften gegenüber der Behörde zur Empfangnahme von Dokumenten bevollmächtigen (**Zustellungsvollmacht**). Eine nach § 10 AVG erteilte Vollmacht erfasst mangels anderweitiger Bestimmung auch die Zustellungsvollmacht (vgl VwGH 20.1.1997, 96/19/0037).

Ist der Bevollmächtigte eine natürliche Person, muss er seinen Hauptwohnsitz in einem EWR-Vertragsstaat haben. Handelt es sich beim Bevollmächtigten um eine juristische Person oder eine eingetragene Personengesellschaft, muss er einen zum Empfang von Dokumenten befugten Vertreter
mit Hauptwohnsitz in einem EWR-Staat haben (vgl im Einzelnen § 9 Abs 2
ZustG).

Soweit gesetzlich nicht anderes bestimmt ist, hat die Behörde einen be-
stellten **Zustellungsbevollmächtigten als Empfänger** zu bezeichnen (§ 9
Abs 3 Satz 1 ZustG). Ist dies fälschlicherweise nicht geschehen, besteht die
Möglichkeit der Heilung des Zustellmangels durch tatsächliches Zukom-
men (§ 9 Abs 3 Satz 2 ZustG; VwGH 9.3.2018, Ra 2017/02/0263). Die bloße
Kenntnisnahme von einem Bescheid oder die private Anfertigung einer Fo-
tokopie davon oder die Übermittlung einer Telekopie durch eine von der
Behörde verständigte andere Person bewirkt allerdings noch nicht, dass das
Schriftstück „tatsächlich zugekommen" und eine Heilung des Zustellmangels iSd § 7 ZustG eingetreten ist (VwGH 24.3.2015, Ro 2014/05/0013).
Notwendig ist vielmehr, dass das Dokument (etwa der Bescheid) im Original tatsächlich (körperlich) in Empfang genommen wird (VwGH 16.7.2014,
2013/01/0173).

Sondervorschriften bestehen gem § 9 Abs 4 und 5 ZustG für folgende
Fälle:
- Mehrere Parteien oder Beteiligte haben einen **gemeinsamen Zustellungsbevollmächtigten**: In diesem Fall gilt mit der Zustellung einer einzigen Ausfertigung des Dokuments an den Zustellungsbevollmächtigten
  die Zustellung an alle Parteien oder Beteiligte als bewirkt.
- Eine Partei oder ein Beteiligter hat **mehrere Zustellungsbevollmächtigte**: In diesem Fall gilt die Zustellung als bewirkt, sobald sie an einen der
  Zustellungsbevollmächtigten vorgenommen worden ist.
- Mehrere Parteien oder Beteiligte bringen gemeinsam ein Anbringen ein
  und machen dabei **keinen Zustellungsbevollmächtigter** namhaft: In
  diesem Fall gilt die im Anbringen an erster Stelle genannte Person als
  gemeinsamer Zustellungsbevollmächtigter.

b) Auftrag zur Namhaftmachung eines Zustellungsbevollmächtigten

Verfügen Parteien oder Beteiligte **nicht** über eine **Abgabestelle im Inland**
(bzw juristische Personen nicht über einen Sitz oder eine Betriebsstätte im
Inland, vgl VwGH 22.4.2009, 2006/15/0207), kann die Behörde diesen – mit
verfahrensrechtlichem Bescheid (VwSlg 8957 F/2014) – auftragen, innerhalb
einer Frist von mindestens zwei Wochen einen **Zustellungsbevollmächtigten namhaft zu machen** (§ 10 ZustG). Die Namhaftmachung gilt für
bestimmte oder für alle bei der Behörde anhängigen oder anhängig zu

machenden Verfahren. Kommt die Partei bzw der Beteiligte dem Auftrag nicht (fristgerecht) nach, sind Zustellungen ohne Zustellnachweis durch Übersendung der Dokumente an eine der Behörde bekannte Zustelladresse vorzunehmen, sofern auf diese Rechtsfolge im Auftrag hingewiesen wurde. Ein übersandtes Dokument gilt zwei Wochen nach Übergabe an den Zustelldienst als zugestellt.

Eine solche „Zustellung durch Übersendung" ist allerdings nicht mehr zulässig, sobald die Partei bzw der Beteiligte entweder einen Zustellungsbevollmächtigten namhaft gemacht hat oder über eine inländische Abgabestelle verfügt und diese der Behörde bekannt gegeben hat (§ 10 Abs 2 ZustG).

3.9.6. Physische Zustellung (§§ 13 bis 27 ZustG)

Die konkrete Form der physischen Zustellung wird von der Behörde in der Zustellverfügung festgelegt. Es kommen folgende Möglichkeiten in Betracht:

- Zustellung ohne Zustellnachweis (§ 26 ZustG);
- Zustellung mit Zustellnachweis: Darunter fallen die normale Zustellung mit Zustellnachweis (§ 22 ZustG), die Ersatzzustellung (§ 16 ZustG), die Zustellung zu eigenen Handen (§ 21 ZustG) und die Hinterlegung (§ 17 ZustG).

a) Zustellung mit Zustellnachweis

Die normale Zustellung mit Zustellnachweis (**RSb – Rekommandiertes Schreiben b**) erfolgt an der Abgabestelle an den Empfänger oder an einen Bevollmächtigten, an einen befugten Vertreter (einer juristischen Person) oder an den berufsmäßigen Parteienvertreter (§ 13 Abs 1 ZustG). In letzterem Fall erfolgt die Zustellung jedenfalls in der Kanzlei und zwar grundsätzlich an jeden anwesenden Angestellten des Parteienvertreters (§ 13 Abs 4 ZustG).

Der **Zustellnachweis** (Zustellschein, Rückschein) ist die Beurkundung der Zustellung durch den Zusteller (§ 22 ZustG). Er bedarf der Unterfertigung durch den Übernehmer, der Beifügung des Datums und, wenn der Übernehmer nicht Empfänger ist, der Angabe, welche Stellung er im Zustellvorgang hat (etwa Kanzleiangestellter oder Angehöriger); die Beurkundung der Zustellung kann auch elektronisch erfolgen (vgl § 22 Abs 4 ZustG). Ein vorschriftsmäßiger Zustellnachweis stellt eine **öffentliche Urkunde** dar und liefert den vollen, aber widerlegbaren (vgl VwGH 19.12.2012, 2012/06/0094) Beweis für den bezeugten Zustellvorgang. Die Zustellung mit Zustellnachweis ist dann geboten, wenn wichtige Gründe vorliegen (§ 22 AVG), dh dann, wenn aufgrund des Inhalts des zuzustellen-

den Schriftstücks oder der damit ausgelösten Rechtsfolgen ein erhöhtes Bedürfnis danach besteht, dass die Zustellung besonders dokumentiert wird.
Der Zustellnachweis ist der Behörde **unverzüglich zu übersenden**. Anstelle der konventionellen Übersendung kommen zwei weitere Formen der Übermittlung in Betracht:

- Die **elektronische Übermittlung einer Kopie** des (physischen) Zustellnachweises oder der sich daraus ergebenden Daten (§ 22 Abs 3 ZustG): Nach dem gegenwärtigen Stand der Technik kann eine solche Kopie durch Scannen des in Papierform vorliegenden Zustellnachweises erstellt werden. Seit dem Budgetbegleitgesetz 2011, BGBl I 111/2010, können anstelle einer elektronischen Kopie auch die sich aus dem Zustellnachweis ergebenden Daten („Metadaten") übermittelt werden. Voraussetzung für die Übermittlung ist, dass einerseits dem Zusteller die Herstellung und Übermittlung einer elektronischen Kopie bzw eines Datensatzes möglich ist und andererseits die Behörde über die technischen Voraussetzungen zum Empfang einer elektronischen Kopie bzw eines Datensatzes verfügt. Ist letzteres nicht der Fall, hat die Behörde diese Vorgangsweise durch einen Vermerk auf dem Zustellnachweis auszuschließen. Das Original des Zustellnachweises ist der Behörde auf deren Verlangen zu übersenden, andernfalls mindestens fünf Jahre nach Übersendung aufzubewahren.
- Die Übermittlung eines **elektronischen Zustellnachweises** (§ 22 Abs 4 ZustG): Liegen die technischen Voraussetzungen zur Aufnahme und Weiterleitung eines elektronischen Zustellnachweises durch den Zusteller bzw zum Empfang durch die Behörde vor, kann die Beurkundung selbst auch elektronisch erfolgen.

Die Behörde muss das Dokument mit einem Code versehen, der eine Zuordnung innerhalb des behördlichen elektronischen Aktenverwaltungssystems ermöglicht und mit dem in Folge die Verknüpfung von Dokument und elektronischem Zustellnachweis sowie eine Zuordnung des Zustellnachweises im Aktensystem stattfinden kann.

Die Unterschriftsleistung erfolgt durch Aufbringung eines Schriftzugs auf eine technische Vorrichtung (zB Touchscreen) oder durch die Identifikation und Authentifizierung mit der E-ID. Die Daten, welche die Beurkundung der Zustellung betreffen, sind unverzüglich an die Behörde zu übermitteln.

b) Ersatzzustellung

Ist eine Zustellung des Dokuments an eine der unter a) genannten Personen nicht möglich, so kommt eine Ersatzzustellung in Betracht (§ 16 ZustG). Für die Zulässigkeit der Ersatzzustellung gelten folgende Voraussetzungen:

– Der Empfänger (bzw eine der zuvor genannten Personen) wird an der Abgabestelle nicht angetroffen,
– es besteht Grund zur Annahme, dass er sich regelmäßig an der Abgabestelle aufhält (wenn der Empfänger längere Zeit von der Abgabestelle abwesend ist, darf auch eine Ersatzzustellung an einen Ersatzempfänger nicht erfolgen: VwGH 22.2.2001, 2000/04/0171; vgl auch VwGH 26.5.1998, 98/07/0032; 21.1.2019, Ra 2018/03/0125), und
– es ist ein Ersatzempfänger anwesend.

Der regelmäßige Aufenthalt wird durch kürzere Abwesenheiten (zB Wochenpendler) nicht aufgehoben, wohl aber durch längere Abwesenheiten, zB aufgrund eines längeren Auslandsaufenthalts (zB Auslandssemester eines Studenten).

Als **Ersatzempfänger** kommt jede „erwachsene" (dh mündige, aber nicht notwendigerweise eigenberechtigte, vgl VwGH 22.12.1988, 88/17/0232) Person in Betracht, die nicht von der Empfangnahme ausgeschlossen wurde und die zur Annahme bereit ist. Personen, die mit dem Empfänger im gemeinsamen Haushalt leben, dürfen die Annahme nicht verweigern (§ 16 Abs 2 ZustG, vgl auch § 20 ZustG).

Die Behörde ist verpflichtet, Personen wegen ihres Interesses an der Sache oder aufgrund einer schriftlichen Erklärung des Empfängers durch einen Vermerk auf dem Dokument und dem Zustellnachweis von der Ersatzzustellung auszuschließen (§ 16 Abs 4 ZustG). Der Empfänger kann auch beim Zustelldienst schriftlich verlangen, dass an bestimmte Ersatzempfänger nicht oder nur an bestimmte Ersatzempfänger zugestellt wird (§ 16 Abs 3 ZustG).

Die Ersatzzustellung gilt als nicht bewirkt, wenn sich ergibt, dass der Empfänger wegen **Abwesenheit** nicht rechtzeitig vom Zustellvorgang Kenntnis erlangen konnte. Diesfalls wird die Zustellung mit dem der Rückkehr an die Abgabestelle folgenden Tag wirksam (§ 16 Abs 5 ZustG; VwGH 17.8.2017, Ra 2017/11/0211). Stellt sich allerdings nachträglich heraus, dass die Abgabestelle „untergegangen" ist, etwa aufgrund eines mehrere Monate dauernden Auslandsstudiums, hätte die Zustellung an dieser Adresse bereits nicht angeordnet werden dürfen; die Zustellung ist nicht wirksam erfolgt. Es kommt jedoch eine Hinterlegung ohne Zustellversuch unter den Voraussetzungen des § 8 Abs 2 ZustG in Betracht, sofern die Partei die Mitteilung der Änderung der Abgabestelle unterlassen hat.

c) Zustellung zu eigenen Handen

Die Zustellung zu eigenen Handen (**RSa – Rekommandiertes Schreiben a**) erfolgt aus besonders wichtigen Gründen oder wenn sie gesetzlich vorgesehen ist (§ 22 AVG).

> **Beispiel:** Besonders wichtige Gründe liegen etwa bei einem Straferkenntnis vor, wenn der Betroffene vor der Erlassung nicht einvernommen wurde, weil er der Ladung nicht Folge geleistet hat. Gesetzlich vorgesehen ist die Zustellung zu eigenen Handen beispielsweise bei Ladungsbescheiden nach Maßgabe des § 19 Abs 3 AVG.

Liegen die Voraussetzungen für eine Zustellung zu eigenen Handen vor, wird aber keine solche Zustellung in der Zustellverfügung angeordnet, kann der Bescheid nicht wirksam zugestellt werden. Eine **Ersatzzustellung** ist bei der Zustellung zu eigenen Handen ausdrücklich **ausgeschlossen** (§ 21 ZustG). Es darf nur an den in der Zustellverfügung angeführten Empfänger (dazu gehören auch Bevollmächtigte) und an Angestellte eines berufsmäßigen Parteienvertreters zugestellt werden. Ist eine Zustellung an den Empfänger selbst nicht möglich, weil dieser nicht angetroffen wird, hat der Zusteller eine Hinterlegung nach § 17 ZustG vorzunehmen.

d) Hinterlegung

Die **Hinterlegung** (bei der Geschäftsstelle des zuständigen Zustelldiensts, beim Gemeindeamt oder bei der Behörde) hat zur Voraussetzung, dass
– ein Zustellversuch (an den Empfänger, einen Ersatzempfänger oder den befugten Vertreter einer juristischen Person) erfolglos war und
– Grund zur Annahme besteht, dass sich der Empfänger bzw der befugte Vertreter an der Abgabestelle regelmäßig aufhält.

An der Abgabestelle des Empfängers ist eine **schriftliche Verständigung** zu hinterlassen, die Angaben zum Ort der Abholung, zur Abholfrist (mindestens zwei Wochen) und zur Wirkung der Hinterlegung enthält. Die Verständigung ist in die Abgabeeinrichtung (Briefkasten, Hausbrieffach oder Briefeinwurf) einzulegen, an der Abgabestelle zurückzulassen oder nötigenfalls an der Eingangstüre anzubringen (§ 17 Abs 2 ZustG). Unterbleibt die Hinterlegungsanzeige, so tritt eine wirksame Zustellung durch Hinterlegung gem § 17 Abs 3 ZustG nicht ein (vgl VwGH 1.2.2019, Ro 2018/02/0014).

Die Zustellung gilt mit dem Tag als erfolgt, an dem die Abholung erstmals möglich ist (VwGH 22.7.2014, Ra 2014/02/0020; 23.5.2018, Ro 2018/22/0003); die tatsächliche Abholung ist nicht erforderlich (§ 17 Abs 3 ZustG). Bei dieser **Zustellfiktion** handelt es sich um eine widerlegbare Vermutung für die ordnungsgemäße Zustellung. Es tritt allerdings keine Zustellwirkung ein, wenn der Empfänger wegen Abwesenheit keine Kenntnis vom Zustellvorgang erlangen konnte (VwGH 26.6.2014, 2013/03/0055). In diesem Fall wird die Zustellung an dem der Rückkehr an die Abgabestelle folgenden Tag wirksam, an dem die Abholung erfolgen könnte.

Wenn von der Hinterlegungsanzeige keine Kenntnis erlangt wird, steht grundsätzlich das Rechtsinstitut der Wiedereinsetzung in den vorigen Stand (§ 71 AVG) zur Verfügung. Ein unabwendbares oder unvorhergesehenes Ereignis kann nämlich auch darin liegen, dass die Partei vom Zustellvorgang nicht Kenntnis erlangt hat (vgl VwGH 5.12.2018, Ra 2018/20/0441).

Ausnahmsweise darf eine **Hinterlegung ohne Zustellversuch** vorgenommen werden, wenn dies in einer gesetzlichen Vorschrift bestimmt ist (§ 23 ZustG). Dabei gilt das Dokument mit dem ersten Tag der Hinterlegung als zugestellt.

> **Beispiel:** Gem § 8 Abs 2 ZustG kann eine Hinterlegung ohne Zustellversuch erfolgen, wenn eine Partei während eines Verfahrens, von dem sie Kenntnis hat, ihre Abgabestelle ändert und dies der Behörde nicht mitteilt. § 10 ZustG räumt der Behörde eine solche Möglichkeit ein, wenn eine Partei keine Abgabestelle im Inland hat und den Auftrag, einen Zustellbevollmächtigten namhaft zu machen, nicht fristgerecht erfüllt.

e) Zustellung ohne Zustellnachweis

Eine **Zustellung ohne Zustellnachweis** (§ 26 ZustG) wird angeordnet bzw vorgenommen, wenn keine Zustellung mit Zustellnachweis erforderlich ist. Die Zustellung wird bewirkt:
- durch Einlegen des Dokuments in die Abgabeeinrichtung iSd § 17 Abs 2 ZustG oder
- durch Zurücklassen an der Abgabestelle.

Für den Zustellungszeitpunkt stellt § 26 Abs 2 ZustG die widerlegbare Vermutung auf, dass die Zustellung am **dritten Werktag** nach Übergabe des Dokuments an den Zusteller bewirkt ist. Bei Zweifeln, etwa bei Behauptung der Unrichtigkeit der Vermutung, ist die Behörde verpflichtet, Tatsache und Zeitpunkt der Zustellung amtswegig festzustellen (dazu VwGH 15.5.2013, 2013/08/0032). Wenn der Behörde der Nachweis der erfolgten Zustellung nicht gelingt, muss die Behauptung der Partei über die nicht erfolgte Zustellung als richtig angenommen werden (vgl VwGH 12.9.2018, Ra 2017/17/0620).

Hat der Empfänger wegen **Abwesenheit** von der Abgabestelle nicht rechtzeitig vom Zustellvorgang Kenntnis erlangt, wird die Zustellung erst am Tag nach der Rückkehr an die Abgabestelle rechtswirksam (§ 26 Abs 2 letzter Satz ZustG).

f) Nachsendung von Dokumenten; Zurückstellung an die Behörde

Hält sich der Empfänger nicht regelmäßig an der Abgabestelle auf und ist daher **weder eine Ersatzzustellung noch eine Hinterlegung** zulässig, muss das Dokument in zwei Fällen an eine andere inländische Adresse nachgesendet werden (§ 18 Abs 1 ZustG), sofern die **Nachsendung** nicht durch Vermerk (§ 18 Abs 2 ZustG) ausgeschlossen wurde:

- bei Zustellung durch Organe eines Zustelldienstes: wenn die für die Beförderung von Postsendungen geltenden Vorschriften die Nachsendung vorsehen; in diesem Fall ist die neue Anschrift des Empfängers auf dem Zustellnachweis (Zustellschein, Rückschein) zu vermerken;
- bei Zustellung durch Behörden- oder Gemeindeorgane: wenn die neue Abgabestelle ohne Schwierigkeiten festgestellt werden kann und im örtlichen Wirkungsbereich der Behörde oder Gemeinde liegt.

§ 19 ZustG sieht für Dokumente, die weder zugestellt werden können noch nachzusenden sind oder die zwar durch Hinterlegung zugestellt, aber nicht abgeholt worden sind, die **Zurücksendung** an den Absender, die **Weitersendung** an eine vom Absender zu diesem Zweck bekanntgegebene Stelle oder – auf Anordnung des Absenders – die nachweisliche **Vernichtung** vor. Auf dem Zustellnachweis (Zustellschein, Rückschein) ist der Grund der Rücksendung, Weitersendung oder Vernichtung zu vermerken.

g) Verweigerung der Annahme

Grundsätzlich sind Empfänger oder Ersatzempfänger nicht in allen Fällen zur Annahme des Dokuments verpflichtet.

> **Beispiel:** Das Recht zur Verweigerung der Annahme besteht etwa in den Fällen des § 12 Abs 2 ZustG (Übernahme eines fremdsprachigen, nicht übersetzten Dokuments) oder des § 24a Z 1 ZustG (Zustellung am Ort des Antreffens).

Ansonsten sind der Empfänger und ein mit diesem im gemeinsamen Haushalt lebender Ersatzempfänger zur Annahme verpflichtet. Die Verweigerung der Annahme ohne Vorliegen eines gesetzlichen Grundes durch den zur Annahme Verpflichteten **verhindert nicht die Zustellung** (§ 20 Abs 1 ZustG). Als Verweigerung gilt es auch, wenn dem Zusteller der Zugang zur Abgabestelle verwehrt wird und wenn der Empfänger seine Anwesenheit leugnet oder sich verleugnen lässt (§ 20 Abs 3 ZustG). Bei Verweigerung der Annahme ist das Dokument an der Abgabestelle zurückzulassen oder, wenn dies nicht möglich ist, nach § 17 ZustG ohne die dort vorgesehene schriftliche Verständigung zu hinterlegen. Mit dem Zurücklassen gilt das Dokument als zugestellt (§ 20 Abs 2 ZustG).

h) Sonderkonstellationen

Folgende Sonderkonstellationen bei der physischen Zustellung sind zu beachten:

– **Unmittelbare Ausfolgung** (§ 24 ZustG): Versandbereite Dokumente können dem Empfänger direkt bei der Behörde, Dokumente, die die Behörde an eine andere Dienststelle geschickt hat, bei dieser unmittelbar ausgefolgt werden. Die Vornahme der Ausfolgung liegt im Ermessen der Behörde. Die Ausfolgung ist von der Behörde oder der Dienststelle zu beurkunden.

– **Zustellung durch Edikt in Großverfahren** (§ 44f AVG): Führt die Behörde ein Großverfahren durch und hat sie den verfahrenseinleitenden Antrag durch Edikt gem § 44a AVG kundgemacht, so kann sie dieses Verfahren betreffende Dokumente nicht nur nach den Bestimmungen des ZustG, sondern auch durch Edikt zustellen (§ 44f Abs 1 AVG); sie muss aber nicht so vorgehen (VwSlg 19.508 A/2016). Dabei hat die Behörde zu verlautbaren, dass ein Dokument bestimmten Inhalts zur öffentlichen Einsicht aufliegt. Auf Verlangen muss sie den Beteiligten Ausfertigungen des Schriftstücks ausfolgen bzw den Parteien unverzüglich zusenden. Das Schriftstück gilt mit Ablauf von zwei Wochen nach der Verlautbarung als zugestellt (Zustellfiktion).

> Durch die Zustellung durch Edikt können Fehler vermieden werden, die bei einer so großen Anzahl an Zustellvorgängen unweigerlich auftreten würden und gravierende Konsequenzen hinsichtlich der Rechtskraft und des Bestands von verfahrensabschließenden Bescheiden hätten.

– **Zustellung durch öffentliche Bekanntmachung** (§ 25 ZustG): Ausnahmsweise kann die Behörde mittels Kundmachung an der Amtstafel zustellen, nämlich bei unbekannter und nicht zu ermittelnder Abgabestelle oder bei einer Mehrheit von Personen, die der Behörde nicht bekannt sind. Unzulässig ist die Anwendung des § 25 ZustG in Strafverfahren (siehe auch VwGH 11.7.2001, 2000/03/0259) sowie in Fällen, in denen nach den §§ 8 oder 9 ZustG vorzugehen oder ein Abwesenheitskurator nach § 11 AVG zu bestellen ist. Die Zustellung erfolgt grundsätzlich im Zeitpunkt der Übernahme, wenn sich der Empfänger innerhalb von zwei Wochen ab dem Anschlag bei der Behörde einfindet. Bei Unterlassung der Übernahme gilt die Zustellung mit dem Ablauf der zweiwöchigen Frist als bewirkt (vgl VwGH 15.11.2000, 2000/03/0093).

3.9.7. Elektronische Zustellung (§§ 28 bis 37 ZustG)

Elektronische Zustellungen können grundsätzlich nur über einen **Zustelldienst** erfolgen. Formlose Übermittlungen anderer Art (etwa durch Telefax oder E-Mail) sind grundsätzlich keine Zustellungen iSd ZustG (vgl VwGH 27.3.2014, 2013/10/0244 – Telefax; offenlassend für Zusendungen via E-Mail VfGH 6.6.2014, E 20/2014). Ausnahmen sind gem § 37 ZustG die Zustellung (ohne Zustellnachweis) an eine elektronische Zustelladresse (worunter auch die Zustellung durch Telefax und E-Mail fällt; vgl dazu VwSlg 19.005 A/2014) bzw über das elektronische Kommunikationssystem der Behörde sowie im Wege der direkten Übermittlung im Online-Dialogverkehr nach § 37a ZustG.

Soweit die verfahrensrechtlichen Vorschriften nichts anderes vorsehen, sind elektronische Zustellungen von Verwaltungsbehörden nach den Bestimmungen des 3. Abschnitts des ZustG vorzunehmen (§ 28 Abs 1 ZustG).

Jüngere Novellen des ZustG haben vor allem die elektronische Zustellung erheblich ausgebaut. Zunächst wurde mit der Novelle BGBl I 40/2017 ein **Anzeigemodul** eingeführt (vgl § 37b ZustG), um den **Empfängern** aus den unterschiedlichen Zustellsystemen sowohl auf Basis des ZustG (elektronische Zustelldienste, behördliche Kommunikationssysteme der Behörde) als auch fachspezifischen Systemen anderer Verfahrensgesetze (elektronischer Rechtsverkehr gem GOG, FinanzOnline gem BAO) eine **einheitliche Übersicht** der für sie bereitgehaltenen elektronischen Zustellstücke zu ermöglichen (ErläutRV 1457 BlgNR 25. GP 1). In einem nächsten Schritt wurde mit der Novelle BGBl I 104/2018 in den §§ 28a und 28b ZustG die gesetzliche Grundlage für die Einrichtung eines systemübergreifenden **elektronischen Teilnehmerverzeichnisses** geschaffen (vgl BGBl II 140/2019), das den **Versendern** von elektronischen Zustellstücken die Möglichkeit gibt, alle potentiellen Empfänger zu ermitteln und erreichen zu können (vgl ErläutRV 381 BlgNR 26. GP 1).

Ab 1.1.2020 hat gem § 1a E-GovG (**Recht auf elektronischen Verkehr**) jedermann in den Angelegenheiten, die in Gesetzgebung Bundessache sind, das Recht auf elektronischen Verkehr mit den Gerichten und Verwaltungsbehörden. Alle Bundesbehörden haben elektronische Zustellungen zu ermöglichen. Unternehmen iSd § 1b E-GovG (nicht jedoch andere Unternehmen und Private) sind zur Teilnahme an der elektronischen Zustellung verpflichtet.

a) Aufgaben und Leistungen elektronischer Zustelldienste

Man unterscheidet folgende **Aufgaben** von elektronischen Zustelldiensten:
- **Zustellleistung** (siehe näher § 29 Abs 1 ZustG): Dazu gehören etwa die Schaffung der technischen Voraussetzungen für die Entgegennahme der

Dokumente, das Betreiben einer technischen Einrichtung für die sichere elektronische Bereithaltung der Dokumente und die Verständigung des Empfängers gem § 35 Abs 1 und 2 ZustG.

- **Ermittlungsleistung** (§ 29 Abs 2 Z 2 ZustG): Darunter fällt insb die Ermittlung im Auftrag der Behörde, ob der Empfänger bei einem elektronischen Zustelldienst angemeldet ist, das zuzustellende Dokument ein entsprechendes Format aufweist und die Zustellung nicht ausgeschlossen ist (vgl § 34 Abs 1 ZustG).
- **Verrechnungsleistung** (§ 29 Abs 2 Z 3 ZustG): Diese beinhaltet die Weiterleitung des von einer Behörde bezahlten Entgelts an den elektronischen Zustelldienst, der die Zustellleistung erbracht hat, und die Verrechnung der weitergegebenen Entgelte mit den Behörden.

Elektronische Zustelldienste können darüber hinaus weitere Leistungen entgeltlich anbieten, insbesondere die nachweisliche Zusendung von Dokumenten im Auftrag von Privaten (§ 29 Abs 3 ZustG).

b) Die Ermittlung des elektronischen Zustelldienstes iSd § 29 Abs 2 ZustG

Die Ermittlungs- und Verrechnungsleistung werden von einem **einzigen, zentralen Zustelldienst** vorgenommen, welcher durch ein Vergabeverfahren nach dem BVergG zu ermitteln ist (§ 32 Abs 1 ZustG). Der Zuschlag darf nur an einen zugelassenen elektronischen Zustelldienst erteilt werden und umfasst die Ermittlungs- und Verrechnungsleistung sowie auch die Zustellleistung. Die Zulässigkeit der Erbringung (lediglich) der Zustellleistung durch andere zugelassene elektronische Zustelldienste wird davon jedoch nicht berührt.

In Zeiträumen, in denen die Leistungen gem § 29 Abs 2 ZustG noch von einem Ermittlungs- und Zustelldienst erbracht werden, sind sie von einem beim BKA eingerichteten Übergangszustelldienst zu erbringen (vgl § 32 Abs 2 ZustG).

c) Zulassung elektronischer Zustelldienste und Aufsicht

Zustellleistungen dürfen nur von zugelassenen elektronischen Zustelldiensten erbracht werden (§ 30 Abs 1 erster Satz ZustG; siehe auch die Zustelldiensteverordnung – ZustDV). Die **Zulassung** erfolgt – erforderlichenfalls unter der Vorschreibung von Auflagen und Bedingungen (§ 30 Abs 2 ZustG) – durch schriftlichen Bescheid des Bundeskanzlers, sofern der Zustelldienst über folgende Voraussetzungen verfügt:
- über die technische und organisatorische Leistungsfähigkeit, die für die ordnungsgemäße Erbringung der Zustellleistung erforderlich ist;
- über die rechtliche, insbesondere datenschutzrechtliche, Verlässlichkeit.

Die allgemeinen Geschäftsbedingungen, welche mit dem Antrag auf Zulassung vorzulegen sind, müssen den gesetzlichen Anforderungen entsprechen und dürfen der ordnungsgemäßen Erbringung der Zustellleistung nicht entgegenstehen.

> Im Internet ist eine Liste der zugelassenen Zustelldienste zu veröffentlichen (§ 30 Abs 3 ZustG; vgl https://www.bmdw.gv.at/Digitalisierungundegovernment/ElektronischeZustellung/Seiten/Zulassung-als-elektronischer-Zustelldienst.aspx).

Fällt eine Zulassungsvoraussetzung weg oder kommt ihr ursprünglicher Mangel nachträglich hervor, muss der Bundeskanzler die Mängelbehebung unter Setzung einer angemessenen Frist anordnen. Erfolgt die Behebung nicht innerhalb der Frist oder ist sie unmöglich, ist die Zulassung durch Bescheid zu **widerrufen** (§ 30 Abs 4 ZustG).

Zugelassene Zustelldienste unterliegen der **Aufsicht des Bundeskanzlers** (§ 31 ZustG), der zu diesem Zweck Auskünfte einholen und Auflagen vorschreiben kann. Die Aufsicht ist dahingehend auszuüben, dass elektronische Zustelldienste Gesetze und Verordnungen nicht verletzen, ihren Aufgabenbereich nicht überschreiten und die ihnen gesetzlich obliegenden Aufgaben erfüllen.

d) Ermittlung des zuständigen Zustelldienstes vor Durchführung der Zustellung

Die elektronische Zustellung nach dem 3. Abschnitt des ZustG setzt voraus, dass sich der **Empfänger** unter Verwendung der Bürgerkarte bei einem elektronischen Zustelldienst **angemeldet** hat (§ 33 Abs 1 ZustG). Bei der Anmeldung sind bestimmte Daten zu speichern: Name bzw Bezeichnung, Geburtsdatum, das bereichsspezifische Personenkennzeichen bzw die Stammzahl, gegebenenfalls – aber nicht verpflichtend – eine Abgabestelle im Inland, eine elektronische Adresse sowie gegebenenfalls Angaben über die Formate der zuzustellenden Dokumente und über die inhaltliche Verschlüsselung.

Änderungen dieser Daten sind dem Zustelldienst unverzüglich bekannt zu geben. Der Kunde kann dem Zustelldienst mitteilen, dass eine Zustellung innerhalb bestimmter Zeiträume ausgeschlossen sein soll (§ 33 Abs 2 ZustG).

Verfügt die Behörde die Zustellung über einen elektronischen Zustelldienst, hat sie vor der Durchführung herauszufinden, ob und bei welchem Zustelldienst der Empfänger angemeldet ist (§ 34 Abs 1 ZustG). Zu diesem Zweck beauftragt sie den Zustelldienst, dem die Ermittlungsleistung gem § 29 Abs 2 ZustG obliegt, zu ermitteln, ob der Empfänger bei einem elektronischen Zustelldienst angemeldet ist und ob die Zustellung nicht durch den Empfänger ausgeschlossen wurde. Bei Erfüllung dieser Voraussetzungen sind bestimmte Informationen, nämlich Angaben zu den Formaten und zur inhaltlichen Verschlüsselung sowie die Internetadresse des ermittelten Zustelldienstes, an die Behörde weiterzugeben. Andernfalls ist der Behörde mitzuteilen, dass die Voraussetzungen nicht vorliegen.

Kommen mehrere elektronische Zustelldienste in Betracht, hat die Behörde bei der Auswahl demjenigen den Vorzug zu geben, dem gegenüber der Empfänger Angaben über die inhaltliche Verschlüsselung gemacht hat (§ 34 Abs 3 ZustG).

e) Durchführung der elektronischen Zustellung mit Zustellnachweis

Die elektronische Zustellung mit Zustellnachweis hat die Wirkung einer Zustellung zu eigenen Handen. Sie wird folgendermaßen durchgeführt (§ 35 ZustG):

– Der elektronische Zustelldienst hat unverzüglich nach Erhalt des zuzustellenden Dokuments den Empfänger an dessen elektronischer Zustelladresse (E-Mail-Adresse, Faxnummer oder Telefonnummer zum Empfang von SMS) zu **verständigen**, dass das Dokument zur Abholung bereit liegt.

– Die elektronische Verständigung hat das Versendungsdatum, die Internetadresse zur Abholung, das Ende der Abholfrist sowie Hinweise auf die erforderliche Signierung bei Abholung und auf den Zeitpunkt des Eintritts der Zustellwirkungen zu enthalten.

– Schließlich wird das Dokument von der technischen Einrichtung des Zustelldienstes (Server) durch den Empfänger **abgeholt**. Der elektronische Zustelldienst ist zur Sicherstellung verpflichtet, dass die Abholung nur durch berechtigte Personen erfolgt, die den Nachweis der Identität bzw der Authentizität der Kommunikation (dh der Echtheit des Einschreitens des Empfängers) mittels Bürgerkarte erbracht haben.

– Bei Nichtabholung innerhalb der auf die Verständigung folgenden 48 Stunden ist eine **zweite elektronische Verständigung** zu versenden.

Das Dokument ist durch den Zustelldienst zwei Wochen zur Abholung bereitzuhalten. Es ist zu löschen, wenn es innerhalb dieser Frist nicht abgeholt wurde (§ 35 Abs 4 ZustG).

Spätestens mit seiner **Abholung** gilt das Dokument jedenfalls als zugestellt (§ 35 Abs 5 ZustG). Im Übrigen gilt gem § 35 Abs 6 oder 7 ZustG Folgendes:

– Die Zustellung gilt als am ersten Werktag nach der Versendung der ersten elektronischen Verständigung bewirkt, wobei Samstage nicht als

Werktage gelten. Sie gilt als nicht bewirkt, wenn sich ergibt, dass die elektronischen Verständigungen nicht beim Empfänger eingelangt waren, doch wird sie mit dem dem Einlangen einer elektronischen Verständigung folgenden Tag innerhalb der Abholfrist (Abs 1 Z 3) wirksam (§ 35 Abs 6 ZustG).

– Die Zustellung gilt als nicht bewirkt, wenn sich ergibt, dass der Empfänger
  1. von den elektronischen Verständigungen keine Kenntnis hatte oder
  2. von diesen zwar Kenntnis hatte, aber während der Abholfrist von allen Abgabestellen (§ 2 Z 4 ZustG) nicht bloß vorübergehend abwesend war,

doch wird die Zustellung an dem der Rückkehr an eine der Abgabestellen folgenden Tag innerhalb der Abholfrist wirksam, an dem das Dokument abgeholt werden könnte (§ 35 Abs 7 ZustG).

Die Daten über die Verständigungen und die Abholung sind unverzüglich an die Behörde weiterzuleiten; sie bilden in ihrer Gesamtheit den **Zustellnachweis** (§ 35 Abs 3 ZustG).

f) Elektronische Zustellung ohne Zustellnachweis

Verfügt die Behörde eine elektronische Zustellung ohne Zustellnachweis, ist diese grundsätzlich wie die elektronische Zustellung mit Zustellnachweis durchzuführen. Allerdings gelten die übermittelten Daten nicht als Zustellnachweis (vgl § 36 ZustG).

Die §§ 37 und 37a ZustG bestimmen drei weitere Formen der Zustellung ohne Zustellnachweis:

– die **Zustellung an eine elektronische Zustelladresse**: darunter fallen beispielsweise die Zustellung an einer E-Mail-Adresse oder die Fax-Zustellung (siehe oben C. 3.9.7.).

– die Zustellung über das **elektronische Kommunikationssystem** der Behörde: Diese ist unzulässig, wenn die Voraussetzungen für die Zustellung durch einen Zustelldienst vorliegen (Subsidiarität; § 37 Abs 2 ZustG).

> Darunter kann man sich eine Form der Zustellung vorstellen, wie sie derzeit zB in der Finanzverwaltung über FinanzOnline erfolgt. Nachteil ist die Erforderlichkeit einer gesonderten Anmeldung für jede Behörde, deren Dokumente zugestellt werden sollen.

– die **unmittelbare elektronische Ausfolgung** (sogenannter „online-Dialogverkehr"; § 37a ZustG): In diesen Fällen erfolgen die Antragstellung und die Zustellung in derselben technischen Umgebung und in engem zeitlichen Zusammenhang, zB Datenbank- und Registerabfragen. Versandbereite Dokumente können unmittelbar elektronisch ausgefolgt werden, wenn der Empfänger bei der Antragstellung den Nachweis der Identität und Authentizität erbracht hat und die Ausfolgung des Dokuments in einem so engen Zusammenhang mit der Antragstellung steht, dass sie von diesem Nachweis umfasst ist.

Der Empfänger tritt unter Identifikation und Authentifikation mittels Bürgerkarte über ein Online-Formular an die Behörde heran, die ihm während des Internetdialogs sofort und rechtswirksam eine Erledigung zustellen kann.

3.9.8. Zustellmängel

Zustellmängel sind einerseits Mängel der Zustellverfügung (siehe oben C. 3.9.3.) und andererseits Mängel des Zustellvorgangs. Eine mangelhafte Zustellung, etwa die Zustellung an eine falsche Adresse, hat **grundsätzlich keine Rechtswirkungen**.

Eine **Heilung** von Zustellmängeln ist jedoch nach § 7 ZustG möglich: Die Zustellung gilt als bewirkt, sobald das Dokument dem (in der Zustellverfügung angegebenen) Empfänger **tatsächlich zukommt**. Dabei muss es sich um das zuzustellende Dokument handeln (VwGH 19.10.2017, Ra 2017/20/0290). Das tatsächliche Zukommen hat im Sinne eines körperlichen Zugehens zu erfolgen, die bloße Kenntnis vom Inhalt des Dokuments reicht nicht aus (vgl VwGH 24.3.2015, Ro 2014/05/0013). Bei Zustellungen an eine elektronische Zustelladresse kommt es darauf an, dass der Empfänger auf den E-Mail-Posteingang tatsächlich zugegriffen und die Nachricht geöffnet hat (vgl VwGH 5.9.2018, Ro 2017/12/0010).

Nicht heilbar sind folgende Mängel:
- die Angabe eines falschen Empfängers in der Zustellverfügung (VwGH 24.4.2012, 2012/22/0013; 25.2.2019, Ra 2017/19/0361);
- die Angabe eines prozessunfähigen Empfängers;
- der Verstoß gegen Zustellvorschriften in Staatsverträgen bei einer Zustellung im Ausland (siehe dazu VwGH 20.1.2015, Ro 2014/09/0059).

3.10. Fristen

Fristen sind Zeiträume, an deren Beginn oder Ende rechtliche Konsequenzen geknüpft sind.

3.10.1. Arten von Fristen

– **Formelle (verfahrensrechtliche) Fristen** sind bei der Setzung von Verfahrensakten zu beachten (VwSlg 6045 A/1963) und haben prozessuale Rechtswirkungen (vgl VwGH 9.12.2013, 2011/10/0179). Sie geben an, dass ein bestimmter Verfahrensakt entweder nur innerhalb eines gewissen Zeitraums oder erst nach Ablauf einer bestimmten Frist gesetzt werden darf.

> **Beispiele:** Berufungsfrist nach § 63 Abs 5; Ablauf der Entscheidungsfrist nach § 73 Abs 2 als Voraussetzung zur Stellung eines Devolutionsantrags.

– **Materielle Fristen** sind Zeiträume, an die das materielle Recht Wirkungen knüpft.

> **Beispiel:** Ein Fremder hat einen Rechtsanspruch auf Verleihung der österreichischen Staatsbürgerschaft, wenn er seit 30 Jahren ununterbrochen in Österreich seinen Hauptwohnsitz hat (§ 12 Abs 1 Z 1 lit a StbG).

– **Ausschluss- und Ordnungsfristen:** Ausschlussfristen (Fall-, Präklusionsfristen) beseitigen mit ihrem Ablauf die rechtlich eingeräumten Möglichkeiten. Ordnungsfristen hingegen haben bei Nichteinhaltung keine direkten Auswirkungen auf die Rechtslage.
– **Gesetzliche und behördliche Fristen:** Gesetzliche Fristen sind durch Gesetz oder Verordnung festgesetzt (zB die Rechtsmittelfristen); sie können, wenn nicht ausdrücklich anderes bestimmt ist, nicht geändert (verkürzt oder verlängert) werden (§ 33 Abs 4). Behördliche Fristen werden von der Behörde gesetzt und sind verlängerbar (etwa die von der Behörde im Verbesserungsauftrag gesetzte Frist zur Mängelbehebung nach § 13 Abs 3).

Verlängerbare Fristen können aufgrund eines **Fristverlängerungsantrags** erstreckt werden. Durch den Antrag allein wird der Ablauf der Frist aber noch nicht gehemmt (VwGH 13.6.1989, 88/07/0054). Vielmehr hat die Behörde über den Fristverlängerungsantrag eigenständig abzusprechen (VwGH 29.6.1999, 99/14/0123); es gibt daher keine implizite oder schlüssige Fristverlängerung (in diesem Sinne VwGH 29.6.1999, 99/14/0123; ebenso zum Zivilverfahrensrecht OGH 23.6.2009, 3 Ob 106/09y). Die Gewährung der Fristerstreckung erfolgt durch Verfahrensanordnung, die zwar nicht abgesondert anfechtbar ist (§ 7 Abs 1 VwGVG, § 63 Abs 2 AVG), gegen die sich aber die anderen Parteien mit Säumnisbeschwerde (gegebenenfalls mit Devolutionsantrag) zur Wehr setzen können (vgl VwGH 1.4.2008, 2007/06/0281). Ist die Frist bereits abgelaufen, kann sie nicht mehr verlängert werden (vgl VwGH 25.10.2018, Ro 2018/09/0005).

– **Restituierbare und nicht restituierbare Fristen**: Restituierbare Fristen sind solche, bei deren Versäumung ein Wiedereinsetzungsantrag (§ 71) möglich ist.

Die Fristenregelungen der §§ 32 und 33 sind nur auf formelle (verfahrensrechtliche), nicht aber auf materiell-rechtliche Fristen anzuwenden (VwGH 16.12.2002, 2001/10/0006). Materiell-rechtliche Fristen sind (wenn es diesbezüglich keine Sonderregelung in den anzuwendenden öffentlich-rechtlichen Vorschriften gibt) nach den §§ 902 und 903 ABGB (analog) zu berechnen (VwGH 19.3.1996, 95/08/0240). Bei einer Versäumung materiell-rechtlicher Fristen kommt eine Wiedereinsetzung in den vorigen Stand gem § 71 nicht in Betracht (VwGH 28.8.2008, 2008/22/0348); ebenso wenig eine Quasi-Wiedereinsetzung gem § 42 Abs 3 (VwGH 27.9.2013, 2010/05/0202).

3.10.2. Fristberechnung

Die Berechnung verfahrensrechtlicher Fristen erfolgt in Abhängigkeit davon, ob diese:

– **nach Tagen** bestimmt sind (§ 32 Abs 1): Diese beginnen am Tag **nach** dem fristauslösenden Ereignis (dh es wird der Tag des fristauslösenden Ereignisses nicht mitgerechnet) und enden um 24 Uhr des letzten Tages der Frist;

– oder **nach Wochen, Monaten oder Jahren** bestimmt sind (§ 32 Abs 2): Diese beginnen am Tag des fristauslösenden Ereignisses und enden mit dem Ablauf (um 24 Uhr) desjenigen Tages der letzten Woche oder des letzten Monats, der durch seine Benennung oder Zahl dem Tag entspricht, an dem die Frist begonnen hat (siehe zB VwGH 2.8.2017, Ra 2017/03/0071, zur vierwöchigen Beschwerdefrist gem § 7 Abs 4 VwGVG). Fehlt dieser Tag im letzten Monat, so endet die Frist mit Ablauf des letzten Tages dieses Monats.

Beginn und Lauf einer Frist werden durch Samstage, Sonntage oder gesetzliche Feiertage nicht behindert (§ 33 Abs 1).

> **Beispiele:** Ist ein Antrag bei der Behörde am 31.1. eingelangt, endet die sechsmonatige Entscheidungsfrist nach § 73 am 31.7.; ist er am 31.5. eingelangt, endet die Frist am 30.11.

Fällt das Ende einer Frist auf einen Samstag, Sonntag, gesetzlichen Feiertag, Karfreitag oder 24. Dezember, so ist der nächste Tag, der nicht einer der vorgenannten Tage ist (dh der nächste Werktag, VwGH 28.3.2019, Ra 2018/14/0286), als letzter Tag der Frist anzusehen (§ 33 Abs 2). Mangels gegenteiliger gesetzlicher Anordnung gilt diese Bestimmung auch für von der Behörde einzuhaltende Fristen (vgl VwGH 28.3.2019, Ra 2018/14/028).

Aus § 33 Abs 3 AVG iVm § 2 Z 7 ZustG ergibt sich, dass die Tage des **Postlaufs** (also die Tage von der Übergabe an einen Zustelldienst zur Übermittlung an die Behörde bis zum Einlangen bei dieser) in formelle (verfahrensrechtliche) Fristen nicht eingerechnet werden (vgl VwGH 18.12.2018, Ra 2018/10/0184). Auch bei Verwendung eines elektronischen Zustelldienstes wird der Zeitraum zwischen der Übergabe an den Zustelldienst und dem Einlangen bei der Behörde nicht eingerechnet. Für andere als postalische Übermittlungen (vor allem auch für solche durch Telefax und E-Mail) gilt das Postlaufpriveleg des § 33 Abs 3 nicht (siehe VwGH 4.7.2016, Ra 2016/04/0060). Eingaben von Beteiligten müssen daher am letzten Tag der Frist während der Amtsstunden (vgl § 13 Abs 5) bei der Einbringungsstelle einlangen (VwGH 26.2.2015, Ra 2014/22/0092; siehe näher oben C. 3.1.3.). Dasselbe gilt für nicht-postalische Übermittlungen der Behörde (vgl VwGH 27.1.2015, Ra 2014/22/0137, zum Transport durch die sog „Staatsämterabfertigung").

3.10.3. Voraussetzungen der Fristwahrung

Bei verfahrensrechtlichen Fristen müssen folgende Voraussetzungen zur rechtzeitigen Einbringung schriftlicher Anbringen gegeben sein:
– **Postaufgabe am letzten Tag der Frist:** Für den Beginn des Postlaufes ist maßgeblich, wann das Schriftstück von der Post in Behandlung genommen wird (vgl VwGH 23.10.2017, Ro 2017/17/0008). Der Tag der Postaufgabe wird grundsätzlich durch den Poststempel nachgewiesen (VwGH 23.10.2017, Ro 2017/17/0008). Der Gegenbeweis, eine Briefsendung trage nicht den Poststempel mit dem Datum des Tages der Entleerung des Postkastens, sondern ein anderes Datum, ist zulässig (VwSlg 8731 A/1974). Bei Verwendung einer Freistempelmaschine ist der Tag der Postaufgabe amtswegig zu ermitteln (VwSlg 10.116 A/1980 verst Senat); ebenso, wenn der Briefumschlag einer Eingabe in Verlust geraten und daher das Datum des Poststempels nicht mehr feststellbar ist (vgl VwGH 23.10.2017, Ro 2017/17/0008).
– **Angabe der richtigen Einbringungsstelle** als Empfänger: Wird das Anbringen an eine unzuständige Behörde geschickt und leitet diese es an die zuständige Behörde weiter (§ 6 Abs 1), ist die Frist nur dann gewahrt, wenn die unzuständige Behörde die Sendung bis zum letzten Tag der Frist aufgibt (VwSlg 9563 A/1978; VwGH 28.7.2006, 2004/08/0045).
– **Tatsächliches Einlangen** bei der Einbringungsstelle (vgl VwGH 21.11.2017, Ra 2017/12/0069): Da die rechtzeitige Einbringung des Schriftstücks davon abhängt, ob es tatsächlich bei der Einbringungsstelle eingelangt ist, trifft den Absender das Risiko des Verlustes der Eingabe.

Wer am letzten Tag einer Frist die Eingabe im Wege der Post aufgeben will, muss dabei das Schriftstück entweder **selbst beim Postamt innerhalb der Amtsstunden aufgeben oder** es zumindest **rechtzeitig** vor der planmäßigen Aushebung desselben Tages **in den Postkasten einwerfen,** sodass durch die Aushebung das Schriftstück in postalische Behandlung genommen wird (vgl VwGH 23.10.2017, Ro 2017/17/0008). Nach der Rsp des VwGH löst der Einwurf in einen Briefkasten den Postlauf am selben Tag dann aus, wenn am Briefkasten der Vermerk angebracht ist, dass dieser noch am selben Tag ausgehoben werde (VwGH 21.11.2017, Ra 2017/11/0237; vgl ebenso zur „Postbox" VwGH 23.10.2017, Ro 2017/17/0008). Durch den **Einwurf in einen Briefkasten** noch vor Ende des Tages, aber nach der letzten Aushebung, wird die Übergabe an die Post nicht an diesem Tag bewirkt (VwGH 8.8.1996, 95/10/0206); auch dann nicht, wenn das Poststück mit einer Freistempelung mit diesem Datum versehen ist, weil durch diesen ein Zeichen der Gebührenentrichtung darstellenden Vorgang der Postlauf nicht in Gang gesetzt wird (VwGH 23.10.2017, Ro 2017/17/0008; 21.11.2017, Ra 2017/11/0237; vgl aber VwGH 22.4.2010, 2008/09/0247, zu jenem Fall, dass eine schriftliche Ankündigung beim Postamt – an der Einwurfklappe – die zeitliche Zuordnung zum Einwurftag zusichert).

3.11. Verfahrenspolizei

3.11.1. Bedeutung und Funktion

Die §§ 34 bis 36 regeln **Disziplinarmittel**, die das Organ, welches die konkrete Amtshandlung leitet, einsetzen kann, um den störungsfreien und ordnungsgemäßen Verfahrensablauf zu gewährleisten (VwGH 30.5.1994, 92/10/0469), Anstandsverletzungen hintanzuhalten und gegen Personen vorzugehen, die die Tätigkeit der Behörde mutwillig in Anspruch nehmen. Diese Mittel stehen jeweils dem Organ zur Verfügung, das die konkrete Amtshandlung leitet. Ein Antragsrecht der Parteien besteht nicht (vgl VwGH 24.4.2017, Ro 2014/06/0083).

3.11.2. Sitzungspolizei und Ordnungsstrafe wegen beleidigender Schreibweise

§ 34 Abs 2 gibt Verwaltungsorganen verschiedene Mittel der Sitzungspolizei in die Hand, um gegen Personen, die die Amtshandlung stören oder durch ungeziemendes Benehmen den Anstand verletzen, vorzugehen. Zunächst ist eine **Ermahnung** auszusprechen. Bleibt diese ohne Wirkung, kann die Behörde wahlweise oder nacheinander den **Entzug des Wortes** oder die **Entfernung** von der Amtshandlung verfügen oder eine **Ordnungsstrafe** wegen Störung oder Anstandsverletzung verhängen. Die genannten Mittel zur Disziplinierung von Verfahrensbeteiligten sind zuvor anzudrohen und erst nach wirkungsloser Androhung zu verfügen. Im Fall der Entfernung von der Amtshandlung ist dem entfernten Beteiligten aufzutragen, einen Bevollmächtigten zu bestellen. Kommt er diesem Auftrag nicht nach, kann die Amtshandlung dennoch weiter durchgeführt werden.

Als **Ordnungsstrafe** wegen Störung oder Anstandsverletzung kann eine Geldstrafe bis höchstens 726 Euro verhängt werden, die nicht in eine Ersatzfreiheitsstrafe umgewandelt werden darf (VwGH 29.7.1998, 97/01/0764). Auch sie setzt eine vorherige erfolglose Ermahnung und Androhung voraus (VwSlg 9236 A/1977).

Die Ordnungsstrafe des § 34 Abs 2 kann auch gegen Personen verhängt werden, die sich in schriftlichen Eingaben einer **beleidigenden Schreibweise** bedienen (§ 34 Abs 3). Zuständig ist die Behörde, die die Angelegenheit, in der die Eingabe eingebracht worden ist, zu erledigen oder sonst in Verhandlung zu nehmen hat (VwGH 16.10.2014, Ra 2014/06/0004). Eine beleidigende Schreibweise liegt vor, wenn eine Eingabe ein unsachliches Vorbringen enthält, das in der Art gehalten ist, die ein ungeziemendes Verhalten gegenüber der Behörde darstellt (VwGH 1.9.2017, Ra 2017/03/0076); hingegen sind bloße Äußerungen der Kritik, des Unmutes und des Vorwurfes ohne übertriebene Empfindlichkeit von der Behörde hinzunehmen (VwGH 20.3.2014, 2012/08/0014). Maßgeblich ist, ob die Eingabe objektiv beleidigenden Charakter hat (vgl VwGH 21.5.2019, Ro 2019/03/0016); auf das Vorliegen einer Beleidigungsabsicht kommt es hingegen nicht an (VwGH 1.9.2017, Ra 2017/03/0076).

3.11.3. Ordnungsstrafe wegen Verweigerung der Aussage

Gegen folgende Personen kann eine Ordnungsstrafe nach § 34 verhängt werden, wenn sie die Aussage vor der Behörde ungerechtfertigt verweigern:
– Zeugen (§ 49 Abs 5);
– Beteiligte (§ 49 Abs 5 iVm § 51);
– nichtamtliche Sachverständige (§ 49 Abs 5 iVm § 52 Abs 4);
– nichtamtliche Dolmetscher (§ 49 Abs 5 iVm § 52 Abs 2 bis 4).

3.11.4. Mutwillensstrafe

In folgenden Fällen kann die Behörde eine Mutwillensstrafe bis 726 Euro verhängen (§ 35):

- Eine Person nimmt offenbar mutwillig die Tätigkeit der Behörde in Anspruch: Offenbar mutwillig bedeutet, dass die Person sich der Grund- und Aussichtslosigkeit ihres Anbringens bewusst ist bzw dass die Person aus Freude an der Behelligung der Behörde handelt (VwGH 15.12.1995, 95/21/0046).
- Eine Person macht unrichtige Angaben, um die Angelegenheit zu verschleppen. In diesen Fällen soll die Mutwillensstrafe die (anderen) Parteien vor Verschleppung der Sache schützen (vgl VwSlg 18.337 A/2012).

Bei der Mutwillensstrafe handelt es sich (wie bei der Ordnungsstrafe) nicht um die Ahndung eines Verwaltungsdelikts (somit nicht um eine Verwaltungsstrafe), sondern um ein Mittel zur Sicherung einer befriedigenden, würdigen und rationellen Handhabung des Verwaltungsverfahrens (VwSlg 8448 A/1973; VwGH 16.2.2012, 2011/01/0271).

3.11.5. Rechtsschutz

Die Verhängung einer Ordnungsstrafe oder einer Mutwillensstrafe erfolgt durch verfahrensrechtlichen Bescheid (VwGH 19.8.1988, 85/12/0210). Dagegen kann Beschwerde an das Verwaltungsgericht (in Angelegenheiten des eigenen Wirkungsbereichs der Gemeinde: Berufung an die übergeordnete Gemeindebehörde) erhoben werden.

4. Allgemeines zum Ablauf des Verwaltungsverfahrens

4.1. Grundsätze

Für das Verwaltungsverfahren, insb das Ermittlungsverfahren, gelten nach Judikatur und Lehre folgende Grundsätze:

4.1.1. Grundsatz der Effizienz des Verfahrens bzw der Verfahrensökonomie

Die Behörde hat bei allen Verfahrensanordnungen auf Zweckmäßigkeit, Einfachheit, Raschheit und Kostenersparnis (§ 39 Abs 2) Bedacht zu nehmen. Die Partei hat allerdings kein subjektives Recht auf die Berücksichtigung der Verfahrensökonomie, ein Verstoß von Seiten der Behörde führt nicht zur Aufhebung des Bescheids im Rechtsmittelweg. Die Behörde darf den Grundsatz der Verfahrensökonomie allerdings nicht zum Anlass nehmen, das Parteiengehör einzuschränken.

> **Beispiele für einen Verstoß gegen diesen Grundsatz:** Willkürliches Ausweiten des Verfahrens, Ermittlung irrelevanter Sachverhaltselemente.

> Beispiele für verfahrensökonomische Maßnahmen: Verbindung von mehreren anhängigen Verfahren zu gemeinsamer Verhandlung und Entscheidung (§ 39 Abs 2), Ablehnung von nicht entscheidungserheblichen Beweisanträgen von Parteien.

Ist die Sache zur Entscheidung reif, kann die Behörde das **Ermittlungsverfahren** durch – nicht abgesondert bekämpfbare (§ 63 Abs 2 AVG, § 7 Abs 1 VwGVG) – Verfahrensanordnung **für geschlossen erklären**. Die Erklärung hat nach Möglichkeit in der mündlichen Verhandlung, in allen anderen Fällen schriftlich zu ergehen (§ 39 Abs 3; siehe das Formular 15 der VwFormV: Verständigung von der Schließung des Ermittlungsverfahrens). Ausweislich der ErläutRV soll die Schließung des Ermittlungsverfahrens zur Folge haben, dass die Behörde den Bescheid aufgrund des ihr im Zeitpunkt des Schlusses des Ermittlungsverfahrens vorliegenden Sachverhalts erlassen kann (vgl ErläutRV 193 BlgNR 26. GP 3); aus dem Gesetzeswortlaut geht dies aber nicht ausdrücklich hervor und auch im AB wird nicht davon ausgegangen (AB 227 BlgNR 26. GP 3). Die Neuregelung bedeutet daher bloß, dass die Behörde an *Vorbringen* (Tatsachen- und Beweisvorbringen) nur jene zu berücksichtigen hat, die bis zur Schließung des Ermittlungsverfahrens erstattet wurden. Außerdem ist eine Antragsänderung gem § 13 Abs 8 (idF BGBl I 57/2018) nur bis zur Schließung des Ermittlungsverfahrens zulässig (siehe oben C. 3.1.2.).

Auch nach der Schließung des Ermittlungsverfahrens kann dieses aber wieder **fortgesetzt** werden, und zwar

- jederzeit **von Amts wegen** (§ 39 Abs 4 letzter Satz); dies ist insb dann geboten, wenn die Behörde erkennt, dass der von ihr amtswegig festzustellende Sachverhalt doch noch nicht abschließend ermittelt ist (vgl dazu auch ErläutRV 193 BlgNR 26. GP), oder
- **auf Antrag einer Partei**, wenn diese glaubhaft macht, dass Tatsachen oder Beweismittel ohne ihr Verschulden nicht geltend gemacht werden konnten und allein oder in Verbindung mit dem sonstigen Ergebnis des Ermittlungsverfahrens voraussichtlich einen im Hauptinhalt des Spruches anders lautenden Bescheid herbeiführen würden (vgl § 39 Abs 4 Satz 1). Diese Voraussetzungen ähneln jenen der Wiederaufnahme gem § 69 Abs 1 Z 2 und sollen Verfahrensverschleppungen durch Parteien vermeiden (ErläutRV 193 BlgNR 26. GP 4). Erfasst sind jedoch nur nova reperta, nicht aber nova producta; letztere können auch nach Schluss des Ermittlungsverfahrens vorgebracht werden. Die Entscheidung über den Antrag gem § 39 Abs 4 Satz 1 erfolgt durch Verfahrensanordnung (vgl § 39 Abs 4 Satz 2).

Abgesehen davon gilt das Ermittlungsverfahren – soweit in den Verwaltungsvorschriften nichts anderes bestimmt ist – dann **nicht mehr als ge-**

schlossen, wenn der Bescheid nicht binnen acht Wochen ab jenem Zeitpunkt, zu dem erstmals einer Partei gegenüber das Ermittlungsverfahren für geschlossen erklärt worden ist, gegenüber einer Partei erlassen wird (§ 39 Abs 5). Durch diese Regelung soll verhindert werden, dass zwischen dem Schluss des Ermittlungsverfahrens und der Erlassung des Bescheids ein allzu langer Zeitraum verstreicht.

Der Antrag der Partei gem § 39 Abs 4 Satz 1 ist an sich **nicht fristgebunden,** er kann von der Behörde aber nur berücksichtigt werden, solange sie den Bescheid noch nicht erlassen hat. Fraglich ist, welche Folgen es für das Rechtsmittelverfahren hat, wenn der Antrag gem § 39 Abs 4 Satz 1 nicht gestellt wird. In den Materialien findet sich dazu die Aussage, dass die Partei, die es unterlassen hat, Tatsachen und Beweismittel rechtzeitig geltend zu machen, „dies nicht mit Erfolg in der Beschwerde geltend machen" kann (vgl ErläutRV 193 BlgNR 26. GP 4). Dies würde auf ein allgemeines Neuerungsverbot (in Bezug auf nova reperta) hinauslaufen, das dem Verwaltungsverfahren aber fremd ist (vgl nur § 65 AVG und § 10 VwGVG). Der objektive Zweck des § 39 Abs 4 Satz 1 geht jedoch nicht dahin, ein Neuerungsverbot im Rechtsmittelverfahren zu etablieren, sondern nur dahin, Verfahrensverschleppungen im verwaltungsbehördlichen Verfahren hintanzuhalten. Den Parteien ist es daher – auch wenn sie einen Antrag gem § 39 Abs 4 Satz 1 nicht gestellt haben – unbenommen, im Rechtsmittel ein neues Tatsachenvorbringen zu erstatten und neue Beweise – eben auch nova reperta – anzubieten. Wollte man dies anders sehen, wäre zumindest der – nicht fristgebundene – Antrag gem § 39 Abs 4 Satz 1 auch noch im Rechtsmittelverfahren zuzulassen. Bis sich klarstellende Judikatur zu diesen Fragen gebildet hat, sollte das Tatsachenvorbringen und Beweisanbot bereits im Behördenverfahren vor Schließung des Ermittlungsverfahrens erschöpfend erstattet werden (siehe idZ auch die Verfahrensförderungspflicht gem § 39 Abs 2a und dazu unten C. 4.1.3.).

4.1.2. Grundsatz der arbiträren Ordnung

Die Behörde bestimmt den Gang des Verfahrens, dh sie entscheidet, auf welche Weise das Ermittlungsverfahren durchgeführt wird (auch wenn das Verfahren durch einen Antrag eingeleitet wurde). Dazu gehört auch die Festlegung, welcher Sachverhalt durch welche Beweise erhoben wird, in welcher Reihenfolge und durch welche konkreten Maßnahmen dies erfolgen soll. Im Ermessen der Behörde liegt auch die Entscheidung über Verbindung und Trennung von Verfahren (§ 39 Abs 2; nach § 39 Abs 2b „hat" zwar die Behörde die Verfahren zu verbinden, doch ist auch in diesen Fällen eine getrennte Verfahrensführung im Interesse der Zweckmäßigkeit, Raschheit, Einfachheit und Kostenersparnis zulässig) und über den Abschluss des Ermittlungsverfahrens.

Es gibt kein allgemeines Gebot der Unmittelbarkeit und Mündlichkeit. Es liegt daher im Ermessen der Behörde, eine mündliche Verhandlung anzuberaumen, welche dann – mangels anderer gesetzlicher Regelung – parteienöffentlich, aber nicht volksöffentlich ist.

> **Beispiel für abweichende gesetzliche Regelungen:** Gem § 44d kann die Behörde in Großverfahren eine mündliche volksöffentliche Verhandlung anberaumen, wenn der Antrag durch ein Edikt gem § 44a kundgemacht wurde (siehe unten C. 4.3.12.).

Alle Verfügungen der Behörde, die den Gang des Ermittlungsverfahrens gestalten, sind **Verfahrensanordnungen** iSd § 7 Abs 1 VwGVG und § 63 Abs 2 AVG. Ihre Rechtswidrigkeit kann erst in der Beschwerde (in Angelegenheiten des eigenen Wirkungsbereichs der Gemeinden: in der Berufung) gegen den abschließenden Bescheid geltend gemacht werden, eine gesonderte Anfechtung ist nicht möglich.

> **Beispiele:** Anberaumung einer mündlichen Verhandlung, Schließung des Ermittlungsverfahrens.

4.1.3. Grundsatz der Amtswegigkeit und materiellen Wahrheit; Mitwirkungspflicht der Partei

Die Behörde wird von sich aus tätig. Auch in Fällen, in denen gesetzlich ein Antrag vorgesehen ist, hat sie öffentliche Interessen dem Gesetz entsprechend durchzusetzen und dazu den wahren Sachverhalt festzustellen, wobei sie nicht an das tatsächliche Parteivorbringen gebunden ist. Anders als im Zivilverfahren gibt es im Verwaltungsverfahren nicht die Möglichkeit, dass die Parteien Tatsachen außer Streit stellen. Nach der Judikatur ist allerdings die Partei in gewissem Umfang zur **Mitwirkung** verpflichtet (VwGH 5.8.1998, 97/21/0882; 25.2.2004, 2002/03/0273).

> **Beispiel:** Befolgung behördlicher Aufträge zur Informationsbeschaffung.

Verletzt eine Partei ihre Mitwirkungspflicht und wird infolgedessen der Sachverhalt durch die Behörde unrichtig oder unvollständig festgestellt, kann die Partei dies im Rechtsmittelverfahren nicht mehr geltend machen.

Mit der Novelle BGBl I 57/2018 wurde – in Anlehnung an § 178 Abs 2 ZPO – eine „**Verfahrensförderungspflicht**" der Parteien in § 39 Abs 2a verankert. Danach hat jede Partei ihr Vorbringen so rechtzeitig und vollständig zu erstatten, dass das Verfahren möglichst rasch durchgeführt werden kann.

Eine Präklusion ist jedoch (anders als nach § 179 ZPO) nicht vorgesehen; eine Sanktionierung könnte nur im Rahmen des § 39 Abs 4 erfolgen (vgl oben C. 4.1.1.). Im Übrigen lässt die Verfahrensförderungspflicht auch die Grundsätze der Amtswegigkeit und der materiellen Wahrheit unberührt (vgl AB 227 BlgNR 26. GP 3).

4.1.4. Grundsatz des Parteiengehörs

Parteien haben ein subjektives Recht darauf, Gelegenheit zu erhalten, um ihren Rechtsstandpunkt zu vertreten und alles vorzubringen, was diesen unterstützt (§ 37, § 43 Abs 2 und 3, § 45 Abs 3, § 65).

> Es handelt sich dabei um ein Prinzip jedes rechtsstaatlichen Verwaltungsverfahrens, nicht aber um ein verfassungsgesetzlich gewährleistetes Recht iSd Art 144 B-VG. Eine Verletzung des Gleichheitsgrundsatzes liegt allerdings vor, wenn die Behörde willkürlich die Wahrung des Parteiengehörs unterlässt (VfSlg 15.124/1998).

Die Behörde darf zur Begründung ihres Bescheids nur solche Tatsachen und Beweismittel heranziehen, welche der Partei zuvor zur Stellungnahme vorgehalten wurden (**Überraschungsverbot**, vgl VwGH 23.2.1993, 91/08/0142; 19.6.2019, Ra 2019/02/0098).

Gegenstand des Parteiengehörs ist der von der Behörde festzustellende Sachverhalt, das Ergebnis des Ermittlungsverfahrens und wesentliche Sachverhaltsänderungen. Es bezieht sich nur auf Tatsachen, nicht auch auf Rechtsfragen. Voraussetzung des Parteiengehörs ist die ordnungsgemäße Gewährung von Akteneinsicht (siehe oben C. 3.6.). Das Parteiengehör umfasst das Recht, auf gegnerische Behauptungen zu erwidern, Beweisanträge zu stellen, ergänzende Tatsachenbehauptungen aufzustellen und zu den Rechtsfolgen des Ermittlungsergebnisses Stellung zu nehmen.

Das Parteiengehör muss in einer bestimmten **Form** eingeräumt werden:
- ausdrücklich und in förmlicher Weise;
- die Ausübung muss der Partei bewusst gemacht werden;
- mit ausreichender Frist zur Ausübung des Rechts (VwGH 25.7.2002, 2001/07/0114).

Verspätete Stellungnahmen sind jedoch von der Behörde zu berücksichtigen, sofern sie noch vor Erlassung des Bescheids eingelangt sind (VwGH 2.7.1990, 90/11/0073); sobald die Behörde das Ermittlungsverfahren schließt (§ 39 Abs 3), ist § 39 Abs 4 zu beachten (siehe dazu oben C. 4.1.1.).

Die **Verletzung des Parteiengehörs** bildet einen Verfahrensfehler, der jedoch idR im Rechtsmittelverfahren saniert werden kann, wenn die Partei dort die Möglichkeit hat, entsprechend Stellung zu nehmen (vgl VwGH

26.5.1966, 406/66; 30.6.1994, 93/09/0333; 20.12.2017, Ra 2017/03/0069; 27.12.2018, Ra 2015/08/0095).

Im Unterschied dazu ist die Verletzung des Parteiengehörs durch das Verwaltungsgericht (vgl § 17 VwGVG) im Revisionsverfahren nicht sanierbar und führt daher – die Relevanz des Verfahrensfehlers vorausgesetzt – zur Aufhebung der Entscheidung des Verwaltungsgerichts durch den VwGH (§ 42 Abs 2 Z 3 lit c VwGG).

4.1.5. Grundsatz der Unbeschränktheit der Beweismittel

Als Beweismittel kommt alles in Betracht, was **geeignet und zweckdienlich** ist, um den maßgebenden Sachverhalt festzustellen (§ 46; vgl VwGH 31.7.2018, Ro 2015/08/0033). Alle Beweismittel sind gleichwertig, sofern sie nur geeignet sind, den wahren Sachverhalt zu ermitteln. Im Verwaltungsverfahren gilt der Unmittelbarkeitsgrundsatz nicht. Es ist daher, solange das Parteiengehör gewahrt wird (VwGH 23.4.2015, 2012/07/0250), zulässig, Beweismaterial anderer Behörden einschließlich der Gerichte (VwGH 11.6.2014, 2012/08/0170) heranzuziehen, da die Behörde nicht zur unmittelbaren Beweiserhebung verpflichtet ist (siehe unten C. 4.3.7.).

Unzulässig sind geheime Beweismittel, die auf anonymen Aussagen beruhen und der Partei gegenüber nicht offen gelegt werden (vgl VwGH 29.5.2006, 2005/17/0252; 25.9.2014, 2011/07/0006). Es dürfen auch nicht die für einzelne Beweismittel geltenden Vorschriften unterlaufen oder Beweise unter Verletzung von Rechten Dritter aufgenommen werden.

> **Beispiel:** Wenn ein Zeuge nicht als solcher vernommen werden darf (entweder aufgrund eines Vernehmungsverbotes gem § 48 oder aufgrund der berechtigten Ausübung des Aussageverweigerungsrechtes gem § 49), ist auch eine Befragung als Auskunftsperson unzulässig.

4.1.6. Grundsatz der freien Beweiswürdigung

Die Behörde hat unter Berücksichtigung der Ergebnisse des Ermittlungsverfahrens nach **freier Überzeugung** zu beurteilen, ob eine Tatsache als erwiesen anzunehmen ist oder nicht. Eine Ausnahme davon besteht, wenn es sich um notorische oder gesetzlich vermutete Tatsachen handelt (§ 45 Abs 1):
– **Notorische Tatsachen** sind solche, die offenkundig (dh allgemein bekannt oder „der Behörde im Zuge ihrer Amtstätigkeit bekannt geworden", vgl VwGH 17.10.1995, 94/08/0269) sind.

> **Beispiel:** Alltägliche Erfahrungen von Durchschnittsmenschen (Fahrpläne etc).

– **Gesetzlich vermutete Tatsachen bzw Rechte:** Bei Vorliegen bestimmter Tatsachen ist nach dem Gesetz davon auszugehen, dass bestimmte Rechte bestehen (Rechtsvermutung) oder bestimmte Tatsachen zutreffen (Tatsachenvermutung).

Beispiel: Vermutung der Richtigkeit einer einwandfreien Niederschrift (§ 15); Rechtsvermutung der Staatsbürgerschaft kraft Abstammung bei Findelkindern, die im Staatsgebiet aufgefunden werden (§ 8 StbG).

Die Behörde ist an **keine Beweisregeln** gebunden, sie muss die Ergebnisse der Beweisaufnahme nach ihrem inneren Wahrheitsgehalt beurteilen (VwGH 24.3.1994, 92/16/0031). Die Beweiswürdigung muss schlüssig und in sich widerspruchsfrei sein. Der Grundsatz der freien Beweiswürdigung ermächtigt allerdings nicht zur Ermessensübung; das Ermessen betrifft anders als die Beweiswürdigung nicht die Feststellung des Sachverhalts, sondern die Entscheidung über die Rechtsfolgen.

4.2. Einleitung des Verfahrens

Die Einleitung des Verwaltungsverfahrens erfolgt
– durch Parteienantrag, wenn das Materiengesetz dies vorschreibt, oder
– von Amts wegen.

Es besteht grundsätzlich **weitgehende Formfreiheit**, besondere Schritte sind nicht zu setzen. Auf Antrag muss die Behörde Verfahren über Vorhaben, für die mehrere Bewilligungen bzw Erledigungen erforderlich sind, zur gemeinsamen Verhandlung und Entscheidung verbinden, sofern sie für sämtliche Verfahren zuständig ist (§ 39 Abs 2b: so genanntes *„one stop shop"*-Prinzip).

4.3. Ermittlungsverfahren

Das Ermittlungsverfahren hat den Zweck, den für das Verfahren maßgeblichen Sachverhalt festzustellen und den Parteien Gelegenheit zu geben, ihr Recht auf Gehör auszuüben (§ 37). Es darf nur in den Fällen eines Ladungs- oder Mandatsbescheids oder dann unterbleiben, wenn der Sachverhalt bereits eindeutig und klar ist (§ 56).

Gem § 39 Abs 1 sind für die Durchführung des Ermittlungsverfahrens die Verwaltungsvorschriften maßgebend, dh die AVG-Regelungen gelten nur subsidiär.

4.3.1. Allgemeines zum Beweisverfahren

Das Beweisverfahren soll zur Kenntnis bringen, ob bzw wie sich ein Sachverhalt zugetragen hat, und so die Grundlagen für eine behördliche Entscheidung schaffen.

Das Beweisverfahren ist durch die Grundsätze des Verwaltungsverfahrens bestimmt (siehe oben 4.1.):
- die Offizialmaxime;
- die materielle Wahrheit;
- die Mitwirkungs- und Verfahrensförderungspflicht der Parteien;
- die freie Beweiswürdigung;
- die Unbeschränktheit der Beweismittel;
- die Zulässigkeit der mittelbaren Beweisaufnahme (§ 55);
- das Parteiengehör.

Die Zuziehung der Beteiligten zur Beweisaufnahme ist – außer im Fall einer mündlichen Verhandlung (§ 40 Abs 1) – nicht zwingend vorgeschrieben (vgl VwGH 14.10.2016, Ra 2016/09/0092). Die Behörde ist lediglich verhalten, den Parteien Gelegenheit zu geben, vom Ergebnis der Beweisaufnahme Kenntnis und dazu Stellung zu nehmen (§ 45 Abs 3; dazu VwGH 18.9.1981, 1832/78; vgl aber VwSlg 12.724 A/1988: Zuziehung der Parteien zur Beweisaufnahme, wenn ohne Anwesenheit der Parteien eine einwandfreie Sachverhaltsermittlung nicht möglich wäre).

Als Beweismittel kommt alles in Frage, was zur Feststellung des Sachverhalts geeignet und zweckdienlich ist (vgl oben C. 4.1.5.). Das AVG nennt die wichtigsten (dh ergiebigsten und am häufigsten verwendeten) Beweismittel:
- private und öffentliche Urkunden (§ 47),
- Zeugen (§§ 48–50),
- Beteiligtenvernehmung (§ 51),
- Sachverständigenbeweis (§ 52) und
- Augenschein (§ 54).

Der Grundsatz der Unbeschränktheit der Beweismittel ist begrenzt durch Beweiserhebungsverbote und Beweisverwertungsverbote.

Beispiele: Ein Beweiserhebungsverbot ist das Vernehmungsverbot von Personen als Zeugen gem § 48. Ein Beweisverwertungsverbot gilt für Blutuntersuchungen gem § 5 Abs 6 StVO, die unzulässigerweise durchgeführt wurden.

Beweise dürfen grundsätzlich nicht unter Verletzung von Rechten aufgenommen werden. Rechtswidrig erlangte Beweise können dennoch unter Wahrung des Parteiengehörs verwertet werden. Die Verwertung ist aber unzulässig, wenn
- das Gesetz die Berücksichtigung derartiger Beweise verbietet (zB Folterverbot: Art 3 EMRK) oder
- die Verwertung dem Zweck widerspräche, den das durch die Beweiserhebung verletzte Verbot verfolgt (VwGH 9.7.1992, 92/06/0007).

Beispiele: Zeugenbeweis bei Vernehmungsverbot, Verwertung von rechtswidrig hergestellten Tonbandaufnahmen.

Nach der Rsp des EuGH sind solche Beweisvorschriften mit dem **Unionsrecht** unvereinbar, die es dem Einzelnen praktisch unmöglich oder übermäßig schwierig machen, die ihm durch das Unionsrecht eingeräumten Ansprüche durchzusetzen (vgl EuGH 9.11.1983, Rs 199/82, *San Giorgio*, Slg 1983, 3595, Rn 14). Das Beweisverfahren nach dem AVG entspricht diesen unionsrechtlichen Vorgaben.

4.3.2. Urkunden

Urkunden sind schriftliche Vergegenständlichungen von Gedanken, wie zB Schriftstücke, Zeichnungen und Pläne (VwGH 20.9.1990, 86/07/0208).

§ 47 verweist für die Beurteilung der Beweiskraft von Urkunden auf die ZPO, indem anzuwendende Vorschriften (§§ 292 bis 294, 296, 310, 311 ZPO) aufgezählt werden. Man unterscheidet private und öffentliche Urkunden:

- **Private Urkunden**: Die unterschriebene Privaturkunde erbringt den vollen Beweis der Echtheit (dh den Beweis, dass sie tatsächlich vom Aussteller stammt), nicht aber den vollen inhaltlichen Beweis. Ihre Richtigkeit ist von der Behörde selbst zu beurteilen (vgl VwGH 18.10.2018, Ra 2018/19/0356).
- **Öffentliche Urkunden**: Diese werden von österreichischen Behörden oder Personen „mit öffentlichem Glauben" (zB Notare) in der vorgeschriebenen Form errichtet. Öffentliche Urkunden begründen die Vermutung der Echtheit, der Gegenbeweis ist zulässig (vgl VwGH 23.11.2016, 2013/05/0175). **Konstitutive öffentliche Urkunden**, dh Urkunden, die Ausdruck einer behördlichen Verfügung oder Entscheidung sind, begründen auch den vollen Beweis der inhaltlichen Richtigkeit und sind aufgrund ihrer gestaltenden Rechtswirkungen nicht widerlegbar. **Öffentliche Beweisurkunden**, das sind Wissenserklärungen, die nur einen bestimmten Umstand bekunden, liefern ebenfalls vollen Beweis über den Inhalt, sind aber widerlegbar.

Die **Beweiskraft** bezieht sich auch auf jene in der Urkunde ausdrücklich genannten Tatsachen und Rechtsverhältnisse, die Voraussetzung für die Ausstellung sind (§ 47 zweiter Satz). Dies gilt jedoch nur für inländische Urkunden.

Beispiel: Da der österreichische Reisepass nur österreichischen Staatsbürgern ausgestellt wird, liefert der Reisepass auch den vollen Beweis für den Besitz der österreichischen Staatsbürgerschaft.

4.3.3. Zeugen

Als Zeugen treten Menschen auf, die ihr Wissen über bestimmte Tatsachen oder ihre Wahrnehmung eines zurückliegenden Vorgangs bekunden. In Betracht kommen dafür nur natürliche, nicht aber juristische Personen. Zeugen können **nur für Sachverhaltsbeweise** herangezogen, nicht aber zu Rechts- oder Wertungsfragen vernommen werden (VwGH 23.3.1992, 91/19/0356).

Eine Zeugenaussage hat höhere Beweiskraft als die Aussage einer Auskunftsperson, welche nicht in förmlicher Weise vernommen wird. Daher kann die Vernehmung einer Auskunftsperson anstelle einer notwendigen Zeugenvernehmung einen Verfahrensfehler darstellen (VwGH 18.4.1983, 81/10/0001).

Geladene Zeugen sind dazu verpflichtet, vor der Behörde zu erscheinen. Die Erlassung eines Ladungsbescheids anstelle einer einfachen Ladung eröffnet der Behörde die Möglichkeit, bei Nichterscheinen des Zeugen Zwangsmittel anzuwenden, sofern diese angedroht wurden (siehe oben C. 3.8.4.).

Die **Zeugenvernehmung** erfolgt durch die Behörde selbst oder durch eine ersuchte bzw beauftragte Verwaltungsbehörde. Vor der Vernehmung sind folgende Schritte zu setzen:

- die Erfragung der Identität;
- die Ermahnung zur Wahrheit (eine falsche Zeugenaussage vor einer Verwaltungsbehörde ist gem § 289 StGB gerichtlich strafbar);
- die Aufklärung über und die Geltendmachung von Aussageverweigerungsgründen;
- die Aufklärung über Folgen einer ungerechtfertigten Verweigerung der Aussage oder einer falschen Aussage (§ 50).

Die Vernehmung erfolgt grundsätzlich mündlich vor der Behörde, eine Niederschrift ist aufzunehmen. Nach Maßgabe der technischen Möglichkeiten kann eine Vernehmung unter Verwendung technischer Einrichtungen zur Wort- und Bildübertragung (**audiovisuelle Vernehmung**) durchgeführt werden, zB wenn ein Erscheinen vor der Behörde wegen Alters, Krankheit, Gebrechlichkeit oder wegen anderer erheblicher Gründe nicht möglich ist (vgl ErläutRV 193 BlgNR 26. GP 4), es sei denn, das persönliche Erscheinen vor der Behörde ist unter Berücksichtigung der Verfahrensökonomie zweckmäßiger oder aus besonderen Gründen erforderlich (vgl § 51a).

Vernehmungsverbote (§ 48) bestehen für:

- Personen, die zur **Mitteilung** ihrer Wahrnehmungen **unfähig** sind;
- Personen, die zum fraglichen Zeitpunkt **unfähig** waren, die zu beweisende **Tatsache wahrzunehmen**;

- **Geistliche** über Tatsachen, die sie bei der Beichte oder sonst unter dem Siegel geistlicher Amtsverschwiegenheit erfahren haben;
- Organe von Bund, Ländern oder Gemeinden über Tatsachen, die der **Amtsverschwiegenheit** unterliegen, sofern keine Entbindung von der Geheimhaltungspflicht erfolgt ist.

Zeugen verfügen über **Aussageverweigerungsrechte** (§ 49). Ein Zeuge kann seine Aussage verweigern:

- über Fragen, deren Beantwortung dem Zeugen, einem seiner Angehörigen (§ 36a), einer mit seiner Obsorge betrauten Person, seinem Erwachsenenvertreter, seinem Vorsorgebevollmächtigten nach Wirksamwerden der Vorsorgevollmacht oder der von ihm in einer dieser Eigenschaften vertretenen Person einen unmittelbaren **Vermögensnachteil** oder die Gefahr einer **strafrechtlichen Verfolgung** zuziehen oder zur **Unehre** gereichen würde;
- über Fragen, die er nicht beantworten könnte, ohne eine ihm obliegende gesetzlich anerkannte **Pflicht zur Verschwiegenheit**, von der er nicht gültig entbunden wurde, zu verletzen (vgl zu berufsmäßigen Parteienvertretern etwa VwGH 23.11.2016, Ra 2016/04/0021; siehe auch § 9 Abs 2 und 3 RAO) oder ein Kunst-, Betriebs- oder Geschäftsgeheimnis zu offenbaren (sollen in der Verhandlung zur Verschwiegenheit verpflichtete Zeugen vernommen werden, so ist darauf zu achten, dass diese rechtzeitig von der Verschwiegenheit entbunden werden);
- über Fragen, wie er sein **Wahl- oder Stimmrecht** ausgeübt hat, wenn dessen Ausübung gesetzlich für geheim erklärt ist.

Den Umstand, dass die Aussage verweigert wurde, darf die Behörde nicht in ihre Beweiswürdigung einbeziehen. Bei ungerechtfertigter Aussageverweigerung kann dem Zeugen durch verfahrensrechtlichen Bescheid die Pflicht zum Ersatz aller verursachten Kosten auferlegt werden. Nach entsprechender Androhung kann die Behörde über ihn eine Ordnungsstrafe verhängen (§ 49 Abs 5 iVm § 34).

4.3.4. Beteiligtenvernehmung

Auch **Parteien** und **sonstige Beteiligte** können zu Beweiszwecken vernommen werden (§ 51), gegebenenfalls auch audiovisuell (§ 51a). Darauf finden die §§ 48 und 49, nicht aber die Bestimmungen des § 50 Anwendung. Es gelten daher auch für die Beteiligten die Erscheinungspflicht, die Sanktionen im Fall des Nichterscheinens, die Vernehmungsverbote und die Aussageverweigerungsrechte. Ausgenommen ist davon jedoch das Verweigerungsrecht gem § 49 Abs 1 Z 1 für den Fall des bedeutenden Vermögensnachteils. Der Beteiligte muss daher auch aussagen, wenn die Gefahr eines bedeutenden Vermögensnachteils für sich bzw für Angehörige besteht. Falsche Aussagen eines Beteiligten sind nicht nach § 289 StGB strafrechtlich sanktioniert.

4.3.5. Sachverständige

Sachverständige sind Menschen, die aufgrund **besonderen Fachwissens** aus den vorliegenden oder zu erhebenden Tatsachen (**Befund**) Schlüsse ziehen auf das Vorliegen bzw Nichtvorliegen anderer entscheidungsrelevanter Tatsachen (**Gutachten**). Sie fungieren als Hilfsorgane der erkennenden Behörde, indem sie an der Feststellung des maßgeblichen Sachverhalts mitwirken (VwGH 2.6.1999, 98/04/0242).

> Als Sachverständige kommen grundsätzlich nur natürliche Personen in Betracht. Ausnahmsweise können (bei entsprechender gesetzlicher Anordnung) auch juristische Personen als Sachverständige betraut werden, zB die Bundesprüfanstalt für Kraftfahrzeuge (§ 131 KFG).

Sachverständige erstellen Gutachten weitgehend ohne besondere Formvorschriften (VwGH 22.9.1989, 87/17/0164). Es kommen auch mündliche Gutachten in Frage, über die ein Aktenvermerk zu verfassen ist. Das Gutachten muss vollständig, schlüssig und in sich widerspruchsfrei sein. Es unterliegt inhaltlich der freien Beweiswürdigung durch die Behörde (VwGH 23.1.2001, 2000/11/0263; 4.4.2019, Ra 2017/11/0227). Hat die Behörde nach Würdigung des Gutachtens noch Zweifel über den anzunehmenden Sachverhalt, kann die Einholung eines weiteren Sachverständigenbeweises (Ergänzungsgutachten desselben oder Gutachten eines anderen Sachverständigen) notwendig sein.

Die Einholung des Sachverständigenbeweises ist erforderlich, wenn:
- es in den Verwaltungsvorschriften **angeordnet** ist oder
- die Feststellung des maßgeblichen Sachverhalts **besondere Sachkenntnisse erfordert** und die Behörde nicht über das notwendige Sachwissen verfügt (VwGH 27.11.1995, 93/10/0209).

Beispiele: Lawinengefährdung von Schiabfahrtstrassen, Vereinbarkeit eines Bauwerks mit dem Ortsbild, Gefährdung von Nachbargrundstücken durch ein Bauvorhaben.

Die Beiziehung eines Sachverständigen zum Beweisverfahren erfolgt durch Verfahrensanordnung der Behörde. Parteien haben keinen Anspruch auf Einholung eines Gutachtens (VwSlg 1941 A/1951), die Nichteinholung kann aber einen wesentlichen Verfahrensmangel darstellen, wenn sie erforderlich gewesen wäre (VwGH 27.1.1994, 93/01/0696). Dieser Verfahrensmangel kann freilich dadurch saniert werden, dass die Berufungsbehörde bzw das VwG das erforderliche Gutachten einholt (vgl VwGH 20.12.2017, Ra 2017/03/0069).

Man unterscheidet zwischen Amtssachverständigen und nichtamtlichen Sachverständigen. Grundsätzlich hat die Behörde **beigegebene** oder **zur Verfügung stehende Amtssachverständige** mit der Erstellung eines Gutachtens zu betrauen (§ 52).

- Beigegebene Sachverständige gehören der entscheidenden Behörde an, zB ein Polizeiamtsarzt.
- Zur Verfügung stehende Sachverständige gehören anderen Behörden innerhalb derselben Organisationseinheit, zB der Oberbehörde, an (zB eine BH zieht den Amtssachverständigen der LReg heran).

Es bedarf keines besonderen Bestellungsakts (VwSlg 8505 A/1973). Es gelten die Regeln des § 7 über die Befangenheit (vgl näher § 53). Amtssachverständige sind als Verwaltungsorgane zwar grundsätzlich an Weisungen gem Art 20 Abs 1 B-VG gebunden, allerdings besteht keine Weisungsbindung hinsichtlich des Inhalts ihrer Gutachten (vgl VfSlg 19.902/2014). Für die Richtigkeit ihrer Gutachten haftet der Rechtsträger nach dem AHG (OGH 20.3.1985, 1 Ob 7/85).

Ausnahmsweise dürfen andere Personen als **(nichtamtliche) Sachverständige** herangezogen werden, wenn

- kein Amtssachverständiger zu Verfügung steht,
- es mit Rücksicht auf die Besonderheit des Falles geboten ist (zB weil besondere technische Vorrichtungen notwendig sind) oder
- eine wesentliche Beschleunigung des Verfahrens zu erwarten ist, es vom Antragsteller angeregt wurde und dieser einen Höchstbetrag für die entstehenden Kosten nennt und übernimmt.

Das Vorliegen dieser Voraussetzungen ist von der Behörde entsprechend zu begründen (VwGH 4.4.2019, Ra 2017/11/0227). Die Auslastung der Amtssachverständigen rechtfertigt die Beiziehung nichtamtlicher Sachverständiger noch nicht (VwGH 27.6.2017, Ro 2015/10/0045).

Die Bestellung erfolgt gegenüber dem Sachverständigen durch verfahrensrechtlichen Bescheid, gegenüber den Parteien jedoch durch Verfahrensanordnung (VwGH 7.9.1993, 93/05/0188).

Eine **Verpflichtung**, der **Bestellung Folge zu leisten**, besteht für:

- Personen, die zur Erstattung von Gutachten öffentlich bestellt sind (Wirtschaftsprüfer, Ziviltechniker etc), und
- Personen, die die Wissenschaft, die Kunst oder das Gewerbe, deren Kenntnis Voraussetzung für die Begutachtung ist, öffentlich als Erwerb ausüben oder zu deren Ausübung angestellt oder ermächtigt sind (zB Universitätsprofessoren).

Durch die Bestellung wird der nichtamtliche Sachverständige aber nicht zum weisungsgebundenen Verwaltungsorgan. Für ihn gelten die Aussageverweigerungsrechte des § 49 sowie die Belehrung gem § 50, aber auch die Folgen ungerechtfertigten Ausbleibens bzw ungerechtfertigter Aussageverweigerung (§ 49 Abs 5: Auferlegung der Kosten, § 34: Ordnungsstrafe). Nichtamtliche Sachverständige sind vom Verfahren ausgeschlossen, wenn einer der **Befangenheitsgründe** des § 7 Abs 1 Z 1, 2 oder 4 vorliegt. Die Ablehnung durch eine Partei ist möglich, wenn diese Umstände glaubhaft macht, die die Unbefangenheit des Sachverständigen in Zweifel ziehen (§ 53 Abs 1; vgl VwGH 21.6.2017, Ra 2017/03/0016). Die Ablehnung ist grundsätzlich bis zur Vernehmung zulässig, später nur noch dann, wenn die Partei glaubhaft macht, dass sie den Ablehnungsgrund vorher nicht erfahren oder aufgrund eines unüberwindbaren Hindernisses nicht rechtzeitig geltend machen konnte. Über die Ablehnung entscheidet die Behörde gem § 53 Abs 2 durch Verfahrensanordnung endgültig. Nichtamtliche Sachverständige haften für die Richtigkeit ihrer Gutachten persönlich (OGH 17.6.2014, 1 Ob 79/14w). Sie haben Anspruch auf Gebühren (vgl § 53a), die Barauslagen der Behörde darstellen und als solche nach Maßgabe des § 76 auf die Partei überwälzt werden können (dagegen sind die Kosten der Amtssachverständigen gem § 75 Abs 1 von der Behörde zu tragen; vgl etwa VwSlg 19.385 A/2016).

„**Privatsachverständige**", also Personen, die im Auftrag einer Partei für diese ein Gutachten erstellen, sind keine Sachverständigen iSd §§ 52 und 53 (VwSlg 4896 A/1959). Das Gutachten ist gleichwohl als Beweismittel zu berücksichtigen (vgl VwGH 4.4.2019, Ra 2017/11/0227). Zwischen dem Gutachten eines Amtssachverständigen und dem eines Privatsachverständigen besteht kein verfahrensrechtlicher Wertunterschied, dh ersteres hat im Rahmen der freien Beweiswürdigung keinen erhöhten Beweiswert (vgl VwGH 22.11.2017, Ra 2017/03/0014).

Beachte: Dem Gutachten eines Sachverständigen haben die Parteien auf gleicher fachlicher Ebene entgegenzutreten, was idR die Vorlage eines Gegengutachtens erfordert (VwGH 31.1.2019, Ra 2018/16/0216). Ausgenommen davon sind Einwendungen gegen die Vollständigkeit und/oder Schlüssigkeit des Gutachtens einschließlich der Behauptung, die Befundaufnahme sei unzureichend bzw der Sachverständige gehe von unrichtigen Voraussetzungen aus (VwGH 11.4.2018, Ra 2017/12/0090; 25.4.2019, Ra 2017/07/0214).

4.3.6. Augenschein

Der Augenschein ist die Beweisaufnahme durch **unmittelbare Sinneswahr-nehmung** des behördlichen Organs über die Beschaffenheit einer Sache, eines Vorgangs oder eines Zustands. Für die Wahrnehmung kommen alle menschlichen Sinne in Betracht (auch Geruchs- und Tastsinn; VwGH 23.5.2000, 99/11/0200).

> **Beispiel:** Erhebung der örtlichen Gegebenheiten in einem Bau- oder Betriebsan-lagenverfahren durch Besichtigung des Bau- oder Betriebsgrundstücks.

Die Durchführung eines Augenscheins liegt im **Ermessen** der Behörde, soweit er nicht zwingend in Verwaltungsvorschriften vorgesehen ist. Die Anberaumung erfolgt durch Verfahrensanordnung (§ 7 Abs 1 VwGVG und § 63 Abs 2 AVG). Die Parteien müssen dem Augenschein nicht beigezogen werden, außer dieser erfolgt in der mündlichen Verhandlung. Die Verbindung eines Augenscheins mit der mündlichen Verhandlung, wie es in § 40 als Möglichkeit vorgesehen ist, kann nach dem Effizienzgebot (§ 39 Abs 2) erforderlich sein (VwGH 9.6.1994, 94/06/0085).

Grundsätzlich ist die Einwilligung der Person, die über den Gegenstand des Augenscheins verfügungsberechtigt ist, zur Vornahme des Augenscheins erforderlich. Die Behörde kann allerdings eine Verpflichtung zur Vorlage von Gegenständen begründen, indem sie die mitzubringenden Beweismittel im Ladungsbescheid anführt (§ 19 Abs 2).

4.3.7. Mittelbare Beweisaufnahme

Im Verwaltungsverfahren gilt der Grundsatz der unmittelbaren Beweisaufnahme nicht, außer in jenen Fällen, in denen ihn die Verwaltungsvorschriften explizit vorsehen. Gem § 55 kann die entscheidende Behörde Beweisaufnahmen und Erhebungen **mittelbar** durchführen, indem

- sie andere Verwaltungsbehörden oder einzelne Verwaltungsorgane im Wege der **Amtshilfe** (Art 22 B-VG) um die Aufnahme ersucht, allerdings müssen sowohl das ersuchende Organ als auch die ersuchte Stelle zur Erhebung solcher Beweise zuständig sein (VfSlg 3237/1957);
- die Behörde nachgeordneten Organen die Aufnahme mittels **Weisung** aufträgt;
- sie **Amtssachverständige** damit betraut, selbst einen Augenschein vorzunehmen;
- sie **Ergebnisse** eines anderen, gerichtlichen oder verwaltungsbehördlichen, Verfahrens **verwertet** (VwGH 15.12.1994, 94/18/0794).

Gerichte dürfen um die Beweisaufnahme nur in **gesetzlich vorgesehenen Fällen** ersucht werden (§ 55 Abs 2).

Ein Rechtsanspruch der Partei auf Teilnahme an der (mittelbaren) Beweisaufnahme besteht grundsätzlich nicht; wohl aber ist zum Ergebnis der Beweisaufnahme Parteiengehör einzuräumen (vgl VwGH 14.10.2016, Ra 2016/09/0092).

4.3.8. Beurteilung von Vorfragen

Die Entscheidung der Behörde hängt oft von der Beurteilung von Fragen ab, die selbstständiger Entscheidungsgegenstand eines anderen Verfahrens (derselben Behörde, einer anderen Verwaltungsbehörde oder eines Gerichtes) sind. Solche Fragen sind daher **Vorfragen** für die entscheidende Behörde, aber **Hauptfragen** in anderen Verfahren.

Eine Vorfrage liegt vor, wenn
- die Beantwortung der Rechtsfrage für die Entscheidung in der Hauptfrage unabdingbar ist und
- die Beantwortung der Rechtsfrage in einer die Verwaltungsbehörde bindenden Weise erfolgt.

> **Beispiel:** Die Erteilung einer Baubewilligung setzt die Zustimmung des Grundeigentümers voraus. Die Behörde muss daher beurteilen, wem die zu verbauende Fläche gehört. Die Eigentumsverhältnisse bilden eine Hauptfrage in einem gerichtlichen Verfahren und sind im Verfahren vor den Baubehörden als Vorfrage zu beurteilen. Auch die Grundverkehrsbehörde hat eine in die Zuständigkeit der Gerichte fallende Rechtsfrage als Vorfrage zu beurteilen, nämlich das gültige Zustandekommen eines Kaufvertrages (VfSlg 18.060/2007).

Keine Vorfrage liegt in folgenden Fällen vor:
- Die Partei braucht mehrere Bewilligungen, von denen jede einzelne gesondert zu erwirken ist.

  > **Beispiel:** Bewilligungen nach dem WRG und dem Baurecht für ein Bauvorhaben.

- Die Behörde hat eine Rechtsfrage als Hauptfrage zu lösen, die auch von einer anderen Behörde als Hauptfrage zu lösen ist. Beispielsweise ist die Übereinstimmung eines Bauvorhabens mit dem Flächenwidmungsplan eine Hauptfrage im Verfahren sowohl vor der Naturschutzbehörde als auch vor der Baubehörde (VfSlg 14.940/1997).
- Die zu beurteilende Rechtsfrage ist von keiner anderen Behörde als Hauptfrage zu entscheiden.

  > **Beispiel:** Frage einer Alkoholbeeinträchtigung iSd § 5 StVO.

- Das Vorliegen eines anderen Bescheids oder Urteils ist Voraussetzung für die Erlassung des Bescheids (Tatbestandswirkung).
- Die Behörde hat Zweifel an der Rechtmäßigkeit einer generellen Norm. Diese ist von der Behörde uneingeschränkt anzuwenden. Erst die Ver-

waltungsgerichte haben das Recht, einen Antrag nach Art 139 oder Art 140 B-VG zu stellen.

Bereits von der zuständigen Verwaltungsbehörde oder vom zuständigen Gericht rechtskräftig entschiedene Fragen binden die Behörde innerhalb der sachlichen und persönlichen Grenzen der Rechtskraft. Ein **Bindungskonflikt** liegt vor, wenn die Behörde sich trotz Bindungswirkung nicht an die Entscheidung hält, die in dem anderen Verfahren über den betreffenden Gegenstand gefällt wurde.

§ 38 findet Anwendung, wenn über eine Vorfrage in einem anderen Verfahren noch nicht als Hauptfrage entschieden wurde. Dabei sind *zwei Fälle* zu unterscheiden:

– Es ist gerade ein Verfahren bei der zuständigen Verwaltungsbehörde oder beim zuständigen Gericht **anhängig** oder es wird ein solches Verfahren gleichzeitig (mit der Unterbrechung) **anhängig gemacht**:
  - Die Behörde kann die Vorfrage **selbst** „nach der über die maßgebenden Verhältnisse gewonnenen eigenen Anschauung" **beurteilen** (vgl VwGH 23.10.2017, Ro 2016/04/0051).
  - Die Behörde kann aber das Verfahren auch durch verfahrensrechtlichen Bescheid bis zur rechtskräftigen Entscheidung der Vorfrage **aussetzen**. Nach der Judikatur reicht allerdings auch eine bloß „faktische" Aussetzung, dh das Abwarten der Entscheidung ohne förmliche Aussetzung (VfSlg 10.375/1985; VwSlg 7632 A/1969; VwGH 19.11.2014, Ra 2014/22/0002), aus.

Bei **Aussetzung des Verfahrens** ist der Lauf der Entscheidungsfrist der Behörde bis zur Entscheidung gehemmt, eine Säumnis der Behörde kann daher nicht eintreten. Bei der Ermessensentscheidung zwischen den beiden Möglichkeiten muss sich die Behörde an den Grundsätzen der Zweckmäßigkeit und der Verfahrensökonomie orientieren und diese gegen den Gesichtspunkt der Rechtsrichtigkeit der Entscheidung abwägen (VwGH 9.11.1994, 93/03/0202). Die Partei hat keinen Anspruch auf Aussetzung des Verfahrens (VwSlg 6260 A/1964).

Im Fall der **bescheidförmigen** Unterbrechung des Verfahrens ist ein (abgesondertes) Rechtsmittel zulässig (ebenso zur alten Rechtslage VwGH 14.10.2005, 2003/05/0061); im Fall der **faktischen** Unterbrechung kann nach Ablauf der in § 8 VwGVG bestimmten Frist eine Säumnisbeschwerde erhoben und in Angelegenheiten des eigenen Wirkungsbereichs der Gemeinde gem § 73 ein Devolutionsantrag gestellt werden (vgl VwGH 14.9.2004, 2002/11/0258; 28.2.2019, Fr 2019/12/0005).

Bei der Ermessensentscheidung, die Vorfrage selbst zu beurteilen oder das Verfahren zu unterbrechen, hat sich die Behörde vornehmlich von Überlegungen der Verfahrensökonomie leiten zu lassen (siehe näher VwGH 18.11.2014, Ro 2014/05/0010).

– Ein Verfahren über die Rechtsfrage vor der zuständigen Behörde ist **weder anhängig noch** wird es gerade **anhängig gemacht**. Die Behörde muss die Beurteilung der Vorfrage daher selbst vornehmen. Die Behörde trifft über die Vorfrage keine Entscheidung (dh keine normative Aussage), sondern sie bildet sich eine Meinung, welche sie ihrer eigenen Hauptfragenentscheidung zugrunde legt.

§ 38 findet nur Anwendung, wenn die Verwaltungsvorschriften nicht anderes vorsehen (vgl VwGH 27.1.2015, Ra 2014/11/0071).

Beispiel: Bei Auftreten einer Vorfrage in einem Strafverfahren besteht die Pflicht der Behörde zur Aussetzung (§ 30 Abs 2 VStG).

Die **Vorfragenbeurteilung** scheint nicht im Spruch, sondern **nur in der Bescheidbegründung** auf (VwGH 25.1.1994, 93/04/0127) und wird daher nicht rechtskräftig (VwGH 15.11.1993, 92/10/0432). Sie kann nicht gesondert, sondern nur zusammen mit dem in der Hauptfrage ergehenden Bescheid bekämpft werden. Eine gesetzwidrige Vorfragenbeurteilung macht den darauf gestützten Bescheid rechtswidrig und kann daher in der Rechtsmittelbegründung aufgegriffen werden (VwSlg 3974 A/1956). Wird die Vorfrage nach Rechtskraft des Bescheids als Hauptfrage von der zuständigen Behörde (Verwaltungsbehörde oder Gericht) in „wesentlichen Punkten" anders entschieden, rechtfertigt dies die Wiederaufnahme des Verfahrens (§ 69 Abs 1 Z 3, siehe unten C. 5.6.).

4.3.9. Antrag auf Vorabentscheidung gem Art 267 AEUV

Gerichte iSd Art 267 AEUV (dazu gehören auch bestimmte weisungsfreie Verwaltungsbehörden, wie etwa der Unabhängige Parteien-Transparenz-Senat gem § 11 PartG und allfällige weitere, auf Grundlage des Art 20 Abs 2 B-VG eingerichtete Behörden, vor allem aber die Verwaltungsgerichte) können bzw müssen eine Vorabentscheidung beim EuGH einholen, wenn sie Zweifel hinsichtlich der Auslegung oder Gültigkeit von Unionsrecht haben. Letztinstanzliche „Gerichte" iSd Art 267 AEUV sind zur Einholung der Vorabentscheidung verpflichtet.

Nach der Vorlage an den EuGH darf die Behörde gem § 38a Abs 1 bis zum Einlangen der Vorabentscheidung nur solche Verfahrenshandlungen vornehmen oder Entscheidungen treffen, die durch die Vorabentscheidung nicht beeinflusst werden können oder die die Frage nicht abschließend regeln und keinen Aufschub gestatten.

Beispiele: Einstweilige Verfügungen; vorläufige Akte oder Entscheidungen, die wegen der Gefahr für Leben oder Gesundheit unaufschiebbar sind und die wieder rückgängig gemacht werden können (zB durch amtswegige Aufhebung gem § 68 Abs 2).

Die **Verfahrenshemmung** tritt *ex lege* mit dem Antrag auf Vorabentscheidung ein, es bedarf keiner förmlichen Unterbrechung. Die Verpflichtung, die Entscheidung des EuGH abzuwarten, hemmt (wie auch die Unterbrechung des Verfahrens in Fällen des § 38) den Lauf der Entscheidungsfrist der Behörde gem § 73 AVG und § 8 VwGVG bis zur Urteilsfällung durch den EuGH.

§ 38a trifft keine ausdrückliche Regelung für den Fall, dass auf Grund der Vorlage durch ein anderes „Gericht" bereits ein Vorabentscheidungsverfahren beim EuGH über dieselbe Auslegungs- oder Gültigkeitsfrage anhängig ist. Das Effizienzprinzip verpflichtet die Behörde jedoch auch hier dazu, die Entscheidung des EuGH im anderen Verfahren abzuwarten. Nach der Rechtsprechung des VwGH kann in diesem Fall gem § 38 mit Aussetzung des Verfahrens vorgegangen werden (VwGH 9.11.2011, 2011/22/0284; beide Möglichkeiten anerkennend *B. Schima*, Das Vorabentscheidungsverfahren vor dem EuGH[3] [2015] 111).

Ist die Einholung nicht mehr notwendig und die Vorabentscheidung noch nicht ergangen, hat die Behörde ihren Antrag unverzüglich zurückzuziehen (§ 38a Abs 2).

4.3.10. Mündliche Verhandlung

Die Anberaumung einer mündlichen Verhandlung liegt im **Ermessen** der Behörde (§ 39 Abs 2), sofern die Verwaltungsvorschriften keine anderen Regelungen vorsehen. Sie kann von Amts wegen oder auf Antrag erfolgen, wobei allerdings **kein Rechtsanspruch der Parteien** auf Durchführung einer mündlichen Verhandlung besteht (arg § 39 Abs 2: „kann"; vgl VwGH 14.12.1988, 88/02/0206; VwSlg 13.336 A/1990).

Dies schließt jedoch nicht aus, die durch eine Ablehnung des Antrags auf Durchführung einer mündlichen Verhandlung etwa bewirkte Mangelhaftigkeit des Verfahrens im Rechtsmittel gegen den die Angelegenheit erledigenden Bescheid geltend zu machen (vgl VwGH 26.6.2008, 2006/07/0033).

Häufig finden sich besondere Vorschriften in den Materiengesetzen (zB §§ 354 und 356 GewO, § 107 WRG).

Der mündlichen Verhandlung sind alle bekannten Beteiligten, Zeugen und Sachverständigen beizuziehen. Die Behörde muss bei der Anberaumung darauf Bedacht nehmen, dass alle Teilnehmer rechtzeitig und vorbereitet erscheinen können (§ 41 Abs 2 Satz 2). Die Frage, ob einer Partei hinreichende Vorbereitungszeit gewährt wurde, ist nach den Umständen des Einzelfalls, der Komplexität sowie dem Umfang und Schwierigkeitsgrad des Verhandlungsgegenstands zu beurteilen (vgl VwGH 10.12.2013, 2013/05/0206: acht Tage idR ausreichend).

Die Auswahl des **Verhandlungsortes** liegt ebenfalls im Ermessen der Behörde (§ 40 Abs 1):
- an Ort und Stelle, insb wenn ein Augenschein durchzuführen ist,
- am Sitz der Behörde oder
- an dem Ort, der nach der Sachlage am zweckmäßigsten erscheint.

Auch hier finden sich häufig speziellere Regelungen in den Materiengesetzen (zB § 32 Abs 1 OÖ BauO).

Die Behörde ist dazu verpflichtet, folgende Schritte zu setzen:
- **Persönliche Verständigung aller bekannten Beteiligten** (§ 41 Abs 1 Satz 1): Bekannt sind alle Beteiligten, die die Behörde tatsächlich kennt bzw die ihr bei Anwendung pflichtgemäßer Sorgfalt bekannt sein müssen (VwGH 25.4.1996, 95/07/0203).
- wenn noch andere Personen als Beteiligte in Betracht kommen bzw wenn die Behörde nach § 42 Abs 1 Präklusion eintreten lassen will (siehe unten C. 4.3.11.): Kundmachung an der **Amtstafel** der Gemeinde, durch Verlautbarung in der für amtliche Kundmachungen der Behörde bestimmten **Zeitung** oder durch Verlautbarung im **elektronischen Amtsblatt** der Behörde (§ 41 Abs 1 Satz 2).

Für den **Inhalt der Ladung** gilt Folgendes: Die persönliche Verständigung hat die für Ladungen vorgeschriebenen Angaben (vgl § 19 Abs 2) einschließlich des Hinweises auf die gem § 42 eintretenden Präklusionsfolgen zu enthalten (§ 41 Abs 2 Satz 2). Fehlt dieser Hinweis, tritt keine Präklusionswirkung ein (vgl VwGH 27.2.2018, Ra 2018/05/0011). Überdies *kann* die Verständigung unter Hinweis auf die gemäß § 39 Abs 4 eintretenden Folgen (siehe oben C. 4.1.1.) die Aufforderung an die Parteien enthalten, binnen einer angemessenen, vier Wochen möglichst nicht übersteigenden Frist alle ihnen bekannten Tatsachen und Beweismittel geltend zu machen (§ 41 Abs 2 Satz 3). Eine Regelung, wonach fristwidrig (etwa auch erst in der mündlichen Verhandlung) vorgebrachte Tatsachen und Beweismittel präkludiert wären oder für präkludiert erklärt werden könnten, existiert allerdings nicht.

Falls für die Zwecke der Verhandlung Pläne oder sonstige Behelfe zur Einsicht der Beteiligten aufzulegen sind, ist dies bei der Anberaumung der Verhandlung unter Angabe von Zeit und Ort der Einsichtnahme bekanntzugeben (§ 41 Abs 2 letzter Satz).

Beraumt die Behörde eine mündliche Verhandlung an, so ist insb auf Folgendes zu achten:
- Bei Verhinderung oder ungenügender Vorbereitungszeit (§ 41 Abs 2) muss rechtzeitig ein **Vertagungsantrag** gestellt werden (vgl dazu VwGH 10.12.2013, 2013/05/0206).
- Steht nach den im jeweiligen Verfahren anzuwendenden Verwaltungsvorschriften einem Beteiligten ein Kostenersatzanspruch gegen einen anderen Beteiligten zu, so ist der **Kostenersatzanspruch** so rechtzeitig zu stellen, dass der Abspruch über die Kosten in den Bescheid aufgenommen werden kann (§ 74 Abs 2).
- Beweisbelastete Parteien müssen erforderliches **Beweismaterial** beischaffen (zur Mitwirkungspflicht der Parteien im Verhältnis zum Grundsatz der materiellen Wahrheit vgl VwGH 12.9.2006, 2003/03/0035; siehe auch oben C. 4.1.3.). Sollen in der Verhandlung zur Verschwiegenheit verpflichtete Zeugen vernommen werden, so ist darauf zu achten, dass diese rechtzeitig von der Verschwiegenheit entbunden werden (siehe C. 4.3.3.).
- Wenn (wem) nach Maßgabe des § 42 Präklusion droht, muss rechtzeitig – dh spätestens am Tag vor Beginn der Verhandlung während der Amtsstunden (!) bei der Behörde oder während der Verhandlung – (zulässige) **Einwendungen** erheben (siehe gleich unten).

Zweck der mündlichen Verhandlung ist die Konzentration sämtlicher Vorbringen, die der Ermittlung des Sachverhaltes und der Geltendmachung der subjektiven Rechte der Beteiligten dienen. Dies ist auch eine Gelegenheit für die Parteien, ihr Recht auf Gehör auszuüben und Einwendungen vorzubringen.

Eine **Einwendung** ist die Behauptung der Verletzung eines subjektiven öffentlichen Rechts durch das den Verhandlungsgegenstand bildende Vorhaben. Erforderlich ist, dass wenigstens erkennbar ist, aus welchen Gründen sich die Partei gegen das Vorhaben wendet, also welche Rechtsverletzung behauptet wird (vgl VwGH 19.5.2015, 2013/05/0190; 23.5.2018, Ra 2017/05/0033).

> **Beispiele:** Nachbarn im Betriebsanlagenverfahren können geltend machen, dass die Betriebsanlage ihr Leben und ihre Gesundheit gefährde, sie in ihrem Eigentumsrecht verletze oder sie durch Geruch, Lärm, Staub etc belästige (vgl § 74 Abs 2 Z 1 und 2 GewO).

Die **Erhebung einer Einwendung** durch die Partei ist in folgenden Formen möglich:
- schriftlich oder mündlich ab Anberaumung der Verhandlung bis zum Tag vor der mündlichen Verhandlung (während der Amtsstunden);

schriftliche Einwendungen, die nach Ende der Amtsstunden in technischer Form eingebracht werden, gelten nicht mehr als an diesem Tag erhoben (§ 42 Abs 1 iVm § 13 Abs 5);

– mündlich, aber nicht schriftlich, während der Verhandlung; schriftliche Einwendungen, die trotz dieses Verbots vom Verhandlungsleiter während der Verhandlung entgegengenommen werden, gelten als rechtzeitig eingebracht (VwGH 19.8.1993, 91/06/0031). Wenn die Partei in der mündlichen Verhandlung Einwendungen in Schriftform vorlegt, sollte sie diese ausdrücklich zur Entgegennahme und Verlesung sowie zum Anschluss an das Protokoll beantragen (siehe dazu VwGH 3.2.2000, 99/07/0191).

Vorbringen zu einem früheren oder späteren Zeitpunkt haben nicht die Wirkung einer Einwendung.

In der Praxis wird die Behörde durchaus häufig mit **Einwendungen** konfrontiert, die ihrem Wesen nach **privatrechtliche** sind. Die Behörde kann diesfalls zwar einen Vergleichsversuch unternehmen (vgl § 43 Abs 5), im Falle seines Scheiterns muss die Behörde derartige Einwendungen aber auf den Zivilrechtsweg verweisen. Hervorzuheben ist, dass privatrechtliche Vereinbarungen öffentlich-rechtliche Verpflichtungen nicht aufzuheben vermögen (VwGH 17.3.2006, 2005/05/0182; vgl auch VwGH 20.7.2004, 2003/05/0150: eine privatrechtliche Befugnis, eine bauliche Maßnahme setzen zu dürfen, hat nicht zur Folge, dass diese Maßnahme auch in öffentlich-rechtlicher Hinsicht zulässig ist, es sei denn, die baurechtlichen Bestimmungen normieren ausdrücklich etwas anderes). Umgekehrt kann eine öffentlich-rechtliche Bewilligung privatrechtliche Einwendungen nicht präjudizieren (OGH 20.11.1991, 1 Ob 580/91; 28.4.2000, 1 Ob 6/00i; 6.7.2010, 1 Ob 97/10m; vgl aber § 364a ABGB).

Über die mündliche Verhandlung ist gem § 44 Abs 1 eine **Verhandlungsschrift** (§§ 14 und 15) aufzunehmen. Bevor die Verhandlung durch den Verhandlungsleiter geschlossen wird, ist dieses Protokoll nach Maßgabe des § 44 Abs 3 zu verlesen.

4.3.11. Präklusion (Verschweigen bis zum Ende der mündlichen Verhandlung)

Wer nicht rechtzeitig (spätestens bei der mündlichen Verhandlung) Einwendungen erhebt, ist von der weiteren Teilnahme am Verfahren ausgeschlossen (§ 42 Abs 1: **Präklusion**). Die Präklusion, die insb der Rechtssicherheit und der Konzentrationswirkung dient, stellt also den Ausschluss vom Verfahren bzw den **Verlust der Parteistellung** dar.

Voraussetzung der Präklusion ist eine „**qualifizierte**" (doppelte) **Kundmachung** der Verhandlung (vgl VwGH 28.2.2019, Ra 2018/07/0446):
- Kundmachung der mündlichen Verhandlung an der Amtstafel der Gemeinde, durch Verlautbarung in der für amtliche Kundmachungen der Behörde bestimmten Zeitung oder durch Verlautbarung im elektronischen Amtsblatt der Behörde (§ 41 Abs 1 Satz 2) und
- zusätzliche Kundmachung in einer **besonderen**, dh **in den Verwaltungsvorschriften festgelegten Form** oder, sofern die Verwaltungsvorschriften nichts Besonderes anordnen, **in einer geeigneten Form** (Beispiel S 114); gem § 42 Abs 1a gilt die Kundmachung im Internet unter der Adresse der Behörde als geeignet, wenn sich aus einer dauerhaften Kundmachung an der Amtstafel der Behörde ergibt, dass solche Kundmachungen im Internet erfolgen können und unter welcher Adresse sie erfolgen. Sonstige Formen der Kundmachung sind geeignet, wenn sie sicherstellen, dass ein Beteiligter von der Verhandlung voraussichtlich Kenntnis erlangt.

Die Festlegung der besonderen Form obliegt dem Materiengesetzgeber. Es kann allerdings nicht jede von diesem festgelegte Form als besondere Form iSd § 42 Abs 1 angesehen werden, sie muss sich von der bereits im AVG vorgesehenen Kundmachungsform unterscheiden (siehe dazu etwa VwGH 28.2.2019, Ra 2018/07/0446).

Sind die Kundmachungserfordernisse nicht erfüllt worden, sondern ist nur eine persönliche Verständigung der Beteiligten erfolgt, dann erstreckt sich die Präklusion nur auf jene Personen, die **rechtzeitig persönlich verständigt** wurden (§ 42 Abs 2), nicht aber auf die anderen (übergangenen) Parteien (vgl VwGH 27.6.2013, 2010/07/0183).

Einwendungen verhindern den Eintritt der Präklusion für die jeweilige Partei, wenn sie
- **rechtzeitig** erhoben wurden und
- **zulässig** sind: Erforderlich ist die Behauptung einer möglichen Verletzung in einem subjektiven öffentlichen Recht. Nicht zulässig sind nicht den Verfahrensgegenstand betreffende Einwendungen sowie bloß allgemeine Äußerungen oder die Behauptung einer wirtschaftlichen Beeinträchtigung. Werden nur unzulässige Einwendungen erhoben, kommt es zur Präklusion (VwGH 27.8.2014, 2012/05/0027). Eine Begründung der Einwendung ist grundsätzlich nicht erforderlich (vgl VwGH 12.8.2014, Ro 2014/06/0049; 23.5.2018, Ra 2017/05/0033). Nicht zulässig ist eine „Generaleinwendung", mit der alle denkmöglichen Einwendungen abgedeckt werden sollen (VwGH 14.5.2014, 2012/06/0232). Auch eine an eine Bedingung geknüpfte Einwendung ist nicht zulässig (wohl aber

kann ein Vorbringen, das in Bedingungsform gekleidet ist, im Einzelfall als Einwendung zu werten sein, vgl dazu VwGH 28.4.2005, 2005/07/0006; 28.1.2009, 2008/05/0166).

Beispiele: Nicht zulässig ist die Behauptung einer Beeinträchtigung des Landschaftsbildes im Betriebsanlagenverfahren oder die bloße Erklärung, mit dem Vorhaben einer Betriebsanlage „nicht einverstanden" zu sein.

Nur im Umfang der Einwendungen bleibt die Parteistellung erhalten (§ 42 Abs 1: „soweit"; VwGH 15.12.2009, 2008/05/0130). Hinsichtlich nicht geltend gemachter Rechtsverletzungen kommt es zur (Teil-)Präklusion. Aus diesem Grund können neue Einwendungen nicht mehr nachgetragen werden (VwGH 23.5.2018, Ra 2017/05/0033). Schon hingegen kann im Rahmen der rechtzeitig erhobenen Einwendungen ein ergänzendes Vorbringen und Beweisanbot erstattet werden.

Praxishinweis: Sollen Einwendungen erhoben werden, so empfiehlt es sich grundsätzlich, dies rechtzeitig vor der Verhandlung in Form eines Schriftsatzes zu tun, um – zumal in mündlichen Verhandlungen mit zahlreichen Parteien und Beteiligten – zu vermeiden, dass das Vorbringen unrichtig oder unvollständig protokolliert wird; in der Verhandlung können die Einwendungen gegebenenfalls noch mündlich ergänzt werden. Jedenfalls müssen die Einwendungen inhaltlich umfassend sein; nach der mündlichen Verhandlung können Einwendungen nicht mehr nachgetragen werden, weil insoweit die Parteistellung verloren gegangen ist.

Eine Präklusion des **Antragstellers** ist nicht möglich. Erscheint der Antragsteller nicht zur ordnungsgemäß anberaumten mündlichen Verhandlung, steht es der Behörde offen,
– die Verhandlung in seiner Abwesenheit durchzuführen oder
– den Termin auf seine Kosten zu verlegen (§ 42 Abs 4).

Der Antragsteller hat die Möglichkeit, bei Versäumung der Verhandlung die Wiedereinsetzung in den vorigen Stand gem § 71 zu beantragen.

Bei **Formalparteien** (bzw **Organparteien**), bei denen sich die Parteistellung nicht auf die Einräumung subjektiver Rechte, sondern auf ausdrückliche gesetzliche Anordnung gründet, kommt die Erhebung von Einwendungen im Sinne des § 42 Abs 1 begrifflich nicht in Betracht. Sie sind daher von der Präklusionsregelung nicht erfasst (VwGH 14.9.2004, 2002/10/0002). Wenn aber der Formalpartei im Materiengesetz ausnahmsweise subjektive Rechte eingeräumt sind (wie zB dem Umweltanwalt gem § 19 Abs 3 UVP-G), kann es unter den Voraussetzungen des § 42 Abs 1 zur Präklusion kommen (VwGH 21.10.2014, 2012/03/0112).

Die **sonstigen Parteien** verlieren bei Versäumung der qualifiziert kundgemachten mündlichen Verhandlung ihre Parteienrechte, sofern sie nicht bereits vorher Einwendungen erhoben haben. Sie scheiden völlig aus dem weiteren Verfahren aus und haben keine Möglichkeit mehr, ihre materiellen und prozessualen Rechte geltend zu machen. Im Präklusionsfall besteht allerdings noch die Möglichkeit der „**Quasi-Wiedereinsetzung**" nach § 42 Abs 3.

Werden Einwendungen nicht rechtzeitig erhoben und verliert daher die Partei gem § 42 Abs 1 ihre Parteistellung, steht **ausschließlich** die „Quasi-Wiedereinsetzung" gem § 42 Abs 3 offen. Eine Wiedereinsetzung in den vorigen Stand nach § 71 scheidet aus, weil diese nur **Parteien** beantragen können, die präkludierte Partei ihre Parteistellung aber bereits verloren hat. § 42 Abs 3 folgt aber inhaltlich dem § 71 (siehe unten C. 5.7.).

Nach § 42 Abs 3 können Personen, die glaubhaft machen, dass sie
- durch ein unvorhergesehenes oder unabwendbares Ereignis (als „Ereignis" gilt jegliches Geschehen, also auch sog psychologische Vorgänge, wie Vergessen, Verschreiben, sich irren usw, vgl VwGH 27.9.2013, 2010/05/0202),
- an dem sie kein Verschulden oder nur ein Versehen minderen Grades trifft,
- an der rechtzeitigen Erhebung von Einwendungen gehindert waren,

gleichzeitig mit der Glaubhaftmachung nachträglich Einwendungen erheben und mit der Wirkung *ex nunc* ihre Parteistellung wiedererlangen. Solche Einwendungen sind binnen zwei Wochen nach Wegfall des Hindernisses, spätestens aber bis zur rechtskräftigen Entscheidung, zu erheben. Die Behörde muss über den Antrag nicht gesondert absprechen.

Präklusionsbestimmungen von der Art des § 42 können zumindest dann in ein Spannungsverhältnis zum **Unionsrecht** treten, wenn sie dazu führen, dass der Einzelne seine sich aus dem Unionsrecht ergebenden Rechte nicht mehr wahrnehmen kann. Der EuGH sieht die Festsetzung angemessener Ausschlussfristen für die Rechtsverfolgung grundsätzlich als zulässig an, dienen sie doch dem grundlegenden Prinzip der Rechtssicherheit (EuGH 16.12.1976, Rs 33/76, *Rewe*, Slg 1976, 1989, Rn 5; zu einer Verjährungsbestimmung EuGH 15.4.2010, Rs C-542/08, *Barth*, Rn 13 ff). Vor diesem Hintergrund begegnen die Präklusionsvorschriften des AVG keinen Bedenken (siehe auch aus der Perspektive der UVP-RL VwGH 27.9.2013, 2010/05/0202).
Auch nationale Verfahrensfristen sind in gleicher Weise bei der Vollziehung von Unionsrecht anzuwenden, was aber zugleich bedeutet, dass

Behörde (Anschrift, Telefon, Telefax, E-Mail, DVR)

Zahl (Bitte bei Antworten angeben!)	Sachbearbeiter	Durchwahl	Datum

Öffentliche Bekanntmachung einer mündlichen Verhandlung

In folgender Angelegenheit wird eine mündliche Verhandlung anberaumt:

Ort		
Datum	Zeit	Stiege/Stock/Zimmer Nr.

Beteiligte können persönlich zur Verhandlung kommen, an ihrer Stelle einen Bevollmächtigten entsenden oder gemeinsam mit ihrem Bevollmächtigten zur Verhandlung kommen.

Bevollmächtigter kann eine eigenberechtigte natürliche Person, eine juristische Person oder eine eingetragene Personengesellschaft sein. Personen, die unbefugt die Vertretung anderer zu Erwerbszwecken betreiben, dürfen nicht bevollmächtigt werden.

Der Bevollmächtigte eines Beteiligten muss mit der Sachlage vertraut sein und sich durch eine schriftliche Vollmacht ausweisen können. Die Vollmacht hat auf Namen oder Firma zu lauten.

Eine schriftliche Vollmacht ist nicht erforderlich,
- wenn sich der Beteiligte durch eine zur berufsmäßigen Parteienvertretung befugte Person (zB einen Rechtsanwalt, Notar, Wirtschaftstreuhänder oder Ziviltechniker) vertreten lässt,
- wenn der Bevollmächtigte des Beteiligten seine Vertretungsbefugnis durch seine Bürgerkarte nachweist,
- wenn sich der Beteiligte durch uns bekannte Angehörige (§ 36a des Allgemeinen Verwaltungsverfahrensgesetzes 1991 – AVG), Haushaltsangehörige, Angestellte oder

114

durch uns bekannte Funktionäre von Organisationen vertreten lässt und kein Zweifel an deren Vertretungsbefugnis besteht oder
- wenn der Beteiligte gemeinsam mit seinem Bevollmächtigten zur Verhandlung kommt.

Beteiligte können in folgende Pläne und sonstige Behelfe Einsicht nehmen:

Ort		
Datum	**Zeit**	**Stiege/Stock/Zimmer Nr.**

Abgesehen von dieser Bekanntmachung und der persönlichen Verständigung der uns bekannten Beteiligten wird die Verhandlung durch

☐ Verlautbarung

☐

kundgemacht.

Beteiligte verlieren ihre Parteistellung, soweit sie nicht spätestens am Tag vor Beginn der Verhandlung während der Amtsstunden bei uns oder während der Verhandlung Einwendungen erheben. Außerhalb der Verhandlung schriftlich erhobene Einwendungen müssen spätestens am Tag vor Beginn der Verhandlung bis zum Ende der Amtsstunden bei uns eingelangt sein. Außer in der Verhandlung können mündliche Einwendungen spätestens erhoben werden:

Ort		
Datum	**Zeit**	**Stiege/Stock/Zimmer Nr.**
	von	
	bis	

Wenn ein Beteiligter jedoch durch ein unvorhergesehenes oder unabwendbares Ereignis verhindert war, rechtzeitig Einwendungen zu erheben und ihn kein Verschulden oder nur ein minderer Grad des Versehens trifft, kann er binnen zwei Wochen nach Wegfall des Hindernisses, das ihn an der Erhebung von Einwendungen gehindert hat, jedoch spätestens bis zum Zeitpunkt der rechtskräftigen Entscheidung der Sache, bei uns Einwendungen erheben. Diese Einwendungen gelten dann als rechtzeitig erhoben. Eine längere Ortsabwesenheit stellt kein unvorhergesehenes oder unabwendbares Ereignis dar.

Rechtsgrundlage: §§ 40 bis 42 des Allgemeinen Verwaltungsverfahrensgesetzes 1991 – AVG

Name des / der Genehmigenden
Unterschrift / Beglaubigung / Amtssignatur

man ein Fristversäumnis regelmäßig nicht mit dem Hinweis auf das Unionsrecht „reparieren" kann. (Nur) ausnahmsweise kann eine Verpflichtung der nationalen Instanzen, Präklusionsbestimmungen außer Anwendung zu lassen, dann bestehen, wenn andernfalls die Ausübung der Rechte, die die Unionsrechtsordnung dem Unionsbürger einräumt, unmöglich gemacht oder übermäßig erschwert würde (EuGH 27.2.2003, Rs C-327/00, *Santex*, Slg 2003, I-1877, Rn 66; 11.10.2007, Rs C-241/06, *Lämmerzahl*, Slg 2007, I-8415, Rn 52). Es ist daher in jedem Einzelfall zu prüfen, ob eine derartige Frist des nationalen Rechts angemessen ist oder nicht (zB VwGH 11.11.2009, 2009/04/0206). Ist sie es nicht, darf die entsprechende Vorschrift nicht angewendet werden, sodass eine Verfahrenshandlung auch nach Ablauf der vom nationalen Recht dafür eingeräumten Frist noch wirksam gesetzt werden kann.

4.3.12. Großverfahren

Wenn an einer Verwaltungssache oder an verbundenen Verwaltungssachen **voraussichtlich insgesamt mehr als 100 Personen** beteiligt sind („Massenverfahren"), liegt es im Ermessen der Behörde, ein Großverfahren (§§ 44a bis 44g) durchzuführen.

> **Beispiele:** Genehmigung einer Müllverbrennungsanlage nach AWG oder UVPG, große Wasserrechtsprojekte.

Es handelt sich dabei um eine **Prognoseentscheidung** („voraussichtlich"), dh die Durchführung ist auch dann rechtmäßig, wenn sich trotz ordnungsgemäßer Prognoseerstellung im Nachhinein herausstellt, dass es doch weniger Beteiligte gibt (VwGH 24.3.2011, 2009/07/0160). Auch die Zahl der Personen, die sich tatsächlich aktiv am Verwaltungsverfahren beteiligen, ist irrelevant.

Nur Verwaltungsverfahren, die durch einen **Antrag** eingeleitet wurden, können als Großverfahren durchgeführt werden, das ergibt sich aus § 44a Abs 2 Z 1. Bei ihrer Ermessensentscheidung hat sich die Behörde von den Verfahrensgrundsätzen des § 39 Abs 2 letzter Satz leiten zu lassen.

> **Beispiel:** Die Durchführung eines Großverfahrens ist dann nicht sinnvoll, wenn am Verfahren viele Antragsteller, aber nur wenige Antragsgegner beteiligt sind, da in einem solchen Fall nur wenige Einwendungen zu erwarten sind und die Führung des Verfahrens als Großverfahren nicht erforderlich ist.

Zwecke des Großverfahrens sind die erhöhte Publizität, der Verzicht auf die (aufwändige) persönliche Verständigung von Beteiligten und die Vermeidung des Problems der übergangenen Parteien. Mögliche für Großverfahren

AMT DER NIEDERÖSTERREICHISCHEN LANDESREGIERUNG
Abteilung Umweltrecht

Kundmachung
des verfahrenseinleitenden Antrags im Großverfahren – EDIKT zu Kennzeichen RU4-U-529

Gemäß § 44a und § 44b des Allgemeinen Verwaltungsverfahrensgesetzes 1991 – AVG und gemäß § 9 des Umweltverträglichkeitsprüfungsgesetzes 2000 – UVP-G 2000 wird kundgemacht:

1. Gegenstand des Antrags
Die VERBUND Renewable Power GmbH, vertreten durch die Schönherr Rechtsanwälte GmbH, Tuchlauben 17, 1010 Wien, hat mit Eingabe vom 17. März 2011 den Antrag auf Erteilung einer Genehmigung nach dem UVP-G 2000 bei der NÖ Landesregierung als UVP-Behörde für das Vorhaben „Windpark Petronell-Carnuntum II" gestellt.

Über den Antrag ist von der NÖ Landesregierung als zuständige UVP-Behörde ein Umweltverträglichkeitsprüfungsverfahren im vereinfachten Verfahren nach den Bestimmungen des UVP-G 2000 durchzuführen und mit Bescheid zu entscheiden.

2. Beschreibung des Vorhabens
Die VERBUND Renewable Power GmbH planen in der Gemeinde Petronell-Carnuntum die Errichtung und den Betrieb des Windparks Petronell-Carnuntum II als Erweiterung des bestehenden Windparks Petronell-Carnuntum I. Das nunmehrige Erweiterungsvorhaben „Windpark Petronell-Carnuntum II" besteht aus sieben Windenergieanlagen mit einer Nennleistung von je 3,0 MW. Das ergibt eine Engpassleistung von insgesamt 21,0 MW. Geplant sind Windenergieanlagen des Typs Enercon E-101 mit im Turmfuß untergebrachten Trafostationen, einem Rotordurchmesser von 101 m, einer Nabenhöhe von 135 m, somit einer Gesamtbauhöhe von 186 m. Die erzeugte Energie wird über 20 kV-Erdkabel zunächst über das interne 20 kV-Windparknetz und dann über die Anschlussleitung in das bestehende Umspannwerk Petronell abgeleitet. Die erzeugte elektrische Energie wird im Umspannwerk Petronell in das öffentliche Netz eingespeist werden. Vorhabensgrenze ist der Kabelendverschluss der Kabelanschlussleitung im Umspannwerk Petronell.

3. Zeit und Ort der möglichen Einsichtnahme
Ab 14. Juli 2011 bis einschließlich 29. August 2011 liegen der Genehmigungsantrag und die Projektsunterlagen inklusive der Umweltverträglichkeitserklärung in der Marktgemeinde Petronell-Carnuntum sowie beim Amt der NÖ Landesregierung, Abteilung Umweltrecht, während der jeweiligen Amtsstunden zur öffentlichen Einsichtnahme auf.

4. Hinweise
Ab 14. Juli 2011 bis einschließlich 29. August 2011 besteht die Möglichkeit für jedermann, schriftliche Stellungnahmen bzw. Einwendungen zum Vorhaben bei der NÖ Landesregierung, per Adresse: Amt der NÖ Landesregierung, Abteilung Umweltrecht (RU4), Landhausplatz 1, 3109 St. Pölten, einzubringen.

Wird wie gegenständlich ein Antrag durch Edikt kundgemacht, so hat dies zur Folge, dass Personen ihre Stellung als Partei verlieren, soweit sie nicht rechtzeitig, also ab 14. Juli 2011 bis einschließlich 29. August 2011, bei der Behörde schriftlich Einwendungen erheben (§ 44b AVG).

Bürgerinitiativen können gemäß § 19 UVP-G 2000 Beteiligtenstellung mit dem Recht auf Akteneinsicht im Verfahren erlangen, wenn eine Stellungnahme zum Vorhaben von mindestens 200 Personen, die zum Zeitpunkt der Unterstützung in der Standortgemeinde oder in einer an diese unmittelbar angrenzenden Gemeinde für Gemeinderatswahlen wahlberechtigt waren, unterstützt wird. Die Unterstützung hat während der öffentlichen Auflagefrist durch Eintragung in eine Unterschriftenliste zu erfolgen, wobei Name, Anschrift und Geburtsdatum anzugeben und die datierte Unterschrift beizufügen ist. Die Unterschriftenliste ist gleichzeitig mit der Stellungnahme bei der Behörde einzubringen.

5. Zustellung von Schriftstücken
Es wird darauf hingewiesen, dass sämtliche Schriftstücke in diesem Verfahren durch Edikt zugestellt werden können. 435323

> NÖ Landesregierung
> Im Auftrag
> Dipl.-Ing. Maurer

Quelle: Amtsblatt zur Wiener Zeitung vom 13. Juli 2011

typische Fehlerquellen, wie Zustellmängel oder die mangelhafte Beteiligtenermittlung, werden von vornherein nicht eröffnet.

Folgende **Besonderheiten** weist das Großverfahren auf:
- Kundmachung durch großes Edikt;
- Öffentliche mündliche Verhandlung;
- Öffentliche Erörterung;
- Zustellung durch Edikt.

Die Einleitung eines Großverfahrens erfolgt durch ein „**großes Edikt**" (§ 44a Abs 3), das über die Ediktalladung gem § 41 Abs 1 noch hinausgeht. Darunter versteht man die Kundmachung des Antrags in zwei im Bundesland weitverbreiteten Tageszeitungen und im Amtsblatt der Wiener Zeitung (vgl VwGH 16.3.2017, Ro 2014/06/0038; Beispiel S 117). Mit der Anforderung, dass die Zeitungen im Bundesland „weit verbreitet" sein müssen (§ 44a Abs 3), stellt das Gesetz auf die Anzahl der Leser ab, wobei es sich aber nicht um die Zeitung mit der höchsten Auflagezahl handeln muss; wichtig ist in diesem Zusammenhang, dass mit den beiden Zeitungen ein breites Leserspektrum im Hinblick auf den potentiell Betroffenen erreicht wird (VwGH 26.3.2014, 2012/03/0055).

Sind in den Verwaltungsvorschriften zusätzliche Kundmachungsformen vorgesehen, so ist der Inhalt des Edikts (nicht das Edikt selbst) auch in dieser Form kundzumachen (§ 44a Abs 3). Die Unterlassung dieser Kundmachungsformen hat aber keine Rechtswirkungen (vgl dazu VwGH 24.3.2011, 2009/07/0160, wonach die zusätzlichen Kundmachungen lediglich Informationsfunktion haben), da diese sich ausschließlich an die Kundmachung des Edikts selbst (in den Tageszeitungen und in der Wiener Zeitung) knüpfen.

Darüber hinaus kann die Behörde jede geeignete Kundmachungsform wählen, um die Publizitätswirkung zu erhöhen (zB Teletext, Postwurfsendungen). Die Kundmachung des Edikts ist während bestimmter typischer Urlaubszeiten (nämlich von 15.7. bis 25.8. und von 24.12. bis 6.1.) unzulässig.

Bestandteile des Edikts sind (§ 44a Abs 2; dies sind die Mindestinhalte, zusätzliche Inhalte sind nicht ausgeschlossen; VwGH 27.9.2018, Ra 2016/06/0061):
- die Angabe des Antragsgegenstands und eine Beschreibung des Vorhabens, dh eine allgemein verständliche Darstellung und Erklärung des Projekts und seiner möglichen Emissionen und Immissionen, sodass die Interessierten in die Lage versetzt werden, abschätzen zu können, ob und inwieweit sie vom beantragten Vorhaben in ihren Rechten betroffen und veranlasst sein werden, dagegen Einwendungen zu erheben (vgl VwGH 27.9.2013, 2010/05/0202; 27.9.2018, Ra 2016/06/0061);

- die Frist für schriftliche Einwendungen (mindestens sechs Wochen);
- der Hinweis auf die Präklusionsfolgen gem § 44b (auf die Möglichkeit der Quasi-Wiedereinsetzung muss im Edikt hingegen nicht aufmerksam gemacht werden, vgl VwGH 27.9.2013, 2010/05/0202);
- der Hinweis, dass Kundmachungen und Zustellungen im Verfahren durch Edikt vorgenommen werden können (§ 44f).

Angesichts der Zustellung im Wege eines Edikts ist das Erfordernis einer persönlichen Verständigung der Parteien nicht gegeben (VwGH 26.3.2014, 2012/03/0055). Parteien verlieren ihre Parteistellung (§ 8), wenn sie nicht innerhalb der im Edikt festgesetzten Frist **schriftliche Einwendungen** erhoben haben (§ 44b Abs 1; vgl VwGH 21.10.2014, 2012/03/0112). Während der Einwendungsfrist liegen der Antrag, die dazugehörenden Unterlagen und allfällige Gutachten der Sachverständigen bei der Behörde und bei der Gemeinde zur öffentlichen Einsicht auf (§ 44b Abs 2 Satz 1). Die Beteiligten können sich hievon Abschriften selbst anfertigen, auf ihre Kosten Kopien oder Ausdrucke erstellen lassen und sie können in elektronisch geführte Akten in jeder technisch möglichen Form Einsicht nehmen (vgl § 44b Abs 2 Satz 2, 3 und 4). Die Einbringung von Einwendungen nach Ablauf der Frist ist nur gem § 42 Abs 3 möglich. Findet die mündliche Verhandlung vor Ablauf der Einwendungsfrist statt, sind schriftliche Einwendungen auch nach der mündlichen Verhandlung zulässig.

§ 44c sieht eine **fakultative öffentliche Erörterung** des Vorhabens vor, deren Durchführung im Ermessen der Behörde liegt, sofern die Voraussetzungen des § 44a Abs 1, nicht notwendigerweise aber die des § 44a Abs 3, vorliegen. Eine öffentliche Erörterung ist also auch dann möglich, wenn der Antrag nicht durch Edikt kundgemacht wurde. Ort, Zeit und Gegenstand der Erörterung sind wie das einleitende Edikt gem § 44a Abs 3 kundzumachen. Zweck der öffentlichen Erörterung, der auch Sachverständige beigezogen werden können, ist die Gelegenheit zur Information und Meinungsbildung für die Bürger und die Gelegenheit zur Stellungnahme für Bürgerinitiativen und Personen, die keine Parteistellung haben. Im Unterschied zur mündlichen Verhandlung ist die Erörterung nicht Bestandteil des Ermittlungsverfahrens, allfällige Ergebnisse der Erörterung dürfen nicht als Ermittlungsergebnisse berücksichtigt werden. Es können keine Einwendungen vorgebracht werden. Über die Erörterung ist keine Niederschrift zu erstellen.

Gem § 44e kann die Behörde auch eine **öffentliche mündliche Verhandlung** durch Edikt anberaumen. Diese Entscheidung hängt regelmäßig von der Art und Qualität der erhobenen Einwendungen ab. Allerdings kann sich die Behörde auch für die Durchführung einer „normalen" **mündlichen Verhandlung** nach den §§ 40 ff entscheiden, wobei aber die Einwendungsfrist von sechs Wochen und die an ihre Versäumung geknüpfte

Wirkung unberührt bleiben. Die Präklusionsfolgen hängen nicht davon ab, ob Einwendungen bis zur Verhandlung erhoben wurden, sondern von der Einhaltung der festgesetzten Einwendungsfrist. Einwendungen, die in der mündlichen Verhandlung vorgebracht werden, sind unbeachtlich, da sie bei der Behörde schriftlich erhoben werden müssen.

Die Anberaumung einer öffentlichen mündlichen Verhandlung hat entweder gleichzeitig mit der Kundmachung des Antrags oder durch ein gesondertes Edikt zu erfolgen (§ 44d Abs 1). Die Verhandlung kann während oder nach der Einwendungsfrist stattfinden. Ein Verhandlungszeitpunkt nach Ablauf der Einwendungsfrist hat den Vorteil, dass die Behörde bereits alle Einwendungen und den Kreis der voraussichtlich Erscheinenden kennt. Parteien können in diesem Fall allerdings keine neuen Einwendungen mehr erheben, auch wenn neue Informationen aus der Verhandlung auftauchen.

Die Verhandlung ist **volksöffentlich** (§ 44e Abs 1), die aktive Teilnahme steht jedoch nur den Beteiligten zu. Die Regelungen des § 25 Abs 1 bis 4 VwGVG über den Ausschluss der Öffentlichkeit sind sinngemäß anzuwenden (§ 44e Abs 2, siehe unten F. 6.5.2.).

Die Verhandlungsschrift ist spätestens eine Woche nach der Verhandlung für mindestens drei Wochen zur öffentlichen Einsicht aufzulegen. Beteiligte können davon Abschriften anfertigen oder auf ihre Kosten Kopien oder Ausdrucke erstellen lassen, nach Maßgabe der technischen Möglichkeiten hat die Behörde die Verhandlungsschrift auch im Internet bereitzustellen.

Die **Zustellung durch Edikt** (§ 44f), zu der die Behörde berechtigt, aber nicht verpflichtet ist (vgl VwSlg 19.508 A/2016), soll Zustellmängel vermeiden und den Aufwand der Behörde reduzieren. Für die wirksame Zustellung sind folgende Schritte zu setzen:
– Auflage zur öffentlichen Einsicht und
– öffentliche Verlautbarung (in der Form des § 44a Abs 3), dass ein Schriftstück bestimmten Inhalts innerhalb eines bestimmten Zeitraums (mindestens acht Wochen) während der Amtsstunden zur öffentlichen Einsicht aufliegt.

Nach Ablauf von zwei Wochen nach Beginn der Auflage gilt das Schriftstück allen Parteien gegenüber als zugestellt (Zustellungsfiktion).

Auf Verlangen kann den Parteien eine Ausfertigung zugesandt werden. Eine allfällige Bereitstellung im Internet erfolgt bei Vorhandensein der technischen Möglichkeiten (§ 44f Abs 2).

4.4. Beendigung des Verfahrens

Grundsätzlich sind Verwaltungsverfahren durch **Erlassung eines Bescheids** zu beenden, in Ausnahmefällen ist eine Bescheiderlassung aber nicht notwendig.

4.4.1. Bescheidbegriff

Die Verfassung geht vom Bescheidbegriff aus (Art 130 und 144 B-VG), enthält aber keine Legaldefinition. Die historische Interpretation ergibt, dass der Verfassungsgeber den Bescheidbegriff des AVG vor Augen hatte, da der Begriff erst im Anschluss an die Schaffung der Verwaltungsverfahrensgesetze ins B-VG aufgenommen wurde. Der VfGH geht davon aus, dass die Bescheidbegriffe des AVG und des B-VG nicht ident sind, sondern dass der verfassungsrechtliche Bescheidbegriff weiter ist (VfSlg 14.803/1997); diese Ansicht wird auch nach der Verwaltungsgerichtsbarkeits-Novelle 2012, BGBl I 51/2012, aufrecht zu erhalten sein. Ein **Bescheid iSd B-VG** ist jede hoheitliche Erledigung einer Verwaltungsbehörde (gleichgültig, ob in Anwendung des AVG oder eines anderen Gesetzes), die individuelle Rechtsverhältnisse verbindlich gestaltet oder feststellt (vgl VfSlg 11.590/1987, 13.642/1993, 14.803/1997). Der Gesetzgeber ist an den verfassungsrechtlich vorgegebenen Bescheidbegriff gebunden und muss für die Rechtsgestaltung im Einzelfall regelmäßig die Bescheiderlassung vorsehen. Insbesondere darf die rechtsstaatliche Funktion des Bescheids im Rechtsschutzsystem nicht unterlaufen werden.

Auch der **Bescheid iSd AVG** wird durch das Gesetz nicht definiert. Seine Merkmale ergeben sich jedoch aus der Zusammenschau der maßgeblichen Bestimmungen: Bekanntgabe des Aktes, die Bezeichnung als Bescheid, Außenwirksamkeit, Akt einer Verwaltungsbehörde, Bereich der Hoheitsverwaltung, individueller Akt, Form- und Verfahrensgebundenheit, normativer Inhalt.

Folgende Verwaltungsakte sind **keine Bescheide**:

- **Verfahrensanordnungen** (§ 7 Abs 1 VwGVG, § 63 Abs 2 AVG);
- **Gutachten und Prüfungen** (zur Bekämpfung dieser Akte sind aber zum Teil der Bescheidbekämpfung entsprechende Rechtsschutzeinrichtungen vorgesehen, siehe zB § 79 UG);
- **Beurkundungen** wie Geburtsurkunden, Staatsbürgerschaftsnachweise und Reisepässe: Beurkundungen sind nicht selbst normativ, sondern bauen auf anderen normativen Akten auf. Sie sind daher auch jederzeit berichtigungsfähig. Nur im Fall einer ablehnenden Entscheidung hat ein Bescheid zu ergehen.
- **Rückstandsausweise:** Ein Rückstandsausweis ist kein Bescheid, sondern ein „Auszug aus den Rechnungsbehelfen", mit dem die Behörde eine sich bereits aus dem Gesetz oder aus früher erlassenen Bescheiden ergebende Zahlungsverbindlichkeit bekannt gibt (vgl VwGH 24.4.2014, Ro 2014/08/0013). Gegen einen Rückstandsausweis können Einwendungen erhoben werden (vgl VwGH 1.3.2017, Ra 2016/03/0096).

4.4.2. Arten von Bescheiden

Es gibt mehrere Möglichkeiten, Bescheide zu charakterisieren:
- materiellrechtliche und verfahrensrechtliche Bescheide, wobei es auch Bescheide mit Doppelcharakter (zB die Abänderung oder Aufhebung nach § 68 Abs 2 bis 4) gibt;
- antragsbedürftige und von Amts wegen zu erlassende Bescheide;
- begünstigende und belastende Bescheide: diese Differenzierung hat vor allem bei Auflagen Bedeutung, da diese nur begünstigenden Bescheiden beigesetzt werden können;
- dingliche Bescheide; die dingliche Wirkung eines Bescheids bedeutet, dass dieser gegenüber jedem wirkt, der entsprechende Rechte an der betreffenden Sache hat (vgl VwGH 26.3.2019, Ra 2019/16/0064), wie zB eine Baubewilligung, in die der Rechtsnachfolger im Eigentum des Bauwerks bzw Grundstücks kraft dinglicher Wirkung eintritt;
- verfassungsunmittelbare Bescheide, zB Art 65 Abs 2 B-VG;
- Intimationsbescheide: die Ausfertigung der Entscheidung einer Behörde wird durch eine andere Behörde vorgenommen, zB weil nur diese über eine Dienststelle verfügt (siehe oben C. 3.7.2.).

In verschiedenen Zusammenhängen ist vor allem die folgende Unterscheidung von Bedeutung (zB hinsichtlich der Vollstreckung):
- **Rechtsgestaltungsbescheid:** Gestaltungsbescheide sind konstitutiv, dh sie erschaffen etwas, das davor (rechtlich) noch nicht existiert hat, und werden grundsätzlich mit *ex-nunc*-Wirkung erlassen. Rechtsverhältnisse werden begründet, abgeändert oder aufgehoben. Diese Bescheide sind einer Vollstreckung nicht zugänglich. Rechtsgestaltungsbescheide sind etwa die Verleihung der Staatsbürgerschaft oder die Erteilung einer Betriebsanlagenbewilligung.
- **Leistungsbescheid:** Dem Adressaten wird die Erbringung einer Leistung unter Setzung einer Frist vorgeschrieben, zB in einem Straferkenntnis oder im Auftrag zur Beseitigung eines bewilligungslos errichteten Bauwerks. Gesetzliche Verpflichtungen werden auf diesem Wege konkretisiert und vollstreckbar gemacht. Es sind – vorbehaltlich anders lautender (Übergangs-)Regelungen – jene Normen anzuwenden, die in dem Zeitpunkt gegolten haben, zu dem sich der relevante Sachverhalt ereignet hat, auch wenn seither eine Änderung der Rechtslage erfolgt ist.
- **Feststellungsbescheid:** Feststellungsbescheide sind deklarativ, dh sie stellen etwas fest, das in diesem Augenblick bereits existiert, und wirken *ex tunc*. Das Bestehen oder das Nichtbestehen von (strittigen) Rechten oder Rechtsverhältnissen wird verbindlich festgestellt. Die Wirkungen eines Feststellungsbescheids beziehen sich auf die Sach- und Rechtslage zum Zeitpunkt der Erlassung dieses Bescheids und die Bindungswir-

kung dieses Bescheids besteht nur innerhalb der Grenzen der Rechtskraft, sohin nicht im Fall einer wesentlichen Änderung der Sach- oder Rechtslage (VwGH 6.3.2019, Ro 2018/03/0029). Feststellungsbescheide sind nicht vollstreckbar.

Die **Erlassung von Feststellungsbescheiden** ist grundsätzlich nur aufgrund einer gesetzlichen Ermächtigung möglich, eine allgemeine Ermächtigung (wie § 228 ZPO) gibt es im AVG nicht. Die Judikatur hat dazu jedoch Ausnahmen entwickelt (zB VwSlg 13.425 A/1991, VfSlg 11.697/1988). Die Erlassung von Feststellungsbescheiden ist demnach auch ohne gesetzliche Grundlage zulässig:

- *von Amts wegen*, wenn dies im öffentlichen Interesse zur Vermeidung von Nachteilen für den Staat oder die Allgemeinheit geboten ist (VwGH 1.10.2018, Ra 2016/04/0141).

  Beispiele: Klärung der Parteistellung bestimmter Personen in einem Verwaltungsverfahren, Präzisierung einer Leistungspflicht des Staates.

- *auf Antrag einer Partei*, wenn die Feststellung eines Rechtsverhältnisses ein für sie notwendiges Mittel zweckentsprechender Rechtsverfolgung darstellt und die Feststellung der strittigen Frage nicht in einem anderen Verfahren zu entscheiden ist.

Der Antrag auf Erlassung eines Feststellungsbescheides stellt daher einen subsidiären Rechtsbehelf dar. Wenn ein Leistungsbescheid möglich ist, darf kein Feststellungsbescheid erlassen werden (vgl VwGH 21.5.2015, 2013/06/0182; 29.8.2017, Ra 2016/17/0170). Nicht zumutbar ist es einer Partei jedoch, sich in einem anderen Verfahren der Gefahr einer Verwaltungsstrafe auszusetzen, um so eine Klärung der Frage zu erreichen.

Die Differenzierung zwischen Leistungs-, Gestaltungs- und Feststellungsbescheiden ist relevant für die Frage, ob im Bescheid eine Leistungsfrist zu setzen ist, ob Leistungspflichten vollstreckbar sind, ob dem Bescheidinhalt Auflagen beigefügt werden können und ob ein allfälliges Rechtsmittel aufschiebende Wirkung hat.

4.4.3. Bescheiderlassung

Zum Unterschied zur Rechtslage für Verordnungen (Art 18 Abs 2 B-VG) gibt es **keine allgemeine Ermächtigung** für Verwaltungsbehörden zur Erlassung von Bescheiden. Maßgebend ist die materielle Rechtslage. Die Bescheiderlassung obliegt der funktionell zuständigen Verwaltungsbehörde. Es gelten die Form- und Verfahrensvorschriften der Materiengesetze sowie des AVG.

Die **maßgebliche Sach- und Rechtslage** ist bei meritorischen Entscheidungen die im **Zeitpunkt der Bescheiderlassung** vorliegende (vgl VwGH 16.3.2018, Ro 2018/02/0001), und zwar auch nach der Novelle BGBl I 57/2018 (vgl C. 4.1.1.). Die Berufungsbehörde im eigenen Wirkungsbereich der Gemeinde kann daher eine erstinstanzliche Entscheidung, die zum Zeitpunkt der Erlassung „rechtsrichtig" ergangen ist, abändern, wenn sich die Rechts- oder die Sachlage in der Zwischenzeit geändert hat, da auch für sie die Sach- und Rechtslage im Zeitpunkt ihrer Entscheidung ausschlaggebend ist. Nur bei ausschließlich kassatorischer Entscheidungsbefugnis der Rechtsmittelbehörde ist die Sach- und Rechtslage zum Zeitpunkt der Erlassung des angefochtenen Bescheids maßgeblich.

Analoges gilt für das Beschwerdeverfahren vor den Verwaltungsgerichten. Wenn das Verwaltungsgericht in der Sache selbst entscheidet, hat es seine Entscheidung an der zum Zeitpunkt seiner Entscheidung maßgeblichen Sach- und Rechtslage auszurichten; allfällige Änderungen des maßgeblichen Sachverhalts und der Rechtslage sind also zu berücksichtigen (VwGH 30.6.2015, Ra 2015/03/0022; 24.4.2019, Ra 2018/03/0051 mwN).

Das AVG enthält **formelle Vorgaben** für die Ausgestaltung des Bescheids in den §§ 58 ff iVm § 18 Abs 4. Ein Bescheid hat daher folgende Elemente aufzuweisen:

– **Bezeichnung** als **Bescheid** (das Fehlen der Bezeichnung als Bescheid ist für die Bescheidqualität der Erledigung aber grundsätzlich unerheblich, vgl VwGH 9.9.2009, 2008/10/0252);
– Bezeichnung oder zumindest Erkennbarkeit der bescheiderlassenden **Behörde** (konstitutives Bescheidmerkmal – das Fehlen der Bezeichnung der Behörde bewirkt absolute Nichtigkeit, vgl VwGH 18.3.2010, 2008/07/0229);
– **Bezeichnung des Bescheidadressaten**: Dieser muss entweder im Spruch, in der Zustellverfügung oder in der Adressierung namentlich angeführt bzw durch andere individualisierende Merkmale eindeutig bestimmt sein (bei sonstiger Nichtigkeit, vgl VwGH 6.4.1994, 91/13/0234).
– **Spruch**: Das Fehlen des Spruchs bewirkt die absolute Nichtigkeit des Bescheides (VwGH 15.12.1993, 93/12/0221), da der normative Charakter eines Bescheides im Spruch zum Ausdruck kommt. Nur dieser Teil ist verbindlich und allenfalls auch vollstreckbar. Der Spruch muss die vollständige Erledigung der Hauptfrage bzw der die Hauptfrage betreffenden Parteianträge beinhalten. Die Erledigung nur eines Teils ist dann möglich, wenn dieser Teil von den anderen unabhängig ist, es sich also tatsächlich um einen eigenen Prozessgegenstand handelt (VwGH 4.9.1995, 95/10/0061). Möglichst in den Spruch aufzunehmen sind auch

ein allfälliger Ausschluss der aufschiebenden Wirkung (§ 64 Abs 2) sowie die Kostenentscheidung (§ 59 Abs 1). In Leistungsbescheiden ist außerdem eine Leistungsfrist („Paritionsfrist") zu bestimmen (§ 58 Abs 2).

– **Begründung**: Erstinstanzliche Entscheidungen sind jedenfalls zu begründen, wenn dem Standpunkt der Partei nicht vollinhaltlich entsprochen wird oder wenn über Einwendungen oder Anträge anderer Parteien abzusprechen ist (§ 58 Abs 2). Berufungsbescheide sind immer zu begründen (§ 67). Die Begründung muss die Ergebnisse des Ermittlungsverfahrens (Sachverhaltsfeststellungen), die für die Beweiswürdigung maßgebenden Erwägungen sowie die darauf gestützte Beurteilung der Rechtsfrage beinhalten (§ 60). Auch Ermessensentscheidungen sind zu begründen, keinesfalls reicht ein Hinweis auf das freie Ermessen aus. Die fehlende oder fehlerhafte Begründung macht den Bescheid nicht nichtig, aber anfechtbar wegen wesentlichen Verfahrensmangels (vgl zu einer fehlenden Begründung VwGH 28.2.1989, 88/14/0052; zu einer fehlerhaften Begründung VwGH 16.12.1997, 97/05/0131). Dieser Mangel kann jedoch durch die Begründung der Rechtsmittelentscheidung behoben werden (VwSlg 13.791 A/1993; VwGH 25.10.2006, 2005/08/0049).
– **Rechtsmittelbelehrung**: Gem § 61 Abs 1 hat die Rechtsmittelbelehrung anzugeben, ob gegen den Bescheid ein Rechtsmittel erhoben werden kann, bejahendenfalls welchen Inhalt und welche Form dieses Rechtsmittel haben muss und bei welcher Behörde und innerhalb welcher Frist es einzubringen ist.
– **Name und Unterschrift des Genehmigenden**: Es bedarf der Unterschrift desjenigen, der die Erledigung genehmigt hat (es reicht stattdessen aber auch die Beglaubigung durch die Kanzlei), sowie die leserliche Beifügung seines Namens. Bei Fehlen der Unterschrift bzw der Beglaubigung oder des Namens ist der Bescheid nichtig (siehe oben C. 3.7.).
– **Datum der Erledigung**: Die Rechtswirkungen des Bescheides treten allerdings erst mit dem Zustellungsdatum ein.
– **Erlassung des Bescheides**: Um rechtliche Wirkung zu entfalten, muss der Bescheid der Partei förmlich bekannt gegeben werden, dh durch Zustellung an den Bescheidadressaten oder durch mündliche Verkündung. Im Mehrparteienverfahren wird der Bescheid bereits mit der Erlassung an nur eine Partei rechtlich existent (VwGH 3.7.1990, 90/08/0035) und kann ab diesem Zeitpunkt auch von den anderen Parteien angefochten werden.

In den Bescheidspruch können auch **Nebenbestimmungen** aufgenommen werden, das sind unselbstständige Willensäußerungen der Behörde, die zum Hauptinhalt hinzutreten und diesen ergänzen, nämlich **Auflagen, Bedingungen** und **Befristungen**. Nebenbestimmungen müssen im Gesetz vorgesehen sein (zB §§ 77 und 359 GewO, § 105 WRG), beispielsweise in der Formulierung „Erteilung der Bewilligung unter den erforderlichen Auflagen, Bedingungen und Befristungen". Fehlt eine ausdrückliche gesetzliche Ermächtigung, so müssen sie zumindest durch den Inhalt des anzuwendenden Gesetzes gedeckt sein.

Die **Erlassung** von Bescheiden kann schriftlich oder mündlich erfolgen (§ 62 Abs 1). Wenn die Verwaltungsvorschriften nicht anderes bestimmen, liegt diese Entscheidung im Ermessen der Behörde.

– Die **schriftliche** Erlassung erfolgt durch Zustellung oder Ausfolgung.
– Die **mündliche** Erlassung hat in förmlicher Weise stattzufinden, sodass den Parteien der formelle und normative Charakter bewusst wird. Es muss eine Beurkundung in der Niederschrift oder Verhandlungsschrift erfolgen (§ 62 Abs 2), ansonsten nimmt die Judikatur die absolute Nichtigkeit des mündlichen Bescheids an (VwGH 31.5.1996, 96/12/0077). Eine schriftliche Ausfertigung ist abwesenden Parteien jedenfalls sowie anderen Parteien auf deren Verlangen, welches innerhalb einer Frist von drei Tagen ab Verkündung anzugeben ist, zuzustellen; über dieses Recht ist die Partei zu belehren (§ 62 Abs 3). In diesem Fall läuft die Rechtsmittelfrist erst mit der Zustellung der Ausfertigung (vgl VwSlg 1941 A/1951, 2589 A/1952); es *kann* jedoch auch schon zwischen der Verkündung des Bescheids und der Zustellung der schriftlichen Ausfertigung Rechtsmittel erhoben werden (VwGH 24.4.2001, 2001/11/0031).

4.4.4. Mandatsbescheide

Grundsätzlich muss der Bescheiderlassung gem § 56 die Feststellung des maßgeblichen Sachverhalts vorangehen, also die Durchführung eines Ermittlungsverfahrens. Dieses kann jedoch entfallen, wenn es sich um einen Ladungsbescheid handelt, wenn der Sachverhalt von vornherein klar gegeben ist oder wenn ein Mandatsbescheid (§ 57) erlassen wird.

Die Behörde kann in zwei Fällen Mandatsbescheide **ohne jedes Ermittlungsverfahren** erlassen:

– Es handelt sich um die **Vorschreibung von Geldleistungen** nach einem gesetzlich, statutarisch oder tarifmäßig feststehenden Maßstab.

> **Beispiele:** Vorschreibung eines Verkehrsflächenbeitrags oder der Bundesverwaltungsabgaben.

– Es sind **bei Gefahr im Verzug unaufschiebbare Maßnahmen** zu setzen.

> **Beispiel:** Entziehung einer Lenkberechtigung wegen Fehlens der Verkehrszuverlässigkeit.

Ob ein Mandatsbescheid erlassen wird, liegt im **Ermessen** der Behörde.

Für die Beurteilung des Vorliegens eines Mandatsbescheids kommt es ausschließlich darauf an, ob sich der Bescheid unmissverständlich (dh objektiv erkennbar) auf § 57 stützt (VwGH 30.1.1996, 95/11/0146). Nicht maßgeblich hingegen ist, ob die Voraussetzungen zur Erlassung eines Mandatsbescheids tatsächlich vorliegen, ob der Bescheid die Bestimmung des § 57 anführt oder ob er als Mandatsbescheid bezeichnet ist (vgl näher zu einzelnen Anhaltspunkten, die für und gegen das Vorliegen eines Mandatsbescheids sprechen können, VwGH 27.5.2010, 2008/21/0625; im Zweifel ist ein Bescheid nicht als Mandatsbescheid anzusehen: VwGH 24.5.2005, 2004/05/0186).

Das ordentliche Rechtsmittel gegen Mandatsbescheide ist die **Vorstellung**, die folgende Besonderheiten aufweist (siehe näher unten C. 5.3.):
- Sie ist remonstrativ (vgl VwGH 10.10.2016, Ra 2016/04/0100), dh sie richtet sich an die bescheiderlassende Behörde selbst.
- Die Vorstellung kann auch gegen die Mandatsbescheide oberster Organe erhoben werden (VfSlg 7199/1973).
- Sie hat nur dann aufschiebende Wirkung, wenn sie sich gegen die Vorschreibung von Geldleistungen richtet (vgl § 57 Abs 2 Satz 2).
- Es ist kein begründeter Rechtsmittelantrag notwendig.

Aufgrund einer rechtzeitigen und zulässigen Vorstellung muss die Behörde gem § 57 Abs 3 binnen zwei Wochen nach Einlangen das **Ermittlungsverfahren einleiten**:
- Geschieht dies **rechtzeitig**, bleibt der angefochtene Mandatsbescheid in Kraft. Er ist in jeder Richtung auf seine Rechtmäßigkeit zu überprüfen. Der neue Bescheid der Behörde, welcher innerhalb der Entscheidungsfrist (§ 73) ergehen muss, ersetzt den bekämpften Mandatsbescheid und kann nach allgemeinen Regeln bekämpft werden.

Gem § 57 Abs 3 ist entscheidend, ob die Behörde eindeutig zu erkennen gibt, dass sie sich nach Erhebung der Vorstellung durch die Anordnung von Ermittlungen mit der den Gegenstand des Mandatsbescheids bildenden Angelegenheit befasst; eine bestimmte Art von Ermittlungen oder eine bestimmte Form ist für die Einleitung des Ermittlungsverfahrens nicht vorgeschrieben (VwGH 23.1.2007, 2006/11/0159; 16.12.2014, Ro 2014/16/0075; 11.10.2017, Ra 2017/11/0255). Es genügt beispielsweise die Anordnung eines Lokalaugenscheins (VwGH 20.11.2001, 2001/09/0072), die Einholung einer Strafregisterauskunft (VwGH 18.9.1996, 96/03/0098), die Beischaffung eines Strafaktes (VwGH 23.1.2001, 2000/11/0276), aber auch rein innerbehördliche Vorgänge, wie etwa die Anfrage an eine andere Abteilung derselben Behörde (VwGH 11.10.2017, Ra 2017/11/0255), nicht hingegen die Einholung einer Information über die Befolgung der mit dem Mandatsbescheid getroffenen Anordnung (VwGH 29.10.1996, 96/11/0137) oder die mit einem behördlichen Formblatt vorgenommene Verständigung von der Einleitung eines Ermittlungsverfahrens (VwGH 21.10.1994, 94/11/0202). Es ist nicht erforderlich, dass der Betroffene davon Kenntnis hat, ob eine Behörde nach Einlangen einer Vorstellung gem § 57 Ermittlungen eingeleitet hat oder nicht (VwGH 4.5.1979, 1919/76).

– Leitet die Behörde hingegen **nicht rechtzeitig** das Ermittlungsverfahren ein, tritt der Mandatsbescheid mit Ablauf der zweiwöchigen Frist außer Kraft (vgl § 57 Abs 3). Das Prozesshindernis der entschiedenen Sache, das einer neuerlichen Entscheidung der Behörde entgegenstehen würde, liegt daher nicht vor.

Das Außerkrafttreten eines Mandatsbescheids gem § 57 Abs 3 tritt nicht *ex tunc* ein, sondern erst mit Ablauf der für die Einleitung des Ermittlungsverfahrens offen stehenden zweiwöchigen Frist (VwGH 19.9.1990, 90/03/0132). Auf Verlangen der Partei ist das Außerkrafttreten des Bescheids schriftlich zu bestätigen (§ 57 Abs 3 Satz 2); diese schriftliche Bestätigung ist eine formlose Beurkundung ohne Bescheidcharakter (VwGH 23.2.1990, 89/18/0150). Das Außerkrafttreten des Mandatsbescheids bewirkt nicht, dass damit die betreffende Verwaltungsangelegenheit zugunsten des Vorstellungswerbers abgeschlossen ist; vielmehr ist die Behörde durch das Außerkrafttreten des Mandatsbescheids nicht gehindert, nachträglich das Ermittlungsverfahren einzuleiten und sodann in der Sache neuerlich zu entscheiden (VwGH 15.12.2008, 2008/02/0235). Dabei ist die Behörde an den ursprünglichen Mandatsbescheid nicht gebunden (VwGH 22.10.2003, 2002/09/0048).

4.4.5. Fehlerhaftigkeit von Bescheiden

Fehler bei der Bescheiderlassung sind aufgrund des **Fehlerkalküls** in der österreichischen Rechtsordnung einkalkuliert, dh nicht alle Fehler lassen den Bescheid erst gar nicht zustande kommen. Fehler innerhalb des Fehlerkalküls verhindern nicht das Entstehen eines Bescheids, führen jedoch zu seiner Anfecht- und Vernichtbarkeit im Rechtsmittelverfahren oder zu seiner Nichtigerklärung gem § 68 Abs 4. Bei Fehlern **außerhalb des Fehlerkalküls** entsteht der Bescheid erst gar nicht, er ist **absolut nichtig**. Dieser Nichtakt kann mangels Existenz nicht überprüft werden. Im Hinblick auf diese Konsequenz für den Rechtsschutz und die Gefahr der Rechtsunsicherheit führen nur gravierende Fehler zur absoluten Nichtigkeit.

In folgenden Fällen ist ein „Bescheid" **absolut nichtig**:

- mangelnde Behördenqualität oder fehlende Bezeichnung der erlassenden Stelle oder mangelnde Ermächtigung des ausführenden Organs, für die Behörde zu agieren (VwGH 15.12.1993, 93/12/0221; 18.3.2010, 2008/07/0229);
- keine individuelle Bestimmung eines Adressaten (VwGH 6.4.1994, 91/13/0234);
- Fehlen des Spruchs, da in diesem Fall kein normativer Charakter vorliegt (VwGH 15.12.1993, 93/12/0221);
- Fehlen der ordnungsgemäßen Unterfertigung;
- mangelnde Erlassung;
- Abfassung nicht in deutscher Sprache (Art 8 B-VG), sofern keine Sondervorschriften bestehen (VwGH 17.5.2011, 2007/01/0389 [„rechtliches Nichts"]).

Es gibt auch **unbeachtliche Fehler**, die nicht einmal zur Rechtswidrigkeit des Bescheids führen, wie beispielsweise:

- Fehlen des Datums auf dem Bescheid (VwGH 11.8.2004, 2000/17/0121);
- Fehler, die sich im behördeninternen Bereich abspielen, wenn der Bescheid nach außen den gesetzlichen Erfordernissen entspricht (VfSlg 15.720/2000).

Die **Berichtigung** fehlerhafter Bescheide ist gem § 62 Abs 4 möglich, wenn die Behörde bei der Formulierung, aber nicht bei der Entscheidung selbst, einen Fehler gemacht hat. Die Behörden sind ermächtigt, **Schreib- und Rechenfehler** oder diesen **gleichzuhaltende Fehler**, die offenbar auf einem Versehen oder offenbar ausschließlich auf technisch mangelhaftem Betrieb einer automationsunterstützten Datenverarbeitungsanlage beruhen, jederzeit von Amts wegen mittels Bescheids zu berichtigen. Das betrifft aber nur Fehler, die den Sinn einer Aussage verändern (also eine „Unrichtigkeit" bewirken) und die die Behörde bei Bescheiderlassung hätte erkennen müssen. Eine Berichtigung ist hingegen überall dort ausgeschlossen, wo sie eine nachträgliche Änderung des Spruchinhalts des berichtigten Bescheids oder die Sanierung eines unterlaufenen Begründungsmangels bewirkt (vgl VwGH 20.9.2018, Ra 2018/17/000); auch darf die Berichtigung nicht dazu dienen, eine sonstige Rechtswidrigkeit des Bescheids zu beseitigen (vgl VwGH 13.6.2019, Ra 2019/01/0104). Unbeachtlich (und daher gar nicht berichtigungsbedürftig) sind Schreibfehler, die den Bescheidinhalt nicht beeinflussen.

Beispiele: Berichtigungsfähige Fehler sind die Angabe eines falschen Vornamens (wenn die Identität der Person feststeht), einer falschen Tatzeit oder eines falschen Tatorts im Verwaltungsstrafbescheid oder die fehlende Übereinstimmung der schriftlichen Ausfertigung eines Bescheids mit der Urschrift (VwGH 28.2.2019, Ra 2018/12/0041).

Der berichtigende Bescheid tritt im Umfang seines Inhalts an die Stelle des alten Bescheids, der unveränderte Teil des berichtigten Bescheids bleibt bestehen. Die Parteien haben keinen Anspruch auf Bescheidberichtigung bzw auf eine bestimmte Art der Berichtigung (vgl VwGH 19.12.1995, 93/05/0179), sie können die Berichtigung bloß anregen (vgl VwGH 10.12.1991, 91/04/0289) und im Übrigen gegen den berichtigten Bescheid Beschwerde (im eigenen Wirkungsbereich der Gemeinde: Berufung) erheben.

Explizit und detailliert geregelt sind die Rechtsfolgen einer **fehlenden oder mangelhaften Rechtsmittelbelehrung** (§ 61 Abs 2 bis 4 und § 71 Abs 1 Z 2). Unter „Rechtsmittel" ist nicht nur die Berufung gem § 63, sondern auch die Beschwerde an das Verwaltungsgericht zu verstehen (ErläutRV 2009 BlgNR 24. GP 17).

- Bei **Fehlen der Rechtsmittelbelehrung** ist das Rechtsmittel innerhalb der gesetzlichen Frist einzubringen (§ 61 Abs 2), bei Versäumung dieser Frist liegt ein Wiedereinsetzungsgrund gem § 71 Abs 1 Z 2 vor.
- Bei einer **falschen negativen Rechtsmittelbelehrung,** dh wenn zu Unrecht eine Rechtsmittelmöglichkeit verneint wird, ist das Rechtsmittel ebenfalls innerhalb der gesetzlichen Frist einzubringen (§ 61 Abs 2). Bei Versäumen der Rechtsmittelfrist liegt wiederum ein Grund für die Bewilligung einer Wiedereinsetzung in den vorigen Stand vor (§ 71 Abs 1 Z 2).
- Im Fall einer **falschen positiven Rechtsmittelbelehrung,** dh wenn eine Rechtsmittelmöglichkeit genannt wird, die tatsächlich gar nicht mehr besteht, und die Partei daher die Frist für die Beschwerde an das Verwaltungsgericht versäumt, bildet dies ebenfalls einen Grund für die Wiedereinsetzung in den vorigen Stand, wenn die Partei das vermeintliche Rechtsmittel rechtzeitig ergriffen hat.
- Ist im Bescheid **keine oder eine zu kurze Rechtsmittelfrist** angegeben, kann das Rechtsmittel innerhalb der gesetzlichen Frist eingebracht werden (§ 61 Abs 2); wird keine Rechtsmittelfrist angegeben und die Frist deswegen versäumt, ist die Wiedereinsetzung in den vorigen Stand zu bewilligen (§ 71 Abs 1 Z 2).
- Bei Angabe einer **zu langen Rechtsmittelfrist** kann das Rechtsmittel innerhalb der angegebenen längeren Frist eingebracht werden (§ 61 Abs 3).
- Enthält die Rechtsmittelbelehrung keine oder unrichtige Angaben über die **Einbringungsbehörde,** so kann das Rechtsmittel jedenfalls bei der bescheiderlassenden, aber auch bei der angegebenen Behörde eingebracht werden (§ 61 Abs 4).

– Das Fehlen oder die Fehlerhaftigkeit des Hinweises, welchen **Inhalt** und welche **Form** das Rechtsmittel haben muss (§ 61 Abs 1), zieht keine Rechtsfolgen nach sich, weil Inhalts- und Formmängel gem § 13 Abs 3 verbesserungsfähig sind.

4.4.6. Bescheidwirkungen

Zu den Bescheidwirkungen zählt man die formelle Rechtskraft und die materielle Rechtskraft (Unwiderrufbarkeit und Unabänderlichkeit, Unwiederholbarkeit, Verbindlichkeit).

Unter **formeller Rechtskraft** versteht man die **Unanfechtbarkeit** eines Bescheids. Nach der Verwaltungsgerichtsbarkeits-Novelle 2012, BGBl I 51/2012, und dem Verwaltungsgerichtsbarkeits-AusführungsG 2013, BGBl I 33/2013, geht die **Rechtsprechung** davon aus, dass die formelle Rechtskraft erst mit dem ungenützten Ablauf der Rechtsmittelfrist eintritt (vgl in diesem Sinne VfSlg 20.117/2016; VwGH 21.12.2016, Ra 2014/10/0054; 19.9.2017, Ro 2017/20/0001; ferner OGH 19.12.2018, 3 Ob 233/18p); unter dieser Prämisse tritt die formelle Rechtskraft auch mit der Zurückziehung eines bereits eingebrachten Rechtsmittels und mit dem Verzicht auf das Rechtsmittel ein.

Ein Teil der **Literatur** stimmt mit der Judikatur überein, der andere Teil vertritt mit Hinweis auf den Wortlaut des § 68 Abs 1 AVG (arg „Berufung") die Ansicht, dass die formelle Rechtskraft eintritt, wenn der Bescheid mit ordentlichen Rechtsmitteln iSd AVG nicht mehr anfechtbar ist. Für das Verwaltungsstrafverfahren ist im Hinblick auf § 52a Abs 1 VStG jedenfalls davon auszugehen, dass die formelle Rechtskraft erst mit der Erlassung der Entscheidung des Verwaltungsgerichts, mit dem Ablauf der ungenützten Beschwerdefrist, mit der Zurückziehung einer eingebrachten Beschwerde oder mit dem Verzicht auf die Beschwerde eintritt.

Bei der **materiellen Rechtskraft** handelt es sich um einen Sammelbegriff, der mehrere Bescheidwirkungen umfasst. Die **Unwiderrufbarkeit** und **Unabänderlichkeit** bedeutet, dass die Behörde den Bescheid nicht mehr widerrufen oder durch einen neuen Bescheid abändern darf; sie tritt (jedenfalls) bereits mit Bescheiderlassung ein (VwGH 24.3.1992, 91/08/0141). Die **Unwiederholbarkeit**, eigentlich ein Aspekt der Unabänderlichkeit, macht ein neuerliches Verfahren und eine neue Entscheidung in der entschiedenen Sache (*res iudicata*) unmöglich. Unwiederholbar wird der Bescheid mit Eintritt der formellen Rechtskraft (VwGH 5.2.1986, 85/09/0016). Schließlich gehört zur materiellen Rechtskraft auch die **Bindung** sowohl der bescheiderlassenden Behörde und anderer Behörden als auch der Parteien an formell rechtskräftige Bescheide.

Die Bescheidwirkungen haben aber **persönliche Grenzen,** dh sie treten nur gegenüber jenen Personen ein, an die der Bescheid erlassen wurde. Davon gibt es jedoch folgende Ausnahmen (Fälle der Rechtskrafterstreckung):

– **Dingliche Bescheide:** Die sich aus dem Bewilligungsbescheid ergebenden Rechte und Pflichten treffen immer den jeweiligen Eigentümer oder Inhaber einer Sache, da es nur auf in der Sache gelegene Umstände ankommt (vgl zB VwGH 26.3.2019, Ra 2019/16/0064).

> **Beispiel:** Bei Erteilung einer Baubewilligung sind die Widmung des Grundstücks und die Beschaffenheit des Bauwerks maßgeblich, nicht aber die persönlichen Umstände des Antragstellers.

– **Übergang vermögensrechtlicher Ansprüche und Verbindlichkeiten:** In bestimmten Fällen gehen solche Rechtsverhältnisse auf zivilrechtliche Rechtsnachfolger über.

> **Beispiele:** Der Anspruch auf Kriegsopferentschädigung geht auf den Erben über, wenn der Erblasser diesen Anspruch noch selbst durch Antragstellung geltend gemacht hat (vgl § 48a Kriegsopferversorgungsgesetz 1957).

– **Präkludierte Parteien:** Diesen gegenüber wird der Bescheid zwar nicht erlassen, sie sind aber dennoch an ihn gebunden.

– **Tatbestandswirkung von Bescheiden:** Gelegentlich stellt der Tatbestand einer Rechtsvorschrift auf das Vorliegen eines Bescheids ab. Eine solche Rechtsvorschrift vermittelt dadurch Rechtswirkungen des Bescheids auf alle Sachverhalte, auf die der Tatbestand anzuwenden ist (vgl näher VwGH 21.9.2009, 2008/16/0148).

> **Beispiel:** Dass gegen den Fremden ein rechtskräftiges Einreise- oder Aufenthaltsverbot besteht, ist ein Tatbestandsmerkmal des § 21 Abs 2 Z 8 FPG (Versagung der Erteilung eines Visums).

Bestimmte Bescheide gestalten die Rechtslage derart, dass alle Personen und Behörden daran gebunden sind (Gestaltungswirkung).

> **Beispiele:** Entziehung der Lenkberechtigung (kein Zulassungsbesitzer darf einer Person ohne Lenkberechtigung sein Fahrzeug zum Lenken überlassen), Verleihung der Staatsbürgerschaft.

Die Bescheidwirkungen haben auch **sachliche Grenzen,** sie beziehen sich nur auf die Sach- und Rechtslage im Zeitpunkt der Bescheiderlassung (VwGH 12.10.1993, 90/07/0039). Eine Änderung des der Entscheidung zugrunde liegenden Sachverhalts in wesentlichen Punkten oder eine Änderung der tragenden Rechtsvorschriften bewirkt, dass nicht mehr dieselbe Sache vorliegt und erneut um einen (bewilligenden) Bescheid angesucht werden kann.

4.4.7. Erledigung ohne Erlassung eines Bescheids

Bei der Verfahrensbeendigung ohne Bescheid unterscheidet man zwischen der Einstellung des Verfahrens und der Beendigung durch Setzung eines faktischen Verhaltens.

Die **Einstellung** des Verfahrens, die im AVG – anders als im VStG – nicht ausdrücklich vorgesehen ist, bedeutet die Beendigung des Verfahrens ohne Setzung eines Verwaltungsakts, der nach außen in Erscheinung tritt. Die Einstellung ist nur durch Aktenvermerk zu beurkunden. In folgenden Fällen ist das Verfahren durch Einstellung zu beenden:

- Antragsbedürftige Verfahren sind bei **Zurückziehung** des Antrags durch den Antragsteller oder bei **Tod des Antragstellers** ohne Eintreten eines Rechtsnachfolgers (da in diesem Fall keine Partei mehr existiert) einzustellen.
- Von Amts wegen eingeleitete Verfahren sind einzustellen, wenn der **Anlass zu weiterer behördlicher Tätigkeit nicht mehr besteht** oder wenn sich herausstellt, dass **niemandem ein Anspruch** auf Erlassung eines Bescheids zukommt.

Richtet sich der Antrag einer Partei auf die **Setzung eines faktischen Verhaltens,** beispielsweise auf die Ausstellung einer Urkunde, so kann eine positive Erledigung des Verfahrens auch darin bestehen, dass die Behörde das angestrebte Verhalten setzt (beispielsweise also die Urkunde ausstellt), aber keinen förmlichen Bescheid erlässt.

Der VwGH beurteilt jedoch solche Urkunden, welche ohne zusätzliche Bescheiderlassung ausgestellt werden, als Urkunden mit Bescheidcharakter, auch wenn es sich nicht um Bescheide handelt, wie zB den Führerschein (VwGH 17.12.2002, 2001/11/0051).

Bei negativer Erledigung hingegen muss die Behörde einen ab- oder zurückweisenden Bescheid erlassen (siehe zB auch § 4 AuskunftspflichtG).

5. Rechtsschutz

5.1. Allgemeines

Aus dem Rechtsstaatsprinzip folgt, dass die Entscheidung einer Behörde von einer übergeordneten Behörde, den Verwaltungsgerichten und letztlich den Gerichtshöfen des öffentlichen Rechts auf ihre Richtigkeit überprüft werden kann. Der Rechtsstaat muss einen ausreichenden Rechtsschutz gewährleisten.

Im Rahmen des Verwaltungsrechtsschutzes unterscheidet man ordentliche und außerordentliche Rechtsmittel und sonstige Rechtsbehelfe:
- **Rechtsmittel** sind Rechtsbehelfe, die sich direkt gegen einen Bescheid richten. Als **ordentliche Rechtsmittel** werden jedenfalls die Berufung gegen erstinstanzliche Bescheide von Gemeindebehörden in Angelegenheiten des eigenen Wirkungsbereichs (§§ 63 ff), die Vorstellung gegen Mandatsbescheide (§ 57) und der Vorlageantrag gegen Berufungsvorentscheidungen (§ 64a Abs 2), nach der Judikatur und Teilen der Literatur aber auch die Beschwerde an die VwG angesehen, sie schließen den Eintritt der formellen Rechtskraft aus (siehe oben C. 4.4.6.). Zu den **außerordentlichen Rechtsmitteln** gehört insb der Wiederaufnahmeantrag, welcher nur unter besonderen Voraussetzungen und nach Eintritt der formellen Rechtskraft zulässig ist (vgl unten C. 5.6.).
- **Sonstige Rechtsbehelfe** sind Antragsrechte einer Partei, die den Zweck haben, für diese nachteilige prozessuale Situationen zu beseitigen. Dazu gehören der Wiedereinsetzungsantrag (§ 71) und der Devolutionsantrag (§ 73 Abs 2; zur Säumnisbeschwerde gem Art 130 Abs 1 Z 3 B-VG an das Verwaltungsgericht vgl unten F. 4.4.).

Die Verwaltungsgerichtsbarkeits-Novelle 2012 hat den Verwaltungsrechtsschutz weitgehend aus dem AVG herausgelöst und in das VwGVG verpflanzt. Im AVG bleiben nur folgende ordentliche Rechtsmittel geregelt:
- die **Berufung** gegen erstinstanzliche Bescheide von Gemeindebehörden in Angelegenheiten des eigenen Wirkungsbereichs (§§ 63 ff),
- der **Vorlageantrag** gegen Berufungsvorentscheidungen der erstinstanzlichen Gemeindebehörde in Angelegenheiten des eigenen Wirkungsbereichs (§ 64a Abs 2) und
- die **Vorstellung** gegen Mandatsbescheide (§ 57).

Zur Sicherung der objektiven Rechtmäßigkeit von Bescheiden normiert das AVG weiters die Möglichkeit der amtswegigen Aufhebung, Abänderung und Nichtigerklärung von Bescheiden (§ 68 Abs 2 bis 4) sowie der amtswegigen Wiederaufnahme (§ 69 Abs 3).

Im Übrigen wird Rechtsschutz durch die Verwaltungsgerichte gewährleistet (siehe unten F.).

5.2. Berufung gegen erstinstanzliche Bescheide in Angelegenheiten des eigenen Wirkungsbereichs der Gemeinde

Nach der Verwaltungsgerichtsbarkeits-Novelle 2012 entscheidet grundsätzlich jede Verwaltungsbehörde als erste und zugleich letzte Instanz, es gibt also nur noch eine einzige Verwaltungsinstanz, bevor Beschwerde an die Verwaltungsgerichte erhoben werden kann (vgl unten F. 4.).

Von diesem Grundsatz besteht eine **Ausnahme**: In Angelegenheiten des **eigenen Wirkungsbereichs der Gemeinden** bleibt ein Instanzenzug grundsätzlich bestehen. Gegen erstinstanzliche Bescheide der Gemeindebehörden ist daher zunächst mit Berufung gem §§ 63 ff AVG vorzugehen; erst gegen die Entscheidung der Berufungsbehörde steht die Beschwerde an das Verwaltungsgericht offen (vgl § 36 VwGVG sowie unten F. 9.1.).

→ Siehe das Muster für eine Berufung unter H. 2.

Der zweistufige **Instanzenzug** in den Angelegenheiten des eigenen Wirkungsbereichs der Gemeinde kann allerdings auch **gesetzlich ausgeschlossen** werden (Art 118 Abs 4 B-VG; vgl etwa § 17 Abs 2 TGO). Unter diesen Umständen kann bereits gegen den Bescheid der (erst- und letztinstanzlichen) Gemeindebehörde Beschwerde an das Verwaltungsgericht erhoben werden.

In Angelegenheiten des **übertragenen Wirkungsbereichs** der Gemeinden können (und müssen) Bescheide des Bürgermeisters stets unmittelbar mit Beschwerde gem Art 130 Abs 1 Z 1 B-VG vor dem Verwaltungsgericht bekämpft werden.

5.2.1. Anfechtungsgegenstand

Berufungen sind grundsätzlich gegen alle erstinstanzlichen gemeindebehördlichen Bescheide (dh Bescheide des Bürgermeisters) in Angelegenheiten des eigenen Wirkungsbereichs zulässig. Zum Bescheidbegriff vgl oben C. 4.4.1.

Unzulässig ist die Berufung in folgenden Fällen:
- wenn der innergemeindliche Instanzenzug gesetzlich ausgeschlossen wurde (Art 118 Abs 4 B-VG);
- gegen erstinstanzliche gemeindebehördliche Bescheide, gegen die die Berufung ausdrücklich gesetzlich ausgeschlossen ist (so etwa gegen die Bewilligung oder die Verfügung der Wiederaufnahme und gegen die Bewilligung der Wiedereinsetzung, vgl § 63 Abs 1 Satz 2);
- gegen Mandatsbescheide erstinstanzlicher Gemeindebehörden (dagegen steht das remonstrative Rechtsmittel der Vorstellung offen, vgl § 57 und dazu C. 5.3.);
- gegen Berufungsvorentscheidungen (dagegen ist mit Vorlageantrag gem § 64a vorzugehen, vgl C. 5.2.8.);
- gegen Rückstandsausweise (dagegen sind Einwendungen zu erheben, vgl E. 2.);

– gegen Verfahrensanordnungen erstinstanzlicher Gemeindebehörden:
Verfahrensanordnungen sind keine Bescheide, eine abgesonderte Berufung dagegen ist nicht zulässig (§ 63 Abs 2). Sie können erst in der Berufung gegen den verfahrensbeendenden Bescheid angefochten werden. Bei Verfahrensanordnungen handelt es sich um Anordnungen betreffend den Gang des Verfahrens, welche die Sache nicht abschließend regeln und nicht rechtskräftig werden. Die Abgrenzung zum verfahrensrechtlichen Bescheid (gegen den Berufung erhoben werden kann!) ist jedoch schwierig, sie richtet sich mangels expliziter Regel im Zweifel danach, ob noch vor Erlassung des verfahrensbeendenden Bescheids ein Rechtsschutzbedürfnis vorliegt (vgl näher VwGH 18.12.2003, 2002/06/0110).

> **Beispiele:** Zu den Verfahrensanordnungen gehören etwa der Verbesserungsauftrag (§ 13 Abs 3), die Verweigerung der Akteneinsicht gegenüber einer Partei (§ 17 Abs 4), die einfache Ladung (§ 19 Abs 4) und die Unterbrechung oder Vertagung einer mündlichen Verhandlung (§ 43 Abs 5). Verfahrensrechtliche Bescheide sind beispielsweise der Ladungsbescheid (§ 19), die bescheidmäßige Aussetzung des Verfahrens (§ 38) und die Zurückweisung eines Antrags wegen entschiedener Sache (§ 68 Abs 1).

5.2.2. Instanzenzug

Der Instanzenzug legt fest, welche (übergeordnete) Behörde zur Entscheidung über eine Berufung zuständig ist. In den Angelegenheiten des eigenen Wirkungsbereichs der Gemeinde richtet sich der Instanzenzug nach den Verwaltungsvorschriften (§ 63 Abs 1 Satz 1); meist ist er in den Gemeindeordnungen festgelegt, die idR den Gemeinderat oder den Gemeindevorstand als Berufungsbehörde vorsehen. Für die Gemeinde Wien und Städte mit eigenem Statut gelten aufgrund der Wiener Stadtverfassung und den jeweiligen Stadtstatuten besondere Regelungen.

> **Beispiele:** In § 95 Abs 2 OÖ Gemeindeordnung ist vorgesehen, dass der Gemeinderat in den Angelegenheiten des eigenen Wirkungsbereichs der Gemeinde Berufungsbehörde ist, sofern gesetzlich die Möglichkeit der Berufung nicht ausgeschlossen ist. Nach § 94 Abs 1 Ktn Gemeindeordnung entscheidet über Berufungen gegen Bescheide des Bürgermeisters in Angelegenheiten des eigenen Wirkungsbereichs der Gemeindevorstand.

Ist keine übergeordnete Gemeindebehörde mehr im Instanzenzug vorgesehen, handelt es sich um einen letztinstanzlichen Bescheid, gegen den Beschwerde an das Verwaltungsgericht erhoben werden kann (vgl § 36 Abs 1 VwGVG).

5.2.3. Berufungslegitimation

Das Recht auf Berufung kommt jenen **Parteien** (nicht auch Beteiligten) des erstinstanzlichen Verfahrens zu, die durch den Bescheid beschwert sind (VwGH 29.8.1995, 95/05/0115). Im Einparteienverfahren ist eine Berufung vor Erlassung des Bescheids nicht zulässig. Im Mehrparteienverfahren hingegen können, wenn der Bescheid wenigstens einer Partei gegenüber erlassen wurde, auch die übrigen Parteien dagegen Berufung erheben, sobald sie davon Kenntnis erlangt haben (vgl VwGH 19.12.1996, 96/06/0014).

Die Berufungslegitimation ist nicht gegeben, wenn
- durch den Bescheid niemand in seinen Rechten verletzt sein kann, zB weil dem Antrag der einzigen Partei vollinhaltlich entsprochen wurde;
- nach Zustellung oder Verkündung des Bescheids (vgl VwGH 24.6.2015, 2012/10/0233) ein Berufungsverzicht abgegeben wurde (§ 63 Abs 4);
- eine eingebrachte Berufung zurückgenommen wird.

5.2.4. Inhalt und Form der Berufung

Eine Berufung muss zwingend enthalten (**notwendiger Inhalt**):
- **Bezeichnung** des angefochtenen **Bescheids** (§ 63 Abs 3), idR durch Angabe des Datums und der Geschäftszahl (vgl VwGH 5.11.2014, 2012/10/0252) und der Behörde, die ihn erlassen hat (vgl VwGH 8.10.2014, 2013/10/0262);
- **Angaben zur Rechtzeitigkeit** der Berufung, idR durch Angabe des Zustelldatums des Bescheids;
- **Berufungserklärung** (Erklärung der vollumfänglichen oder teilweisen Anfechtung des Bescheids; die Berufungserklärung bindet die Behörde hinsichtlich des Umfangs in ihrer Entscheidung, insb bei einer Teilanfechtung);
- **Begründung** (§ 63 Abs 3): Aus der Begründung des Berufungsantrags muss erkennbar sein, auf welche Erwägungen die Partei ihre Anfechtung stützen möchte (vgl VwGH 26.3.2019, Ra 2017/05/0264). Da es im Verwaltungsverfahren **kein Neuerungsverbot** gibt, kann die Partei auch neue Tatsachen vorbringen und Beweismittel anbieten (§ 65; VfSlg 14.965/1997, 14.997/1997; VwGH 30.8.2007, 2007/21/0292; 28.2.2008, 2007/06/0276); zu beachten ist aber, dass neues Vorbringen ausgeschlossen ist, wenn und insoweit hinsichtlich dieses Vorbringens bereits nach § 42 Abs 1 (Teil-)Präklusion eingetreten ist;
- **Berufungsantrag** (§ 63 Abs 3): Der Berufungsantrag hat auf die Entscheidungsbefugnisse der Berufungsbehörde nach § 66 abzustellen. Aus dem Berufungsantrag muss deutlich hervorgehen, ob die Partei die Aufhebung des Bescheids oder welche Abänderung des Bescheids sie an-

strebt. Regelmäßig zielt die Berufung (in erster Linie) darauf ab, dass die Berufungsbehörde den angefochtenen Bescheid im Sinne des Berufungswerbers abändern möge; der Hauptantrag wird daher auf eine Sachentscheidung nach § 66 Abs 4 gerichtet sein. *In eventu* wird regelmäßig – wo es in Betracht kommt – ein Vorgehen nach § 66 Abs 2 beantragt. Mitunter kann die Berufung aber auch darauf gerichtet sein, dass die Berufungsbehörde den angefochtenen Bescheid ersatzlos beheben möge (siehe zu diesen Fällen unten C. 5.2.10).

Die Berufung ist **schriftlich** einzubringen (§ 13 Abs 1). Mündliche Berufungen sind nach dem AVG unzulässig, sofern sie nicht niederschriftlich aufgenommen wurden (VwGH 6.5.2004, 2001/20/0915). Es besteht **keine Anwaltspflicht**. Die Gewährung von Verfahrenshilfe ist nicht vorgesehen (VwGH 19.11.1997, 97/09/0318; 15.3.2011, 2010/05/0165). Es gebührt grundsätzlich kein Kostenersatz (§ 74), es sei denn, die Verwaltungsvorschriften bestimmen ausnahmsweise anderes. Die Berufung ist nach Maßgabe des § 14 TP 6 GebG **gebührenpflichtig** (siehe oben C. 3.1.6.).

Die Behebung von **Mängeln** ist nach Maßgabe des § 13 Abs 3 möglich. Einer Verbesserung zugänglich ist allerdings nur das Fehlen eines begründeten Berufungsantrags, wohingegen § 13 Abs 3 nicht dazu dient, verfehlte Berufungsanträge zu korrigieren (VwGH 27.2.2015, Ra 2014/17/0035). Hat die Partei den Mangel erkennbar bewusst herbeigeführt (zB durch Erhebung einer „leeren Berufung"), um auf dem Umweg eines Verbesserungsverfahrens eine Verlängerung der Rechtsmittelfrist zu erlangen, ist für die Erteilung eines Verbesserungsauftrags kein Raum und das bewusst und rechtsmissbräuchlich mangelhaft gestaltete Anbringen ist sofort zurückzuweisen (VwGH 25.2.2005, 2004/05/0115; vgl aber VwGH 25.4.2008, 2008/02/0012).

5.2.5. Einbringungsbehörde

Die Berufung ist bei der Behörde **einzubringen**, die den Bescheid in erster Instanz erlassen hat (§ 63 Abs 5). Es gilt allerdings als rechtzeitige Einbringung, wenn die Berufung innerhalb der Berufungsfrist bei der Berufungsbehörde eingebracht wurde, diese hat das Rechtsmittel daraufhin an die Behörde erster Instanz weiterzuleiten (§ 63 Abs 5 letzter Satz). Zu **richten** ist die Berufung (dh der Berufungsantrag) stets an die Berufungsbehörde (devolutives Rechtsmittel).

Nach dem AVG ist es hinreichend, die Berufung in **einfacher Ausfertigung** einzubringen; die Einbringung weiterer Ausfertigungen kann Gebührenfolgen nach sich ziehen (siehe oben C. 3.1.6.).

5.2.6. Berufungsfrist

Die Berufungsfrist beträgt **zwei Wochen** (§ 63 Abs 5) und beginnt für jede Partei mit Erlassung des Bescheids an sie zu laufen. Bei schriftlichen Bescheiden läuft die Frist daher ab Zustellung. Wird ein Bescheid mündlich verkündet (§ 62 Abs 2), so setzt bereits die mündliche Verkündung die Berufungsfrist in Lauf (§ 63 Abs 5 Satz 2). Wenn den Parteien hingegen eine schriftliche Ausfertigung des mündlich verkündeten Bescheids zuzustellen ist (wie insb nach § 62 Abs 3 jenen Parteien, die bei der Verkündung nicht anwesend sind, oder jenen, die spätestens drei Tage nach der Verkündung eine Ausfertigung verlangen), beginnt die Berufungsfrist erst mit der Zustellung der schriftlichen Ausfertigung zu laufen (siehe näher oben C. 4.4.3.). Ungeachtet dessen *kann* aber bereits zwischen der Verkündung und der Zustellung der schriftlichen Ausfertigung Berufung erhoben werden (VwGH 24.4.2001, 2001/11/0031).

Die Berufungsfrist ist als gesetzliche Frist **nicht erstreckbar** (§ 33 Abs 4), aber restituierbar (§ 71). Verspätete Berufungen hat die Berufungsbehörde (gegebenenfalls auch die bescheiderlassende Behörde im Wege einer Berufungsvorentscheidung gem § 64a) zurückzuweisen (VwGH 18.2.2015, 2012/10/0229).

5.2.7. Aufschiebende Wirkung von Berufungen

Rechtzeitig eingebrachte und zulässige Berufungen haben **aufschiebende Wirkung** (§ 64 Abs 1; vgl VwGH 28.1.2016, 2013/11/0167). Da die Rechtzeitigkeit und Zulässigkeit erst im Nachhinein feststehen, sind sie zunächst von der Partei und der Behörde selbst zu beurteilen. Die aufschiebende Wirkung erstreckt sich einerseits auf die Vollstreckbarkeit des Bescheids, andererseits aber auch auf seine gesamte sonstige Wirkung und schiebt somit sämtliche verliehenen Rechte bzw auferlegten Pflichten und getroffene Feststellungen auf. Die aufschiebende Wirkung der Berufung gegen einen Bescheid, durch welchen ein Antrag auf eine Genehmigung abgelehnt wird, führt jedoch unstrittig nicht dazu, dass die Partei diese verweigerte Rechtsposition erlangt (VwGH 20.10.1992, 90/04/0226).

Die bescheiderlassende Behörde kann die **aufschiebende Wirkung** mit (verfahrensrechtlichem) Bescheid **ausschließen**, wenn nach Abwägung der berührten öffentlichen Interessen und Interessen anderer Parteien der vorzeitige Vollzug des angefochtenen Bescheids oder die Ausübung der durch den angefochtenen Bescheid eingeräumten Berechtigung wegen Gefahr im Verzug dringend geboten ist. Ein solcher Ausspruch ist tunlichst schon in den über die Hauptsache ergehenden Bescheid aufzunehmen (§ 64 Abs 2). „Gefahr im Verzug" bedeutet, dass der Aufschub der Vollstreckung einen gravierenden Nachteil für die Partei oder das öffentliche Wohl bewirken würde (VwGH 4.5.1992, 89/07/0117).

> **Beispiel:** Entzug der Lenkberechtigung mangels Verkehrszuverlässigkeit; ein Vollstreckungsaufschub würde das öffentliche Wohl gefährden.

Ein solcher Bescheid kann seinerseits mit Berufung bekämpft werden, der dann aber keine aufschiebende Wirkung zukommt, da ansonsten die Anordnung des § 64 Abs 2 ihren Sinn verlieren würde (VwGH 24.3.1999, 99/11/0007). Der Ausschluss des Suspensiveffekts bewirkt, dass die Bescheidwirkungen unmittelbar mit Bescheiderlassung eintreten, obwohl die Rechtskraft noch nicht gegeben ist. Gibt letztendlich die Berufungsbehörde der Berufung statt, so hat die Behörde den gesetzmäßigen Zustand wiederherzustellen, wenn der unterinstanzliche, aufgehobene oder abgeänderte Bescheid bereits vollstreckt wurde (Restitutionsanspruch der Partei).

> Der vorläufige Rechtsschutz nach **Unionsrecht** weist Besonderheiten auf. In der Rs *Factortame* verlangte der EuGH, dass eine nationale Behörde vorläufigen Rechtsschutz selbst dann gewähren müsse, wenn das nationale Recht eine solche Möglichkeit nicht vorsieht, eine **einstweilige Anordnung** aber notwendig erscheint, um den Schutz subjektiver Unionsrechte zu gewährleisten, weil ansonsten die volle Wirksamkeit des Unionsrechts abgeschwächt sei (EuGH 19.6.1990, Rs C-213/89, *Factortame,* Slg 1990, I-2433, Rn 21). In der Rs *Zuckerfabrik Süderdithmarschen* stellte der EuGH weiters klar, dass der Einzelne in der Lage sein müsse, die vorläufige Aussetzung der Vollziehung eines auf einer Verordnung beruhenden nationalen Rechtsaktes zu erreichen (EuGH 21.2.1991, verb Rs C-143/88 und C-92/89, *Zuckerfabrik Süderdithmarschen,* Slg 1991, I-415, Rn 17). Für das Verwaltungsverfahren hat dies zur Konsequenz, dass die Behörde – wenn die Wirksamkeit des Unionsrechts ansonsten gefährdet wäre – die aufschiebende Wirkung einer Berufung nicht ausschließen darf oder sie umgekehrt gem § 64 Abs 2 ausschließen muss und darüber hinaus gegebenenfalls einstweilige Anordnungen erlassen muss, die dem AVG ansonsten unbekannt sind (vgl VwGH 21.12.2017, Ra 2017/21/0179).

5.2.8. Berufungsvorentscheidung und Vorlageantrag

Gem § 64a Abs 1 kann die erstinstanzliche Gemeindebehörde die Berufung binnen zwei Monaten nach Einlangen durch **Berufungsvorentscheidung** erledigen. Während dieser Frist ist ausschließlich die Behörde, die den bekämpften Bescheid erlassen hat, zur Entscheidung über die Berufung zuständig. Die bescheiderlassende Behörde verliert jedoch ihre Zuständigkeit, wenn sie die zweimonatige Frist nicht nützt oder wenn sie die Berufung an die Berufungsbehörde mit Verfahrensanordnung vorzeitig weiterleitet.

Im Wege einer Berufungsvorentscheidung kann die erstinstanzliche Behörde die Berufung – allenfalls nach Vornahme notwendiger Ergänzungen des Ermittlungsverfahrens (vgl VwGH 15.2.2011, 2009/05/0017) – als unzulässig oder verspätet zurückweisen (mit verfahrensrechtlichem Bescheid), den Bescheid aufheben oder nach jeder Richtung abändern. Dies bedeutet, dass die Behörde den Bescheid nicht nur im Sinne des Berufungsbegehrens ändern oder ergänzen kann (VwGH 17.9.1996, 96/05/0126). Die Behörde darf die Berufung jedoch nicht zur Gänze abweisen und dadurch ihren eigenen Bescheid bestätigen.

> Anders als bei einer Berufungsvorentscheidung gem § 64a AVG hat die Behörde bei einer Beschwerdevorentscheidung gem § 14 VwGVG auch die Möglichkeit, die Beschwerde zur Gänze abzuweisen (vgl unten F. 5.3.).

Die Berufungsvorentscheidung stellt eine Entscheidung der Behörde in der Sache dar, die an die Stelle des mit Berufung angefochtenen Bescheids tritt und diesen – im Umfang, in dem er angefochten wurde – zur Gänze ersetzt (vgl VwGH 16.6.2009, 2005/10/0222). Ob die Behörde eine Berufungsvorentscheidung erlässt, ist ihrem **Ermessen** überlassen; der Partei steht ein subjektives Recht auf Erlassung einer solchen nicht zu (VwSlg 17.265 A/2007). Die Berufungsvorentscheidung erfolgt stets in schriftlicher Form, da § 64a nur von der „Zustellung der Berufungsvorentscheidung" spricht. Sie ist allen Parteien zuzustellen.

Gegen die Berufungsvorentscheidung steht jeder Partei das ordentliche Rechtsmittel des **Vorlageantrags** gem § 64a Abs 2 offen. Eine Berufung wäre unzulässig (siehe allerdings zur Möglichkeit der Umdeutung einer Berufung in einen Vorlageantrag VwGH 1.4.2004, 2003/20/0438; 21.12.2006, 2004/20/0158).

> Die unrichtige Bezeichnung eines Rechtsmittels (hier: des Vorlageantrags) allein vermag dessen Unzulässigkeit nicht zu begründen. Für die Beurteilung des Charakters einer Eingabe ist vielmehr ihr wesentlicher Inhalt, der sich aus dem gestellten Antrag erkennen lässt, und die Art des in diesem gestellten Begehrens maßgebend. Eine Umdeutung der unrichtig bezeichneten Eingabe in das vom Gesetz vorgesehene Rechtsmittel käme nur dann nicht in Betracht, wenn sich aus der Rechtsmittelerklärung und dem Rechtsmittelantrag unmissverständlich das Begehren der Partei nach einer Entscheidung über das (unzulässige) Rechtsmittel – insb durch eine im Instanzenzug unzuständige Behörde – ergäbe (VwGH 1.4.2004, 2003/20/0438).

Zur Stellung des Vorlageantrags ist **jede Partei legitimiert**, also nicht nur der Berufungswerber (VwSlg 17.050 A/2006). Die Zulässigkeit des Vorlageantrags setzt allerdings voraus, dass der Antragsteller einen Grund dafür hat, die Berufungsvorentscheidung zu bekämpfen; dies ist nicht der Fall, wenn bei antragsbedürftigen Verwaltungsakten dem Parteiantrag ohnehin vollinhaltlich entsprochen wurde (VwGH 22.6.2010, 2007/11/0113). Wenn der Spruch der Berufungsvorentscheidung dem Berufungsantrag vollinhaltlich stattgibt, der Berufungswerber aber mit der Begründung nicht einverstanden ist, hat er dennoch keinen Grund, die Berufungsvorentscheidung zu bekämpfen, sodass ein Vorlageantrag unzulässig ist (VwGH 16.6.2009, 2005/10/0222).

Der Vorlageantrag ist binnen **zwei Wochen** ab Zustellung der Berufungsvorentscheidung zu stellen (§ 64a Abs 2); diese Frist ist nicht erstreckbar (§ 33 Abs 4), aber restituierbar (§ 71). Der Vorlageantrag bedarf notwendig der **Schriftform** (§ 13 Abs 1). Er ist bei der Behörde einzubringen, die die Berufungsvorentscheidung erlassen hat, und auch an diese Behörde zu richten. Die Einbringung in einfacher Ausfertigung ist hinreichend. Es besteht **keine Anwaltspflicht**. Die Gewährung von Verfahrenshilfe ist nicht vorgesehen (VwGH 19.11.1997, 97/09/0318; 15.3.2011, 2010/05/0165). Nach Maßgabe des § 14 TP 6 GebG ist der Antrag gebührenpflichtig (siehe oben C. 3.1.6.). Kostenersatz steht nicht zu (§ 74), es sei denn, die Verwaltungsvorschriften bestimmen ausnahmsweise anderes.

Besondere inhaltliche Erfordernisse normiert das AVG nicht, der Vorlageantrag hat aber zumindest folgenden Inhalt aufzuweisen (**notwendiger Inhalt**):

– Bezeichnung der Berufungsvorentscheidung (durch Anführung der erlassenden Behörde, des Datums und der Geschäftszahl);
– Vorbringen zur Rechtzeitigkeit des Vorlageantrags (durch Anführung des Zustelldatums);
– Antrag, dass die Berufung der Berufungsbehörde zur Entscheidung vorgelegt werde (§ 64a Abs 2).

Der Vorlageantrag darf sich **nur** darauf richten, dass die ursprüngliche Berufung der Berufungsbehörde vorgelegt wird (VwGH 1.4.2004, 2003/20/0438; 21.12.2006, 2004/20/0158). Darüber hinausgehende Anträge in Bezug auf die Berufung, so etwa nur über einen Teil der Berufung oder nur über bestimmte Punkte der Berufungsanträge abzusprechen, sowie inhaltliche Berufungsmodifikationen sind unzulässig und insoweit zurückzuweisen (VwGH 27.2.2013, 2011/05/0101).

Eine **Begründung** des Vorlageantrags ist nicht unbedingt erforderlich; ratsam ist jedoch ein Vorbringen, dass die Berufungsvorentscheidung der Berufung nicht zur Gänze stattgegeben hat.

→ Siehe das Muster für einen Vorlageantrag unter H. 3.

Das **Einlangen** eines (zulässigen) Vorlageantrags hat nach § 64a Abs 3 zur Folge, dass die Berufungsvorentscheidung **außer Kraft** tritt (vgl VwGH 19.4.2018, Ra 2018/07/0342); dies gilt auch für eine verspätet erlassene Berufungsvorentscheidung (VwGH 28.2.2008, 2007/06/0247). Mit dem Außerkrafttreten liegt keine dem Rechtsbestand angehörende Entscheidung über die Berufung mehr vor, und die Kompetenz zur Entscheidung über die (wieder unerledigte) Berufung geht auf die Berufungsbehörde über (VwGH 16.6.2009, 2005/10/0222; 27.2.2013, 2011/05/0101). § 64a iVm § 66 erfordert keine förmliche Entscheidung über einen zulässigen Vorlageantrag (VwGH 20.2.1997, 96/06/0110). Wenn die Berufungsbehörde verkennt, dass der Vorlageantrag unzulässig ist, und die Berufung in der Sache erledigt, belastet sie ihren Bescheid mit Rechtswidrigkeit infolge Unzuständigkeit (VwGH 16.6.2009, 2005/10/0222).

Die der Berufungsbehörde zur Verfügung stehende **Entscheidungsfrist** wird durch die Möglichkeit der erstinstanzlichen Behörde, eine Berufungsvorentscheidung zu treffen, **nicht verlängert**, da das Berufungsverfahren als eine Einheit anzusehen ist (VwGH 17.11.1994, 92/06/0243). Unter Umständen stehen der Berufungsbehörde daher nur vier Monate für ihre Berufungsentscheidung zur Verfügung.

5.2.9. Berufungsmitteilung

Nach § 65 ist die Behörde dazu verpflichtet, den allfälligen Berufungsgegnern die Berufung mitzuteilen, wenn darin erheblich erscheinende **neue Tatsachen oder Beweise** vorgebracht werden. Im Berufungsverfahren besteht somit kein Neuerungsverbot (VwSlg 9627 A/1978; VwGH 21.6.2012, 2011/23/0316). Zu den „Berufungsgegnern" gehören alle Parteien, die von der Berufungsentscheidung in ihren Rechten bzw rechtlichen Interessen berührt sein können. Die Pflicht zur Berufungsmitteilung ersetzt nicht die Pflicht der Behörde zur Wahrung des Parteiengehörs.

Die Berufungsmitteilung bedarf folgenden Inhalts:
- der Mitteilung der als erheblich erachteten neuen Tatsachen und Beweismittel;
- der Einräumung einer angemessenen, zwei Wochen nicht übersteigenden Frist, innerhalb der sich der Berufungsgegner dazu äußern kann (Parteiengehör).

5.2.10. Verfahren vor der Berufungsbehörde

Gegenstand des Verfahrens vor der Berufungsbehörde ist nur die Verwaltungssache, welche bereits den Inhalt des unterinstanzlichen Bescheids gebildet hat (siehe zB VwGH 31.1.2019, Ra 2018/22/0086). Geht die Berufungsinstanz über diese Verwaltungssache hinaus, verletzt sie das Recht der Partei auf ein Verfahren vor dem gesetzlichen Richter (VfSlg 5822/1968). Der durch den Spruch des bekämpften Bescheids festgelegte Verfahrensgegenstand kann aber im Berufungsverfahren aus zwei Gründen eingeschränkt sein:

- Es kann eine bloße Teilanfechtung vorliegen, sofern der betreffende Verfahrensgegenstand teilbar ist; die unangefochten gebliebenen Absprüche erwachsen dann in Teilrechtskraft und können daher im Rahmen des Berufungsverfahrens nicht geändert werden (VwGH 24.6.2015, 2012/10/0012; siehe auch VwGH 7.9.2017, Ro 2014/08/0029).
- Der Berufungswerber verfügt nur über bestimmte subjektive Rechte, die er in der Berufung geltend machen kann (VwSlg 10.317 A/1980 verst Sen, 11.237 A/1983 verst Sen; 25.4.2019, Ro 2018/09/0016); die Prüfungsbefugnis der Berufungsbehörde ist im Falle der Berufung einer Partei mit beschränktem Mitspracherecht (zB auf Nachbarn im Baubewilligungsverfahren), auf jene Fragen beschränkt, hinsichtlich derer dieses Mitspracherecht als subjektiv-öffentliches Recht besteht und soweit rechtzeitig diesbezügliche Einwendungen erhoben wurden (vgl VwGH 23.5.2018, Ra 2016/05/0094). Die Berufungsbehörde ist daher in solchen Fällen nicht berechtigt, den bekämpften Bescheid deshalb aufzuheben (oder abzuändern), weil er ihrer Ansicht nach bestimmten, ausschließlich von der Behörde wahrzunehmenden (im öffentlichen Interesse liegenden) Vorschriften widerspricht (vgl VwGH 28.2.2018, Fe 2016/06/0001).

In drei Fällen hat durch die Berufungsbehörde eine **Zurückweisung** der Berufung zu erfolgen:

- **Unzulässigkeit** (§ 66 Abs 4 erster Satz): Die Berufung ist unzulässig, wenn der Berufungswerber keine Parteistellung hat oder prozessunfähig ist, wenn eine Zurückziehung oder ein Verzicht erfolgt ist, wenn es sich um einen Bescheid handelt, gegen den eine Berufung von Vornherein nicht zulässig ist (vgl dazu oben C. 5.2.1.), oder wenn dem Antrag der einzigen Partei vollinhaltlich stattgegeben wurde (VwGH 17.9.1991, 91/05/0037).
- **Verspätung** (§ 66 Abs 4 erster Satz);
- **keine Mängelbehebung** (§ 13 Abs 3) innerhalb der dafür gesetzten Frist.

Ist die Berufung rechtzeitig und zulässig, aber der der Berufungsbehörde vorliegende Sachverhalt so mangelhaft, dass die Durchführung oder Wiederholung einer mündlichen Verhandlung unvermeidlich erscheint, kann die Behörde den **Bescheid beheben** und die Sache durch verfahrensrechtlichen Bescheid zur neuerlichen Verhandlung und Entscheidung an eine im Instanzenzug untergeordnete Behörde **zurückverweisen** (§ 66 Abs 2). Es liegt im Ermessen der Behörde, ob sie nach § 66 Abs 2 vorgeht oder das Ermittlungsverfahren einschließlich der mündlichen Verhandlung gem § 66 Abs 3 selbst durchführt, weil damit eine Zeit- und Kostenersparnis verbunden ist. Im Falle einer Zurückverweisung ist die untergeordnete Behörde bei ihrer Entscheidung an die im aufhebenden Bescheid geäußerte Rechtsansicht der Berufungsbehörde gebunden (VwSlg 10.744 A/1982).

Ist die Berufung nicht als unzulässig oder verspätet zurückzuweisen und auch nicht gem § 66 Abs 2 vorzugehen, muss die Berufungsbehörde **in der Sache selbst entscheiden** (§ 66 Abs 4; vgl VwGH 27.4.2017, Ra 2017/07/0028). Hätte der Bescheid nicht erlassen werden dürfen, besteht diese Sachentscheidung darin, den Bescheid ersatzlos zu beheben („negative Sachentscheidung"; VwGH 8.10.1992, 92/18/0391). Dies ist insb erforderlich, wenn der Bescheid von einer sachlich oder örtlich unzuständigen Behörde erlassen wurde, der verfahrenseinleitende Antrag zurückgezogen oder von Vornherein nicht gestellt wurde oder die erste Instanz einen Antrag zurückweist, obwohl sie ihn weiterleiten hätte müssen. Die ersatzlose Behebung hat zur Folge, dass die Unterbehörde über den Verfahrensgegenstand nicht mehr neuerlich entscheiden darf und das Verfahren einzustellen ist (VwGH 29.4.2015, 2012/05/0152).

Ansonsten hat sich die Berufungsbehörde mit der Verwaltungssache grundsätzlich genauso zu befassen wie die erstinstanzliche Behörde:

– Sie hat unter Wahrung des Parteiengehörs selbstständig den **Sachverhalt festzustellen**, sie ist nicht an die bisherigen Ergebnisse des Ermittlungsverfahrens gebunden. Maßgeblich ist die Sachlage im Zeitpunkt der Erlassung des Berufungsbescheids. Die Berufungsinstanz kann die Beweisaufnahmen selbst durchführen oder durch eine im Instanzenzug untergeordnete Behörde durchführen lassen (§ 66 Abs 1).

– Es erfolgt eine eigene **Beweiswürdigung** der Berufungsbehörde.

– Die Berufungsbehörde entscheidet über die **Rechtsfrage**, wobei sie auch ein allenfalls eingeräumtes Ermessen nach eigener Anschauung ausübt. Maßgeblich ist die Rechtslage zum Zeitpunkt der Erlassung des Berufungsbescheids.

Für die **Sachentscheidung** bestehen zwei Möglichkeiten der Berufungsbehörde:

– **Abweisung der Berufung** als unbegründet, wenn sie zu einer gleichlautenden Entscheidung wie die Unterinstanz kommt, auch wenn sie sich dabei auf andere Gründe stützt (ein Spruch, wonach der Berufung keine

Folge gegeben wird, ist so zu werten, als ob die Berufungsbehörde einen mit dem erstinstanzlichen Bescheid übereinstimmenden neuen Bescheid erlassen hätte, vgl VfSlg 14.227/1995);

- **neue Sachentscheidung,** wenn die Berufungsbehörde zu anderen Ergebnissen als die untere Instanz kommt; eine Abänderung des unterinstanzlichen Bescheids ist „nach jeder Richtung" möglich (§ 66 Abs 4). Dies impliziert, dass der Bescheid auch zum Nachteil des Berufungswerbers abgeändert werden kann, zumal das AVG ein Verbot der *reformatio in peius* nicht kennt (vgl VwGH 9.2.1999, 97/11/0337; 27.4.2006, 2006/07/0027).

Zeichnet sich eine solche Verschlechterung im Berufungsverfahren ab, ist zu erwägen, die Berufung zurückzunehmen (§ 13 Abs 7), um einen noch nachteiligeren Berufungsbescheid zu vermeiden und den erstinstanzlichen Bescheid in Rechtskraft erwachsen zu lassen (vgl *Hauck/ Twardosz*, Die Zurücknahme von Berufung und Vorlageantrag als taktische Verfahrensgestaltung, ecolex 2003, 442). Freilich kann ein verschlechternder Berufungsbescheid dann in Kauf genommen werden, wenn gegen diesen ein weiteres Rechtsmittel (insb eine Beschwerde an das Verwaltungsgericht) mit genügender Aussicht auf Erfolg erhoben werden kann.

Es steht der Berufungsbehörde auch offen, nur einen bestimmten Teil des Spruchs der Unterinstanz zu ändern und den davon nicht betroffenen Teil zu bestätigen (VwGH 14.6.1991, 88/17/0152).

Die Berufungsentscheidung ersetzt den Teil des Bescheids, welcher eine Änderung erfährt, hinsichtlich des Spruchs und der Begründung (§ 66 Abs 4); letzterer verliert seine rechtliche Existenz und Wirkung (VwGH 12.12.1989, 89/04/0120).

Die im III. Teil des AVG enthaltenen Bestimmungen über Bescheide (§§ 56 bis 62) gelten auch für Erlassung, Form und Inhalt von Berufungsbescheiden. Abweichend davon ist allerdings eine Berufungsentscheidung immer zu **begründen,** auch wenn dem Berufungsantrag vollinhaltlich stattgegeben wurde (§ 67). Sinn der Begründungspflicht ist in diesem Fall, dass die unterinstanzliche Behörde bei Behebung und Zurückverweisung gem § 66 Abs 2 Kenntnis von der Rechtsansicht der Berufungsbehörde erlangt, an die sie bei der neuerlichen Entscheidung gebunden ist. In der Begründung ist auf alle vorgebrachten Tatsachen und Rechtsausführungen des Berufungswerbers einzugehen. Ein Hinweis auf die Begründung im angefochtenen Bescheid reicht nur dann aus, wenn diese bereits alle im Rechtsmittelverfahren vorgebrachten erheblichen Sach- und Rechtsfragen behandelt hat sowie zutreffend und ausreichend ist (VwGH 16.3.1995, 93/06/0056).

146

5.3. Vorstellung gegen Mandatsbescheide

Bei der Vorstellung gegen Mandatsbescheide iSd § 57 (vgl oben C. 4.4.4.) handelt es sich um ein remonstratives Rechtsmittel, dh darüber ist von der bescheiderlassenden Behörde selbst zu entscheiden (vgl VwGH 10.10.2016, Ra 2016/04/0100). Die Vorstellung ist daher auch gegen Mandatsbescheide oberster Behörden zulässig (und folglich gegebenenfalls zu ergreifen, vgl VfSlg 12.534/1990).

Gegen einen Mandatsbescheid steht „einzig und allein" (VwGH 25.1.1993, 92/10/0386) das remonstrative Rechtsmittel der Vorstellung offen. Eine Beschwerde oder Berufung wäre, wenn eine Umdeutung in eine Vorstellung nicht möglich ist (dazu VwGH 26.8.2010, 2009/21/0223), als unzulässig zurückzuweisen (VwGH 12.11.1998, 94/18/0964).

Zur Erhebung der Vorstellung ist die vom Mandat betroffene Partei (§ 8) legitimiert (vgl VwGH 25.11.2004, 2003/03/0303). Die Frist beträgt **zwei Wochen** ab Erlassung (Zustellung) des Mandatsbescheids (§ 57 Abs 2). Die Frist ist nach den §§ 32 und 33 zu berechnen; sie ist nicht erstreckbar (§ 33 Abs 4), aber restituierbar (§ 71). Die Vorstellung ist zwingend schriftlich zu erheben (§ 13 Abs 1) und bei der Behörde einzubringen, die den Mandatsbescheid erlassen hat (§ 57 Abs 2), und auch an diese Behörde zu richten (remonstratives Rechtsmittel). Es genügt, die Vorstellung in einfacher Ausfertigung einzubringen. Es besteht keine Anwaltspflicht, wohl aber Gebührenpflicht nach Maßgabe des § 14 TP 6 GebG (siehe oben C. 3.1.6.). Kostenersatz steht grundsätzlich nicht zu (§ 74), es sei denn, die Verwaltungsvorschriften bestimmen ausnahmsweise anderes.

An **notwendigen Inhaltserfordernissen** sieht das Gesetz lediglich die Bezeichnung des angefochtenen Mandatsbescheids vor. Aus dem Rechtsmittel muss also hervorgehen, gegen welchen Mandatsbescheid es sich richtet und dass die Erhebung einer Vorstellung beabsichtigt ist. Ratsam (aber nicht unbedingt erforderlich) sind eine Begründung und ein Rechtsmittelantrag. Es besteht Neuerungserlaubnis.

§ 57 Abs 2 verlangt keinen begründeten Antrag, zumal die Erhebung der Vorstellung gemäß § 57 Abs 3 zur Einleitung eines Ermittlungsverfahrens und zu einer neuerlichen Entscheidung zu führen hat (VwGH 19.12.2005, 2005/03/0053); der Vorstellungswerber ist auch nicht verpflichtet, ergänzende Sachverhaltsfeststellungen zu verlangen (VwGH 27.11.1989, 88/12/0228).

Hinsichtlich der **aufschiebenden Wirkung** einer Vorstellung differenziert § 57 Abs 2:

– Rechtzeitige und zulässige Vorstellungen gegen Mandatsbescheide, welche eine Geldleistung vorschreiben, haben eine nicht auszuschließende aufschiebende Wirkung (§ 57 Abs 2 Satz 2).

– Vorstellungen gegen Mandate, mit denen unaufschiebbare Maßnahmen angeordnet werden, haben keine aufschiebende Wirkung. Es ist in diesen Fällen auch keine Zuerkennung der aufschiebenden Wirkung möglich (vgl VwGH 30.5.2001, 2001/11/0138).

Aufgrund einer (rechtzeitigen und zulässigen) Vorstellung nach § 57 Abs 2 hat die Behörde binnen zwei Wochen das **Ermittlungsverfahren einzuleiten**, **widrigenfalls** der angefochtene Bescheid von Gesetzes wegen **außer Kraft** tritt (§ 57 Abs 3 Satz 1). Das Ermittlungsverfahren dient dazu, auf Grundlage des unter Wahrung des Parteiengehörs ermittelten Sachverhalts in der Weise bescheidmäßig neu zu entscheiden, dass ausgesprochen wird, ob das Mandat aufrecht bleibt, behoben (beseitigt) oder abgeändert wird. Prozessgegenstand des Verfahrens über die Vorstellung ist somit das erlassene Mandat; dieses ist in jeder Richtung, dh in tatsächlicher und rechtlicher Hinsicht sowie auf die zweckmäßige Ermessensübung, zu überprüfen. Der über die Vorstellung erlassene Bescheid ist nach den allgemeinen Regeln bekämpfbar (vgl VwGH 10.10.2003, 2002/18/0241; siehe auch oben C. 4.4.4.).

→ Siehe das Muster für eine Vorstellung unter H. 4.

5.4. Amtswegige Abänderung und Behebung von Bescheiden

Gem § 68 Abs 1 sind Anträge auf Aufhebung oder Abänderung eines einem ordentlichen Rechtsmittel (Berufung) nicht oder nicht mehr unterliegenden Bescheids von der Behörde wegen entschiedener Sache (*res iudicata*) zurückzuweisen (siehe oben C. 4.4.6.). Hintergrund dieser Regelung ist die Herstellung von Rechtsfrieden und Rechtssicherheit sowie der Schutz des Interesses der Partei an der Beachtung ihrer wohlerworbenen Rechte. Diesen Motiven steht jedoch das öffentliche Interesse an der Wahrung der objektiven Gesetzmäßigkeit der Verwaltung gegenüber. Aus diesem Grund normiert § 68 Abs 2 bis 4 die Möglichkeit, bereits rechtskräftig gewordene Bescheide unter bestimmten Voraussetzungen abzuändern oder aufzuheben (zur Rechtskraft von Bescheiden vgl oben C. 4.4.6.).

Gem § 68 Abs 7 hat niemand einen Anspruch auf die Ausübung des der Behörde nach § 68 Abs 2 bis 4 zustehenden Abänderungs- und Behebungsrechts (VwGH 24.2.2015, Ra 2015/05/0004; 30.1.2019, Ra 2018/12/0057);

ein solches Vorgehen kann lediglich *angeregt* werden. Die Parteien haben aber kein Recht, dass ihre darauf abzielenden Anbringen förmlich erledigt werden. Mutwillige Aufsichtsbeschwerden und Abänderungsanträge sind nach § 35 zu ahnden.

Erlässt die Behörde einen aufhebenden oder abändernden Bescheid, so kann dieser grundsätzlich auf jenem Rechtsmittelweg bekämpft werden, der für die betreffende Verwaltungssache gilt (vgl VwGH 21.11.2013, 2012/11/0164).

5.4.1. Aufhebung und Abänderung rein belastender Bescheide (§ 68 Abs 2)

Formell rechtskräftige Bescheide, „aus denen **niemandem ein Recht erwachsen** ist", können von Amts wegen aufgehoben oder abgeändert werden. Bescheide, aus denen niemandem ein Recht erwächst, sind vor allem solche, die in einem Einparteienverfahren ergehen und Anträge abweisen oder Verpflichtungen der Partei begründen, wie ein baupolizeilicher Beseitigungsauftrag. Der VwGH versteht diesen Tatbestand sehr weit. Er vertritt in ständiger Rechtsprechung, dass es, um dem Sinn und Zweck der Regelung gerecht zu werden, nicht auf die Art des Bescheids (Begünstigung oder Belastung) ankommt, sondern nur auf die Richtung der Abänderung. Begünstigende Abänderungen sind demnach stets zulässig. Belastende Abänderungen, welche die Rechtslage für eine Partei ungünstiger gestalten, sind unzulässig (VwSlg 4187 A/1956, 9707 A/1978; VwGH 27.5.2014, 2011/10/0197).

> **Beispiele:** Unzulässig ist daher die nachträgliche Erhöhung einer bescheidmäßig festgelegten Zahlungsverpflichtung sowie die Verminderung einer der Partei bescheidmäßig zugesprochenen Leistung.

Da im Mehrparteienverfahren der Begünstigung einer Partei idR die Belastung einer anderen Partei gegenübersteht, kommt in diesen Verfahren eine Anwendung des § 68 Abs 2 kaum in Betracht (VwGH 18.3.1985, 84/12/0128).

> **Beispiel:** Ein Bescheid, mit dem ein Enteignungsantrag abgewiesen wurde, darf nicht gem § 68 Abs 2 aufgehoben werden, weil dadurch der zu enteignende Antragsgegner schlechter gestellt werden würde.

Die Befugnis zur amtswegigen Aufhebung oder Abänderung haben folgende Behörden:

- die Behörde, die den Bescheid erlassen hat, sowie
- die sachlich in Betracht kommende Oberbehörde (in Ausübung des Aufsichtsrechts), wenn es sich nicht schon um den Bescheid der obersten Behörde (wie eines BM oder einer LReg) handelt. Kommen mehrere Oberbehörden sachlich in Betracht, so ist jede von ihnen zur Aufhebung und Abänderung nach § 68 Abs 2 befugt (VfSlg 3616/1959).

Aufhebungs- bzw Abänderungsbescheide gem § 68 Abs 2 entfalten ihre Rechtswirkungen *ex nunc*, sie wirken also nicht zurück (VwGH 22.3.2001, 98/03/0324; 13.9.2017, Ra 2017/12/0011). Sie weisen sowohl eine verfahrensrechtliche als auch eine materiell-rechtliche Komponente auf: Die verfahrensrechtliche betrifft die (Zulässigkeit der) Beseitigung der rechtskräftigen Sachentscheidung, die materiell-rechtliche die Neuregelung der Sache, dh die inhaltliche Gestaltung der zu erlassenden neuen Sachentscheidung (siehe zB VwGH 25.4.2013, 2012/10/0096; 30.1.2019, Ra 2018/12/0057).

5.4.2. Abänderung von Bescheiden in Wahrung des öffentlichen Wohls (§ 68 Abs 3)

§ 68 Abs 3 ermächtigt dazu, **„andere Bescheide"** im öffentlichen Interesse insoweit abzuändern, als dies zur Beseitigung von das Leben oder die Gesundheit von Menschen gefährdenden Missständen oder zur Abwehr schwerer volkswirtschaftlicher Schädigungen notwendig und unvermeidlich ist. Unter letztgenanntem Begriff sind Beeinträchtigungen volkswirtschaftlicher, nicht privatwirtschaftlicher Belange zu verstehen, die für eine gedeihliche wirtschaftliche Entwicklung und damit für die allgemeine Wohlfahrt von ernster Bedeutung sind (VwSlg 754 A/1949; VwGH 28.11.2013, 2010/07/0071). Es muss sich um tatsächliche Auswirkungen handeln, die einen unerträglichen Nachteil für die Allgemeinheit bedeuten; ausschlaggebend sind allein die tatsächlichen Auswirkungen, nicht eventuelle Rechtswidrigkeiten des rechtskräftigen Bescheids (VwGH 27.5.2014, 2011/10/0197).

Zur Abänderung sind die Behörde, die den Bescheid in letzter Instanz erlassen hat, und die sachlich in Betracht kommende Oberbehörde befugt. Sie haben mit möglichster Schonung erworbener Rechte vorzugehen. Es dürfen unter Beachtung des Verhältnismäßigkeitsgrundsatzes nur jene Maßnahmen getroffen werden, die den geringsten Eingriff in die Parteienrechte bewirken, aber noch zum Ziel führen. Die Behörde darf nur die notwendige und unvermeidliche Abänderung vornehmen, eine gänzliche Aufhebung ist aber nicht ausgeschlossen (VwSlg 9837 A/1979; VwGH 28.11.2013, 2010/07/0071).

Auch die Aufhebung und Abänderung nach § 68 Abs 3 wirkt *ex nunc*.

5.4.3. Nichtigerklärung von Bescheiden (§ 68 Abs 4)

§ 68 Abs 4 ermächtigt (nur) die sachlich in Betracht kommende Oberbehörde zur **nachträglichen Nichtigerklärung** von vier Gruppen formell rechtskräftiger Bescheide:

– Bescheide, die von einer **unzuständigen Behörde** oder von einer nicht richtig zusammengesetzten Kollegialbehörde erlassen wurden (§ 68 Abs 4 Z 1); die Nichtigerklärung ist in diesen Fällen nur innerhalb von drei Jahren ab dem Zeitpunkt der Bescheiderlassung zulässig (§ 68 Abs 5);

– Bescheide, die einen **strafgesetzwidrigen Erfolg** herbeiführen würden (Z 2): Erfasst ist dabei auch die Herbeiführung eines verwaltungsstrafrechtswidrigen Erfolgs (VwSlg 14.585 A/1996). Dieser Tatbestand hat in der Praxis so gut wie keine Bedeutung.

– Bescheide, die **tatsächlich undurchführbar** sind (Z 3): Damit ist die faktische Unmöglichkeit gemeint, den Bescheidinhalt in die Wirklichkeit umzusetzen (VwSlg 2198 A/1951). Bloße rechtliche Schwierigkeiten berechtigen nicht zur Nichtigerklärung.

> **Beispiele:** Nicht durchführbar ist die Verpflichtung zum Abbruch eines nicht bestehenden Bauwerks oder die Erteilung der Berechtigung, eine in der Vergangenheit liegende Handlung zu setzen.

– Bescheide, die an einem **durch gesetzliche Vorschriften ausdrücklich mit Nichtigkeit bedrohten Fehler** leiden (Z 4): Damit wird es dem Materiengesetzgeber überlassen, weitere Nichtigkeitsgründe zu normieren (siehe auch VwGH 24.1.2014, 2013/09/0132). Zahlreiche Verwaltungsvorschriften ordnen an, dass Bescheide, wenn sie an bestimmten Fehlern leiden, für nichtig iSd § 68 Abs 4 Z 4 erklärt werden können.

> **Beispiel:** § 363 Abs 1 GewO erklärt Bescheide, die an einem der anschließend aufgezählten Fehler leiden, für mit Nichtigkeit iSd § 68 Abs 4 Z 4 bedroht (siehe dazu VwGH 23.11.2016, Ra 2016/04/0119).

Die Zuständigkeit zur Nichtigerklärung eines formell rechtskräftigen Bescheides liegt allein bei der sachlich in Betracht kommenden Oberbehörde. Die Nichtigerklärung ist eine anhand einer Interessenabwägung zu treffende und entsprechend zu begründende Ermessensentscheidung (VwGH 23.11.2016, Ra 2016/04/0119). Nach der Rechtsprechung wirkt die Nichtigerklärung nicht zurück, sondern *ex nunc* (VfSlg 5224/1966, 10.086/1984; VwSlg 10.452 A/1981; VwGH 21.3.2013, 2011/23/0369).

5.4.4. Sonstige Befugnisse zur Zurücknahme oder Einschränkung einer Berechtigung

Gem § 68 Abs 6 bleiben Verwaltungsvorschriften, nach welchen bescheidmäßig zuerkannte Berechtigungen nachträglich von der Behörde eingeschränkt oder zurückgenommen werden können, „unberührt". Das AVG lässt also Einschränkungen der materiellen Rechtskraft durch den Materiengesetzgeber zu.

> **Beispiele:** Die §§ 24 ff FSG ermächtigen die Behörde zur Entziehung oder Einschränkung der Lenkberechtigung, § 118 Abs 1 WRG ermächtigt zur Aufhebung der Enteignung.

5.5. Durchbrechung der Rechtskraft kraft Unionsrechts

In bestimmten Fällen können Entscheidungen der Unionsorgane, die unionsrechtliche Verpflichtungen begründen, formell rechtskräftige Bescheide abändern oder aufheben.

> **Beispiele:** Rückforderung von EU-Beihilfen oder von unzulässigen staatlichen Beihilfen; Vorabentscheidungsurteile des EuGH, die eine neuerliche Behandlung bereits rechtskräftig abgeschlossener ähnlicher Fälle erforderlich machen.

Die Umsetzung dieser Verpflichtungen erfolgt nach nationalem Recht, im Anwendungsbereich des AVG also nach den §§ 68 ff. Dabei gelten das Äquivalenzprinzip (das nationale Verfahrensrecht darf in Fällen mit Unionsrechtsbezug nicht ungünstiger gestaltet sein als bei rein innerstaatlichen Sachverhalten) und das Effektivitätsprinzip (die Geltendmachung von Unionsrechten und die Erfüllung unionsrechtlicher Pflichten darf durch das nationale Verfahrensrecht nicht übermäßig erschwert werden); siehe dazu oben A.3.

5.6. Wiederaufnahme des Verfahrens (§§ 69, 70)

Die Wiederaufnahme eines Verwaltungsverfahrens dient nach dem Grundsatz der Rechtsrichtigkeit dazu, besondere Rechtswidrigkeiten zu beseitigen. Voraussetzung ist, dass das Verfahren durch Bescheid abgeschlossen wurde, dass gegen diesen Bescheid kein Rechtsmittel mehr zur Verfügung steht (er also formell rechtskräftig ist) und dass einer der folgenden Wiederaufnahmegründe vorliegt:

> Für jene Rechtssachen, die durch die Behörde im Wege einer Beschwerdevorentscheidung (§ 14 VwGVG) oder der Nachholung des Bescheids (§ 16 VwGVG) erledigt wurden, gelten für die Wiederaufnahme des Verfahrens ebenfalls die Bestimmungen des AVG (ErläutRV 2009 BlgNR 24. GP 8). Die Wiederaufnahme eines durch Erkenntnis (oder nichtverfahrensleitenden Beschluss) des Verwaltungsgerichts abgeschlossenen Verfahrens richtet sich dagegen ausschließlich nach § 32 VwGVG (siehe unten F. 7.3.).

5.6.1. Wiederaufnahmegründe

a) Absolute Wiederaufnahmegründe

Der absolute Charakter der folgenden Wiederaufnahmegründe ergibt sich daraus, dass die Wiederaufnahme aus diesen Gründen nicht davon abhängig ist, ob die Behörde im neuen Verfahren voraussichtlich zu einer anders lautenden Entscheidung gelangen würde. Bei Vorliegen eines solchen Grundes ist das Verfahren jedenfalls wieder aufzunehmen (VwGH 29.3.1984, 83/08/0321).

- **gerichtlich strafbare Handlungen** (§ 69 Abs 1 Z 1): Die Wiederaufnahme ist möglich, wenn der Bescheid durch Fälschung einer Urkunde, falsches Zeugnis oder durch eine andere gerichtlich strafbare Handlung herbeigeführt worden ist. Das Vorliegen der gerichtlich strafbaren Handlung muss nicht durch gerichtliches Urteil erwiesen sein, die Behörde hat diese Frage bei Fehlen einer Verurteilung als Vorfrage zu beurteilen. Ein bloßer Verdacht der Behörde reicht allerdings nicht aus (VwGH 24.3.1980, 810/79), die Behörde muss die strafbare Handlung aufgrund der Unterlagen als erwiesen annehmen (VwGH 22.3.2011, 2008/21/0428). Das Vorliegen des Wiederaufnahmegrundes hängt nicht davon ab, ob der Begünstigte von der strafbaren Handlung Kenntnis hatte oder an ihr sogar mitgewirkt hat (VwSlg 267 F/1950).
- **Erschleichung** (§ 69 Abs 1 Z 1): Die Wiederaufnahme ist möglich, wenn der Bescheid „sonstwie erschlichen" worden ist. Mit Erschleichen ist vorsätzliches Verhalten der Partei oder ihres Vertreters während des Verfahrens gemeint, welches darauf abzielt, einen für sie günstigen Bescheid zu erlangen (VwGH 13.1.1993, 92/12/0033; siehe auch VwGH 27.5.2014, 2011/10/0187: „Täuschungsabsicht"). Erschleichungen sind beispielsweise das Vorbringen unrichtiger Angaben von wesentlicher Bedeutung bzw das Verschweigen wesentlicher Umstände mit Irreführungsabsicht (VwGH 9.8.2018, Ra 2018/22/0076). Kein Erschleichen liegt vor, wenn die Behörde im Zuge eines ordentlichen Ermittlungsverfahrens die Unrichtigkeit der Behauptungen hätte erkennen können (VwGH 19.12.1992, 91/12/0296).
- **abweichende Vorfragenentscheidung** (§ 69 Abs 1 Z 3): War der Bescheid gem § 38 von Vorfragen abhängig und wurde nachträglich über eine solche Vorfrage von der zuständigen Verwaltungsbehörde oder vom zuständigen Gericht in wesentlichen (dh entscheidungsrelevanten) Punkten anders entschieden, ist die Wiederaufnahme des Verfahrens, in dem die Vorfragenbeurteilung durch die Behörde erfolgt ist, möglich (VwGH 25.01.2017, Ra 2016/12/0119). Dasselbe gilt, wenn die Behörde ihrer Entscheidung den Bescheid einer anderen Behörde, welche über die Vorfrage als Hauptfrage zu entscheiden hatte, zugrunde legt, die andere

Behörde jedoch später ihren, die Vorfrage als Hauptfrage betreffenden Bescheid abändert (vgl VwGH 27.3.1990, 90/11/0057). Das Hervorkommen einer Entscheidung eines innerstaatlichen Höchstgerichts oder eines Urteils des EuGH berechtigt nicht zur Wiederaufnahme des Verfahrens (vgl VwGH 21.9.2009, 2008/16/0148; 16.12.2010, 2007/16/0073; VfSlg 18.797/2009).

– **res iudicata** (§ 69 Abs 1 Z 4): Die Wiederaufnahme hat zu erfolgen, wenn nachträglich ein Bescheid oder eine gerichtliche Entscheidung bekannt wird, der bzw die einer Aufhebung oder Abänderung auf Antrag einer Partei nicht unterliegt und die im Verfahren die Einwendung der entschiedenen Sache begründet hätte.

b) Der relative Wiederaufnahmegrund der „Neuerung" (§ 69 Abs 1 Z 2)

Für den relativen Wiederaufnahmegrund der Neuerung kommen zwei Gruppen von Neuerungen in Betracht: neu hervorgekommene Tatsachen oder neu hervorgekommene Beweismittel. Diese Neuerungen bilden aber nur unter folgenden Voraussetzungen Gründe für eine Wiederaufnahme:

– Die Tatsachen oder Beweismittel waren bei Abschluss des wieder aufzunehmenden Verfahrens **bereits vorhanden,** sind aber erst nach Abschluss hervorgekommen(„**nova reperta**";vgl VwGH 3.4.2019, Ra 2019/20/0104): Tatsachen und Beweismittel können nur dann einen Wiederaufnahmegrund darstellen, wenn sie bei Abschluss des seinerzeitigen Verfahrens schon vorhanden gewesen sind, deren Verwertung der Partei aber ohne ihr Verschulden erst nachträglich möglich geworden ist (*nova reperta*), nicht aber, wenn es sich um erst nach Abschluss des seinerzeitigen Verfahrens neu entstandene Tatsachen und Beweismittel handelt (*nova causa superveniens*, vgl VwGH 20.6.2001, 95/08/0036). Keine neu hervorgekommenen Tatsachen sind beispielsweise das nachträgliche Erkennen einer unrichtigen rechtlichen Beurteilung (vgl VwGH 13.12.2016, Ra 2016/09/0107); das Erkennen, dass das Sachverständigengutachten falsch war sowie das nachträgliche Bekanntwerden einer von der Behörde in einem früheren Verfahren vertretenen Rechtsansicht.

> Eine wesentliche Änderung der Tatsachenlage nach Erlassung des Bescheids kann zwar nicht durch Wiederaufnahme, unter Umständen aber durch neue Antragstellung geltend gemacht werden (VwGH 23.11.2009, 2007/03/0059; siehe auch VwGH 28.1.1989, 88/03/0188; 17.2.2015, Ra 2014/09/0029).

– Die den Wiederaufnahmeantrag stellende Partei darf **kein Verschulden** daran treffen, dass die Tatsachen bzw Beweismittel bei der Bescheiderlassung nicht berücksichtigt werden konnten (VwSlg 8748 A/1975; VwGH 21.11.2014, Ra 2014/02/0146). Wird das Verfahren hingegen von Amts wegen wiederaufgenommen, darf die Behörde kein Verschulden daran treffen, dass die Tatsachen bzw Beweismittel bei Bescheiderlassung keine Berücksichtigung fanden.

– Die neu hervorkommenden Tatsachen oder Beweismittel hätten voraussichtlich einen im Hauptinhalt des Spruches **anders lautenden Bescheid** herbeigeführt (VwGH 24.9.2014, 2012/03/0165).

Schuldhafte Versäumnisse in der Verfahrensführung können mit einem Wiederaufnahmeantrag nicht bereinigt werden. Hat es die Partei unterlassen, im Zuge des Verwaltungsverfahrens trotz gegebener Gelegenheit jene Einwendung zu erheben, auf die sie dann ihren Wiederaufnahmeantrag gründet, dann verbietet dieser Umstand die Annahme eines Wiederaufnahmegrundes (VwGH 17.10.1973, 0546/73; 24.9.2014, 2012/03/0165).

In Mandatsverfahren nach § 57 ist ein Antrag auf Wiederaufnahme gem § 69 Abs 1 Z 2 nach der Judikatur des VwGH nicht zulässig, da in solchen Fällen kein Ermittlungsverfahren stattfindet (VwGH 10.1.1963, 459/63).

5.6.2. Einleitung des Wiederaufnahmeverfahrens

Das Wiederaufnahmeverfahren wird entweder durch den **Antrag** einer Partei (§ 69 Abs 2) oder **amtswegig** (§ 69 Abs 3) eingeleitet.

a) Wiederaufnahmeantrag

Bei Vorliegen der gesetzlichen Voraussetzungen haben die Parteien gem § 69 Abs 1 einen **Rechtsanspruch** auf Wiederaufnahme des Verfahrens. Zur Antragstellung sind nur die Parteien (vgl VwGH 24.9.2014, 2012/03/0165) des rechtskräftig abgeschlossenen Verwaltungsverfahrens legitimiert, denen der Wiederaufnahmeantrag zur Verfolgung eines materiellen Rechts dient (vgl VwGH 22.3.1983, 82/05/0183), ferner Rechtsnachfolger (VwGH 30.6.1998, 98/05/0033), nicht hingegen übergangene Parteien (VwGH 16.10.1967, 0438/67; 24.9.2014, 2012/03/0165) und Personen, die ihre Parteistellung infolge Präklusion verloren haben (arg § 69 Abs 1 AVG: „Partei").

Übergangene Parteien, dh Personen, die dem Verwaltungsverfahren zu Unrecht nicht beigezogen worden waren, sind nicht berechtigt, einen Wiederaufnahmeantrag zu stellen; sie können ohnehin die Zustellung des – ihnen gegenüber nicht rechtskräftigen – Bescheids verlangen und Rechtsmittel erheben (VwGH 20.12.1991, 90/17/0313).

Der Wiederaufnahmeantrag hat folgende Angaben zu beinhalten (**notwendiger Inhalt**):
- die Bezeichnung des formell rechtskräftig abgeschlossenen Verfahrens;
- die Glaubhaftmachung der Rechtzeitigkeit (vgl § 69 Abs 2 letzter Satz);
- Vorbringen zu (zumindest) einem Wiederaufnahmegrund iSd § 69 Abs 1; der Wiederaufnahmewerber ist für das Vorliegen des Wiederaufnahmegrundes behauptungs- und beweispflichtig, es sind daher sämtliche Voraussetzungen für eine Wiederaufnahme konkretisiert und schlüssig im Antrag darzulegen (VwGH 17.12.2008, 2006/13/0146; 24.6.2015, 2012/10/0243). Es ist nicht möglich, einen inhaltlich verfehlten Wiederaufnahmeantrag nachträglich im Rechtsmittelverfahren durch eine andere Begründung zu ergänzen (vgl VwSlg 19.378 A/2016).

Der Wiederaufnahmeantrag ist **schriftlich** (§ 13 Abs 1) bei der Behörde einzubringen, die den Bescheid in erster Instanz erlassen hat (§ 69 Abs 2 Satz 1). Zu richten ist er an die Behörde, die den Bescheid in letzter Instanz erlassen hat (§ 69 Abs 4). Mangels anders lautender Anordnung ist es hinreichend, den Wiederaufnahmeantrag in einfacher Ausfertigung einzubringen. Es besteht keine Anwaltspflicht. Die Gewährung von Verfahrenshilfe ist nicht vorgesehen. Der Antrag ist nach Maßgabe des § 14 TP 6 GebG gebührenpflichtig (vgl oben C. 3.1.6.). Kostenersatz steht grundsätzlich nicht zu (§ 74), außer die Verwaltungsvorschriften bestimmen anderes. **Aufschiebende Wirkung** kommt dem Wiederaufnahmeantrag **nicht** zu; sie kann ihm auch nicht von der Behörde zuerkannt werden (VwSlg 1050 A/194; VwGH 29.4.1983, 81/17/0008).

→ Siehe das Muster für einen Wiederaufnahmeantrag unter H. 6.

b) Amtswegige Wiederaufnahme

Liegen die Voraussetzungen für eine Wiederaufnahme auf Antrag vor, kann auch eine amtswegige Verfügung der Wiederaufnahme erfolgen (§ 69 Abs 3). Die amtswegige Wiederaufnahme liegt im Ermessen der Behörde, die Partei hat darauf keinen Rechtsanspruch (VwSlg 4323 A/1957; VwGH 26.2.2015, Ra 2014/07/0103; 13.9.2016, Ra 2015/01/0256). Die Zuständigkeit zur amtswegigen Wiederaufnahme liegt bei der Behörde, die den Bescheid in letzter Instanz erlassen hat (§ 69 Abs 4).

5.6.3. Fristen

- **Subjektive (relative) Frist:** Der Antrag ist innerhalb von **zwei Wochen** ab dem Zeitpunkt zu stellen, in dem die Partei vom Wiederaufnahmegrund Kenntnis erlangt hat (§ 69 Abs 2). Entscheidend ist die Kenntnis von einem Sachverhalt, nicht aber die rechtliche Wertung dieses Sachverhalts als Wiederaufnahmegrund (VwGH 1.7.2019, Ra 2019/14/0261). Erlangt die Partei diese Kenntnis nach Verkündung des mündlichen Bescheids, aber vor Zustellung der schriftlichen Ausfertigung, läuft die Frist erst ab Zustellung. Für die amtswegige Wiederaufnahme gibt es keine derartige Frist (vgl VwGH 14.2.2018, Ra 2017/22/0173; 23.5.2018, Ra 2018/22/0074).

- **Objektive (absolute) Frist:** Ein Antrag auf Wiederaufnahme kann nach **drei Jahren**, gerechnet ab der Erlassung eines Bescheids, nicht mehr gestellt werden (§ 69 Abs 2). Auch die amtswegige Wiederaufnahme ist mit drei Jahren nach Erlassung des Bescheides (vgl VwGH 26.5.2014, 2013/08/0127) befristet (§ 69 Abs 3); dies gilt allerdings nicht für die amtswegige Wiederaufnahme aus dem Grund des § 69 Abs 1 Z 1, diesfalls ist die amtswegige Einleitung nicht durch eine Frist beschränkt (vgl VwGH 23.5.2018, Ra 2018/22/0074).

5.6.4. Entscheidung im Wiederaufnahmeverfahren

Die Entscheidung über die Wiederaufnahme steht der Behörde zu, die den Bescheid **in letzter Instanz** erlassen hat (§ 69 Abs 4). Ändert sich allerdings die sachliche Zuständigkeit, wodurch nun eine andere Behörde als die, die den Bescheid in letzter Instanz erlassen hat, zuständig ist, so geht auch die Entscheidungskompetenz bezüglich des Wiederaufnahmeantrags auf die andere Behörde über (VfSlg 5592/1967).

- Erfüllt der **Antrag** auf Wiederaufnahme nicht alle formellen Voraussetzungen, so ist er zurückzuweisen. Abzuweisen ist der Antrag, wenn der fristgerecht geltend gemachte Wiederaufnahmegrund nicht vorliegt. Liegen hingegen die materiellen und formellen Voraussetzungen vor, hat die Partei einen Rechtsanspruch darauf, dass ihrem Antrag mit verfahrensrechtlichem Bescheid stattgegeben wird.
- Die **amtswegige Verfügung** der Wiederaufnahme hat ebenfalls durch verfahrensrechtlichen Bescheid zu erfolgen, welcher den Verfahrensparteien zuzustellen ist.

Mit Erlassung des die Wiederaufnahme bewilligenden oder amtswegig verfügenden Bescheids tritt der Bescheid, mit dem das wiederaufzunehmende Verfahren abgeschlossen wurde, außer Kraft (VwSlg 1557 A/1950, 3773 A/1955; VwGH 29.5.2008, 2007/07/0040). Das Verfahren wird in das Stadium vor der Erlassung des alten Bescheids zurückversetzt (vgl VwSlg 15.960 A/2002). Im Bescheid ist, sofern nicht schon auf Grund der vorliegenden Akten ein neuer Bescheid erlassen werden kann, auszusprechen, inwieweit und in welcher Instanz das Verfahren wieder aufzunehmen ist (§ 70 Abs 1).

5.6.5. Entscheidung im wiederaufgenommenen Verfahren

Die Behörde, welche die Wiederaufnahme bewilligt oder amtswegig verfügt hat, entscheidet, welche Behörde die neue Sachentscheidung zu treffen hat. Es liegt in ihrem Ermessen, auch sogleich eine neue Sachentscheidung zu treffen, wenn dies aufgrund der vorliegenden Akten möglich ist. Frühere Erhebungen und Beweisaufnahmen, die durch die Wiederaufnahmegründe nicht betroffen werden, sind keinesfalls zu wiederholen (§ 70 Abs 2). Die neue Sachentscheidung im wiederaufgenommenen Verfahren ersetzt den weggefallenen Bescheid *ex tunc* (VwSlg 814 A/1949, 15.960 A/2002).

5.6.6. Rechtsschutz

Die Entscheidung über die Wiederaufnahme erfolgt mit verfahrensrechtlichem Bescheid, gegen den gem Art 130 Abs 1 Z 1 B-VG Beschwerde an das Verwaltungsgericht erhoben werden kann. Gegen den Bescheid, mit dem ein Wiederaufnahmeantrag abgelehnt (zurückgewiesen oder abgewiesen) wird, steht dem Wiederaufnahmewerber die Beschwerde offen. Wird der Wiederaufnahmeantrag bewilligt, können die übrigen Parteien dagegen mit Beschwerde vorgehen. Im Fall einer amtswegigen Verfügung der Wiederaufnahme können alle Parteien des Verfahrens Beschwerde erheben.

Das gilt im Ergebnis auch in Angelegenheiten des eigenen Wirkungsbereichs der Gemeinde. Gegen die **Bewilligung** oder gegen die **Verfügung** der Wiederaufnahme wird eine Berufung durch § 63 Abs 1 Satz 2 ausdrücklich ausgeschlossen. Mit diesem Ausschluss trifft der – für verfahrensrechtliche Bescheide zuständige – Verfahrensgesetzgeber nach Auffassung des VwGH eine Regelung iSd Art 118 Abs 4 B-VG, die im Zusammenhalt mit dem Verweis auf die Verwaltungsvorschriften in § 63 Abs 1 Satz 1 (zu denen eben auch der Satz 2 gehört), den zweistufigen behördlichen Instanzenzug für Wiederaufnahmeverfahren insgesamt ausgeschlossen hat (VwGH 30.6.2015, Ra 2015/06/0050). Das bedeutet, dass auch in den Fällen der **Ablehnung** (Zurückweisung oder Abweisung) des Wiederaufnahmeantrags mit Beschwerde an das Verwaltungsgericht vorzugehen ist.

5.6.7. Sonstige Rechtsschutzinstrumente nach Eintritt der Rechtskraft des Bescheids

Neben einem Antrag auf Wiederaufnahme des Verfahrens kann – je nach Verwaltungsmaterie, Sachlage und Rechtsschutzziel – auch an nachstehende Wege gedacht werden, um subjektiven Interessen nach Eintritt der Rechtskraft eines (negativen) Bescheids zum Durchbruch zu verhelfen:

- **Anregung eines Vorgehens nach § 68 Abs 2 bis 4:** Wohl kann angeregt werden, den Bescheid in Anwendung des § 68 Abs 2 bis 4 amtswegig abzuändern oder zu beheben, doch steht auf die Ausübung des Abänderungs- und Behebungsrechts niemandem ein Anspruch zu (§ 68 Abs 7; vgl oben C. 5.4.).

– **Beschwerde an die Volksanwaltschaft** gem Art 148a B-VG.

– **Zivilrechtliche Instrumente:** Mitunter lassen sich bestimmte Rechtsschutzziele gleichermaßen mit zivilrechtlichen Instrumenten erreichen. Dass der Verwaltungsweg bereits erfolglos beschritten wurde, steht dem Beschreiten des Zivilrechtsweges grundsätzlich nicht hindernd entgegen (*Fister*, ÖJZ 2011, 845 ff).

– **Neue Antragstellung:** Eine wesentliche Änderung der Tatsachenlage nach Erlassung des Bescheids kann durch neue Antragstellung geltend gemacht werden (siehe zB VwGH 26.4.2011, 2011/03/0067).

Der **Anwendungsvorrang** des Unionsrechts kommt gegenüber rechtskräftigen Bescheiden nur ausnahmsweise zum Tragen (EuGH 29.4.1999, Rs C-224/97, *Ciola*, Slg 1999, I-2517, Rn 34; abschwächend EuGH 13.1.2004, Rs C-453/00, *Kühne & Heitz*, Slg 2004, I-837, Rn 24 und 28; siehe auch VwGH 12.9.2006, 2003/03/0279). Denkbar ist dies etwa dann, wenn eine Geltendmachung der Unionsrechtswidrigkeit des Bescheids von Vornherein nicht möglich ist.

5.7. Wiedereinsetzung in den vorigen Stand (§§ 71, 72)

Die §§ 71 und 72 geben der Partei die Möglichkeit, versäumte Prozesshandlungen unter bestimmten Voraussetzungen nachzuholen. Die Wiedereinsetzung in den vorigen Stand richtet sich nicht gegen einen Bescheid, sondern gegen die Versäumung einer Prozesshandlung, auch wenn sie Auswirkungen auf Bescheide haben kann. Man spricht daher nicht von einem Rechtsmittel, sondern von einem Rechtsbehelf.

Über einen Antrag auf Wiedereinsetzung in den vorigen Stand wegen Versäumung der Frist für die **Beschwerde an das Verwaltungsgericht** hat die Behörde die Bestimmungen des AVG anzuwenden (ErläutRV 2009 Blg-NR 24. GP 8). Im Verfahren vor den Verwaltungsgerichten gilt für die Wiedereinsetzung in den vorigen Stand § 33 VwGVG; danach richtet sich auch die Wiedereinsetzung in die Frist zur Stellung eines Vorlageantrags gem § 15 VwGVG (vgl § 33 Abs 2 VwGVG).

5.7.1. Wiedereinsetzungsgründe und Voraussetzungen

a) Versäumung einer Frist oder Versäumung einer mündlichen Verhandlung

– **Versäumung einer verfahrensrechtlichen Frist:** Dabei darf es sich allerdings nicht um die Frist zur Stellung eines Wiedereinsetzungsantrags handeln (§ 71 Abs 5). Die Versäumung einer Frist setzt voraus, dass sie in Gang gesetzt und die Prozesshandlung nicht vor ihrem Ablauf vorgenommen wurde.

– **Versäumung einer mündlichen Verhandlung:** Eine Partei kann eine Verhandlung nur (iSd § 71) versäumen, wenn sie dazu ordnungsgemäß geladen wurde. Es ist ausreichend, dass die Partei nicht rechtzeitig erschienen ist.

Fristversäumnisse resultieren häufig auch daraus, dass behördliche Dokumente mit fristauslösender Wirkung durch Hinterlegung zugestellt (§ 17 ZustG), aber wegen Abwesenheit von der Abgabestelle nicht rechtzeitig behoben werden. In diesen Fällen kann das Fristversäumnis unter Berufung auf § 17 Abs 3 ZustG behoben werden (vgl auch § 16 Abs 5 ZustG für die Ersatzzustellung, § 26 Abs 2 ZustG für die Zustellung ohne Zustellnachweis, § 35 Abs 6 und 7 ZustG für die Zustellung mit Zustellnachweis durch einen Zustelldienst). Aus Gründen der Vorsicht sollte aber – bei Vorliegen der Voraussetzungen des § 71 – fristgerecht auch ein (Eventual-)Antrag auf Bewilligung der Wiedereinsetzung in den vorigen Stand gestellt werden.

b) Rechtsnachteil

Die Versäumung muss insofern einen Rechtsnachteil für die Partei bewirken, als diese die versäumte Prozesshandlung zur Wahrung ihrer Rechte nicht mehr nachholen kann (VwGH 17.11.1981, 2551/80).

> **Beispiele:** Die Partei kann wegen Versäumung der Rechtsmittelfrist nicht mehr Berufung erheben oder wegen Versäumung der mündlichen Verhandlung keine Einwendungen mehr vorbringen.

c) Unvorhergesehenes oder unabwendbares Ereignis (§ 71 Abs 1 Z 1)

Die Wiedereinsetzung kann nur unter der Voraussetzung bewilligt werden, dass die Partei durch ein unvorhergesehenes oder durch ein unabwendbares Ereignis an der Einhaltung der Frist oder am Erscheinen zur Verhandlung gehindert war.

– **Ereignis** bedeutet jedes Geschehen, darunter fallen nicht nur äußere Abläufe, sondern auch innere Vorgänge, wie etwa ein Irrtum (VwSlg 13.353 A/1991; VwGH 27.9.2013, 2010/05/0202), selbst ein Rechtsirrtum (VwGH 11.5.2017, Ra 2017/04/0045).

– **Unvorhergesehen** ist ein Ereignis, wenn die Partei tatsächlich nicht damit gerechnet hat und auch unter Anwendung von zumutbarer Aufmerksamkeit und Vorsicht nicht damit rechnen konnte (VwSlg 9024 A/1976 verst Sen).

– **Unabwendbarkeit** eines Ereignisses liegt dann vor, wenn sein Eintritt nach objektiver Beurteilung von einem Durchschnittsmenschen nicht verhindert werden kann.

d) Kein Verschulden (§ 71 Abs 1 Z 1)

Den Antragsteller darf an der Versäumung der Prozesshandlung kein Verschulden oder nur ein minderer Grad des Versehens, dh nur leichte Fahrlässigkeit, treffen. Leichte Fahrlässigkeit liegt bei Fehlern vor, die gelegentlich auch ein sorgfältiger Mensch begeht. Darunter fällt beispielsweise ein Fehler bei der Termineintragung aufgrund eines psychischen Ausnahmezustands, wie im Fall der Mitteilung an einen werdenden Vater über die plötzlich einsetzende Geburt des Kindes und der Aufforderung, sofort ins Krankenhaus zu kommen (VwGH 20.6.2002, 2002/20/0230).

> Zuwarten bedeutet nicht Verschulden, daher kann auch ein unvorhergesehenes oder unabwendbares Ereignis am letzten Tag der Frist zur Wiedereinsetzung führen.

Für den Vertretungsfall gilt, dass das Verschulden des Vertreters, nicht aber auch das Verschulden von dessen Kanzleiangestellten oder dessen Boten, dem Vertretenen zuzurechnen ist (VwSlg 9024 A/1976). Besonderes gilt aber für Fehler von Mitarbeitern eines berufsmäßigen Parteienvertreters (insb eines Rechtsanwalts), die zur Versäumung einer Prozesshandlung führen. Hier vertritt die Judikatur eine strenge Linie und verlangt, dass der berufsmäßige Parteienvertreter hinsichtlich seiner Kanzlei jede mögliche Vorsorge trifft, um die ordnungsgemäße und fristgerechte Erfüllung seiner Aufgaben aus der Bevollmächtigung zu gewährleisten (VwSlg 9226 A/1977 verst Sen; VwGH 22.1.1987, 86/16/0194). „Stichprobenartige Überprüfungen" reichen zur Erfüllung der Überwachungspflicht nicht aus. Einen tauglichen Wiedereinsetzungsgrund stellt nur das Versehen eines geeigneten, jahrelang verlässlichen und ordentlich überwachten Angestellten eines Rechtsanwalts dar (VwGH 10.10.1991, 91/06/0162; 28.2.2014, 2014/03/0001).

Wer einen Wiedereinsetzungsantrag auf das Verschulden einer Hilfsperson stützt, hat schon im Wiedereinsetzungsantrag durch ein substanziiertes Vorbringen darzulegen, aus welchen Gründen ihn selbst kein die Wiedereinsetzung ausschließendes Verschulden trifft, etwa dass und in welcher Weise der Wiedereinsetzungswerber die erforderliche Kontrolle ausgeübt hat (VwGH 26.9.2018, Ra 2018/14/0003).

e) Versäumung einer Rechtsmittelfrist wegen einer fehlenden oder unrichtigen Rechtsmittelbelehrung (§ 71 Abs 1 Z 2)

Der Wiedereinsetzungsantrag ist auch dann zu bewilligen, wenn die Partei die Rechtsmittelfrist versäumt hat, weil entweder der Bescheid keine Rechtsmittelbelehrung oder die Belehrung keine Rechtsmittelfrist oder fälschlich die Angabe enthält, dass kein Rechtsmittel zulässig sei (vgl zu diesen Fällen die Bestimmungen des § 61 Abs 2 und 3, siehe oben C. 4.4.5.). Nach der Rechtsprechung des VwGH ist für die Wiedereinsetzung in den vorigen Stand nach § 71 Abs 1 Z 2 maßgeblich, ob sich die Rechtsmittelbelehrung für einen juristischen Laien, dh für eine mit den Verwaltungsvorschriften nicht vertraute Person als irreführend darstellt, gleichgültig, ob sie rechtskundig vertreten ist oder nicht (vgl VwGH 30.6.2016, Ra 2016/16/0038).

> Wird die Rechtsmittelfrist infolge eines unvorhergesehenen oder unabwendbaren Ereignisses versäumt, ist dies unter Berufung auf den Wiedereinsetzungsgrund nach § 71 Abs 1 Z 1 geltend zu machen.

5.7.2. Wiedereinsetzungsantrag

Die Wiedereinsetzung kann nur aufgrund und im Rahmen eines **Antrags** einer Verfahrenspartei bewilligt werden, eine amtswegige Verfügung ist nicht möglich (VwGH 24.4.1984, 84/11/0011). Zur Antragstellung sind nur die Parteien (§ 8) des Verfahrens legitimiert (arg § 71 Abs 1: „Partei").

> Wenn infolge der Versäumung einer mündlichen Verhandlung **Präklusion** eingetreten (und daher die Parteistellung verloren gegangen) ist, kann nur eine **Quasi-Wiedereinsetzung** gem § 42 Abs 3 beantragt werden (siehe oben C. 4.3.11.).

Der Wiedereinsetzungsantrag ist in den Fällen des § 71 Abs 1 Z 1 innerhalb von **zwei Wochen** ab Wegfall des Hindernisses (das Hindernis fällt etwa in dem Zeitpunkt weg, in dem der Irrtum erkennbar ist oder die Partei Kenntnis von der Verspätung ihres Rechtsmittels erlangt; vgl VwGH 21.2.2019, Ra 2019/08/0030), in den Fällen des § 71 Abs 1 Z 2 innerhalb von zwei Wochen ab Kenntnisnahme von der Zulässigkeit des Rechtsmittels zu stellen.

Der Wiedereinsetzungsantrag ist **schriftlich** einzubringen (§ 13 Abs 1). Eine ausdrückliche Regelung der **Einbringungsbehörde** enthält das AVG nicht. Es wird daher angenommen, dass der Wiedereinsetzungsantrag bei der Behörde eingebracht werden muss, die gem § 71 Abs 4 zur Entscheidung über den Wiedereinsetzungsantrag berufen ist (VwGH 18.10.2000, 95/08/0330). In den Fällen allerdings, in denen gem § 71 Abs 3 bei Versäumung einer Frist die versäumte Prozesshandlung gleichzeitig mit dem Antrag nachzuholen ist, kann nach Ansicht des VwGH der Antrag bei einer anderen Behörde, nämlich der, bei der die Prozesshandlung zu setzen ist, einzubringen sein. Zu **richten** ist der Antrag an die Behörde, die gem § 71 Abs 4 über den Wiedereinsetzungsantrag zu entscheiden hat. Es genügt, den Wiedereinsetzungsantrag in einfacher Ausfertigung einzubringen. Es besteht keine Anwaltspflicht. Die Gewährung von Verfahrenshilfe ist nicht vorgesehen (VwGH 19.11.1997, 97/09/0318; 15.3.2011, 2010/05/0165). Der Antrag ist nach Maßgabe des § 14 TP 6 GebG gebührenpflichtig (siehe oben C. 3.1.6.). Kostenersatz steht grundsätzlich nicht zu (§ 74), es sei denn, die Verwaltungsvorschriften bestimmen ausnahmsweise anderes.

Der Wiedereinsetzungsantrag muss folgende Bestandteile beinhalten (**notwendiger Inhalt**):
- konkretes Vorbringen zur **Rechtzeitigkeit** (VwGH 17.2.2011, 2009/07/0082; 22.11.2016, Ra 2016/03/0058);
- Vorbringen zu (mindestens) einem **Wiedereinsetzungsgrund**: tatsachenbezogene (VwGH 17.2.2011, 2009/07/0082) und konkrete (VwGH 21.2.2017, Ra 2016/12/0026) Glaubhaftmachung eines unvorhergesehenen oder unabwendbaren Ereignisses (§ 71 Abs 1 Z 1) oder Hinweis auf fehlende oder unrichtige Rechtsmittelbelehrung (§ 71 Abs 1 Z 2); der Wiedereinsetzungsantrag kann nicht auf Umstände gestützt werden, die die Behörde schon früher für unzureichend befunden hat, um die Verlängerung der versäumten Frist oder die Verlegung der versäumten Verhandlung zu bewilligen (§ 71 Abs 7); im Antrag müssen sämtliche sachlich in Betracht kommende Wiedereinsetzungsgründe geltend gemacht werden, ein „Nachschießen" von etwaigen Wiedereinsetzungsgründen ist unzulässig (VwGH 23.4.2015, 2012/07/0222);
- Vorbringen zum **Fehlen eines Verschuldens** (oder zum Vorliegen nur eines minderen Grades des Versehens);
- **Antrag**, die Wiedereinsetzung in den vorigen Stand zu bewilligen;
- (gegebenenfalls) **Nachholen der versäumten Verfahrenshandlung** (gem § 71 Abs 3 ist im Falle der Versäumung einer Frist für die Setzung einer Prozesshandlung die versäumte Handlung gleichzeitig mit dem Wiedereinsetzungsantrag nachzuholen).

Die Einbringung des Wiedereinsetzungsantrags hat **keine unmittelbaren Rechtswirkungen**, insb wird die Frist zur Anfechtung des infolge der Versäumung einer mündlichen Verhandlung erlassenen Bescheids nicht gehemmt (§ 72 Abs 2). Der Wiedereinsetzungsantrag hat im Übrigen **keine aufschiebende Wirkung**; die Behörde kann dem Antrag die aufschiebende Wirkung aber (mit verfahrensrechtlichem Bescheid) zuerkennen (§ 71 Abs 6). Es handelt sich dabei um eine Ermessensentscheidung, für die das

AVG keine näheren Kriterien vorgibt. Es wird jedoch angenommen, dass die im Berufungsverfahren für die aufschiebende Wirkung maßgeblichen Gesichtspunkte (vgl § 64 Abs 2) heranzuziehen sind und die Behörde eine Interessenabwägung vorzunehmen hat.

→ Siehe das Muster für einen Wiedereinsetzungsantrag unter H. 5.

5.7.3. Entscheidung über den Antrag auf Wiedereinsetzung

a) Zuständigkeit zur Entscheidung

– Versäumung der Frist (§ 71 Abs 1 Z 1 erster Fall): In diesem Fall liegt die Zuständigkeit zur Entscheidung über den Antrag bei jener Behörde, bei der die versäumte Prozesshandlung vorzunehmen gewesen wäre.

> **Beispiel:** Im Fall einer Berufung ist dies die Behörde, bei der die Berufung einzubringen ist, also jene, die den Bescheid in erster Instanz erlassen hat (§ 63 Abs 5 AVG).

– Versäumung einer Verhandlung (§ 71 Abs 1 Z 1 zweiter Fall): Die Entscheidung ist von der Behörde zu treffen, welche die versäumte Verhandlung angeordnet hat.
– Versäumung der Rechtsmittelfrist (§ 71 Abs 1 Z 2): Die Entscheidungsbefugnis hat jene Behörde, welche die unrichtige Rechtsmittelbelehrung erteilt hat.

b) Entscheidungsmöglichkeiten

– **Zurückweisung:** Diese erfolgt bei Unzulässigkeit des Antrags, etwa aufgrund der fehlenden Parteistellung oder der verspäteten Einbringung des Antrags.
– **Abweisung:** Abgewiesen wird der Antrag bei inhaltlichen Defiziten, etwa weil die geltend gemachten Wiedereinsetzungsgründe nicht stichhaltig sind, oder weil er auf Umstände gestützt wird, welche die Behörde schon früher für unzureichend befunden hat, um die Verlängerung der versäumten Frist oder die Verlegung der versäumten Verhandlung zu bewilligen (§ 71 Abs 7). Hat eine Partei Wiedereinsetzung gegen die Versäumung der mündlichen Verhandlung beantragt und gegen den Bescheid Berufung eingelegt, so ist auf die Erledigung der Berufung erst einzugehen, wenn der Antrag auf Wiedereinsetzung abgewiesen worden ist (§ 72 Abs 3).
– **Bewilligung:** Sind die gesetzlichen Voraussetzungen erfüllt, hat die Partei einen Rechtsanspruch auf Bewilligung der Wiedereinsetzung.

Durch die Bewilligung tritt das Verfahren in die Lage zurück, in der es sich vor dem Eintritt der Versäumung befunden hat (§ 72 Abs 1). Ein eine Berufung als verspätet zurückweisender Bescheid tritt von Gesetzes wegen außer Kraft (vgl VwGH 2.9.2010, 2008/19/0194). Alle ab Eintritt der Versäumung gesetzten Akte (zB Verfahrensanordnungen) verlieren rückwirkend ihre Gültigkeit und sind bei Erforderlichkeit neu durchzuführen.

5.7.4. Rechtsschutz

Die Entscheidung über den Wiedereinsetzungsantrag erfolgt durch verfahrensrechtlichen Bescheid, gegen den gem Art 130 Abs 1 Z 1 B-VG Beschwerde an das Verwaltungsgericht erhoben werden kann. Gegen den Bescheid, mit dem der Wiedereinsetzungsantrag zurück- oder abgewiesen wird, steht dem Wiedereinsetzungswerber die Beschwerde offen. Wird die Wiedereinsetzung bewilligt, können die übrigen Parteien dagegen mit Beschwerde vorgehen.

Das gilt – folgt man einer entsprechenden Entscheidung des VwGH zum Verfahren der Wiederaufnahme (oben 5.6.6.) – im Ergebnis auch in Angelegenheiten des eigenen Wirkungsbereichs der Gemeinde. Gegen die **Bewilligung** der Wiederaufnahme wird eine Berufung durch § 63 Abs 1 Satz 2 ausdrücklich ausgeschlossen. Der Verweis auf die Verwaltungsvorschriften in § 63 Abs 1 Satz 1 (und damit auf dessen Satz 2) bedeutet, dass auch in den Fällen der **Ablehnung** (Zurückweisung oder Abweisung) des Wiedereinsetzungsantrags mit Beschwerde an das Verwaltungsgericht vorzugehen ist.

5.8. Geltendmachung der Entscheidungspflicht der Behörde (§ 73)

Gem § 73 Abs 1 sind die Behörden verpflichtet, über Anträge und Rechtsmittel ohne unnötigen Aufschub, jedenfalls aber binnen **sechs Monaten** nach deren Einlangen bescheidmäßig zu entscheiden (vgl auch § 8 Abs 1 VwGVG). Korrespondierend zu dieser Pflicht hat die Partei ein Recht, sich gegen die Untätigkeit der Behörde zu wehren:
- Im Allgemeinen steht der Partei die **Säumnisbeschwerde** an das Verwaltungsgericht offen (Art 130 Abs 1 Z 3 B-VG, §§ 8 und 37 VwGVG).
- In Angelegenheiten des eigenen Wirkungsbereichs der Gemeinde kann im Fall der Säumnis der Behörde erster Instanz – also wenn ein Bescheid nicht erlassen wird, gegen den Berufung erhoben werden könnte – ein **Devolutionsantrag** gem § 73 Abs 2 gestellt werden. Wird hingegen die Berufungsbehörde säumig, so muss dagegen mit Säumnisbeschwerde an das Verwaltungsgericht vorgegangen werden (vgl § 36 Abs 2 VwGVG).

Die Entscheidungspflicht „**ohne unnötigen Aufschub**" bedeutet, dass die Behörde die Entscheidung nicht unnötig verzögern darf, also **ehestmöglich** zu entscheiden hat. Sie darf nicht grundlos zuwarten oder in der Absicht, die Entscheidung zu verzögern, überflüssige Verwaltungshandlungen setzen (vgl VwGH 8.9.2016, Ra 2016/06/0057). Zwar steht der Partei erst nach sechsmonatiger Untätigkeit die Möglichkeit der Säumnisbeschwerde oder des Devolutionsantrags offen, wird ihr jedoch durch eine unnötige Verzögerung des Verfahrens innerhalb der sechs Monate ein Schaden zugefügt, kann sie Amtshaftungsansprüche (Art 23 Abs 1 B-VG) geltend machen (vgl RIS-Justiz RS0049704). Die sechsmonatige Frist ist im Übrigen nur dann maßgeblich, wenn die Verwaltungsvorschriften nicht anderes bestimmen (Subsidiarität).

In einzelnen Vorschriften finden sich Regelungen, welche der Behörde eine längere oder kürzere Entscheidungsfrist einräumen oder andersartige Säumnisfolgen vorsehen: § 7 Abs 2 UVP-G räumt eine längere Entscheidungsfrist ein (neun Monate), § 41 Abs 2 StudFG eine kürzere (Entscheidung über Anträge auf Studienbeihilfe innerhalb von drei Monaten).

5.8.1. Begründung der Entscheidungspflicht

Ausgelöst wird die Entscheidungspflicht nur durch Anträge einer Partei (VwGH 26.2.2016, Ro 2014/03/0002), die mit Bescheid zu erledigen sind und auf deren Erledigung die Partei einen Rechtsanspruch (bzw ein rechtliches Interesse) hat bzw zu haben behauptet.

Dazu gehören auch Berufungen, Anträge auf Wiederaufnahme oder Wiedereinsetzung, die Vorstellung nach § 57 Abs 2 und der Devolutionsantrag nach § 73 Abs 2. Auch Anträge, die unzulässig sind, sind durch (zurückweisenden) Bescheid zu erledigen (vgl VwGH 27.11.2014, 2013/03/0152; 27.6.2017, Ra 2016/12/0092).

Keine Entscheidungspflicht begründet nach der Judikatur des VwGH eine Aufsichtsbeschwerde, die auf eine Aufhebung oder Abänderung von Bescheiden gem § 68 Abs 2 bis 4 abzielt (VwSlg 1807 A/1950; VwGH 28.3.1996, 96/07/0038). Der Berufungsgegner hat nach der Judikatur mangels rechtlichen Interesses regelmäßig keinen Anspruch auf Erledigung der Berufung (VwGH 24.4.2007, 2006/05/0066).

5.8.2. Devolutionsantrag als Rechtsbehelf gegen Säumnis bzw Untätigkeit der erstinstanzlichen Gemeindebehörde

Unter einem Devolutionsantrag versteht man einen Antrag, mit dem der Übergang der Zuständigkeit und damit auch der Entscheidungspflicht auf die Berufungsbehörde begehrt wird. Ein Devolutionsantrag kann bei Vorliegen folgender Voraussetzungen gestellt werden:

- **Nichterlassung eines Bescheids, gegen den Berufung erhoben werden könnte:** Ein Devolutionsantrag gem § 73 Abs 2 setzt voraus, dass ein „Bescheid, gegen den Berufung erhoben werden kann", nicht fristgerecht erlassen wird. Dies trifft nur auf erstinstanzliche Bescheide von Gemeindebehörden in Angelegenheiten des eigenen Wirkungsbereichs zu. Im Fall der Säumnis bei der Erlassung **anderer Bescheide** steht die Säumnisbeschwerde gem Art 130 Abs 1 Z 3 B-VG an das Verwaltungsgericht zur Verfügung. Dies gilt insb auch, wenn die Berufungsbehörde (Gemeinderat oder Gemeindevorstand) bei der Erledigung einer Berufung säumig wird.
- **Beeinträchtigung der rechtlichen Interessen des Antragstellers:** Der Devolutionsantrag kann nur von jenen Parteien gestellt werden, welche durch die behördliche Untätigkeit in ihren rechtlichen Interessen beeinträchtigt sind (VwSlg 4640 A/1958; VwGH 8.4.1986, 86/04/0042). Legitimiert ist also derjenige, der einerseits einen Erledigungsanspruch nach § 73 und andererseits ein rechtliches Interesse an der Geltendmachung der Entscheidungspflicht hat (VwGH 25.4.1995, 95/05/0100).

  > **Beispiele:** Nicht in seinen rechtlichen Interessen beeinträchtigt ist der Nachbar im Baubewilligungsverfahren erster Instanz, da er kein Recht auf Erledigung des Baubewilligungsantrags hat.

- **Verstreichen der Frist von sechs Monaten:** Der Devolutionsantrag kann – vorbehaltlich abweichender Verwaltungsvorschriften – jedenfalls erst dann gestellt werden, wenn der Bescheid nicht innerhalb von sechs Monaten erlassen (dh zugestellt oder mündlich verkündet und beurkundet) wurde. Die Frist beginnt mit dem Tag zu laufen, an dem der Antrag bei der Einbringungsstelle eingelangt ist (VwGH 10.11.1995, 95/17/0248). Ist ein Antrag mangelhaft, so beginnt die Entscheidungspflicht erst mit dem Einbringen des verbesserten Antrags zu laufen (VwGH 29.4.2015, 2013/06/0140). Wird der Antrag in einem wesentlichen Punkt („in seinem Wesen" iSv § 13 Abs 8) geändert, beginnt die Frist mit dem Einlangen der Änderung neu zu laufen (VwGH 24.3.2015, Ro 2014/05/0023). Bei Behebung des Bescheids durch die Berufungsbehörde und Zurückverweisung an eine untere Instanz (§ 66 Abs 2) läuft die Frist ab Zustellung des Zurückverweisungsbescheids an die Unterinstanz. Eine Hemmung der Entscheidungsfrist tritt ein, wenn die Behörde gesetzlich dazu verpflichtet ist, die Entscheidung einer anderen Behörde bzw eines Gerichts abzuwarten (zB im Fall des § 38a, siehe oben C. 4.3.8.). Ein Devolutionsantrag, welcher vor Ablauf der Entscheidungsfrist eingebracht wird, ist unzulässig (VwGH 28.9.2010, 2009/05/0316). Nach Ablauf der

Frist kann der Devolutionsantrag jederzeit (dh unbefristet) gestellt werden, bis die zuständige Behörde eine (wenn auch verspätete) Entscheidung getroffen hat.

Die Zulässigkeit eines Devolutionsantrags ist ausschließlich nach der Sach- und Rechtslage im Zeitpunkt seiner Einbringung zu beurteilen (VwGH 22.1.2019, Ra 2019/05/0001).

5.8.3. Weitere Inhalts- und Formerfordernisse

Der Devolutionsantrag hat folgendes zu beinhalten (**notwendiger Inhalt**):
- Vorbringen zum Ablauf der sechsmonatigen Entscheidungsfrist;
- Vorbringen zum Verschulden der säumigen Behörde (vgl § 73 Abs 2 letzter Satz);
- Antrag auf Entscheidung durch die Berufungsbehörde.

Dem Devolutionsantrag kann eine Kopie des Antrags beigelegt werden, über den nicht innerhalb der Entscheidungsfrist entschieden wurde.

Der Devolutionsantrag ist **schriftlich** zu stellen (vgl § 73 Abs 2 Satz 1: „auf schriftlichen Antrag"), bei der Berufungsbehörde einzubringen (§ 73 Abs 2 Satz 2; vgl VwSlg 19.409 A/2016) und auch an die Berufungsbehörde zu richten. Welche Behörde die Berufungsbehörde ist, richtet sich nach den gemeindeorganisationsrechtlichen Vorschriften (vgl oben C. 5.2.2.). Mangels anders lautender Anordnung genügt es, den Devolutionsantrag in einfacher Ausfertigung einzubringen. Es besteht keine Anwaltspflicht. Die Gewährung von Verfahrenshilfe ist nicht vorgesehen. Der Antrag ist nach Maßgabe des § 14 TP 6 GebG gebührenpflichtig (vgl oben C. 3.1.6.). Kostenersatz steht nicht zu, es sei denn, die Verwaltungsvorschriften bestimmen anderes (§ 74).

→ Siehe das Muster für einen Devolutionsantrag unter H. 7.

5.8.4. Rechtswirkungen des Devolutionsantrags

Mit dem Einlangen des zulässigen Devolutionsantrags bei der Berufungsbehörde **geht die Zuständigkeit zur Entscheidung auf diese Behörde über** (vgl VwGH 26.1.2011, 2009/07/0098; 24.7.2014, 2013/07/0270; VwSlg 19.409 A/2016; VwGH 21.11.2017, Ra 2017/11/0279); zugleich verliert die säumige Behörde *ex lege* ihre Zuständigkeit (VwGH 26.6.2014, Ro 2014/21/0064). Die Berufungsbehörde entscheidet *anstelle* der untätigen Unterbehörde, also erstinstanzlich und nicht als Rechtsmittelinstanz (vgl VwGH 29.11.2001, 2001/16/0532); gleichwohl kann gegen ihren Bescheid nicht Berufung, sondern nur Beschwerde an das Verwaltungsgericht erhoben werden, wenn und weil ein weiterer innergemeindlicher Instanzenzug nicht besteht. Wird der Devolutionsantrag zurückgezogen oder rechtskräftig von der Berufungsbehörde abgewiesen, wird die säumige Behörde wieder zuständig (VwGH 31.3.1982, 2450/79; 25.9.2002, 97/13/0058; VwSlg 13.111 A/1990).

Mit der Zuständigkeit **geht auch die Entscheidungspflicht auf die Berufungsbehörde über** (vgl VwGH 7.12.2016, Ra 2016/22/0072). Die nunmehr zuständige Behörde hat innerhalb von sechs Monaten zu entscheiden (vgl §§ 8 und 36 Abs 2 VwGVG); diese Frist beginnt mit dem Tag des Einlangens des Devolutionsantrags zu laufen (§ 73 Abs 3). Wird die Berufungsbehörde säumig, steht die Säumnisbeschwerde gem Art 130 Abs 1 Z 3 B-VG an das Verwaltungsgericht offen.

5.8.5. Entscheidungsmöglichkeiten aufgrund des Devolutionsantrags

a) Zurückweisung

Bei Fehlen einer allgemeinen Voraussetzung ist der Devolutionsantrag zurückzuweisen. Allgemeine Voraussetzungen sind der Ablauf der Entscheidungsfrist, die Parteistellung im Verwaltungsverfahren, das Vorliegen eines Erledigungsanspruchs und die fristgerechte Mängelbehebung gem § 13 Abs 3. Unzulässige Devolutionsanträge bewirken nicht den Übergang der Zuständigkeit auf die Oberbehörde (VwGH 31.1.1995, 93/08/0021).

b) Abweisung

Ein zulässiger Devolutionsantrag ist abzuweisen, wenn die Verzögerung **nicht auf ein überwiegendes Verschulden der Behörde** zurückzuführen ist (§ 73 Abs 2 letzter Satz; vgl VwGH 26.2.2016, Ro 2014/03/0002). Ein überwiegendes Verschulden der Behörde liegt darin, dass diese die für eine zügige Verfahrensführung notwendigen Schritte unterlässt oder mit diesen grundlos zuwartet (VwGH 18.12.2014, 2012/07/0087). Dies ist dann anzunehmen, wenn die Verzögerung weder durch das Verschulden der Partei noch durch unüberwindliche, zB gesetzliche Hindernisse (etwa eine Änderung der Behördenzuständigkeit) verursacht worden ist (VwSlg 8426 A/1973; VwGH 20.6.1980, 1567/76; 22.12.2010, 2009/06/0134). Der Begriff des behördlichen Verschuldens ist objektiv zu verstehen; auch eine Überlastung der Behörde, die Komplexität der Materie, die Abhaltung behördeninterner Besprechungen oder die Verweigerung der Übermittlung von Verfahrensakten durch eine andere Behörde hindert nicht das Vorliegen von Verschulden der Behörde.

Setzt die Behörde gem § 38 das Verfahren mit Bescheid aus, wird die Entscheidungsfrist unterbrochen. Sie beginnt erst nach rechtskräftiger Entscheidung über die Vorfrage neu zu laufen. Auch wenn die Behörde keinen förmlichen Aussetzungsbescheid erlässt, ist die Entscheidungsfrist gehemmt, solange die Behörde von ihrem Recht auf Aussetzung Gebrauch macht.

Der rechtskräftige Abweisungsbescheid bewirkt, dass die Zuständigkeit von der Berufungsbehörde wieder an die Vorinstanz zurückfällt (vgl VwGH 15.12.1993, 93/03/0216; 27.4.2017, Fr 2017/11/0002). Gegen den abweisenden (verfahrensrechtlichen) Bescheid der Berufungsbehörde besteht die Möglichkeit der Bescheidbeschwerde gem Art 130 Abs 1 Z 1 B-VG an das Verwaltungsgericht (vgl § 36 Abs 1 VwGVG).

c) Stattgebung und Sachentscheidung

Ist der Devolutionsantrag weder zurück- noch abzuweisen, so hat die nunmehr zuständige Berufungsbehörde in der Sache selbst zu entscheiden. Die Stattgebung des Devolutionsantrags hat keinen selbstständigen rechtlichen Gehalt, sie muss daher nicht in den Spruch des Bescheids aufgenommen werden, sondern lediglich in der Begründung dargelegt werden (vgl VwGH 27.5.2015, Ra 2015/19/0075). Die Sachentscheidung der Berufungsbehörde kann mit Bescheidbeschwerde gem Art 130 Abs 1 Z 1 B-VG an das Verwaltungsgericht bekämpft werden (vgl § 36 Abs 1 VwGVG).

6. Kosten des Verwaltungsverfahrens

6.1. Kosten der Beteiligten

6.1.1. Grundsatz der Kostenselbsttragung

Grundsätzlich haben die Beteiligten die Kosten, die ihnen im Verfahren erwachsen (auch Anwaltskosten, Privatgutachterkosten etc), selbst zu tragen (vgl § 74 Abs 1: **Grundsatz der Kostenselbsttragung**), unabhängig davon, ob das Verfahren über einen Antrag oder von Amts wegen eingeleitet wurde (vgl VwGH 17.12.2014, Ra 2014/03/0048), und unabhängig davon, wie es ausgeht. Irrelevant ist auch, ob die Tragung der Kosten für die Partei eine unzumutbare finanzielle Belastung darstellt (vgl VwGH 23.1.2001, 2000/11/0217). Nach den Vorstellungen des historischen Gesetzgebers dient dieser Grundsatz dem Verkehr zwischen der Bevölkerung und der Behörde, welcher nicht durch eine allgemeine Kostenersatzpflicht beeinträchtigt werden soll (AB 1925); ob er für das moderne Verwaltungsverfahren noch sachadäquat ist, ist zweifelhaft (*Fister*, JBl 2011, 560 ff).

In den **Verwaltungsvorschriften** kann gem § 74 Abs 2 eine **Kostenersatz-pflicht** gegenüber anderen Beteiligten vorgesehen sein, dies ist allerdings selten der Fall (vgl etwa § 7 Abs 3 EisbEG, § 123 Abs 2 WRG, § 186 Abs 2 MinroG).

6.1.2. Ausnahmen vom Grundsatz der Selbsttragung im AVG

In zwei Fällen werden Kosten als Sanktion für ungerechtfertigtes Nichter-scheinen auferlegt:

– Die Behörde kann Zeugen, Beteiligten, nichtamtlichen Sachverständigen und nichtamtlichen Dolmetschern eine Pflicht zum Ersatz der Kosten der Behörde bzw der Beteiligten, welche durch ungerechtfertigtes Nicht-erscheinen zur Vernehmung oder durch ungerechtfertigte Aussageve-weigerung entstehen, auferlegen (vgl § 49 Abs 5 iVm § 51, § 52 Abs 4 sowie § 39a iVm § 52 Abs 4).

– Nach § 42 Abs 4 muss der Antragsteller die Kosten eines anderen Betei-ligten tragen, wenn die Verhandlung wegen seines Nichterscheinens ver-tagt worden ist.

6.1.3. Geltendmachung und Höhe des Kostenersatzanspruchs

Auch wenn ein Kostenersatzanspruch vorgesehen ist, wird Kostenersatz **nur auf Antrag** des anspruchsberechtigten Beteiligten gewährt. Das Kos-tenersatzbegehren ist so rechtzeitig zu stellen, dass der Kostenausspruch in den Bescheid aufgenommen werden kann (§ 74 Abs 2 Satz 2); widrigenfalls erlischt der Kostenersatzanspruch (VwSlg 15.143 A/1999). Die Höhe der zu ersetzenden Kosten wird von der Behörde bestimmt und kann von dieser auch in einem Pauschalbetrag festgesetzt werden (§ 74 Abs 2 Satz 3). Die Höhe des Kostenersatzes richtet sich nach den tatsächlichen Aufwendun-gen, die zur Wahrnehmung der Rechte der Beteiligten im Verfahren erfor-derlich waren; mitunter bestehen Sonderregelungen (zB § 7 Abs 3 EisbEG).

Der Kostenausspruch der bescheiderlassenden Behörde (§ 59 Abs 1) ist (selbständig) mit Bescheidbeschwerde gem Art 130 Abs 1 Z 1 B-VG an das Verwaltungsgericht (bzw mit Berufung an die übergeordnete Gemeindebe-hörde in Angelegenheiten des eigenen Wirkungsbereichs) anfechtbar.

6.2. Kosten der Behörde

6.2.1. Grundsatz der amtswegigen Kostentragung

Die Kosten für die behördliche Tätigkeit im Verwaltungsverfahren sind **von Amts wegen** von jenem Rechtsträger **zu tragen**, der nach den finanzverfassungsrechtlichen oder finanzausgleichsrechtlichen Vorschriften (vgl § 2 F-VG, § 1 Abs 1 FAG 2017) zur Kostentragung verpflichtet ist, sofern die §§ 76 bis 78 nicht anderes vorsehen (§ 75 Abs 1). Unterschieden wird zwischen dem allgemeinen und dem konkreten Aufwand:

– allgemeiner Amts- und Personalaufwand (etwa Aufwendungen zur Errichtung des Behördenapparats und zur Aufrechterhaltung des behördlichen Betriebs, Kosten für Gutachten der Amtssachverständigen): Diese Aufwendungen trägt der Rechtsträger, dem die Behörde organisatorisch zuzuordnen ist.

– Für die aus Anlass eines konkreten Verfahrens entstehenden Kosten kommt der Rechtsträger auf, dem die Behörde funktionell zuzuordnen ist. Diese Kosten gelten als Barauslagen und können auf die Beteiligten überwälzt werden.

6.2.2. Kostenersatzanspruch gegenüber den Beteiligten nach AVG

In bestimmten Fällen besteht eine Verpflichtung der Beteiligten zum Ersatz der Kosten der Behörde. Die §§ 76 bis 78a enthalten einschlägige Sondervorschriften für

– Barauslagen (zB Gebühren für nicht-amtliche Sachverständige und Dolmetscher; nicht aber Kosten iSd § 17a und Gebühren für einen Gehörlosendolmetscher, vgl § 76 Abs 5),

– Kommissionsgebühren für Amtshandlungen außerhalb des Amts und

– Bundesverwaltungsabgaben (siehe die BVwAbgV).

Die Stempel- und Rechtsgebühren des Bundes bleiben gem § 75 Abs 3 von den Regelungen des AVG unberührt; sie sind im GebührenG geregelt (siehe oben C. 3.1.6.).

6.2.3. Gefährdung des Unterhalts

Gem § 79 ist eine allfällige Gefährdung des notwendigen Unterhalts des Beteiligten und der Personen, für die er nach dem Gesetz zu sorgen hat, ausschließlich bei der Einhebung von Barauslagen, Kommissionsgebühren und Verwaltungsabgaben, nicht aber bereits bei der Vorschreibung zu berücksichtigen (vgl VwGH 10.7.1998, 97/02/0479; 15.10.2015, 2013/02/0185).

D. Verwaltungsstrafrecht

1. Grundlagen und Geltungsbereich

Das **VStG** enthält die allgemeinen Bestimmungen des Verwaltungsstrafrechts (§§ 1–22) und die Regelungen des Verwaltungsstrafverfahrens (§§ 24–67). Die einzelnen Straftatbestände sind hingegen in den diversen Materiengesetzen normiert, es gibt somit kein kodifiziertes Verwaltungsstrafrecht. „Verwaltungsübertretungen" im Sinne des VStG sind die von den in Art I Abs 2 Z 2 EGVG genannten Behörden zu ahnenden Übertretungen (vgl Art II Abs 3 EGVG).

Gem § 24 ist das **AVG** – mit Ausnahme der dort aufgezählten Paragraphen – auch im Verwaltungsstrafverfahren anzuwenden, sofern das VStG nicht anderes anordnet.

§ 1 Abs 1 enthält eine Regelung zum **zeitlichen Geltungsbereich** von Verwaltungsstraftatbeständen. Danach darf eine Tat nur dann bestraft werden, wenn sie vor ihrer Begehung mit Strafe bedroht war (Grundsatz des **Verbots der Rückwirkung** von Strafrechtsnormen, vgl auch Art 7 Abs 1 EMRK). Die Strafe richtet sich nach dem zur Zeit der Tat geltenden Recht (es gilt also grundsätzlich das „Tatzeitrecht"), es sei denn, dass das zur Zeit der Entscheidung geltende Recht in seiner Gesamtauswirkung für den Täter günstiger wäre (**Gebot der Rückwirkung günstigeren Rechts** [„lex mitior", Günstigkeitsprinzip]; siehe auch VwGH 21.5.2019, Ra 2019/03/0009; VfGH 14.6.2019, E 1610/2019).

Der **räumliche Geltungsbereich** von Verwaltungsstraftatbeständen ist gem § 2 auf das Inland beschränkt (Territorialprinzip), es sind somit grundsätzlich nur die **im Inland begangenen** Verwaltungsübertretungen („Inlandstaten") strafbar. In den Verwaltungsvorschriften kann jedoch anderes bestimmt sein (vgl zB VwGH 29.6.2017, Ra 2017/21/0060). Eine Verwaltungsübertretung gilt dann als im Inland begangen, wenn der Täter im In-

---

Hinweis: Paragraphenangaben ohne Nennung des zugehörigen Gesetzes beziehen sich in Kapitel D immer auf das VStG.

land gehandelt hat oder hätte handeln sollen oder wenn der tatbestandsmäßige Erfolg im Inland eingetreten ist (§ 2 Abs 2).

Eine **Auslieferung** an andere Staaten wegen einer Verwaltungsübertretung ist genauso wenig zulässig wie eine **Vollstreckung ausländischer Strafen** im Inland, es sei denn, in Staatsverträgen wäre ausdrücklich anderes bestimmt (§ 2 Abs 3). Für die Auslieferung gibt es derzeit keinen entsprechenden Staatsvertrag, wohl aber einen Staatsvertrag für die Vollstreckbarkeit von verwaltungsbehördlichen Geldstrafen, wenn auch nur zwischen Österreich und Deutschland (BGBl 526/1990). Innerhalb der EU ist die Vollstreckung von Geldstrafen nach Maßgabe des EU-Rahmenbeschlusses 2005/214/JI möglich; auf innerstaatlicher Ebene gilt dafür das EU-VStVG.

2. Allgemeines Verwaltungsstrafrecht

2.1. Begriff und Elemente der Verwaltungsübertretung

Eine Verwaltungsstraftat ist die schuldhafte Begehung einer rechtswidrigen (verbotenen), mit Strafe bedrohten Tat (Handlung oder Unterlassung gem § 1 Abs 1) im Zustand der Zurechnungsfähigkeit, sofern nicht ausnahmsweise eine gesetzliche Erlaubnis besteht.

2.1.1. Tatbildmäßiges Verhalten – objektiver Tatbestand

Es muss ein bestimmtes menschliches Verhalten gesetzt werden, das dem Tatbild einer Verwaltungsstrafnorm entspricht.

> **Beispiel:** Die Errichtung einer Betriebsanlage, für die keine behördliche Genehmigung besteht, ist gem § 366 Abs 1 Z 2 GewO eine Verwaltungsübertretung, die mit Geldstrafe bis zu 3600 Euro zu bestrafen ist.

Dabei unterscheidet man zwischen Handlungs- und Unterlassungsdelikten.
- **Handlungsdelikte** sind solche, die durch ein bestimmtes aktives Tun verwirklicht werden, zB das vorschriftswidrige Parken.
- **Unterlassungsdelikte** hingegen werden durch Unterlassen eines rechtlich gebotenen und möglichen Tuns verübt, zB die Nichtbefolgung einer Meldepflicht.

Zu manchen Verwaltungsstraftatbeständen gehört neben der Tat auch der Eintritt eines Erfolgs. Bei solchen Tatbeständen spricht man von **Erfolgsdelikten**, ansonsten, also wenn das Verhalten ohne Rücksicht auf den Erfolg Tatbild ist, von **Ungehorsamsdelikten**. Letztere bilden den Großteil der Verwaltungsdelikte.

2.1.2. Rechtswidrigkeit

Das tatbildmäßige Verhalten ist regelmäßig auch rechtswidrig („vertyptes Unrecht"). Die Rechtswidrigkeit ist somit indiziert, sie kann aber ausnahmsweise durch das Vorliegen von Rechtfertigungsgründen ausgeschlossen sein.

Zu den **Rechtfertigungsgründen** gehören:

- **Notwehr und Nothilfe:** In Notwehr handelt, wer sich nur im notwendigen Maße verteidigt, um einen gegenwärtigen oder unmittelbar drohenden rechtswidrigen Angriff auf Leben und Gesundheit, Freiheit oder Vermögen von sich (Notwehr) oder einem anderen (Nothilfe) abzuwehren (vgl § 3 StGB).
- **Rechtfertigender Notstand:** In diesem Fall opfert der Täter ein geringerwertiges Rechtsgut, um ein höherwertiges zu retten (vgl VwSlg 11.595 A/1984).
- **Einwilligung des Verletzten**: Dieser Rechtfertigungsgrund kommt nur bei Verwaltungsstrafbestimmungen zum Tragen, die allein dem Schutz der Interessen einer bestimmten Person, nicht aber dem Allgemeininteresse dienen. Das Rechtsgut muss also disponibel sein.
- **Erfüllung einer Amtspflicht** (zB Festnahme einer Person, die auf frischer Tat beim Begehen einer Verwaltungsübertretung ertappt wurde).
- Die Tat ist **„vom Gesetz geboten oder erlaubt"** (§ 6 VStG), etwa infolge **Ausübung eines Grundrechts** (zB Verstoß gegen die StVO in Ausübung der Versammlungsfreiheit, VfSlg 11.904/1988; VwSlg 17.765 A/2009).

2.1.3. Verschulden – subjektiver Tatbestand

Die Schuld ist das subjektive Merkmal der Straftat, dh die innere Einstellung des Täters zu seiner Tat (innere bzw **„subjektive" Tatseite**, im Gegensatz zur „objektiven" Tatseite, bei der danach zu fragen ist, ob der Tatbestand einer Verwaltungsübertretung objektiv verwirklicht wurde; siehe oben D 2.2.1.). Bei natürlichen Personen gilt – anders als bei juristischen Personen (siehe VfSlg 20.112/2016) – das **„Schuldprinzip"**: Die Verhängung einer Verwaltungsstrafe ist nur zulässig, wenn der betreffenden Person nicht nur die Verwirklichung des objektiven Tatbestands einer Verwaltungsübertretung, sondern auch ein Verschulden daran zum Vorwurf gemacht werden kann. Allerdings **genügt zur Strafbarkeit bereits fahrlässiges Verhalten**, wenn eine Verwaltungsvorschrift über das Verschulden nicht anderes bestimmt (§ 5 Abs 1 Satz 1).

Voraussetzung des Verschuldens ist die **Zurechnungsfähigkeit** des Täters (biologisches Schuldelement). Diese ist von der Behörde bei Vorliegen entsprechender Indizien von Amts wegen zu klären (vgl VwGH 13.4.2018, Ra 2017/02/0040). Unzurechnungsfähigkeit liegt vor, wenn der Täter das Unerlaubte seiner Tat nicht einsehen kann (Fehlen der Diskretionsfähigkeit) oder sich nicht dieser Einsicht gemäß verhalten kann (Fehlen der Dispositionsfähigkeit). In Betracht kommt die Unzurechnungsfähigkeit entweder aufgrund geringen Alters oder aufgrund psychischer Störungen:

- **Strafunmündigkeit:** Absolut strafunmündig ist, wer zur Zeit der Tat das 14. Lebensjahr noch nicht vollendet hat (§ 4 Abs 1). Jugendliche, die zur Zeit der Tat bereits das 14., aber noch nicht das 18. Lebensjahr vollendet haben („Alter der problematischen Reife"), sind nur dann strafunmündig, wenn sie aus besonderen Gründen noch nicht reif sind, das Unrecht der Tat einzusehen oder dieser Einsicht gemäß zu handeln (§ 4 Abs 2).
- **Psychische Störungen:** Gem § 3 Abs 1 ist jedenfalls unzurechnungsfähig, „wer zur Zeit der Tat wegen Bewusstseinsstörung, wegen krankhafter Störung der Geistestätigkeit oder wegen Geistesschwäche unfähig war, das Unerlaubte der Tat einzusehen oder dieser Einsicht gemäß zu handeln".

Hat der Täter den Zustand der Unzurechnungsfähigkeit durch **Trunkenheit** selbst verschuldet, kann er zwar nicht wegen der begangenen Verwaltungsübertretung, wohl aber wegen Begehung einer Verwaltungsübertretung im Rauschzustand (§ 83 Abs 1 SPG) bestraft werden.

Eine Verminderung der Diskretions- oder Dispositionsfähigkeit „in hohem Grad" ist als mildernder Umstand bei der Strafbemessung zu berücksichtigen, jedoch nicht bei selbstverschuldeter Trunkenheit (§ 3 Abs 2).

Man unterscheidet zwei Arten des **Verschuldens**. Diese sind nicht im VStG definiert, daher zieht man die Definitionen des StGB heran.

- **Vorsatz:** Vorsätzlich handelt, „wer einen Sachverhalt verwirklichen will, der einem gesetzlichen Tatbild entspricht" (§ 5 Abs 1 StGB). Ausreichend ist, sofern im Tatbestand nichts anderes bestimmt ist, dass der Täter die Herbeiführung des tatbildmäßigen Erfolgs zwar nicht bezweckt bzw nicht als gewiss voraussetzt, die Verwirklichung eines Sachverhalts, der einem gesetzlichen Tatbild entspricht, aber ernstlich für möglich hält und sich damit abfindet (bedingter Vorsatz – *dolus eventualis*; siehe zB VwGH 26.2.2010, 2009/02/0297).
- **Fahrlässigkeit:** Fahrlässig handelt,
  - „wer die Sorgfalt außer Acht lässt, zu der er nach den Umständen verpflichtet und nach seinen geistigen und körperlichen Verhältnissen befähigt ist und die ihm zuzumuten ist, und deshalb nicht erkennt, dass er einen Sachverhalt verwirklichen könne, der einem gesetzlichen Tatbild entspricht" (§ 6 Abs 1 StGB, unbewusste Fahrlässigkeit), oder

- „wer es für möglich hält, dass er einen Sachverhalt verwirkliche, ihn aber nicht herbeiführen will" (§ 6 Abs 2 StGB, bewusste Fahrlässigkeit).

Im Unterschied zum Vorsatztäter würde der fahrlässig Handelnde bei Gewissheit des Erfolgseintritts von der Handlung absehen.

Das Verschulden kann bei Irrtum oder anderen besonderen Schuldausschließungsgründen ausgeschlossen sein:

- **Irrtum (fehlendes Unrechtsbewusstsein):** Irrt der Täter in Bezug auf die Sachlage (Tatbildirrtum) oder auf die Rechtslage (Rechtsirrtum, nur dieser ist im VStG geregelt), kann die Schuld entfallen. Gem § 5 Abs 2 darf ein Rechtsirrtum als Schuldausschließungsgrund jedoch nicht verschuldet sein.

> Bei Annahme eines unverschuldeten Rechtsirrtums ist die Judikatur des VwGH streng: Jeder einzelne ist verpflichtet, sich über die Vorschriften eines Sachgebiets, auf dem er tätig ist, zu informieren und im Zweifel Erkundigungen (wie zB durch Inanspruchnahme einer Rechtsberatung) anzustellen (VwSlg 1647 A/1950, 7528 A/1969, 8514 A/1978; siehe näher VwGH 25.4.2019, Ra 2019/13/0029).

- **Vorliegen von besonderen Schuldausschließungsgründen,** insb Vorliegen des **Notstands:** Eine Tat ist nicht strafbar, wenn sie durch Notstand entschuldigt ist (§ 6). Der VwGH versteht darunter einen Fall der Kollision von Pflichten und Rechten, in dem jemand sich oder einen anderen aus schwerer unmittelbarer Gefahr einzig und allein durch die Begehung einer strafbaren Handlung retten kann (VwGH 24.4.1974, 1999/73). Die Gefahr darf aber nicht auf eine andere zumutbare Weise abzuwehren sein (VwGH 19.9.1990, 90/03/0123) und sie darf auch nicht selbst herbeigeführt worden sein (VwGH 10.10.2018, Ra 2018/03/0063).

2.1.4. Beweislast für die Tatbildmäßigkeit und das Verschulden

Die Behörde muss den Beweis erbringen, dass ein Beschuldigter den objektiven Tatbestand einer Verwaltungsübertretung verwirklicht hat (**Tatbestandsmäßigkeit;** vgl VwGH 21.5.2019, Ra 2019/03/0009).

Der Beweis des **Verschuldens** obliegt der Behörde nur bei Erfolgsdelikten, nicht aber bei Ungehorsamsdelikten: Gem § 5 Abs 1 Satz 2 kann die Behörde bei Ungehorsamsdelikten das Vorliegen des Verschuldens (iSv Fahrlässigkeit) annehmen (Vermutung fahrlässigen Verhaltens bei Ungehorsamsdelikten), wenn sie den Nachweis des tatbildmäßigen Verhaltens erbracht hat. Den Beschuldigten trifft in diesem Fall die Pflicht der Glaubhaftmachung, dass kein Verschulden vorliegt. Dabei reicht es aus, wenn der Beschuldigte die Behörde von der Wahrscheinlichkeit einer bestimmten Tatsache überzeugt (VwGH 24.5.1989, 89/02/0017).

Dies gilt aber nicht, wenn die Verwaltungsübertretung mit einer Geldstrafe von über 50.000 Euro bedroht ist (§ 5 Abs 1a). Somit ist unter der Voraussetzung, dass die abstrakte Höchststrafdrohung des jeweiligen Delikts mehr als 50.000 Euro beträgt, das Verschulden nicht ohne weiteres anzunehmen (ErläutRV 193 BlgNR 26. GP 5), sondern die Behörde hat den Nachweis des Verschuldens zu erbringen. Der VwGH hat diese durch die Novelle BGBl I 57/2018 erfolgte Einschränkung der Verschuldensvermutung aber stark relativiert und keine erheblichen Unterschiede zur bisherigen Rechtslage gesehen, weil – so der VwGH – die Behörde auch bisher bei Vorliegen von Anhaltspunkten, die am Verschulden des Beschuldigten zweifeln lassen, unabhängig von der Höhe der Strafdrohung iSd § 5 Abs 1a auch die Verschuldensfrage von Amts wegen zu klären hatte (siehe VwGH 21.5.2019, Ra 2019/03/0009, Rz 26). Überzeugend ist diese Rsp allerdings nicht, weil die Beweislast einerseits (§ 5) und die Grundsätze der Amtswegigkeit und der materiellen Wahrheit andererseits (§ 25 Abs 1 und 2) nicht dasselbe sind. In den Fällen des § 5 Abs 1a soll die Behörde eben gerade nicht nur bei Vorliegen gegenteiliger Anhaltspunkte zu *ermitteln*, sondern stets zu *beweisen* haben, dass den Beschuldigten ein Verschulden trifft.

2.1.5. Typen von Tätern

Nicht nur der **unmittelbare Täter,** der das mit Strafe bedrohte Verhalten setzt, macht sich nach der jeweiligen Verwaltungsstrafvorschrift strafbar. Es gibt zusätzlich zwei vom Haupttäter verschiedene Typen von Tätern (§ 7):
– **Anstifter:** Der Anstifter bewegt den Haupttäter vorsätzlich zur Tat, indem er auf den Täter bewusst einwirkt.
– **Gehilfe:** Beihilfe bei der Tat leistet derjenige, der dem unmittelbaren Täter die Begehung ermöglicht, absichert oder erleichtert (vgl VwGH 23.10.2018, Ra 2018/02/0276).

Anstifter und Gehilfe sind nur dann strafbar, wenn die Haupttat tatsächlich begangen wurde (siehe dazu VwGH 5.5.2017, Ra 2015/02/0108), dann allerdings auch, wenn der unmittelbare Täter selbst gar nicht strafbar ist, zB wegen Unzurechnungsfähigkeit.

2.1.6. Versuch

Versuch liegt vor, wenn der Täter „vorsätzlich eine zur wirklichen Ausübung führende Handlung unternimmt" (§ 8). Bloße Vorbereitungshandlungen reichen nicht aus (VwGH 28.1.1983, 82/02/0134; siehe auch VwSlg 14.032 A/1994), das Anfangsstadium der Deliktbegehung muss erreicht sein. Auch absolut untaugliche Versuche sind nicht strafbar (VwSlg 12.654 A/1988).

Der Versuch ist nur dann strafbar, wenn ihn die Verwaltungsvorschriften *ausdrücklich* (VwSlg 16.950 A/2006) für strafbar erklären (§ 8 Abs 1; siehe zB § 83 Abs 2 AMG: „Der Versuch ist strafbar.“). Ein Versuch kommt nur bei Handlungsdelikten in Betracht, wenn in subjektiver Hinsicht Vorsatz vorliegt.

Gem § 8 Abs 2 kann der Täter mit strafaufhebender Wirkung von der nicht vollendeten Tat zurücktreten (**Rücktritt vom Versuch**), indem er aus freien Stücken:

– die Ausführung aufgibt,
– die Ausführung verhindert (im Fall der Begehung einer Tat durch mehrere Täter) oder
– den Erfolg abwendet: Bei Erfolgsdelikten ist dies notwendig, wenn die Tathandlung schon durchgeführt wurde.

Der Rücktritt vom Versuch hebt nur die Strafbarkeit desjenigen Täters auf, der das betreffende Verhalten setzt (persönlicher Strafaufhebungsgrund).

Bei sog **Versuchsdelikten**, bei denen bereits Handlungen, die an sich den Versuch eines Delikts darstellen würden, unter Strafe gestellt sind, kommt eine Anwendung des § 8 nicht in Betracht (vgl VwGH 27.10.2008, 2007/17/0017).

2.2. Besondere Fälle der Verantwortlichkeit

2.2.1. Verwaltungsstrafrechtliche Verantwortlichkeit von Organen juristischer Personen

Adressaten von verwaltungsstrafrechtlich bewehrten Geboten und Verboten können auch juristische Personen und eingetragene Personengesellschaften sein. Anders als im Kriminalstrafrecht (vgl das VbVG) sind juristische Personen selbst aber nicht verwaltungsstrafrechtlich verantwortlich; das **VStG** kennt **nur eine Strafbarkeit natürlicher Personen,** nämlich des außenvertretungsbefugten Organs der juristischen Person (§ 9 Abs 1) oder allenfalls bestellter verantwortlicher Beauftragter (§ 9 Abs 2). Ausnahmsweise ist die Strafbarkeit juristischer Personen aber materiengesetzlich vorgesehen (siehe zB § 370 Abs 1a GewO, § 156 BörseG 2018); die meist lückenhaften Regelungen werfen diffizile Zurechnungs- und Verantwortlichkeitsfragen auf (siehe dazu grundlegend VwGH 29.3.2019, Ro 2018/02/0023, in Bezug auf § 99d BWG aF).

In Ermangelung einer spezialgesetzlichen Regelung über die Strafbarkeit juristischer Personen gilt nach dem VStG das Folgende:

Gem § 9 Abs 1 ist derjenige für die Einhaltung der Verwaltungsvorschriften strafrechtlich verantwortlich, der die **Vertretungsbefugnis** hat (zB der Geschäftsführer einer GmbH oder der Vorstand einer AG), sofern die Verwaltungsvorschriften nicht anderes bestimmen.

> **Beispiel:** Anderes bestimmt zB § 370 GewO, wonach in Gewerbebetrieben ein gewerberechtlicher Geschäftsführer bestellt werden kann, welcher anstelle des Gewerbeinhabers verantwortlich ist.

Die Vertretungsbefugnis ergibt sich aus dem Gesetz oder einem sonstigen Rechtsakt (etwa aus den Statuten).

Die Strafbarkeit der vertretungsbefugten Organe ist jedoch nicht gegeben, wenn sie „aus ihrem Kreis eine oder mehrere Personen als **verantwortliche Beauftragte**" bestellt haben, „denen für das ganze Unternehmen oder für bestimmte räumlich oder sachlich abgegrenzte Bereiche des Unternehmens die Verantwortung für die Einhaltung der Verwaltungsvorschriften obliegt" (§ 9 Abs 2 Satz 1 – Bestellung eines verantwortlichen Beauftragten aus dem Kreis der Vertretungsorgane). Ist es zur Sicherstellung der strafrechtlichen Verantwortlichkeit erforderlich, kann die Behörde sogar verlangen, dass eine oder mehrere Personen als Verantwortliche bestellt werden. Es können aber auch andere Personen als die vertretungsbefugten Organe als verantwortliche Beauftragte bestellt werden, allerdings nur für bestimmte räumlich oder sachlich abgegrenzte Unternehmensbereiche (§ 9 Abs 2 Satz 2 – Bestellung „anderer Personen" zu verantwortlichen Beauftragten).

> **Beispiel:** Eine Bau-Aktiengesellschaft bestellt den Baustellenleiter als verantwortlichen Beauftragten für den Bau einer Wohnhausanlage.

Die **juristischen Personen haften** für die über ihre vertretungsbefugten Organe oder ihre verantwortlichen Beauftragten verhängten Geldstrafen bzw sonst in Geld bemessenen Unrechtsfolgen und die Verfahrenskosten zur ungeteilten Hand (§ 9 Abs 7). Daher hat auch die haftungspflichtige juristische Person im Verwaltungsstrafverfahren gegen ihre vertretungsbefugten Organe bzw gegen einen verantwortlichen Beauftragten Parteistellung (§ 8 AVG iVm § 24 VStG; vgl VwSlg 15.527 A/2000; VwGH 24.11.2010, 2009/08/0039, 0040). Die Haftung tritt aber nicht *ex lege* ein, sondern muss von der Behörde im Spruch des Straferkenntnisses angeordnet werden (VwGH 19.12.2016, Ra 2015/08/0067).

2.2.2. Bestellung verantwortlicher Beauftragter durch Einzelunternehmer

Einzelunternehmer können einen verantwortlichen Beauftragten für räumlich oder sachlich abgegrenzte Bereiche ihres Unternehmens bestellen, sofern das Unternehmen räumlich oder sachlich gegliedert ist (§ 9 Abs 3).

2.2.3. Für beide Fälle geltende Bestimmungen

Verantwortlicher Beauftragter kann gem § 9 Abs 4 nur sein, wer

- seinen **Hauptwohnsitz im Inland** hat: Dieses Erfordernis gilt jedoch nicht für Staatsangehörige von EWR-Staaten, wenn Zustellungen im Verwaltungsstrafverfahren sichergestellt sind (etwa durch eine staatsvertragliche Regelung oder einen Zustellungsbevollmächtigten im Inland);
- **strafrechtlich verfolgt werden kann**: Ausgenommen sind deliktsunfähige Personen oder solche, bezüglich derer Strafausschließungsgründe oder Verfolgungshindernisse bestehen (zB Immunität);
- seiner Bestellung **nachweislich zugestimmt** hat: die Judikatur verlangt als Nachweis für die Zustimmung ein Beweismittel aus der Zeit vor der Tat (VwSlg 12.375 A/1987);
- für den seiner Verantwortung unterliegenden klar abzugrenzenden Bereich eine **entsprechende Anordnungsbefugnis** aufweist (vgl VwGH 20.3.2018, Ra 2017/03/0092), deren Nachweis ebenfalls durch ein aus der Zeit vor der Tat stammendes Beweismittel erfolgen muss (VwGH 21.8.2001, 99/09/0061).

Schon durch die Bestellung (idR ein zivilrechtlicher Vertrag) erfolgt intern der Wechsel der Verantwortlichkeit. Nach außen, also gegenüber der Behörde, kann der Wechsel der Verantwortlichkeit erst nach der Namhaftmachung des Bestellten geltend gemacht werden, dies aber grundsätzlich auch noch nach Einleitung eines Verwaltungsstrafverfahrens (beachte idZ § 32 Abs 3), wenn keine Sonderregelungen bestehen (zB § 28a Abs 3 AuslBG, § 23 ArbIG).

In allen Fällen des § 9 Abs 1 bis 3 kommt eine Strafbarkeit nur in Betracht, wenn dem außenvertretungsbefugten Organ bzw dem verantwortlichen Beauftragten ein **Verschulden** zum Vorwurf gemacht werden kann. Dieses Verschulden entfällt ua dann, wenn im eigenen Verantwortungsbereich ein **wirksames Kontrollsystem** eingerichtet wird, das gewährleistet, dass unter vorhersehbaren Verhältnissen mit gutem Grund die Einhaltung der gesetzlichen Vorschriften erwartet werden kann (zB VwGH 4.7.2018, Ra 2017/02/0240). Die inhaltlichen Anforderungen, die an ein solches Kontrollsystem gestellt werden, sind streng und in der Praxis kaum zu erfüllen. Vor diesem Hintergrund wird in den Materialien zur Novelle BGBl I 57/2018 zum Ausdruck gebracht, dass „in Abkehr von dieser Rechtsprechung" ein Verschulden nicht anzunehmen sein solle, wenn der Verantwortliche die Einrichtung einer „qualitätsgesicherten Organisation" nachweisen könne (ErläutRV 193 BlgNR 26. GP 5). Auch wenn dies im Gesetzeswortlaut keinen Niederschlag fand, besteht darin ein Anhaltspunkt für eine partielle Abkehr von der teils praxisfernen Rsp des VwGH (vgl aber bereits zur neuen Rechtslage VwGH 21.5.2019, Ra 2019/03/0009).

Verletzt der verantwortliche Beauftragte eine Verwaltungsvorschrift aufgrund einer „besonderen Weisung des Auftraggebers", welche die betreffende Rechtsverletzung anordnet, ist er nicht verantwortlich, wenn er glaubhaft machen kann, dass ihm die Einhaltung dieser Verwaltungsvorschrift unzumutbar war (§ 9 Abs 5).

Trotz Bestellung eines verantwortlichen Beauftragten sind die vertretungsbefugten Organe verwaltungsstrafrechtlich verantwortlich, wenn sie die Tat vorsätzlich nicht verhindert haben (§ 9 Abs 6: Unterlassungsdelikt).

2.3. Strafen und Strafbemessung

Strafen sind – wie auch die Delikte – grundsätzlich in den **materiellen Verwaltungsvorschriften** festgelegt. § 10 Abs 2 enthält eine subsidiäre Festlegung von Strafdrohungen für Verwaltungsübertretungen. In jenen Fällen, in denen in den Verwaltungsvorschriften für Verwaltungsübertretungen keine besondere Strafe festgesetzt ist, ist eine Geldstrafe bis zu 218 Euro bzw eine Freiheitsstrafe bis zu zwei Wochen zu verhängen.

2.3.1. Primäre Freiheitsstrafen

Freiheitsstrafen dürfen nur verhängt werden, wenn dies notwendig ist, um den Täter von der Begehung weiterer Verwaltungsübertretungen abzuhalten, dh aus Zwecken der Spezialprävention (§ 11), etwa weil sich der Täter trotz mehrere Vorstrafen nicht von der Begehung einer weiteren gleichartigen Straftat abhalten hat lassen (vgl VwGH 13.11.2000, 96/10/0223; 27.2.2004, 2004/02/0025). Das VStG sieht für Freiheitsstrafen ein Mindestausmaß von zwölf Stunden und ein Höchstausmaß von sechs Wochen vor (nach Art 3 Abs 2 PersFrBVG ist bereits die gesetzliche Strafdrohung auf sechs Wochen beschränkt). Eine Freiheitsstrafe von mehr als zwei Wochen darf allerdings nur im Fall besonderer Erschwerungsgründe verhängt werden (§ 12 Abs 1).

2.3.2. Geldstrafen und Ersatzfreiheitsstrafen

Ist die Verhängung einer Freiheitsstrafe gem § 11 nicht zulässig oder sieht die Verwaltungsvorschrift nur eine Geldstrafe vor, ist eine Geldstrafe im Ausmaß von mindestens sieben Euro zu verhängen (§ 12 Abs 2 und § 13 Abs 1). Ein Maximum ist idR in den Verwaltungsvorschriften vorgesehen (zu den verfassungsrechtlichen Grenzen siehe VfSlg 12.389/1990, 14.361/1995), ansonsten ist nach der subsidiären Regelung des § 12 Abs 2 eine Geldstrafe bis zu 2.180 Euro zu verhängen.

Für den Fall der Uneinbringlichkeit der Geldstrafe ist im Straferkenntnis immer eine **Ersatzfreiheitsstrafe** festzusetzen (§ 16). Die Ersatzfreiheitsstrafe darf das Höchstmaß der für die Verwaltungsübertretung angedrohten Freiheitsstrafe und, wenn keine Freiheitsstrafe angedroht und nicht anderes bestimmt ist, zwei Wochen nicht übersteigen. Eine Ersatzfreiheitsstrafe von mehr als sechs Wochen ist nicht zulässig. Sie ist ohne Bedachtnahme auf § 12 nach den Regeln der Strafbemessung festzusetzen (vgl dazu etwa VwGH 28.5.2013, 2012/17/0567).

2.3.3. Verfall

Der Verfall von Gegenständen kann einerseits als Strafe für deliktisches Verhalten, andererseits aber auch als bloße Sicherungsmaßnahme zur Gefahrenabwehr vorgesehen sein. Die Regelungen der §§ 17 und 18 sind nur auf den Verfall als Strafe, also dann anzuwenden, wenn der Verfall in einer Verwaltungsvorschrift ausdrücklich angedroht ist (siehe zB § 21 Abs 3 AWEG 2010). Gegebenenfalls ist der Verfall im Spruch des Straferkenntnisses auszusprechen.

2.3.4. Strafbemessung

Im Rahmen des möglichen Strafausmaßes, welches in der konkreten Verwaltungsvorschrift bzw in § 10 Abs 2 normiert ist, liegt die Strafbemessung im behördlichen **Ermessen**.

Zu berücksichtigen sind ein objektives und ein subjektives Kriterium:

– **objektives Kriterium:** Gem § 19 Abs 1 bilden die Bedeutung des strafrechtlich geschützten Rechtsgutes und die Intensität seiner Beeinträchtigung durch die Tat die Grundlage der Strafbemessung (objektiver Unrechtsgehalt).

– **subjektives Kriterium:** Gem § 19 Abs 2 hat die Behörde im ordentlichen Verfahren den subjektiven Schuldgehalt zu berücksichtigen, Milderungs- und Erschwerungsgründe (vgl §§ 32–35 StGB) gegeneinander abzuwägen sowie die wirtschaftlichen Verhältnisse des Beschuldigten (Einkommens- und Vermögensverhältnisse und allfällige Sorgepflichten) einzubeziehen.

Beispiele: Milderungsgründe sind Unbescholtenheit, Beteiligung in untergeordneter Weise, Versuch; Erschwerungsgründe sind rechtskräftige Vorstrafen wegen einer ähnlichen Tat, Handeln aus rassistischen Beweggründen, Anstiftung weiterer Personen.

Es besteht ein **Doppelverwertungsverbot**: Milderungs- und Erschwerungsgründe, die bereits in die Strafdrohung eingeflossen sind, dürfen nicht zusätzlich bei der Strafbemessung berücksichtigt werden (vgl VwGH 30.10.1991, 91/09/0132; 21.5.2019, Ra 2019/03/0009).

Ausdrücklich ausgeschlossen ist die Berücksichtigung bereits getilgter Strafen (§ 55 Abs 2).

In abgekürzten Verfahren (siehe unten 3.4.) ist nur das objektive Kriterium von Bedeutung.

2.3.5. Außerordentliche Strafmilderung

Sofern die Verwaltungsvorschriften Mindeststrafen vorsehen, kann die Behörde diese bis zur Hälfte unterschreiten, wenn die **Milderungsgründe** die Erschwerungsgründe **beträchtlich überwiegen** oder wenn der Beschuldigte ein **Jugendlicher** ist (§ 20). Die Judikatur nimmt trotz der Formulierung als Ermessensentscheidung einen Rechtsanspruch des Beschuldigten bei Vorliegen der Voraussetzungen an (vgl VwGH 2.9.1992, 92/02/0158).

2.3.6. Absehen von der Anzeige, von der Verfolgung oder von der Verhängung einer Strafe

Das VStG sieht in verschiedenen Bestimmungen Abschwächungen des Legalitätsprinzips vor, denen zufolge die Behörde ausnahmsweise nicht jede ihr zur Kenntnis gelangende Verwaltungsübertretung zu verfolgen hat.

- **Absehen von der Anzeige:** Gem § 25 Abs 3 sind die Gerichte und Verwaltungsbehörden nicht verpflichtet, der Behörde die Begehung einer Verwaltungsübertretung anzuzeigen, wenn die Bedeutung des strafrechtlich geschützten Rechtsgutes und die Intensität seiner Beeinträchtigung durch die Tat gering sind (§ 25 Abs 3).
- **Vorläufiges Absehen von der Einleitung oder Fortführung des Strafverfahrens:** Gem § 34 Z 2 kann die Behörde von der Einleitung oder Fortführung des Strafverfahrens vorläufig absehen, wenn die Strafverfolgung voraussichtlich einen Aufwand verursachen würde, der gemessen an der Bedeutung des strafrechtlich geschützten Rechtsgutes und der Intensität seiner Beeinträchtigung durch die Tat unverhältnismäßig wäre. Bei einer wesentlichen Änderung der für diese Beurteilung maßgeblichen Umstände ist das Strafverfahren jedoch einzuleiten oder fortzuführen.
- **Einstellung des Verfahrens:** Gem § 45 Abs 1 Z 4 ist das Verfahren – gegebenenfalls unter Ermahnung des Beschuldigten (siehe unten D. 3.3.4. b.) – einzustellen, wenn die Bedeutung des strafrechtlich geschützten

Rechtsgutes und die Intensität seiner Beeinträchtigung durch die Tat und das Verschulden des Beschuldigten gering sind. Nach Z 6 derselben Vorschrift hat die Einstellung zu erfolgen, wenn die Strafverfolgung einen Aufwand verursachen würde, der gemessen an der Bedeutung des strafrechtlich geschützten Rechtsgutes und der Intensität seiner Beeinträchtigung durch die Tat unverhältnismäßig wäre.

– **Absehen von einer Organstrafverfügung:** Gem § 50 Abs 5a kann ein Organ von der Einhebung einer Geldstrafe mit Organstrafverfügung absehen, wenn die Bedeutung des strafrechtlich geschützten Rechtsgutes und die Intensität seiner Beeinträchtigung durch die Tat und das Verschulden des Beanstandeten gering sind; eine Anzeige an die Behörde ist in diesem Fall nicht zu erstatten. Das Organ kann jedoch den Beanstandeten in einem solchen Fall in geeigneter Weise auf die Rechtswidrigkeit seines Verhaltens aufmerksam machen

Bei Vorliegen der gesetzlichen Voraussetzungen hat der Beschuldigte jeweils einen Rechtsanspruch, dass die Behörde oder das Organ diese Vorschriften anwendet (vgl VwGH 19.9.2001, 99/09/0264, zu § 21 Abs 1 aF).

2.3.7. Deliktskonkurrenzen – Zusammentreffen von strafbaren Handlungen

Grundsätzlich ist eine Tat als Verwaltungsübertretung nur dann strafbar, wenn sie nicht den Tatbestand einer in die Zuständigkeit der Gerichte fallenden strafbaren Handlung bildet (§ 22 Abs 1: **generelle Subsidiarität der verwaltungsbehördlichen Strafbarkeit**). Die Verwaltungsvorschriften können zwar anderes bestimmen, sie haben dabei allerdings das Doppelbestrafungsverbot des Art 4 7. ZP-EMRK zu beachten.

Gem § 22 Abs 2 sind Strafen in drei Fällen nebeneinander zu verhängen (**Kumulationsprinzip**):

– wenn jemand durch mehrere selbständige Taten mehrere Verwaltungsübertretungen begeht (Realkonkurrenz; zB mehrere Fahrten in alkoholisiertem Zustand an einem Abend);

– wenn eine Tat unter mehrere einander nicht ausschließende Strafdrohungen fällt (Idealkonkurrenz; zB Errichtung einer Betriebsanlage, für die der Inhaber die erforderlichen Bewilligungen der Gewerbebehörde, der Baubehörde und der Naturschutzbehörde nicht eingeholt hat); und

– wenn Verwaltungsübertretungen mit anderen von einer Verwaltungsbehörde zu ahndenden strafbaren Handlungen zusammentreffen.

Keine Kumulation von Strafen darf hingegen in Fällen der Scheinkonkurrenz erfolgen (siehe dazu auch unten D. 3.3.3.), das sind

– Konsumtion (typische Begleittaten werden von der Haupttat miterfasst),

– Spezialität (im Fall der Anwendbarkeit einer spezielleren Strafnorm [lex specialis] scheidet die Anwendbarkeit der generellen Strafnorm [lex generalis] aus) und
– Subsidiarität von Delikten (aus der Auslegung der Verwaltungsstraftatbestände ergibt sich, dass der eine Tatbestand nur zur Anwendung kommen soll, wenn der andere Tatbestand nicht erfüllt ist; dies ist häufig ausdrücklich angeordnet, vgl zB § 42 Abs 1 SchifffahrtsG).

3. Verwaltungsstrafverfahren und Verwaltungsstrafvollstreckung

3.1. Allgemeines

3.1.1. Offizialmaxime

Über die §§ 37, 39 AVG hinausgehend verpflichtet § 25 Abs 1 die Behörden ausdrücklich zur **amtswegigen Verfolgung** von Verwaltungsübertretungen, wenn diese davon Kenntnis erlangen. Eine Ausnahme gilt für die Verfolgung von Privatanklagesachen (§ 56). Diese können nur zu einer Verfolgung und Bestrafung führen, wenn der Verletzte rechtzeitig einen Strafantrag stellt. Ansonsten hat aber niemand ein Recht darauf, dass die Behörde tatsächlich jemanden verfolgt und bestraft (VwSlg 7483 A/1969; VwGH 25.2.2009, 2006/03/0072).

Ergänzend dazu normiert § 25 Abs 2 zusätzlich zu den Bestimmungen des AVG den **Grundsatz der materiellen Wahrheit**. Die Behörde hat belastende und entlastende Umstände in gleicher Weise zu ermitteln und zu berücksichtigen. Dieser Grundsatz hat besondere Bedeutung, da es im Verwaltungsstrafverfahren keine Trennung zwischen dem anklagenden und dem entscheidenden Organ gibt (Inquisitionsprinzip statt Anklagegrundsatz).

Die Behörde kann (im Sinne von „muss") jedoch gem § 34 **von der Einleitung oder Fortführung des Strafverfahrens vorläufig absehen,** solange die Strafverfolgung voraussichtlich nicht möglich ist oder die Strafverfolgung voraussichtlich einen Aufwand verursachen würde, der gemessen an der Bedeutung des strafrechtlich geschützten Rechtsgutes und der Intensität seiner Beeinträchtigung durch die Tat unverhältnismäßig wäre. Bei einer wesentlichen Änderung der für diese Beurteilung maßgeblichen Umstände ist das Strafverfahren einzuleiten oder fortzuführen (siehe bereits oben D. 2.3.6.).

3.1.2. Zuständigkeit

a) Sachliche Zuständigkeit

In Verwaltungsstrafsachen sind die **Bezirksverwaltungsbehörden** (dh im Allgemeinen die Bezirkshauptmannschaften, in Städten mit eigenem Statut die Bürgermeister und in Wien der Magistrat) zuständig, wenn die Verwaltungsvorschriften über die sachliche Zuständigkeit keine (abweichenden) Bestimmungen enthalten (§ 26 Abs 1: subsidiäre Allzuständigkeit). In Verwaltungsstrafsachen in den Angelegenheiten des sachlichen Wirkungsbereichs der Landespolizeidirektionen ist jedoch im Gebiet einer Gemeinde, für das die Landespolizeidirektion zugleich Sicherheitsbehörde ist, die **Landespolizeidirektion** zuständig (§ 26 Abs 2).

> **Beispiel für abweichende Zuständigkeiten:** Die Regulierungsbehörde für die Verhängung von Verwaltungsstrafen nach dem ORF-G (§ 38 Abs 4 ORF-G).

Ob und inwieweit die **Organe des öffentlichen Sicherheitsdienstes** (siehe § 5 Abs 2 SPG, va die Bundespolizei) durch Ausübung der im VStG geregelten Befugnisse am Strafverfahren mitzuwirken haben, bestimmen die Verwaltungsvorschriften (§ 26 Abs 3). Eine solche Mitwirkung ist demnach nur dann zulässig, wenn und insoweit dies materiengesetzlich vorgesehen ist (ErläutRV 193 BlgNR 26. GP 5). Siehe zB § 336 GewO, § 82 AWG 2002, § 34 TSchG.

b) Örtliche Zuständigkeit

Hinsichtlich der örtlichen Zuständigkeit gilt Folgendes:
- **Zuständigkeit der Tatortbehörde:** Örtlich zuständig ist grundsätzlich die Behörde, in deren Sprengel die Verwaltungsübertretung begangen wurde, unabhängig vom Ort des Erfolgseintritts (§ 27 Abs 1). Eine Sonderregelung besteht für Auslandstaten (vgl § 27 Abs 2a).
- **Zuständigkeit kraft Zuvorkommens:** Sind nach § 27 Abs 1 mehrere Behörden zuständig oder ist ungewiss, in welchem Sprengel die Übertretung begangen wurde, ist die Behörde zuständig, die die erste Verfolgungshandlung gesetzt hat (§ 27 Abs 2).
- **Vorübergehende Zuständigkeit:** Subsidiär, also solange nicht ein Umstand hervorgekommen ist, der gem § 27 Abs 1 die Zuständigkeit einer bestimmten Behörde begründet (etwa wenn die Lage des Tatorts unklar ist), ist die Behörde zuständig, die zuerst von der Verwaltungsübertretung Kenntnis erlangt hat (§ 28).
- **Delegierung der örtlichen Zuständigkeit:** Mittels Verfahrensanordnung kann die Tatortbehörde die Zuständigkeit an die sachlich zuständige Behörde, in deren Wirkungsbereich der Hauptwohnsitz oder Aufenthalt des Beschuldigten liegt, übertragen, wenn hiedurch das Verfahren wesentlich vereinfacht oder beschleunigt wird (vgl im Einzelnen § 29a).
- **Attraktionszuständigkeit:** Die Zuständigkeit einer Behörde zur Verfolgung des Haupttäters umfasst auch ihre örtliche Zuständigkeit für das Strafverfahren gegen allfällige „Mitschuldige", also gegen Anstifter und Gehilfen (§ 29 Abs 1).

187

c) Sprengelüberschreitende Amtshandlungen

Die Organe des öffentlichen Sicherheitsdienstes dürfen grundsätzlich nur im örtlichen Wirkungsbereich der Behörde, der sie beigegeben sind, tätig werden. § 27 Abs 3 bestimmt, dass Amtshandlungen der Organe des öffentlichen Sicherheitsdienstes – unabhängig davon, wo sie vorgenommen werden – als Amtshandlungen der örtlich zuständigen Behörde gelten. Dies gilt sowohl für den Fall der Sprengelüberschreitung als auch für den Fall der Vornahme einer Amtshandlung außerhalb des Sprengels dieser Behörde (ErläutRV 193 BlgNR 26. GP 6). Diese Regelung hat vor allem Auswirkungen auf die Zuständigkeit der Verwaltungsgerichte bei Maßnahmenbeschwerden (vgl Art 130 Abs 1 Z 2 B-VG) und auf die Zuständigkeit zur Entscheidung über Amtshaftungsansprüche (vgl § 1 AHG).

3.1.3. Parteien und Verteidiger

Auch im Verwaltungsstrafverfahren gilt § 8 AVG (vgl § 24 VStG). Ausdrücklich im VStG festgelegt ist die Parteistellung des Beschuldigten (§ 32), des Privatanklägers (§ 56) und des Privatbeteiligten (§ 57). Sonstige Parteien im Verwaltungsstrafverfahren sind die Verfallsbeteiligten, die mithaftenden juristischen Personen und Unternehmer (§ 9 Abs 7) und allfällige in den Materiengesetzen vorgesehene Organparteien (zB die Tierschutzombudsperson, vgl § 41 Abs 4 TSchG).

Beschuldigter ist „die im Verdacht einer Verwaltungsübertretung stehende Person von dem Zeitpunkt der ersten von der Behörde gegen sie gerichteten Verfolgungshandlung bis zum Abschluß der Strafsache" (§ 32 Abs 1). Für das Verwaltungsstrafverfahren und die Strafvollstreckung gegen jugendliche Beschuldigte, also Beschuldigte zwischen dem 14. und 18. Lebensjahr (§ 4 Abs 2), sehen die §§ 58 bis 62 Sonderbestimmungen vor.

Beschuldigte haben gem § 32a in jeder Lage des Verfahrens das Recht, mit einem **Verteidiger** Kontakt aufzunehmen, ihn zu bevollmächtigen (vgl § 10 Abs 1 AVG iVm § 24 VStG) und sich mit ihm zu besprechen, ohne dabei überwacht zu werden (zum unionsrechtlichen Hintergrund der Regelung ErläutRV 193 BlgNR 26. GP 6). Als Verteidiger sind die in § 48 Abs 1 Z 5 StPO genannten Personen zugelassen, also Rechtsanwälte, Strafverteidiger, Personen mit Lehrbefugnis im Straf- und Strafprozessrecht und Amtsverteidiger jugendlicher Beschuldigter gem § 61 VStG.

3.1.4. Verjährung

a) Verfolgungsverjährung

Nach § 31 Abs 1 ist die Verfolgung einer Person unzulässig, wenn gegen sie binnen einer Frist von **einem Jahr** keine Verfolgungshandlung vorgenommen worden ist (zum Begriff der Verfolgungshandlung siehe unten D. 3.2.2.). Die Verfolgungsverjährungsfrist ist von dem Zeitpunkt zu berechnen, an dem die strafbare Tätigkeit abgeschlossen worden ist oder das strafbare Verhalten aufgehört hat; ist der zum Tatbestand gehörende Erfolg erst später eingetreten, so läuft die Frist erst von diesem Zeitpunkt. Für den Abschluss der strafbaren Tätigkeit kommt es auf das Tatbild der jeweiligen Verwaltungsübertretung an.

> **Beispiel:** Bei der Bauführung ohne die erforderliche Baubewilligung handelt es sich um ein Dauerdelikt, die Verjährungsfrist beginnt daher erst mit der Beseitigung des rechtswidrigen Zustandes (Erteilung der Baubewilligung oder Entfernung des Bauwerks). Wenn das strafbare Verhalten in einer Unterlassung besteht, kann die Verfolgungsverjährung erst mit Nachholung der unterlassenen Handlung beginnen (VwGH 27.2.2019, Ra 2018/04/0134).

b) Strafbarkeitsverjährung

Selbst bei rechtzeitiger Setzung einer Verfolgungshandlung darf nach Ablauf von **drei Jahren** eine Strafe nicht mehr verhängt werden (§ 31 Abs 2); das Verfahren ist einzustellen. Läuft die Frist während eines offenen Beschwerdeverfahrens ab, hat das Verwaltungsgericht den angefochtenen Bescheid aufzuheben und das Verfahren einzustellen (vgl VwGH 18.5.1988, 87/02/0170).

Die Strafbarkeitsverjährung beginnt in demselben Zeitpunkt zu laufen wie die Verfolgungsverjährung (siehe oben a). In die Verjährungsfrist werden allerdings folgende Zeiträume nicht eingerechnet:
– die Zeit, während deren nach einer gesetzlichen Vorschrift die Verfolgung nicht eingeleitet oder fortgesetzt werden kann (zB wegen Immunität);
– die Zeit, während deren wegen der Tat gegen den Täter ein Strafverfahren bei der Staatsanwaltschaft, beim Gericht oder bei einer anderen Verwaltungsbehörde geführt wird (vgl zur Aussetzung in dieser Konstellation § 30 Abs 2 und dazu unten D. 3.3.3.);
– die Zeit, während deren das Verfahren bis zur rechtskräftigen Entscheidung einer Vorfrage ausgesetzt ist (vgl § 38 AVG iVm § 24 VStG);
– die Zeit eines Verfahrens vor dem VwGH, vor dem VfGH oder vor dem EuGH.

Die Frist des § 31 Abs 2 ist nur dann gewahrt, wenn das Straferkenntnis (bzw das dieses bestätigende Erkenntnis des VwG) innerhalb der Frist gegenüber dem Beschuldigten rechtswirksam erlassen wurde; die Erlassung gegenüber einer anderen Verfahrenspartei genügt nicht (siehe VwSlg 19.464 A/2016; VwGH 27.11.2018, Ra 2018/02/0278).

c) Vollstreckungsverjährung

Eine Strafe darf nicht mehr vollstreckt werden, wenn seit ihrer rechtskräftigen Verhängung **drei Jahre** vergangen sind (§ 31 Abs 3). In die Verjährungsfrist werden nicht eingerechnet:
- die Zeit eines Verfahrens vor dem VwGH, vor dem VfGH oder vor dem EuGH;
- Zeiten, in denen die Strafvollstreckung unzulässig, ausgesetzt, aufgeschoben oder unterbrochen war (siehe dazu insb § 54, § 54a und § 54b Abs 3);
- Zeiten, in denen sich der Bestrafte im Ausland aufgehalten hat.

3.1.5. Sicherungsmaßnahmen

a) Identitätsfeststellung

Gem § 34b sind die Organe des öffentlichen Sicherheitsdienstes (siehe § 5 Abs 2 SPG, va die Bundespolizei) zur Feststellung der Identität einer Person ermächtigt, wenn diese auf frischer Tat betreten oder unmittelbar danach entweder glaubwürdig der Tatbegehung beschuldigt oder mit Gegenständen betreten wird, die auf ihre Beteiligung an der Tat hinweisen. Mit dieser durch die Novelle BGBl I 57/ 2018 eingeführten Regelung soll die Identitätsfeststellung nunmehr auch in jenen Fällen möglich sein, in denen die betreffende Person nicht direkt auf frischer Tat, aber unmittelbar danach betreten werden (ErläutRV 193 BlgNR 26. GP 7).

> **Beispiel:** Eine Person wird von Kontrolloren in der Straßenbahn ohne gültigen Fahrausweis angetroffen und weigert sich, sich auszuweisen. Die Kontrollore rufen die Polizei und steigen mit dem „Schwarzfahrer" aus. Bei Eintreffen der Organe des öffentlichen Sicherheitsdienstes ist die Straßenbahn bereits weitergefahren, der „Schwarzfahrer" wird von ihnen also nicht mehr auf frischer Tat betreten. Gleichwohl ermöglicht § 34b die Identitätsfeststellung (vgl ErläutRV 193 BlgNR 26. GP 7).

Im Zuge der Identitätsfeststellung ist § 35 Abs 2 und 3 SPG sinngemäß anzuwenden. Dies bedeutet, dass die Feststellung der Identität das (verlässliche) Erfassen des Namens, des Geburtsdatums und der Wohnanschrift umfasst. Der Betroffene ist hievon in Kenntnis zu setzen, er hat an der Feststellung seiner Identität mitzuwirken und die unmittelbare Durchsetzung der Identitätsfeststellung zu dulden.

§ 34b ermächtigt allein zur Identitätsfeststellung. Eine Festnahme ist nur unter den Voraussetzungen des § 35 zulässig.

b) Festnahme

Organe des öffentlichen Sicherheitsdienstes (siehe § 5 Abs 2 SPG, va die Bundespolizei) werden durch §§ 35 ff ermächtigt, einen Verdächtigen zum Zweck der Vorführung vor die Behörde festzunehmen. Dabei handelt es sich um einen Eingriff in das Grundrecht auf persönliche Freiheit (Art 5 EMRK, Art 1 PersFrBVG).

Eine Festnahme ist nur zulässig, wenn der Verdächtige **auf frischer Tat betreten** wurde (dh wenn das Sicherheitsorgan die strafbare Handlung unmittelbar selbst wahrgenommen hat, vgl VwSlg 12.282 A/1986) **und** wenn einer der folgenden **Festnahmegründe** vorliegt:

- **Mangelnde Identifizierbarkeit:** Der Betretene ist dem Organ unbekannt, er weist sich nicht aus und seine Identität ist auch sonst nicht feststellbar;
- **Fluchtgefahr:** Es muss der begründete Verdacht bestehen, dass der Betretene sich der Strafverfolgung entziehen will; dies erfordert das Vorliegen konkreter Umstände, die den Fluchtverdacht rechtfertigen (VfSlg 11.431/1987);
- **Ausführungs- oder Wiederholungsgefahr** trotz vorheriger Abmahnung (die Abmahnung ist unerlässliche Voraussetzung für die Rechtmäßigkeit einer Festnahme nach § 35 Z 3: VfSlg 11.426/1987).

Darüber hinaus können die Verwaltungsvorschriften Ermächtigungen zur Festnahme (auch für andere Exekutivorgane) enthalten (zB § 112 ForstG). Unter dem Gesichtspunkt des Art 11 Abs 2 B-VG sind derartige Vorschriften zulässig, weil § 35 abweichende Regelungen ausdrücklich erlaubt (vgl VfSlg 19.665/2012).

Eine Festnahme kann (als AuvBZ) mit Maßnahmenbeschwerde gem Art 130 Abs 1 Z 2 B-VG vor dem zuständigen Verwaltungsgericht bekämpft werden.

Nach einer Festnahme ist wie folgt weiter vorzugehen:

- **Rechtsbelehrung (§ 36a):** Der Beschuldigte ist sogleich oder unmittelbar nach seiner Festnahme **schriftlich** in einer für ihn verständlichen Sprache über die **Gründe seiner Festnahme** und die gegen ihn erhobenen **Anschuldigungen**, über sein Recht auf Akteneinsicht, über sonstige wesentliche Rechte im Verfahren (§ 33 Abs 2, § 36 Abs 1 letzter Satz, Abs 3 erster und zweiter Satz) und darüber zu informieren, dass er berechtigt ist, Zugang zu dringender medizinischer Versorgung zu erhalten. Ist die schriftliche Belehrung in einer Sprache, die der Beschuldigte versteht, nicht verfügbar, so ist er mündlich unter Beiziehung eines Dolmetschers zu belehren und die schriftliche Übersetzung ist ihm nachzureichen. Der Umstand der Belehrung ist schriftlich festzuhalten.

- Der Festgenommene ist **unverzüglich** der nächsten sachlich zuständigen Behörde (siehe § 26) **zu** übergeben oder aber, wenn der Grund der Festnahme schon vorher wegfällt, freizulassen. Die Behörde hat den Angehaltenen **unverzüglich zu vernehmen** (§ 36 Abs 1 Satz 1 und 2; VfSlg 9368/1982; VwGH 12.4.2005, 2003/01/0489). Ungerechtfertigte Verzögerungen bewirken eine Verletzung im Recht auf persönliche Freiheit (vgl etwa VfSlg 11.930/1988). Wenn der Beschuldigte einen Verteidiger beigezogen hat (siehe § 32a und oben D. 3.1.3.), ist bis zu dessen Eintreffen mit der Vernehmung zu warten, es sei denn, dies würde die Ermittlungen gefährden oder Beweismittel beeinträchtigen (§ 36 Abs 1 Satz 3). Die Anhaltung darf insgesamt (gerechnet ab Festnahme) **keinesfalls länger als 24 Stunden** dauern (vgl § 36 Abs 1 letzter Satz und Art 4 Abs 5 letzter Satz PersFrBVG), und zwar auch dann nicht, wenn der Festnahmegrund (zB Fluchtgefahr) weiter besteht. Umgekehrt ist der Angehaltene bereits vor Ablauf der 24 Stunden freizulassen, wenn und sobald der Festnahmegrund weggefallen ist (VfSlg 11.782/1988).
- Die **Umstände der Anhaltung** bei der Behörde regelt § 36 Abs 2 durch einen Verweis auf § 53c Abs 1 und 2 (vgl unten D. 3.7.), jedoch mit der Abweichung, dass die Anhaltung auch in nur künstlich beleuchteten Räumen erfolgen darf.
- **Kontaktrechte (§ 36 Abs 3):** Dem Festgenommenen ist ohne unnötigen Aufschub zu gestatten, einen **Angehörigen** (§ 36a AVG) oder eine **sonstige Vertrauensperson** zu verständigen und Kontakt mit einem **Verteidiger** aufzunehmen und diesen zu bevollmächtigen. Ausländische Festgenommene dürfen zudem ihre **konsularische Vertretung** kontaktieren. Falls gegen die Verständigung durch den Festgenommenen selbst Bedenken bestehen (etwa wegen der Gefahr von verschlüsselten Mitteilungen an Komplizen), hat die Behörde die Verständigung vorzunehmen.
- **Besuchsrechte (§ 36 Abs 4):** Der Angehaltene darf von Angehörigen (§ 36a AVG), von seinem Verteidiger sowie von den konsularischen Vertretern seines Heimatstaates besucht werden. Für den Brief- und Besuchsverkehr gilt § 53c Abs 3 bis 5 (siehe unten D. 3.7.).

c) Sicherheitsleistung (Kaution)

Die zur Strafverfolgung zuständige **Behörde** ist ermächtigt, dem Beschuldigten den **Erlag einer Sicherheit** („Kaution") mit Bescheid vorzuschreiben (§ 37),

- wenn begründeter Verdacht besteht, dass sich der Beschuldigte der Strafverfolgung oder der Strafvollstreckung entziehen werde (Fluchtgefahr), oder

– wenn andernfalls (a) die Strafverfolgung oder die Strafvollstreckung voraussichtlich nicht möglich wäre oder (b) die Strafverfolgung oder die Strafvollstreckung voraussichtlich einen Aufwand verursachen würde, der gemessen an der Bedeutung des strafrechtlich geschützten Rechtsgutes und der Intensität seiner Beeinträchtigung durch die Tat unverhältnismäßig wäre.

Der Zweck der Sicherheitsleistung besteht darin, die Strafverfolgung der betreffenden Person sicherzustellen (VwGH 28.3.2008, 2007/02/0139).

Der Beschuldigte kann zwischen dem Erlag eines Geldbetrags, der Pfandbestellung oder der Bestellung eines Bürgen, der sich als Zahler verpflichtet (vgl § 1357 ABGB), wählen. Wird die Sicherheit nicht erlegt, kann die Behörde als Sicherheit verwertbare Sachen **beschlagnahmen** (§ 37 Abs 2).

Gegen den Bescheid, mit dem die Sicherheitsleistung aufgetragen oder die Beschlagnahme verfügt wird, kann der Beschuldigte Beschwerde an das Verwaltungsgericht erheben, diese hat jedoch keine aufschiebende Wirkung (§ 37 Abs 3).

Die Sicherheit wird frei, dh sie ist zurückzustellen, wenn das Verfahren eingestellt wird (§ 45), die verhängte Strafe vollzogen ist oder nicht binnen zwölf Monaten der Verfall ausgesprochen wurde. Die als Sicherheit beschlagnahmte Sache wird auch frei, wenn vom Beschuldigten die aufgetragene Sicherheit in Geld erlegt oder sonst sichergestellt wird oder ein Dritter Rechte an der Sache glaubhaft macht (§ 37 Abs 4).

Die Sicherheit muss innerhalb von zwölf Monaten ab Einhebung (oder Beschlagnahme) für verfallen erklärt werden, sobald sich die Unmöglichkeit der Strafverfolgung oder des Strafvollzugs herausstellt (§ 37 Abs 5); eine Sicherheitsleistung darf daher für maximal zwölf Monate einbehalten werden. Wird sie nach Freiwerden nicht herausgegeben, kann nach der Rsp des VfGH mit Klage gem Art 137 B-VG (VfSlg 10.533/1985), nach der Rsp des VwGH mit Antrag auf Erlassung eines Bescheids (VwSlg 7571 A/1969) vorgegangen werden.

d) Vorläufige Sicherheit

Die **Organe des öffentlichen Sicherheitsdienstes** (siehe § 5 Abs 2 SPG, va die Bundespolizei) sind nach Maßgabe des § 37a ermächtigt, von Personen, die auf frischer Tat betreten werden, eine **vorläufige Sicherheit einzuheben**. Nähere Regelungen enthält die V der BReg über die Einhebung vorläufiger Sicherheiten (VorlSV), BGBl II 509/1999 idF BGBl II 402/2013. Besondere Verwaltungsvorschriften können spezielle Ermächtigungen vorsehen.

Beispiel: § 82 Abs 3 und § 83 Abs 2 AWG 2002, § 27 BStMG, § 134 Abs 4 KFG.

Diese Ermächtigung bezieht sich auf **zwei Fälle (§ 37a Abs 1)**:

– Das Organ betritt die Person auf frischer Tat und sieht von der Festnahme gem § 35 Abs 1 Z 1 und 2 (nicht aber: Z 3) ab, wenn die vorläufige Sicherheit erlegt wird.

– Das Organ betritt die Person auf frischer Tat und (a) die Strafverfolgung oder die Strafvollstreckung könnten erheblich erschwert sein oder (b) die Strafverfolgung oder die Strafvollstreckung könnten einen Aufwand verursachen, der gemessen an der Bedeutung des strafrechtlich geschützten Rechtsgutes und der Intensität seiner Beeinträchtigung durch die Tat unverhältnismäßig wäre.

Die Einhebung stellt einen Akt unmittelbarer verwaltungsbehördlicher Befehls- und Zwangsgewalt dar (VwGH 3.9.2002, 2001/03/0416), der mit Maßnahmenbeschwerde gem Art 130 Abs 1 Z 2 B-VG bekämpft werden kann.

Leistet der Betretene im Fall des § 37a Abs 1 Z 2 die vorläufige Sicherheit nicht, so kann das Organ verwertbare Sachen, die dem Anschein nach dem Betretenen gehören und deren Wert das Höchstmaß der angedrohten Geldstrafe nicht übersteigt, **vorläufig sicherstellen** (dh beschlagnahmen).

Über den eingehobenen Betrag oder die Beschlagnahme ist unverzüglich eine Bescheinigung auszustellen (siehe das Formular 22 der VwFormV). Die vorläufige Sicherheit muss der Behörde mit der Anzeige vorgelegt werden. Sie wird frei, wenn das Verfahren eingestellt wird (§ 45) oder die gegen den Beschuldigten verhängte Strafe vollzogen ist oder wenn nicht binnen zwölf Monaten gem § 37 Abs 5 der Verfall ausgesprochen wird. Die als vorläufige Sicherheit beschlagnahmte Sache wird auch frei, wenn vom Beschuldigten die aufgetragene Sicherheit in Geld erlegt oder sonst sichergestellt wird oder ein Dritter Rechte an der Sache glaubhaft macht (§ 37a Abs 5 iVm § 37 Abs 4).

e) Beschlagnahme von Verfallsgegenständen

Ist in einer Verwaltungsvorschrift der **Verfall** eines Gegenstands **als Strafe** vorgesehen, kann die Behörde bei Verdacht einer Verwaltungsübertretung die Beschlagnahme des Gegenstands mit Bescheid verfügen, um den Verfall zu sichern (§ 39). Anstatt der Beschlagnahme kann die Behörde aber auch den Erlag eines Geldbetrags anordnen. Die Beschlagnahme gem § 39 dient nicht der Sicherung der Strafverfolgung, sondern der Sicherung der Verwaltungsstrafe des Verfalls (vgl § 17).

Gegen den Beschlagnahmebescheid kann Beschwerde an das Verwaltungsgericht erhoben werden; diese hat jedoch keine aufschiebende Wirkung (§ 39 Abs 6).

Die Beschlagnahme nimmt dem Eigentümer nur die Verfügungsmöglichkeit über die Sache, sein Eigentum geht erst mit dem allfälligen Ausspruch des Verfalls unter (VfSlg 5531/1967).

Bei Gefahr im Verzug besteht gem § 39 Abs 2 die Möglichkeit der **vorläufigen Sicherstellung** durch Organe des öffentlichen Sicherheitsdienstes „aus eigener Macht" (Akt unmittelbarer verwaltungsbehördlicher Befehls- und Zwangsgewalt). Die Behörde hat eine solcherart erfolgte Beschlagnahme nachträglich mit Bescheid anzuordnen oder die Gegenstände freizugeben.

f) Zwangsgewalt

Gem § 39a sind die Organe des öffentlichen Sicherheitsdienstes (siehe § 5 Abs 2 SPG, va die Bundespolizei) ermächtigt, **verhältnismäßigen und angemessenen Zwang** anzuwenden (vgl ErläutRV 193 BlgNR 26. GP 8), um die ihnen nach den §§ 34b, 35, 37a Abs 3 und 39 Abs 2 eingeräumten Befugnisse durchzusetzen. Dabei haben sie unter Achtung der Menschenwürde und mit möglichster Schonung der Person vorzugehen. Für den Waffengebrauch gelten die Bestimmungen des WaffengebrauchsG 1969. Die Rechtmäßigkeit der Ausübung von Zwangsgewalt ist im Maßnahmenbeschwerdeverfahren gem Art 130 Abs 1 Z 2 B-VG überprüfbar.

3.2. Einleitung des Verwaltungsstrafverfahrens

3.2.1. Ausforschung

In zwei Fällen hat die Behörde, die Kenntnis von einer Verwaltungsübertretung erhält, eine Ausforschung vorzunehmen, nämlich wenn
- entweder der Verdächtige
- oder der Aufenthaltsort des Beschuldigten nicht bekannt ist.

3.2.2. Einleitung durch eine Verfolgungshandlung

Eine **Verfolgungshandlung** ist gem § 32 Abs 2 jede von einer Behörde gegen eine bestimmte Person als Beschuldigten gerichtete Amtshandlung (Ladung, Vorführungsbefehl, Vernehmung, Ersuchen um Vernehmung, Beratung, Strafverfügung udgl), und zwar auch dann, wenn die Behörde zu dieser Amtshandlung nicht zuständig war, die Amtshandlung ihr Ziel nicht erreicht oder der Beschuldigte davon keine Kenntnis erlangt hat.

Sie weist folgende charakteristische Merkmale auf:
- Handlung einer Behörde, Ausdruck des behördlichen Verfolgungswillens (zB Aufforderung zur Rechtfertigung, vgl VwGH 16.1.2019, Ra 2018/02/0300);

- gerichtet gegen eine bestimmte, individuelle Person (zB VwGH 10.8. 2018, Ra 2017/17/0886);
- Bezugnahme auf eine konkret bestimmte Verwaltungsübertretung: Nur bezüglich dieser strafbaren Handlung wird die Verfolgungsverjährung ausgeschlossen (siehe oben D. 3.1.4. a.) und kann eine Strafe verhängt werden (siehe zB VwGH 29.3.2019, Ro 2018/02/0023).
- Außenwirkung: Die Amtshandlung muss die Sphäre der Behörde verlassen.

Sonderregelungen bestehen in § 32 Abs 3 für Verfolgungshandlungen gegen außenvertretungsbefugte Organe und verantwortliche Beauftragte juristischer Personen.

Keine Verfolgungshandlungen sind die Einholung bloßer Erkundigungen (siehe VwGH 19.6.1985, 83/08/0116), Vernehmung durch Exekutivorgane (VwSlg 2142 A/1951), die Ausforschung des unbekannten Täters (VwSlg 9848 A/1979), die Anonymverfügung, die Organstrafverfügung und die Delegation des Strafverfahrens nach § 29a.

3.2.3. Information der Medien

Verschiedentlich werden Verwaltungsstrafbehörden mit Medienanfragen zu laufenden Strafverfahren konfrontiert. Die Weitergabe diesbezüglicher Informationen kann in mehrfacher Hinsicht rechtlich problematisch sein, vor allem mit Blick auf die Unschuldsvermutung (Art 6 Abs 2 EMRK), aber etwa auch mit Blick auf die Amtsverschwiegenheit (Art 20 Abs 3 B-VG). Mit der Novelle BGBl I 57/2018 wurde in Anlehnung an § 35b StAG (vgl ErläutRV 193 BlgNR 26. GP 7) die Vorschrift des § 34a über die **Information der Medien** in das VStG eingefügt. Eine Information der Medien ist – unter Berücksichtigung des Interesses der Öffentlichkeit an sachlicher Information über Verfahren von öffentlicher Bedeutung (Abs 1) – nur zulässig, wenn durch ihren Zeitpunkt und Inhalt die Persönlichkeitsrechte der betroffenen Personen, der Grundsatz der Unschuldsvermutung sowie der Anspruch auf ein faires Verfahren nicht verletzt werden (Abs 2). Auskünfte sind nicht zu erteilen, soweit schutzwürdige Geheimhaltungsinteressen (etwa der Datenschutz oder Geschäfts- und Betriebsgeheimnisse) entgegenstehen oder wenn durch die Auskunft der Zweck des Ermittlungsverfahrens gefährdet wäre (Abs 3).

3.3. Ordentliches Verwaltungsstrafverfahren

Im ordentlichen Verwaltungsstrafverfahren hat die Behörde ein **Ermittlungsverfahren** durchzuführen. Das AVG ist mit einigen Abweichungen anzuwenden. Insbesondere sind gem § 38 die Angehörigen (§ 36a AVG) des

Beschuldigten, die mit seiner Obsorge betrauten Personen, sein Erwachsenenvertreter, sein Vorsorgebevollmächtigter nach Wirksamwerden der Vorsorgevollmacht oder die von ihm in einer dieser Eigenschaften vertretenen Person von der Aussagepflicht als Zeugen befreit, und zwar schlechthin und nicht nur in Ansehung der Beantwortung einzelner Fragen.

3.3.1. Parteiengehör

Gem § 40 Abs 1 ist dem Beschuldigten die Gelegenheit zu geben, sich zu rechtfertigen, sofern die Behörde nicht vorläufig von der Verfolgung absieht (vgl § 34 und § 45). Dafür gibt es zwei Möglichkeiten (vgl § 40 Abs 2): Die Behörde kann den Beschuldigten entweder zur Vernehmung laden oder ihn auffordern, nach seiner Wahl entweder zu einem bestimmten Zeitpunkt zu seiner Vernehmung zu erscheinen oder sich bis zu diesem Zeitpunkt schriftlich zu rechtfertigen. Stets ist der Beschuldigte auf sein Recht hinzuweisen, zur Vernehmung einen Verteidiger seiner Wahl beizuziehen.

– **Ladung des Beschuldigten zur Vernehmung (§ 41):** Diese hat jedenfalls schriftlich, in Form einer einfachen Ladung oder eines Ladungsbescheids (vgl § 19 AVG), zu erfolgen. Die Ladung hat folgende Angaben zu enthalten:
  • die deutliche Bezeichnung der dem Beschuldigten zur Last gelegten Tat sowie die in Betracht kommende Verwaltungsvorschrift;
  • die Aufforderung, die der Verteidigung dienlichen Tatsachen vorzubringen und die der Verteidigung dienlichen Beweismittel mitzubringen oder der Behörde so rechtzeitig bekannt zu geben, dass sie zur Vernehmung noch herbeigeschafft werden können;
  • allenfalls die Androhung, dass das Strafverfahren, wenn der Beschuldigte der Ladung ungerechtfertigt keine Folge leistet, ohne seine Anhörung durchgeführt werden kann (sog *Kontumazfolgen*). Diese Rechtsfolge kann nur eintreten, wenn sie in der Ladung angedroht und wenn die Ladung dem Beschuldigten zu eigenen Handen zugestellt worden ist (vgl § 41 Abs 2).

– **Aufforderung zur Rechtfertigung (§ 42)** mit bloßer Verfahrensanordnung (Beispiel S 198): Sie ist zu eigenen Handen zuzustellen und hat folgenden Inhalt aufzuweisen:
  • die deutliche Bezeichnung der dem Beschuldigten zur Last gelegten Tat sowie die in Betracht kommende Verwaltungsvorschrift;
  • die Aufforderung, sich entweder binnen der gesetzten Frist schriftlich oder zu dem zur Vernehmung bestimmten Zeitpunkt mündlich zu rechtfertigen und die der Verteidigung dienlichen Tatsachen und Beweismittel der Behörde bekanntzugeben, widrigenfalls die Behörde das Strafverfahren ohne seine Anhörung durchführen werde.

Behörde (Anschrift, Telefon, Telefax, E-Mail, DVR)

Zustellung zu eigenen Handen

Zahl (Bitte bei Antworten angeben!)	Sachbearbeiter	Durchwahl	Datum

Aufforderung zur Rechtfertigung

Es wird Ihnen zur Last gelegt, folgende Verwaltungsübertretung(en) begangen zu haben:

Tat(en) (einschließlich Ort, Datum und Zeit)

Verwaltungsübertretung(en) nach

Sie können sich nach Ihrer Wahl entweder in einer **Vernehmung**

am	Zeit	Stiege/Stock/Zimmer Nr.

mündlich rechtfertigen oder sich bis zu diesem Zeitpunkt **schriftlich rechtfertigen**.

Wenn Sie zur **Vernehmung** zu uns kommen möchten, bringen Sie bitte diese Aufforderung, einen amtlichen Lichtbildausweis und folgende Unterlagen mit:

198

Bitte bringen Sie auch die Ihrer Verteidigung dienlichen Beweismittel mit oder geben Sie uns diese so rechtzeitig bekannt, dass wir sie zur Vernehmung noch herbeischaffen können.

Zur Vernehmung können Sie persönlich zu uns kommen, an Ihrer Stelle einen Bevollmächtigten entsenden oder gemeinsam mit Ihrem Bevollmächtigten zu uns kommen. Sie können zur Vernehmung auch einen Rechtsbeistand Ihrer Wahl beiziehen.

Bevollmächtigter kann eine eigenberechtigte natürliche Person, eine juristische Person oder eine eingetragene Personengesellschaft sein. Personen, die unbefugt die Vertretung anderer zu Erwerbszwecken betreiben, dürfen nicht bevollmächtigt werden.

Ihr Bevollmächtigter muss mit der Sachlage vertraut sein und sich durch eine schriftliche Vollmacht ausweisen können. Die Vollmacht hat auf Namen oder Firma zu lauten.

Eine schriftliche Vollmacht ist nicht erforderlich,
– wenn Sie sich durch eine zur berufsmäßigen Parteienvertretung befugte Person (zB einen Rechtsanwalt, Notar, Wirtschaftstreuhänder oder Ziviltechniker) vertreten lassen,
– wenn Ihr Bevollmächtigter seine Vertretungsbefugnis durch seine Bürgerkarte nachweist,
– wenn Sie sich durch uns bekannte Angehörige (§ 36a des Allgemeinen Verwaltungsverfahrensgesetzes 1991 – AVG), Haushaltsangehörige, Angestellte oder durch uns bekannte Funktionäre von Organisationen vertreten lassen und kein Zweifel an deren Vertretungsbefugnis besteht oder
– wenn Sie gemeinsam mit Ihrem Bevollmächtigten zu uns kommen.

Wenn Sie sich schriftlich rechtfertigen möchten, geben Sie uns bitte in der **schriftlichen Rechtfertigung** bekannt:
– die Ihrer Verteidigung dienlichen Beweismittel sowie
– Ihre Einkommens- und Vermögensverhältnisse und allfällige Sorgepflichten (gemäß § 19 Abs. 2 des Verwaltungsstrafgesetzes 1991 – VStG sind wir verpflichtet, diese bei der Bemessung von Geldstrafen zu berücksichtigen).

Bitte beachten Sie, dass das Strafverfahren **ohne Ihre Anhörung** durchgeführt wird, wenn Sie diese Aufforderung nicht befolgen

Rechtsgrundlage: §§ 40 und 42 des Verwaltungsstrafgesetzes 1991 – VStG

Name des / der Genehmigenden
Unterschrift / Beglaubigung / Amtssignatur

3.3.2. Mündliche Verhandlung

Wird der Beschuldigte zur Vernehmung geladen oder vorgeführt, hat die Behörde jedenfalls eine (nicht öffentliche) **mündliche Verhandlung** durchzuführen (§ 43 Abs 1).

§ 33 regelt die **Vernehmung** des Beschuldigten in der Verhandlung. Dieser ist zunächst zu seinen persönlichen Angaben („Generalien") zu befragen (Abs 1) und dann, erforderlichenfalls unter Beiziehung eines Dolmetschers, über seine Rechte zu belehren (Abs 2). Der Beschuldigte darf nicht zur Beantwortung der an ihn gestellten Fragen gezwungen werden (siehe Abs 3 und zum Verbot des Zwangs zur Selbstbelastung auch Art 90 Abs 2 B-VG und Art 6 EMRK). Dem Beschuldigten ist Gelegenheit zu geben, Kenntnis über die Ergebnisse der Beweisaufnahme zu erlangen und dazu Stellung zu nehmen (VwGH 30.10.1981, 81/02/0209). Er hat jedoch keinen Anspruch darauf, bei der Beweisaufnahme anwesend zu sein.

Hat der Beschuldigte bei seiner Vernehmung einen **Verteidiger** (siehe § 32a und oben D. 3.1.3.) beigezogen, so darf sich dieser an der Vernehmung beteiligen, indem er nach deren Abschluss oder nach thematisch zusammenhängenden Abschnitten ergänzende Fragen an den Beschuldigten richtet oder Erklärungen abgibt. Während der Vernehmung darf sich der Beschuldigte jedoch nicht mit dem Verteidiger über die Beantwortung einzelner Fragen beraten (§ 43 Abs 4).

Über die mündliche Strafverhandlung ist grundsätzlich eine Niederschrift aufzunehmen (**Strafverhandlungsschrift**; Ausnahmen in § 44 Abs 3). Dabei ist zusätzlich zu den allgemeinen Formerfordernissen für Niederschriften § 44 Abs 1 zu beachten. Erfolgt die Bescheidverkündung bei der Strafverhandlung (dies sollte gem § 43 Abs 1 der Regelfall sein), so sind in der Verhandlungsschrift Spruch, Begründung, Rechtsmittelbelehrung und Datum anzugeben. Der Beschuldigte hat das Recht, die Zustellung eines schriftlichen Bescheids zu begehren (§ 46 Abs 1).

3.3.3. Aussetzung des Verfahrens

Gem § 22 Abs 2 ist bei Begehung mehrerer Verwaltungsübertretungen jedes Delikt gesondert zu bestrafen (**Kumulationsprinzip**, siehe oben D. 2.3.7.). § 30 Abs 1 regelt diesbezüglich das verfahrensrechtliche Vorgehen:
– **Selbständige Verfolgung:** Liegen einem Beschuldigten von verschiedenen Behörden zu ahndende Verwaltungsübertretungen oder eine Verwaltungsübertretung und eine andere von einer Verwaltungsbehörde oder einem Gericht zu ahndende strafbare Handlung zur Last, so sind die strafbaren Handlungen unabhängig voneinander zu verfolgen, und

zwar in der Regel auch dann, wenn die strafbaren Handlungen durch ein und dieselbe Tat begangen worden sind (§ 30 Abs 1).

– **Aussetzung des Strafverfahrens:** Ist aber eine Tat von den Behörden nur zu ahnden, wenn sie nicht den Tatbestand einer in die Zuständigkeit anderer Verwaltungsbehörden oder der Gerichte fallenden strafbaren Handlung bildet (scheinbare Deliktskonkurrenz), und ist es zweifelhaft, ob diese Voraussetzung erfüllt ist, so hat die Behörde das Strafverfahren auszusetzen, bis über diese Frage von der sonst in Betracht kommenden Verwaltungsbehörde oder vom Gericht rechtskräftig entschieden ist (§ 30 Abs 2; vgl auch Art 4 7. ZPEMRK sowie bspw VwSlg 19.453 A/2016; VwGH 28.5.2019, Ra 2018/05/0266).

– **Aussetzung des Strafvollzuges:** Hat die Behörde vor dieser Entscheidung ein Straferkenntnis erlassen, so darf es vorläufig nicht vollstreckt werden. Ergibt sich später, dass das Verwaltungsstrafverfahren nicht hätte durchgeführt werden sollen, so hat die Behörde das Straferkenntnis außer Kraft zu setzen und das Verfahren einzustellen (§ 30 Abs 3; siehe zB VwGH 28.5.2019, Ra 2018/05/0266).

– **Anrechnung bereits vollstreckter Strafen:** Wurde die Strafe (entgegen § 30 Abs 3) bereits vollstreckt, haben die Gerichte und die sonst in Betracht kommenden Verwaltungsbehörden die Verwaltungsstrafe auf die von ihnen wegen derselben Tat verhängte Strafe anzurechnen.

3.3.4. Erledigung des ordentlichen Strafverfahrens

In Betracht kommen die Erledigung durch strafverhängenden Bescheid (Straferkenntnis) und die Einstellung des Verfahrens. Einen formellen Freispruch gibt es nicht. Zur Erledigung des Verfahrens führt auch ein (erfolgreiches) Vorgehen mit „Beratung statt Strafe" gem § 33a.

a) Erlassung eines Straferkenntnisses

Der Bescheid muss neben den Formvorschriften des AVG die Anforderungen des § 44a (Spruchbestandteile) sowie die des § 46 Abs 2 (schriftliche Ausfertigung des Bescheids: Behördenbezeichnung, Parteien, Spruch, Begründung, Rechtsmittelbelehrung) erfüllen.

Der **Spruch des Straferkenntnisses** hat demnach folgende Angaben zu enthalten (§ 44a):

– **die als erwiesen angenommene Tat (Z 1):** Sie bildet den den Deliktstatbestand erfüllenden Sachverhalt. Es bedarf der Anführung aller wesentlichen Tatbestandsmerkmale, die zur Individualisierung und Konkretisierung des inkriminierten Verhaltens und damit für die Subsumtion der als erwiesen angenommenen Tat unter die dadurch verletzte Verwaltungsvorschrift erforderlich sind (VwSlg 17.164 A/2007). Die Tat muss im Spruch so eindeutig umschrieben werden, dass kein Zweifel darüber besteht, wofür der Täter bestraft worden ist (VwGH 23.4.2008, 2005/03/0243). Zweck dieser Vorschrift ist es, den Beschuldigten einerseits in die Lage zu versetzen, auf den konkreten Tatvorwurf bezogene Beweise anzubieten, um eben diesen Tatvorwurf zu widerlegen, und ihn andererseits davor zu schützen, wegen desselben Verhaltens nochmals zur Verantwortung gezogen zu werden (VwGH 24.9.2010, 2009/02/0329; vgl Art 4 7. ZP-EMRK). Im Spruch ist gegebenenfalls auch anzuführen, ob jemand gem § 7 als Anstifter (VwGH 19.12.1997, 96/02/0594) oder Beihelfer (VwGH 30.6.1999, 99/04/0040), ob er gem § 9 Abs 2 bis 4 als verantwortlicher Beauftragter (VwGH 27.11.1995, 93/10/0136) oder ob er gemäß § 8 wegen Versuchs der Tat (VwGH 28.1.1983, 82/02/0134) zur Verantwortung gezogen wird.

- **die durch die Tat verletzte Verwaltungsvorschrift (Z 2):** Das ist jene Vorschrift, die ein bestimmtes Verhalten verbietet oder gebietet und unter die die Tat zu subsumieren ist (vgl VwGH 23.2.2006, 2003/07/0056). Einem Beschuldigten kommt das subjektive Recht darauf zu, dass ihm die durch die Tat verletzte Verwaltungsvorschrift richtig und vollständig vorgehalten wird, wozu auch die Anführung der „Fundstelle" der Vorschrift zählt (VwGH 27.6.2007, 2005/03/0231).
- **die verhängte Strafe und die dabei angewendete Gesetzesbestimmung (Z 3):** Unter „angewendeter Gesetzesbestimmung" ist die Strafsanktionsnorm zu verstehen, welche jene Strafdrohung enthält, in der die tatsächlich verhängte Strafe Deckung findet (VwGH 26.7.2002, 2002/02/0037). Wenn der Bescheid die angewendete Gesetzesbestimmung nicht ausweist, ist er hinsichtlich des Ausspruchs über die verhängte Strafe inhaltlich rechtswidrig (VwGH 27.12.2007, 2002/03/0055).
- **einen allfälligen Ausspruch über privatrechtliche Ansprüche (Z 4):** Siehe § 57.
- **die Kostenentscheidung (Z 5):** Siehe die §§ 64 f.

Entspricht ein Straferkenntnis diesen Erfordernissen nicht, so kann dieser Mangel im Beschwerdeverfahren vor dem Verwaltungsgericht weitgehend **saniert** werden: So berechtigt etwa eine nicht ausreichende Umschreibung der Tat das Verwaltungsgericht nicht dazu, das Straferkenntnis zu beheben. Das Verwaltungsgericht ist vielmehr gem § 50 VwGVG verpflichtet, in der Sache selbst zu entscheiden und dabei die Tat in einer dem § 44a Z 1 VStG entsprechenden Weise zu präzisieren, darf aber dabei die Tat nicht auswechseln (vgl VwGH 30.1.2018, Ra 2017/01/0409; 15.4.2019, Ra 2018/02/0086). Die Verpflichtung des Verwaltungsgerichts, in der Sache selbst zu entscheiden, umfasst weiters die Verpflichtung, gegebenenfalls nach Überprüfung der Strafzumessungsgründe die Strafe neu festzusetzen (vgl VwGH 21.11. 2000, 2000/05/0240). Ferner kann die angewendete Gesetzesbestimmung (§ 44a Z 3) ergänzt (VwGH 3.9.2001, 2000/10/0109) oder richtig gestellt werden (solange es dadurch nicht zu einer Auswechslung der Tat kommt, vgl VwGH 29.9.2016, Ra 2016/05/0075), und zwar auch nach Ablauf der Verjährungsfrist, weil hinsichtlich einer rechtlichen Qualifikation keine Verfolgungsverjährung eintreten kann (näher VwGH 21.6.1999, 98/17/0009; 25.4.2002, 2002/07/0024).

Der Verstoß gegen die Formerfordernisse des § 44a Z 1, 2 und 3 stellt im Übrigen eine offenkundige Verletzung des Gesetzes zum Nachteil des Bestraften dar, die ein Vorgehen nach § 52a rechtfertigt (vgl zu § 44a Z 1 VwGH 19.12.2006, 2004/03/0222; zu § 44a Z 2 und 3 vgl VwGH 23.2.2006, 2003/07/0056).

Den Parteien, denen gegen den Bescheid Beschwerde offen steht, ist eine **schriftliche Ausfertigung** mit den in § 46 Abs 2 angeführten Bestandteilen, das sind

– die Bezeichnung der bescheiderlassenden Behörde,
– der Vorname, der Familienname und der Wohnort der Parteien,
– der Spruch (vgl § 44a),
– die Begründung,
– die Rechtsmittelbelehrung (vgl § 61 AVG iVm § 24 VStG),
– die Belehrung über das Recht der Beigabe eines Verfahrenshilfeverteidigers im Verfahren vor dem VwG gem § 44b (vgl dazu § 40 VwGVG),
– das Datum des Bescheids,

zuzustellen, wenn ihnen der Bescheid nicht mündlich verkündet wurde. Bei mündlicher Verkündung können sie die Zustellung einer schriftlichen Ausfertigung verlangen (§ 46 Abs 1).

Ist der Beschuldigte der deutschen Sprache nicht hinreichend kundig, so ist dem Straferkenntnis grundsätzlich eine Übersetzung in einer für den Beschuldigten verständlichen Sprache anzuschließen (vgl näher § 46 Abs 1a).

Wird über einen Soldaten eine Strafe verhängt, so ist davon dem Disziplinarvorgesetzten Mitteilung zu machen (§ 46 Abs 3). Weitere Mitteilungspflichten der Behörde bestehen in § 59 und in einigen Materiengesetzen (zB § 373 GewO).

b) Einstellung des Verfahrens

Die **Einstellung** ist gem § 45 Abs 1 Z 1 bis 6 zu verfügen, wenn
– die dem Beschuldigten zur Last gelegte Tat nicht erwiesen werden kann oder keine Verwaltungsübertretung bildet (sondern zB eine gerichtlich strafbare Handlung);

– der Beschuldigte die ihm zur Last gelegte Verwaltungsübertretung nicht begangen hat oder Umstände vorliegen, die die Strafbarkeit aufheben oder ausschließen;

> **Beispiele:** Strafaufhebungsgründe sind der Rücktritt vom Versuch, der Tod des Beschuldigten und der Eintritt der Strafbarkeitsverjährung; Strafausschließungsgründe sind die Rechtfertigungs- und Entschuldigungsgründe.

– Umstände vorliegen, die die Verfolgung ausschließen (zB Eintritt der Verfolgungsverjährung, Immunität);
– die Bedeutung des strafrechtlich geschützten Rechtsgutes und die Intensität seiner Beeinträchtigung durch die Tat und das Verschulden des Beschuldigten gering sind: In diesem Fall kann allerdings die Behörde (anstatt die Einstellung zu verfügen) dem Beschuldigten unter Hinweis auf die Rechtswidrigkeit seines Verhaltens mit Bescheid eine **Ermahnung** erteilen, wenn dies geboten erscheint, um ihn von der Begehung strafbarer Handlungen gleicher Art abzuhalten (§ 45 Abs 1 letzter Satz).
– die Strafverfolgung nicht möglich ist (zB wegen Wohnsitzes des Beschuldigten im Ausland ohne Rechtshilfeübereinkommen);
– die Strafverfolgung einen Aufwand verursachen würde, der gemessen an der Bedeutung des strafrechtlich geschützten Rechtsgutes und der Intensität seiner Beeinträchtigung durch die Tat unverhältnismäßig wäre.

Die Einstellung erfolgt grundsätzlich durch einen begründeten **Aktenvermerk**. Ein förmlicher **Bescheid** ist nur dann zu erlassen, wenn einer Partei gegen die Einstellung Beschwerde beim Verwaltungsgericht zusteht (wie etwa dem Privatankläger) oder wenn die Erlassung eines Bescheids aus anderen Gründen notwendig ist (§ 45 Abs 2). Dafür, dass die Bescheiderlassung „aus anderen Gründen notwendig" ist, sind seit der Verwaltungsgerichtsbarkeits-Novelle 2012 praktische Fälle kaum noch denkbar (vgl *Fister* in Lewisch/Fister/Weilguni, VStG[2] [2017] § 45 VStG Rz 5).

Erfolgt die Einstellung bescheidförmig, ist der Bescheid gegenüber allen Parteien zu erlassen. Die Einstellung durch Aktenvermerk ist dem Beschuldigten hingegen nur dann mitzuteilen, wenn er von dem Verdacht wusste. Diese Mitteilung beurteilt die Judikatur ebenfalls als Bescheiderlassung (VwSlg 9260 A/1977); der Aktenvermerk selbst ist zwar kein Bescheid (VwGH 23.10.2001, 2000/11/0120), er kann aber dennoch Rechtskraftwirkungen entfalten (vgl ErläutRV 133 BlgNR 17. GP 10). Auch wenn keine solche Mitteilung erfolgt ist und kein förmlicher Bescheid erlassen wurde, ist die Behörde an die Einstellung gebunden und kann sie das Strafverfahren nur unter den Voraussetzungen nach § 52 VStG iVm § 69 AVG wieder aufnehmen (VwGH 8.11.2000, 99/04/0115).

Dem Beschuldigten erwächst aus § 45 grundsätzlich kein subjektives Recht auf die Einstellung des Verwaltungsstrafverfahrens. Nur bei Vorliegen der Voraussetzungen für eine Einstellung gem § 45 Abs 1 Z 4 ist ein subjektives Recht anzunehmen.

c) „Beratung statt Strafe"

Mit der Novelle BGBl I 57/2018 wurde ein neuer § 33a in das VStG eingefügt, dem zufolge die Behörde unter bestimmten Voraussetzungen mit einer „Beratung statt Strafe" vorzugehen hat. Vorbild war § 371c GewO (vgl ErläutRV 193 BlgNR 26. GP 6).

Ein solches Vorgehen ist an die folgenden kumulativen **Voraussetzungen** gebunden:
- die Behörde muss eine Übertretung festgestellt haben (Abs 1), also ein tatbestandsmäßiges, rechtswidriges und auch schuldhaftes Verhalten;
- die **Bedeutung** des strafrechtlich geschützten Rechtsgutes und die **Intensität** seiner Beeinträchtigung durch die Tat sind **gering** (Abs 1); in den Abs 3 und 4 sind demonstrativ Fälle aufgezählt, in denen die Intensität der Beeinträchtigung des strafrechtlich geschützten Rechtsgutes jedenfalls nicht gering ist (Abs 3) bzw jedenfalls als gering gilt (Abs 4);
- das **Verschulden** des Beschuldigten ist **gering** (Abs 1);
- es darf **kein Ausschlussgrund** gem Abs 5 vorliegen (Vorsatztat, Wiederholungstat, Taten, die mit einstweiligen Zwangs- und Sicherungsmaßnahmen oder der Entziehung von Berechtigungen einhergehen);
- es darf in den Verwaltungsvorschriften nichts anderes bestimmt sein (Abs 1).

Angesichts dieser kumulativ schwer zu erfüllenden Voraussetzungen werden die praktischen Anwendungsfälle des § 33a quantitativ selten bleiben. Liegen im Einzelfall alle erforderlichen Voraussetzungen vor, so hat die Behörde den Beschuldigten mit dem Ziel einer möglichst wirksamen Beendigung des strafbaren Verhaltens oder der strafbaren Tätigkeiten zu **beraten** und ihn schriftlich – mit Verfahrensanordnung iSd § 7 Abs 1 VwGVG – unter Angabe der festgestellten Sachverhalte **aufzufordern**, innerhalb einer angemessenen Frist den den Verwaltungsvorschriften und behördlichen Verfügungen entsprechenden Zustand herzustellen (Abs 1). Aufgrund der Formulierung „hat" ist anzunehmen, dass der Beschuldigte einen subjektiven Rechtsanspruch auf ein Vorgehen gem § 33a hat, wenn die gesetzlichen Voraussetzungen vorliegen; die Anwendung dieser Regelung liegt nicht im Ermessen der Behörde.

Wird der schriftlichen Aufforderung innerhalb der von der Behörde festgelegten oder erstreckten Frist **entsprochen**, dann ist die **weitere Verfolgung** einer Person wegen jener Übertretung, betreffend welche der den Rechtsvorschriften und behördlichen Verfügungen entsprechende Zustand hergestellt worden ist, **unzulässig** (Abs 2). Die Behörde hat das (eingeleitete) Strafverfahren gem § 45 Abs 1 Z 3 – allenfalls auch gem Z 4 – einzustellen.

Wenn der schriftlichen Aufforderung **nicht entsprochen** wird, so ist das Strafverfahren einzuleiten oder fortzuführen (vgl ErläutRV 193 BlgNR 26. GP 6).

3.4. Abgekürzte Verfahren

Zur Entlastung der Verwaltungsstrafbehörden sieht das VStG die Möglichkeit vor, unter bestimmten Voraussetzungen Strafen **ohne vorhergehendes Ermittlungsverfahren** zu verhängen.

3.4.1. Strafverfügung (§§ 47 bis 49)

Die Verwaltungsstrafbehörde kann ohne weiteres Verfahren durch Strafverfügung eine Geldstrafe festsetzen, wenn von einem Gericht, einer Verwaltungsbehörde, einem Organ der öffentlichen Aufsicht oder einem militärischen Organ im Wachdienst (vgl § 11 Abs 1 und 2 MBG) auf Grund **eigener dienstlicher Wahrnehmung** oder eines vor ihnen abgelegten **Geständnisses** eine Verwaltungsübertretung angezeigt oder wenn das strafbare Verhalten auf Grund von **Verkehrsüberwachung** mittels bildverarbeitender technischer Einrichtungen festgestellt wird.

Im Wege einer Strafverfügung kann **nur** eine **Geldstrafe bis zu 600 Euro** festgesetzt werden (bei Vorliegen mehrerer Delikte gilt die Obergrenze jeweils für ein einzelnes Delikt). Ferner kann auch auf den Verfall beschlagnahmter Sachen oder ihres Erlöses erkannt werden, wenn der Wert der beschlagnahmten Sachen 200 Euro nicht übersteigt. Die Strafverfügung hat die Form- und Inhaltsvorschriften des § 48 zu erfüllen (Behördenbezeichnung, Angaben zum Beschuldigten, Konkretisierung der Tat, Anführung der verletzten Verwaltungsvorschrift, der verhängten Strafe und der angewendeten Gesetzesbestimmung, Kostenausspruch und Belehrung über den Einspruch). Sie enthält keine Begründung. Unterschrift und Genehmigung der Erledigung müssen § 18 Abs 2 und 4 AVG entsprechen.

Das **oberste Organ** kann, soweit die Verwaltungsvorschriften nicht anderes bestimmen, durch Verordnung zur Verfahrensbeschleunigung einzelne Tatbestände von Verwaltungsübertretungen bestimmen, für die die Behörde durch Strafverfügung eine unter Bedachtnahme auf § 19 Abs 1 im Vorhinein festgesetzte Geldstrafe bis zu 500 Euro verhängen darf (§ 47 Abs 2). Subjektive Faktoren der Strafzumessung gem § 19 Abs 2 (etwa das Verschulden) haben dabei außer Betracht zu bleiben (vgl ErläutRV 193 BlgNR 26. GP 10).

Strafverfügungen sind durch **Einspruch** gem § 49 bekämpfbar. Siehe dazu unten D. 3.6.1.

3.4.2. Anonymverfügung (§ 49a)

§ 49a Abs 1 enthält die Ermächtigung des obersten Organs (vgl Art 11 Abs 3 B-VG), durch **Verordnung** zur Verfahrensbeschleunigung einzelne Tatbestände von Verwaltungsübertretungen zu bestimmen, für die die Behörde durch Anonymverfügung eine (unter Bedachtnahme auf § 19 Abs 1) im Vorhinein festgesetzte Geldstrafe bis zu 365 Euro vorschreiben darf. Dies gilt vorbehaltlich abweichender Regelungen in den Verwaltungsvorschriften.

Unter der Voraussetzung, dass die VO erlassen wurde und die Anzeige auf der **dienstlichen Wahrnehmung** eines Organs der öffentlichen Aufsicht oder auf **Verkehrsüberwachung** mittels bildverarbeitender technischer Einrichtungen beruht, kann die Behörde die Geldstrafe ohne Festsetzung einer Ersatzfreiheitsstrafe durch **Anonymverfügung** vorschreiben (§ 49a Abs 2). In der Anonymverfügung müssen die Behörde und das Datum, die Tat, die verletzte Verwaltungsvorschrift, die verhängte Strafe und die angewendete Gesetzesbestimmung sowie ferner eine Belehrung über die in § 49a Abs 6 getroffene Regelung angegeben sein (§ 49a Abs 3, Beispiel S 208). Ihr ist ein zur postalischen Einzahlung des Strafbetrags geeigneter Beleg beizugeben (§ 49a Abs 4). Die Anonymverfügung ist einer Person zuzustellen, von der die Behörde mit Grund annehmen kann, dass sie oder ein für sie gem § 9 verantwortliches Organ den Täter kennt oder leicht feststellen kann (§ 49a Abs 5); die Behörde hat also keine Ausforschung des Täters vorzunehmen.

> **Beispiel:** § 49a findet insb in der Straßenverkehrsordnung Anwendung (vgl dazu § 100 Abs 5c StVO). Die Anonymverfügung wird idR an den Zulassungsbesitzer zugestellt, von dem man annimmt, dass er den Täter, der zu einem bestimmten Zeitpunkt sein Fahrzeug gelenkt hat, kennt.

Es handelt sich bei der Anonymverfügung nicht um eine Verfolgungshandlung (vgl § 49a Abs 6 Satz 1). Es liegt auch kein Bescheid vor, sondern ein Rechtsakt *sui generis*.

Gegen die Anonymverfügung ist **kein Rechtsmittel zulässig**. Sie wird allerdings **gegenstandslos**, wenn nicht binnen vier Wochen nach ihrer Ausfertigung die Einzahlung des Strafbetrages mittels Beleges erfolgt (vgl näher zur fristgerechten Einzahlung § 49a Abs 6 letzter Satz). Die Behörde muss dann mit der Ermittlung des Täters beginnen (vgl § 49a Abs 6). Wird der Strafbetrag hingegen fristgerecht mittels Beleges eingezahlt, so hat die Behörde von der Ausforschung des unbekannten Täters endgültig Abstand zu nehmen und jede Verfolgungshandlung zu unterlassen (§ 49a Abs 7); wird er

Behörde (Anschrift, Telefon, Telefax, E-Mail, DVR)

Zahl (Bitte bei Antworten angeben!)	Sachbearbeiter	Durchwahl	Datum

Anonymverfügung

Am	um (von - bis) Uhr
in	
wurde	

Es wurde(n) dadurch folgende Rechtsvorschrift(en) verletzt:

Für die Übertretung dieser Vorschriften wurde mit Verordnung

die Zulässigkeit der Vorschreibung einer Anonymverfügung festgesetzt.

Es wird daher durch Anonymverfügung vorgeschrieben:

Geldstrafe von Euro	gemäß

Rechtsgrundlage: § 49a des Verwaltungsstrafgesetzes 1991 – VStG

Zahlungsfrist und Rechtsmittelbelehrung:

Die Anonymverfügung ist keine Verfolgungshandlung. Sie darf weder in amtlichen Auskünften erwähnt noch bei der Strafbemessung im Verwaltungsstrafverfahren berücksichtigt werden.

Gegen die Anonymverfügung ist kein Rechtsmittel zulässig. Es stehen Ihnen jedoch nach Ihrer Wahl folgende Möglichkeiten offen:

Sie bezahlen den Strafbetrag:

Die Bezahlung des Strafbetrages bewirkt, dass ein Strafverfahren wegen der betreffenden Tat endgültig unterbleibt. Sie können diese Bezahlung auch dann vornehmen, wenn Sie nicht selbst der Täter sind. Damit die Bezahlung die beschriebene Wirkung hat, müssen allerdings zwingend folgende Voraussetzungen erfüllt sein:

Der Strafbetrag ist innerhalb von vier Wochen nach (dem Datum der) Ausfertigung der Anonymverfügung auf das im beiliegenden Beleg (Zahlschein, Erlagschein) angegebene Konto zu überweisen. Der Überweisungsauftrag hat die automationsunterstützt lesbare, vollständige und richtige Identifikationsnummer des Beleges zu enthalten und die Überweisung hat so rechtzeitig zu erfolgen, dass der Strafbetrag diesem Konto vor Ablauf der vierwöchigen Frist gutgeschrieben worden ist. **Beachten Sie bitte**, dass **Überweisungen** (auch bei Online-Banking) **einige Tage in Anspruch nehmen** können. Wenn Sie für die Überweisung nicht den beiliegenden Beleg verwenden, achten Sie bitte darauf, dass der **Überweisungsauftrag richtig und vollständig ausgefüllt** ist.

☐ Der Strafbetrag kann auch innerhalb von vier Wochen nach (dem Datum der) Ausfertigung der Anonymverfügung mittels des beiliegenden Beleges auf das darin angegebene Konto bar eingezahlt werden.

Wird der Strafbetrag verspätet eingezahlt oder sind andere der oben beschriebenen Voraussetzungen nicht erfüllt, ist er entweder auf die verhängte Geldstrafe anzurechnen oder – wenn es zu keiner Bestrafung kommt – zurückzuzahlen.

Sie reagieren auf die Anonymverfügung nicht:

In diesem Fall wird die Anonymverfügung mit Ablauf der vierwöchigen Frist gegenstandslos und wir sind verpflichtet, den Sachverhalt möglichst zu klären und Nachforschungen nach dem unbekannten Täter einzuleiten, also ein Strafverfahren durchzuführen.

Name des / der Genehmigenden
Unterschrift / Beglaubigung / Amtssignatur

nach Ablauf der Frist oder nicht mittels Beleges bezahlt und weist der Beschuldigte die Zahlung im Zuge des Verfahrens nach, so ist der Strafbetrag zurückzuzahlen oder anzurechnen (§ 49a Abs 9). Die Rückerstattung im Fall einer Überzahlung ist in § 49a Abs 10 geregelt; hier wird ein Betrag von 2 Euro zur Deckung des entstehenden Verwaltungsaufwands einbehalten bzw bei noch geringeren Überzahlungen von einer Rückerstattung gänzlich abgesehen (vgl dazu ErläutRV 193 BlgNR 26. GP 11).

3.4.3 Organstrafverfügung (§ 50)

Gem § 50 kann die Behörde **besonders geschulte Organe der öffentlichen Aufsicht** ermächtigen, wegen bestimmter von ihnen dienstlich wahrgenommener oder vor ihnen eingestandener Verwaltungsübertretungen mit **Organstrafverfügung** Geldstrafen einzuheben. Das oberste Organ (vgl Art 11 Abs 3 B-VG) kann, soweit die Verwaltungsvorschriften nicht anderes bestimmen, durch Verordnung zur Verfahrensbeschleunigung einzelne Tatbestände von Verwaltungsübertretungen bestimmen, für die durch Organstrafverfügung eine unter Bedachtnahme auf § 19 Abs 1 im Vorhinein festgesetzte Geldstrafe bis zu 90 Euro eingehoben werden darf.

Die Behörde kann die Organe ferner ermächtigen,
– dem Beanstandeten einen zur postalischen Einzahlung des Strafbetrages geeigneten **Beleg** zu übergeben, oder, wenn keine bestimmte Person beanstandet wird, am Tatort (etwa an der Windschutzscheibe) zu hinterlassen (§ 50 Abs 2);
– dem Beanstandeten zu gestatten, den einzuhebenden Strafbetrag auch in bestimmten **fremden Währungen** oder mit **Scheck** oder **Kreditkarte** zu entrichten. Wird der Strafbetrag mit Kreditkarte entrichtet, so ist der mit dem Kreditkartenunternehmen vereinbarte Abschlag von demjenigen zu tragen, dem die Geldstrafe gewidmet ist (§ 50 Abs 8).

Die Behörde kann dem Organ die Ermächtigung entziehen, wenn sie dies für erforderlich erachtet (§ 50 Abs 3).

Die Organe des öffentlichen Sicherheitsdienstes (siehe § 5 Abs 2 SPG, va die Bundespolizei) sind *ex lege* gem § 50 Abs 9 zur Vornahme von Handlungen im Sinne des § 50 Abs 1, 2 und 8 ermächtigt.

Eine Organstrafverfügung hat die Tat, die Zeit und den Ort ihrer Begehung, den Strafbetrag und die Behörde, in deren Namen eingeschritten wurde, anzugeben. Falls ein Beleg verwendet wird, hat das Organ zusätzlich jene Daten festzuhalten, die für eine allfällige Anzeigenerstattung an die Behörde erforderlich sind (vgl § 50 Abs 4). Siehe das Formular 45 der VwFormV. Die Organstrafverfügung ist wie die Anonymverfügung keine

Verfolgungshandlung. Sie ist kein Bescheid, sondern ein Rechtsakt *sui generis* (VwGH 13.6.1990, 90/03/0145).

Das Aufsichtsorgan hat hinsichtlich der Verhängung einer Organstrafverfügung **Ermessen**. Der Täter hat grundsätzlich keinen Rechtsanspruch darauf, sofern ein solcher nicht ausnahmsweise in Verwaltungsvorschriften vorgesehen ist. Eine Ausnahme bildet auch § 50 Abs 5a, wonach das Organ von der Einhebung einer Geldstrafe mit Organstrafverfügung absehen „kann" (im Sinne von „muss"), wenn die Bedeutung des strafrechtlich geschützten Rechtsgutes und die Intensität seiner Beeinträchtigung durch die Tat und das Verschulden des Beanstandeten gering sind; eine Anzeige an die Behörde ist in diesem Fall nicht zu erstatten. Das Organ kann jedoch den Beanstandeten in einem solchen Fall in geeigneter Weise auf die Rechtswidrigkeit seines Verhaltens aufmerksam machen.

Gegen die Organstrafverfügung ist **kein Rechtsmittel zulässig**. Verweigert der Beanstandete die Zahlung des Strafbetrages oder die Entgegennahme des Beleges (wobei als Verweigerung auch die Nichteinzahlung binnen zwei Wochen ab Übergabe bzw ab Zurücklassung des Beleges am Tatort gilt), so wird die Organstrafverfügung **gegenstandslos**. In diesem Fall ist die Anzeige an die Behörde zu erstatten (vgl § 50 Abs 6), die dann den Täter auszuforschen und das Strafverfahren einzuleiten hat. Bei ordnungsgemäßer Einzahlung (vgl dazu § 50 Abs 6 letzter Satz) darf keine Ausforschung erfolgen bzw nicht mit der Verfolgung begonnen werden. Wird der Strafbetrag nach Ablauf der Frist oder nicht mittels Beleges bezahlt und weist der Beschuldigte die Zahlung im Zuge des Verwaltungsstrafverfahrens nach, so ist der Strafbetrag zurückzuzahlen oder anzurechnen (siehe § 50 Abs 7). Für den Fall einer Überzahlung gilt § 50 Abs 7a.

3.5. Privatanklagesachen und Privatbeteiligung

Abweichend von der Offizialmaxime ist das (in den Materiengesetzen der Länder geregelte, vgl Art VIII der B-VG-Novelle 1974, BGBl 444/1974) **Delikt der Ehrenkränkung** nur zu verfolgen, wenn der Verletzte (**Privatankläger**) binnen sechs Wochen ab dem Zeitpunkt seiner Kenntnis von der Verwaltungsübertretung und der Person des Täters einen **Strafantrag** stellt (§ 56 Abs 1). Das weitere Verfahren ist von der Behörde jedoch nach dem Grundsatz der Amtswegigkeit zu führen. Der Privatankläger ist Partei iSd AVG. Er kann jederzeit von der Verfolgung zurücktreten, was auch in Fällen unterlassener Mitwirkung am Verfahren angenommen wird (vgl § 56 Abs 2). Der Privatankläger verfügt nur über ein eingeschränktes Rechtsmittelrecht, er kann lediglich gegen die Einstellung des Verfahrens Beschwerde an das Verwaltungsgericht erheben (§ 56 Abs 3), nicht aber auch gegen das (allenfalls zu geringe) Strafausmaß oder gegen den Ausspruch einer Ermahnung gem § 45 Abs 1 letzter Satz. Bei Säumnis der Verwaltungsstrafbehörde steht ihm die Säumnisbeschwerde gem Art 130 Abs 1 Z 3 B-VG an das Verwaltungsgericht offen.

Unter **Privatbeteiligung** versteht man die Parteistellung jener Personen, die privatrechtliche Ansprüche (idR Schadenersatzansprüche) haben, über welche die Behörde nach einzelnen Verwaltungsvorschriften (zB § 100 Abs 6 StVO, § 174 Abs 2 ForstG) im Straferkenntnis (vgl § 44a Z 4) zu entscheiden hat (§ 57). Nach den Verwaltungsvorschriften richtet sich auch, ob die Behörde von Amts wegen oder nur auf Antrag der Berechtigten über die privatrechtlichen Ansprüche zu entscheiden hat. Trotz seiner Parteistellung im Verwaltungsstrafverfahren hat der Privatbeteiligte keine Rechtsmittellegitimation, er kann allerdings seine Forderung im ordentlichen Rechtsweg (vor den Zivilgerichten) geltend machen (§ 57 Abs 2). Der Beschuldigte hingegen kann die Entscheidung über die privatrechtlichen Ansprüche nur mit Beschwerde beim Verwaltungsgericht anfechten (§ 57 Abs 3); tut er dies, ist auch der Privatbeteiligte wieder Partei des Beschwerdeverfahrens.

3.6. Rechtsschutz

Im Zuge der Verwaltungsgerichtsbarkeits-Novelle 2012 wurde der Rechtsschutz weitgehend aus dem VStG herausgelöst und in das VwGVG transferiert (siehe unten F. 4. und F. 9.2.). Im VStG geregelt bleibt lediglich der (remonstrative) Einspruch gegen Strafverfügungen (§ 49). Als außerordentliches Rechtsmittel gibt es die Möglichkeit der Wiederaufnahme des verwaltungsbehördlichen Strafverfahrens (§ 52 VStG iVm §§ 69 f AVG). Als sonstiger Rechtsbehelf steht der Wiedereinsetzungsantrag (§§ 71 f AVG) zur Verfügung. Die Behörde selbst kann die amtswegige Aufhebung oder Abänderung von Bescheiden bewirken (§ 52a VStG iVm § 68 AVG).

3.6.1. Einspruch gegen Strafverfügungen

Gegen die **Strafverfügung iSd §§ 47 bis 49** ist das ordentliche Rechtsmittel des Einspruchs zulässig. Zur Erhebung des Einspruchs sind der Beschuldigte (§ 49 Abs 1), aber auch mithaftende juristische Person (§ 9 Abs 7) und Verfallsbeteiligte (§ 17) legitimiert; ferner der gesetzlicher Vertreter eines jugendlichen Beschuldigten (§ 60). Die Frist für die Erhebung des Einspruchs beträgt **zwei Wochen** ab Zustellung der Strafverfügung (§ 49 Abs 1); die Frist ist nicht erstreckbar (§ 33 Abs 4 AVG iVm § 24 VStG).

Der Einspruch hat zwingend zu beinhalten (**notwendiger Inhalt**):
- Bezeichnung als Einspruch;
- Bezeichnung der beeinspruchten Strafverfügung;

- Angaben zur Rechtzeitigkeit des Einspruchs;
- Angaben zum Anfechtungsumfang (Schuldspruch und/oder Strafhöhe);
- Beweismittel (vgl § 49 Abs 1);
- Begründung des Einspruchs (ratsam, aber nicht unbedingt notwendig, vgl VwGH 20.6.1991, 91/19/0109); es besteht Neuerungserlaubnis.

> In einem Einspruch bedarf es keines Antrags; daher ist der Einschreiter nicht verpflichtet, die Einstellung des Verfahrens ausdrücklich zu beantragen (VwGH 26.1.2007, 2006/02/0252).

Der Einspruch ist **schriftlich oder mündlich** zu erheben (§ 49 Abs 1). Er ist bei der Behörde einzubringen, die die Strafverfügung erlassen hat (§ 49 Abs 1), und auch an diese Behörde zu richten (**remonstratives Rechtsmittel**). Es ist hinreichend, den Einspruch in einfacher Ausfertigung einzubringen. Es besteht **keine Anwaltspflicht**. Die Gewährung von Verfahrenshilfe ist nicht vorgesehen. Der Einspruch ist **gebührenfrei** (siehe oben C. 3.1.6.). Es gebührt kein Kostenersatz, es sei denn, die Verwaltungsvorschriften bestimmen anderes (vgl § 74 AVG iVm § 24 VStG).

→ Siehe das Muster für einen Einspruch unter H. 8.

Die **Rechtswirkungen** des Einspruchs bestimmen sich nach dem Umfang der Anfechtung (vgl § 49 Abs 2):
- Richtet sich der rechtzeitige und zulässige Einspruch **nur gegen das Strafausmaß** oder gegen die **Kostenentscheidung**, muss die Behörde darüber mit Bescheid entscheiden; in einem solchen Fall hat sich daher die Behörde darauf zu beschränken, die Strafe zu bestätigen, herabzusetzen oder von ihr ganz abzusehen sowie über die Kosten abzusprechen (VwGH 22.4.1999, 99/07/0010). Die Verhängung einer höheren Strafe ist unzulässig (§ 49 Abs 2 letzter Satz). Der Schuldspruch der Strafverfügung wird rechtskräftig. Im Zweifel hat die Behörde davon auszugehen, dass sich der Einspruch gegen die gesamte Strafverfügung richtet (vgl VwGH 23.3.2016, Ra 2015/02/0247).
- In **allen anderen Fällen** tritt die gesamte Strafverfügung mit Einbringung des rechtzeitigen und zulässigen Einspruchs, soweit er nicht binnen zwei Wochen zurückgezogen wird (ErläutRV 193 BlgNR 26. GP 10), **außer Kraft** (VwGH 3.5.2017, Ro 2016/03/0027), die Behörde muss daraufhin ein **ordentliches Verfahren** (§§ 40 ff) einleiten. Ein (begründeter) Einspruch gilt als Rechtfertigung iSd § 40. Erlässt die Behörde nach Durchführung des ordentlichen Verfahrens ein Straferkenntnis, darf sie keine höhere Strafe verhängen (§ 49 Abs 2 letzter Satz).

Wenn ein Einspruch nicht oder nicht rechtzeitig erhoben oder zurückgezogen wird, ist die Strafverfügung gem § 49 Abs 3 zu vollstrecken.

Wird ein Einspruch als verspätet zurückgewiesen, kann man dadurch nur in seinem Recht auf Einleitung des ordentlichen Verfahrens verletzt werden (VwGH 25.11.2005, 2005/02/0273).

3.6.2. Wiederaufnahme

Für die Wiederaufnahme gelten die §§ 69 und 70 AVG (siehe oben C. 5.6.) und die davon abweichende Vorschrift des § 52, nach dem die Wiederaufnahme eines eingestellten Verfahrens nur innerhalb der Frist für die Verfolgungsverjährung (§ 31 Abs 1; siehe dazu oben D. 3.1.4.) zulässig ist. Dies gilt auch für die Wiederaufnahme nach einer durch bloßen Aktenvermerk vorgenommenen Einstellung (VwGH 19.6.1985, 84/03/0018).

3.6.3. Aufhebung bzw Abänderung und Nichtigerklärung rechtskräftiger Bescheide von Amts wegen

Das Aufhebungs- und Abänderungsrecht der Behörde gem § 68 Abs 2 und 3 AVG gilt im Verwaltungsstrafverfahren nicht (§ 24 Satz 2), § 52a normiert jedoch eine spezifische Möglichkeit der Aufhebung oder Abänderung von Bescheiden:

Bescheide, die der Beschwerde beim Verwaltungsgericht nicht mehr unterliegen und durch die das **Gesetz zum Nachteil des Bestraften offenkundig verletzt** worden ist, können **von Amts wegen** sowohl von der Behörde als auch in Ausübung des Aufsichtsrechts von der sachlich in Betracht kommenden Oberbehörde aufgehoben oder abgeändert werden.

> **Beispiele:** Es handelt sich dabei um gravierende Mängel wie die Bestrafung trotz eingetretener Verjährung, Anwendung einer unvertretbaren Rechtsmeinung oder fehlende Strafbarkeit des Verhaltens.

Daraus erwächst allerdings kein Anspruch des Bestraften auf Aufhebung oder Abänderung (§ 68 Abs 7 AVG; vgl VwGH 30.8.2018, Ra 2017/17/0932), das Tätigwerden liegt im Ermessen der Behörde.

Aus § 52a Abs 1 (arg „Beschwerde") folgt, dass Straferkenntnisse nicht bereits mit ihrer Erlassung formell rechtskräftig werden, sondern erst mit der Erlassung der Entscheidung des Verwaltungsgerichts, mit dem Ablauf der ungenützten Beschwerdefrist, mit der Zurückziehung einer eingebrachten Beschwerde oder mit dem Verzicht auf die Beschwerde (siehe dazu näher oben C. 4.4.6.).

Nach § 52a Abs 2 sind die Folgen der Bestrafung wiedergutzumachen. Soweit dies nicht möglich ist, ist nach dem StEG zu entschädigen; die Ersatzpflicht trifft jenen Rechtsträger, in dessen Namen die Behörde gehandelt hat.

Nach § 68 Abs 4 bis 7 AVG können Bescheide von der sachlich in Betracht kommenden Oberbehörde für nichtig erklärt werden (vgl oben C. 5.4.3.).

§ 52a ermächtigt nicht zur Aufhebung des Erkenntnisses eines VwG (VwGH 30.8.2018, Ra 2017/17/0932).

3.6.4. Entscheidungspflicht und Rechtsschutz gegen Säumnis

Im Fall der Verletzung der Entscheidungspflicht kann Säumnisbeschwerde gem Art 130 Abs 1 Z 3 B-VG an das Verwaltungsgericht erhoben werden (vgl §§ 8 und 37 VwGVG). Dies gilt grundsätzlich für sämtliche Verwaltungsstrafsachen, also nicht nur für Privatanklagesachen (vgl ErläutRV 1618 BlgNR 24. GP 13); siehe allerdings auch unten F. 9.2.5.

Der frühere § 52b VStG, der einen Säumnisschutz lediglich für Privatanklagesachen vorsah, wurde im Zuge des Verwaltungsgerichtsbarkeits-Ausführungsgesetzes 2013, BGBl I 33/2013, aufgehoben.

Ein weiteres Element des Säumnisschutzes in Verwaltungsstrafsachen bildet die Regelung des § 31 Abs 2 VStG über die Strafbarkeitsverjährung (vgl oben D. 3.1.4. b.).

3.7. Strafvollstreckung

Die §§ 53 bis 54d enthalten Regelungen über die Vollstreckung von Verwaltungsstrafen. Subsidiär gelten die Regelungen des VVG, was insb bei Geldstrafen maßgeblich ist (VwGH 2.6.2008, 2007/17/0155), während für die Anwendung des VVG beim Vollzug von Freiheitsstrafen wenig Raum bleibt.

Die wichtigsten Regelungsinhalte sind:
- **Haftort (§ 53):** Grundsätzlich ist eine Freiheitsstrafe im Haftraum der Verwaltungsbehörde zu vollziehen, ansonsten im Haftraum der BVB oder LPD, erst zuletzt in einem gerichtlichen Gefangenenhaus. Eine Ausnahme besteht gem § 53 Abs 2 für den sog „Anschlussvollzug" in einem gerichtlichen Gefangenenhaus oder in einer Strafvollzugsanstalt.
- **Zuständige Behörde (§ 53a):** Bis zum Strafantritt ist die Verwaltungsstrafbehörde zuständig, danach der Strafvollzugsbehörde, soweit nicht das Vollzugsgericht zuständig ist. Wenn die Freiheitsstrafe in einem ge-

richtlichen Gefangenenhaus oder in einer Strafvollzugsanstalt vollzogen wird, bestimmt sich die Zuständigkeit nach dem StVG (vgl auch § 53d und zur Anwendbarkeit des JGG für Jugendliche § 53e Abs 2).

- **Einleitung des Vollzugs von Freiheitsstrafen (§ 53b):** Ein Bestrafter auf freiem Fuß ist grundsätzlich (im Wege einer bloßen Mitteilung ohne Bescheidqualität, vgl VfSlg 19.433/2011) aufzufordern, die Strafe anzutreten. Wird dieser Aufforderung nicht nachgekommen, ist der Bestrafte zwangsweise vorzuführen; dasselbe gilt bei Fluchtgefahr (§ 53b Abs 2). Während eines anhängigen Revisionsverfahrens vor dem VwGH oder eines anhängigen Beschwerdeverfahrens vor dem VfGH ist mit dem Vollzug der Freiheitsstrafe bis zur Entscheidung zuzuwarten (§ 53b Abs 3).
- **Durchführung des Vollzugs von Freiheitsstrafen (§ 53c)** betreffend Bekleidung, Beschäftigung, Verköstigung und Trennung von Häftlingen (Abs 1; vgl auch § 53e Abs 1 zur Trennung jugendlicher von erwachsenen Häftlingen), Ausstattung der Haftraüme und Meldung von Vorfällen (Abs 2) sowie den Brief- und Besuchsverkehr (Abs 3–5). § 53c Abs 6 schafft die Grundlage für die Erlassung von Hausordnungen (vgl insb die Anhalteordnung – AnhO).
- **Unzulässigkeit des Vollzugs von Freiheitsstrafen (§ 54)** im Fall von Krankheit (Abs 1) und Schwangerschaft (Abs 2) sowie bei Soldaten und Zivildienern (Abs 3).
- **Aufschub und Unterbrechung des Strafvollzugs (§ 54a)** bei Vorliegen wichtiger Gründe, insb bei Gefährdung von Erwerbsmöglichkeiten oder Unterhaltspflichten des Bestraften oder bei dringend zu ordnenden Familienangelegenheiten (Abs 1), aber auch bei kurz zurückliegender Vorhaft (Abs 3).
- **Vollstreckung von Geldstrafen (§ 54b):** Werden Geldstrafen nicht innerhalb von zwei Wochen gezahlt, sind sie zunächst einzumahnen und erst dann zu vollstrecken. Ist die Geldstrafe uneinbringlich, ist die Ersatzfreiheitsstrafe zu vollziehen. Kann die Zahlung nur gegenwärtig nicht geleistet werden, hat die Behörde auf Antrag des Bestraften einen Zahlungsaufschub oder Teilzahlung zu bewilligen. Im Übrigen ist für die Vollstreckung von Geldstrafen das VVG heranzuziehen (VwGH 2.6.2008, 2007/17/0155).
- **Kosten des Vollzugs von Freiheitsstrafen (§ 54d):** Jeder Häftling hat einen Kostenbeitrag oder nützliche Arbeit im Interesse einer Gebietskörperschaft zu leisten.
- Für die Vollstreckung von österreichischen Verwaltungsstrafen in einem anderen Mitgliedstaat der EU und für die Vollstreckung entsprechender Entscheidungen anderer Mitgliedstaaten in Österreich gelten die besonderen Bestimmungen des EU-Verwaltungsstrafvollstreckungsgesetzes (**EU-VStVG**, BGBl I 3/2008 idF BGBl I 33/2013).

3.8. Kosten

Auch im Verwaltungsstrafverfahren gilt der Grundsatz der Kostenselbsttragung gem § 74 AVG (siehe dazu oben C. 6.1.1.). Nicht anzuwenden sind hingegen die §§ 75, 78, 78a und 79 AVG (vgl § 24 VStG). Stattdessen enthält das VStG in den §§ 64 und 66 eigene Regelungen.

3.8.1. Kosten bei Verhängung einer Strafe

In jedem Straferkenntnis ist auszusprechen, dass der Bestrafte einen **Beitrag zu den Kosten des Strafverfahrens** zu leisten hat (§ 64). Der Kostenbeitrag macht 10% der *verhängten* (zB VwGH 21.11.2018, Ra 2017/17/0322) Strafe aus, mindestens jedoch 10 Euro (bei Freiheitsstrafen ist zur Berechnung der Kosten ein Tag Freiheitsstrafe gleich 100 Euro anzurechnen). Der Kostenbeitrag fließt der Gebietskörperschaft zu, die den Aufwand der Behörde zu tragen hat.

Sind im Zuge des Verwaltungsstrafverfahrens **Barauslagen** erwachsen (§ 76 AVG), so ist dem Bestraften (auch) der Ersatz dieser Auslagen aufzuerlegen, sofern sie nicht durch Verschulden einer anderen Person verursacht sind. Nicht zu ersetzen sind allerdings Dolmetscher- und Übersetzergebühren (vgl § 64 Abs 3).

Die Behörde kann zudem **Kommissionsgebühren** vorschreiben, wofür in Ermangelung einer besonderen Bestimmung im VStG die Vorschrift des § 77 AVG (iVm § 24 VStG) heranzuziehen ist (vgl VwGH 19.10.2004, 2002/03/0202).

Ein Kostenbeitrag und Barauslagenersatz sind auch dann zu leisten, wenn einem Antrag des Bestraften auf **Wiederaufnahme** des Strafverfahrens nicht stattgegeben wird (§ 64 Abs 6).

3.8.2. Kosten bei Einstellung des Strafverfahrens

Wird ein Strafverfahren **eingestellt** oder eine verhängte Strafe infolge Wiederaufnahme des Verfahrens aufgehoben, so sind die Kosten des Verfahrens von der Behörde zu tragen, falls sie aber schon gezahlt sind, zurückzuerstatten. Dem Privatankläger sind in solchen Fällen nur die durch sein Einschreiten tatsächlich verursachten Kosten aufzuerlegen (§ 66).

E. Verwaltungsvollstreckung

1. Allgemeines

Erst durch die Vollstreckung können die bescheidmäßig festgelegten Pflichten, sofern keine rechtzeitige Erfüllung erfolgt, zwangsweise durchgesetzt, somit „ins Tatsächliche umgesetzt" werden (VwGH 20.11.2018, Ra 2017/05/0300). Nur ausnahmsweise sind Zwangsakte unmittelbar aufgrund einer generellen Rechtsvorschrift zu setzen (zB § 35 VStG).

Ein Vollstreckungsverfahren läuft so ab, dass aufgrund eines vollstreckbaren Bescheides (**Vollstreckungstitels**) die Vollstreckungsbehörde einen weiteren Bescheid zu erlassen hat, der festlegt, was in welcher Weise (**Vollstreckungsmittel**) zu vollstrecken ist (**Vollstreckungsverfügung**). Auf Basis der Vollstreckungsverfügung sind die vorgeschriebenen Vollstreckungsmittel einzusetzen und damit die Exekution zu vollziehen (VwGH 29.4.2003, 2001/02/0181).

Es gelten folgende Grundsätze des Vollstreckungsverfahrens:

– **Amtswegigkeit:** Die Einleitung und Durchführung des Vollstreckungsverfahrens erfolgt grundsätzlich von Amts wegen, es besteht prinzipiell kein Anspruch der Parteien auf Vollstreckung (siehe aber unten 4.).

– **Schonungsprinzip** (Grundsatz der Verhältnismäßigkeit): Es ist das jeweils gelindeste noch zum Ziel führende Zwangsmittel anzuwenden (§ 2 Abs 1).

– **Schuldnerschutz** (§ 2 Abs 2): Es darf nicht zur Gefährdung des notdürftigen Unterhalts des Verpflichteten oder der Personen, für die er nach dem Gesetz zu sorgen hat, kommen.

Schonungs- und Schuldnerschutzprinzip gelten nicht schon für die Schaffung des Exekutionstitels, sondern erst für die Erlassung der Vollstreckungsverfügung.

Hinweis: Paragraphenangaben ohne Nennung des zugehörigen Gesetzes beziehen sich in Kapitel E immer auf das VVG.

Die Vollstreckung der Verpflichtung zur Leistung von öffentlichen Abgaben und Beiträgen richtet sich nicht nach dem VVG, sondern ist in der **Abgabenexekutionsordnung (AbgEO)** geregelt.

2. Vollstreckungstitel

Ein Vollstreckungstitel ist die unbedingte Voraussetzung für ein Vollstreckungsverfahren. Vollstreckungstitel sind:

- **(Leistungs-)Bescheide:** Sie sind Vollstreckungstitel, wenn sie einer Vollstreckung zugänglich sind, dh dem Bescheidadressaten eine Verpflichtung (zu einer Leistung, Duldung oder Unterlassung) auferlegen, und ihr Spruch hinreichend bestimmt ist (VwGH 12.12.1996, 96/07/0090); andere Bescheide als Leistungsbescheide sind keine tauglichen Vollstreckungstitel (VwGH 12.11.1986, 86/03/0130);
- **Rückstandsausweise** (§ 3 Abs 2; VwSlg 16.496 A/2004): Ein Rückstandsausweis ist kein Bescheid (VwSlg 2252 A/1951; 14.046 A/1994), sondern eine aus Rechnungsbehelfen gewonnene Aufstellung über Zahlungsverbindlichkeiten (VwGH 1.3.1974, 1250/73). Gegen einen Rückstandsausweis können Einwendungen erhoben werden, über die aufgrund eines ordentlichen Verwaltungsverfahrens ein Bescheid zu erlassen ist (VwGH 1.4.2009, 2006/08/0205; 24.4.2014, Ro 2014/08/0013). Nach Bewilligung der Vollstreckung kann die Richtigkeit des Rückstandsausweises mit Einwendungen gegen den Anspruch bekämpft werden (VwGH 15.10.1999, 96/19/0758; VwSlg 10.297 A/1980; VwGH 1.3.2017, Ra 2016/03/0096). Einwendungen können sowohl auf Umstände gestützt werden, die schon vor der Entstehung des Exekutionstitels entstanden sind, wenn der Verpflichtete nicht die Möglichkeit hatte, diese Tatsachen in einem der Entstehung des Exekutionstitels vorangegangenen Verfahren geltend zu machen, aber auch darauf, dass den Anspruch hemmende oder aufhebende Tatsachen erst nach Erlassung des Exekutionstitels eingetreten sind (§ 3 Abs 2 VVG iVm § 35 EO; vgl VwGH 1.3.2017, Ra 2016/03/0096).
- **Erkenntnisse und Beschlüsse der Verwaltungsgerichte**, mit Ausnahme jener des BFG (vgl § 1 Abs 1 Z 3 VVG), wenn sie einer Vollstreckung zugänglich sind.

Die Vollstreckbarkeit tritt regelmäßig mit der formellen Rechtskraft ein. Sie liegt allerdings bereits nach rechtswirksamer Erlassung vor, wenn die aufschiebende Wirkung von Rechtsmitteln ausgeschlossen wurde. Jedenfalls aber hängt die Vollstreckbarkeit vom Ablauf einer allfälligen im Vollstreckungstitel vorgesehenen Leistungsfrist ab.

Der Vollstreckungstitel muss eine Bestätigung der Titelbehörde aufweisen, dass er keinem die Vollstreckbarkeit hemmenden Rechtszug unterliegt (**Vollstreckbarkeitsbestätigung**). Dabei handelt es sich nicht um einen Bescheid (VwGH 16.6.1987, 85/07/0311), sondern um eine bloße Beurkundung (VwSlg 1098 A/1949). Das Verfahren zur Erteilung (oder Aufhebung) der Vollstreckbarkeitsbestätigung ist noch dem Verfahren zur Schaffung des Exekutionstitels zuzurechnen und nicht dem Vollstreckungsverfahren selbst (VwGH 23.1.2003, 2002/16/0147).

Wenn eine Vollstreckbarkeitsbestätigung zu Unrecht erteilt wurde, kann (mangels Bescheidqualität) nicht mit Beschwerde an das Verwaltungsgericht vorgegangen werden, sondern nur mit einem **Antrag auf Aufhebung der Vollstreckbarkeitsbestätigung** (vgl § 7 Abs 4 EO), in dem geltend gemacht werden kann, dass die Vollstreckbarkeitsbestätigung gesetzwidrig oder irrtümlich erteilt worden ist (hingegen kann die Frage der Rechtmäßigkeit des Titelbescheids grundsätzlich nicht mehr aufgerollt werden: VwGH 25.6.1996, 95/09/0215; siehe auch VwGH 28.5.2015, 2012/07/0283). Der Antrag ist bei jener Stelle einzubringen, von der der Exekutionstitel ausgegangen ist (VwGH 29.9.2000, 2000/02/0193); über den Antrag entscheidet auch die Titelbehörde (VwGH 28.3.2000, 99/05/0254), und zwar durch verfahrensrechtlichen Bescheid (VwGH 22.2.2006, 2003/09/0111).

3. Zuständigkeit

Vollstreckungsbehörden sind primär die **Bezirksverwaltungsbehörden**. Gem § 1 Abs 1 obliegt ihnen (vorbehaltlich des § 3 Abs 3)
– die Vollstreckung der von ihnen selbst und von den ihnen übergeordneten Behörden erlassenen Bescheide (Z 1);
– soweit durch besondere Vorschriften nicht anderes bestimmt ist (Z 2),
  • die Vollstreckung der von anderen Behörden des Bundes oder der Länder erlassenen Bescheide;
  • die Vollstreckung der von Gemeindebehörden – ausgenommen die Behörden der Städte mit eigenem Statut – erlassenen Bescheide auf Ersuchen dieser Behörden;
– die Vollstreckung der von den Verwaltungsgerichten mit Ausnahme des BFG erlassenen Erkenntnisse und Beschlüsse (Z 3);
– die Einbringung von Geldleistungen, für die durch besondere Vorschriften die Einbringung im Verwaltungsweg (politische Exekution) gewährt ist (Z 4).

Im Gebiet einer Gemeinde, für das die LPD zugleich Sicherheitsbehörde erster Instanz ist, gilt § 1 Abs 1 Z 1 bis 3 auch für die **Landespolizeidirektionen** in den Angelegenheiten ihres sachlichen Wirkungsbereichs.

Eintreibungen von Geldleistungen sind grundsätzlich durch das zuständige **(ordentliche) Gericht** nach den Vorschriften der Exekutionsordnung auf Veranlassung durch die Vollstreckungsbehörde durchzuführen (§ 3 Abs 1). Sachlich zuständig sind die Bezirksgerichte, die örtliche Zuständigkeit richtet sich danach, ob Exekution auf bewegliches oder unbewegliches Vermögen geführt wird. Die Vollstreckungsbehörde kann, sofern sie über einen Vollstreckungsapparat verfügt, die Eintreibung unter sinngemäßer Anwendung der AbgEO selbst vornehmen, wenn dies im Interesse der Raschheit und der Kostenersparnis gelegen ist (wie idR bei Zwangsstrafen iSd § 5, vgl VwGH 21.11.2018, Ra 2017/17/0255).

> Ein wesentlicher Vorteil der Exekution nach der EO ist die Möglichkeit der Vollstreckung auch in unbewegliches Vermögen, die nach der AbgEO nicht gegeben ist.

Die zuständige Vollstreckungsbehörde ist berechtigt, bei der Durchführung des VVG die Organe der öffentlichen Aufsicht heranzuziehen (vgl § 9 Abs 1) sowie die Mitwirkung der Gemeinden (vgl § 9 Abs 2) und ggf auch die Mitwirkung des Bundesheeres (vgl § 9 Abs 3) in Anspruch zu nehmen.

Die **öffentlichen Abgaben und Beiträge** und die ihnen gesetzlich gleichgehaltenen Geldleistungen werden, soweit durch besondere Vorschriften nicht anderes bestimmt ist, nach den für die Einhebung, Einbringung und Sicherung der öffentlichen Abgaben geltenden Vorschriften (AbgEO) von den hiezu berufenen Organen eingebracht (§ 1 Abs 3).

4. Vollstreckungsverfahren

Auf das Vollstreckungsverfahren sind, soweit sich aus dem VVG nicht anderes ergibt, der I. Teil, hinsichtlich der Rechtsmittelbelehrung die §§ 58 Abs 1 und 61 und der 2. und 3. Abschnitt des IV. Teiles des **AVG** sinngemäß anzuwenden (§ 10 Abs 1; vgl VwGH 30.3.2016, Ra 2016/09/0022).

Die **Einleitung** des Vollstreckungsverfahrens kann gem § 1a von Amts wegen, aber auch auf Antrag erfolgen.
– Die Vollstreckung von Verpflichtungen, deren Erfüllung im **öffentlichen Interesse** gelegen ist, ist von der Vollstreckungsbehörde einzuleiten:
  • wenn ein von ihr selbst erlassener Bescheid zu vollstrecken ist, von Amts wegen,
  • wenn ein sonstiger Vollstreckungstitel zu vollstrecken ist, auf Ersuchen der Stelle, von der er ausgegangen ist.
– Die Vollstreckung von Verpflichtungen, auf deren Erfüllung ein **Anspruch** besteht, ist auf Antrag des Berechtigten (betreibender Gläubiger) einzuleiten.

Die **Durchführung** der Vollstreckung erfolgt in allen Fällen von Amts wegen (§ 1a Abs 3: Offizialmaxime). Es gibt grundsätzlich **kein förmliches Ermittlungsverfahren** (der II. Teil des AVG ist gem § 10 Abs 1 nicht anzuwenden). Die Behörde hat idR nur zu prüfen, ob ein tauglicher Vollstreckungstitel vorliegt (VwGH 25.10.2000, 99/06/0077). Nach der Rsp des VwGH müssen aber die Vollstreckungsbehörden auf ein konkretes Vorbringen des Verpflichteten zur Wahrung der Grundsätze eines geordneten Verfahrens eingehen (VwGH 23.2.2009, 2005/10/0165) und daher ausnahmsweise – unter Wahrung des Parteiengehörs – Ermittlungen durchführen, wenn sich diese als unumgänglich erweisen (VwGH 24.4.2007, 2006/05/0259; VwSlg 15.611 A/2001).

Das Verfahren ist auf die Erlassung einer **Vollstreckungsverfügung** (mit Bescheidcharakter, vgl VwSlg 757 A/1949) gerichtet. Dagegen kann **Beschwerde** beim Verwaltungsgericht erhoben werden, dieser kommt allerdings keine aufschiebende Wirkung zu (§ 10 Abs 2). Einwendungen gegen den Vollstreckungstitel sind im Zuge des Vollstreckungsverfahrens ausgeschlossen (VwGH 28.5.2015, 2012/07/0283).

Neben der Beschwerde an das Verwaltungsgericht bestehen weitere Rechtsschutzmöglichkeiten:

- **Geltendmachung von Oppositionsgründen:** Einwendungen gegen den Anspruch iSd § 35 EO sind bei der Stelle einzubringen, von der der Vollstreckungstitel ausgegangen ist (VwGH 29.9.2000, 2000/02/0193). Als Oppositionsgrund kommt jeglicher nach Entstehen des Exekutionstitels verwirklichter Sachverhalt in Betracht, der geeignet ist, den betriebenen Anspruch aufzuheben oder seine Fälligkeit hinauszuschieben (VwGH 16.12.2003, 2003/05/0161).
- **Geltendmachung von Impugnationsgründen:** Impugnationsgründe können (angesichts der Neuerungserlaubnis) und müssen in der Beschwerde gegen die Vollstreckungsverfügung und/oder mit einem Antrag auf Aufhebung der Bestätigung der Vollstreckbarkeit gem § 7 Abs 4 EO geltend gemacht werden.
- **Geltendmachung von Exszindierungsgründen:** Zur Geltendmachung von Exszindierungsansprüchen können dritte Personen gem § 37 EO iVm Art III Abs 3 EGEO Klage beim zuständigen Bezirksgericht erheben (RIS-Justiz RS0001328, RS0001337; VwGH 30.3.2017, Ra 2015/07/0009).

5. Vollstreckungsmittel

5.1. Ersatzvornahme – Erzwingung vertretbarer Leistungen

Vertretbare Leistungen, dh Leistungen, welche auch anders als durch den Verpflichteten erbracht werden können (zB Entfernung von unerlaubten Bauwerken oder von Werbetafeln), können nach vorheriger Androhung und Setzung einer „Paritionsfrist" (VwGH 26.2.2015, 2011/07/0155; 28.5.2019, Ra 2018/05/0284) auf Gefahr und Kosten des Verpflichteten durchgeführt werden, wenn der Pflicht nicht, nicht vollständig oder nicht zur gehörigen Zeit nachgekommen wurde (§ 4 Abs 1).

Folgende Schritte sind zu setzen:
– Androhung der Ersatzvornahme (kein Bescheid: VwSlg 6038 A/1963);
– Anordnung der Ersatzvornahme in Form einer Vollstreckungsverfügung (vgl VwGH 27.4.2017, Ro 2015/07/0037; 22.11.2018, Ra 2018/07/0459);
– Bewerkstelligung der Ersatzvornahme: tatsächliche Ersatzvornahme zB durch ein beauftragtes Unternehmen.

Die Kosten sind dem Verpflichteten durch verfahrensrechtlichen Bescheid vorzuschreiben. Die Behörde kann ihm auch die Vorauszahlung der Kosten gegen nachträgliche Verrechnung auftragen (vgl VwGH 26.2.2015, 2011/07/0155), der Kostenvorauszahlungsauftrag ist sofort vollstreckbar (§ 4 Abs 2).

5.2. Zwangsstrafen – Erzwingung von unvertretbaren Handlungen, Duldungen und Unterlassungen

Zwangsstrafen (§ 5) sind Mittel zur Durchsetzung von Duldungen, Unterlassungen oder unvertretbaren Handlungen. Unvertretbare Handlungen sind solche, die „wegen ihrer eigentümlichen Beschaffenheit" nicht durch einen Dritten ausgeführt werden können (zB Ausstellung einer Urkunde). Zwangsstrafen sind Beugemittel, das VStG ist daher nicht anzuwenden, ebenso wenig Art 6 EMRK (siehe VwGH 9.10.2014, 2013/05/0110; 21.11. 2018, Ra 2017/17/0255).

Es kommen folgende Zwangsstrafen in Betracht:
– **Geldstrafen:** Diese dürfen in jedem einzelnen Fall nicht mehr als 726 Euro betragen.
– **Haftstrafen:** Diese dürfen jeweils die Dauer von vier Wochen nicht übersteigen.

Wegen des ausschließlichen Beugecharakters von Zwangsstrafen nach dem VVG ist deren Verhängung und Vollzug unzulässig, sobald die Leistung erbracht oder die Erbringung der Leistung gegenstandslos geworden bzw unmöglich ist, weil dann die Erreichung des mit der Zwangsstrafe letztlich verfolgten Zieles nicht mehr möglich oder nicht mehr verpflichtend ist (VwSlg 4460 F/1972; VwGH 17.11.2014, 2010/17/0039; 21.11.2018, Ra 2017/17/0255).

Der **Vollstreckungsvorgang** bei der Zwangsstrafe besteht aus der Androhung der Zwangsstrafe, deren bescheidmäßiger Verhängung (Vollstreckungsverfügung) und der Vollstreckung als faktischer Amtshandlung (VwGH 21.11.2018, Ra 2017/17/0255). Die Verhängung einer Zwangsstrafe muss also zuerst angedroht werden. Geht es um die Vollstreckung einer unvertretbaren Handlung, so ist eine ausreichende Frist (Paritionsfrist) einzuräumen. Beim ersten Zuwiderhandeln (gegen eine Duldungs- oder Unterlassungspflicht) oder bei Ablauf der gesetzten Frist (ohne Setzung der unvertretbaren Handlung) ist das angedrohte und verhängte Zwangsmittel sofort zu vollziehen, gleichzeitig erfolgt die Androhung eines schärferen Zwangsmittels für den Fall der Wiederholung oder des weiteren Verzugs. Wiederholungen dieses Vorgangs können so oft erfolgen, bis die Verpflichtung erfüllt wird (vgl VwGH 27.1.2015, 2012/11/0180).

Geldstrafen fließen der Gebietskörperschaft zu, die den Aufwand der Vollstreckungsbehörde zu tragen hat. Für Haftstrafen gelten Sonderregelungen (vgl § 6).

5.3. Anwendung unmittelbaren Zwangs

Als letztes Mittel („wenn dies auf andere Weise nicht oder nicht rechtzeitig möglich ist") kann der einem Bescheid entsprechende Zustand auch durch Anwendung geeigneten **unmittelbaren Zwangs** hergestellt werden (§ 7), sofern die Gesetze nicht anderes bestimmen. Neben dem Vorliegen eines vollstreckbaren Titels ist Voraussetzung für die Anwendung unmittelbaren Zwangs, dass eine Anordnung durch Vollstreckungsverfügung erfolgt. Eine Androhung der Durchführung ist jedoch nicht vorgesehen.

Ist ein unmittelbarer Zwangsakt durch die Vollstreckungsverfügung gedeckt, kann er (nur) durch Bescheidbeschwerde gem Art 130 Abs 1 Z 1 B-VG gegen die Vollstreckungsverfügung bekämpft werden. Wird ein Zwangsakt hingegen ohne Anordnung gesetzt oder werden die Grenzen der Anordnung überschritten, liegt ein Akt unmittelbarer verwaltungsbehördlicher Befehls- und Zwangsgewalt vor, der mit Maßnahmenbeschwerde gem Art 130 Abs 1 Z 2 B-VG bekämpft werden kann (siehe dazu auch VwGH 25.10.2018, Ra 2018/09/0068).

6. Einstweilige Verfügung

Liegt noch kein Vollstreckungstitel vor, so ermöglicht es § 8 Abs 1 der Vollstreckungsbehörde, zur Sicherung der Leistungsverpflichtung **einstweilige**

Verfügungen zu treffen. Dazu müssen folgende Voraussetzungen gegeben sein:

- Die Pflicht zu einer Handlung, Duldung oder Unterlassung steht fest oder ist zumindest wahrscheinlich, und
- es besteht die Gefahr, dass sich der Verpflichtete durch Verfügungen über Gegenstände seines Vermögens, durch Vereinbarungen mit dritten Personen oder durch andere Maßnahmen der Leistung entziehen und deren Vollstreckung vereiteln oder gefährden werde.

Eine einstweilige Verfügung stellt einen Titelbescheid dar, § 8 Abs 2 beinhaltet die Vollstreckungsverfügung (vgl näher VwGH 25.6.1996, 96/05/0145). Sie ist dadurch sofort vollstreckbar.

7. Kosten

Die Kosten des Vollstreckungsverfahrens sind vom Verpflichteten zu tragen (§ 11 Abs 1). Zu den Kosten zählen auch ein angemessener Beitrag zum Personal- und Sachaufwand der Vollstreckungsbehörde, wenn diese im Fall einer Ersatzvornahme Leistungen erbringt, für die sonst Barauslagen anfallen würden (§ 11 Abs 3), sowie ferner Finanzierungskosten, wenn der Verpflichtete ihm gem § 4 Abs 2 vorgeschriebene Kosten für eine Ersatzvornahme nicht gezahlt hat (§ 11 Abs 4). Die Kostenvorschreibung ist aufzuschlüsseln, sodass der Verpflichtete sie überprüfen kann (vgl VwGH 29.9.2016, Ra 2014/07/0092).

Die Kostenersatzverpflichtung kann nach den Bestimmungen über die Eintreibung von Geldleistungen (§ 3) vollstreckt werden. Uneinbringliche Kosten sind von der Partei (betreibender Gläubiger) zu tragen, die die Vollstreckungshandlungen gem § 1a Abs 2 beantragt hat. Darüber entscheidet die Vollstreckungsbehörde unter Anwendung des AVG durch verfahrensrechtlichen Bescheid.

F. Die Verwaltungsgerichte

1. Rechtsgrundlagen des verwaltungsgerichtlichen Verfahrens

Das Verfahren der Verwaltungsgerichte ist weitgehend einheitlich im **VwGVG** geregelt (§ 1). In den Materiengesetzen finden sich jedoch abweichende **Sonderverfahrensbestimmungen** in nicht geringer Zahl (vgl zur Zulässigkeit abweichender Regelungen Art 136 Abs 2 B-VG).

Subsidiär sind das **AVG** (mit Ausnahme der §§ 1 bis 5 sowie des IV. Teiles), die BAO, das AgrVG, das DVG sowie allfällige materiengesetzliche Sonderverfahrensbestimmungen sinngemäß anzuwenden (vgl § 17), in Verwaltungsstrafsachen das **VStG** (mit Ausnahme des 5. Abschnitts des II. Teils), das FinStrG und einschlägige Sonderverfahrensbestimmungen (vgl § 38).

Darüber hinaus enthält die **Bundesverfassung**, wie schon bisher für die UVS und den VwGH, verfahrensrelevante Vorschriften, etwa über die Zuständigkeit der Verwaltungsgerichte (Art 130 und 131 B-VG), über die Besetzung der Spruchkörper (Art 135 B-VG) und über die Beschwerdelegitimation (Art 132 B-VG). Das **VwGG** enthält ebenfalls Regelungen, die Bedeutung für die Verwaltungsgerichte haben, wie insb jene über die Zulassung der ordentlichen Revision (§ 25a VwGG).

Vor diesem Hintergrund erschließt sich das Verfahrensrecht der Verwaltungsgerichte vollständig erst dann, wenn man neben dem VwGVG die materienspezifischen Sonderverfahrensbestimmungen, die jeweils subsidiär anwendbaren Verwaltungsverfahrensgesetze, die Verfassungsbestimmungen über die Verwaltungsgerichtsbarkeit (Art 129 ff B-VG) sowie die relevanten Vorschriften des VwGG „mitliest".

In **Abgabensachen** gilt Abweichendes. Auf das Verfahren des BFG ist nicht das VwGVG (§ 1), sondern die BAO anzuwenden. Die LVwG haben hingegen gem § 17 VwGVG auch in Abgabensachen das VwGVG anzu-

---

Hinweis: Paragraphenangaben ohne Nennung des zugehörigen Gesetzes beziehen sich in Kapitel F immer auf das VwGVG.

wenden, das freilich wiederum die subsidiäre (gleichwohl nur sinngemäße) Anwendbarkeit der BAO vorsieht. Diese Bestimmung geht als *lex specialis* § 2a BAO vor, der die Anwendbarkeit des VwGVG auf Verfahren in Abgabensachen schlechthin ausschließt.

2. Organisation der Verwaltungsgerichte

Gem Art 136 Abs 1 B-VG wird die Organisation der Landesverwaltungsgerichte durch Landesgesetz geregelt, die Organisation der Verwaltungsgerichte des Bundes (BVwG und BFG) hingegen durch Bundesgesetz. Dementsprechend wurde jeweils ein eigenes Organisationsgesetz für jedes Landesverwaltungsgericht, für das BVwG (vgl das BVwGG) und für das BFG (vgl das BFGG) erlassen.

2.1. Bundesverwaltungsgericht

Das BVwG besteht aus einem Präsidenten, einem Vizepräsidenten und den sonstigen Mitgliedern, die jeweils vom BPräs auf Vorschlag der BReg ernannt werden (§ 2 BVwGG). Sie zusammen bilden die Vollversammlung, der die in § 4 Abs 2 BVwGG angeführten Aufgaben (etwa die Beschlussfassung über die Geschäftsordnung) zukommen. Zur Unterstützung der ordnungsgemäßen Geschäftsführung sind vom Präsidenten ein Präsidialbüro, eine Evidenzstelle, eine Controllingstelle und eine Geschäftsstelle einzurichten.

Das BVwG hat seinen Sitz in Wien. In Graz, Innsbruck und Linz verfügt es über Außenstellen (§ 1 BVwGG), die rechtlich unselbstständig sind. Für jede Außenstelle wird ein Leiter bestellt, der dem Präsidenten gegenüber weisungsgebunden ist (§ 5 BVwGG).

Entscheidungsorgane des BVwG sind
- **Einzelrichter:** Sie entscheiden, sofern nicht in Bundes- oder Landesgesetzen die Entscheidung durch Senate vorgesehen ist (§ 6 BVwGG; vgl auch § 2 VwGVG).
- **Rechtspfleger:** § 13 BVwGG (vgl auch Art 135a B-VG und § 2 VwGVG) ermöglicht die Übertragung der Besorgung von Aufgaben der Gerichtsbarkeit und damit die Entscheidung durch Rechtspfleger (vgl unten F. 3.3. und F. 9.4.).
- **Senate:** Sie bestehen aus einem Mitglied als Vorsitzendem und zwei weiteren Mitgliedern als Beisitzern, für die jeweils ein Stellvertreter bzw Ersatzbeisitzer bestellt wird. Wenn in Bundes- oder Landesgesetzen die Mitwirkung fachkundiger Laienrichter (§ 12 BVwGG) vorgesehen ist, sind diese anstelle der Mitglieder als Beisitzer heranzuziehen (§ 7

BVwGG). Die Senate entscheiden mit einfacher Stimmenmehrheit (§ 8 Abs 5 BVwGG).

Die näheren Regelungen über die Geschäftsführung und den Geschäftsgang des BVwG sind in der **Geschäftordnung** vorzusehen. In der Geschäftsordnung kann insb festgelegt werden, wann (Amtsstunden) und wo (Dienststelle am Sitz, Außenstelle) Schriftsätze beim BVwG eingebracht werden können. Die Geschäftsordnung ist von der Vollversammlung auf Vorschlag des Geschäftsverteilungsausschusses zu beschließen (§ 19 BVwGG).

Der Geschäftsverteilungsausschuss des BVwG, der von der Vollversammlung gewählt wird (§ 4 Abs 2 Z 3 BVwGG), beschließt die **Geschäftsverteilung** des BVwG (§ 15 BVwGG). Es gilt der Grundsatz der festen Geschäftsverteilung (vgl Art 135 Abs 3 B-VG), der in einem engen Zusammenhang mit dem verfassungsgesetzlich gewährleisteten Recht auf ein Verfahren vor dem gesetzlichen Richter nach Art 83 Abs 2 B-VG steht. Im Geltungsbereich des verfassungsgesetzlich geregelten Prinzips der festen Geschäftsverteilung gewährleistet diese Garantie das Recht auf eine Entscheidung durch das gemäß der Geschäftsverteilung zuständige Mitglied des Verwaltungsgerichts (vgl VfSlg 19.764/2013; VfGH 24.11.2017, E 2456/2016).

§ 20 BVwGG sieht vor, dass die Erkenntnisse und Beschlüsse, die nicht bloß verfahrensleitend sind, in anonymisierter Form im RIS zu veröffentlichen sind.

Schriftsätze an das BVwG können auch im Wege des **elektronischen Rechtsverkehrs (ERV)** eingebracht werden (vgl § 21 BVwGG und die BVwG-EVV, BGBl II 515/2013 idF BGBl II 222/2016); Rechtsanwälte, Steuerberater und Wirtschaftsprüfer sind „nach Maßgabe der technischen Möglichkeiten" dazu verpflichtet (§ 21 Abs 6 BVwGG). Umgekehrt kann sich auch das BVwG des elektronischen Rechtsverkehrs bedienen, um den Parteien Erledigungen zuzustellen.

Beachte: In § 19 Abs 2 Satz 2 BVwGG (idF BGBl I 44/2019) ist festgelegt, dass Schriftsätze, die im ERV übermittelt oder im Wege des ERV eingebracht worden sind, mit dem Tag ihrer Einbringung als eingebracht gelten, und zwar auch dann, wenn sie nach dem Ende der Amtsstunden eingebracht wurden (allfällige Pflichten des BVwG zur Vornahme bestimmter Handlungen werden diesfalls jedoch frühestens mit dem Wiederbeginn der Amtsstunden ausgelöst). Außerhalb des Anwendungsbereichs des § 19 Abs 2 Satz 2 BVwGG müssen Eingaben im ERV weiterhin gem § 13 Abs 5 AVG (iVm § 17 VwGVG) während der Amtsstunden eingebracht werden (vgl näher C. 3.1.3.).

2.2. Landesverwaltungsgerichte

Die Landesverwaltungsgerichtsgesetze enthalten dem BVwGG vergleichbare Organisationsvorschriften im Hinblick auf die Zusammensetzung, die Organe, die Spruchkörper, die Geschäftsverteilung und die Geschäftsordnung der Landesverwaltungsgerichte (siehe zu den verfassungsrechtlichen Grenzen solcher Regelungen unter den Gesichtspunkten des Grundsatzes der festen Geschäftsverteilung und der richterlichen Unabhängigkeit VfSlg 19.825/2013 zum VGWG). Darüber hinaus werden häufig auch dienst-, besoldungs- und pensionsrechtliche (Sonder-)Regelungen getroffen (zB §§ 22 ff Sbg LVwGG), vereinzelt auch verfahrensrelevante Regelungen, etwa in Oberösterreich hinsichtlich der Revisionsbefugnis der Landesregierung gegen Erkenntnisse des Landesverwaltungsgerichts (§ 14 OÖ LVwGG).

3. Zuständigkeiten der Verwaltungsgerichte

3.1. Sachliche Zuständigkeit

Die Verwaltungsgerichte sind gem Art 130 Abs 1 B-VG von Verfassungs wegen zuständig, über folgende Beschwerden zu entscheiden (**verfassungsunmittelbare Zuständigkeiten**):
- Bescheidbeschwerden (Art 130 Abs 1 Z 1 B-VG);
- Maßnahmenbeschwerden (Art 130 Abs 1 Z 2 B-VG);
- Säumnisbeschwerden (Art 130 Abs 1 Z 3 B-VG).

Das VwGVG benennt diese Beschwerden nicht nach ihrem Anfechtungsgegenstand (zB „Bescheidbeschwerde"), sondern nach ihrer Rechtsgrundlage im B-VG (zB „Beschwerde gem Art 130 Abs 1 Z 1 B-VG").

Gem Art 130 Abs 1a B-VG erkennt das BVwG über die Anwendung von Zwangsmitteln gegenüber Auskunftspersonen eines Untersuchungsausschusses des Nationalrates nach Maßgabe des GOG-NR (vgl insb § 36, § 45 und § 56 GOG-NR).

Daneben können gem Art 130 Abs 2 B-VG durch Bundes- oder Landesgesetz **„sonstige Zuständigkeiten"** der Verwaltungsgerichte vorgesehen werden, und zwar zur Entscheidung über
- Beschwerden wegen Rechtswidrigkeit eines Verhaltens einer Verwaltungsbehörde in Vollziehung der Gesetze (Art 130 Abs 2 Z 1 B-VG);
- Beschwerden wegen Rechtswidrigkeit eines Verhaltens eines Auftraggebers in den Angelegenheiten des öffentlichen Auftragswesens (Art 130 Abs 2 Z 2 B-VG);
- Streitigkeiten in dienstrechtlichen Angelegenheiten der öffentlich Bediensteten (Art 130 Abs 2 Z 3 B-VG) und

– Beschwerden, Streitigkeiten oder Anträge in sonstigen Angelegenheiten (Generalklausel; Art 130 Abs 2 Z 4 B-VG); diese Verfassungsvorschrift begründet eine generelle Ermächtigung des einfachen Gesetzgebers, den VwG neue Aufgaben zuzuweisen (vgl ErläutRV 301 BlgNR 26. GP 5); gem Art 136 Abs 3b B-VG können durch Bundes- oder Landesgesetz für das Verfahren in solchen Rechtssachen besondere Bestimmungen getroffen werden (dh anders als nach Art 136 Abs 2 B-VG kommt es nicht darauf an, dass abweichende Verfahrensbestimmungen „erforderlich" iSv „unerlässlich" sind).

Von der Zuständigkeit der Verwaltungsgerichte sind nur Rechtssachen **ausgeschlossen**, die zur Zuständigkeit der ordentlichen Gerichte oder zur Zuständigkeit des VfGH gehören (Art 130 Abs 5 B-VG); dies umfasst insb auch Angelegenheiten, für die eine sukzessive Gerichtszuständigkeit besteht (Art 94 Abs 2 B-VG). Im Übrigen wird der Grundsatz, dass künftig jede Verwaltungsbehörde als erste und letzte Instanz entscheidet, nur in einem Fall durchbrochen: In Angelegenheiten des eigenen Wirkungsbereiches der Gemeinden bleibt ein Instanzenzug grundsätzlich bestehen, es sei denn, er wird gesetzlich ausgeschlossen (vgl Art 118 Abs 4 Satz 2 B-VG). Siehe dazu näher unten F. 9.1.

3.2. Örtliche Zuständigkeit

Die örtliche Zuständigkeit des **Bundesverwaltungsgerichts** erstreckt sich auf das gesamte Bundesgebiet. Aus der sachlichen Zuständigkeit des BVwG folgt daher ohne weiteres seine Zuständigkeit. Die Frage, ob eine Rechtssache am Sitz des BVwG in Wien oder in einer (unselbstständigen) Außenstelle in Graz, Innsbruck und Linz (vgl § 1 Abs 2 BVwGG) behandelt wird, betrifft nicht die örtliche Zuständigkeit des BVwG, sondern lediglich die Geschäftsordnung und -verteilung (vgl § 15 Abs 1 Z 1 und § 19 BVwGG).

Sofern die Rechtssache nicht zur Zuständigkeit des BVwG gehört, ist in Rechtssachen in den Angelegenheiten, in denen die Vollziehung Landessache ist, das **Landesverwaltungsgericht** zuständig (§ 3 Abs 1). Im Übrigen ist die Abgrenzung der örtlichen Zuständigkeit der einzelnen LVwG in § 3 Abs 2 wie folgt geregelt:

– **Bescheid- und Säumnisbeschwerden:** In den Fällen des Art 130 Abs 1 Z 1 und 3 B-VG richtet sich die örtliche Zuständigkeit nach § 3 Z 1, 2 und 3 mit Ausnahme des letzten Halbsatzes AVG, in Verwaltungsstrafsachen jedoch nach dem Sitz der Behörde, die den Bescheid erlassen bzw nicht erlassen hat (Z 1).

– **Maßnahmenbeschwerden:** In den Fällen des Art 130 Abs 1 Z 2 B-VG richtet sich die örtliche Zuständigkeit nach dem Ort, an dem die Ausübung unmittelbarer verwaltungsbehördlicher Befehls- und Zwangsgewalt begonnen wurde; wenn die Befehls- und Zwangsgewalt jedoch im Ausland ausgeübt wurde, danach, wo das ausübende Organ die Bundesgrenze überschritten hat (Z 2).

– **Verhaltensbeschwerden:** In den Fällen des Art 130 Abs 2 Z 1 B-VG richtet sich die örtliche Zuständigkeit nach dem Ort, an dem das Verhalten gesetzt wurde (Z 3).

§ 3 Abs 3 enthält eine **Zweifelsregel:** Lässt sich die Zuständigkeit nicht gem § 3 Abs 1 oder 2 bestimmen, ist das LVwG Wien zuständig. Diese Regelung gilt allerdings nicht für Kompetenzkonflikte; diese sind im Verfahren nach Art 133 Abs 1 Z 3 B-VG auszutragen.

> Für die Beschwerden gem Art 130 Abs 2 Z 2 B-VG (Vergabeangelegenheiten), Art 130 Abs 2 Z 3 B-VG (Dienstrechtsstreitigkeiten) und Art 130 Abs 2 Z 4 B-VG (sonstige Angelegenheiten) findet sich in § 3 Abs 2 keine Regelung. Die örtliche Zuständigkeit ist daher für diese Fälle in den Materiengesetzen zu regeln.

3.3. Funktionelle Zuständigkeit

Gem § 2 (siehe auch Art 135 Abs 1 B-VG) entscheidet das Verwaltungsgericht, soweit die Bundes- oder Landesgesetze nicht die Entscheidung durch den Senat vorsehen, durch **Einzelrichter (Rechtspfleger)**.

– Grundsätzlich besteht daher eine Zuständigkeit des **Einzelrichters** (vgl auch § 6 BVwGG; VwGH 21.9.2018, Ro 2017/02/0019).
– Der **Rechtspfleger** ist dann zur Entscheidung berufen, wenn dies im Organisationsgesetz hinsichtlich der betreffenden Angelegenheit vorgesehen ist (vgl Art 135a Abs 1 B-VG sowie § 13 BVwGG); nicht alle Arten von Geschäften eignen sich allerdings für eine Übertragung an Rechtspfleger (vgl etwa zu Verwaltungsstrafverfahren VfGH 3.3.2015, G 181/2014 ua). Aber auch wenn das Organisationsgesetz eine Zuständigkeit des Rechtspflegers vorsieht, kann der zuständige Richter sich die Erledigung dieser Geschäfte vorbehalten oder an sich ziehen (Art 135a Abs 2 B-VG). Zum Rechtsschutz gegen Entscheidungen der Rechtspfleger siehe unten F. 9.4.

Die Entscheidung durch **Senate** kann gem Art 135 Abs 1 B-VG im VwGVG selbst sowie in Bundes- oder Landesgesetzen vorgesehen werden. Denkbar sind sowohl Berufsrichtersenate als auch Senate mit fachkundigen Laienrichtern. Während das VwGVG von dieser Ermächtigung (derzeit) keinen Gebrauch macht, finden sich zahlreiche entsprechende Bestimmungen in den Materiengesetzen (zB § 27 DSG). Durch die Einrichtung von Fachsenaten und die Mitwirkung von fachkundigen Laienrichtern soll die „Richtigkeitsgewähr" und Legitimation der Entscheidungen verstärkt, vor allem aber auch die für die Entscheidungsfindung in verwaltungsrechtlichen Spezialmaterien erforderliche Fachkenntnis in die Verwaltungsgerichte eingebracht werden.

Die Organisationsgesetze enthalten nähere Vorschriften über die **Zusammensetzung** der Senate. Für das **BVwG** ordnet § 7 Abs 1 BVwGG an, dass die Senate aus einem Mitglied als Vorsitzendem und zwei weiteren Mitgliedern als Beisitzern bestehen, wobei für jeden Senat mindestens ein Stellvertreter des Vorsitzenden und mindestens zwei Ersatzmitglieder (Ersatzbeisitzer) zu bestimmen sind. Für den Fall, dass in Bundes- oder Landesgesetzen die Mitwirkung fachkundiger Laienrichter vorgesehen ist, sind diese anstelle der Mitglieder nach Maßgabe der Geschäftsverteilung als Beisitzer heranzuziehen. Ist in Bundes- oder Landesgesetzen die Mitwirkung von mehr als zwei fachkundigen Laienrichtern vorgesehen, ist der Senat entsprechend zu vergrößern (§ 7 Abs 2 BVwGG).

Entscheidet der Einzelrichter, obwohl an sich ein Senat zuständig wäre, oder entscheidet der Senat in unrichtiger oder unvollständiger Besetzung, so ist die Entscheidung gem § 42 Abs 2 Z 2 VwGG infolge Unzuständigkeit rechtswidrig (vgl VwGH 12.11.2001, 99/10/0123; 4.6.2008, 2008/08/0019; siehe auch zum Fall der Entscheidung durch einen Senat, obwohl keine Senatszuständigkeit vorgesehen ist, VwGH 21.9.2018, Ro 2017/02/0019); zudem liegt eine Verletzung des Rechts auf ein Verfahren vor dem gesetzlichen Richter (Art 83 Abs 2 B-VG) vor (VfSlg 19.514/2011; siehe auch VfGH 24.11.2017, E 2456/2016).

3.4. Zuständigkeitsabgrenzung zwischen BVwG und LVwG

Die Bundesverfassung enthält eine **Generalklausel** zu Gunsten der Zuständigkeit der **Landesverwaltungsgerichte**: Nach Art 131 Abs 1 B-VG erkennen über Beschwerden gem Art 130 Abs 1 B-VG die LVwG, soweit sich aus Abs 2 (Zuständigkeit des BVwG) und Abs 3 (Zuständigkeit des BFG) nichts anderes ergibt. Die LVwG sind demnach insb in Angelegenheiten zuständig, die in mittelbarer Bundesverwaltung oder in Landesverwaltung vollzogen werden.

> **Beispiel:** Angelegenheiten des Gewerbes sind gem Art 10 Abs 1 Z 8 B-VG Bundessache in Gesetzgebung und Vollziehung und gem Art 102 Abs 1 B-VG in mittelbarer Bundesverwaltung zu vollziehen. Es besteht eine Zuständigkeit der LVwG.

Gem Art 131 Abs 2 B-VG knüpft die Zuständigkeit des **Bundesverwaltungsgerichts** in Beschwerdesachen gem Art 130 Abs 1 B-VG daran an, dass eine Angelegenheit in unmittelbarer Bundesverwaltung iSd Art 102 B-VG besorgt wird. Die Ermächtigung zur unmittelbaren Bundesverwaltung nach Art 102 Abs 2 B-VG allein reicht nicht aus, es muss von ihr auch Gebrauch gemacht worden sein.

> **Beispiel:** Angelegenheiten der Fremdenpolizei sind gem Art 10 Abs 1 Z 7 B-VG in Gesetzgebung und Vollziehung Bundessache und können gem Art 102 Abs 2 B-VG in unmittelbarer Bundesverwaltung vollzogen werden. Tatsächlich ist der Vollzug in unmittelbarer Bundesverwaltung (durch das Bundesamt für Fremdenwesen und Asyl) auch gesetzlich vorgesehen (vgl § 1 BFA-G). Daraus folgt die Zuständigkeit des BVwG.

Eine Zuständigkeit des BVwG nach Art 131 Abs 2 Satz 1 B-VG besteht auch für sog „**bundesnahe Organe**", wenn sie nach den sie einrichtenden Rechtsgrundlagen der unmittelbaren Bundesverwaltung zuzuordnen sind (VfGH 4.3.2015, E 923/2014: Organe der öffentlichen Universitäten als bundesnahe Organe innerhalb der unmittelbaren Bundesverwaltung).

Für andere Beschwerdearten bestehen **Sonderanknüpfungen** (vgl Art 131 Abs 2 Satz 2 und 3 B-VG):

– In Vergabesachen (Art 130 Abs 2 Z 2 B-VG) erkennt das BVwG in jenen Fällen, in denen die Vollziehung Bundessache ist (Art 14b Abs 2 Z 1 B-VG).

– In Dienstrechtsstreitigkeiten (Art 130 Abs 2 Z 3 B-VG) erkennt das BVwG über Streitigkeiten in dienstrechtlichen Angelegenheiten der öffentlich Bediensteten des Bundes.

Gem Art 131 Abs 3 B-VG erkennt das **Bundesfinanzgericht** über Beschwerden gem Art 130 Abs 1 Z 1 bis 3 B-VG in Rechtssachen in Angelegenheiten der öffentlichen Abgaben (mit Ausnahme der Verwaltungsabgaben des Bundes, der Länder und Gemeinden) und des Finanzstrafrechts sowie in sonstigen gesetzlich festgelegten Angelegenheiten, soweit die genannten Angelegenheiten unmittelbar von den Abgaben- oder Finanzstrafbehörden des Bundes besorgt werden.

Art 131 Abs 4 und 5 B-VG ermächtigt den einfachen Gesetzgeber, unter bestimmten Voraussetzungen von der verfassungsrechtlichen Zuständigkeitsabgrenzung abzugehen (**Zuständigkeitsverschiebungen**):

– Nach Maßgabe des Art 131 Abs 4 B-VG kann **durch Bundesgesetz** vorgesehen werden:

• eine Zuständigkeit der LVwG in Rechtssachen in Angelegenheiten des Art 131 Abs 2 und 3 B-VG;

• eine Zuständigkeit der Verwaltungsgerichte des Bundes in Angelegenheiten der Umweltverträglichkeitsprüfung (Art 10 Abs 1 Z 9 und

Art 11 Abs 1 Z 7 B-VG), in Rechtssachen in den Angelegenheiten des Art 14 Abs 1 und 5 B-VG und in sonstigen Rechtssachen in Angelegenheiten der Vollziehung des Bundes, die nicht unmittelbar von Bundesbehörden besorgt werden, sowie in den Angelegenheiten der Art 11, Art 12, Art 14 Abs 2 und 3 sowie Art 14a Abs 3 B-VG.

– Nach Maßgabe des Art 131 Abs 5 B-VG kann **durch Landesgesetz** in Rechtssachen in den Angelegenheiten des selbständigen Wirkungsbereichs der Länder eine Zuständigkeit der Verwaltungsgerichte des Bundes vorgesehen werden.

Für **Verhaltensbeschwerden** (Art 130 Abs 2 Z 1 B-VG) und Beschwerden, Streitigkeiten oder Anträge in **sonstigen Angelegenheiten** (Art 130 Abs 2 Z 4 B-VG) gilt die Zuständigkeitsverteilung gem Art 131 Abs 1 bis 4 B-VG. Wenn danach keine Zuständigkeit gegeben ist, erkennen über solche Beschwerden die LVwG (Auffangklausel, vgl Art 131 Abs 6 B-VG).

3.5. Befangenheit

Gem § 6 haben sich Mitglieder des Verwaltungsgerichts, fachkundige Laienrichter und Rechtspfleger unter Anzeige an den Präsidenten der Ausübung ihres Amtes wegen Befangenheit zu enthalten. Die Voraussetzungen der Befangenheit bestimmen sich nach § 7 AVG (vgl ErläutRV 2009 BlgNR 24. GP 3; VwGH 18.2.2015, Ra 2014/03/0057; 26.2.2015, Ra 2015/07/0013); siehe dazu oben C. 1.6. Im Falle der Befangenheit eines Richters ist die Rechtssache dem ersatzweise zuständigen Richter zuzuweisen (vgl § 17 Abs 2 BVwGG), im Falle der Befangenheit eines Rechtspflegers hat der zuständige Richter die Sache an sich zu ziehen (vgl § 13 Abs 5 BVwGG). Auch im verwaltungsgerichtlichen Verfahren gibt es kein Ablehnungsrecht der Parteien (VwGH 16.10.2014, Ra 2014/06/0004; 30.6.2015, Ro 2015/03/0021; 28.3.2018, Ra 2017/07/0312); die Entscheidung durch ein befangenes Organ kann allerdings im Rechtsmittelweg angegriffen werden.

3.6. Rechtshilfe

In Anlehnung an die §§ 37 und 38 JN (ErläutRV 2009 BlgNR 24. GP 3) enthält das VwGVG Regelungen über die Rechtshilfe auf Ersuchen inländischer Gerichte (§ 4) und auf Ersuchen ausländischer Gerichte und Behörden (§ 5).

Gem § 4 Abs 1 haben die **Verwaltungsgerichte einander** Rechtshilfe zu leisten. Das Ersuchen um Rechtshilfe ist an das Verwaltungsgericht zu stellen, in dessen Sprengel die Amtshandlung vorgenommen werden soll. Es ist abzulehnen, wenn das ersuchte Verwaltungsgericht zu der betreffenden

Handlung örtlich unzuständig ist. Wird ein Rechtshilfeersuchen an ein unzuständiges Verwaltungsgericht gerichtet und ist diesem die Bestimmung des zuständigen Verwaltungsgerichtes möglich, so hat es das Ersuchen an dieses weiterzuleiten. Diese Vorschriften sind auf Rechtshilfeersuchen **anderer inländischer Gerichte** (das sind die ordentlichen Gerichte, aber auch der VwGH und der VfGH) sinngemäß anzuwenden (§ 4 Abs 4). Inwieweit **inländischen Verwaltungsbehörden** Rechtshilfe zu leisten ist, ist in § 4 nicht geregelt (vgl aber Art 22 B-VG).

Ausländischen Gerichten und Behörden ist Rechtshilfe nach den bestehenden Staatsverträgen, mangels solcher unter der Voraussetzung der Gegenseitigkeit zu leisten (§ 5). Die Rechtshilfe ist abzulehnen:

– wenn die von dem ersuchenden Gericht oder der ersuchenden Behörde begehrte Handlung **nicht in die Zuständigkeit** der Verwaltungsgerichte fällt; sollte die begehrte Handlung in die Zuständigkeit anderer inländischer Behörden oder Gerichte fallen, kann das ersuchte Verwaltungsgericht das Ersuchen an die zuständige Behörde bzw das zuständige Gericht weiterleiten;

– wenn sie **unzulässig** ist (dies ist dann der Fall, wenn die Vornahme einer Handlung begehrt wird, die das Verwaltungsgericht von Gesetzes wegen gar nicht vornehmen darf).

Über die Ablehnung ist das ersuchende Gericht oder die ersuchende Behörde unter Angabe der Gründe zu unterrichten.

4. Die Beschwerden an das Verwaltungsgericht

Der erste Abschnitt des zweiten Hauptstücks des VwGVG regelt die Beschwerde an das Verwaltungsgericht. Die Vorschriften beziehen sich großteils nur auf Beschwerden iSd Art 130 Abs 1 B-VG, also auf Bescheid-, Maßnahmen- und Säumnisbeschwerden. Punktuell werden auch (ausdrückliche) Regelungen für Verhaltensbeschwerden getroffen (vgl § 7 Abs 4 und § 9 Abs 2 Z 5), für die im Übrigen gem § 53 die Vorschriften über Maßnahmenbeschwerden sinngemäß anzuwenden sind. Inwieweit einzelne Vorschriften des ersten Abschnitts auch auf Verfahren in Vergabesachen, Dienstrechtsstreitigkeiten und sonstigen Angelegenheiten (Art 130 Abs 2 Z 2 bis 4 B-VG) anwendbar sind, bestimmt sich nach den diese Angelegenheiten regelnden Materiengesetzen.

Die Vorschriften des VwGVG fügen sich auch sonst nicht zu einem vollständigen Regelungssystem zusammen. Sie werden einerseits durch die Verfassungsbestimmungen über die Beschwerdetypen (Art 130 B-VG) und über die Beschwerdelegitimation (Art 132 B-VG) sowie andererseits durch die subsidiär anwendbaren Vorschriften der Verwaltungsverfahrensgesetze

(§§ 17 und 38) ergänzt. Diese Vorschriften werden im Folgenden mitberücksichtigt.

4.1. Gemeinsame Grundsätze für alle Beschwerdearten

4.1.1. Form

Beschwerden sind stets (auch in Verwaltungsstrafsachen) **schriftlich** einzubringen (arg §§ 12 und 20: „Schriftsätze"). Wenn jedoch eine mündlich vor der Behörde erhobene Beschwerde von dieser niederschriftlich aufgenommen wird, ist dies ausreichend (VwGH 18.12.2015, Ra 2015/02/0169).

Für Rechtsanwälte ist – nach Maßgabe der technischen Möglichkeiten – die Teilnahme am elektronischen Rechtsverkehr verpflichtend (vgl § 21 Abs 6 BVwGG und die BVwG-EVV, BGBl II 515/2013 idF BGBl II 222/2016), was aber in der Regel noch nicht aus Anlass der Erhebung der Beschwerde zum Tragen kommt, weil diese grundsätzlich bei der belangten Behörde einzubringen ist (vgl §§ 12 und 20). Anderes gilt für die Maßnahmenbeschwerde, die unmittelbar beim Verwaltungsgericht – und daher zwingend im elektronischen Rechtsverkehr – einzubringen ist. Der elektronische Rechtsverkehr ist gegenwärtig erst beim BVwG, noch nicht hingegen bei den LVwG eingerichtet.

4.1.2. Keine Anwaltspflicht

Im verwaltungsgerichtlichen Verfahren herrscht keine Anwaltspflicht. Selbstverständlich steht es der Partei aber frei, sich vertreten zu lassen. Bei einem berufsmäßigen Parteienvertreter genügt die Berufung auf die erteilte Vollmacht (vgl § 10 Abs 1 AVG, § 8 Abs 1 RAO und § 5 Abs 4a NO).

> Für die Berufung auf die erteilte Vollmacht genügt es, wenn auf einem Schriftsatz (auf der ersten Seite) der Hinweis „Vollmacht erteilt" angebracht wird. Die Mitzitierung der Rechtsgrundlagen ist nicht unbedingt notwendig, in der Praxis aber durchaus gängig:
> „Vollmacht erteilt gem § 17 VwGVG iVm § 10 Abs 1 AVG"
> „Vollmacht erteilt gem § 38 VwGVG iVm § 24 Satz 1 VStG iVm § 10 Abs 1 AVG" (in Verwaltungsstrafsachen)

4.1.3. Kosten, Gebühren und Verfahrenshilfe

Grundsätzlich hat jeder Beteiligte die ihm im Verfahren erwachsenden **Kosten** selbst zu bestreiten (Grundsatz der Kostenselbsttragung, vgl § 17 VwGVG iVm § 74 Abs 1 AVG). Nur vereinzelt sind Kostenersatzansprüche vorgesehen (vgl insb § 35 für das Maßnahmenbeschwerdeverfahren und § 53 iVm § 35 für das Verhaltensbeschwerdeverfahren, ansonsten die Materiengesetze).

Eingaben an die Verwaltungsgerichte sind nach Maßgabe des § 14 TP 6 GebG **gebührenpflichtig** (vgl oben C. 3.1.6.). § 14 TP 6 Abs 5 Z 1 lit b GebG ermächtigt den BMF, für Eingaben einschließlich Beilagen an das BVwG und die LVwG durch Verordnung Pauschalgebühren, den Zeitpunkt des Entstehens der Gebührenschuld und die Art der Entrichtung der Pauschalgebühren festzulegen. Von dieser Ermächtigung wurde durch die **BuLVwG-EGebV**, BGBl II 387/2014 idF BGBl II 118/2017, Gebrauch gemacht, der zufolge Eingaben und Beilagen (Beschwerden, Anträge auf Wiedereinsetzung, auf Wiederaufnahme oder gesonderte Anträge auf Ausschluss oder Zuerkennung der aufschiebenden Wirkung, Vorlageanträge) gebührenpflichtig sind, soweit nicht gesetzlich Gebührenfreiheit vorgesehen ist (§ 1 Abs 1 BuLVwG-EGebV). Die Höhe der Pauschalgebühr für Beschwerden, Wiedereinsetzungsanträge und Wiederaufnahmeanträge (samt Beilagen) beträgt 30 Euro, für Vorlageanträge 15 Euro; die für einen von einer Beschwerde gesondert eingebrachten Antrag (samt Beilagen) auf Ausschluss oder Zuerkennung der aufschiebenden Wirkung einer Beschwerde zu entrichtende Pauschalgebühr beträgt 15 Euro (§ 2 BuLVwG-EGebV). Die Pauschalgebühr ist im Vorhinein zu entrichten (siehe im Einzelnen § 1 Abs 2 bis 4 BuLVwG-EGebV).

Für Eingaben an die Verwaltungsgerichte in **Vergabesachen** gelten zudem die BVwG-PauschGebV Vergabe 2018, BGBl II 212/2018, bzw die Pauschalgebührenverordnungen in den Ländern für die Verfahren vor den LVwG.

Nach Maßgabe des § 8a kann **Verfahrenshilfe** bewilligt werden (zum Hintergrund der Neuregelung durch BGBl I 24/2017 siehe VfSlg 19.989/2015). Dadurch wird den grundrechtlichen Anforderungen des Art 6 Abs 3 lit c EMRK und des Art 47 Abs 3 GRC prinzipiell Rechnung getragen; ein Rückgriff auf Art 47 Abs 3 GRC als Rechtsgrundlage für die Gewährung von Verfahrenshilfe im Anwendungsbereich der GRC (stRsp seit VwGH 3.9.2015, Ro 2015/21/0032) wird nur noch ausnahmsweise notwendig sein. § 8a gilt allgemein für das Verfahren in Administrativsachen; abweichende Sonderregelungen in den Materiengesetzen (vgl zB § 52 BFA-VG und dazu VwGH 30.8.2018, Ra 2018/21/0073) gehen vor (vgl § 8a Abs 1: „Soweit durch Bundes- oder Landesgesetz nicht anderes bestimmt ist"). In Verwaltungsstrafsachen richtet sich die Gewährung von Verfahrenshilfe nach § 40.

§ 8a sieht für die Gewährung der Verfahrenshilfe **drei kumulative Voraussetzungen** vor (Abs 1 Satz 1):

- **Grundrechtsakzessorietät:** Die Gewährung der Verfahrenshilfe ist aufgrund des Art 6 Abs 1 EMRK oder des Art 47 Abs 3 GRC geboten (siehe zu diesen Fällen insb VfSlg 19.989/2015).
- **Mittellosigkeit:** Die Partei ist außerstande, die Kosten der Führung des Verfahrens ohne Beeinträchtigung des notwendigen Unterhalts zu bestreiten (vgl dazu § 63 Abs 1 Satz 2 ZPO iVm § 8a Abs 2 VwGVG; VwGH 25.1.2018, Ra 2017/21/0205).
- **Keine Mutwilligkeit oder Aussichtslosigkeit:** Die beabsichtigte Rechtsverfolgung oder Rechtsverteidigung erscheint nicht als offenbar mutwillig (wie etwa im Fall einer Prozessführung trotz Kenntnis der Unrichtigkeit des eigenen Standpunkts) oder aussichtslos (wie etwa im Fall unzulässiger Prozesshandlungen). Insoweit sind (anders als nach § 40) die Erfolgsaussichten zu berücksichtigen.

Auch **juristischen Personen** kann Verfahrenshilfe gewährt werden. Bei ihnen kommt es aber nicht allein auf die eigene Mittellosigkeit an, sondern auch auf die Mittellosigkeit der „wirtschaftlich Beteiligten" (vgl § 8a Abs 1 letzter Satz). Die „wirtschaftlich Beteiligten" sind Personen mit einer gewissen Nahebeziehung zur juristischen Person, auf deren Vermögenssphäre sich der Prozessausgang auswirken würde, wie zB Gesellschafter einer GmbH.

Die (übrigen) Voraussetzungen und Wirkungen der Verfahrenshilfe sind, soweit in § 8a nicht anderes bestimmt ist, nach den Vorschriften der **ZPO** (§§ 63 ff leg cit) zu beurteilen (§ 8a Abs 2 Satz 1). Der individuell notwendige **Umfang** der Verfahrenshilfe ist im Einzelfall zu bestimmen (arg § 8a Abs 1 Satz 1: „soweit"). Die Verfahrenshilfe kann für das Verfahren zur Gänze oder auch nur zum Teil („Teilverfahrenshilfe") gewährt werden; ggf ist auch in der Auswahl der konkreten Begünstigung zu differenzieren (Befreiung von Gebühren und/oder bestimmten Kosten und/oder Beigabe eines Rechtsanwalts, vgl ErläutRV 1255 BlgNR 25. GP 3). Stets gilt die Verfahrenshilfe nur für das Verfahren vor dem VwG, nicht jedoch für ein nachfolgendes Revisionsverfahren vor dem VwGH (siehe aber § 61 VwGG iVm §§ 63 ff ZPO) und/oder ein nachfolgendes Beschwerdeverfahren vor dem VfGH (siehe aber § 35 VfGG iVm §§ 63 ff ZPO; ferner VfGH 24.9.2018, E 2265/2018).

Verfahrenshilfe wird stets nur **auf schriftlichen Antrag** gewährt. Der Antrag ist bis zur Vorlage der Beschwerde bei der Behörde, ab Vorlage der Beschwerde beim VwG einzubringen; für Verfahren über Maßnahmenbeschwerden ist der Antrag jedoch unmittelbar beim VwG einzubringen (§ 8a Abs 3). Die in § 8a Abs 4 angeführten Fristen sind zu beachten. In dem Antrag auf Bewilligung der Verfahrenshilfe ist die Rechtssache bestimmt zu bezeichnen, für die die Bewilligung der Verfahrenshilfe begehrt wird (§ 8a

Abs 5); überdies ist ein Vermögensverzeichnis anzuschließen (§ 66 ZPO iVm § 8a Abs 2 VwGVG) und können Wünsche zur Auswahl der Person des Vertreters geäußert werden (§ 8a Abs 6 Satz 4).

Über den Antrag **entscheidet stets das VwG**, und zwar durch Beschluss. Verfahrenshilfeanträge, die bei der Behörde einzubringen sind, hat diese unverzüglich dem VwG vorzulegen (§ 8a Abs 6). Wenn das VwG die Bewilligung der Verfahrenshilfe beschließt, so hat es den Ausschuss der zuständigen Rechtsanwaltskammer zu benachrichtigen, damit der Ausschuss einen Rechtsanwalt zum Vertreter bestelle. Allfälligen Wünschen der Partei zur Auswahl der Person des Vertreters ist im Einvernehmen mit dem namhaft gemachten Rechtsanwalt nach Möglichkeit zu entsprechen (§ 8a Abs 6). In Verfahrenshilfesachen ist die Wiederaufnahme des Verfahrens nicht zulässig (§ 8a Abs 9); es kann jedoch ein neuer Antrag gestellt werden, wenn sich die Umstände entsprechend ändern.

§ 8a Abs 7 regelt die Auswirkungen eines Verfahrenshilfeantrags auf den **Fristenlauf**: Wird die Verfahrenshilfe während einer laufenden Frist beantragt, wird letztere unterbrochen und mit der Zustellung des Bestellungsbeschlusses und des anzufechtenden Bescheids an den Verfahrenselfer neu in Lauf gesetzt. Wird der Verfahrenshilfeantrag abgewiesen, beginnt die Frist mit der Zustellung des abweisenden Beschlusses an die Partei neu zu laufen. Wird der Antrag zurückgewiesen, beginnt die Frist nicht neu zu laufen (vgl auch VwGH 21.4.1994, 93/09/0268). Diese Regelungen gelten unmittelbar für Bescheidbeschwerden und sinngemäß auch für andere Beschwerden (außer Säumnisbeschwerden, weil diese nach Ablauf der jeweiligen Entscheidungsfrist unbefristet zulässig sind) sowie für Vorlage-, Wiederaufnahme- und Wiedereinsetzungsanträge.

Die Bestellung des Rechtsanwalts zum Vertreter erlischt mit dem Einschreiten eines Bevollmächtigten (§ 8a Abs 8). Weitere Gründe für das **Erlöschen** der Verfahrenshilfe (mit Wirkung *ex nunc*) ergeben sich aus § 68 Abs 1 ZPO iVm § 8a Abs 2 Satz 1 VwGVG (zB Tod der Partei, Besserung der Vermögensverhältnisse etc). Unter den Voraussetzungen des § 68 Abs 2 ZPO hat es zur **Entziehung** der Verfahrenshilfe (mit Wirkung *ex tunc*) zu kommen (insb wenn sich herausstellt, dass die seinerzeit angenommenen Voraussetzungen doch nicht gegeben gewesen sind).

Der Aufwand für die Verfahrenshilfe ist von jenem Rechtsträger zu tragen, in dessen Namen das VwG in der Angelegenheit handelt (vgl § 8a Abs 10), also vom Bund als Rechtsträger des BVwG bzw vom jeweiligen Land als Rechtsträger des LVwG. Der Aufwand ist – anders als nach § 71 ZPO – endgültig vom Rechtsträger zu tragen, also auch dann, wenn die verfahrensbeholfene Partei später wieder zu Vermögen kommen sollte.

4.1.4. Beschwerdeverzicht

Eine Beschwerde ist nicht mehr zulässig, wenn die Partei nach der Zustellung oder Verkündung des Bescheids ausdrücklich auf die Beschwerde verzichtet hat. Im VwGVG ist dies nur für Bescheidbeschwerden ausdrücklich angeordnet (§ 7 Abs 2), doch kann gleichermaßen auf die Erhebung anderer Beschwerden verzichtet werden. Voraussetzung ist jedoch stets, dass der Verzicht frei von Willensmängeln (VwGH 19.11.2004, 2004/02/0230) und in Kenntnis seiner Rechtsfolgen abgegeben wird (vgl VwGH 31.5.2006, 2006/10/0075). Unter diesen Umständen ist der Beschwerdeverzicht unwiderruflich (vgl VwGH 12.5.2005, 2005/02/0049). In Verwaltungsstrafsachen ist § 39 zu beachten, wonach ein Beschwerdeverzicht während einer Anhaltung unwirksam ist (siehe unten F. 9.2.1.).

4.1.5. Beschwerden von juristischen Personen des öffentlichen Rechts

Juristische Personen des öffentlichen Rechts (insb Gemeinden und Selbstverwaltungskörper) haben nach der Rechtsprechung des VfGH die interne, die Rechtsmittelerhebung legitimierende Willensbildung nachzuweisen (Vorlage eines Auszugs aus dem Protokoll der Sitzung, in dem die Rechtsmittelerhebung beschlossen wurde), die innerhalb der Rechtsmittelfrist herbeizuführen ist. Der VwGH verlangt hingegen keinen solchen Nachweis, wenn die Organisationsnormen von einer Vertretung nach außen schlechthin sprechen (stRsp seit VwSlg 10.147 A/1980; näher *Fister*, RFG 2011, 79). Im Verfahren vor den Verwaltungsgerichten sollte diese Willensbildung von Vornherein (dh bereits aus Anlass der Erhebung der Beschwerde) urkundlich nachgewiesen werden, jedenfalls aber im Rahmen eines allfälligen Mängelbehebungsverfahrens urkundlich nachgewiesen werden können.

4.1.6. Keine bedingten Anträge, aber Eventualanträge

Bedingte Anträge sind (wie stets) unzulässig (zB VwGH 14.9.2004, 2001/10/0066), Eventualanträge hingegen zulässig (zB VwGH 9.8.2001, 2000/16/0624).

4.1.7. Umfassende Mängelbehebung

Grundsätzlich ist die Behebung von Mängeln nach Maßgabe des § 13 Abs 3 AVG (iVm § 17 VwGVG) möglich (vgl ErläutRV 2009 BlgNR 24. GP 4). Diese Vorschrift bezieht sich nicht nur auf Formmängel, sondern auch auf inhaltliche Mängel von Eingaben (vgl etwa VwGH 17.2.2015, Ro 2014/01/0036, zum Fehlen von in § 9 Abs 1 genannten Inhaltserfordernissen); siehe näher oben C. 3.1.5. Nur bewusst (rechtsmissbräuchlich) mangelhaft gestaltete Eingaben sind keiner Verbesserung zuzuführen, sondern sofort zurückzuweisen (vgl VwGH 17.2.2015, Ro 2014/01/0036; 29.5.2018, Ra 2018/20/0059).

4.2. Die Bescheidbeschwerde gem Art 130 Abs 1 Z 1 B-VG

Das Rechtsschutzziel einer Beschwerde gegen Bescheide besteht darin, eine anders lautende Entscheidung in der Sache oder die Aufhebung des Bescheids (gegebenenfalls unter Zurückverweisung der Angelegenheit an die Behörde) zu erreichen (vgl § 28 Abs 2 bis 4 sowie dazu unten F. 7.1.2. a.). Eine Entscheidung „in der Sache selbst" kann auch eine negative Sachentscheidung, also die ersatzlose Behebung des Bescheids, sein (vgl ErläutRV 1618 BlgNR 24. GP 14). In Verwaltungsstrafsachen hat das Verwaltungsgericht (sofern die Beschwerde nicht zurückzuweisen oder das Verfahren einzustellen ist) stets in der Sache selbst zu entscheiden (Art 130 Abs 4 Satz 1 B-VG und § 50), es kann daher nicht mit Aufhebung und Zurückverweisung vorgegangen werden (siehe unten F. 9.2.5.).

→ Siehe das Muster für eine Bescheidbeschwerde unter H. 9.

4.2.1. Beschwerdegegenstand

Gegenstand einer Bescheidbeschwerde sind **Bescheide** der Behörden iSd §§ 56 ff AVG (siehe oben C. 4.4.1.). Nicht mit Bescheidbeschwerde angefochten werden können:

- Verfahrensanordnungen: Gegen Verfahrensanordnungen (zum Begriff vgl oben C. 5.2.1.) ist eine abgesonderte Beschwerde nicht zulässig, sie können allerdings in der Beschwerde gegen den die Sache erledigenden Bescheid angefochten werden (vgl § 7 Abs 1; VwGH 30.6.2015, Ra 2015/03/0022; 26.9.2017, Ra 2017/05/0158). Anderes gilt für verfahrensrechtliche Bescheide (zum Begriff vgl oben C. 5.2.1.), gegen die abgesondert Beschwerde erhoben werden kann (und gegebenenfalls muss).
- Erstinstanzliche Bescheide in Angelegenheiten des eigenen Wirkungsbereichs der Gemeinden: Diese sind mit Berufung gem § 63 AVG zu bekämpfen (vgl Art 132 Abs 6 B-VG und § 36), es sei denn, der gemeindeinterne Instanzenzug wurde gesetzlich ausgeschlossen (vgl Art 118 Abs 4 B-VG sowie näher unten F. 9.1.).
- Rückstandsausweise: Gegen Rückstandsausweise, die keine Bescheide sind (vgl oben E. 2.), können Einwendungen erhoben werden (zB VwGH 30.6.2011, 2007/07/0168).

- Mandatsbescheide iSd § 57 AVG: Sie sind mit dem remonstrativen Rechtsmittel der Vorstellung zu bekämpfen (§ 57 Abs 2 AVG).
- Beschwerdevorentscheidungen gem § 14 VwGVG: Dagegen steht lediglich der Vorlageantrag gem § 15 VwGVG offen.
- Berufungsvorentscheidungen gem § 64a AVG: Dagegen ist mit Vorlageantrag gem § 64a Abs 2 AVG vorzugehen.
- Strafverfügungen iSd §§ 47 ff VStG: Als remonstratives Rechtsmittel gegen Strafverfügungen ist der Einspruch gem § 49 VStG vorgesehen.
- Bescheide in Angelegenheiten, in denen gem Art 94 Abs 2 B-VG eine sukzessive Zuständigkeit der ordentlichen Gerichte vorgesehen ist (zB § 20 Abs 3 BStG).

Unteilbare Bescheide müssen zur Gänze angefochten werden (bei bloß kassatorischer Entscheidungsbefugnis würde eine bloß teilweise Aufhebung eines untrennbaren Bescheids auch auf eine unzulässige Abänderung des Bescheids hinauslaufen; vgl VwGH 26.6.1992, 90/17/0392; 22.1.2002, 99/10/0242). So kann etwa die Erteilung einer Genehmigung von den Auflagen und Bedingungen, die in diesem Zusammenhang erteilt werden, nicht getrennt werden (VwGH 14.9.1995, 92/06/0006; VwSlg 16.640 A/2005); Hauptinhalt und Nebenbestimmungen können daher nur zusammen bekämpft werden (VwGH 28.1.2003, 2001/05/1087).

4.2.2. Beschwerdelegitimation

Zur Erhebung der Beschwerde ist berechtigt, wer durch den Bescheid einer Verwaltungsbehörde **in seinen Rechten verletzt zu sein behauptet** (vgl Art 132 Abs 1 Z 1 B-VG; zur Beschwerdelegitimation des zuständigen BM vgl Art 132 Abs 1 Z 2 B-VG). Es kann gleichermaßen die Verletzung einfachgesetzlich und verfassungsgesetzlich gewährleisteter Rechte sowie die Verletzung subjektiver Unionsrechte behauptet werden. Stets ist jedoch Voraussetzung, dass die Verletzung dieser Rechte im konkreten Fall zumindest möglich ist (hingegen ist die Frage, ob die Rechtsverletzung tatsächlich stattgefunden hat, nicht Zulässigkeits-, sondern Erfolgsvoraussetzung der Beschwerde).

Die Beschwerdelegitimation kann darüber hinaus **durch die Materiengesetze ausdrücklich eingeräumt** werden (vgl Art 132 Abs 5 B-VG; zB § 116 WRG, § 41 Abs 5 TSchG, § 89 Abs 2 ElWOG 2010).

4.2.3. Frist

Die Frist für die Erhebung der Beschwerde beträgt **vier Wochen** (§ 7 Abs 4 Satz 1). In den Materiengesetzen sind vereinzelt kürzere oder längere

Beschwerdefristen festgelegt, was nur nach Maßgabe des Art 136 Abs 2 B-VG verfassungsrechtlich zulässig ist (vgl VfSlg 19.987/2015: Verfassungswidrigkeit der verkürzten Beschwerdefrist in § 16 Abs 1 BFA-VG mangels Erforderlichkeit einer vom VwGVG abweichenden Regelung; vgl dazu ferner VfSlg 20.040/2016, 20.041/2016, 20.193/2017).

Die Frist beginnt

– in den Fällen des Art 132 Abs 1 Z 1 B-VG dann, wenn der Bescheid dem Beschwerdeführer zugestellt wurde, mit dem **Tag der Zustellung**, wenn der Bescheid dem Beschwerdeführer nur mündlich verkündet wurde, mit dem **Tag der Verkündung** (§ 7 Abs 4 Satz 3 Z 1 VwGVG),

– in den Fällen des Art 132 Abs 1 Z 2 B-VG dann, wenn der Bescheid dem zuständigen BM zugestellt wurde, mit dem **Tag der Zustellung**, sonst mit dem Zeitpunkt, in dem der zuständige BM von dem Bescheid **Kenntnis** erlangt hat (§ 7 Abs 4 Satz 3 Z 2 VwGVG) und

– in den Fällen des Art 132 Abs 5 B-VG dann, wenn der Bescheid dem zur Erhebung der Beschwerde befugten Organ zugestellt wurde, mit dem **Tag der Zustellung**, sonst mit dem Zeitpunkt, in dem dieses Organ von dem Bescheid **Kenntnis** erlangt hat (§ 7 Abs 4 Satz 3 Z 5 VwGVG).

Im **Mehrparteienverfahren** kann unter der Voraussetzung, dass der Bescheid bereits einer anderen Partei zugestellt oder verkündet worden ist, die Beschwerde bereits ab dem Zeitpunkt erhoben werden, in dem der Beschwerdeführer von dem Bescheid Kenntnis erlangt hat (§ 7 Abs 3; vgl auch § 26 Abs 2 VwGG und § 82 Abs 1a VfGG; VwGH 30.3.2017, Ro 2015/03/0036). Die Beschwerdelegitimation gem § 7 Abs 3 besteht auch dann, wenn die Parteistellung des Beschwerdeführers im Verwaltungsverfahren strittig war und er diesem nicht beigezogen worden ist (VwGH 22.11.2017, Ro 2016/03/0014). Alternativ kann auch mit einem Zustellantrag und/oder einem Antrag auf Feststellung der Parteistellung vorgegangen werden (vgl oben C. 2.2.5.).

4.2.4. Einbringungsstelle

Die Beschwerde ist bei der belangten Behörde einzubringen (vgl § 12 sowie § 20 Satz 2 *e contrario*), also jener, die den angefochtenen Bescheid erlassen hat (vgl § 9 Abs 2 Z 1). Wird die Beschwerde beim Verwaltungsgericht eingebracht, ist dies nur dann fristwahrend, wenn das Verwaltungsgericht die Beschwerde rechtzeitig nach § 6 AVG iVm § 17 VwGVG weiterleitet. Es ist – wenn die Materiengesetze nichts anderes vorsehen – hinreichend, die Beschwerde in einfacher Ausfertigung einzubringen.

4.2.5. Inhalt der Beschwerde

Gem § 9 Abs 1 hat eine Bescheidbeschwerde bestimmte Inhalte aufzuweisen, die Voraussetzung ihrer Zulässigkeit sind. Zu diesen **notwendigen Inhalten** gehören:
- **Bezeichnung** des angefochtenen **Bescheids** (VwGH 22.1.2015, Ra 2014/06/0003; 28.5.2019, Ra 2019/05/0008), idR durch Angabe der erlassenden Behörde, des Datums und der Geschäftszahl;
- **Bezeichnung** der **belangten Behörde** (das ist gem § 9 Abs 2 Z 1 jene Behörde, die den angefochtenen Bescheid erlassen hat; VwGH 27.11.2014, Ra 2014/03/0039; siehe auch VwGH 13.11.2014, Ra 2014/12/0010, wonach ein bloßes Vergreifen im Ausdruck nicht schadet, wenn letztlich kein Zweifel an der belangten Behörde bestehen kann [hier: Bezeichnung der belangten Behörde als „Amt der Landesregierung" statt richtig „Landesregierung"]);
- **Gründe,** auf die sich die Behauptung der Rechtswidrigkeit stützt (bei Amtsparteien: Anfechtungserklärung, vgl § 9 Abs 3); geltend gemacht werden kann, dass der angefochtene Bescheid inhaltlich, infolge Unzuständigkeit der belangten Behörde oder infolge Verletzung von Verfahrensvorschriften rechtswidrig ist (VwGH 13.9.2017, Ra 2016/12/0053; ebenso VwGH 17.12.2014, Ro 2014/10/0120, auch zur Geltendmachung von Normbedenken), wobei Verfahrensfehler idR im Beschwerdeverfahren sanierbar sind; es besteht **kein Neuerungsverbot,** sodass in der Beschwerde sowohl neue Tatsachen vorgebracht als auch neue Beweismittel angeboten werden können;
- **Begehren** (abstellend auf die Entscheidungsmöglichkeiten des Verwaltungsgerichts, vgl im Einzelnen F. 7.1.2. a.);
- **Angaben zur Rechtzeitigkeit** der Beschwerde (idR durch Angabe des Datums der Zustellung oder der Verkündung des Bescheids).

Eine Darstellung des Sachverhalts und die Anführung eines „Beschwerdepunkts" sind keine notwendigen Inhalte einer Beschwerde (vgl zu letzterem VwGH 17.12.2014, Ro 2014/03/0066).

Darüber hinaus kann die Beschwerde enthalten (**fakultativer Inhalt**):
- Antrag auf Durchführung einer **mündlichen Verhandlung** gem § 24 (in Verwaltungsstrafsachen: § 44); gem § 24 Abs 3 Satz 1 ist ein solcher Antrag „in der Beschwerde" zu stellen;
- **Kostenersatzbegehren,** wenn im Materiengesetz vorgesehen (selten);
- Anregung eines Antrags an den VfGH auf Prüfung der Rechtmäßigkeit einer präjudiziellen generellen Norm (Art 139, 139a, 140, 140a B-VG);
- Anregung der Einholung einer **Vorabentscheidung** des EuGH (Art 267 AEUV).

4.2.6. Aufschiebende Wirkung

Eine (rechtzeitig eingebrachte und zulässige) Bescheidbeschwerde hat aufschiebende Wirkung (§ 13 Abs 1), es sei denn, sie wird von der Behörde (§ 13 Abs 2) oder vom Verwaltungsgericht (§ 22 Abs 2) ausgeschlossen. In Verwaltungsstrafsachen kann die aufschiebende Wirkung der Beschwerde nicht ausgeschlossen werden (§ 41; beachte aber § 37 Abs 3 und § 39 Abs 6 VStG, wo die aufschiebende Wirkung von Gesetzes wegen ausgeschlossen ist).

4.3. Die Maßnahmenbeschwerde gem Art 130 Abs 1 Z 2 B-VG

Das Rechtsschutzziel der Maßnahmenbeschwerde besteht darin, dass das Verwaltungsgericht den angefochtenen AuvBZ für rechtswidrig erklärt und ihn gegebenenfalls aufhebt (siehe näher F. 7.1.2. b.). Mitunter folgt darauf eine Amtshaftungsklage zum Ausgleich von entstandenen Schäden; dauert der AuvBZ noch an, hat die belangte Behörde unverzüglich den der Rechtsanschauung des Verwaltungsgerichts entsprechenden Zustand herzustellen.

→ Siehe das Muster für eine Maßnahmenbeschwerde unter H. 11.

4.3.1. Beschwerdegegenstand

Gegenstand einer Maßnahmenbeschwerde ist die Ausübung unmittelbarer verwaltungsbehördlicher Befehls- und Zwangsgewalt (AusuvBZ). Eine solche liegt vor, wenn ein Verwaltungsorgan im Rahmen der Hoheitsverwaltung (VwGH 26.4.2010, 2009/10/0240) einseitig einen Befehl erteilt oder Zwang ausübt und dieser Akt gegen individuell bestimmte Adressaten gerichtet ist (VwGH 21.10.2010, 2008/01/0028).
Dies trifft beispielsweise auf folgende Fälle zu:
- eine Festnahme und Anhaltung (VfSlg 16.638/2002);
- Durchsuchen eines PKWs (VfSlg 17.046/2003);
- die Entfernung von Werbeanlagen (VwGH 6.7.2010, 2009/05/0231);
- das Abreißen bzw Durchstreichen einer Seite einer Konzessionsurkunde für den Kraftfahrlinienverkehr durch ein Grenzkontrollorgan (VwGH 26.5.2009, 2005/01/0203);
- eine Wegweisung (VwGH 29.6.2000, 96/01/0596).

Keine Ausübung unmittelbarer behördlicher Befehls- und Zwangsgewalt liegt hingegen vor
- bei behördlicher Untätigkeit (VwGH 21.5.2008, 2007/02/0107; anders bei „qualifizierter Untätigkeit" (vgl VwGH 24.3.2011, 2008/09/0075);

- das bloße Betreten einer Wohnung oder eine bloße Befragung (VfSlg 12.628/1991);
- bei bloßer Mitteilung der Rechtslage (VwGH 8.1.1998, 97/02/0068);
- die Nichtausfolgung eines Führerscheins (VwGH 23.10.1990, 90/11/0178);
- bei einer Blutabnahme mit Einverständnis des Betroffenen (VwGH 25.3.1992, 91/02/0150).

Im Falle von AusuvBZ von Organen des öffentlichen Sicherheitsdienstes im Ausland oder von Organen ausländischer Sicherheitsbehörden im Bundesgebiet sieht § 17 PolKG eine Beschwerdemöglichkeit vor.

4.3.2. Beschwerdelegitimation

Zur Erhebung der Maßnahmenbeschwerde ist berechtigt, wer durch die Ausübung unmittelbarer verwaltungsbehördlicher Befehls- und Zwangsgewalt **in seinen Rechten verletzt zu sein behauptet** (Art 132 Abs 2 B-VG), wobei eine solche Rechtsverletzung möglich sein muss. Auch juristische Personen sind beschwerdelegitimiert. Das Beschwerderecht kommt ferner nahen Angehörigen zu, wenn derjenige, gegen den sich der Akt gerichtet hat, während der Amtshandlung verstorben ist oder durch die Amtshandlung getötet wurde (VfSlg 16.109/2001).

Behauptet werden kann die Verletzung in einfachgesetzlich und/oder verfassungsgesetzlich gewährleisteten Rechten wie auch die Verletzung in subjektiven Unionsrechten. Bei der Behauptung der Verletzung von Staatsbürgerrechten ist der Maßnahmenbeschwerde ein Staatsbürgerschaftsnachweis (oder ein Nachweis der Staatsbürgerschaft eines Mitgliedstaats der EU, vgl VfSlg 19.077/2010) bzw (bei juristischen Personen) ein Firmenbuchauszug oder (bei Vereinen) ein Vereinsregisterauszug anzuschließen.

4.3.3. Frist

Die Frist für die Erhebung der Maßnahmenbeschwerde beträgt **sechs Wochen** (vgl § 7 Abs 4 Satz 2). Sie beginnt in den Fällen des Art 132 Abs 2 B-VG mit dem Zeitpunkt, in dem der Betroffene **Kenntnis** von der AusuvBZ erlangt hat, wenn er aber durch diese behindert war, von seinem Beschwerderecht Gebrauch zu machen, mit dem **Wegfall dieser Behinderung** (§ 7 Abs 4 Satz 3 Z 3).

4.3.4. Einbringungsstelle

Die Maßnahmenbeschwerde ist stets schriftlich und unmittelbar beim jeweils örtlich zuständigen (vgl § 3 Abs 2 Z 2) Verwaltungsgericht einzubringen (vgl § 12 Satz 2 und § 20 sowie VwGH 27.5.2015, Ra 2015/19/0075) und auch an das Verwaltungsgericht zu richten. Rechtsanwälte sind grundsätzlich zur Einbringung im Wege des elektronischen Rechtsverkehrs verpflichtet, der gegenwärtig beim BVwG (vgl § 21 Abs 6 BVwGG und die BVwG-EVV, BGBl II 515/2013 idF BGBl II 222/2016), nicht aber bei den LVwG eingerichtet ist. Es ist hinreichend, die Beschwerde in einfacher Ausfertigung einzubringen.

4.3.5. Inhalt der Beschwerde

Folgenden **(notwendigen) Inhalt** hat jede Maßnahmenbeschwerde zu enthalten:
- Bezeichnung der angefochtenen Ausübung unmittelbarer verwaltungsbehördlicher Befehls- und Zwangsgewalt;
- Angabe, welches Organ die Maßnahme gesetzt hat (an Stelle der Bezeichnung der belangten Behörde, soweit zumutbar; vgl § 9 Abs 4);
- Gründe, auf die sich die Behauptung der Rechtswidrigkeit stützt; geltend gemacht werden kann die Rechtswidrigkeit der AusuvBZ infolge Verletzung einfachgesetzlich und/oder verfassungsgesetzlich und/oder unionsrechtlich gewährleisteter Rechte;
- Begehren (abstellend auf die Entscheidungsmöglichkeiten des Verwaltungsgerichts, vgl unten F. 7.1.2. b.);
- Angaben zur Rechtzeitigkeit der Beschwerde.

Darüber hinaus kann die Maßnahmenbeschwerde enthalten (**fakultativer Inhalt**):
- Antrag auf Durchführung einer mündlichen Verhandlung gem § 24 (beachte § 24 Abs 3 Satz 1);
- Kostenersatzbegehren gem § 35 (vgl unten F. 8.);
- Anregung eines Antrags an den VfGH auf Prüfung der Rechtmäßigkeit einer präjudiziellen generellen Norm (vgl Art 139, 139a, 140, 140a B-VG);
- Anregung der Einholung einer Vorabentscheidung des EuGH (vgl Art 267 AEUV).

4.3.6. Aufschiebende Wirkung

Eine Maßnahmenbeschwerde hat grundsätzlich keine aufschiebende Wirkung, es sei denn, sie wird auf Antrag vom Verwaltungsgericht zuerkannt (vgl § 22 Abs 1).

4.4. Die Säumnisbeschwerde gem Art 130 Abs 1 Z 3 B-VG

Das Rechtsschutzziel der Säumnisbeschwerde besteht darin, das Verwaltungsgericht zur Entscheidung in einer Angelegenheit zu bewegen, in der die Behörde säumig geworden ist. Aufgrund einer Säumnisbeschwerde steht allerdings zunächst der Behörde eine Frist von drei Monaten zur Nachholung des Bescheids zur Verfügung; wird der Bescheid nicht nachgeholt, so hat die Behörde dem Verwaltungsgericht die Beschwerde unter Anschluss der Akten des Verwaltungsverfahrens vorzulegen (§ 16). In der Folge kann das Verwaltungsgericht sein Erkenntnis vorerst auf die Entscheidung einzelner maßgeblicher Rechtsfragen beschränken und der Behörde auftragen, den versäumten Bescheid unter Zugrundelegung der hiermit festgelegten Rechtsanschauung binnen bestimmter, acht Wochen nicht übersteigender Frist zu erlassen. Kommt die Behörde dem Auftrag nicht nach, so entscheidet das Verwaltungsgericht über die Beschwerde durch Erkenntnis in der Sache selbst, wobei es auch das sonst der Behörde zustehende Ermessen handhabt (§ 28 Abs 7).

→ Siehe das Muster für eine Säumnisbeschwerde unter H. 12.

4.4.1. Beschwerdegegenstand

Gegenstand der Säumnisbeschwerde ist die **Verletzung der Entscheidungspflicht** durch die Behörde (Säumnis). Eine Säumnisbeschwerde kann grundsätzlich auch in Verwaltungsstrafsachen erhoben werden (vgl ErläutRV 1618 BlgNR 24. GP 13). Art 130 Abs 1 Z 3 B-VG sieht die Durchsetzung einer Entscheidungspflicht allerdings nur dann vor, wenn die Verwaltungsbehörde einen **Bescheid** zu erlassen hat (siehe auch VfGH 2.7.2015, E 657/2015); eine Säumnisbeschwerde ist daher insb dann nicht möglich, wenn ein Antrag auf ein tatsächliches behördliches Verhalten gerichtet ist (vgl VwGH 31.3.2006, 2004/12/0174), zB auf die Ausstellung einer Bescheinigung (Beurkundung) oder auf die Erteilung einer Auskunft (VwGH 10.3.2009, 2008/12/0022). Gegenstand einer Säumnisbeschwerde kann darüber hinaus nur sein, was Gegenstand des Verwaltungsverfahrens war (**Identität der Begehren**; vgl VwGH 17.12.2007, 2007/12/0145).

4.4.2. Beschwerdelegitimation

Zur Erhebung der Säumnisbeschwerde ist legitimiert, wer im Verwaltungsverfahren als Partei zur Geltendmachung der Entscheidungspflicht berechtigt zu sein behauptet (vgl Art 132 Abs 3 B-VG), auch wenn die Entscheidung nach der Rechtslage nur in einer Zurückweisung bestehen kann (vgl etwa VwGH 19.4.2007, 2006/15/0345). Jede Partei des Verwaltungsverfahrens hat Anspruch auf Erlassung eines Bescheids dann, wenn ein Antrag offen ist (vgl VwGH 27.4.2006, 2003/16/0506).

4.4.3. Frist

Die Säumnisbeschwerde kann erst erhoben werden, wenn die Behörde die Sache nicht innerhalb von **sechs Monaten** (wenn gesetzlich eine kürzere oder längere Entscheidungsfrist vorgesehen ist, innerhalb dieser) entschieden hat. Die Frist beginnt mit dem Zeitpunkt, in dem der Antrag auf Sachentscheidung bei der Stelle eingelangt ist, bei der er einzubringen war (§ 8 Abs 1). In die Frist werden die Zeit, während deren das Verfahren bis zur rechtskräftigen Entscheidung einer Vorfrage ausgesetzt ist (vgl § 38 AVG), und die Zeit eines Verfahrens vor dem VwGH, vor dem VfGH oder vor dem EuGH nicht eingerechnet (§ 8 Abs 2; für Verwaltungsstrafsachen vgl außerdem § 37 sowie dazu unten F. 9.2.1.). Die Frist ist gewahrt, wenn bis zu deren Ablauf gegenüber der Partei ein die Verwaltungssache (meritorisch oder prozessual) gänzlich erledigender Bescheid erlassen wurde (VwGH 23.6.2015, Ro 2015/05/0011).

Nach Ablauf der jeweiligen Entscheidungsfrist ist die Säumnisbeschwerde unbefristet zulässig. Verfrüht erhobene Säumnisbeschwerden sind hingegen zurückzuweisen, und zwar auch dann, wenn die Entscheidungsfrist nach Erhebung der verfrühten Säumnisbeschwerde ungenützt abläuft (vgl VwGH 28.9.2010, 2009/05/0316).

4.4.4. Einbringungsstelle

Die Säumnisbeschwerde ist bei der belangten Behörde einzubringen (§ 12 Satz 1), also jener, die den Bescheid nicht erlassen hat (§ 9 Abs 2 Z 3). Wird die Säumnisbeschwerde entgegen § 12 direkt beim Verwaltungsgericht eingebracht, ist sie gem § 6 AVG iVm § 17 VwGVG an die säumige Verwaltungsbehörde weiterzuleiten (VwGH 27.5.2015, Ra 2015/19/0075).

Im Unterschied zu Säumnisbeschwerden sind Devolutionsanträge gem § 73 AVG nicht bei der säumigen Behörde, sondern unmittelbar bei der Berufungsbehörde einzubringen (siehe oben C. 5.8.3.).

Es ist hinreichend, die Säumnisbeschwerde in einfacher Ausfertigung einzubringen.

4.4.5. Inhalt der Beschwerde

Jede Säumnisbeschwerde hat zu enthalten (**notwendiger Inhalt**):
- Bezeichnung der belangten Behörde (das ist gem § 9 Abs 5 jene, deren Entscheidung in der Rechtssache begehrt wurde; vgl auch § 9 Abs 2 Z 3);
- Glaubhaftmachung, dass die Frist zur Erhebung der Säumnisbeschwerde abgelaufen ist; im Übrigen ist eine Begründung der Beschwerde nicht notwendig;
- Begehren (abstellend auf die Entscheidungsmöglichkeiten des Verwaltungsgerichts, vgl unten F. 7.1.2. c.).

Darüber hinaus kann die Säumnisbeschwerde enthalten (**fakultativer Inhalt**):
- Vorbringen zum Verschulden der säumigen Behörde (vgl § 8 Abs 1 letzter Satz);

> Die Beschwerde ist abzuweisen, wenn die Verzögerung nicht auf ein überwiegendes Verschulden der Behörde zurückzuführen ist (§ 8 Abs 1 letzter Satz). Ein solches ist dann anzunehmen, wenn die Behörde nicht durch ein schuldhaftes Verhalten der Partei oder durch unüberwindliche Hindernisse von der Entscheidung abgehalten wurde (vgl VwGH 26.9.2011, 2009/10/0266; 20.3.2018, Ro 2017/03/0033). Weil ein überwiegendes Verschulden der Behörde Erfolgsvoraussetzung der Säumnisbeschwerde ist, sollte auch dazu ein Vorbringen erstattet werden.

- Antrag auf Durchführung einer mündlichen Verhandlung gem § 24 (in Verwaltungsstrafsachen: gem § 44); beachte dazu § 24 Abs 3 Satz 1 („in der Beschwerde ... zu beantragen").

4.4.6. Aufschiebende Wirkung

Einer Säumnisbeschwerde kann aufschiebende Wirkung nicht zuerkannt werden (vgl zu § 30 Abs 2 VwGG aF VwGH 25.2.1975, 0750/74; 21.10.1980, 2462/80); in Betracht kommt aber allenfalls die Zuerkennung der aufschiebenden Wirkung nach den vom Verwaltungsgericht anzuwendenden besonderen Verfahrensvorschriften.

4.5. Die Verhaltensbeschwerde gem Art 130 Abs 2 Z 1 B-VG

Gem Art 130 Abs 2 Z 1 B-VG kann durch Bundes- oder Landesgesetz eine Zuständigkeit der Verwaltungsgerichte zur Entscheidung über „Beschwerden wegen Rechtswidrigkeit eines Verhaltens einer Verwaltungsbehörde in

Vollziehung der Gesetze" begründet werden. Gegenstand derartiger Beschwerden sind Akte (Handlungen oder Unterlassungen) von Verwaltungsorganen gegenüber individuell bestimmten Personen, die im Rahmen der Hoheitsverwaltung gesetzt werden (vgl näher *Faber*, Verwaltungsgerichtsbarkeit [2013] Art 130 B-VG Rz 29 ff) und die nicht bereits von einem anderen Tatbestand des Art 130 Abs 1 oder 2 B-VG erfasst sind.

> **Beispiel:** Gem § 88 Abs 2 SPG erkennen die LVwG über Beschwerden von Menschen, die behaupten, auf andere Weise durch die Besorgung der Sicherheitsverwaltung in ihren Rechten verletzt worden zu sein, sofern dies nicht in Form eines Bescheids erfolgt ist. Diese Vorschrift ermöglicht es, sicherheitspolizeiliches Handeln auch dann mit Beschwerde an das LVwG zu bekämpfen, wenn dieses sich nicht als AusuvBZ darstellen sollte (vgl noch zu den UVS VwGH 30.1.2001, 2000/01/0018). Die Rechtsverletzung im Sinne des § 88 Abs 2 SPG kann sowohl durch ein aktives Tun als auch durch eine Unterlassung eingetreten sein (VwGH 24.3.2011, 2008/09/0075). Erfasst sind etwa Beschimpfungen durch behördliche Organe im Zuge einer Amtshandlung (VwGH 6.12.2007, 2004/01/0133; zur Anfertigung von Fotos und Videoaufnahmen siehe VwGH 29.3.2004, 98/01/0213).

Wer zur Erhebung der Beschwerde **legitimiert** ist, bestimmen die jeweiligen Bundes- oder Landesgesetze (vgl Art 132 Abs 5 B-VG). Das VwGVG regelt indes die wesentlichen Form- und Inhaltserfordernisse von Verhaltensbeschwerden: Die Beschwerde ist innerhalb einer Frist von **vier Wochen** zu erheben (§ 7 Abs 4 Satz 1) und unmittelbar beim VwG einzubringen (§ 53 iVm § 20 Satz 1; vgl dazu ErläutRV 1255 BlgNR. 25. GP 4). Als belangte Behörde ist jene zu bezeichnen, die das Verhalten gesetzt hat (vgl § 9 Abs 2 Z 5). Die Beschwerde hat **keine aufschiebende Wirkung**, es sei denn, sie wird auf Antrag vom VwG zuerkannt (§ 53 iVm § 22 Abs 1).

Im Übrigen sind, soweit durch Bundes- oder Landesgesetz nichts anderes bestimmt ist, die Bestimmungen über Maßnahmenbeschwerden sinngemäß anzuwenden (§ 53; vgl näher unten F. 9.3. sowie zu den Inhalts- und Formerfordernissen von Maßnahmenbeschwerden oben F. 4.3.).

4.6. Beschwerdemitteilung

Wenn in einer Beschwerde – was infolge der Neuerungserlaubnis zulässig ist (vgl VwGH 17.12.2014, Ra 2014/10/0044) – **neue Tatsachen oder Beweise**, die der Behörde oder dem Verwaltungsgericht **erheblich** erscheinen (weil auf ihrer Grundlage zu einer anderen Entscheidung gefunden werden könnte), vorgebracht, so hat „sie bzw es" (dh primär die Behörde, im Fall der Nichtmitteilung durch die Behörde das Verwaltungsgericht) hievon unverzüglich den sonstigen Parteien **Mitteilung** zu machen und ihnen Gelegenheit zu geben, binnen angemessener, zwei Wochen nicht übersteigender

Frist vom Inhalt der Beschwerde Kenntnis zu nehmen und sich dazu zu äußern (§ 10). Diese Vorschrift dient der Wahrung des rechtlichen Gehörs aller Parteien; wird sie verletzt, kann dies als Verfahrensmangel (vgl § 42 Abs 2 Z 3 lit c VwGG) im Rechtsmittelweg geltend gemacht werden.

5. Das Vorverfahren vor der Verwaltungsbehörde

Über Bescheid- und Säumnisbeschwerden findet ein Vorverfahren vor der Behörde statt, das im zweiten Abschnitt des zweiten Hauptstücks des VwGVG (und nicht in den Verwaltungsverfahrensgesetzen) geregelt ist. Insoweit ist also das VwGVG – über den Wortlaut des § 1 hinaus – auch von den Verwaltungsbehörden anzuwenden. § 11 ordnet allerdings an, dass die Behörde im Vorverfahren grundsätzlich jene Verfahrensvorschriften anzuwenden hat, die sie „in einem Verfahren anzuwenden hat, das der Beschwerde beim Verwaltungsgericht vorangeht". Dies gilt allerdings nur subsidiär, soweit im ersten oder zweiten Abschnitt des zweiten Hauptstücks des VwGVG nicht anderes bestimmt ist.

Über Maßnahmen- und Verhaltensbeschwerden findet kein Vorverfahren vor der Behörde statt. Sie werden beim Verwaltungsgericht eingebracht (§§ 12 und 20) und unmittelbar von diesem in Behandlung genommen.

5.1. Schriftsätze im Vorverfahren

§ 12 bestimmt die Einbringungsstelle für Schriftsätze und ist damit in erster Linie für den Beschwerdeführer zu beachten; die Regelung gilt aber nicht nur für Beschwerdeschriftsätze, sondern für jeden Schriftsatz im Vorverfahren, insb auch für Vorlageanträge gem § 15 und für abgesonderte Anträge auf Zuerkennung der aufschiebenden Wirkung gem § 13 Abs 3, ferner für jegliche Art von Anträgen, Gesuchen und sonstige Mitteilungen (vgl VwGH 27.5.2015, Ra 2015/19/0075).

Die Einbringungsregelung des § 12 differenziert zwischen den einzelnen Beschwerdearten:

- Im **Grundsatz** gilt, dass Schriftsätze bis zur Vorlage der Beschwerde an das Verwaltungsgericht bei der **belangten Behörde** einzubringen sind (§ 12 Satz 1; VwGH 13.11.2014, Ra 2014/12/0010). Diese Regelung hat verfahrensökonomische Gründe (vgl auch VwGH 27.5.2015, Ra 2015/19/0075): Die Einbringungsstelle soll jene sein, die im jeweiligen Verfahrensstadium über den Akt verfügt.
- Eine **Ausnahme** ist in § 12 Satz 2 vorgesehen, wonach die Einbringungsregelung des § 12 Satz 1 nicht in Rechtssachen gem Art 130 Abs 1 Z 2

B-VG gilt, also nicht in Maßnahmenbeschwerdesachen (§ 12 Satz 2), und somit kraft des Verweises in § 53 auch nicht in Verhaltensbeschwerdesachen (ErläutRV 1255 BlgNR 25. GP 4). **Maßnahmen- und Verhaltensbeschwerden** sind daher unmittelbar beim zuständigen **Verwaltungsgericht** einzubringen (vgl auch § 20 sowie unten F. 6.2.). Der Hintergrund dieser Regelung ist darin zu sehen, dass bei Maßnahmen- und Verhaltensbeschwerden ein Vorverfahren vor der Behörde nicht stattfindet.

Für das Berufungsverfahren ist vorgesehen, dass die Einbringung der Berufungsbehörde fristwahrend ist (vgl § 63 Abs 5 letzter Satz AVG). Für das Beschwerdeverfahren fehlt eine solche Regelung, sodass die Einbringung der Beschwerde bei der falschen Stelle (dh insb auch beim Verwaltungsgericht) in der Regel die Versäumung der Beschwerdefrist nach sich zieht, es sei denn, die adressierte Stelle leitet die Beschwerde noch rechtzeitig gem § 6 Abs 1 AVG an die belangte Behörde weiter.

5.2. Aufschiebende Wirkung

§ 13 regelt die aufschiebende Wirkung von Bescheidbeschwerden für das Vorverfahren vor der Behörde (für das Verfahren vor dem Verwaltungsgericht vgl § 22 sowie dazu unten F. 6.4.).

5.2.1. Bescheidbeschwerden

Eine rechtzeitig eingebrachte und zulässige Bescheidbeschwerde hat **(grundsätzlich) aufschiebende Wirkung** (§ 13 Abs 1). Die Behörde kann die aufschiebende Wirkung allerdings **mit Bescheid ausschließen**, wenn nach Abwägung der berührten öffentlichen Interessen und Interessen anderer Parteien der vorzeitige Vollzug des angefochtenen Bescheids oder die Ausübung der durch den angefochtenen Bescheid eingeräumten Berechtigung wegen Gefahr im Verzug dringend geboten ist. Ein solcher Ausspruch ist tunlichst schon in den über die Hauptsache ergehenden Bescheid aufzunehmen (§ 13 Abs 2). Diese Voraussetzungen entsprechen jenen des § 64 Abs 2 AVG (vgl oben C. 5.2.7.).

In den Materiengesetzen ist vielfach vorgesehen, dass bestimmen Beschwerden *ex lege* keine aufschiebende Wirkung zukommt. Die verfassungsrechtliche Zulässigkeit derartiger Regelungen bestimmt sich insb nach Art 136 Abs 2 B-VG (siehe zu diesen und weiteren verfassungsrechtlichen Anforderungen VfSlg 19.922/2014 [§ 77 Abs 2 SPG verfassungswidrig]; VfSlg 19.921/2014 [§ 56 Abs 3 AlVG verfassungswidrig]; VfSlg 19.969/2015

[§ 56 OÖ BauO verfassungskonform]; VfSlg 20.216/2017 [§ 56a Abs 5 GSpG verfassungskonform]).

In Verwaltungsstrafsachen kann die aufschiebende Wirkung nicht ausgeschlossen werden (§ 41); beachte aber § 37 Abs 3 und § 39 Abs 6 VStG, wo die aufschiebende Wirkung von Gesetzes wegen ausgeschlossen ist.

5.2.2. Rechtsschutz

Bescheide, mit denen die aufschiebende Wirkung einer Beschwerde gem § 13 Abs 2 ausgeschlossen wird, können von den Bescheidadressaten wiederum mit **Beschwerde** bekämpft werden. Diese Beschwerde hat allerdings keine aufschiebende Wirkung (§ 13 Abs 4). Sofern die Beschwerde nicht als verspätet oder unzulässig zurückzuweisen ist, hat die Behörde dem Verwaltungsgericht die Beschwerde unter Anschluss der Akten des Verfahrens unverzüglich vorzulegen. Das Verwaltungsgericht hat über die Beschwerde ohne weiteres Verfahren unverzüglich zu entscheiden (siehe dazu VwGH 1.9.2014, Ra 2014/03/0028) und der Behörde, wenn diese nicht von der Erlassung einer Beschwerdevorentscheidung absieht, die Akten des Verfahrens zurückzustellen.

5.2.3. Vorgehen bei Änderung der Umstände

Bescheide, mit denen die aufschiebende Wirkung gem § 13 Abs 2 ausgeschlossen wird, „können" (dh „müssen", wenn die gesetzlichen Voraussetzungen vorliegen) von der Behörde von Amts wegen oder auf Antrag einer Partei **aufgehoben** oder **abgeändert** werden, wenn sich der maßgebliche Sachverhalt so geändert hat, dass seine neuerliche Beurteilung einen im Hauptinhalt des Spruchs anderslautenden Bescheid zur Folge hätte (§ 13 Abs 3). Diese Zuständigkeit der Behörde besteht allerdings nur bis zur Vorlage der Beschwerde an das Verwaltungsgericht; ab diesem Zeitpunkt kommt diesem die Zuständigkeit zur Entscheidung über die aufschiebende Wirkung zu (vgl § 22 Abs 3 sowie VwGH 1.9.2014, Ra 2014/03/0028).

5.2.4. Maßnahmenbeschwerden, Verhaltensbeschwerden und Säumnisbeschwerden

Für Maßnahmen-, Verhaltens- und Säumnisbeschwerden findet sich in § 13 keine Regelung. **Maßnahmen- und Verhaltensbeschwerden** sind von § 13 nicht erfasst, weil bei diesen kein Vorverfahren vor der Behörde stattfindet (vgl aber § 22 Abs 1 [iVm § 53] zur Zuerkennung der aufschiebenden Wirkung durch das Verwaltungsgericht). **Säumnisbeschwerden** sind nicht erfasst, weil bei diesen eine aufschiebende Wirkung von Vornherein nicht in Betracht kommt (vgl VwGH 25.2.1975, 0750/74; 21.10.1980, 2462/80).

5.2.5. Einstweilige Anordnungen

Zum Schutz subjektiver Unionsrechte kann die Behörde verpflichtet sein, über die Zuerkennung der aufschiebenden Wirkung hinaus unmittelbar auf der Grundlage des Unionsrechts einstweilige Anordnungen zu erlassen (vgl oben C. 5.2.7.).

5.3. Beschwerdevorentscheidung und Vorlageantrag bei Bescheidbeschwerden

Im Verfahren über Bescheidbeschwerden steht es der Behörde frei, den angefochtenen Bescheid innerhalb von zwei Monaten (ab Einlangen der Beschwerde) aufzuheben, abzuändern oder die Beschwerde zurückzuweisen oder abzuweisen (**Beschwerdevorentscheidung, § 14**). Die Behörde ist dabei an den in § 27 festgelegten Prüfungsumfang gebunden (§ 14 Abs 1 letzter Satz), in Verwaltungsstrafsachen auch an das Verbot der *reformatio in peius* (§ 42). Die Beschwerdevorentscheidung tritt grundsätzlich an die Stelle des Ausgangsbescheids (außer in den Fällen einer Zurückweisung der Beschwerde; siehe dazu VwGH 25.4.2018, Ra 2017/09/0033).

Im Gegensatz zur Berufungsvorentscheidung nach § 64a AVG besteht gem § 14 VwGVG auch die Möglichkeit, die Beschwerde (zur Gänze) **abzuweisen**. Dadurch soll der Behörde eine Abänderung der Begründung des angefochtenen Bescheids ermöglicht werden (vgl ErläutRV 2009 BlgNR 24. GP 5).

In den Materiengesetzen sind vereinzelt abweichende Fristen für die Erlassung einer Beschwerdevorentscheidung vorgesehen; vgl etwa § 56 Abs 2 AlVG (zehn Wochen) und § 20g Abs 3 AuslBG (zehn Wochen). Mitunter werden auch ergänzende verfahrensrechtliche Regelungen getroffen; vgl etwa § 46 Abs 2 UG (dazu VfSlg 19.905/2014).

Ob die Behörde eine Beschwerdevorentscheidung erlässt, ist ihrem **Ermessen** überlassen. Es besteht keine dahingehende Verpflichtung der Behörde und daher auch kein subjektives Recht der Partei auf Erlassung einer Beschwerdevorentscheidung (vgl VwGH 29.4.2015, Ra 2015/20/0038; ebenso zur alten Rechtslage VwSlg 17.265 A/2007). Will die Behörde von der Erlassung einer Beschwerdevorentscheidung absehen, hat sie dem Verwaltungsgericht die Beschwerde unter Anschluss der Akten des Verwaltungsverfahrens vorzulegen (§ 14 Abs 2; VwGH 22.11.2017, Ra 2017/19/0421), und zwar ohne das Verstreichen der zweimonatigen Frist abzuwarten.

Als **Rechtsmittel** gegen Beschwerdevorentscheidungen steht (nur) der **Vorlageantrag** offen (vgl § 15): Jede Partei (dh nicht nur der Beschwerdeführer) kann demnach binnen zwei Wochen nach Zustellung der Beschwerdevorentscheidung bei der Behörde den Antrag stellen, dass die Beschwerde dem Verwaltungsgericht zur Entscheidung vorgelegt wird. Wird der Vorlageantrag von einer anderen Partei als dem Beschwerdeführer gestellt, hat er die Gründe, auf die sich die Behauptung der Rechtswidrigkeit stützt (§ 9 Abs 1 Z 3 VwGVG), und ein Begehren (§ 9 Abs 1 Z 4) zu enthalten. Dass der Beschwerdeführer einen Vorlageantrag nicht begründen *muss* (aber freilich begründen *kann*; vgl auch BVwG 30.6.2014, W216 2007972-1), wirft in den Fällen Probleme auf, in denen die Beschwerdevorentscheidung die Verwaltungssache anders erledigt als der angefochtene Bescheid, weil sich das Beschwerdevorbringen unter diesen Umständen auf eine andere Erledigung bezieht, sodass der Prüfungsumfang unbestimmt ist. Der VwGH hat klargestellt, dass das Rechtsmittel, über welches das VwG zu entscheiden hat, im Fall eines zulässigen Vorlageantrags dennoch die Beschwerde bleibt (vgl VwGH 25.10.2017, Ro 2017/12/0014).

→ Siehe das Muster für einen Vorlageantrag unter H. 10.

Ein rechtzeitig eingebrachter und zulässiger Vorlageantrag hat **aufschiebende Wirkung**, wenn die Beschwerde von Gesetzes wegen aufschiebende Wirkung hatte und die Behörde diese nicht ausgeschlossen hat oder wenn sie von Gesetzes wegen keine aufschiebende Wirkung hatte, die Behörde diese jedoch zuerkannt hat (§ 15 Abs 2). Abweichend davon ist in den Materiengesetzen vereinzelt vorgesehen, dass Vorlageanträge generell keine aufschiebende Wirkung haben (zB § 35 Abs 3 MBG).

Der Vorlageantrag ist **bei der Behörde einzubringen**. Diese hat verspätete und unzulässige Vorlageanträge mit Bescheid zurückzuweisen (wogegen wiederum Beschwerde erhoben werden kann, woraufhin die Behörde dem Verwaltungsgericht unverzüglich die Akten des Verfahrens vorzulegen hat; vgl § 15 Abs 3), ansonsten dem Verwaltungsgericht den Vorlageantrag und die Beschwerde unter Anschluss der Akten des Verfahrens vorzulegen und den sonstigen Parteien die Vorlage des Antrags mitzuteilen (§ 15 Abs 2). Wenn die Behörde die Vorlage an das VwG pflichtwidrig nicht bewirkt, können sowohl der Beschwerdeführer als auch jede andere Partei die Beschwerde in Kopie dem VwG mit der Rechtsfolge vorlegen, dass die Entscheidungsfrist zu laufen beginnt (vgl VwGH 22.11.2017, Ra 2017/19/0421).

Anders als in § 64a AVG (zur Berufungsvorentscheidung) ist in § 15 VwGVG nicht vorgesehen, dass die Beschwerdevorentscheidung aufgrund eines Vorlageantrags außer Kraft tritt. Das VwG hat mit der Beschwerdevorentscheidung wie folgt umzugehen: Ist die Beschwerde gegen den Ausgangsbescheid (teilweise) berechtigt, so ist ihr vom VwG (teilweise) stattzugeben; eine mit diesem Ergebnis übereinstimmende Beschwerdevorentscheidung ist zu bestätigen, eine abweichende Beschwerdevorentscheidung hingegen abzuändern oder ggf ersatzlos zu beheben (VwGH 27.4.2017, Ra 2017/12/0024). Ist die Beschwerde gegen den Ausgangsbescheid abzuweisen, ist abermals eine mit diesem Ergebnis übereinstimmende Beschwerdevorentscheidung zu bestätigen, eine abweichende zu korrigieren (VwGH 17.12.2015, Ro 2015/08/0026; 25.10.2017, Ro 2017/12/0014). Ist die Beschwerde unzulässig, ist sie vom VwG zurückzuweisen, wobei der Beschluss des Gerichts an die Stelle der Beschwerdevorentscheidung tritt (VwGH 17.12.2015, Ro 2015/08/0026). Ist die Beschwerde zulässig, wurde sie aber mit Beschwerdevorentscheidung zurückgewiesen, hat das VwG inhaltlich über die Beschwerde zu erkennen, wobei die Entscheidung des Gerichts wiederum an die Stelle der Beschwerdevorentscheidung tritt (VwGH 17.12.2015, Ro 2015/08/0026; 25.4.2018, Ra 2017/09/0033).

5.4. Nachholung des Bescheids bei Säumnisbeschwerden

Anders als in § 73 Abs 2 AVG ist im VwGVG nicht festgelegt, dass schon mit dem Einlangen der Säumnisbeschwerde die Zuständigkeit, die fragliche Sache zu erledigen, auf das angerufene Verwaltungsgericht übergeht. Vielmehr räumt § 16 Abs 1 der Verwaltungsbehörde von Gesetzes wegen die Möglichkeit ein, den Bescheid „nachzuholen", ohne dass es erforderlich wäre, dass ihr dafür vom Verwaltungsgericht ausdrücklich eine Frist eingeräumt werden müsste (VwGH 27.5.2015, Ra 2015/19/0075). Die Behörde erhält dadurch eine „zweite Chance" zur Erledigung der Verwaltungssache (VwGH 19.9.2017, Ro 2017/20/0001).

Aufgrund einer Säumnisbeschwerde „kann" die Behörde gem § 16 innerhalb einer Frist von bis zu drei Monaten (ab Einlangen der Säumnisbeschwerde bei der säumigen Behörde, vgl VwGH 27.5.2015, Ra 2015/19/0075) den Bescheid erlassen („nachholen"); ob sie das tut, steht in ihrem Ermessen. Wird der Bescheid erlassen oder wurde er vor Einleitung des Verfahrens erlassen, ist das Verfahren von der säumigen Behörde selbst einzustellen (VwGH 19.9.2017, Ro 2017/20/0001). Holt die Behörde den Bescheid nicht nach, hat sie dem Verwaltungsgericht die Beschwerde unter Anschluss der Akten des Verwaltungsverfahrens vorzulegen. Erst mit Vorlage der Beschwerde oder Ablauf der Nachfrist gem § 16 Abs 1 geht die Zuständigkeit, über die betriebene Verwaltungsangelegenheit zu entscheiden, auf das Verwaltungsgericht über (VwGH 27.5.2015, Ra 2015/19/0075; 24.10.2017, Ra 2016/06/0023); ein dann von der Behörde erlassener Bescheid wäre infolge Unzuständigkeit der Behörde rechtswidrig (VwGH 19.9.2017, Ro 2017/20/0001).

> Die Regelung des § 16 führt zwar effektiv zu einer Verlängerung der Erledigungsfrist zugunsten der Behörde, sie ändert aber nichts daran, dass schuldhafte Verzögerungen bei der Erledigung der betreffenden Verwaltungssache amtshaftungsrechtlich relevant sind (vgl OGH 26.6.1991, 1 Ob 19/91; 10.7.1991, 1 Ob 13/91; 10.2.2004, 1 Ob 292/03b).

6. Das Verfahren vor dem Verwaltungsgericht

Der dritte Abschnitt des zweiten Hauptstücks des VwGVG regelt das Verfahren vor dem Verwaltungsgericht bis zur Fällung einer Entscheidung. Soweit im VwGVG nicht anderes bestimmt ist, sind auf das Verfahren über Beschwerden gem Art 130 Abs 1 B-VG die Bestimmungen des AVG (mit Ausnahme der §§ 1 bis 5 sowie des IV. Teiles), die Bestimmungen der BAO, des AgrVG und des DVG, und im Übrigen jene verfahrensrechtlichen Bestimmungen in Bundes- oder Landesgesetzen sinngemäß anzuwenden, die die Behörde in dem dem Verfahren vor dem Verwaltungsgericht vorangegangenen Verfahren angewendet hat oder anzuwenden gehabt hätte (§ 17). Alle diese Vorschriften sind in ihrer jeweils geltenden Fassung (§ 55), aber stets nur „sinngemäß" anzuwenden, also nur insoweit, als dies dem Sinn und Zweck des verwaltungsgerichtlichen Verfahrens entspricht (vgl auch VwSlg 13.498 A/1991) und wo nicht ohnehin andere Vorschriften des VwGVG als entsprechende Grundlage herangezogen werden können (VwGH 12.11.1991, 91/07/0115). Das Verwaltungsgericht hat stets die für die Entscheidung der Rechtssache maßgeblichen Verfahrensbestimmungen anzuwenden, auch wenn die Behörde ihre Anwendung zu Unrecht unterlassen hat (arg § 17: „anzuwenden gehabt hätte").

> Kraft § 17 sind insb die Vorschriften des AVG über die Weiterleitung von bei unzuständigen Stellen eingebrachten Anbringen (§ 6 AVG; vgl VwGH 27.5.2015, Ra 2015/19/0075), über die Befangenheit (§ 7 AVG; vgl VwGH 30.6.2015, Ro 2015/03/0021), über den Parteibegriff (§ 8 AVG; vgl VwGH 30.6.2015, Ra 2015/03/0022), über die Rechts- und Handlungsfähigkeit (§ 9 AVG), die Vertretung (§ 10 AVG), den Mängelbehebungsauftrag

(§ 13 Abs 3 AVG; vgl VwGH 17.2.2015, Ro 2014/01/0036), die Zurückziehung (§ 13 Abs 9 AVG) und Änderung (§ 13 Abs 8 AVG; vgl VwGH
27.8.2014, Ro 2014/05/0062) von Anträgen, ferner die Vorschriften über
Ladungen (§ 19 AVG; vgl VwGH 18.6.2015, Ra 2015/20/0110; zur Sonderregelung des § 23 VwGVG siehe unten F. 6.5.1.), die Berechnung von
Fristen (§§ 32 und 33 AVG), das Amtswegigkeitsprinzip (§ 39 Abs 2
AVG; vgl VwGH 17.12.2014, Ra 2014/03/0038), die Kundmachung der
Verhandlung (§ 41 AVG), die Präklusion (§ 42 AVG) und über das Beweisverfahren (vgl etwa zu § 45 Abs 1 AVG VwGH 17.12.2014, Ra
2014/06/0045; siehe aber zu einzelnen Sonderregelungen im VwGVG
unten F. 6.5.) einschließlich der Gewährung des Parteiengehörs (vgl § 45
Abs 3 AVG; VwGH 19.6.2019, Ra 2019/02/0098) und der Schließung des
Ermittlungsverfahrens (vgl § 39 Abs 3 bis 5 AVG und dazu oben C.4.1.1.
sowie ErläutRV 193 BlgNR 26. GP 4) anzuwenden, aber auch die Regelungen über die Manuduktionspflicht (§ 13a AVG), über die Aussetzung
des Verfahrens (§ 38 AVG; vgl VwGH 24.3.2015, Ro 2014/05/0089) und
über die Begründung von Entscheidungen (§§ 58 und 60 AVG, vgl
VwGH 20.5.2015, Ra 2014/09/0041; beachte darüber hinaus auch § 29
Abs 1 VwGVG).

Für einzelne Verfahrensarten finden sich im dritten Hauptstück des VwGVG
Sonderregelungen (vgl unten F. 9.).

6.1. Parteien des Verfahrens

Parteien des verwaltungsgerichtlichen Verfahrens sind:
- der **Beschwerdeführer** bzw oberste Organe, die gem § 19 an Stelle eines
  beschwerdeführenden staatlichen Organs in das Verfahren eintreten;
- die **belangte Behörde** (§ 9 Abs 2 und § 18; vgl auch VwGH 18.2.2015,
  Ko 2015/03/0001) bzw oberste Organe, die gem § 19 an Stelle der
  belangten Behörde in das Verfahren eintreten, als Legalparteien;
- alle **sonstigen Personen,** denen in der betreffenden Verwaltungssache
  Parteistellung zukommt (entweder gem § 8 AVG oder aufgrund der Einräumung einer Legalparteistellung).

Der Parteibegriff des VwGVG entspricht jenem des § 8 AVG (vgl § 17 und
VwGH 30.6.2015, Ra 2015/03/0022; zu § 8 AVG näher oben C. 2.2.1.).

§ 19 („**Eintritt oberster Organe**") ermächtigt den einfachen Gesetzgeber, einen Parteiwechsel auf Seiten der Behörde oder des beschwerdeführenden staatlichen Organs zu ermöglichen: Durch Bundes- oder Landesgesetz
kann bestimmt werden, dass in einer Angelegenheit der Bundesverwaltung
der zuständige BM und in einer Angelegenheit der Landesverwaltung die

LReg an Stelle eines anderen beschwerdeführenden staatlichen Organs oder einer anderen belangten Behörde jederzeit in das Verfahren eintreten kann. Unzulässig ist der Eintritt oberster Organe nur, wenn in einer Angelegenheit des eigenen Wirkungsbereichs der Gemeinde oder eines sonstigen Selbstverwaltungskörpers ein Organ des Selbstverwaltungskörpers (Z 1) oder ein weisungsfrei gestelltes Organ (Z 2) belangte Behörde ist.

Im Unterschied zu § 22 VwGG ergibt sich das Eintrittsrecht oberster Organe nicht schon aus § 19 VwGVG, sondern erst aufgrund einer entsprechenden bundes- oder landesgesetzlichen Regelung.

Das oberste Organ kann während des verwaltungsgerichtlichen Verfahrens jederzeit, aber stets nur „an Stelle" der Behörde (und nicht als weitere Partei) in das Verfahren eintreten. Zu diesem Zweck genügt eine Erklärung des (zuständigen) obersten Organs gegenüber dem Verwaltungsgericht; eine förmliche Zulassung des Parteiwechsels durch das Verwaltungsgericht ist ebenso wenig vorgesehen wie eine Zustimmung der übrigen Parteien (. Das oberste Organ tritt in dem Stadium in das Verfahren ein, in dem es sich zu diesem Zeitpunkt befindet, weswegen das oberste Organ sich alle von der Behörde (dem staatlichen Organ) bereits gesetzten Verfahrenshandlungen zurechnen lassen muss.

6.2. Schriftsätze

§ 20 enthält eine dem § 12 inhaltlich entsprechende Regelung über die Einbringungsstelle für Schriftsätze: Gem § 20 Satz 1 sind Maßnahmenbeschwerden gem Art 130 Abs 1 Z 2 B-VG und die sonstigen Schriftsätze im Verfahren über diese unmittelbar beim Verwaltungsgericht einzubringen (§ 20 Satz 1); dasselbe gilt gem § 53 iVm § 20 Satz 1 für Verhaltensbeschwerden (siehe auch ErläutRV 1255 BlgNR 25. GP 4). In allen sonstigen Verfahren sind die Schriftsätze (erst) ab Vorlage der Beschwerde beim Verwaltungsgericht unmittelbar bei diesem einzubringen (§ 20 Satz 2). Siehe näher oben F. 5.1.

6.3. Akteneinsicht

Auch im Verfahren vor den Verwaltungsgerichten gilt für die Gewährung der Akteneinsicht (sinngemäß) die Bestimmung des § 17 AVG (vgl § 17 VwGVG; vgl VwGH 15.11.2017, Ra 2016/08/0184), die allerdings durch § 21 VwGVG in zweierlei Hinsicht ergänzt wird:
– Generell ausgenommen von der Akteneinsicht sind **Entwürfe** von Erkenntnissen und Beschlüssen des Verwaltungsgerichts und **Nieder-**

schriften über etwaige Beratungen und Abstimmungen (§ 21 Abs 1). Dadurch soll insb verhindert werden, dass das Geheimnis der Beratung und Abstimmung (vgl § 25 Abs 8 VwGVG und § 8 Abs 2 BVwGG) im Wege der Akteneinsicht umgangen werden kann (siehe auch VwGH 29.5.2018, Ro 2017/15/0021).

– Die **Verwaltungsakten der Behörden**, die dem Verwaltungsgericht vorzulegen sind und dadurch zum Bestandteil der Akten des Verwaltungsgerichts werden, sind nicht schlechthin von der Akteneinsicht ausgenommen. Die Behörden können jedoch gem § 21 Abs 2 bei der Vorlage von Akten an das Verwaltungsgericht verlangen, dass bestimmte Akten oder Aktenbestandteile im öffentlichen Interesse von der Akteneinsicht ausgenommen werden. Ferner darf in Aktenbestandteile, die im Verwaltungsverfahren von der Akteneinsicht ausgenommen waren, Akteneinsicht nicht gewährt werden. Die Behörde hat die in Betracht kommenden Aktenbestandteile bei Vorlage der Akten zu bezeichnen. Das Verwaltungsgericht ist an das Verlangen der Behörde hinsichtlich einer Verweigerung der Akteneinsicht nicht gebunden, es hat vielmehr die Entscheidung der Behörde (inhaltlich) zu überprüfen und im Fall ihrer Rechtswidrigkeit Akteneinsicht zu gewähren (vgl VfSlg 19.996/2015).

Die Verweigerung der Akteneinsicht durch das Verwaltungsgericht erfolgt grundsätzlich in Form eines – nicht gesondert anfechtbaren (vgl § 25a Abs 3 VwGG und § 88a Abs 3 VfGG) – verfahrensleitenden Beschlusses (§ 31 Abs 2) und nur ausnahmsweise (siehe dazu oben C. 3.6.5.) durch nichtverfahrensleitenden Beschluss.

6.4. Aufschiebende Wirkung von Beschwerden

Während § 13 die aufschiebende Wirkung von Bescheidbeschwerden für die Dauer des Vorverfahrens vor der Behörde regelt, enthält § 22 eine Parallelregelung, die die aufschiebende Wirkung von Maßnahmen- (Abs 1) und Bescheidbeschwerden (Abs 2 und 3) zum Gegenstand hat. Die Regelung über Maßnahmenbeschwerden gilt gem § 53 auch für Verhaltensbeschwerden.

6.4.1. Maßnahmen- und Verhaltensbeschwerden

Maßnahmen- und Verhaltensbeschwerden haben (grundsätzlich) **keine aufschiebende Wirkung**. Das Verwaltungsgericht hat jedoch auf Antrag des Beschwerdeführers die aufschiebende Wirkung **mit Beschluss zuzuerkennen**, wenn dem nicht zwingende öffentliche Interessen entgegenstehen und nach Abwägung der berührten öffentlichen Interessen mit dem Andauern der AusuvBZ für den Beschwerdeführer ein unverhältnismäßiger Nachteil verbunden wäre (§ 22 Abs 1).

6.4.2. Bescheidbeschwerden

Im Verfahren über Bescheidbeschwerden kann das Verwaltungsgericht die **aufschiebende Wirkung durch Beschluss ausschließen,** wenn nach Abwägung der berührten öffentlichen Interessen und Interessen anderer Parteien der vorzeitige Vollzug des angefochtenen Bescheids oder die Ausübung der durch den angefochtenen Bescheid eingeräumten Berechtigung wegen Gefahr im Verzug dringend geboten ist (§ 22 Abs 2). Die Interessenabwägung hat sich an den Umständen des Einzelfalls zu orientieren (vgl VwGH 1.9.2014, Ra 2014/03/0028).

6.4.3. Vorgehen bei Änderung der Umstände

Ab Vorlage der Beschwerde an das Verwaltungsgericht kommt diesem die Zuständigkeit zur Entscheidung über die aufschiebende Wirkung zu (vgl VwGH 1.9.2014, Ra 2014/03/0028). Das Verwaltungsgericht kann **Bescheide** der Behörde gem § 13 und (eigene) **Beschlüsse** gem § 22 Abs 1 und 2 auf Antrag einer Partei **aufheben oder abändern,** wenn es die Voraussetzungen der Zuerkennung bzw des Ausschlusses der aufschiebenden Wirkung anders beurteilt oder wenn sich die Voraussetzungen, die für die Entscheidung über den Ausschluss bzw die Zuerkennung der aufschiebenden Wirkung der Beschwerde maßgebend waren, wesentlich geändert haben. Diese Bestimmung ermöglicht die Berücksichtigung nachträglicher Sachverhaltsänderungen (vgl VwGH 1.9.2014, Ra 2014/03/0028; 29.4.2019, Ro 2018/20/0013).

6.4.4. Säumnisbeschwerden

Nicht von § 22 erfasst sind **Säumnisbeschwerden,** weil bei diesen eine aufschiebende Wirkung von vornherein nicht in Betracht kommt (so zu § 36 VwGG aF VwGH 25.2.1975, 0750/74; 21.10.1980, 2462/80).

6.4.5. Einstweilige Anordnungen und einstweilige Verfügungen

Auch die Verwaltungsgerichte sind gegebenenfalls berufen, zum Schutz von Rechtspositionen, die sich aus dem Unionsrecht ergeben, **einstweilige Anordnungen** zu erlassen (vgl oben C. 5.2.7.; VwSlg 19.227 A/2015; siehe auch zur Zuständigkeit der Verwaltungsgerichte zur Erlassung einstweiliger Anordnungen im Revisionsverfahren VwGH 29.10.2014, Ro 2014/04/0069;

29.1.2015, Ro 2014/07/0028). Im Übrigen sind die Verwaltungsgerichte zwar nicht durch das VwGVG, mitunter aber aufgrund der Materiengesetze (zB §§ 350 ff BVergG 2018) zur Erlassung **einstweiliger Verfügungen** ermächtigt.

6.5. Beweisverfahren

Auf das Beweisverfahren vor dem Verwaltungsgericht sind grundsätzlich die einschlägigen Vorschriften des AVG anzuwenden (§ 17; näher oben C. 4.3.), das VwGVG enthält allerdings einige Sondervorschriften.

6.5.1. Ladungen

Das Verwaltungsgericht ist – im Gegensatz zur Behörde (vgl § 19 Abs 1 AVG) – berechtigt, auch Personen, die ihren **Aufenthalt (Sitz) außerhalb des Sprengels** des Verwaltungsgerichts haben und deren Erscheinen nötig ist, vorzuladen (§ 23). Im Übrigen ist § 19 AVG anzuwenden (§ 17 VwGVG; VwGH 18.6.2015, Ra 2015/20/0110). Die Ladung kann demnach sowohl als „einfache Ladung", also in Form eines (nicht vollstreckbaren und nicht gesondert bekämpfbaren) verfahrensleitenden Beschlusses, als auch in Form eines (vollstreckbaren und abgesondert bekämpfbaren) „Ladungsbeschlusses" ergehen (vgl auch oben C. 3.8.2.).

6.5.2. Verhandlung

In Entsprechung grundrechtlicher Vorgaben (Art 6 EMRK, Art 47 GRC) hat das Verwaltungsgericht auf Antrag oder, wenn es dies für erforderlich hält, von Amts wegen eine öffentliche mündliche Verhandlung durchzuführen (§ 24 Abs 1; vgl auch VwGH 19.5.2015, Ro 2015/05/0004).

Für das Verfahren in Verwaltungsstrafsachen sind die Voraussetzungen für die Durchführung einer Verhandlung in § 44 geregelt (vgl unten F. 9.2.4. b.).

Der Beschwerdeführer hat die Durchführung einer Verhandlung in der Beschwerde oder im Vorlageantrag – mithin bei der ersten Gelegenheit des Herantretens an das Verwaltungsgericht (vgl VwGH 17.12.2014, Ra 2014/03/0038) – zu **beantragen** (§ 24 Abs 3); eine Begründung des Antrags ist nicht erforderlich. Unterbleibt die Antragstellung, wird dies idR als stillschweigender Verzicht auf die Durchführung einer Verhandlung gewertet (vgl VwGH 14.6.2012, 2011/10/0177; 17.2.2015, Ra 2014/09/0007), es sei denn, ein allenfalls gestellter Beweisantrag kann zugleich als Verhandlungsantrag gedeutet werden (vgl VwGH 20.11.2014, Ra 2014/07/0052, zu einem beantragten Zeugenbeweis; ebenso VwGH 26.4.2019, Ra 2018/02/0260). Den sonstigen Parteien (vgl oben F. 6.1.) ist seitens des Verwaltungsgerichts Gelegenheit zu geben, binnen angemessener, zwei Wochen nicht übersteigender Frist einen Antrag auf Durchführung einer Verhandlung zu stellen. Besonderes gilt allerdings für die belangte Behörde: Für sie besteht die erste Gelegenheit zur Beantragung der Verhandlung im Rahmen der Vorlage der Beschwerde samt der Verwaltungsakten beim Verwaltungsgericht (vgl § 12), weswegen es entbehrlich ist, der Behörde noch eine weitere, spätere Gelegenheit zur Einbringung eines Verhandlungsantrags einzuräumen (VwGH 17.12.2014, Ra 2014/03/0038; 18.2.2015, Ra 2014/04/0035; 30.10.2018, Ra 2016/05/0063).

Ein Antrag auf Durchführung einer Verhandlung kann nur mit Zustimmung der anderen Parteien zurückgezogen werden (§ 24 Abs 3 letzter Satz); diese Regelung vermeidet, dass die anderen Parteien des Verfahrens vorsorglich einen eigenen Verhandlungsantrag stellen müssen (vgl VwGH 20.11.2014, Ra 2014/07/0052).

Das Verwaltungsgericht kann in insgesamt fünf Fällen von der Durchführung einer mündlichen Verhandlung **absehen**:

– In Bescheid- und Maßnahmenbeschwerdeverfahren kann die Verhandlung entfallen, wenn der das vorangegangene Verwaltungsverfahren einleitende **Antrag** der Partei oder die **Beschwerde zurückzuweisen** ist (vgl VwGH 18.10.2017, Ra 2017/19/0226; zur Vereinbarkeit dieser Regelung mit Art 6 EMRK VfSlg 17.063/2003; VwGH 27.9.2007, 2006/07/0066) oder bereits auf Grund der Aktenlage feststeht, dass der mit Beschwerde angefochtene Bescheid – zur Gänze (vgl VwGH 20.11.2014, Ra 2014/07/0052; BVwG 7.2.2014, W183 2000724-1) – aufzuheben bzw die angefochtene AusuvBZ für rechtswidrig zu erklären ist (§ 24 Abs 2 Z 1), also der **Beschwerde zur Gänze stattzugeben** ist.

– In Säumnisbeschwerdeverfahren kann die Verhandlung entfallen, wenn die **Säumnisbeschwerde zurückzuweisen oder abzuweisen** ist (§ 24 Abs 2 Z 2).

– Ferner kann die Verhandlung entfallen, wenn die Rechtssache durch einen **Rechtspfleger** erledigt wird (§ 24 Abs 2 Z 3); die Verhandlungspflicht entfällt nach dieser Vorschrift nur für den Rechtspfleger, nicht hingegen für das ggf in der Folge mit Vorstellung (§ 54) angerufene richterliche Organ (vgl ErläutRV 1255 BlgNR 25. GP 4).

– In sämtlichen Beschwerdeverfahren kann das Verwaltungsgericht, soweit durch Bundes- oder Landesgesetz nicht anderes bestimmt ist, ungeachtet eines Parteiantrags von einer Verhandlung absehen, wenn die Akten erkennen lassen, dass die mündliche Erörterung eine **weitere Klärung der Rechtssache nicht erwarten** lässt, und einem Entfall der Ver-

handlung **weder Art 6 Abs 1 EMRK noch Art 47 GRC entgegenstehen**
(§ 24 Abs 4). Nach der Rechtsprechung des VfGH kann eine mündliche
Verhandlung (dort: vor dem Asylgerichtshof) im Hinblick auf die Mitwirkungsmöglichkeiten der Parteien im vorangegangenen Verwaltungsverfahren regelmäßig dann unterbleiben, wenn durch das Vorbringen
vor der Gerichtsinstanz erkennbar wird, dass die Durchführung einer
Verhandlung eine weitere Klärung der Entscheidungsgrundlagen nicht
erwarten lasse (VfSlg 19.632/2012, 19.764/2013; zu diesem Kriterium
auch VwGH 28.5.2014, Ra 2014/20/0017; 17.2.2015, Ra 2014/09/0007;
3.10.2017, Ra 2016/07/0002). Dies ist etwa dann der Fall, wenn der ent-
scheidungserhebliche Sachverhalt bereits unbestritten feststeht (vgl
VwGH 27.1.2015, Ro 2014/22/0045); nicht hingegen, wenn der Sachverhalt konkret (und nicht nur allgemein inhaltsleer) bestritten wird (VwGH
19.5.2015, Ro 2015/05/0004; 2.11.2016, Ra 2016/06/0088). Eine Verhandlung ist auch dann durchzuführen, wenn es um „civil rights" oder
„strafrechtliche Anklagen" iSd Art 6 EMRK oder um die Möglichkeit
der Verletzung einer Person eingeräumter Unionsrechte (Art 47 GRC)
geht und eine inhaltliche Entscheidung in der Sache selbst getroffen wird
(VwGH 9.9.2014, Ro 2014/09/0049; 27.4.2015, Ra 2015/11/0004;
19.5.2015, Ro 2015/05/0004; 3.10.2018, Ra 2017/12/0130).

– In sämtlichen Beschwerdeverfahren kann das Verwaltungsgericht von
der Durchführung (oder Fortsetzung) einer Verhandlung auch dann absehen, wenn die Parteien ausdrücklich darauf **verzichten**. Ein solcher
Verzicht kann bis zum Beginn der (fortgesetzten) Verhandlung erklärt
werden (§ 24 Abs 5).

Das Verwaltungsgericht ist bei Vorliegen dieser Voraussetzungen zwar berechtigt, nicht aber verpflichtet, von einer mündlichen Verhandlung abzusehen (arg „kann"; VwGH 18.10.2016, Ro 2015/03/0029). Es hat (auch ohne
Antrag) von Amts wegen eine öffentliche mündliche Verhandlung durchzuführen, wenn es dies für erforderlich hält; die Durchführung einer mündlichen Verhandlung steht insoweit nicht im Belieben, sondern im pflichtge-
mäßen Ermessen des Verwaltungsgerichts (VwGH 20.5.2015, Ra
2015/20/0027).

Wird die mündliche Verhandlung ohne Vorliegen eines gesetzlichen
Grundes unterlassen, bedeutet dies einen wesentlichen **Verfahrensmangel**
iSd § 42 Abs 2 Z 3 lit c VwGG, wobei es nach der jüngeren Judikatur des
VwGH nicht mehr darauf ankommt, ob die Durchführung der mündlichen
Verhandlung zu einer anders lautenden Entscheidung geführt hätte (dh keine „Relevanzprüfung"), zumal dies nach Art 6 EMRK und Art 47 GRC unerheblich ist (zB VwGH 1.3.2018, Ra 2017/19/0410); nur außerhalb des Anwendungsbereichs des Art 6 EMRK bzw des Art 47 GRC muss die Rele-

vanz der unterbliebenen mündlichen Verhandlung weiterhin aufgezeigt werden (VwGH 27.3.2018, Ra 2015/06/0118). In der Rechtsprechung des VfGH und des EGMR stellt die Unterlassung einer gebotenen mündlichen Verhandlung eine **Verletzung des Art 6 EMRK** dar (EGMR 20.12.2001, 32.381/96, *Baischer/AT*; VfSlg 16.624/2002, 17.700/2005). Im Anwendungsbereich des **Art 47 GRC** wird dieses Grundrecht verletzt.

Findet eine Verhandlung statt, so ist diese **volksöffentlich,** nicht nur parteiöffentlich. Zu beachten ist jedoch § 22 MedienG, wonach Fernseh- und Hörfunkaufnahmen und -übertragungen sowie Film- und Fotoaufnahmen von Verhandlungen der Gerichte unzulässig sind.

Die Öffentlichkeit darf von der Verhandlung nur so weit **ausgeschlossen** werden, als dies aus Gründen der Sittlichkeit, der öffentlichen Ordnung oder der nationalen Sicherheit, der Wahrung von Geschäfts- und Betriebsgeheimnissen sowie im Interesse des Schutzes Jugendlicher oder des Privatlebens einer Partei, eines Opfers, eines Zeugen oder eines Dritten geboten ist (§ 25 Abs 1).

Der Ausschluss der Öffentlichkeit erfolgt durch verfahrensleitenden Beschluss entweder von Amts wegen oder auf Antrag einer Partei oder eines Zeugen (§ 25 Abs 2). Der Beschluss ist nicht abgesondert, sondern erst in der Revision oder Beschwerde gegen die letztlich ergehende Entscheidung des Verwaltungsgerichts bekämpfbar (vgl § 25a Abs 3 VwGG, § 88a Abs 3 VfGG).

Unmittelbar nach der Verkündung des Beschlusses haben sich alle Zuhörer zu entfernen, doch können die Parteien verlangen, dass je drei Personen ihres Vertrauens die Teilnahme an der Verhandlung gestattet wird (§ 25 Abs 3). Gesetzliche und gewillkürte Vertreter sind vom Ausschluss der Öffentlichkeit nicht betroffen. Wenn die Öffentlichkeit von einer Verhandlung ausgeschlossen wurde, ist es so weit untersagt, daraus Umstände weiterzuverbreiten, als dies aus den in § 25 Abs 1 angeführten Gründen geboten ist (§ 25 Abs 4). Die Missachtung dieser Geheimhaltungspflicht ist gerichtlich strafbar (§ 301 StGB).

Öffentlich ist nur die Verhandlung, nicht aber die Beratung und Abstimmung der Senate (§ 25 Abs 8; vgl auch § 8 Abs 2 BVwGG). Wird die Öffentlichkeit ausgeschlossen, so betrifft dies nur die Verhandlung, nicht aber die Verkündung der Entscheidung (§ 29).

Der Verhandlungsleiter eröffnet und leitet die Verhandlung und handhabt die Sitzungspolizei (§ 34 AVG; vgl oben C. 3.11.). Der Verhandlungsleiter hat von Amts wegen für die vollständige Erörterung der Rechtssache zu sorgen. Ist durch Bundes- oder Landesgesetz bestimmt, dass das Verwaltungsgericht durch den Senat entscheidet, sind auch die sonstigen Mitglieder des Senates befugt, Fragen zu stellen. Über Einwendungen gegen Anordnungen, die das Verfahren betreffen, sowie über Anträge, die im Laufe des Verfahrens gestellt werden, entscheidet das Verwaltungsgericht gem § 25 Abs 5 durch verfahrensleitenden Beschluss iSd § 31 Abs 2.

6.5.3. Beweisaufnahme

Für die Beweisaufnahme durch das Verwaltungsgericht gelten grundsätzlich die §§ 45 ff AVG (vgl oben C. 4.3.). Zu beachten ist allerdings § 25 Abs 6, wonach die zur Entscheidung der Rechtssache erforderlichen Beweise zwingend „in der Verhandlung" aufzunehmen, mittelbare Beweisaufnahmen (vgl § 55 AVG) folglich unzulässig sind. Dies ist Ausdruck des Unmittelbarkeitsgrundsatzes (vgl unten F. 6.5.4.). § 25 Abs 6 bezieht sich allerdings nur auf den Fall, dass eine Verhandlung durchzuführen ist (VwGH 24.3.2015, Ra 2015/21/0025). Offenkundige Tatsachen, die keines Beweises bedürfen (§ 17 VwGVG iVm § 45 Abs 1 AVG), müssen auch nicht iSd § 25 Abs 6 in der mündlichen Verhandlung aufgenommen werden (VwGH 17.12.2014, Ra 2014/06/0045).

Eine Sonderbestimmung enthält ferner § 26, wonach Zeugen und Beteiligte Anspruch auf Gebühren haben (vgl aber § 49 für das Verfahren in Verwaltungsstrafsachen sowie dazu unten F. 9.2.4. c.).

Das VwGVG enthält indes keine eigenen Bestimmungen betreffend die Beiziehung von **Sachverständigen**. Gem § 17 VwGVG kommen somit die Bestimmungen der §§ 52 und 53 AVG zum Tragen, wonach in erster Linie Amtssachverständige und nur unter bestimmten Voraussetzungen nichtamtliche Sachverständige beizuziehen sind. Weil aber Amtssachverständige bei der Erstattung ihrer Gutachten ausschließlich der Wahrheit verpflichtet und hinsichtlich des Inhalts ihrer Gutachten an keine Weisungen gebunden sind, erweist sich dieser Rechtszustand als verfassungskonform (VfSlg 19.902/2014; vgl auch VwGH 28.5.2019, Ra 2019/10/0008 [keine grundsätzlichen Bedenken]).

In § 25 Abs 6a bis 6c sind einige Erleichterungen für das Beweisverfahren vorgesehen:

- **Verlesung:** Eine – aufwändige – Verlesung von Aktenstücken kann unterbleiben, wenn diese Aktenstücke von der Partei, die die Verlesung verlangt, *selbst stammen* (zB eigene Schriftsätze oder Beweismittel wie Urkundenbeweise, Sachverständigengutachten etc) oder wenn es sich um Aktenstücke handelt, die der die Verlesung begehrenden Partei *nachweislich* (zB im Rahmen einer Beschwerdemitteilung gem § 10 oder im Rahmen des Parteiengehörs gem § 45 Abs 3 AVG) *zugestellt* wurden (§ 25 Abs 6a).

- **Videokonferenz:** Das VwG kann nach Maßgabe der technischen Möglichkeiten eine Vernehmung unter Verwendung technischer Einrichtungen zur Wort- und Bildübertragung durchführen, es sei denn, das persönliche Erscheinen vor dem Gericht ist unter Berücksichtigung der Verfahrensökonomie zweckmäßiger oder aus besonderen Gründen erforderlich (§ 26 Abs 6b).
- **Niederschriften** bedürfen gem § 26 Abs 6c nicht der Unterschrift der Zeugen. Damit wird dem Umstand Rechnung getragen, dass sich Zeugen häufig bereits vor Schluss der Verhandlung entfernen und daher die Niederschrift nicht mehr unterschreiben können.

6.5.4. Grundsatz der Unmittelbarkeit

Für das verwaltungsgerichtliche Verfahren gilt – anders als für das Verfahren vor der Behörde – der Unmittelbarkeitsgrundsatz. Gem § 25 Abs 7 kann das Erkenntnis nur von denjenigen Mitgliedern des Verwaltungsgerichtes gefällt werden, die an der Verhandlung teilgenommen haben. Ändert sich die Zusammensetzung des Senats oder wurde die Rechtssache einem anderen Richter zugewiesen, ist die Verhandlung zu wiederholen (vgl VwGH 2.8.2018, Ra 2018/05/0048; 26.4.2019, Ra 2018/02/0260). Bei Fällung des Erkenntnisses ist nur auf das Rücksicht zu nehmen, was in dieser Verhandlung vorgekommen ist.

Konsequenz des Unmittelbarkeitsgrundsatzes ist es auch, dass Beweise grundsätzlich durch das Verwaltungsgericht selbst (in der Verhandlung) aufzunehmen sind (siehe oben F. 6.5.3.; ferner VwGH 22.2.2012, 2011/08/0364; VwSlg 19.319 A/2016). Verlesungen, wie sie etwa durch § 46 Abs 3 ermöglicht werden, sind aber mit dem Unmittelbarkeitsgrundsatz nicht *per se* unvereinbar (vgl VfSlg 17.762/2006).

6.6. Prüfungsumfang

§ 27 begrenzt den Umfang der verwaltungsgerichtlichen Kontrolle: Soweit das Verwaltungsgericht nicht Rechtswidrigkeit wegen Unzuständigkeit der Behörde gegeben findet, hat es den angefochtenen Bescheid, die angefochtene AusuvBZ und die angefochtene Weisung (lediglich) „auf Grund der Beschwerde" (§ 9 Abs 1 Z 3 und 4) oder „auf Grund der Erklärung über den Umfang der Anfechtung" (§ 9 Abs 3) zu überprüfen.

Daraus folgt eine Bindung des Verwaltungsgerichts an die Beschwerdegründe (§ 9 Abs 1 Z 3) und an das Beschwerdebegehren (§ 9 Abs 1 Z 4), bei Amtsparteien an die Anfechtungserklärung (§ 9 Abs 3). § 27 erfasst lediglich Bescheid- und Maßnahmenbeschwerden sowie – kraft § 53 – Verhaltensbeschwerden.

In Verwaltungsstrafsachen ist die Entscheidungsbefugnis des VwG zusätzlich durch das Verbot der *reformatio in peius* beschränkt (vgl § 42 sowie VwGH 5.11.2014, Ra 2014/09/0018; näher unten F. 9.2.5.). Außerhalb des Verwaltungsstrafverfahrens gilt dieses Verbot nicht (VwGH 30.6.2015, Ra 2015/21/0002); die Entscheidung im Beschwerdeverfahren kann also – nach Maßgabe des § 27 – für den Beschwerdeführer ungünstiger ausfallen.

Wie weit die Festlegung des Verwaltungsgerichts auf den Prüfungsumfang durch § 27 im Einzelnen reicht, ist in der Literatur umstritten, in der Judikatur des VwGH inzwischen aber weitgehend klargestellt. Eine Ausnahme ist bereits im Einleitungssatz des § 27 ausdrücklich angesprochen: Die Bindung an das Beschwerdevorbringen greift nur ein, „soweit das Verwaltungsgericht nicht Rechtswidrigkeit wegen Unzuständigkeit der Behörde gegeben findet". Die **Unzuständigkeit der Behörde** ist vom Verwaltungsgericht daher auch dann (von Amts wegen) aufzugreifen, wenn sie in der Beschwerde nicht geltend gemacht wurde (zB VwGH 19.9.2017, Ro 2017/20/0001; 16.3.2018, Ro 2018/02/0001).

Nach der zutreffenden Rsp des VwGH kann aber auch sonst nicht davon ausgegangen werden, dass der Gesetzgeber den Prüfungsumfang der Verwaltungsgerichte stark einschränken und ausschließlich an das Vorbringen des jeweiligen Beschwerdeführers binden wollte (vgl VwGH 17.12.2014, Ro 2014/03/0066; 26.3.2015, Ra 2014/07/0077; 26.3.2015, Ra 2014/07/0067; 23.6.2015, Ra 2014/22/0199; siehe auch VwGH 17.12.2014, Ro 2014/03/0066). Vielmehr hat das Verwaltungsgericht nicht nur die gegen den verwaltungsbehördlichen Bescheid eingebrachte Beschwerde, sondern auch die Angelegenheit zu erledigen, die von der Verwaltungsbehörde zu entscheiden war (VwGH 18.2.2015, Ra 2015/04/0007; 29.4.2015, Ra 2015/03/0015; 30.3.2017, Ro 2015/03/0036; VfGH 22.9.2017, E 503/2016; 24.11.2017, E 2936/2016). Die Sachentscheidung des VwG tritt an die Stelle des bekämpften Bescheids (VwGH 2.3.2017, Ra 2015/08/0175). Wurde beispielsweise von der Behörde eine Lenkberechtigung unter Auflagen und mit einer Befristung erteilt und werden in der dagegen erhobenen Beschwerde nur die Auflagen und die Befristung bekämpft, ist das Verwaltungsgericht trotzdem befugt, auch zu prüfen, ob überhaupt die Voraussetzungen für die Erteilung einer Lenkberechtigung vorliegen (VwGH 27.4.2015, Ra 2015/11/0022). Dies gilt generell bei unteilbaren Bescheiden (siehe auch zu einem wasserpolizeilichen Auftrag VwGH 26.3.2015, Ra 2014/07/0077).

Gleichwohl ist die Prüfungsbefugnis der Verwaltungsgerichte nicht unbegrenzt, sondern durch die **„Sache" des bekämpften Bescheids** (vgl VwGH 17.12.2014, Ra 2014/03/0049; 22.1.2015, Ra 2014/06/0055; 22.4.2015,

Ra 2014/12/0003; 25.10.2018, Ra 2018/09/0110) und auch aufgrund einer allfälligen **Teilanfechtung** (vgl VwGH 27.10.2014, Ra 2014/02/0053; 29.5.2018, Ro 2018/03/0015) sowie bei Parteibeschwerden iSd Art 132 Abs 1 Z 1 B-VG noch weiter dadurch eingeschränkt, dass nur die Frage einer **Verletzung von subjektiv-öffentlichen Rechten** Gegenstand ist (VwGH 27.8.2014; Ro 2014/05/0062; 27.2.2019, Ra 2018/05/0054; zum Ganzen auch VwGH 26.3.2015, Ra 2014/07/0077; 25.10.2018, Ra 2018/09/0110). Zu beachten ist vom VwG auch ein **(Teil-)Verlust der Parteistellung** (vgl VwGH 22.1.2015, Ra 2014/06/0055; 30.3.2017, Ro 2015/03/0036). In diesem Rahmen ist das Verwaltungsgericht aber auch befugt, Rechtswidrigkeitsgründe aufzugreifen, die in der Beschwerde nicht vorgebracht wurden (VwGH 26.3.2015, Ra 2014/07/0077; 3.8.2016, Ro 2016/07/0008; siehe auch VwGH 30.6.2015, Ra 2015/03/0022).

Diese Rsp des VwGH hat zur Folge, dass in den dargelegten Grenzen auch Fälle der **inhaltlichen Rechtswidrigkeit** (insb bei Verstößen gegen das Unionsrecht) vom Verwaltungsgericht von Amts wegen wahrzunehmen sind. Sofern nur eine gesetzmäßig ausgeführte Rechtsrüge vorliegt, ist das Verwaltungsgericht demnach verpflichtet, die rechtliche Beurteilung der Behörde umfassend zu prüfen (in diesem Sinne auch VwGH 18.11.2014, Ra 2014/05/0016). Dafür spricht auch, dass das Verwaltungsgericht kaum jemals reformatorisch entscheiden könnte, wenn es nicht in der Lage wäre, die Rechtsfrage abschließend zu lösen.

Sind der belangten Behörde **Verfahrensfehler** unterlaufen, so sind diese im Beschwerdeverfahren idR sanierbar (VwGH 21.11.2017, Ra 2016/05/0092; siehe zB VwGH 24.10.2017, Ra 2016/06/0104 [Verletzung des Parteiengehörs]; zu weiteren Beispielen vgl *Grabenwarter/Fister*, ZVR 2014, 65 [68]) und vom Verwaltungsgericht gegebenenfalls auch dann zu sanieren, wenn sie in der Beschwerde nicht geltend gemacht wurden, soweit dies für die Schaffung der erforderlichen Entscheidungsgrundlagen (vor allem für eine Entscheidung in der Sache, vgl unten F. 7.1.2.) notwendig ist.

Die Bindung an den Prüfungsumfang hat das Verwaltungsgericht nicht erst bei der Erledigung der Verwaltungssache zu beachten, sondern bereits im **Beweisverfahren**: Als „zur Entscheidung der Rechtssache erforderliche Beweise" im Sinne des § 25 Abs 6 sind nur solche anzusehen, die innerhalb des Prüfungsumfangs liegen. Zu anderen Themen sind Beweise nicht aufzunehmen.

7. Entscheidung des Verwaltungsgerichts

Die Verwaltungsgerichte entscheiden entweder durch „Erkenntnis" oder durch „Beschluss". Der vierte Abschnitt des zweiten Hauptstücks beinhaltet Vorgaben zur Kognitionsbefugnis der Verwaltungsgerichte, zur Form und zur Erlassung der verwaltungsgerichtlichen Entscheidungen sowie zur Wiederaufnahme des Verfahrens, zur Wiedereinsetzung in den vorigen Stand und zur Entscheidungspflicht der Verwaltungsgerichte. Für das Verfahren in Verwaltungsstrafsachen bestehen einige abweichende Sonderregelungen (vgl unten F. 9.2.).

7.1. Erkenntnisse

7.1.1. Allgemeines

Das Verwaltungsgericht hat die Rechtssache immer dann durch **Erkenntnis** zu erledigen, wenn die Beschwerde nicht zurückzuweisen oder das Verfahren einzustellen ist (§ 28 Abs 1). Sowohl die Zurückweisung als auch die Einstellung des Verfahrens erfolgen durch **Beschluss** (zur Einstellung VwGH 29.4.2015, Fr 2014/20/0047).

Die Beschwerde ist **zurückzuweisen**, wenn

- sie **unzulässig** ist, etwa weil sie gegen einen untauglichen Anfechtungsgegenstand gerichtet ist oder es dem Beschwerdeführer an der Partei- oder Prozessfähigkeit, an der Beschwerdelegitimation und/oder an der Beschwer mangelt; ferner, wenn der Beschwerdeführer auf die Erhebung der Beschwerde verzichtet hat; schließlich dann, wenn *res iudicata* vorliegt;
- sie **verspätet** ist (die Rechtzeitigkeit ist vom Verwaltungsgericht von Amts wegen zu prüfen, vgl VwGH 24.3.2015, Ra 2015/09/0011);
- sie **mangelhaft** ist und die Mängel nicht (rechtzeitig) behoben wurden (vgl oben F. 4.1.7.).

Mit **Einstellung des Verfahrens** ist vorzugehen, wenn die Beschwerde zurückgezogen wird (vgl VwGH 29.4.2015, Fr 2014/20/0047) oder der Beschwerdeführer während des Beschwerdeverfahrens untergeht oder klaglos gestellt wird.

7.1.2. Entscheidung in der Sache

Über welche Entscheidungsmöglichkeiten die Verwaltungsgerichte verfügen, wenn sie über eine Beschwerde in der Sache (*in merito*) zu entscheiden haben, ergibt sich aus § 28 Abs 2 bis 7. Die Regelungen differenzieren danach, ob über eine Bescheidbeschwerde (Abs 2 bis 5), über eine Maßnahmenbeschwerde (Abs 6) oder über eine Säumnisbeschwerde (Abs 7) zu erkennen ist.

Für Verhaltensbeschwerden (Art 130 Abs 2 Z 1 B-VG) gelten gem § 53 die Vorschriften über Maßnahmenbeschwerden – mithin § 28 Abs 6 – sinngemäß. Die Kognitionsbefugnis in Vergabeangelegenheiten (Art 130 Abs 2

Z 2 B-VG), in Dienstrechtsstreitigkeiten (Art 130 Abs 2 Z 3 B-VG) und in sonstigen Angelegenheiten (Art 130 Abs 2 Z 4 B-VG) ist im VwGVG nicht vorgegeben; sie ist dem Materiengesetzgeber zur Regelung überlassen.

a) Bescheidbeschwerde

Die verwaltungsgerichtliche Kontrolle ist nicht auf die Kassation von Bescheiden reduziert, sondern umfasst gegebenenfalls auch die reformatorische Erledigung der Verwaltungssache selbst (vgl auch Art 130 Abs 4 B-VG). Wann die Verwaltungsgerichte **kassatorisch oder reformatorisch** zu entscheiden haben, ist in den Abs 2 bis 5 des § 28 in vielschichtiger (und im Einzelnen durchaus komplexer) Weise geregelt:

Zunächst bestimmt § 28 Abs 2 (in Übereinstimmung mit Art 130 Abs 4 Satz 2 B-VG), dass das Verwaltungsgericht über Bescheidbeschwerden dann in der Sache selbst (dh reformatorisch) zu entscheiden hat, wenn

- der maßgebliche **Sachverhalt feststeht** (dies ist jedenfalls dann der Fall, wenn der entscheidungsrelevante Sachverhalt bereits im verwaltungsbehördlichen Verfahren geklärt wurde, zumal dann, wenn sich aus der Zusammenschau der im verwaltungsbehördlichen Bescheid getroffenen Feststellungen mit dem Vorbringen der Beschwerde kein gegenläufiger Anhaltspunkt ergibt, vgl VwGH 26.6.2014, Ro 2014/03/0063; 29.1.2015, Ra 2015/07/0001; 28.2.2018, Ra 2016/04/0061) oder
- die Feststellung des maßgeblichen Sachverhalts durch das Verwaltungsgericht selbst im Interesse der **Raschheit** gelegen oder mit einer erheblichen **Kostenersparnis** verbunden ist (zB VwGH 19.1.2017, Ro 2014/08/0084).

Die Entscheidung in der Sache hat den Regelfall zu bilden. Auch der VwGH hat den Vorrang der meritorischen Entscheidungsbefugnis betont und dabei insb auf die Zielsetzungen der Verfahrensbeschleunigung und der Vermeidung von „Kassationskaskaden" sowie auf das Gebot der angemessenen Verfahrensdauer hingewiesen (grundlegend VwGH 26.6.2014, Ro 2014/03/0063 [Hintanhalten eines „Pingpongspiels" zwischen verwaltungsgerichtlichen und verwaltungsbehördlichen Entscheidungen]; seither stRsp, vgl etwa auch VwGH 24.6.2015, Ra 2015/04/0019; 21.2.2017, Ro 2016/12/0004; ferner VwGH 17.12.2014, Ro 2014/03/0066, und 27.1.2015, Ra 2014/22/0087, wo jeweils von einem „prinzipiellen Vorrang der meritorischen Entscheidungspflicht" die Rede ist). Als Folge dessen sind die nach § 28 bestehenden Ausnahmen von der meritorischen Entscheidungspflicht strikt auf den ihnen gesetzlich zugewiesenen Raum zu beschränken (VwGH 29.4.2015, Ro 2015/05/0007).

Das Verwaltungsgericht hat im Rahmen einer Sachentscheidung auch ein der Behörde eingeräumtes Ermessen zu handhaben (VwGH 21.4.2015, Ra

2015/09/0009; 1.9.2017, Ra 2017/03/0051) und allenfalls erforderliche Interessenabwägungen vorzunehmen (VwGH 26.2.2015, Ra 2014/22/0103; 27.6.2019, Ra 2019/07/0051). Leistungsfristen sind gegebenenfalls neu festzusetzen (VwGH 26.3.2015, Ra 2014/07/0077). Auch eine negative Sachentscheidung durch ersatzlose Behebung des angefochtenen Bescheids kommt in Betracht (siehe VwGH 25.9.2018, Ra 2018/05/0023), etwa wegen Unzuständigkeit der Behörde (VwGH 25.3.2015, Ro 2015/12/0003; 20.7.2016, Ra 2015/22/0055; siehe auch VwGH 26.2.2015, Ra 2014/22/0152). Inhalt einer Sachentscheidung kann es aber auch sein, dass der verfahrenseinleitende Antrag wegen entschiedener Sache oder wegen Fehlens einer sonstigen Prozessvoraussetzung zurückgewiesen wird (vgl VfSlg 19.882/2014). Das Verbot der *reformatio in peius* gilt nicht (vgl VwGH 30.6.2015, Ra 2015/21/0002), weswegen die Entscheidung im Beschwerdeverfahren (vorbehaltlich des § 27) für den Beschwerdeführer ungünstiger ausfallen kann; anderes gilt freilich gem § 42 in Verwaltungsstrafsachen (vgl VwGH 5.11.2014, Ra 2014/09/0018; näher unten F. 9.2.5.).

Liegen die Voraussetzungen des § 28 Abs 2 nicht vor, hat das Verwaltungsgericht gem **§ 28 Abs 3 Satz 1** (dennoch) in der Sache selbst zu entscheiden, wenn die Behörde dem nicht bei der Vorlage der Beschwerde unter Bedachtnahme auf die wesentliche Vereinfachung oder Beschleunigung des Verfahrens widerspricht (vgl VwGH 30.3.2017, Ro 2015/03/0036; 25.4.2018, Ra 2018/03/0005). Hat die Behörde notwendige Ermittlungen des Sachverhalts unterlassen, so kann das Verwaltungsgericht den angefochtenen Bescheid gem **§ 28 Abs 3 Satz 2** mit Beschluss aufheben und die Angelegenheit zur Erlassung eines neuen Bescheids an die Behörde zurückverweisen. Die Behörde ist hiebei an die rechtliche Beurteilung gebunden, von welcher das Verwaltungsgericht bei seinem Beschluss ausgegangen ist.

Satz 1 und Satz 2 des § 28 Abs 3 kommen nacheinander zur Anwendung. Dies bedeutet, dass das Verwaltungsgericht im Fall eines Widerspruchs stets nur kassatorisch entscheiden kann. Bleibt ein Widerspruch hingegen aus, so kann das Verwaltungsgericht zwar reformatorisch entscheiden, bei Fehlen wesentlicher Sachverhaltsfeststellungen aber auch mit Aufhebung des Bescheids und Zurückverweisung der Angelegenheit an die Behörde vorgehen.

Ein **Widerspruch** der Behörde gem § 28 Abs 3 Satz 1 ist „unter Bedachtnahme auf die wesentliche Vereinfachung oder Beschleunigung des Verfahrens" zu erheben. Bei Vorliegen dieser Voraussetzungen liegt die Erhebung des Widerspruchs im Ermessen der Behörde. Ein rechtswidriger Widerspruch entfaltet keine Rechtswirkungen und ist daher vom Verwaltungsgericht nicht zu beachten; rechtswidrig ist ein Widerspruch, wenn er zu spät erhoben wurde oder nicht zu einer Vereinfachung oder Beschleunigung des Verfahrens führt.

Ein Vorgehen nach § 28 Abs 2 Satz 2 (durch Aufhebung und Zurückverweisung) kommt erst dann in Betracht, wenn die in § 28 Abs 2 normierten Voraussetzungen für eine Entscheidung in der Sache selbst nicht vorliegen (VwGH 24.6.2015, Ra 2015/04/0019). Die Rsp des VwGH ist streng (siehe grundlegend VwGH 26.6.2014, Ro 2014/03/0063). Von der Möglichkeit der Zurückverweisung darf nur bei „krassen bzw besonders gravierenden Ermittlungslücken" Gebrauch gemacht werden (VwGH 28.11.2014, Ra 2014/06/0021; 11.1.2019, Ra 2018/18/0363), etwa dann, wenn die Behörde jegliche erforderliche Ermittlungstätigkeit unterlassen oder lediglich völlig ungeeignete Ermittlungsschritte gesetzt oder aber bloß ansatzweise ermittelt hat, ferner wenn konkrete Anhaltspunkte annehmen lassen, dass die Verwaltungsbehörde (etwa schwierige) Ermittlungen unterlassen hat, damit diese dann durch das Verwaltungsgericht vorgenommen werden (vgl VwGH 10.9.2014, Ra 2014/08/0005; 20.5.2015, Ra 2014/20/0146; 26.5.2015, Ra 2014/01/0205; 24.6.2015, Ra 2015/04/0019; 29.5.2018, Ra 2017/03/0083). Im Übrigen hat das Verwaltungsgericht allenfalls fehlende Ermittlungen nachzutragen (VwGH 26.3.2015, Ro 2015/22/0011; 26.5.2015, Ra 2014/01/0205; 11.1.2019, Ra 2018/18/0363), etwa die Anordnung der Ergänzung oder Einholung eines (weiteren) Sachverständigengutachtens (VwGH 17.2.2015, Ra 2014/09/0037; 17.12.2018, Ro 2018/05/0008) oder die Einschau in den gerichtlichen Strafakt oder allenfalls in ein Strafregister (VwGH 21.8.2014, Ro 2014/11/0060; siehe auch VwGH 24.6.2015, Ra 2015/04/0019, zur Lektüre eines Aktenkonvoluts; VwGH 29.4.2015, Ra 2015/20/0038, zur Vorlage einer fremdsprachigen Beschwerde ohne Veranlassung einer Übersetzung; VwGH 27.8.2014, Ro 2014/05/0062, zu zulässigen Antragsänderungen). Ebenso wenig kann nach § 28 Abs 3 Satz 2 vorgegangen werden, wenn das Verwaltungsgericht bloß die beweiswürdigenden Überlegungen der Behörde nicht teilt (vgl VwGH 20.5.2015, Ra 2014/20/0146; 22.6.2017, Ra 2017/20/0011; siehe auch VwGH 10.9.2014, Ra 2014/08/0005, zu Begründungsmängeln) oder wenn ein befangener Organwalter an der Erlassung des Bescheids mitgewirkt hat (VwGH 29.4.2015, Ro 2015/05/0007).

Macht das Verwaltungsgericht von § 28 Abs 3 Satz 2 zu Unrecht Gebrauch (und verweigert es solcherart eine Sachentscheidung), ist der aufhebende und zurückverweisende Beschluss im Revisionsverfahren nach Art 133 Abs 1 Z 1 B-VG vor dem VwGH bekämpfbar (vgl VwGH 26.6.2014, Ro 2014/03/0063; 24.6.2015, Ra 2015/04/0019; 26.6.2019, Ra 2018/11/0092); desgleichen im Beschwerdeverfahren nach Art 144 Abs 1 B-VG vor dem VfGH wegen einer Verletzung des Rechts auf ein Verfahren vor dem gesetzlichen Richter (Art 83 Abs 2 B-VG).

§ **28 Abs 4** regelt schließlich den Fall, dass die Behörde bei ihrer Entscheidung **Ermessen** zu üben hat: Unter diesen Umständen hat das Verwaltungsgericht – wenn es nicht gem § 28 Abs 2 in der Sache selbst zu entscheiden hat und wenn die Beschwerde nicht zurückzuweisen oder abzuweisen ist (vgl VwGH 26.7.2018, Ra 2017/11/0294) – den angefochtenen Bescheid mit Beschluss aufzuheben und die Angelegenheit zur Erlassung eines neuen Bescheids an die Behörde zurückzuverweisen (vgl VwGH 26.6.2014, Ro 2014/03/0063; 25.4.2018, Ra 2018/03/0005). Die Behörde ist hiebei an die rechtliche Beurteilung gebunden, von welcher das Verwaltungsgericht bei seinem Beschluss ausgegangen ist.

Der verfassungsrechtliche Hintergrund des § 28 Abs 4 ist in Art 130 Abs 3 B-VG zu sehen, wonach – außer in Verwaltungsstrafsachen und in den zur Zuständigkeit des BFG gehörenden Rechtssachen – Rechtswidrigkeit nicht vorliegt, soweit das Gesetz der Verwaltungsbehörde Ermessen einräumt und sie dieses im Sinne des Gesetzes geübt hat (vgl auch ErläutRV 2009 BlgNR 24. GP 6 f).

Zum Verhältnis zwischen Abs 2 und Abs 4 ist folgendes zu bemerken: Bei Vorliegen der Voraussetzungen des § 28 Abs 2 kann das Verwaltungsgericht jedenfalls – dh auch in Ermessenssachen – reformatorisch entscheiden, wobei es notwendigerweise auch das gesetzlich eingeräumte Ermessen handhaben muss. § 28 Abs 4 kommt also nur dann zur Anwendung, wenn die Voraussetzungen des § 28 Abs 2 nicht vorliegen (vgl etwa auch VwGH 25.4.2018, Ra 2018/03/0005).

Das Verwaltungsgericht hat seine Entscheidung – soweit keine anders lautenden Übergangsregelungen bestehen – an der zum Zeitpunkt seiner Entscheidung gegebenen Sach- und Rechtslage auszurichten (VwGH 10.12.2014, Ra 2014/20/0013; 23.6.2015, Ra 2014/22/0199; 25.4.2019, Ra 2018/22/0059); allfällige Änderungen des maßgeblichen Sachverhalts und der Rechtslage sind also zu berücksichtigen (VwGH 30.6.2015, Ra 2015/03/0022; 6.12.2018, Ra 2018/02/0318).

Hebt das Verwaltungsgericht den angefochtenen Bescheid auf, sind die Behörden verpflichtet, in der betreffenden Rechtssache mit den ihnen zu Gebote stehenden rechtlichen Mitteln unverzüglich den der Rechtsanschauung des Verwaltungsgerichts entsprechenden Rechtszustand herzustellen (§ 28 Abs 5). Dies impliziert die Verpflichtung der Behörde zur Erlassung eines Ersatzbescheids, aber auch einen darüber hinausgehenden Folgenbeseitigungsanspruch. Das Verwaltungsverfahren tritt durch die Bescheidkassation in das Stadium zurück, in dem es sich vor Erlassung des angefochtenen Bescheids befunden hat. Bei der Erlassung des Ersatzbescheids ist die Behörde an die vom VwG in seinem aufhebenden Erkenntnis geäußerte Rechtsanschauung gebunden; eine Ausnahme bildet der Fall einer wesentlichen Änderung der Sach- und Rechtslage (vgl VwGH 19.9.2017, Ra 2017/20/0045).

b) Maßnahmenbeschwerde

Das Verwaltungsgericht hat die Maßnahmenbeschwerde im Fall ihrer Unzulässigkeit (aufgrund von Verspätung, mangelnder Beschwerdelegitimation, Nichtvorliegen eines AuvBZ [zB VwGH 8.9.2015, Ra 2015/01/0173] oder nicht fristgerechter Mängelbehebung) zurückzuweisen, im Fall der Rechtmäßigkeit des AuvBZ als unbegründet abzuweisen. Ist die Beschwerde nicht zurückzuweisen oder abzuweisen, so hat das Verwaltungsgericht die AusuvBZ für rechtswidrig zu erklären und gegebenenfalls aufzuheben. Dauert die für rechtswidrig erklärte AusuvBZ noch an, so hat die belangte Behörde unverzüglich den der Rechtsanschauung des Verwaltungsgerichts entsprechenden Zustand herzustellen (§ 28 Abs 6; VwGH 24.1.2019, Ra 2018/21/0239).

> Beim Ausspruch, dass die AusuvBZ für „rechtwidrig" erklärt werde, ist nicht auf ein konkret verletztes Recht abzustellen. Dem Beschwerdeführer ist kein subjektiv-öffentliches Recht dergestalt eingeräumt, dass er Anspruch auf Feststellung habe, in welchen einzelnen Rechten er verletzt wurde. Das subjektiv-öffentliche Recht besteht nur dahingehend, dass der angefochtene Verwaltungsakt für rechtswidrig erklärt wird (vgl VwGH 15.5.2008, 2008/09/0063; ferner VwGH 5.12.2017, Ra 2017/01/0373).

Der Erklärung, dass die AusuvBZ rechtswidrig war, kommt feststellender Charakter zu (VwGH 20.5.1992, 92/01/0054). An die Entscheidung des Verwaltungsgerichts kann eine **Amtshaftungsklage** anschließen, mit der auch Verfahrenskosten (soweit sie nicht gem § 35 zu ersetzen waren) geltend gemacht werden können (siehe OGH 25.4.1995, 1 Ob 3/95; 17.10.1995, 1 Ob 33/95; 16.12.1996, 1 Ob 2355/96x; 26.6.2001, 1 Ob 105/01z).

c) Säumnisbeschwerde

Im Verfahren über Säumnisbeschwerden kann das Verwaltungsgericht sein Erkenntnis vorerst auf die **Entscheidung einzelner maßgeblicher Rechtsfragen** beschränken („Teilerkenntnis", vgl VwSlg 19.409 A/2016) und der Behörde auftragen, den versäumten Bescheid unter Zugrundelegung der hiermit festgelegten Rechtsanschauung binnen bestimmter, acht Wochen nicht übersteigender Frist (siehe dazu VwGH 28.5.2019, Ra 2018/22/0060) zu erlassen (§ 28 Abs 7). Der VwGH übernimmt den Begriff der „kondemnatorischen" Entscheidungsbefugnis, mit dem zum Ausdruck gebracht wird, dass das VwG die belangte Behörde zum Erlass eines Bescheids „verurteilt" (siehe VwGH 28.5.2019, Ra 2018/22/0060). Diese Vorschrift begründet nicht die Zuständigkeit des Verwaltungsgerichts, sondern setzt vielmehr voraus, dass dem Verwaltungsgericht (bereits) die Zuständigkeit zukommt, über die Verwaltungssache zu entscheiden (vgl VwGH 27.5.2015, Ra 2015/19/0075).

Im Wege des § 28 Abs 7 kann das Verwaltungsgericht im Fall einer zulässigen Säumnisbeschwerde die Zuständigkeit in der Angelegenheit unter den näher bestimmten Voraussetzungen wieder auf die Behörde übertragen (VwGH 16.12.2014, Ra 2014/22/0106). Ob das Gericht so vorgeht, liegt in seinem Ermessen (VwSlg 19.409 A/2016; in VwGH 20.12.2017, Fr 2017/10/0018, ist von einer „Wahlmöglichkeit" die Rede), das in erster Linie am Grundsatz der Verfahrensökonomie auszurichten ist (vgl VwGH 3.10.2018, Ra 2018/12/0034; 28.5.2019, Ra 2018/22/0060). Eine maßgebliche Voraussetzung dafür ist, dass das VwG über einzelne maßgebliche Rechtsfragen entscheidet (VwSlg 19.325 A/2016; VwGH 7.12.2016, Ra 2016/22/0072; 22.2.2018, Ra 2018/01/0032); diese Entscheidung hat im Spruch des Erkenntnisses zu erfolgen (VwGH 15.3.2016, Ra 2015/01/0208; 3.10.2018, Ra 2018/12/0034; 28.5.2019, Ra 2018/22/0060) und entfaltet Bindungswirkung für die Behörde und das VwG selbst (vgl VwGH 10.12.2018, Ra 2017/12/0078). „Einzelne maßgebliche Rechtsfragen" sind auch solche, die für die Entscheidung der Rechtssache (der materiellen Verwaltungssache) von Bedeutung sind. § 28 Abs 7 ermöglicht es somit, aufgrund einer Säumnisbeschwerde zunächst ohne Durchführung eines umfassenden Ermittlungsverfahrens (ohne vollständige Feststellung des maßgebenden Sachverhalts iSd § 37 Abs 1 AVG) die wesentlichen für die Lösung des Falls maßgeblichen Rechtsfragen zu entscheiden (VwGH 28.5.2015, Ro 2015/22/0017).

Kommt die Behörde dem Auftrag des Verwaltungsgerichts zur Erlassung des Bescheids nicht nach, so entscheidet das Verwaltungsgericht über die Beschwerde durch Erkenntnis **in der Sache** selbst, wobei es auch das sonst der Behörde zustehende Ermessen handhabt (§ 28 Abs 7). Verweigert das Verwaltungsgericht zu Unrecht eine Sachentscheidung, verletzt es dadurch (auch) das Recht auf ein Verfahren vor dem gesetzlichen Richter (VfGH 11.3.2015, E 1193/2014).

7.1.3. Verkündung und Ausfertigung der Erkenntnisse

Gem § 29 sind die Erkenntnisse im Namen der Republik zu verkünden und auszufertigen (Beschlüsse ergehen demgegenüber nicht im Namen der Republik). In § 20 BVwGG ist überdies die anonymisierte Veröffentlichung der Erkenntnisse (und nicht-verfahrensleitender Beschlüsse) im RIS vorgesehen.

Erkenntnisse sind **stets zu begründen**, wobei die Anforderungen an den Umfang und die Qualität der Begründung bei Erkenntnissen der Verwaltungsgerichte höher sind als bei Bescheiden der Berufungsbehörden (vgl

VfSlg 18.614/2008; vgl auch VwGH 28.11.2014, Ra 2014/01/0085, und VfSlg 20.267/2018). In der Begründung des Erkenntnisses ist in einer eindeutigen, die Rechtsverfolgung durch die Parteien ermöglichenden und einer nachprüfenden Kontrolle durch die Gerichtshöfe des öffentlichen Rechts zugänglichen Weise darzutun, welcher Sachverhalt der Entscheidung zugrunde gelegt wurde, aus welchen Erwägungen das Verwaltungsgericht zur Ansicht gelangte, dass gerade dieser Sachverhalt vorliege, und aus welchen Gründen sie die Subsumtion dieses Sachverhalts unter einen bestimmten Tatbestand als zutreffend erachtete (VwGH 10.12.2014, Ro 2014/09/0056; zu den Begründungsanforderungen auch VwGH 20.5.2015, Ra 2014/09/0041; 23.11.2017, Ra 2016/11/0145; im Besonderen zu Verweisen auf die Entscheidungsgründe des angefochtenen Bescheids VwGH 28.11.2014, Ra 2014/01/0085). Notwendig ist auch, dass sich das Verwaltungsgericht in seiner rechtlichen Beurteilung mit der relevanten Rsp des VwGH auseinander setzt (vgl VwGH 18.2.2015, Ra 2014/03/0057). Nicht ausreichend ist insb die bloße Wiedergabe des Inhalts des Verhandlungsprotokolls (VwGH 24.3.2015, Ra 2014/21/0049), die bloße Zitierung von Beweisergebnissen (VwGH 18.2.2015, Ra 2014/03/0045, zu Äußerungen eines Amtssachverständigen; VwGH 29.4.2019, Ra 2018/20/0415, zur Wiedergabe von Aussagen) oder die Inklusion von Aktenteilen (VwGH 20.5.2015, Ra 2015/20/0067). Die Darstellung des Verwaltungsgeschehens kann die fehlende Begründung der Entscheidung eines Verwaltungsgerichts nicht ersetzen (VwGH 18.2.2015, Ra 2014/03/0045; 19.2.2018, Ra 2017/12/0017; 5.9.2018, Ra 2018/12/0031).

In zwei Fällen bestehen jedoch **reduzierte Begründungsanforderungen**, nämlich

– bei einer gekürzten Entscheidungsausfertigung nach mündlicher Verkündung (vgl § 29 Abs 5 und dazu gleich unten) und
– bei verfahrensleitenden Beschlüssen (vgl § 31 Abs 3 und dazu unten F. 7.2.).

Hat eine Verhandlung in Anwesenheit von Parteien stattgefunden, so hat in der Regel das Verwaltungsgericht das Erkenntnis mit den wesentlichen Entscheidungsgründen sogleich zu **verkünden** (und – bei sonstiger Nichtigkeit – in der Verhandlungsschrift schriftlich zu protokollieren, vgl § 62 Abs 2 AVG iVm § 17 VwGVG; VwGH 26.9.1996, 95/09/0228). Ein Ausschluss der Volksöffentlichkeit von der Verkündung, die keinen Bestandteil der Verhandlung darstellt, ist unzulässig. Die Verkündung des Erkenntnisses entfällt hingegen (§ 29 Abs 3), wenn

– eine Verhandlung nicht durchgeführt (fortgesetzt) worden ist oder
– das Erkenntnis nicht sogleich nach Schluss der mündlichen Verhandlung gefasst werden kann,

und jedermann die Einsichtnahme in das Erkenntnis gewährleistet ist. In diesen Fällen hat also das Verwaltungsgericht die Entscheidung zur öffentlichen Einsicht bereit zu halten; eine Verletzung dieser Vorschrift ändert aber nichts an der Gültigkeit der Erlassung der Entscheidung durch Zustellung, da die Ermöglichung der Einsichtnahme nicht Teil der Erlassung der Entscheidung ist.

Das Verwaltungsgericht hat im Fall einer mündlichen Verkündung die **Niederschrift** den zur Erhebung einer Revision beim VwGH oder einer Beschwerde beim VfGH legitimierten Parteien und Organen auszufolgen oder zuzustellen. Der Niederschrift ist eine **Belehrung** anzuschließen (§ 29 Abs 2a):

1. über das Recht, binnen zwei Wochen nach Ausfolgung bzw Zustellung der Niederschrift eine Ausfertigung gem § 29 Abs 4 zu verlangen, und
2. darüber, dass ein Antrag auf Ausfertigung gem § 29 Abs 4 eine Voraussetzung für die Zulässigkeit der Revision beim VwGH und der Beschwerde beim VfGH darstellt.

Diese Bestimmungen sind in Zusammenschau mit § 25a Abs 4a VwGG und § 82 Abs 3b VfGG zu lesen, wonach eine Revision an den VwGH bzw eine Beschwerde an den VfGH nicht mehr zulässig sind, wenn darauf verzichtet oder (nach mündlicher Verkündung) kein Antrag auf Ausfertigung gem § 29 Abs 4 VwGVG gestellt wurde (vgl VwGH 8.8.2017, Ra 2017/19/0239; 26.3.2019, Ra 2019/19/0014; VfGH 13.3.2019, E 613/2019).

Ist das Erkenntnis bereits einer Partei verkündet worden, kann ein Antrag auf Ausfertigung des Erkenntnisses gem § 29 Abs 4 bereits ab dem Zeitpunkt gestellt werden, in dem der Antragsteller von dem Erkenntnis Kenntnis erlangt hat. Ein Antrag auf Ausfertigung gem § 29 Abs 4 ist den übrigen Antragsberechtigten zuzustellen (§ 29 Abs 2b).

Wird die zweiwöchige Frist für den Antrag auf Ausfertigung versäumt, kann unter den Voraussetzungen des § 33 Abs 4a die Wiedereinsetzung in den vorigen Stand beantragt werden.

Den Parteien ist stets – dh auch nach mündlicher Verkündung – eine **schriftliche Ausfertigung** des Erkenntnisses **zuzustellen** (§ 29 Abs 4 Satz 1, ggf aber in gekürzter Form, vgl § 29 Abs 5 und dazu gleich unten). Die Frist für die Erhebung der Revision wird erst mit der Zustellung der schriftlichen Entscheidungsausfertigung in Lauf gesetzt; es *kann* aber auch bereits ab der Verkündung des Erkenntnisses dagegen Revision erhoben werden (VwGH 15.12.2014, Ro 2014/04/0068; 30.6.2015, Ra 2015/06/0014; siehe unten G. 4.2.4. f.). In den in Art 132 Abs 1 Z 2 B-VG genannten Rechtssachen ist eine schriftliche Ausfertigung des Erkenntnisses auch dem zuständigen BM zuzustellen (§ 29 Abs 4 Satz 2).

Wird auf die Revision beim VwGH und die Beschwerde beim VfGH von den Parteien verzichtet oder nicht binnen zwei Wochen nach Ausfolgung bzw Zustellung der Niederschrift gem § 29 Abs 2a eine Ausfertigung des Erkenntnisses gem § 29 Abs 4 von mindestens einem der hiezu Berechtigten beantragt, so kann das **Erkenntnis in gekürzter Form ausgefertigt** werden. Die gekürzte Ausfertigung hat den Spruch sowie einen Hinweis auf den Verzicht oder darauf, dass eine Ausfertigung des Erkenntnisses gem § 29 Abs 4 nicht beantragt wurde, zu enthalten (§ 29 Abs 5). Wenn von zumindest einer Partei ein Antrag auf Ausfertigung gem § 29 Abs 4 gestellt wurde, darf das VwG seine Entscheidung nicht in gekürzter Form ausfertigen (siehe VwGH 22.11.2017, Ra 2017/03/0082; 22.10.2018, Ra 2018/16/0103).

7.1.4. Rechtsmittelbelehrung

Jedes Erkenntnis hat gem § 30 eine Belehrung über die Möglichkeit der Erhebung einer Beschwerde beim VfGH und einer ordentlichen oder außerordentlichen Revision beim VwGH zu enthalten. Das Verwaltungsgericht hat ferner hinzuweisen:

- auf die bei der Einbringung einer solchen Beschwerde bzw Revision einzuhaltenden Fristen (vgl § 26 Abs 1 VwGG, § 82 Abs 1 VfGG);
- auf die gesetzlichen Erfordernisse der Einbringung einer solchen Beschwerde bzw Revision durch einen bevollmächtigten Rechtsanwalt (vgl § 24 Abs 2 VwGG, § 17 Abs 2 VfGG);
- auf die für eine solche Beschwerde bzw Revision zu entrichtenden Eingabengebühren (vgl § 24a VwGG, § 17a VfGG);
- auf die Möglichkeit, auf die Revision beim VwGH und die Beschwerde beim VfGH zu verzichten, und auf die Folgen des Verzichts (vgl § 25a Abs 4a VwGG und § 82 Abs 3b VfGG sowie dazu oben F. 7.1.3.).

Die durch das Verwaltungsgericht zu erteilende Rechtsmittelbelehrung ist in § 30 abschließend geregelt (VwGH 21.12.2015, Ra 2015/02/0204). § 61 AVG ist unanwendbar (vgl VwGH 26.6.2014, Ro 2014/10/0068). Ein ausdrücklicher Hinweis auf das Erfordernis der Einbringung der Revision beim Verwaltungsgericht ist nach dem Wortlaut des § 30 nicht erforderlich (VwGH 26.6.2014, Ro 2014/10/0068); diesbezüglich enthält § 25a VwGG eine eindeutige Regelung (VwGH 3.10.2014, Ra 2014/02/0013). Ebenso wenig ist ein Hinweis auf allenfalls zu beachtende Amtsstunden vorgesehen (VwGH 14.4.2016, Ra 2014/02/0167).

Fehlt die Rechtsmittelbelehrung oder ist sie unrichtig und versäumt die Partei aus diesem Grund die Revisions- und/oder Beschwerdefrist, kann sie die Wiedereinsetzung in den vorigen Stand beantragen (§ 46 Abs 2 VwGG, § 146 ZPO iVm § 35 VfGG).

Wird die Entscheidung von einem **Rechtspfleger** gefällt (vgl unten
F. 9.4.), so hat sie (zusätzlich) eine Belehrung über die Möglichkeit der Erhebung einer Vorstellung beim zuständigen Mitglied des Verwaltungsgerichts (§ 54) zu enthalten. Das Verwaltungsgericht hat auf die bei der Einbringung einer solchen Vorstellung einzuhaltenden Fristen hinzuweisen
(§ 54 Abs 4).

7.1.5. Ausspruch gem § 25a VwGG

Das Verwaltungsgericht hat im Spruch seines Erkenntnisses auszusprechen,
ob die Revision gem Art 133 Abs 4 B-VG zulässig ist und diesen Ausspruch
kurz zu begründen (vgl § 25a Abs 1 VwGG sowie näher unten G. 4.2.4. g.).

7.2. Beschlüsse

Soweit nicht ein Erkenntnis zu fällen ist, erfolgen die Entscheidungen und
Anordnungen der Verwaltungsgerichte durch Beschluss (§ 31 Abs 1). Das
VwGVG differenziert zwischen

– **verfahrensabschließenden Beschlüssen:** Das VwGVG ordnet an mehreren Stellen ausdrücklich eine Entscheidung in Beschlussform an (zB
   § 22, § 28 Abs 1, 3 und 4, § 33 Abs 4 ua). Verfahrensabschließende Beschlüsse sind stets zu begründen, schriftlich – ggf aber in gekürzter Form
   (vgl oben F. 7.1.3.) – auszufertigen und sie haben eine Belehrung gem
   § 30 zu enthalten (§ 31 Abs 3 Satz 1; VwGH 17.2.2015, Ra 2015/01/0022;
   3.5.2018, Ra 2018/19/0020). Sie können grundsätzlich mit Revision gem
   Art 133 Abs 1 Z 1 B-VG vor dem VwGH (vgl näher G. 4.2.2. b. und
   G. 4.2.4. g.) und mit Beschwerde gem Art 144 Abs 1 B-VG vor dem
   VfGH bekämpft werden.

– **verfahrensleitenden Beschlüssen:** Das VwGVG definiert nicht näher,
   was unter „verfahrensleitenden Beschlüssen" zu verstehen ist (VwGH
   24.3.2015, Ro 2014/05/0089), weswegen der VwGH für die Abgrenzung
   zwischen verfahrensrechtlichen und bloß verfahrensleitenden Beschlüssen auf die Abgrenzung zwischen verfahrensrechtlichen Bescheiden und
   bloßen Verfahrensanordnungen zurückgreift (vgl VwGH 30.6.2015, Ra
   2015/03/0022; 3.5.2018, Ra 2018/19/0020); siehe dazu oben C. 5.2.1. Für
   verfahrensleitende Beschlüsse gilt die Begründungs-, Ausfertigungs- und
   Belehrungspflicht nicht (§ 31 Abs 3 Satz 2; VwGH 26.9.2017, Ra
   2017/05/0158). An verfahrensleitende Beschlüsse ist das Verwaltungsgericht nicht gebunden (§ 31 Abs 2); sie sind nicht rechtskraftfähig und
   können daher vom Verwaltungsgericht bei Bedarf abgeändert werden
   (VwGH 17.2.2015, Ra 2015/01/0022; 3.5.2018, Ra 2018/19/0020). Eine
   abgesonderte Revision an den VwGH (vgl § 25a Abs 3 VwGG; siehe zB

VwGH 2.8.2018, Ra 2018/03/0072) und eine abgesonderte Beschwerde an den VfGH (vgl § 88a Abs 3 VfGG; siehe VfGH 11.10.2017, E 2741/2017) sind dagegen nicht zulässig; verfahrensleitende Beschlüsse können vielmehr erst in der Revision bzw Beschwerde gegen die die Rechtssache erledigende Entscheidung angefochten werden.

Terminologisch hält das VwGVG diese Unterscheidung nicht konsequent durch. Verschiedentlich ist auch von „Entscheidungen" (zB § 2) oder „Anordnungen" (zB § 25 Abs 5) die Rede. Es muss dann jeweils durch Auslegung geklärt werden, ob damit ein verfahrensabschließender oder ein verfahrensleitender Beschluss, allenfalls auch ein Erkenntnis gemeint ist.

7.3. Wiederaufnahme des Verfahrens

Die Wiederaufnahme eines durch Erkenntnis – oder verfahrensabschließenden Beschluss (*e contrario* aus § 32 Abs 5) – abgeschlossenen verwaltungsgerichtlichen Verfahrens richtet sich ausschließlich nach § 32. Die §§ 69 und 70 AVG sind unanwendbar (§ 17). Für jene Rechtssachen, die durch die Behörde im Wege einer Beschwerdevorentscheidung (§ 14) oder der Nachholung eines Bescheids (§ 16) erledigt wurden, gelten hingegen die §§ 69 und 70 AVG (ErläutRV 2009 BlgNR 24. GP 7 f), deren Anwendung durch § 11 nicht ausgeschlossen wird.

7.3.1. Voraussetzungen

Die Wiederaufnahme setzt gem § 32 Abs 1 voraus, dass
- das Verfahren durch Erkenntnis des Verwaltungsgerichts abgeschlossen ist (nicht aber kommt es darauf an, ob die Revision an den VwGH zulässig ist oder nicht; vgl VfSlg 20.131/2016) und
- einer der folgenden **Wiederaufnahmegründe** vorliegt:
  - **strafbare Handlung:** Das Erkenntnis ist durch Fälschung einer Urkunde, falsches Zeugnis oder eine andere gerichtlich strafbare Handlung herbeigeführt oder sonstwie erschlichen worden;
  - **neue Tatsachen oder Beweismittel (nova reperta):** Es kommen neue Tatsachen oder Beweismittel hervor, die im Verfahren ohne Verschulden der Partei nicht geltend gemacht werden konnten und allein oder in Verbindung mit dem sonstigen Ergebnis des Verfahrens voraussichtlich ein im Hauptinhalt des Spruchs anders lautendes Erkenntnis herbeigeführt hätten;
  - **abweichende Vorfragenbeurteilung:** Das Erkenntnis war von Vorfragen (§ 38 AVG) abhängig und es wurde nachträglich über eine solche Vorfrage von der zuständigen Verwaltungsbehörde bzw vom zuständigen Gericht in wesentlichen Punkten anders entschieden;

- **res iudicata:** Es wird nachträglich ein Bescheid oder eine gerichtliche Entscheidung bekannt, der bzw die einer Aufhebung oder Abänderung auf Antrag einer Partei nicht unterliegt und die im Verfahren des Verwaltungsgerichts die Einwendung der entschiedenen Sache begründet hätte.

Die Wiederaufnahmegründe gleichen jenen des § 69 AVG (VwGH 25.6.2019, Ra 2019/10/0061; siehe näher oben C. 5.6.). Sie kommen jeweils auch zur Anwendung, wenn das Verfahren durch verfahrensabschließenden Beschluss erledigt wurde (vgl § 32 Abs 5).

7.3.2. Wiederaufnahme auf Antrag

Grundsätzlich erfolgt die Wiederaufnahme **auf Antrag** einer Partei, der binnen **zwei Wochen** beim Verwaltungsgericht einzubringen ist (**relative Frist**). Diese Frist beginnt mit dem Zeitpunkt, in dem der Antragsteller von dem Wiederaufnahmegrund Kenntnis erlangt hat (entscheidend ist die Kenntnis von einem Sachverhalt, nicht aber die rechtliche Wertung dieses Sachverhalts als Wiederaufnahmegrund; vgl VwGH 20.9.2018, Ra 2018/09/0050), wenn dies jedoch nach der Verkündung des mündlichen Erkenntnisses und vor Zustellung der schriftlichen Ausfertigung geschehen ist, erst mit diesem Zeitpunkt. Nach Ablauf von **drei Jahren** nach Erlassung des Erkenntnisses kann der Antrag auf Wiederaufnahme nicht mehr gestellt werden (**absolute Frist**). Die Umstände, aus welchen sich die Einhaltung der gesetzlichen Frist ergibt, sind vom Antragsteller glaubhaft zu machen.

Der Antragsteller hat bei Vorliegen der gesetzlichen Voraussetzungen einen Rechtsanspruch auf die Bewilligung der Wiederaufnahme des Verfahrens (VwSlg 5312 A/1960).

7.3.3. Wiederaufnahme von Amts wegen

Unter den Voraussetzungen des § 32 Abs 1 kann die Wiederaufnahme des Verfahrens auch von Amts wegen verfügt werden. Nach Ablauf von drei Jahren nach Erlassung des Erkenntnisses kann die Wiederaufnahme auch von Amts wegen nur mehr aus den Gründen des § 32 Abs 1 Z 1 (strafbare Handlung) stattfinden. Auf die amtswegige Wiederaufnahme besteht kein Rechtsanspruch (VwGH 23.9.2010, 2010/15/0144; 24.2.2015, Ra 2015/05/0004; 20.9.2018, Ra 2018/09/0050).

7.3.4. Entscheidung über die Wiederaufnahme

Das Verwaltungsgericht entscheidet über die Wiederaufnahme des Verfahrens stets durch Beschluss. Von der Wiederaufnahme sind die Parteien des abgeschlossenen Verfahrens unverzüglich in Kenntnis zu setzen (§ 32 Abs 4).

7.4. Wiedereinsetzung in den vorigen Stand

§ 33 regelt die Wiedereinsetzung in den vorigen Stand im Fall der Versäumung einer Frist oder einer mündlichen Verhandlung im Rahmen des verwaltungsgerichtlichen Verfahrens. § 71 AVG ist von den Verwaltungsgerichten nicht anzuwenden (§ 17), wohl aber von der Behörde, und dies grundsätzlich auch im Fall der Versäumung der Beschwerdefrist (ErläutRV 2009 BlgNR 24. GP 8). Die Wiedereinsetzung in die Frist zur Stellung eines Vorlageantrags gem § 15 richtet sich dagegen nach § 33 Abs 2.

7.4.1. Voraussetzungen

Wenn eine Partei glaubhaft macht, dass sie durch ein **unvorhergesehenes oder unabwendbares Ereignis** – etwa dadurch, dass sie von einer Zustellung ohne ihr Verschulden keine Kenntnis erlangt hat – eine Frist oder eine mündliche Verhandlung **versäumt** und dadurch einen **Rechtsnachteil** erleidet, so ist dieser Partei auf Antrag die Wiedereinsetzung in den vorigen Stand zu bewilligen. Dass der Partei ein Verschulden an der Versäumung zur Last liegt, hindert die Bewilligung der Wiedereinsetzung nicht, wenn es sich nur um einen minderen Grad des Versehens handelt (§ 33 Abs 1; zB VwGH 30.5.2017, Ra 2017/19/0113).

Einen zusätzlichen Wiedereinsetzungsgrund normiert § 33 Abs 2 für den Fall der Versäumung der Frist zur Stellung eines **Vorlageantrags (§ 15 Abs 1)**: In diesem Fall ist die Wiedereinsetzung in den vorigen Stand „auch dann" zu bewilligen, wenn die Frist versäumt wurde, weil die anzufechtende Beschwerdevorentscheidung fälschlich ein Rechtsmittel eingeräumt und die Partei das Rechtsmittel ergriffen hat oder die Beschwerdevorentscheidung keine Belehrung zur Stellung eines Vorlageantrags, keine Frist zur Stellung eines Vorlageantrags oder die Angabe enthält, dass kein Rechtsmittel zulässig sei.

Eine weitere Sonderregelung findet sich für die Versäumung der Frist zur Stellung eines **Antrags auf Ausfertigung** gem § 29 Abs 4, die auch dann zur Wiedereinsetzung in den vorigen Stand zu führen hat, wenn die diesbezügliche Belehrung fehlte oder fehlerhaft war (siehe im Einzelnen § 33 Abs 4a).

Gegen die Versäumung der Frist zur Stellung des Wiedereinsetzungsantrags findet keine Wiedereinsetzung statt (§ 33 Abs 6).

7.4.2. Antrag

Der Antrag auf Wiedereinsetzung ist in den Fällen des § 33 Abs 1 bis zur Vorlage der Beschwerde bei der Behörde, ab Vorlage der Beschwerde beim Verwaltungsgericht binnen zwei Wochen nach dem Wegfall des Hindernisses zu stellen (§ 33 Abs 3 Satz 1). Die versäumte Handlung ist gleichzeitig nachzuholen (§ 33 Abs 3 Satz 3).

In den Fällen des § 33 Abs 2 ist der Wiedereinsetzungsantrag binnen zwei Wochen
– nach Zustellung eines Bescheids oder einer gerichtlichen Entscheidung, der bzw die das Rechtsmittel als unzulässig zurückgewiesen hat, bzw
– nach dem Zeitpunkt, in dem die Partei von der Zulässigkeit der Stellung eines Antrags auf Vorlage Kenntnis erlangt hat, bei der Behörde zu stellen.

Auch hier gilt, dass die versäumte Handlung gleichzeitig nachzuholen ist (§ 33 Abs 3 Satz 3). Wird die Frist zur Stellung eines Antrags auf Ausfertigung gem § 29 Abs 4 versäumt, ist der Wiedereinsetzungsantrag – ebenfalls bei gleichzeitiger Nachholung der versäumten Handlung – beim Verwaltungsgericht zu stellen (§ 33 Abs 4a).

Das Verwaltungsgericht ist an die vom Wiedereinsetzungswerber (rechtzeitig) vorgebrachten tatsächlichen Wiedereinsetzungsgründe gebunden; eine amtswegige Prüfung, ob sonstige (nicht geltend gemachte) Umstände die Wiedereinsetzung in den vorigen Stand rechtfertigen könnten, hat nicht zu erfolgen (VwGH 17.3.2015, Ra 2014/01/0134). Das Vorbringen im Wiedereinsetzungsantrag hat daher entsprechend umfassend zu sein.

7.4.3. Entscheidung und Rechtswirkungen

Bis zur Vorlage der Beschwerde an das Verwaltungsgericht hat über den Antrag die Behörde mit Bescheid zu entscheiden, wobei sie § 15 Abs 3 sinngemäß anzuwenden, also verspätete oder unzulässige Anträge zurückzuweisen hat. Ab Vorlage der Beschwerde hat über den Antrag das Verwaltungsgericht mit Beschluss (§ 31) zu entscheiden. Die Behörde oder das Verwaltungsgericht kann dem Antrag auf Wiedereinsetzung die aufschiebende Wirkung zuerkennen (§ 33 Abs 4).

Durch die Bewilligung der Wiedereinsetzung tritt das Verfahren in die Lage zurück, in der es sich vor dem Eintritt der Versäumung befunden hat (§ 33 Abs 5; VwGH 29.4.2015, 2013/03/0099).

7.5. Entscheidungspflicht und Fristsetzungsantrag

§ 34 regelt die Entscheidungspflicht der Verwaltungsgerichte, deren Verletzung zur Stellung eines Fristsetzungsantrags gem Art 133 Abs 1 Z 2 B-VG an den VwGH berechtigt (beachte auch § 38 VwGG sowie dazu unten G. 4.3.). § 73 AVG ist nicht anzuwenden (§ 17). Nach der wenig überzeugenden Rsp des VwGH wird die Entscheidungsfristregelung des § 34 Abs 1 in Verwaltungsstrafsachen durch die speziellere Verjährungsfristregelung des § 43 Abs 1 verdrängt (VwGH 18.12.2014, Fr 2014/01/0048; 12.3.2015, Fr 2015/02/0001; 25.1.2018, Fr 2017/06/0002; siehe näher unten F. 9.2.5.).

Soweit durch Bundes- oder Landesgesetz nicht anderes bestimmt ist, ist das Verwaltungsgericht gem § 34 Abs 1 verpflichtet, über verfahrenseinleitende Anträge von Parteien und Beschwerden ohne unnötigen Aufschub, spätestens aber **sechs Monate** nach deren Einlangen beim Verwaltungsgericht (VwGH 6.11.2014, Fr 2014/03/0003; 30.11.2018, Fr 2018/08/0021) zu entscheiden. Im Verfahren über Beschwerden gem Art 130 Abs 1 B-VG beginnt die Entscheidungsfrist mit der Vorlage der Beschwerde (vgl VwGH 10.9.2014, Fr 2014/20/0022; 27.11.2014, Fr 2014/03/0001; 13.2.2018, Fr 2017/11/0017 [tatsächliches Einlangen]) und in den Fällen des § 28 Abs 7 mit Ablauf der vom Verwaltungsgericht gesetzten Frist. Soweit sich in verbundenen Verfahren (§ 39 Abs 2a AVG) aus den anzuwendenden Rechtsvorschriften unterschiedliche Entscheidungsfristen ergeben, ist die zuletzt ablaufende maßgeblich.

In die Frist werden nicht eingerechnet (§ 34 Abs 2):
– die Zeit, während deren das Verfahren bis zur rechtskräftigen Entscheidung einer Vorfrage ausgesetzt ist (vgl VwGH 27.6.2019, Ra 2019/02/0017);
– die Zeit eines Verfahrens vor dem VwGH, vor dem VfGH oder vor dem EuGH.

In Verwaltungsstrafsachen werden in die Frist des § 34 Abs 1 auch die Zeit, während deren nach einer gesetzlichen Vorschrift die Verfolgung nicht eingeleitet oder fortgesetzt werden kann, und die Zeit, während deren wegen der Tat gegen den Täter ein Strafverfahren bei der Staatsanwaltschaft, bei einem Gericht oder bei einer Verwaltungsbehörde geführt wird, nicht eingerechnet (§ 51; vgl auch § 38 Abs 2 Z 3 VwGG).

Ob das Verwaltungsgericht an der Säumnis ein Verschulden trifft, ist – anders als im Fall behördlicher Säumnis (vgl § 8 Abs 1 letzter Satz) – irrelevant.

Das VwGVG sieht zur Vermeidung von Massenverfahren, wie schon das VwGG und das VfGG, die Möglichkeit des **Aussetzens des Verfahrens** vor („**Wartetaste**"). Das Verwaltungsgericht kann ein Verfahren über eine Beschwerde gem Art 130 Abs 1 Z 1 B-VG **mit Beschluss aussetzen** (zu den Anforderungen an diesen Beschluss vgl VwGH 14.3.2018, Ra 2017/17/0722), wenn

– vom Verwaltungsgericht in einer erheblichen Anzahl von anhängigen oder in naher Zukunft zu erwartenden Verfahren eine Rechtsfrage zu lösen ist und gleichzeitig beim VwGH ein Verfahren über eine Revision gegen ein Erkenntnis oder einen Beschluss eines Verwaltungsgerichts anhängig ist, in welchem dieselbe Rechtsfrage zu lösen ist, und
– eine Rechtsprechung des VwGH zur Lösung dieser Rechtsfrage fehlt oder die zu lösende Rechtsfrage in der bisherigen Rechtsprechung des VwGH nicht einheitlich beantwortet wird.

Gleichzeitig hat das Verwaltungsgericht dem VwGH das Aussetzen des Verfahrens unter Bezeichnung des beim VwGH anhängigen Verfahrens mitzuteilen. Eine solche Mitteilung hat zu entfallen, wenn das Verwaltungsgericht in der Mitteilung ein Verfahren vor dem VwGH zu bezeichnen hätte, das es in einer früheren Mitteilung schon einmal bezeichnet hat. Mit der Zustellung des Erkenntnisses oder Beschlusses des VwGH an das Verwaltungsgericht gem § 44 Abs 2 VwGG ist das Verfahren fortzusetzen (die Zeit des Verfahrens vor dem VwGH ist gem § 34 Abs 2 Z 2 nicht in die Entscheidungsfrist des Verwaltungsgerichts einzurechnen). Das Verwaltungsgericht hat den Parteien die Fortsetzung des Verfahrens mitzuteilen. Es ist bei seiner Entscheidung an die Rechtsanschauung des VwGH nicht gebunden (vgl ErläutRV 2009 BlgNR 24. GP 8).

8. Kosten bei Maßnahmen- und Verhaltensbeschwerden

Die Kosten des Verfahrens über **Maßnahmenbeschwerden** sind im fünften Abschnitt des zweiten Hauptstücks des VwGVG geregelt. Nach § 53 sind die Bestimmungen auch auf das Verfahren über **Verhaltensbeschwerden** anwendbar. Für andere Beschwerdeverfahren enthält das VwGVG indes keine Regelungen, sodass gem § 74 Abs 1 AVG (iVm § 17) der Grundsatz gilt, dass die Parteien ihre Kosten jeweils selbst zu tragen haben; diese Regelung gilt subsidiär, abweichende Vorschriften in den Materiengesetzen sind daher zulässig.

Für Verwaltungsstrafsachen ist in § 52 vorgesehen, dass der Bestrafte – im Fall der Erfolglosigkeit seiner Beschwerde – einen Beitrag zu den Kosten des Strafverfahrens und Barauslagenersatz zu leisten hat. Beides fließt allerdings nicht anderen Verfahrensparteien zu, sondern jener Gebietskörperschaft, die den Aufwand des Verwaltungsgerichts zu tragen hat (vgl unten F. 9.2.6.).

Im Verfahren über Maßnahmenbeschwerden hat die vollständig **obsiegende Partei** (vgl VwGH 24.1.2019, Ra 2018/21/0228) Anspruch auf Ersatz ihrer

Aufwendungen durch die unterlegene Partei (§ 35 Abs 1). Obsiegende Partei ist

- der **Beschwerdeführer**, wenn die angefochtene AusuvBZ für rechtswidrig erklärt wird (§ 35 Abs 2);
- die **Behörde** (genau genommen: der Rechtsträger der Behörde; siehe VwGH 16.3.2016, Ra 2015/05/0090), wenn die Beschwerde zurückgewiesen oder abgewiesen wird oder vom Beschwerdeführer vor der Entscheidung durch das Verwaltungsgericht zurückgezogen wird (§ 35 Abs 3).

Im Fall der Einstellung des Verfahrens erfolgt kein Kostenzuspruch (vgl VwGH 14.3.2018, Ra 2017/17/0160; 21.1.2019, Ra 2018/17/0009). Ebenso wenig bei einem bloß teilweisen Obsiegen hinsichtlich von mehreren als Einheit zu wertenden Amtshandlungen (VwGH 4.5.2015, Ra 2015/02/0070; 24.1.2019, Ra 2018/21/0228).

Als Aufwendungen gelten:

- die **Kommissionsgebühren** sowie die **Barauslagen**, für die der Beschwerdeführer aufzukommen hat,
- die **Fahrtkosten**, die mit der Wahrnehmung seiner Parteirechte in Verhandlungen vor dem Verwaltungsgericht verbunden waren, sowie
- die durch VO des Bundeskanzlers festzusetzenden Pauschalbeträge für den **Schriftsatz-**, den **Verhandlungs-** und den **Vorlageaufwand**. Die Höhe des Schriftsatz- und des Verhandlungsaufwands hat den durchschnittlichen Kosten der Vertretung bzw der Einbringung des Schriftsatzes durch einen Rechtsanwalt zu entsprechen. Für den Ersatz der den Behörden erwachsenden Kosten ist ein Pauschalbetrag festzusetzen, der dem durchschnittlichen Vorlage-, Schriftsatz- und Verhandlungsaufwand der Behörden entspricht (vgl dazu die VwG-AufwErsV, BGBl II 517/2013).

Der Rechtsträger der Behörde hat auch im Obsiegensfall nur Anspruch auf Ersatz des Schriftsatz-, des Verhandlungs- und des Vorlageaufwands. Kommissionsgebühren und Fahrtkosten stehen stets nur dem (obsiegenden) Beschwerdeführer zu.

Der Ersatz einer nach der BuLVwG-EGebV zu entrichtenden **Eingabengebühr** ist in § 35 nicht vorgesehen und kann daher auch nicht zugesprochen werden (vgl BVwG 24.1.2014, W112 2000241-1). Unter Umständen steht zwar der Amtshaftungsweg offen, rechtspolitisch wäre es aber sinnvoller, § 35 um den Ersatz der Eingabengebühr zu ergänzen.

Die §§ 52 bis 54 VwGG sind auf den Anspruch auf Aufwandersatz gem § 35 Abs 1 sinngemäß anzuwenden. Dies betrifft die Fälle, in denen in einer Maßnahmenbeschwerde mehrere AuvBZ angefochten werden (sinngemäße

Anwendung des § 52 VwGG; vgl VwGH 16.3.2016, Ra 2015/05/0090; 5.3.2018, Ra 2018/02/0071) oder mehrere Beschwerdeführer eine AuvBZ gemeinsam anfechten (sinngemäße Anwendung des § 53 VwGG), ferner die Fälle der Wiederaufnahme des Maßnahmenbeschwerdeverfahrens (sinngemäße Anwendung des § 54 VwGG).

Aufwandersatz ist **nur auf Antrag** der Partei zu leisten. Der Antrag kann bis zum Schluss der mündlichen Verhandlung gestellt werden (VwGH 15.3.2016, Ra 2014/01/0181). Anzugeben ist, für welche Aufwendungen Ersatz begehrt wird (vgl VwGH 15.3.2016, Ra 2014/01/0181). Für die Geltendmachung von Schriftsatz-, Verhandlungs- und Vorlageaufwand genügt (infolge der Pauschalierung) ein unbezifferter Antrag (vgl VwGH 19.6.2008, 2007/21/0016; 25.5.2016, Ra 2016/11/0042), ebenso für die Kommissionsgebühren und Barauslagen. Fahrtkosten sind hingegen ziffernmäßig anzugeben.

Die Kostenentscheidung ist gesondert mit Revision an den VwGH (bei in die Verfassungssphäre reichenden Vollzugsfehlern gegebenenfalls auch mit Beschwerde an den VfGH) bekämpfbar. Auf Seiten der Behörde ist zur Revision nur der zum Kostenersatz verpflichtete Rechtsträger legitimiert (VwGH 19.1.2016, Ra 2015/01/0133).

9. Besondere Verfahrensbestimmungen

Das dritte Hauptstück des VwGVG enthält besondere Bestimmungen
- für das Verfahren in Angelegenheiten des eigenen Wirkungsbereichs der Gemeinde (§ 36);
- für das Verfahren in Verwaltungsstrafsachen (§§ 37 bis 52);
- für das Verfahren über Verhaltensbeschwerden (§ 53) und
- für die Vorstellung gegen Erkenntnisse und Beschlüsse des Rechtspflegers (§ 54).

9.1. Das Verfahren in Rechtssachen in den Angelegenheiten des eigenen Wirkungsbereichs der Gemeinde

§ 36 regelt, nach welcher Maßgabe das VwGVG anzuwenden ist, sofern der innergemeindliche Instanzenzug gesetzlich nicht ausgeschlossen wurde (ErläutRV 2009 BlgNR 24. GP 8). Diese Vorschrift ist vor dem Hintergrund des Art 118 Abs 4 Satz 2 B-VG zu sehen, dem zufolge in den Angelegenheiten des eigenen Wirkungsbereichs (grundsätzlich) ein administrativer Instanzenzug besteht, der allerdings gesetzlich ausgeschlossen werden kann. Daraus folgt:

- Wenn ein **innergemeindlicher Instanzenzug besteht,** kann (und muss) gegen erstinstanzliche Bescheide des Bürgermeisters in Angelegenheiten des eigenen Wirkungsbereichs zunächst mit **Berufung** gem § 63 AVG an die übergeordnete Gemeindebehörde vorgegangen werden. Für diese Fälle bestimmt § 36 Abs 1, dass die Bestimmungen des VwGVG über die Behörde auf die Berufungsbehörde sinngemäß anzuwenden sind; das heißt, dass (erst) gegen den Bescheid der Berufungsbehörde Beschwerde gem Art 130 Abs 1 Z 1 B-VG an das Verwaltungsgericht erhoben werden kann.
- Wenn der **innergemeindliche Instanzenzug gesetzlich ausgeschlossen** wurde (so etwa gem § 17 Abs 2 TGO), können Bescheide des Bürgermeisters in Angelegenheiten des eigenen Wirkungsbereichs **sogleich** mit **Beschwerde** gem Art 130 Abs 1 Z 1 B-VG vor dem Verwaltungsgericht bekämpft werden. § 36 Abs 1 bezieht sich nicht auf diese Fälle.

§ 36 Abs 2 enthält eine Sonderregelung für den **Säumnisfall** dahin, welcher Behörde ein Verschulden angelastet werden kann. Behörde iSd § 8 Abs 1 letzter Satz ist demnach sowohl die Behörde, die den Bescheid als oberste Behörde, die im Verwaltungsverfahren, sei es im administrativen Instanzenzug, sei es im Weg eines Antrags auf Übergang der Entscheidungspflicht, angerufen werden konnte, nicht erlassen hat, als auch jene Behörde, bei der das vorangegangene Verwaltungsverfahren einleitende Antrag zu stellen war.

In diesen Fällen ist zu differenzieren: Wenn nur die oberste Behörde säumig ist, ist für den Erfolg der Säumnisbeschwerde allein ausschlaggebend, ob sie ein überwiegendes Verschulden daran trifft. Wenn die Erstbehörde *und* die oberste Behörde säumig sind, so kommt es zusätzlich auf das Verschulden der Erstbehörde an.

9.2. Das Verfahren in Verwaltungsstrafsachen

Der zweite Abschnitt des dritten Hauptstücks des VwGVG enthält besondere Bestimmungen für das verwaltungsgerichtliche Verfahren in Verwaltungsstrafsachen, die die allgemeinen Regelungen über das Beschwerdeverfahren im zweiten Hauptstück teils ergänzen, teils modifizieren. Soweit im VwGVG nicht anderes bestimmt ist, sind die Bestimmungen des VStG (mit Ausnahme des 5. Abschnitts des II. Teils) und des FinStrG und im Übrigen jene verfahrensrechtlichen Bestimmungen in Bundes- oder Landesgesetzen sinngemäß anzuwenden, die die Behörde in dem dem Verfahren vor dem Verwaltungsgericht vorangegangenen Verfahren angewendet hat oder anzuwenden gehabt hätte (vgl § 38 als *lex specialis* gegenüber § 17). Kraft § 38 sind auch die in § 24 VStG verwiesenen Vorschriften des AVG anwendbar (vgl dazu etwa VwGH 10.10.2014, Ra 2014/02/0109 [§ 52 AVG]; 15.12.2014, Ro 2014/17/0121 [§ 6 und § 45 Abs 3 AVG]; 5.3.2015, Ro 2015/02/0003 [§§ 32 f AVG]; 20.5.2015, Ra 2014/09/0041 [§ 58 AVG]; 19.4.2018, Ra 2018/08/0007 [§ 19 Abs 3 AVG]; 26.7.2018, Ra 2018/11/0130 [§ 13 Abs 3 AVG]; 24.1.2019, Ra 2018/09/0141 [§ 62 Abs 4 AVG]). Alle diese Vorschriften sind – aber nur „sinngemäß" (vgl oben F. 1.) – in ihrer jeweils geltenden Fassung anzuwenden (§ 55).

9.2.1. Sonderregelungen betreffend die Erhebung der Beschwerde

Im Allgemeinen richtet sich die Erhebung von Beschwerden in Verwaltungsstrafsachen nach den §§ 7 ff. Sonderbestimmungen finden sich lediglich für

- den **Beschwerdeverzicht**: Ein Beschwerdeverzicht gem § 7 Abs 2 ist zwar grundsätzlich auch in Verwaltungsstrafsachen möglich und wirksam. Gem § 39 kann allerdings der Beschuldigte während einer Anhaltung einen Beschwerdeverzicht nicht wirksam abgeben.
- die **Frist zur Erhebung der Säumnisbeschwerde**: § 8 wird in Verwaltungsstrafsachen durch § 37 ergänzt, indem dort zusätzliche Zeiträume bestimmt werden, die in die Frist zur Erhebung einer Säumnisbeschwerde nicht eingerechnet werden. Es sind dies einerseits die Zeit, während deren nach einer gesetzlichen Vorschrift die Verfolgung einer Verwaltungsübertretung nicht eingeleitet oder fortgesetzt werden kann, andererseits die Zeit, während deren wegen der Tat gegen den Täter ein Strafverfahren bei der Staatsanwaltschaft oder bei einem Gericht geführt wird.

Im GebG ist darüber hinaus vorgesehen, dass Eingaben – also auch Beschwerden – in Verwaltungsstrafsachen **gebührenfrei** sind (§ 14 TP 6 Abs 5 Z 7 GebG). Zur Möglichkeit der Beigebung eines Verfahrenshilfeverteidigers siehe unten F. 9.2.2., zur aufschiebenden Wirkung der Beschwerde siehe unten F. 9.2.3. und F. 9.2.4. a.

9.2.2. Verfahrenshilfeverteidiger

§ 40 sieht in Ergänzung des § 8a die Möglichkeit zur Beistellung eines Verfahrenshilfeverteidigers vor (vgl Art 6 Abs 3 lit c EMRK und Art 47 Abs 3 GRC). Die Regelung gilt nur für den Beschuldigten im Verfahren in Verwaltungsstrafsachen vor den Verwaltungsgerichten. Anderen Parteien kann Verfahrenshilfe nach Maßgabe des § 8a oder nach Maßgabe materiengesetzlicher Sonderbestimmungen gewährt werden (siehe dazu oben F. 4.1.3.), aber nicht gem § 40.

Die Beistellung eines Verfahrenshilfeverteidigers in Verwaltungsstrafsachen ist gem § 40 an folgende **Voraussetzungen** geknüpft, die kumulativ (vgl VwGH 25.9.2018, Ra 2018/05/0227) vorliegen müssen:

- **Mittellosigkeit des Beschuldigten:** Der Beschuldigte muss außerstande sein, ohne Beeinträchtigung des für ihn und Personen, für deren Unterhalt er zu sorgen hat, zu einer einfachen Lebensführung notwendigen Unterhalts die Kosten der Verteidigung zu tragen (vgl VwGH 2.5.2012, 2012/08/0057; 25.1.2018, Ra 2017/21/0205).
- **Interessen der Rechtspflege:** Die Beigabe eines Verteidigers ist nur möglich, soweit dies im Interesse der Rechtspflege, vor allem im Interesse einer zweckentsprechenden Verteidigung, erforderlich ist. Dabei ist primär die Bedeutung und Schwere des Delikts und die Schwere der drohenden Sanktion zu berücksichtigen, aber auch die Komplexität des Falls (vgl VwGH 30.6.2010, 2010/08/0102; VwGH 25.9.2018, Ra 2018/05/0227 [„besondere Schwierigkeiten der Sachlage oder Rechtslage, besondere persönliche Umstände des Beschuldigten und die besondere Tragweite des Rechtsfalles für die Partei (wie etwa die Höhe der dem Beschuldigten drohenden Strafe)"]).

Anders als nach § 8a kommt es somit nicht auch darauf an, ob die beabsichtigte Rechtsverfolgung oder Rechtsverteidigung als offenbar mutwillig oder aussichtslos erscheint. Die Erfolgsaussichten sind insoweit nicht zu berücksichtigen.

Die Beigabe eines Verteidigers setzt gem § 40 Abs 1 einen Antrag des Beschuldigten voraus. Der Antrag kann schriftlich oder mündlich gestellt werden (§ 40 Abs 2 zweiter Halbsatz). Im Übrigen ist § 8a Abs 3 bis 10 sinngemäß anzuwenden (§ 40 Abs 2 erster Halbsatz); siehe dazu oben F. 4.1.3.

9.2.3. Sonderregelungen betreffend das Vorverfahren vor der Verwaltungsbehörde

Das Vorverfahren richtet sich auch in Verwaltungsstrafsachen nach den §§ 11 bis 16, wobei aus § 11 folgt, dass die Behörde subsidiär das VStG anzuwenden hat. Im zweiten Abschnitt des dritten Hauptstücks finden sich zwei Sonderregelungen:

- **Kein Ausschluss der aufschiebenden Wirkung:** Abweichend von § 13 Abs 2 kann die aufschiebende Wirkung von Bescheidbeschwerden in Verwaltungsstrafsachen nicht ausgeschlossen werden (§ 41). Die Beschwerde hat somit stets ex lege aufschiebende Wirkung (vgl VwGH 25.1.2018, Fr 2017/06/0002).

- **Verbot der Verhängung einer höheren Strafe:** Der Behörde steht es auch in Verwaltungsstrafsachen frei, Bescheidbeschwerden gem § 14 durch Beschwerdevorentscheidung zu erledigen. Sie darf dabei allerdings auf Grund einer vom Beschuldigten oder aufgrund einer zu seinen Gunsten erhobenen Beschwerde keine höhere Strafe verhängen als im angefochtenen Bescheid (§ 42; siehe zu dieser Regelung näher unten F. 9.2.5.).

9.2.4. Sonderregelungen betreffend das Verfahren vor dem Verwaltungsgericht

a) Aufschiebende Wirkung von Bescheidbeschwerden

Abweichend von § 22 Abs 2 kann die aufschiebende Wirkung der Beschwerde in Verwaltungsstrafsachen nicht ausgeschlossen werden (§ 41).

b) Verhandlung

Gem § 44 Abs 1 hat das Verwaltungsgericht eine öffentliche mündliche Verhandlung durchzuführen. Die Regelungen tragen den grundrechtlichen Anforderungen für das Verwaltungsstrafverfahren Rechnung (Art 6 EMRK, Art 47 GRC).

Die Verpflichtung zur Durchführung einer Verhandlung bleibt auch in Verwaltungsstrafsachen nicht ohne Ausnahme. In folgenden Fällen **kann eine Verhandlung unterbleiben,** wobei das Verwaltungsgericht ein Absehen von einer Verhandlung stets näher zu begründen hat (VwGH 14.6.2018, Ra 2018/17/0021):

- Gem § 44 Abs 2 entfällt die Verhandlung, wenn der **Antrag** der Partei oder die **Beschwerde zurückzuweisen** ist oder bereits auf Grund der Aktenlage (vgl VwGH 11.12.2014, Ra 2014/21/0053) feststeht, dass der mit Beschwerde angefochtene **Bescheid aufzuheben** ist (vgl dazu oben F. 6.5.2.). Ungeachtet ihres Wortlauts („entfällt") normiert diese Vorschrift kein absolutes Verbot der Durchführung einer Verhandlung (vgl VfSlg 17.413/2004).
- Gem § 44 Abs 3 kann das Verwaltungsgericht von der Verhandlung absehen, wenn
  - in der Beschwerde nur eine **unrichtige rechtliche Beurteilung** behauptet wird oder
  - sich die Beschwerde nur gegen die **Höhe der Strafe** richtet oder
  - im angefochtenen Bescheid eine **500 Euro nicht übersteigende Geldstrafe** verhängt wurde oder
  - sich die Beschwerde gegen einen **verfahrensrechtlichen Bescheid** richtet

und **keine Partei** die Durchführung einer Verhandlung **beantragt** hat. Sobald ein Verhandlungsantrag gestellt wird, darf gem § 44 Abs 3 nicht von einer Verhandlung abgesehen werden (wohl aber gem § 44 Abs 4 oder 5).

– Gem § 44 Abs 4 kann das Verwaltungsgericht, soweit durch Bundes- oder Landesgesetz nicht anderes bestimmt ist, ungeachtet eines Parteiantrags von einer Verhandlung absehen, wenn es einen Beschluss zu fassen hat, die Akten erkennen lassen, dass die mündliche Erörterung eine **weitere Klärung der Rechtssache nicht erwarten** lässt, und einem Entfall der Verhandlung **weder Art 6 Abs 1 EMRK noch Art 47 GRC entgegenstehen**. Nach der Rechtsprechung des VfGH kann eine mündliche Verhandlung (dort: vor dem Asylgerichtshof) im Hinblick auf die Mitwirkungsmöglichkeiten der Parteien im vorangegangenen Verwaltungsverfahren regelmäßig dann unterbleiben, wenn durch das Vorbringen vor der Gerichtsinstanz erkennbar werde, dass die Durchführung einer Verhandlung eine weitere Klärung der Entscheidungsgrundlagen nicht erwarten lasse (VfSlg 19.632/2012, 19.764/2013); siehe dazu näher oben F. 6.5.2. Von § 44 Abs 4 kann nur Gebrauch gemacht werden, wenn das Verwaltungsgericht einen Beschluss zu fassen hat, nicht also dann, wenn es mit Erkenntnis zu entscheiden hat (VwGH 23.3.2015, Ra 2014/08/0066; 20.12.2018, Ra 2017/17/0334).

– Gem § 44 Abs 5 kann das Verwaltungsgericht von der Durchführung (Fortsetzung) einer Verhandlung absehen, wenn die – dh alle (VwGH 25.10.2018, Ra 2018/09/0107) – Parteien ausdrücklich darauf **verzichten**; ein solcher Verzicht kann bis zum Beginn der (fortgesetzten) Verhandlung erklärt werden. Er erfordert eine ausdrückliche Willenserklärung der Parteien (VwGH 16.5.2019, Ra 2018/02/0198).

Ein Unterlassen einer gebotenen mündlichen Verhandlung wertet der VfGH – in Einklang mit der Judikatur des EGMR – als Verstoß gegen die Verfahrensgarantien des **Art 6 EMRK** (VfSlg 16.402/2001). Nach der Judikatur des VwGH stellt das rechtswidrige Unterbleiben einen wesentlichen **Verfahrensmangel** dar, dh dass die Entscheidung bei Durchführung der Verhandlung jedenfalls anders, für den Revisionswerber günstiger, gelautet hätte (vgl VwGH 16.12.2002, 2002/10/0155; 3.9.2003, 2001/03/0051; 23.3.2015, Ra 2014/08/0066), wodurch der Aufhebungsgrund des § 42 Abs 2 Z 3 lit c VwGG erfüllt wird. Es findet somit im Anwendungsbereich des Art 6 EMRK und des Art 47 GRC keine Prüfung des Verfahrensmangels auf seine Relevanz für den Verfahrensausgang statt (VwGH 18.5.2018, Ra 2018/11/0055; 22.1.2019, Ra 2018/17/0187).

Der Beschwerdeführer hat die Durchführung einer Verhandlung in der Beschwerde oder im Vorlageantrag zu **beantragen** (§ 44 Abs 3); wird ein

Beweisantrag gestellt, wird dieser zugleich als Verhandlungsantrag gewertet (vgl VwGH 26.4.2019, Ra 2018/02/0260). Den sonstigen Parteien ist Gelegenheit zu geben, einen Antrag auf Durchführung einer Verhandlung zu stellen. Ein Antrag auf Durchführung einer Verhandlung kann nur mit Zustimmung der anderen Parteien zurückgezogen werden (vgl näher oben F. 6.5.2.).

Die Parteien sind so **rechtzeitig** zur Verhandlung **zu laden**, dass ihnen von der Zustellung der Ladung an mindestens zwei Wochen zur Vorbereitung zur Verfügung stehen (§ 44 Abs 6). Nach der Rechtsprechung des VwGH gilt dies aber nur für die Ladung zum ersten Verhandlungstermin (VwGH 16.9.1999, 99/07/0070; 24.1.2019, Ra 2018/09/0167). Wird die Vorbereitungszeit zu kurz bemessen, können die Parteien einen Vertagungsantrag stellen.

Die **Verhandlung** beginnt mit dem Aufruf der Rechtssache; Zeugen haben daraufhin das Verhandlungszimmer zu verlassen (§ 45 Abs 1). Zu Beginn der Verhandlung ist der Gegenstand der Verhandlung zu bezeichnen und der bisherige Gang des Verfahrens zusammenzufassen. Sodann ist den Parteien Gelegenheit zu geben, sich zu äußern (§ 45 Abs 3).

Wenn eine Partei – trotz ordnungsgemäßer Ladung – nicht erschienen ist, dann hindert dies weder die Durchführung der Verhandlung noch die Fällung des Erkenntnisses (§ 45 Abs 2; vgl VwGH 27.11.2018, Ra 2018/14/0209); das Verwaltungsgericht hat aber auch in diesem Fall alle erforderlichen Beweise aufzunehmen (vgl VwGH 28.2.2012, 2009/09/0211). Von einer ordnungsgemäßen Ladung iSd § 45 Abs 2 ist nicht zu sprechen, wenn dem Verwaltungsgericht Ladungsfehler (etwa Zustellfehler) unterlaufen oder wenn auf Seiten der Partei Rechtfertigungsgründe für das Fernbleiben iSd § 19 Abs 3 AVG vorliegen (VwGH 15.12.2016, Ra 2016/02/0242; 19.4.2018, Ra 2018/08/0007).

c) Dolmetscher und Übersetzer

Gem § 38a hat ein Beschuldigter, der der deutschen Sprache nicht hinreichend kundig, gehörlos oder hochgradig hör- oder sprachbehindert ist, das Recht auf Beiziehung eines **Dolmetschers** (Abs 1) und das Recht auf schriftliche **Übersetzung** der wesentlichen Aktenstücke (Abs 3). Über diese Rechte ist er entsprechend zu belehren (Abs 4). Das Verwaltungsgericht entscheidet über die Beiziehung eines Dolmetschers und Übersetzers durch verfahrensleitenden Beschluss (Abs 6).

d) Beweisaufnahme

Das Verwaltungsgericht hat die zur Entscheidung der Rechtssache erforderlichen Beweise aufzunehmen (§ 46 Abs 1). Dabei gilt gem § 48 der Unmittelbarkeitsgrundsatz (vgl unten F. 9.2.4. e.), das Amtswegigkeitsprinzip und der Grundsatz der materiellen Wahrheit (§ 25 Abs 1 und 2 VStG, jeweils iVm § 38 VwGVG; vgl auch VwGH 15.12.2014, Ro 2014/17/0121; 20.5.2015, Ra 2014/09/0041). Ob die Parteien ein (ausreichendes) Beweisanbot erstattet haben, ist irrelevant.

Die Vernehmung von Beteiligten ist in Verwaltungsstrafsachen nicht vorgesehen (VwGH 26.5.1993, 92/03/0124), Konsequenterweise schließt § 49 den Gebührenanspruch für Beteiligte aus. Im Verwaltungsstrafverfahren auftretende Zeugen haben hingegen gem § 26 Anspruch auf Zeugengebühren.

Außer dem Verhandlungsleiter sind die Parteien und ihre Vertreter, insb der Beschuldigte, im Verfahren vor dem Senat auch die sonstigen Mitglieder berechtigt, an jede Person, die vernommen wird, Fragen zu stellen (**Fragerecht**). Der Verhandlungsleiter erteilt ihnen hiezu das Wort. Er „kann" (dh „muss") Fragen, die nicht der Aufklärung des Sachverhalts dienen, zurückweisen (§ 46 Abs 2).

Niederschriften über die Vernehmung des Beschuldigten oder von Zeugen sowie die Gutachten der Sachverständigen dürfen gem § 46 Abs 3 nur **verlesen** werden, wenn

– die Vernommenen in der Zwischenzeit gestorben sind, ihr Aufenthalt unbekannt ist oder ihr persönliches Erscheinen wegen ihres Alters, wegen Krankheit (vgl dazu VwGH 27.2.2019, Ra 2019/17/0012) oder Behinderung oder wegen entfernten Aufenthaltes oder aus anderen erheblichen Gründen nicht verlangt werden kann oder

– die in der mündlichen Verhandlung Vernommenen in wesentlichen Punkten von ihren früheren Aussagen abweichen oder

– Zeugen, ohne dazu berechtigt zu sein, oder Beschuldigte die Aussage verweigern oder

– alle anwesenden (!) Parteien zustimmen, wobei nur eine ausdrückliche Zustimmung, nicht hingegen bloßes Schweigen hinreichend ist (in diesem Sinne VwGH 28.4.2015, Ra 2014/05/0013).

Dabei sind jedoch stets die **Verteidigungsrechte** des Beschuldigten zu beachten (vgl Art 6 Abs 3 EMRK), der insb die Gelegenheit haben muss, die Aussagen von Zeugen in Frage zu stellen (vgl VfSlg 16.554/2002). Rechtswidrigerweise verlesene Aussagen dürfen bei der Entscheidung nicht verwertet werden (vgl VwGH 15.3.2000, 97/09/0044; 29.11.2000, 98/09/0164).

§ 46 Abs 3 regelt die Verlesung von Vernehmungsniederschriften und Sachverständigengutachten. Demgegenüber richtet sich die Verlesung von Aktenstücken nach § 48 Abs 2.

Sonstige Beweismittel, wie Augenscheinsaufnahmen, Fotos oder Urkunden, müssen dem Beschuldigten gem § 46 Abs 4 vorgehalten werden und es ist ihm Gelegenheit zu geben, sich dazu zu **äußern**. Das gilt gleichermaßen für die sonstigen Parteien des Verfahrens (§ 45 Abs 3 AVG iVm § 24 Satz 1 VStG iVm § 38 VwGVG; vgl auch VwGH 15.12.2014, Ro 2014/17/0121).

e) Schluss der Verhandlung

Das Verfahren ist möglichst in einer Verhandlung abzuschließen. Wenn sich die Einvernahme des der Verhandlung ferngebliebenen Beschuldigten oder die Aufnahme weiterer Beweise als notwendig erweist, dann ist die Verhandlung zu **vertagen** (§ 47 Abs 1); dies erfolgt durch verfahrensleitenden Beschluss im Sinne des § 25a Abs 3 VwGG und § 88a Abs 3 VfGG.

Wenn die Sache reif zur Entscheidung ist, dann ist die **Beweisaufnahme zu schließen** (§ 47 Abs 2). Nach Schluss der Beweisaufnahme ist den Parteien Gelegenheit zu ihren Schlussausführungen zu geben. Dem Beschuldigten steht das Recht zu, sich als letzter zu äußern.

Hierauf ist die **Verhandlung zu schließen** (§ 47 Abs 4). Die besonderen Regelungen des § 39 Abs 3 bis 5 über die Schließung des Ermittlungsverfahrens (vgl oben C. 4.1.1.) sind in Verwaltungsstrafverfahren aber nicht anwendbar (siehe § 24 Satz 2 VStG iVm § 38 VwGVG), dh in Verwaltungsstrafsachen hindert weder der Schluss der Beweisaufnahme noch der Schluss der Verhandlung die Berücksichtigung späterer Beweise (VwGH 18.6.2018, Ra 2018/02/0188; 16.5.2019, Ra 2018/02/0198) oder auch späteren Vorbringens der Parteien.

Im Verfahren vor dem Senat zieht sich dieser nach Schluss der Verhandlung zur **Beratung** und **Abstimmung** zurück. Der Spruch des Erkenntnisses und seine wesentliche Begründung sind nach Möglichkeit **sofort zu beschließen** und **zu verkünden** (§ 47 Abs 4). Die Entscheidung kann etwa dann (nur) schriftlich ergehen, wenn der Fall besonders komplex und das Vorbringen des Beschuldigten umfangreich sind (vgl VwGH 30.11.2007, 2007/02/0268). Auch bei mündlicher Verkündung ist den Parteien stets auch eine schriftliche Ausfertigung des Erkenntnisses zuzustellen (§ 29 Abs 4 Satz 1), ggf aber in gekürzter Form (vgl § 29 Abs 5; dazu näher oben F. 7.1.3.), wobei diesfalls die Sonderregelungen des § 50 Abs 2 zu beachten sind (siehe dazu unten F. 9.2.5.).

f) Unmittelbarkeit des Verfahrens

Wenn eine Verhandlung durchgeführt wurde, dann ist bei der Fällung des Erkenntnisses nur auf das Rücksicht zu nehmen, was in dieser Verhandlung vorgekommen ist. Aktenstücke sind nur insoweit zu berücksichtigen, als sie bei der Verhandlung verlesen wurden, es sei denn, der Beschuldigte hätte

darauf verzichtet, oder als es sich um Beweiserhebungen handelt, deren Erörterung infolge des Verzichts auf eine fortgesetzte Verhandlung gem § 44
Abs 5 entfallen ist (§ 48 Abs 1 – Unmittelbarkeitsgrundsatz, vgl VwGH
20.5.2015, Ra 2014/09/0041; 16.5.2019, Ra 2018/02/0198).

Für die Verlesung von Aktenstücken findet sich eine dem § 29 Abs 6a
wörtlich entsprechende Regelung in § 48 Abs 2: Eine solche Verlesung kann
unterbleiben, wenn die Aktenstücke von der Partei, die die Verlesung verlangt, selbst stammen oder wenn es sich um Aktenstücke handelt, die der die
Verlesung begehrenden Partei nachweislich zugestellt wurden (siehe oben
F. 6.5.3.).

9.2.5. Sonderregelungen über die Entscheidung des Verwaltungsgerichts

Abweichend von § 28 Abs 2 bis 5 hat das Verwaltungsgericht, sofern die
Beschwerde nicht **zurückzuweisen** oder das Verfahren **einzustellen** ist,
über Bescheidbeschwerden stets **in der Sache selbst zu entscheiden** (vgl
§ 50 Abs 1 und Art 130 Abs 4 Satz 1 B-VG; vgl VwGH 14.11.2018, Ra
2016/08/0082). Eine Aufhebung des angefochtenen Straferkenntnisses und
die Zurückweisung der Angelegenheit an die Behörde kommt nicht in Betracht (vgl VwGH 25.1.2018, Ra 2017/21/0185). Die Einstellung des Verwaltungsstrafverfahrens gem § 45 Abs 1 VStG durch das Verwaltungsgericht hat in Form eines Erkenntnisses zu ergehen (vgl VwGH 9.9.2016, Ra
2016/02/0137; überholt VwGH 30.9.2014, Ra 2014/02/0045).

Auch in Verwaltungsstrafsachen ist nach Maßgabe des § 29 Abs 5 (oben
F. 7.1.3.) eine gekürzte Ausfertigung nach mündlicher Verkündung des Er-
kenntnisses zulässig, jedoch hat diese Ausfertigung überdies die in § 50
Abs 2 angeführten Inhalte aufzuweisen, nämlich

– im Fall der Verhängung einer Strafe die vom Verwaltungsgericht als erwiesen angenommenen Tatsachen in gedrängter Darstellung sowie die
  für die Strafbemessung maßgebenden Umstände in Schlagworten (Z 1),
  bzw
– im Fall des § 45 Abs 1 VStG (Einstellung) eine gedrängte Darstellung der
  dafür maßgebenden Gründe (Z 2).

Außerdem hat jedes Erkenntnis einen Hinweis auf die Voraussetzungen für
die Bewilligung der Verfahrenshilfe im Verfahren vor dem VfGH und im
Verfahren vor dem VwGH zu enthalten (§ 50 Abs 3).

Bei seiner Entscheidung hat das Verwaltungsgericht – neben der Beschränkung des Prüfungsumfangs nach § 27 (vgl VwGH 5.11.2014, Ra
2014/09/0018) – auch das **Verbot der reformatio in peius** zu beachten: Auf
Grund einer vom Beschuldigten oder auf Grund einer zu seinen Gunsten

erhobenen Beschwerde darf das Verwaltungsgericht in einem Erkenntnis keine höhere Strafe verhängen als im angefochtenen Bescheid (§ 42). Eine Strafverschärfung ist jedoch zulässig, wenn eine andere Partei, etwa ein Privatankläger oder eine Amtspartei, zu Lasten des Beschuldigten Beschwerde erhoben hat (vgl VwGH 22.6.1995, 94/09/0306; 29.11.2000, 98/09/0031).

> Im Übrigen darf das Verwaltungsgericht nur im Umfang der Anfechtung entscheiden, die Prüfungskompetenz hängt daher vom Beschwerdeantrag ab, welcher sich zB auch nur gegen das Strafausmaß richten kann. Gegenstand darf jedenfalls nur die im behördlichen Verfahren vorgeworfene Tat sein („gleiche Sache"; vgl auch VwGH 5.11.2014, Ra 2014/09/0018).

In Verwaltungsstrafsachen beruht der **Säumnisschutz** auf drei Säulen:

- **Fristsetzungsantrag:** Verletzt das Verwaltungsgericht seine Entscheidungspflicht (§ 34), so kann auch in Verwaltungsstrafsachen mit einem Fristsetzungsantrag an den VwGH (Art 133 Abs 1 Z 2 B-VG) vorgegangen werden; allerdings werden gem § 51 in die Entscheidungsfrist (vgl § 34 Abs 1) weitere Zeiträume nicht eingerechnet, und zwar
  - die Zeit, während deren nach einer gesetzlichen Vorschrift die Verfolgung nicht eingeleitet oder fortgesetzt werden kann;
  - die Zeit, während deren wegen der Tat gegen den Täter ein Strafverfahren bei der Staatsanwaltschaft, bei einem Gericht oder bei einer Verwaltungsbehörde geführt wird.
- **Verjährung:** Darüber hinaus bestimmt § 43 Abs 1, dass das angefochtene Straferkenntnis von Gesetzes wegen außer Kraft tritt und das Verfahren (durch Beschluss) einzustellen ist, wenn seit dem Einlangen einer rechtzeitig eingebrachten und zulässigen Beschwerde des Beschuldigten gegen ein Straferkenntnis bei der Behörde 15 Monate vergangen sind. In diese Frist werden allerdings die Zeiten gem § 34 Abs 2 und § 51 nicht eingerechnet (§ 43 Abs 2). Die Berechnung der Frist erfolgt nach den §§ 32 und 33 AVG (§ 38 VwGVG iVm § 24 VStG; VwGH 5.3.2015, Ro 2015/02/0003). Für das Einhalten der Frist ist die Zustellung des Erkenntnisses des Verwaltungsgerichts spätestens am letzten Tag der Frist zumindest an eine der Parteien erforderlich (VwGH 5.3.2015, Ro 2015/02/0003). Entscheidet das Verwaltungsgericht über ein nach Ablauf der fünfzehnmonatigen Frist als aufgehoben geltendes Straferkenntnis, so belastet es dadurch seine Entscheidung mit Rechtswidrigkeit des Inhalts (VwGH 26.8.2014, Ro 2014/02/0106).

Nach der Rsp des VwGH wird die Entscheidungsfristregelung des § 34 Abs 1 durch die speziellere Verjährungsfristregelung des § 43 Abs 1 verdrängt; die sechsmonatige Entscheidungsfrist des § 34 Abs 1 soll nur in jenen Fällen gelten, in denen nicht vom Beschuldigten Beschwerde erhoben wird (VwGH 18.12.2014, Fr 2014/01/0048; 12.3.2015, Fr 2015/02/0001). Wird die Beschwerde hingegen vom Beschuldigten erhoben, hat das Verwaltungsgericht daher innerhalb von 15 Monaten zu entscheiden; die sechsmonatige Frist des § 34 wird für diesen Fall verdrängt (VwGH 25.1.2018, Fr 2017/06/0002). Diese Ansicht führt allerdings dazu, dass vom Beschuldigten niemals ein Fristsetzungsantrag erhoben werden könnte (vor Ablauf der fünfzehnmonatigen Frist wäre der Antrag mangels Fristablaufs unzulässig, danach deswegen, weil das Straferkenntnis *ex lege* außer Kraft getreten ist); außerdem ist kein Anhaltspunkt dafür ersichtlich, dass der Gesetzgeber den Säumnisschutz gerade in Verwaltungsstrafsachen und gerade für den Beschuldigten verschlechtern wollte, was aber die Konsequenz der Rsp des VwGH wäre, der zufolge der Beschuldigte jedenfalls fünfzehn Monate abzuwarten hätte. Vor diesem Hintergrund ist die Rsp des VwGH wenig überzeugend.

- **Strafbarkeitsverjährung:** Zusätzlich gilt § 31 Abs 2 VStG über die Strafbarkeitsverjährung (vgl oben D. 3.1.4. b.).

9.2.6. Kosten

§ 52 regelt die Kosten des Beschwerdeverfahrens für drei Fälle:
- Wenn die Beschwerde des Beschuldigten **zur Gänze erfolglos** bleibt, indem das Verwaltungsgericht das Straferkenntnis der Behörde bestätigt, so ist ein Beitrag zu den Kosten des Strafverfahrens zu leisten, der für das Beschwerdeverfahren mit 20% der verhängten Strafe, mindestens jedoch mit zehn Euro zu bemessen ist; bei Freiheitsstrafen ist zur Berechnung der Kosten ein Tag Freiheitsstrafe gleich 100 Euro anzurechnen (vgl § 52 Abs 1 und 2). Darüber hinaus sind die Barauslagen zu ersetzen (vgl § 52 Abs 3), was im Gegensatz zum Kostenbeitrag auch durch besonderen Beschluss aufgetragen werden kann (vgl VwGH 5.3.2015, Ra 2015/02/0012).
- Wenn die Beschwerde des Beschuldigten **teilweise erfolgreich** ist, so sind diesem die Kosten des Beschwerdeverfahrens nicht aufzuerlegen (§ 52 Abs 8; vgl VwGH 2.9.2014, Ra 2014/17/0019).
- Wenn die Beschwerde des Beschuldigten **zur Gänze erfolgreich** ist, so sind die Kosten des Verfahrens von der Behörde zu tragen, falls sie aber schon gezahlt sind, zurückzuerstatten (vgl § 52 Abs 9). Dem Privatankläger sind in solchen Fällen nur die durch sein Einschreiten tatsächlich verursachten Kosten aufzuerlegen (vgl § 52 Abs 10).

Die Vorschrift des § 52 ist abschließend, dh die §§ 64 f VStG sind im Beschwerdeverfahren nicht anzuwenden (VwGH 26.4.2019, Ra 2018/02/0260).

In Ansehung der den **Parteien** entstandenen Kosten gilt gem § 74 Abs 1 AVG (iVm § 24 Satz 1 VStG iVm § 38 VwGVG) der Grundsatz der Kostenselbsttragung.

9.3. Das Verfahren über Beschwerden wegen Rechtswidrigkeit eines Verhaltens einer Behörde in Vollziehung der Gesetze

§ 53 regelt das Verfahren über **Verhaltensbeschwerden** im Sinne des Art 130 Abs 2 Z 1 B-VG im Verweisungsweg: Auf Verfahren über Verhaltensbeschwerden sind die Bestimmungen über Maßnahmenbeschwerden sinngemäß anzuwenden. Dies gilt allerdings nur, soweit durch Bundes- oder Landesgesetz nicht anderes bestimmt ist (Subsidiarität). Der Bundes- oder Landesgesetzgeber, der die Zuständigkeit der Verwaltungsgerichte zur Entscheidung über Verhaltensbeschwerden begründet (vgl Art 130 Abs 2 Z 1 B-VG), hat daher auch die Möglichkeit, spezielle Verfahrensregelungen zu erlassen.

Neben § 53 enthält das VwGVG vereinzelt **ausdrückliche Bestimmungen für Verhaltensbeschwerden** (vgl § 3 Abs 2 Z 3 VwGVG zur örtlichen Zuständigkeit, § 7 Abs 4 zur Beschwerdefrist und § 9 Abs 2 Z 4 zur Bestimmung der belangten Behörde). Dies bedeutet einerseits, dass diese Vorschriften gegenüber den Vorschriften über Maßnahmenbeschwerden vorrangig anzuwenden sind, und andererseits, dass es dem Materiengesetzgeber nur unter den Voraussetzungen des Art 136 Abs 2 B-VG gestattet ist, von diesen Regelungen abzuweichen.

9.4. Die Vorstellung gegen Erkenntnisse und Beschlüsse des Rechtspflegers

Art 135a B-VG ermöglicht es, die Besorgung einzelner, genau zu bezeichnender Arten von Geschäften besonders ausgebildeten nicht richterlichen Bediensteten, nämlich **Rechtspflegern**, zu übertragen (vgl oben F. 3.3.). Während die Bundesverfassung einen besonderen Rechtsschutz gegen Entscheidungen des Rechtspflegers nicht kennt, sieht § 54 vor, dass gegen Erkenntnisse und Beschlüsse des Rechtspflegers **Vorstellung** beim zuständigen Mitglied des Verwaltungsgerichts erhoben werden kann (insoweit handelt es sich um ein remonstratives Rechtsmittel: VfGH 11.6.2015, E 591/2015; VwGH 20.1.2015, Ro 2014/05/0098; 24.1.2017, Ro 2017/05/0001).

Die Einrichtung des Rechtspflegers ist aus dem Bereich der ordentlichen Gerichtsbarkeit bekannt (vgl Art 87a B-VG). Auch dort besteht gegen Entscheidungen des Rechtspflegers ein besonderer Rechtsschutz in Form der Vorstellung an den Richter, der allerdings detaillierter geregelt ist (vgl § 12 RpflG). Im Verfahren vor den Verwaltungsgerichten ist § 12 RpflG nicht anwendbar (vgl §§ 17 und 38 VwGVG).

Mit Vorstellung können **Erkenntnisse** (§§ 28 ff) und **Beschlüsse** (§ 31) des Rechtspflegers bekämpft werden. Nicht zulässig ist eine (abgesonderte) Vorstellung gegen verfahrensleitende Beschlüsse; sie können allerdings in der Vorstellung gegen die die Rechtssache erledigende Entscheidung angefochten werden (vgl § 54 Abs 2).

Die Vorstellung gem § 54 kann nicht mit einer Revision nach Art 133 Abs 1 Z 1 B-VG und/oder einer Beschwerde nach Art 144 Abs 1 B-VG kumuliert werden. Gegen die Entscheidung eines Rechtspflegers kann weder mit Revision gem Art 133 Abs 1 Z 1 B-VG (VwGH 20.1.2015, Ro 2014/05/0098; 24.1.2017, Ro 2017/05/0001) noch mit Beschwerde gem Art 144 Abs 1 B-VG (VfGH 11.6.2015, E 591/2015), sondern ausschließlich mit Vorstellung gem § 54 vorgegangen werden. Die Entscheidung des Rechtspflegers hat eine entsprechende Rechtsmittelbelehrung zu enthalten (§ 54 Abs 4).

Zur Erhebung der Vorstellung sind jene Parteien des verwaltungsgerichtlichen Verfahrens **legitimiert**, die durch das Erkenntnis oder den Beschluss des Rechtspflegers beschwert sind. Die Frist für die Erhebung der Vorstellung beträgt **zwei Wochen** ab Zustellung bzw Verkündung des Erkenntnisses oder Beschlusses (vgl § 54 Abs 3 iVm § 7 Abs 4 Z 1, 2 und 5); die Frist ist gem § 33 restituierbar. Die Vorstellung ist stets **schriftlich** beim Verwaltungsgericht einzubringen und an das zuständige Mitglied des Verwaltungsgerichts zu richten (§ 54 Abs 1). Für Rechtsanwälte ist für die Einbringung einer Vorstellung beim BVwG die Teilnahme am elektronischen Rechtsverkehr verpflichtend (vgl § 21 Abs 6 BVwGG und die BVwG-EVV, BGBl II 515/2013 idF BGBl II 222/2016). Die Einbringung in einfacher Ausfertigung ist hinreichend.

Zum **notwendigen Inhalt** der Vorstellung finden sich keine ausdrücklichen Regelungen. Es ist davon auszugehen, dass eine Vorstellung zumindest folgende Bestandteile aufweisen muss:
– **Bezeichnung** des angefochtenen **Erkenntnisses oder Beschlusses**;
– **Angaben zur Rechtzeitigkeit** der Vorstellung;
– **Begehren**: Im Hinblick darauf, dass die Kognitionsbefugnis des zuständigen Mitglieds des Verwaltungsgerichts im Vorstellungsverfahren nicht

klar geregelt ist, ist auch fraglich, wie das Begehren zu lauten hat. § 54 Abs 5 VwGVG idF AB 2112 BlgNR 24. GP, wonach mit dem Einlangen einer rechtzeitigen und zulässigen Vorstellung das angefochtene Erkenntnis bzw der angefochtene Beschluss von Gesetzes wegen außer Kraft tritt, wurde im Plenum des Nationalrats ersatzlos gestrichen. Die Materialien verweisen dazu und zur Entscheidungsbefugnis des zuständigen Richters lediglich auf § 28 Abs 2 bis 4 und § 50. Grundlage für die Entscheidung könne „nicht nur das Ergebnis des Ermittlungsverfahrens der Behörde, sondern auch das Ermittlungsverfahren, das vom Rechtspfleger geführt wurde, sein" (vgl AA 300 BlgNR 24. GP). Aus alledem muss geschlossen werden, dass das Erkenntnis oder der Beschluss des Rechtpflegers aufgrund einer Vorstellung zwar Bestandteil der Rechtsordnung bleibt, vom zuständigen Mitglied des Verwaltungsgerichts aber **abgeändert oder aufgehoben** werden kann.

– **Begründung** (laut AB 2112 BlgNR 24. GP zwar nicht notwendig, aber ratsam); mangels gegenteiliger Anordnung ist von Neuerungserlaubnis auszugehen.

Ob einer Vorstellung **aufschiebende Wirkung** zukommt, ist nicht ausdrücklich geregelt. Die Materialien verweisen darauf, dass die Erhebung einer Vorstellung dann aufschiebende Wirkung habe, wenn auch die Erhebung der Beschwerde aufschiebende Wirkung gehabt habe, sodass sich eine eigene Regelung der aufschiebenden Wirkung einer Vorstellung erübrige (vgl AA 300 BlgNR 24. GP 9).

→ Siehe das Muster für eine Vorstellung unter H. 13.

10. Exekution von Entscheidungen der Verwaltungsgerichte

Die Vollstreckung der von den Verwaltungsgerichten (mit Ausnahme des BFG) erlassenen Erkenntnisse und Beschlüsse erfolgt nach dem VVG und obliegt den Bezirksverwaltungsbehörden (§ 1 Abs 1 Z 3 VVG).

G. Der Verwaltungsgerichtshof

1. Rechtsgrundlagen des Verfahrens vor dem VwGH

Das Verfahren vor dem VwGH ist entsprechend Art 136 Abs 4 B-VG im Verwaltungsgerichtshofgesetz 1985 (VwGG 1985) geregelt. Soweit dieses keine besonderen Regelungen trifft, ist im Verfahren vor dem VwGH das AVG anzuwenden (§ 62 Abs 1). Für die Voraussetzungen und die Wirkungen der Bewilligung der Verfahrenshilfe gelten die Vorschriften über das zivilgerichtliche Verfahren (§§ 63 bis 73 ZPO) sinngemäß (§ 61 Abs 1). Daneben werden in der gem Art 136 Abs 5 B-VG von der Vollversammlung des VwGH zu beschließenden Geschäftsordnung verfahrensrelevante Regelungen getroffen.

2. Grundzüge der Organisation des VwGH

Der Verwaltungsgerichtshof ist eine zentralisierte Revisionsinstanz, die eine nachprüfende Kontrolle des Handelns der Verwaltungsgerichte erster Instanz ermöglicht.

Der VwGH entscheidet in Senaten, die idR aus **fünf**, in Verwaltungsstrafsachen (Strafsenaten) aus **drei** Mitgliedern bestehen (§ 11). Möchte der VwGH von seiner bisherigen Rechtsprechung abgehen oder wird eine zu lösende Rechtsfrage in der bisherigen Rechtsprechung nicht einheitlich beantwortet, ist der Fünfersenat durch vier weitere Mitglieder zu verstärken (§ 13, **verstärkter Senat**). Bestimmte in § 12 aufgezählte Angelegenheiten fallen in die Zuständigkeit eines Dreiersenates. Beratungen und Abstimmungen der Senate sind nicht öffentlich (§ 15 Abs 1). Entscheidungen werden mit einfacher Stimmenmehrheit getroffen (§ 15 Abs 3).

Dem Präsidenten obliegt die Leitung des VwGH, im Verhinderungsfall wird er vom Vizepräsidenten vertreten.

Hinweis: Paragraphenangaben ohne Nennung des zugehörigen Gesetzes beziehen sich in Kapitel G immer auf das VwGG.

Die Vollversammlung besteht aus dem Präsidenten, dem Vizepräsidenten und allen Mitgliedern des Gerichtshofes (§ 10). Sie ist nicht für die Rechtsprechung, sondern für bestimmte andere Aufgaben zuständig, die gleichwohl materiell zur Gerichtsbarkeit gehören. Zu diesen zählen die Disziplinargerichtsbarkeit der Mitglieder, die Erstattung von Dreiervorschlägen für die Ernennung von Mitgliedern sowie die Beschlussfassung über die Geschäftsverteilung und die Geschäftsordnung.

3. Zuständigkeiten des VwGH

Der VwGH erkennt gem Art 133 Abs 1 B-VG über
- Revisionen gegen das Erkenntnis eines Verwaltungsgerichts wegen Rechtswidrigkeit (Z 1);
- Anträge auf Fristsetzung wegen Verletzung der Entscheidungspflicht durch ein Verwaltungsgericht (Z 2);
- Kompetenzkonflikte zwischen Verwaltungsgerichten und zwischen einem Verwaltungsgericht und dem VwGH (Z 3).

Gem Art 133 Abs 2 B-VG können durch Bundes- oder Landesgesetz **sonstige Zuständigkeiten** des VwGH zur Entscheidung über Anträge eines ordentlichen Gerichts auf Feststellung der Rechtswidrigkeit eines Bescheids oder eines Erkenntnisses eines Verwaltungsgerichts vorgesehen werden. Von dieser Ermächtigung wurde insb in § 11 AHG, § 9 OrgHG, § 3 Abs 9 FERG, § 373 Abs 5 BVergG 2018, § 116 Abs 5 BVergGKonz 2018 und § 142 Abs 4 BVergGVS 2012 Gebrauch gemacht. Für derartige Verfahren sehen die §§ 64 ff VwGG Sonderregelungen vor (siehe unten G. 4.7.).

Ferner erkennt der VwGH über die Beschwerde einer Person, die durch den VwGH in Ausübung seiner gerichtlichen Zuständigkeiten in ihren Rechten gemäß der **DSGVO** verletzt zu sein behauptet (Art 133 Abs 2a B-VG; siehe dazu § 76a VwGG).

Von der Zuständigkeit des VwGH ausgeschlossen sind Rechtssachen, die zur **Zuständigkeit des VfGH** gehören (Art 133 Abs 5 B-VG). Dies betrifft vor allem die **Entscheidungsbeschwerde** nach Art 144 Abs 1 B-VG, mit der geltend gemacht werden kann, die Entscheidung eines Verwaltungsgerichts verletze verfassungsgesetzlich gewährleistete Rechte und/oder Rechte wegen Anwendung einer rechtswidrigen generellen Norm; der VwGH prüft demgegenüber die Verletzung einfachgesetzlich gewährleisteter Rechte durch die Entscheidung eines Verwaltungsgerichts.

Auch die durch die **Grundrechtecharta (GRC)** eingeräumten Rechte sind nach der jüngeren Rechtsprechung des VfGH verfassungsgesetzlich gewährleistete Rechte, deren Verletzung im Beschwerdeverfahren nach

Art 144 Abs 1 B-VG geltend gemacht werden kann (VfSlg 19.632/2012; VfGH 10.10.2018, G 144/2018). Der VwGH nimmt ebenfalls – gestützt auf die Eigenschaft der Charta als Teil des EU-Primärrechts – seine Zuständigkeit zur Überprüfung der Chartakonformität nationaler Entscheidungen an (VwGH 23.1.2013, 2010/15/0196). Verletzungen von Chartarechten können daher vor beiden Gerichtshöfen geltend gemacht werden.

Zur Zuständigkeit des VfGH gehören insb auch Verfahren über **Kompetenzkonflikte** zwischen Gerichten und Verwaltungsbehörden, zwischen ordentlichen Gerichten und Verwaltungsgerichten oder dem VwGH oder zwischen dem VfGH selbst und allen anderen Gerichten (Art 138 Abs 1 Z 1 und 2 B-VG). Die Zuständigkeit des VwGH ist daher auf Kompetenzkonflikte zwischen Verwaltungsgerichten und zwischen einem Verwaltungsgericht und dem VwGH beschränkt (Art 133 Abs 1 Z 3 B-VG).

Für den Fall der **Säumnis** eines Verwaltungsgerichts besteht keine Zuständigkeit des VfGH, es kann jedoch – wenn schließlich eine Entscheidung ergangen ist – in einer Beschwerde nach Art 144 B-VG eine Verletzung von Art 6 EMRK bzw Art 47 GRC wegen Verletzung des Gebots angemessener Verfahrensdauer geltend gemacht werden. Im Hinblick auf die unterschiedliche Kompetenzgrundlage liegt darin kein Fall des Art 133 Abs 5 B-VG.

Gem § 32 hat der VwGH seine Zuständigkeit in jeder Lage des Verfahrens von Amts wegen wahrzunehmen (siehe unten G. 4.2.4. a.).

Mit der Einführung der zweistufigen Verwaltungsgerichtsbarkeit gibt es auch Neuerungen in den Geschäftszahlen, mit denen Entscheidungen des Verwaltungsgerichtshofes zitiert werden. Die durch Schrägstriche geteilte Angabe des Jahres, des Senates und einer fortlaufenden Nummer bleibt erhalten. Vor diese Zahl wird nun aber ein aus zwei Buchstaben bestehendes Kürzel gesetzt, das einen Hinweis auf die Verfahrensart gibt (Ro – ordentliche Revision, Ra – außerordentliche Revision, Fr – Fristsetzungsantrag, Ko – Kompetenzkonflikt).

4. Verfahren des VwGH

4.1. Allgemeines

4.1.1. Rechtsgrundlagen

Das Verfahren des VwGH ist im **zweiten Abschnitt des VwGG** geregelt. Der erste Unterabschnitt regelt das Verfahren über Revisionen und Fristsetzungsanträge (§§ 21 bis 63), der zweite das Verfahren über Feststellungsanträge in Amts- und Organhaftungssachen sowie in Angelegenheiten der Fernseh-Exklusivrechte und der Nachprüfung im Rahmen der Vergabe von Aufträgen (§§ 64 bis 70), und der dritte das Verfahren zur Entscheidung von Kompetenzkonflikten (§ 71). Der vierte Unterabschnitt hat den elektronischen Rechtsverkehr zum Gegenstand (§§ 72 bis 76), der fünfte Unterabschnitt das Verfahren wegen Verletzungen der DSGVO (§ 76a).

4.1.2. Vertretung vor dem VwGH

Die Parteien können, soweit im VwGG nicht anderes bestimmt ist (vgl insb § 24 Abs 2 VwGG: absolute Anwaltspflicht für die Einbringung von Revisionen, Fristsetzungsanträgen sowie Wiederaufnahme- und Wiedereinsetzungsanträgen), ihre Rechtssache vor dem VwGH **selbst führen** oder sich **durch einen Rechtsanwalt vertreten** lassen (relative Anwaltspflicht). In Abgaben- und Abgabenstrafsachen können sie sich auch durch einen **Steuerberater** oder **Wirtschaftsprüfer** vertreten lassen (§ 23 Abs 1; vgl VwGH 23.3.2000, 99/15/0202).

Der Bund, die Länder, die Gemeinden und die Gemeindeverbände, die Stiftungen, Fonds und Anstalten, die von Organen dieser Körperschaften oder von Personen (Personengemeinschaften) verwaltet werden, die hiezu von diesen Körperschaften bestellt sind, und die sonstigen Selbstverwaltungskörperschaften sowie deren Behörden werden durch ihre **vertretungsbefugten oder bevollmächtigten Organe** vertreten (§ 23 Abs 2); nach Maßgabe des § 23 Abs 3 ist auch eine Vertretung durch die **Finanzprokuratur** möglich. Eine Amtsrevision ist von § 23 Abs 2 nicht erfasst, weswegen hier auch eine Vertretung durch einen Rechtsanwalt möglich ist (vgl VwGH 22.3.2001, 98/03/0294; 20.9.2012, 2011/07/0235).

4.1.3. Akteneinsicht

Die Parteien (vgl § 21 und VwGH 8.4.2016, 2013/05/0226) können beim VwGH in die ihre Rechtssache betreffenden **Akten Einsicht** nehmen und sich von Akten oder Aktenbestandteilen an Ort und Stelle Abschriften selbst anfertigen oder auf ihre Kosten Kopien oder Ausdrucke erstellen lassen. Soweit der VwGH die die Rechtssache betreffenden Akten elektronisch führt, kann der Partei auf Verlangen die Akteneinsicht in jeder technisch möglichen Form gewährt werden. Entwürfe von Erkenntnissen und Beschlüssen des VwGH und Niederschriften über seine Beratungen und Abstimmungen sind von der Akteneinsicht ausgenommen (§ 25 Abs 1).

Soweit sie dies nicht bereits bei Vorlage von Akten an das Verwaltungsgericht getan haben, können die Behörden anlässlich der Vorlage von Akten durch das Verwaltungsgericht an den Verwaltungsgerichtshof verlangen, dass bestimmte Akten oder Aktenbestandteile im öffentlichen Interesse **von der Akteneinsicht ausgenommen** werden. Hält der Berichter das Verlangen für zu weitgehend, hat er die Behörde über seine Bedenken zu hören und allenfalls einen Beschluss des Senates einzuholen. In Aktenbestandteile, die im Verwaltungsverfahren von der Akteneinsicht ausgenommen waren, darf Akteneinsicht jedoch nicht gewährt werden. Die Behörde hat die in Betracht kommenden Aktenbestandteile anlässlich der Vorlage der Akten zu bezeichnen (§ 25 Abs 2).

Siehe zur Akteneinsicht auch Art 10 GO-VwGH.

4.2. Das Verfahren über Revisionen gem Art 133 Abs 1 Z 1 B-VG

4.2.1. Allgemeines

Das Revisionsverfahren bildet die bedeutendste Verfahrensart vor dem VwGH. Es dient dazu, die **Gesetzmäßigkeit** der Erkenntnisse und Beschlüsse der Verwaltungsgerichte zu gewährleisten. Die Kontrolle verwaltungsgerichtlicher Entscheidungen auf ihre Übereinstimmung mit der Verfassung obliegt hingegen dem VfGH im Rahmen des Beschwerdeverfahrens nach Art 144 Abs 1 B-VG.

Der VwGH fungiert in dieser Verfahrensart ausschließlich als **Rechtsinstanz,** nicht aber als Tatsacheninstanz. Dass er aufgrund des vom Verwaltungsgericht festgestellten Sachverhalts zu entscheiden hat (vgl § 41), bedeutet, dass er Mängel in der Sachverhaltsfeststellung nicht umfassend, sondern nur im Rahmen der Aufhebungsgründe des § 42 Abs 2 VwGG wahrnehmen kann.

> Die Möglichkeiten des VwGH zur Sachverhaltsüberprüfung im Rahmen des § 42 Abs 2 VwGG reichen hin, um ihn als Gericht im Sinne des Art 47 GRC zu qualifizieren (VfSlg 19.425/2011; vgl *Grabenwarter*, Der Brenner-Tunnel, der Verwaltungsgerichtshof und Artikel 6 EMRK, in FS Raschauer [2013] 117).

4.2.2. Legitimation

a) Revision gegen Erkenntnisse

Die Berechtigung zur Erhebung der Revision gegen Erkenntnisse ergibt sich aus Art 133 Abs 6 B-VG. Legitimiert ist,
– wer durch das Erkenntnis (den Beschluss) in seinen Rechten verletzt zu sein behauptet (Z 1);

Die **Parteirevision** nach Art 133 Abs 6 Z 1 B-VG bildet die bedeutendste Revisionsart vor dem VwGH. Behauptet werden muss die Verletzung in einfachgesetzlich gewährleisteten subjektiven öffentlichen Rechten (und/oder die Verletzung in subjektiven Unionsrechten). Diese Rechtsverletzung muss sowohl nach der Sach- und Rechtslage als auch nach dem Inhalt der Entscheidung möglich sein (vgl VwGH 24.2.2009, 2008/22/0087; 23.4.2015, Ro 2015/07/0001; 30.4.2018, Ra 2017/01/0418; 31.1.2019, Ra 2018/07/0367). Revisionen können nur von partei- und prozessfähigen, physischen oder (vertretenen) juristischen Personen erhoben werden.

> Anders als der VfGH verlangt der VwGH bei juristischen Personen des öffentlichen Rechts (wie insb Gemeinden und Selbstverwaltungskörpern) keinen Nachweis der internen, die Beschwerdeerhebung legitimierenden Willensbildung, wenn die Organisationsnormen von einer Vertretung nach außen schlechthin sprechen (grundlegend VwSlg 10.147 A/1980; näher *Fister*, RFG 2011, 79).

– die belangte Behörde des Verfahrens vor dem Verwaltungsgericht (Z 2; vgl § 9 Abs 2 VwGVG); sie kann uneingeschränkt wegen behaupteter Rechtswidrigkeit Revision erheben (VwGH 21.8.2014, Ro 2014/11/0060; 17.12.2014, Ra 2014/03/0040; 24.1.2017, Ra 2015/01/0133);
– der zuständige Bundesminister in den in Art 132 Abs 1 Z 2 B-VG genannten Rechtssachen (Z 3).
Die in Art 133 Abs 6 Z 2 und 3 B-VG enthaltenen Revisionsarten bilden im Hinblick auf die Qualität des Revisionsberechtigten Fälle der so genannten **Amts- oder Organrevision**. Den zuständigen staatlichen Organen werden in bestimmten Fällen Revisionsrechte eingeräumt. Revisionen dieser Art sind im Gegensatz zu den Parteirevisionen nach Art 133 Abs 6 Z 1 B-VG auf die Wahrung der objektiven Rechtmäßigkeit des verwaltungsgerichtlichen Handelns gerichtet (vgl zB VwGH 24.1.2017, Ra 2015/01/0133). Ein solches Revisionsrecht besteht deswegen, weil die obersten Organe der Verwaltung auf den Inhalt der Entscheidungen der Verwaltungsgerichte nicht Einfluss nehmen können. Gleichwohl besteht in diesen Angelegenheiten ein verfassungsrechtlich anerkanntes Interesse der Verwaltung an der Wahrung der objektiven Rechtmäßigkeit des Handelns der Verwaltungsgerichte. Da einander in solchen Fällen nicht eine private Partei und eine belangte Behörde, sondern zwei oder mehrere Staatsorgane gegenüberstehen, kann man die entsprechenden Verfahren vor dem VwGH als „Organstreitverfahren" bezeichnen. Zweck der Revision ist es, das Interesse an der Rechtmäßigkeit des Verwaltungshan-

delns in einem verfassungsrechtlich abgesteckten Interessensbereich durchzusetzen.

Das Revisionsrecht des **Bundesministers** nach Art 133 Abs 6 Z 3 B-VG dient überwiegend der Sicherstellung der Rechtmäßigkeit in der Vollziehung von Vorschriften, welche der Bund erlassen hat. Es ergibt sich unmittelbar aus der Verfassung und bedarf keiner einfachgesetzlichen Ausführung. Der Bundesminister kann in seiner Revision jede Rechtswidrigkeit geltend machen. Im Einzelnen ist er in folgenden Angelegenheiten revisionsberechtigt:

- Angelegenheiten, in denen der Bund zur Gesetzgebung und die Länder zur Vollziehung zuständig sind (Art 11, 14 Abs 2 und 14a Abs 3 B-VG);
- Angelegenheiten, in denen der Bund zur Grundsatzgesetzgebung, die Länder zur Ausführungsgesetzgebung und Vollziehung berufen sind (Art 12, 14 Abs 3 und 14a Abs 4 B-VG), und zwar unabhängig davon, ob ein Bundesgrundsatzgesetz ergangen ist.

Neben den in Art 133 Abs 6 B-VG verfassungsrechtlich festgelegten Revisionsrechten gibt es auch **einfachgesetzlich eingeräumte Revisionsrechte**. Art 133 Abs 8 B-VG ermächtigt den einfachen Gesetzgeber (Bundes- und Landesgesetzgeber), zu bestimmen, wer wegen Rechtswidrigkeit Revision erheben kann (vgl VwGH 23.6.2014, Ra 2014/11/0017). Gleich dem Art 133 Abs 6 B-VG ist die Ermächtigung auf Entscheidungen von Verwaltungsgerichten und die Geltendmachung ihrer Rechtswidrigkeit beschränkt. Hingegen setzt Art 133 Abs 8 B-VG – anders als Art 133 Abs 6 Z 1 B-VG – die Geltendmachung subjektiver Rechte nicht voraus (vgl zB VwGH 23.11.2017, Ra 2016/11/0145). Die übrigen Voraussetzungen sind vom Gesetzgeber festzulegen. Zuständig zur Einräumung der Revisionsbefugnis ist der jeweilige Materiengesetzgeber. Die Einräumung von Revisionsbefugnissen erfolgt mit dem Ziel der Wahrung der objektiven Rechtmäßigkeit, vordergründig aber in der Absicht, ein Korrelat zur Stellung als Legalpartei im Verwaltungs(gerichts)verfahren zu schaffen. Anders als im Parteirevisionsverfahren nach Art 133 Abs 6 Z 1 B-VG bedarf die Revision nicht der Bezeichnung der Revisionspunkte (vgl VwGH 26.3.1998, 96/11/0090), wohl aber einer Erklärung über den Umfang der Anfechtung (vgl § 28 Abs 2).

Die Materiengesetze machen von der Ermächtigung des Art 133 Abs 8 B-VG zahlreich Gebrauch und räumen gleichermaßen Verwaltungsorganen (zB dem wasserwirtschaftlichen Planungsorgan in § 55 Abs 5 WRG sowie dem Umweltanwalt in § 19 Abs 3 UVP-G), Gebietskörperschaften (zB dem Land und den Gemeinden in § 81 MinroG) sowie Organen von Selbstverwaltungskörpern (zB der Landeskammer der gewerblichen Wirtschaft in § 363 Abs 3 GewO) Revisionsrechte ein.

Gestützt auf Art 133 Abs 2 B-VG haben die Gesetzgeber ordentlichen **Gerichten** die Befugnis eingeräumt, Entscheidungen von Verwaltungsgerichten durch den VwGH überprüfen zu lassen (siehe § 11 Abs 1 AHG, § 9 Abs 1 OrgHG, § 373 Abs 5 BVergG 2018, § 116 Abs 5 BVergGKonz 2018, § 142 Abs 4 BVergGVS 2012, § 3 Abs 9 FERG). Die Besonderheit dieser Anträge liegt darin, dass sie nicht auf die Aufhebung der Entscheidung des Verwaltungsgerichts, sondern bloß auf die Feststellung ihrer Rechtswidrigkeit gerichtet sind. Im Falle der Stattgebung des Antrags hat der VwGH demnach lediglich die Rechtswidrigkeit der Entscheidung festzustellen, andernfalls ist der Antrag abzuweisen (vgl VwGH 23.11.2001, 99/19/0140 mwN).

Die jüngere Rechtssetzung hat vermehrt auch verschiedenen **nichtstaatlichen juristischen Personen** oder **Gruppen von physischen Personen** (NGOs, Bürgerinitiativen etc) „subjektive Rechte", Parteistellung oder Revisionsbefugnisse iSd Art 133 Abs 8 B-VG eingeräumt, teils um unmittelbar die objektive Legalität des verwaltungsgerichtlichen Handelns zu wahren, teils um andere rechtspolitische Ziele zu erreichen, wie die Stärkung der Partizipation der Bürger.

> **Beispiel:** Umweltorganisationen iSd § 19 Abs 6 UVP-G (§ 19 Abs 10 UVP-G).

Neben den Revisionsrechten des Art 133 Abs 6 und 8 B-VG sieht die Bundesverfassung in Art 119a Abs 9 B-VG noch ein Revisionsrecht der Gemeinde gegen Akte der Aufsichtsbehörde vor („**Gemeinderevision**"; vgl VwGH 24.4.2015, Ro 2014/17/0144; 19.12.2017, Ra 2017/16/0151; 25.4.2018, Ro 2015/06/0010). Dieses Revisionsrecht der Gemeinde wird zutreffend als eine besondere Art der Parteirevision angesehen. Ungeachtet dessen ist die Gemeinderevision auch als spezielle Form der Organrevision anzusehen, weil Art 119a Abs 9 B-VG keine Beschränkung der Gemeinde auf die Geltendmachung ihres subjektiven Rechts auf Selbstverwaltung enthält (vgl VwSlg 19.344 A/2016). Die Gemeinde kann vielmehr jede Rechtswidrigkeit geltend machen. Es kommt insoweit auch nicht darauf an, ob ein rechtliches Interesse oder ein Rechtsschutzbedürfnis der Gemeinde besteht (verfehlt zur alten Rechtslage VwGH 9.3.1993, 92/06/0227).

b) Revision gegen Beschlüsse

Auf die Beschlüsse der Verwaltungsgerichte sind die Bestimmungen des Art 133 Abs 6 und 8 B-VG sinngemäß anzuwenden, es gilt also für sie das eben Gesagte gleichermaßen. Im Übrigen gibt Art 133 Abs 9 Satz 2 B-VG dem VwGG auf, zu regeln, inwieweit gegen Beschlüsse der Verwaltungsgerichte Revision erhoben werden kann. Auf der Grundlage dieser Ermächtigung erklärt § 25a Abs 2 und 3 VwGG einzelne Beschlusstypen für nicht revisibel (vgl näher unten G. 4.2.4. g.).

4.2.3. Parteien des Revisionsverfahrens

Parteien im Verfahren über eine Revision gegen das Erkenntnis oder den Beschluss eines Verwaltungsgerichts wegen Rechtswidrigkeit gem Art 133 Abs 1 Z 1 bzw Abs 9 B-VG (Revision) sind gem § 21 Abs 1

- der **Revisionswerber**;
- die **belangte Behörde** des Verfahrens vor dem Verwaltungsgericht, wenn gegen dessen Erkenntnis oder Beschluss nicht von ihr selbst Revision erhoben wird;

  Wer belangte Behörde des Verfahrens vor dem Verwaltungsgericht ist, ergibt sich aus § 9 Abs 2 VwGVG. Das VwGG bezeichnet die belangte Behörde nicht als „Revisionsgegner", sondern als „Partei im Sinne des § 21 Abs 1 Z 2", wodurch zum Ausdruck gebracht werden soll, dass die belangte Behörde im Revisionsverfahren nicht notwendigerweise eine dem Revisionswerber entgegengesetzte Interessensposition hat (AB 2112 BlgNR 24. GP 4).

  Wird die Revision von einem staatlichen Organ erhoben oder ist eine andere Behörde Partei im Sinne des § 21 Abs 1 Z 2, so kann in einer Rechtssache in den Angelegenheiten der Bundesverwaltung der zuständige Bundesminister und in den Angelegenheiten der Landesverwaltung die Landesregierung an Stelle dieses Organs bzw dieser Behörde jederzeit in das Verfahren eintreten (§ 22 Satz 1). Dies gilt nur dann nicht, wenn in einer Angelegenheit des eigenen Wirkungsbereiches der Gemeinde oder eines sonstigen Selbstverwaltungskörpers ein Organ des Selbstverwaltungskörpers (Z 1) oder ein weisungsfrei gestelltes Organ (Z 2) Partei im Sinne des § 21 Abs 1 Z 2 ist (§ 22 Satz 2).

- in den Fällen des § 22 Satz 2 auch der zuständige **Bundesminister** oder die **Landesregierung**;

  § 22 Satz 2 bezeichnet jene Fälle, in denen der zuständige Bundesminister bzw die Landesregierung nicht an Stelle der Behörde (als Partei im Sinne des § 21 Abs 1 Z 2) in das Verfahren eintreten können. Unter diesen Umständen nehmen aber der Bundesminister bzw die Landesregierung gem § 21 Abs 1 Z 3 als Parteien am Revisionsverfahren teil.

- die Personen, die durch eine Aufhebung des angefochtenen Erkenntnisses oder Beschlusses oder einer Entscheidung in der Sache selbst in ihren rechtlichen Interessen berührt werden (**Mitbeteiligte**).

  Mitbeteiligte Parteien sind nur diejenigen Personen, die bei Aufhebung der angefochtenen Entscheidung durch den VwGH in ihren subjektiven Rechten beeinträchtigt oder verkürzt werden (vgl VwGH 27.2.1990, 89/08/0099; 15.5.2014, 2011/05/0020; 24.3.2015, Ro 2014/09/0066; 27.2.2019, Ro 2019/10/0007). Maßgebend ist, ob der Betreffende durch die Aufhebung in seinen rechtlichen Interessen berührt wird, nicht aber die Parteistellung im vorangegangenen Verfahren (vgl VwGH 27.2.2019, Ro 2019/10/0007). Organparteien, die nicht Träger materieller subjektiver öffentlicher Rechte sind, können nicht als Mitbeteiligte im Verfahren vor dem VwGH auftreten (vgl VwGH 28.5.2014, 2011/07/0176). Auch wenn in der Revision Mitbeteiligte nicht bezeichnet sind, ist von Amts wegen darauf Bedacht zu nehmen, dass alle Mitbeteiligten gehört werden und Gelegenheit zur Wahrung ihrer Rechte erhalten (§ 21 Abs 2).

Das Verwaltungsgericht, das die bekämpfte Entscheidung getroffen hat, ist nicht Partei des Revisionsverfahrens. Dies entspricht dem Konzept des Rechtsmittelverfahrens vor den ordentlichen Gerichten, bei dem sich in der übergeordneten Instanz wiederum (nur) die Parteien des untergerichtlichen Verfahrens gegenüberstehen. Ob dieser Rechtszustand verfassungskonform ist, hat der VfGH noch nicht entschieden (vgl aber VfSlg 19.917/2014: Aufhebung der Parallelregelung in § 83 Abs 1 VfGG wegen Verstoßes gegen Art 144 B-VG).

4.2.4. Prozessvoraussetzungen

Die Prozessvoraussetzungen einer zulässigen Revision sind:
- Zuständigkeit des VwGH;
- keine *res iudicata*;
- Partei- und Prozessfähigkeit des Revisionswerbers;
- Erlassung des Erkenntnisses (des Beschlusses);
- Legitimation des Revisionswerbers zur Erhebung der Revision;
- kein Revisionsverzicht;
- Ausfertigungsantrag nach mündlicher Verkündung der Entscheidung des Verwaltungsgerichts;
- Erhebung der Revision innerhalb der Revisionsfrist;
- Vorliegen einer Rechtsfrage von grundsätzlicher Bedeutung im Sinne des Art 133 Abs 4 B-VG.

a) Zuständigkeit des VwGH

Der VwGH ist offenbar unzuständig, wenn
- die Angelegenheit zur Zuständigkeit des VfGH gehört (Art 133 Abs 5 B-VG);
- wenn Revisionen lediglich auf die Behauptung gestützt werden, dass der Revisionswerber durch das Erkenntnis (den Beschluss) in einem verfassungsgesetzlich gewährleisteten Recht verletzt sei (VwGH 23.9.2014, Ra 2014/01/0127; 27.4.2015, Ra 2015/11/0011);
- wenn die Anfechtung einer Wahl verlangt wird (Art 133 Abs 5 iVm Art 141 B-VG);

- wenn die Angelegenheit in die Zuständigkeit der ordentlichen Gerichte fällt;
- wenn Revision gegen Akte der Verwaltungsbehörden oder gegen Akte der ordentlichen Gerichte erhoben wird;
- wenn Erledigungen der Verwaltungsgerichte bekämpft werden, denen kein Erkenntnis- oder Beschlusscharakter oder nur der Charakter eines verfahrensleitenden Beschlusses zukommt (vgl § 25a Abs 3);
- wenn lediglich ein (untrennbarer) Teil eines Erkenntnisses oder Beschlusses bekämpft wird.

In diesen Fällen ist die Revision als unzulässig zurückzuweisen (vgl unten G. 4.2.8. b.).

b) Keine res iudicata

Eine Revision ist wegen entschiedener Sache (*res iudicata*) zurückzuweisen, wenn der VwGH die Revision bereits einmal abgewiesen hat oder wenn er sie zurückgewiesen hat und der neuerlich eingebrachten Revision der seinerzeitige Mangel einer Prozessvoraussetzung noch immer entgegensteht.

> Keine „entschiedene Sache" iSd § 34 Abs 1 liegt vor, wenn das Verwaltungsgericht über ein zweites (mit dem ersten identisches) Feststellungsbegehren aus demselben Lebenssachverhalt – unter allfälliger Missachtung der Rechtskraft seiner eigenen ersten Entscheidung – ein weiteres Mal abgesprochen hat, da nunmehr ein anderer verwaltungsgerichtlicher Akt Gegenstand der Revision wird (vgl VwGH 24.2.2006, 2003/12/0187).

Werden gegen ein und dieselbe Entscheidung zwei verschiedene Revisionen erhoben, dann ist die spätere Revision zurückzuweisen (vgl zu Bescheidbeschwerden VwGH 8.6.1994, 94/13/0051). Auch nach Abtretung gem Art 144 Abs 3 B-VG ist eine Revision wegen entschiedener Sache zurückzuweisen, wenn über den gleichen Tatbestand schon früher durch den VwGH abgesprochen wurde (vgl VwGH 5.3.1990, 90/15/0012).

c) Partei- und Prozessfähigkeit

Weitere Voraussetzung für die Befassung des VwGH sind die **Parteifähigkeit** (prozessuale Rechtsfähigkeit) und die **Prozessfähigkeit** (prozessuale Handlungsfähigkeit) der vor dem VwGH einschreitenden Personen und Organe. Die Partei- und Prozessfähigkeit physischer oder juristischer Personen richtet sich nach den Vorschriften des bürgerlichen Rechts über die Rechts- und Handlungsfähigkeit (§ 9 AVG iVm § 62 Abs 1 VwGG). Juristische Personen sind selbst nicht prozessfähig, sie bedürfen eines Organs, das nach dem Gesetz oder der Satzung für sie handelt.

Gleichermaßen werden **Behörden** durch ihre **vertretungsbefugten Organe** vertreten (siehe oben G. 4.1.2.).

Jene **Verwaltungsorgane**, die zur Erhebung von **Amts- oder Organrevisionen** befugt sind, sind ebenfalls parteifähig. Da sie selbst wie juristische Personen prozessunfähig sind, müssen sie ihre Handlungen durch die entsprechenden Organwalter setzen.

d) Erlassung des Erkenntnisses (des Beschlusses)

Voraussetzung für die Erhebung einer Revision nach Art 133 Abs 1 Z 1 B-VG ist es, dass ein Erkenntnis (ein Beschluss) für den Revisionswerber rechtlich existent und wirksam geworden ist, dh (durch Verkündung oder Zustellung) erlassen wurde (vgl § 29 VwGVG).

Im Mehrparteienverfahren genügt es, wenn das Erkenntnis (der Beschluss) bereits einer anderen Partei zugestellt worden ist. Diesfalls kann die Revision bereits ab dem Zeitpunkt erhoben werden, in dem der Revisionswerber von dem Erkenntnis (Beschluss) Kenntnis erlangt hat (§ 26 Abs 2).

e) Legitimation zur Erhebung der Revision

Unter der Revisionslegitimation ist die prozessuale Berechtigung zur Erhebung einer Revision zu verstehen, die den VwGH bei Vorliegen der sonstigen Prozessvoraussetzungen verpflichtet, in die Prüfung des mit der Revision geltend gemachten Streitgegenstands einzutreten und eine Entscheidung zu fällen. Sie setzt sich – bei der **Parteirevision** (anders als bei der Amtsrevision) – aus zwei Elementen zusammen, nämlich erstens aus der Behauptung, durch ein Erkenntnis (einen Beschluss) in einem oder mehreren bestimmten subjektiven Rechten verletzt zu sein, und zweitens aus der Möglichkeit dieser Rechtsverletzung (vgl VwGH 24.1.1995, 93/04/0161).

- **Behauptung der Rechtsverletzung:** Für die Zuständigkeit des VwGH ist nicht entscheidend, ob eine Rechtsverletzung tatsächlich stattgefunden hat, sondern bloß, ob eine solche behauptet wird.
- **Möglichkeit einer Verletzung in subjektiven Rechten:** Revisionen nach Art 133 Abs 1 Z 1 B-VG können grundsätzlich nur unter Berufung auf eine eigene, gegen den Staat als Träger der Hoheitsgewalt gerichtete Interessensphäre des Revisionswerbers erhoben werden. Nach der Judikatur des VwGH besteht die Möglichkeit einer solchen Rechtsverletzung dann, wenn die Rechtsstellung des Revisionswerbers, je nachdem, ob das Erkenntnis (der Beschluss) aufrecht bleibt oder vom VwGH aufgehoben wird, eine verschiedene ist (vgl VwSlg 8852 A/1975). Dabei liegt eine mögliche Rechtsverletzung nur vor, wenn sich durch die angefoch-

tene Entscheidung die Rechtsstellung des Revisionswerbers verschlechtert oder durch eine Ermessensentscheidung sein rechtliches Interesse beeinträchtigt wurde (vgl VwGH 21.4.1982, 1647/78). Die tatsächliche Verletzung in Rechten ist nicht mehr Prozessvoraussetzung, sondern Prozessgegenstand (vgl VwGH 25.4.2019, Ra 2018/19/0591).

Die Beteiligung des Revisionswerbers als Partei im vorangegangenen Verfahren vor dem Verwaltungsgericht ist ein wesentliches Indiz für die Revisionslegitimation. Grundsätzlich haben nur die Parteien des verwaltungsgerichtlichen Verfahrens, in der Regel aber auch alle Parteien dieses Verfahrens die Legitimation zur Erhebung einer Revision an den VwGH. Die Beteiligung an einem verwaltungsgerichtlichen Verfahren als Partei zieht für sich allein jedoch nicht immer die Berechtigung zur Erhebung einer Revision nach sich (zB Formalpartei).

Formalparteien oder **Amtsparteien** sind Parteien, denen vom Gesetzgeber zwar kein Rechtsanspruch oder rechtliches Interesse in der Sache, wohl aber bestimmte oder alle verfahrensrechtlichen Befugnisse einer Partei eingeräumt werden, sind grundsätzlich vor dem VwGH nicht revisionsberechtigt. **Legalparteien** können nur insoweit Revision erheben, als ihnen ein Anspruch auf Beachtung eines ihnen gesetzlich zuerkannten Rechtsgutes bestimmter Art eingeräumt wurde (VwSlg 7326 A/1968). Einer Organpartei kommen grundsätzlich nur die Parteirechte im Verfahren, nicht aber subjektive materielle Berechtigungen zu, sodass ihr die Legitimation zur Erhebung einer Revision gem Art 133 Abs 1 Z 1 iVm Abs 6 Z 1 B-VG wegen materieller Rechtswidrigkeit aufgrund der Verletzung subjektiver Rechte fehlt (VwGH 16.2.1994, 94/03/0021). Subjektive öffentliche Rechte des materiellen Rechts können der Organpartei nach der Rechtsprechung des VwGH nur aufgrund einer Regelung des Materiengesetzgebers zustehen (VwGH 23.3.1994, 93/01/0542). Aus einer Formalparteistellung ist eine Befugnis zur Erhebung einer Revision nach Art 133 Abs 1 Z 1 iVm Abs 6 Z 1 B-VG allerdings nur insoweit abzuleiten, als einer Organpartei eine eigene, gegenüber dem Staat – als Träger der Hoheitsgewalt – bestehende Interessensphäre zukäme. Fehlt es an der Behauptung, in einer eigenen Interessensphäre verletzt zu sein, ist die Revisionserhebung durch die Organpartei nur zulässig, wenn dafür im Sinne des Art 133 Abs 8 B-VG eine ausdrückliche gesetzliche Ermächtigung besteht (VwGH 18.10.2005, 2003/03/0029). Allerdings hat der VwGH auch in Fällen, in denen einer Organpartei keine eigene, gegen den Staat gerichtete Interessensphäre zukam, dieser insoweit die Revisionslegitimation nach Art 133 Abs 1 Z 1 iVm Abs 6 Z 1 B-VG zuerkannt, als es zur Durchsetzung der aus der Parteistellung folgenden prozessualen Befugnisse erforderlich ist (VwSlg 10.278 A/1980, 12.662 A/1988;

317

VwGH 23.3.1994, 93/01/0542; 24.3.2015, Ro 2014/09/0066; 7.9.2017, Ro 2014/08/0029). Nur die sich aus einer ausdrücklich eingeräumten Parteistellung ergebenden prozessualen Rechte stellen danach subjektive öffentliche Rechte der Organpartei dar, deren Verletzung in einer Revision gem Art 133 Abs 1 Z 1 iVm Abs 6 Z 1 B-VG geltend gemacht werden kann (vgl VwSlg 19.337 A/2016; VwGH 30.1.2019, Ro 2017/04/0017).

Gemeinden haben das verfassungsgesetzlich gewährleistete Recht auf Selbstverwaltung und in diesem Rahmen (ua) das Recht, Revision beim VwGH zu erheben (vgl Art 119a Abs 9 B-VG und dazu näher oben G. 4.2.2. a.).

f) Kein Revisionsverzicht

Die Revision ist gem § 25a Abs 4a nicht mehr zulässig, wenn nach Verkündung oder Zustellung des Erkenntnisses oder Beschlusses des Verwaltungsgerichts ausdrücklich auf die Revision **verzichtet** wurde. Der Verzicht ist dem Verwaltungsgericht schriftlich bekanntzugeben oder zu Protokoll zu erklären. Wurde der Verzicht nicht von einem berufsmäßigen Parteienvertreter oder im Beisein eines solchen abgegeben, so kann er binnen drei Tagen schriftlich oder zur Niederschrift widerrufen werden. Ein Verzicht ist nur zulässig, wenn die Partei zuvor über die Folgen des Verzichts belehrt wurde.

g) Ausfertigungsantrag nach mündlicher Verkündung der Entscheidung des Verwaltungsgerichts

Wurde das Erkenntnis des Verwaltungsgerichts mündlich verkündet (§ 29 Abs 2 VwGVG), ist eine Revision nur nach einem Antrag auf Ausfertigung des Erkenntnisses gem § 29 Abs 4 VwGVG durch mindestens einen der hiezu Berechtigten zulässig (§ 25a Abs 4a letzter Satz). Wurde ein solcher Ausfertigungsantrag nicht gestellt, ist die Revision unzulässig (vgl VwGH 30.4.2019, Ra 2019/10/0033), und zwar auch dann, wenn das Verwaltungsgericht den Parteien ungeachtet des fehlenden Ausfertigungsantrags doch eine vollständige Ausfertigung der Entscheidung zugestellt haben sollte (vgl VwGH 8.8.2017, Ra 2017/19/0239; 26.3.2019, Ra 2019/19/0014).

h) Wahrung der Revisionsfrist

Die Frist zur Erhebung der Revision beträgt **sechs Wochen** (vgl § 26 Abs 1). Sie beginnt
- in den Fällen des Art 133 Abs 6 Z 1 B-VG (Parteirevision) dann, wenn das Erkenntnis dem Revisionswerber zugestellt wurde, mit dem Tag der Zustellung, wenn das Erkenntnis dem Revisionswerber nur mündlich verkündet wurde, jedoch mit dem Tag der Verkündung;

- in den Fällen des Art 133 Abs 6 Z 2 B-VG (Revision der belangten Behörde) dann, wenn das Erkenntnis der belangten Behörde des Verfahrens vor dem Verwaltungsgericht zugestellt wurde, mit dem Tag der Zustellung;
- in den Fällen des Art 133 Abs 6 Z 3 B-VG (Ministerrevision) dann, wenn das Erkenntnis dem zuständigen Bundesminister zugestellt wurde, mit dem Tag der Zustellung, sonst mit dem Zeitpunkt, in dem er von dem Erkenntnis Kenntnis erlangt hat;
- in den Fällen des Art 133 Abs 8 B-VG (Revision einer Amtspartei) dann, wenn das Erkenntnis dem auf Grund des Bundes- oder Landesgesetzes zur Erhebung der Revision befugten Organ zugestellt wurde, mit dem Tag der Zustellung, sonst mit dem Zeitpunkt, in dem es von dem Erkenntnis Kenntnis erlangt hat.

Sonderregelungen bestehen für folgende Fälle:
- **Übergangene Parteien:** Im Mehrparteienverfahren kann dann, wenn das Erkenntnis bereits einer anderen Partei zugestellt oder verkündet worden ist, die Revision bereits ab dem Zeitpunkt erhoben werden, in dem der Revisionswerber von dem Erkenntnis Kenntnis erlangt hat (§ 26 Abs 2). Fristauslösend ist mithin der Tag der Kenntnisnahme vom Inhalt des Erkenntnisses (des Beschlusses). Voraussetzung ist jedoch, dass die Parteistellung unstrittig war und die Partei auch tatsächlich dem bisherigen Verfahren beigezogen worden ist (VwGH 15.6.2018, Ro 2017/11/0006; 5.9.2018, Ro 2018/03/0024).
- **Verfahrenshilfe:** Hat die Partei innerhalb der Revisionsfrist (vgl VwGH 3.12.2014, Ra 2014/20/0066) die Bewilligung der Verfahrenshilfe beantragt (§ 61), so beginnt für sie die Revisionsfrist mit der Zustellung des Bescheides über die Bestellung des Rechtsanwaltes an diesen (vgl VwGH 16.12.2014, Ro 2014/22/0018). Wird der rechtzeitig gestellte Antrag auf Bewilligung der Verfahrenshilfe abgewiesen, so beginnt die Revisionsfrist mit der Zustellung des abweisenden Beschlusses an die Partei (§ 26 Abs 3; vgl VwGH 28.3.2018, Ra 2017/07/0027; 22.8.2018, Ra 2018/16/0060).
- **Abtretung:** Hat der VfGH eine Beschwerde gem Art 144 Abs 3 B-VG dem VwGH abgetreten, so beginnt die Revisionsfrist mit der Zustellung des Erkenntnisses oder Beschlusses des VfGH oder, wenn der Antrag auf Abtretung der Beschwerde erst nach dessen Zustellung gestellt wurde, mit der Zustellung des Beschlusses gem § 87 Abs 3 VfGG (§ 26 Abs 4; VwGH 28.5.2015, Ra 2015/07/0039; 26.3.2019, Ra 2019/16/0075). Der VfGH tritt eine Beschwerde auch dann an den VwGH ab, wenn die Revision (aus welchen Gründen immer) nicht zulässig ist (VfSlg 19.867/2014). Zu beachten ist, dass bereits die Abtretung der Beschwerde an den VwGH gem § 26 Abs 4 die Frist für die Erhebung der Revision auslöst; es erfolgt

keine Benachrichtigung durch den VwGH mehr (insb auch kein Mängel-behebungsauftrag, wie noch aufgrund der Rechtslage vor der Verwal-tungsgerichtsbarkeits-Novelle 2012; VwGH 19.6.2018, Ra 2017/06/0197; 26.2.2019, Ro 2018/06/0005). Durch den Abtretungsbeschluss des VfGH wird der Umfang des Verfahrens vor dem VwGH festgelegt; eine Aus-dehnung des Streitgegenstands vor dem VwGH nach Beschwerdeabtre-tung ist unzulässig (VwGH 26.5.2014, 2012/03/0012).

Die Berechnung der Revisionsfrist erfolgt nach den §§ 32 und 33 AVG (vgl § 62 VwGG), es genügt daher – soweit die Revision nicht im ERV einzu-bringen ist – die Postaufgabe am letzten Tag der Frist (§ 33 Abs 3 AVG iVm § 62 VwGG; näher VwGH 7.3.1997, 96/19/0095). Die Zeit zwischen Post-aufgabe an eine unzuständige Stelle und Weiterleitung ist aber in die Frist einzurechnen (VwGH 19.6.2001, 2001/01/0180; 24.6.2015, Ra 2015/09/0005); die Frist ist diesfalls nur dann eingehalten, wenn vor dem Ablauf der Schrift-satz entweder beim Verwaltungsgericht einlangt oder zumindest an das Ver-waltungsgericht zur Post gegeben wurde (vgl VwGH 20.1.2015, Ra 2014/19/0108; 17.12.2018, Ra 2018/06/0226).

Die Revisionsfrist ist nicht verlängerbar (VwGH 4.4.2019, Ra 2018/10/0202), aber restituierbar, dh eine Wiedereinsetzung in den vorigen Stand ist möglich.

i) Vorliegen einer Rechtsfrage von grundsätzlicher Bedeutung

Gem Art 133 Abs 4 Satz 1 B-VG ist die Revision nur dann zulässig, wenn sie von der Lösung einer Rechtsfrage abhängt, der grundsätzliche Bedeutung zukommt („**Grundsatzrevision**"), insb weil
- das Erkenntnis (der Beschluss) von der Rechtsprechung des VwGH ab-weicht,
- eine solche Rechtsprechung fehlt oder
- die zu lösende Rechtsfrage in der bisherigen Rechtsprechung des VwGH nicht einheitlich beantwortet wird (eine uneinheitliche Rsp eines oder mehrerer Verwaltungsgerichte erfüllt für sich genommen nicht den Tat-bestand des Art 133 Abs 4 B-VG, wenn es zu der betreffenden Frage eine einheitliche Rsp des VwGH gibt, vgl VwGH 26.3.2015, Ra 2015/22/0042; 5.5.2015, Ra 2015/22/0048; 10.8.2018, Ra 2017/17/0570).

Diese Kriterien ähneln jenen, die in den §§ 502 und 528 ZPO für die Zuläs-sigkeit der Revision bzw des Revisionsrekurses an den OGH aufgestellt werden. Tatsächlich hat sich der VwGH bisher verschiedentlich an der Judi-katur des OGH orientiert (zB VwGH 5.11.2014, Ro 2014/09/0050; 29.4.2019, Ra 2019/17/0040). Die Zulassungspraxis des VwGH ist tendenzi-ell restriktiv:

Einer Rechtsfrage kann nur dann grundsätzliche Bedeutung zukommen, wenn sie **über den Einzelfall hinausgehende Bedeutung** hat (VwGH 17.9.2014, Ra 2014/04/0023; 21.11.2018, Ra 2018/13/0075) und wenn die Entscheidung über die Revision von der Lösung dieser Rechtsfrage abhängt (VwGH 24.2.2015, Ro 2014/05/0097; 9.6.2015, Ro 2014/08/0083; 19.6.2019, Ra 2018/01/0204). Letzteres ist nur dann der Fall, wenn sich die Rechtsfrage innerhalb des Revisionspunkts, also innerhalb des vom Revisionswerber selbst definierten Prozessthemas, stellt (VwGH 16.12.2014, Ra 2014/16/0033; 21.3.2018, Ra 2018/13/0019). Die Rechtsfrage grundsätzlicher Bedeutung muss also für die Entscheidung über die Revision präjudiziell und nach dem Vorbringen des Revisionswerbers vom Verwaltungsgericht unrichtig gelöst worden sein (siehe VwGH 24.3.2015, Ro 2014/05/0089; 30.6.2015, Ro 2015/03/0021; 26.2.2019, Ra 2018/06/0199). Das Vorliegen einer grundsätzlichen Rechtsfrage kann nicht mit einem Vorbringen begründet werden, das unter das Neuerungsverbot (§ 41) fällt (VwGH 23.4.2015, Ra 2015/07/0031; 14.12.2016, Ra 2016/19/0300).

Rechtsfragen von grundsätzlicher Bedeutung können nicht nur solche des **materiellen Rechts**, sondern auch solche des **Verfahrensrechts** sein; eine solche Bedeutung kommt der Entscheidung jedenfalls dann zu, wenn tragende Grundsätze des Verfahrensrechts auf dem Spiel stehen (VwGH 26.2.2015, Ra 2015/07/0005; 24.3.2015, Ra 2015/03/0021; 3.10.2018, Ra 2017/12/0073) bzw wenn die in der angefochtenen Entscheidung getroffene Beurteilung grob fehlerhaft erfolgt ist und zu einem die Rechtssicherheit beeinträchtigenden unvertretbaren Ergebnis geführt hat (VwGH 24.3.2015, Ra 2015/05/0010; 25.4.2019, Ra 2019/08/0074). Wird in der Revision ein (eine grundsätzliche Rechtsfrage aufwerfender) Verfahrensmangel releviert, muss auch – und zwar bereits in der Zulässigkeitsbegründung – die Relevanz dieses Verfahrensmangels für den Verfahrensausgang dargetan werden (vgl VwGH 18.2.2015, Ra 2015/04/0003; 12.6.2019, Ra 2017/06/0030). Schließlich können auch Rechtsfragen des **Unionsrechts** grundsätzliche Bedeutung haben (vgl VwGH 2.9.2014, Ra 2014/18/0062; 22.10.2018, Ra 2018/11/0047).

Einzelfälle sind idR nicht revisibel. Der VwGH ist nach dem Revisionsmodell nicht dazu berufen, die Einzelfallgerechtigkeit in jedem Fall zu sichern; diese Aufgabe obliegt den Verwaltungsgerichten (VwGH 24.11.2014, Ra 2014/04/0039; 19.5.2015, Ra 2015/16/0031; 26.2.2019, Ra 2019/06/0012). Der Frage, ob die besonderen Umstände des Einzelfalls auch eine andere Entscheidung gerechtfertigt hätten, kommt daher idR keine grundsätzliche Bedeutung zu (VwGH 25.9.2014, Ro 2014/07/0048; 20.5.2015, Ro 2015/04/0010; 8.3.2019, Ra 2019/08/0028). Berührt der Fall keine Fragen, die über den konkreten Einzelfall hinaus Bedeutung besitzen, oder die es im Einzelfall erforderlich machen, aus Gründen der Rechtssicherheit korrigierend einzugreifen, liegen ausgehend davon die Voraussetzungen für die Zulassung nach Art 133 Abs 4 B-VG nicht vor (VwGH 18.12.2014, Ro 2014/01/0026; 29.4.2015, Ra 2015/06/0036). Daher sind einzelfallbezogene Beurteilungen, etwa Interessenabwägungen, im Allgemeinen – wenn sie auf einer verfahrensrechtlich einwandfreien Grundlage erfolgten und in vertretbarer Weise im Rahmen der von der Rechtsprechung entwickelten Grundsätze vorgenommen wurden – nicht revisibel (VwGH 22.5.2014, Ra 2014/21/0014; 9.9.2014, Ro 2014/22/0027; 27.10.2014, Ra 2014/04/0022; 26.2.2015, Ra 2015/22/0025; 29.4.2015, Ra 2014/20/0093; 29.5.2018, Ra 2018/20/0259). Auch der Umstand, dass die zu lösenden Fragen in einer Vielzahl von Fällen auftreten können, bewirkt nicht ihre Erheblichkeit iSd Art 133 Abs 4 B-VG (VwGH 26.3.2014, Ro 2014/03/0024; 20.5.2015, Ra 2015/20/0002; 22.2.2017, Ra 2016/17/0037). Zulässig ist die Revision allerdings, wenn das Verwaltungsgericht in Einzelfallfragen von der Rsp des VwGH abweicht, wenn es in seine Einzelfallbeurteilung Aspekte einbezieht, welche nach der Rsp des VwGH bedeutungslos sind, bzw wenn es – davon abgesehen – seine Beurteilung allein auf einen Umstand stützt, welcher nach dieser Rsp für sich allein genommen eine solche nicht rechtfertigt und solcherart die in der bisherigen Rsp des VwGH zu der in Rede stehenden Rechtsfrage entwickelten Grundsätze verkennt (siehe VwGH 22.4.2015, Ra 2014/12/0015; 22.6.2016, Ra 2015/12/0034).

Wird in der Revision nur geltend gemacht, dass **Tatsachenfeststellungen** des Verwaltungsgerichts unzutreffend seien, wird damit keine Rechtsfrage grundsätzlicher Bedeutung aufgeworfen (VwGH 12.8.2014, Ra 2014/06/0001; 22.10.2018, Ra 2018/16/0178). Ob eine bestimmte **Beweisaufnahme** notwendig ist, unterliegt der einzelfallbezogenen Beurteilung des Verwaltungsgerichts; eine Rechtsfrage von grundsätzlicher Bedeutung liegt nur dann vor, wenn diese Beurteilung grob fehlerhaft erfolgt ist und zu einem die Rechtssicherheit beeinträchtigenden unvertretbaren Ergebnis geführt hat (VwGH 28.4.2015, Ra 2015/02/0064; 28.11.2018, Ra 2018/17/0164; siehe auch VwGH 20.10.2014, Ra 2014/12/0014, zur Frage, ob ein „ausreichend ermittelter Sachverhalt" vorliegt). Nach diesen Maßgaben werfen gleichermaßen (nicht als grob fehlerhaft erkennbare) **Beweiswürdigungsfragen** (VwGH 21.10.2014, Ro 2014/17/0046; 29.4.2015, Ra 2015/20/0021; 14.3.2019, Ra 2019/18/0068) oder **Wertungsfragen** im Einzelfall (VwGH 5.5.2014, Ro 2014/03/0052; 5.9.2018, Ra 2017/12/0118) keine Rechtsfragen von grundsätzlicher Bedeutung auf.

Ebenso wenig liegt eine grundsätzliche Rechtsfrage vor,
- wenn die in der Revision aufgeworfene Frage durch die – zu früheren Rechtslagen ergangene und auf die aktuelle Rechtslage übertragbare – **Rsp des VwGH bereits geklärt** wurde (VwGH 29.4.2015, Ra 2015/06/0027; 2.5.2019, Ra 2019/05/0062);

- wenn es zwar keine Rsp des VwGH gibt, die Rechtsfrage aber durch ein **Urteil des EuGH** gelöst ist (VwGH 20.5.2015, Ra 2014/20/0164);
- wenn die **gesetzliche Rechtslage eindeutig** ist, und zwar selbst dann nicht, wenn dazu noch keine Rsp des VwGH ergangen ist, sofern nicht fallbezogen (ausnahmsweise) eine Konstellation vorliegt, die es im Einzelfall erforderlich macht, aus Gründen der Rechtssicherheit korrigierend einzugreifen (VwGH 3.7.2015, Ra 2015/03/0041; siehe auch VwGH 27.8.2014, Ra 2014/05/0007; 18.2.2015, Ra 2015/04/0009; 27.3.2015, Ra 2015/02/0032; 29.4.2015, Ra 2015/06/0027; 19.5.2015, Ra 2015/05/0030; 15.5.2019, Ro 2019/01/0006);
- wenn lediglich **Normbedenken** geltend gemacht werden, weil die Frage der Rechtmäßigkeit genereller Rechtsnormen keine grundsätzliche, vom VwGH zu lösende Rechtsfrage iSd Art 133 Abs 4 B-VG darstellt (VwGH 29.4.2015, Ra 2015/06/0041; siehe auch VwGH 23.9.2014, Ra 2014/01/0127; 27.2.2015, Ra 2015/06/0009; 26.6.2018, Ra 2018/05/0168; 29.5.2019, Ro 2018/11/0009).

Gem Art 133 Abs 4 Satz 2 B-VG kann durch Bundesgesetz vorgesehen werden, dass die Revision unzulässig ist, wenn das Erkenntnis nur eine **geringe Geldstrafe** zum Gegenstand hat. Auf dieser Ermächtigungsgrundlage bestimmt § 25a Abs 4 VwGG, dass die Revision wegen Verletzung in Rechten (vgl Art 133 Abs 6 Z 1 B-VG) nicht zulässig ist, wenn in einer Verwaltungsstrafsache oder in einer Finanzstrafsache

- eine Geldstrafe von bis zu 750 Euro und keine (primäre, vgl VwGH 24.9.2014, Ra 2014/03/0014) Freiheitsstrafe verhängt werden durfte (VwGH 28.1.2019, Ra 2018/01/0507)
  und
- im Erkenntnis eine Geldstrafe von bis zu 400 Euro verhängt wurde (VwGH 11.12.2017, Ra 2017/02/0256).

Im Übrigen finden sich – anders als im zivilgerichtlichen Verfahren (vgl § 502 Abs 2 und 3 ZPO) – keine streitwertabhängigen Revisionsbeschränkungen.

Art 133 Abs 4 B-VG gilt grundsätzlich auch für **Beschlüsse** (vgl Art 133 Abs 9 Satz 1 B-VG). Nach Art 133 Abs 9 Satz 2 B-VG kann allerdings im VwGG (näher) geregelt werden, inwieweit gegen Beschlüsse der Verwaltungsgerichte Revision erhoben werden kann. In § 25a Abs 2 und 3 VwGG finden sich diesbezüglich folgende Revisionsbeschränkungen:

- Gegen bestimmte Beschlüsse ist eine Revision generell unzulässig (vgl § 25a Abs 2), und zwar gegen
  - Beschlüsse gem § 30a Abs 1, 3, 8 und 9 (das sind jene Beschlüsse, die das Verwaltungsgericht im Rahmen der **Vorentscheidung** über die Revision trifft);

- Beschlüsse gem § 30b Abs 3 (das sind Beschlüsse, mit denen das Verwaltungsgericht verspätete oder unzulässige Vorlageanträge **zurückweist**);
- Beschlüsse gem § 61 Abs 2 (das sind Beschlüsse, mit denen das Verwaltungsgericht über den Antrag auf **Verfahrenshilfe** entscheidet);
- Gegen **verfahrensleitende Beschlüsse** ist eine abgesonderte Revision nicht zulässig. Sie können erst in der Revision gegen das die Rechtssache erledigende Erkenntnis angefochten werden (§ 25a Abs 3; vgl VwGH 2.8.2018, Ra 2018/03/0072).

Über die Zulässigkeit der Revision entscheidet zunächst das Verwaltungsgericht, das im Spruch seines Erkenntnisses oder Beschlusses auszusprechen hat, ob die Revision gem Art 133 Abs 4 B-VG zulässig ist oder nicht (§ 25a Abs 1); der Ausspruch ist „kurz zu begründen", ein bloß formelhafter Hinweis genügt allerdings nicht (vgl VwGH 10.10.2014, Ro 2014/02/0104; 1.8.2017, Ro 2015/06/0006). Unterlässt das Verwaltungsgericht einen Ausspruch iSd § 25a Abs 1, behandelt der VwGH eine erhobene Revision als ordentliche Revision (VwGH 23.6.2014, Ro 2014/12/0037; 4.8.2016, Ro 2016/21/0015). Das Fehlen einer näheren Begründung des Ausspruchs nach § 25a Abs 1 führt für sich betrachtet aber nicht dazu, dass die Voraussetzungen des Art 133 Abs 4 B-VG gegeben wären (vgl VwGH 17.12.2018, Ra 2018/14/0253).

Der VwGH ist an den Ausspruch des Verwaltungsgerichts nicht gebunden (vgl § 34 Abs 1a). Er ist auch nicht auf jene Rechtsfragen beschränkt, die das Verwaltungsgericht zur Begründung seines Ausspruchs angeführt hat (VwGH 9.9.2014, Ro 2014/09/0049). Allerdings erfolgt die Beurteilung der Zulässigkeit der Revision durch den VwGH ausschließlich anhand des Vorbringens in der Zulässigkeitsbegründung (VwGH 2.4.2019, Ra 2017/17/0328). Auf eine Rechtsfrage, die das VwG bei der Zulassung der ordentlichen Revision als grundsätzlich angesehen hat, ist vom VwGH nicht einzugehen, wenn diese Rechtsfrage in der Revision nicht angesprochen wird (VwGH 31.1.2019, Ro 2017/15/0008).

Die Frage, ob die Voraussetzung des Art 133 Abs 4 B-VG, also eine Rechtsfrage von grundsätzlicher Bedeutung vorliegt, ist **im Zeitpunkt der Entscheidung des VwGH zu beurteilen** (zB VwGH 1.10.2018, Ra 2017/11/0251). Wurde die zu lösende Rechtsfrage daher in der Rsp des VwGH – auch nach Einbringung der Revision – bereits geklärt, liegt keine Rechtsfrage (mehr) vor, der iSd Art 133 Abs 4 B-VG grundsätzliche Bedeutung zukäme (VwGH 31.10.2014, Ra 2014/08/0015; 11.11.2014, Ra 2014/08/0018; 19.10.2017, Ra 2016/18/0280). Eine zum Zeitpunkt der Einbringung der Revision bestehende Rechtsfrage von grundsätzlicher Bedeutung kann also nachträglich wegfallen, wenn die Frage in einem anderen

Verfahren vor dem VwGH (oder EuGH, vgl VwGH 1.10.2018, Ra 2017/11/0251) geklärt wird (VwGH 18.6.2014, Ra 2014/20/0002; 3.10.2017, Ra 2017/19/0057). Aus der Perspektive des Revisionswerbers ist diese Rsp der Rechtssicherheit freilich nicht zuträglich.

4.2.5. Anforderungen an Revisionen

→ Siehe das Muster für eine Revision unter H. 14.

a) Form und Einbringungsstelle

Revisionen sind in schriftlicher Form beim **Verwaltungsgericht** einzubringen (§ 25a Abs 5). Dies gilt gleichermaßen für ordentliche wie auch für außerordentliche Revisionen (ErläutRV 2009 BlgNR 24. GP 11; VwGH 24.6.2015, Ra 2015/09/0005) und auch nach einer Abtretung einer Beschwerde durch den VfGH gem Art 144 Abs 3 B-VG (VwGH 25.1.2017, Ra 2017/10/0006). Rechtsanwälte, Steuerberater und Wirtschaftsprüfer sind zur Teilnahme am **elektronischen Rechtsverkehr (ERV)** verpflichtet, der gegenwärtig beim BVwG eingerichtet ist (§ 21 BVwGG), noch nicht hingegen bei den LVwG. Die elektronische Einbringung der Revision beim Verwaltungsgericht richtet sich nach den für die Verwaltungsgerichte geltenden Bestimmungen zur elektronischen Einbringung (VwGH 26.6.2019, Ra 2019/20/0285).

Ab Vorlage der Revision an den VwGH sind Schriftsätze im Revisionsverfahren bei diesem einzubringen (vgl § 24 Abs 1; VwGH 22.11.2016, Ra 2016/16/0080). Es gilt auch hier Schriftformzwang. **Rechtsanwälte, Steuerberater und Wirtschaftsprüfer** haben Schriftsätze wiederum – „nach Maßgabe der technischen Möglichkeiten" – im Weg des elektronischen Rechtsverkehrs einzubringen (§ 74 Abs 3). Für sie ist die Einbringung von Schriftsätzen per Bote, auf dem Postweg oder per Telefax also nur noch dann zulässig, wenn die technischen Voraussetzungen für die Teilnahme am elektronischen Rechtsverkehr nicht vorliegen. Ein Verstoß gegen die Verpflichtung zur Einbringung im ERV wird wie ein Formmangel behandelt, der zu verbessern ist (§ 74 Abs 3 letzter Satz).

Im Übrigen „können" Schriftsätze im Wege des elektronischen Rechtsverkehrs eingebracht werden (§ 72 Abs 1), aber auch per Bote oder auf dem Postweg, nicht aber per E-Mail (vgl VwGH 30.9.2010, 2010/03/0103). Die fristwahrende Einbringung im Wege eines Telefax ist hingegen zulässig (vgl VwGH 9.9.1998, 98/04/0126), sie zieht aber idR – schon wegen der fehlenden Originalunterschrift – ein Mängelbehebungsverfahren nach sich.

b) Inhalt der Revision

Die Revision hat **notwendig** zu enthalten (vgl § 28 Abs 1):

– die **Bezeichnung** des angefochtenen **Erkenntnisses** oder des angefochtenen **Beschlusses** (Z 1),

Sinn der Bestimmung des § 28 Abs 1 Z 1 ist es, jeden Zweifel darüber, welche Erledigung vor dem VwGH angefochten wird, auszuschließen (vgl VwGH 24.1.2018, Ra 2017/09/0055). Der VwGH hat bei der Beurteilung der Frage, welche Entscheidung mit einer erhobenen Revision angefochten ist, von der in der Revision ausdrücklich als angefochtene Entscheidung bezeichneten Erkenntnis oder Beschluss auszugehen; eine andere Entscheidung ist vom VwGH nicht zu prüfen. Ein Mangel in Bezug auf die Anforderung des § 28 Abs 1 Z 1 ist gem § 30a Abs 2 und § 34 Abs 2 verbesserungsfähig (vgl VwGH 21.12.1992, 92/03/0237).

– die **Bezeichnung** des **Verwaltungsgerichts**, das das Erkenntnis bzw den Beschluss erlassen hat (Z 2),

Die unzutreffende Bezeichnung durch den Revisionswerber ist einer Verbesserung im Wege des § 30a Abs 2 und § 34 Abs 2 grundsätzlich zugänglich. Ein Mängelbehebungsauftrag ist in jenen Fällen offensichtlicher Fehlbezeichnung nicht erforderlich, in denen das Verwaltungsgericht bei verständiger Wertung des gesamten Revisionsvorbringens sowie aus der Rechtslage betreffend den Zuständigkeitsbereich und die Gerichtsorganisation zu erkennen ist (vgl VwGH 14.9.1995, 95/06/0071).

– den **Sachverhalt** (Z 3),

Im Rahmen der Schilderung des Sachverhalts sind jene Umstände wiederzugeben, die dem VwGH einen ausreichenden Überblick über das der Entscheidung des Verwaltungsgerichts vorausgegangene Verfahren verschaffen. Der Sachverhalt muss **im Revisionsschriftsatz** erschöpfend dargestellt werden (vgl VwGH 25.11.2010, 2010/16/0100: kein bloßer Verweis auf andere Schriftsätze oder Beilagen; VwGH 7.12.1989, AW 89/04/0070: keine bloßen Literaturhinweise). Die Vorlage einer Ausfertigung der angefochtenen Entscheidung ersetzt nicht die Sachverhaltsdarstellung iSd § 28 Abs 1 Z 3. Ebenso wenig bildet eine bloß chronologische, jeglichen materiellen Inhaltes entbehrende Auflistung von Daten verschiedenster Verfahren die vom Gesetz geforderte Sachverhaltsdarstellung (vgl VwGH 22.9.2005, 2004/14/0149).

– die **Bezeichnung der Rechte**, in denen der Revisionswerber verletzt zu sein behauptet (**Revisionspunkte**, Z 4),

Da der VwGH nicht zu prüfen hat, ob irgendein subjektives Recht eines Revisionswerbers, sondern nur ob jenes verletzt wurde, dessen Verletzung dieser behauptet, kommt der in § 28 Abs 1 Z 4 vom Revisionswerber geforderten Angabe der Revisionspunkte für den Prozessgegenstand des Verfahrens vor dem VwGH insoweit entscheidende Bedeutung zu, als der Revisionswerber jenes subjektive Recht herauszuheben hat, dessen behauptete Verletzung die Legitimation zur Revisionserhebung erst begründet. Durch die Revisionspunkte wird der **Prozessgegenstand** des Verfahrens vor dem VwGH festgelegt und damit der Rahmen abgesteckt, an den der VwGH bei der Prüfung der angefochtenen Entscheidung gebunden ist (vgl VwGH 25.3.2004, 2004/16/0003; 20.1.2015, Ro 2014/05/0083; 27.3.2018, Ra 2018/06/0012).

Hinsichtlich des bestimmt zu bezeichnenden subjektiven Rechts iSd § 28 Abs 1 Z 4 kommen nur **einfachgesetzlich eingeräumte Rechte**, nicht aber verfassungsgesetzlich gewährleistete Rechte in Betracht (VwGH 31.3.2004, 2003/13/0140).

Das **Unionsrecht** verdrängt das gesetzliche Erfordernis des Revisionspunkts bei europarechtskonformer Handhabung desselben nicht. Zwar darf einem nationalen Gericht nicht verboten werden, von Amts wegen die Vereinbarkeit eines innerstaatlichen Rechtsakts mit einer Vorschrift des Unionsrechts zu prüfen, wenn sich kein Verfahrensbeteiligter auf die Vorschrift berufen hat (EuGH 14.12.1995, Rs C-312/93, *Peterbroeck*, Slg 1995, I-04599, Rz 21). Abgesehen davon, dass § 41 Abs 1 iVm § 28 Abs 1 Z 4 nicht schlechthin eine amtswegige Prüfung verbietet, hat allerdings der VwGH Verletzungen von subjektiven Unionsrechten nicht von Amts wegen aufzugreifen, weil es nach der Rsp des EuGH lediglich erforderlich ist, dass *ein* nationales Gericht Unionsrecht anzuwenden hat; dies sind in Österreich die Verwaltungsgerichte, nicht (mehr) der VwGH. Der VwGH hat die Verletzung subjektiver Unionsrechte daher nur dann zu prüfen, wenn dies im Rahmen des Revisionspunkts behauptet wird.

Bei **Amtsrevisionen** kommt das Formerfordernis der Angabe der Revisionspunkte von vornherein nicht zum Tragen, da es hier nicht um die Geltendmachung der Verletzung subjektiver Rechte geht. An die Stelle der Revisionspunkte tritt die Erklärung über den Umfang der Anfechtung (**Anfechtungserklärung**, vgl § 28 Abs 2; VwGH 26.6.2014, Ra 2014/03/0004; 25.4.2018, Ra 2017/09/0033).

– die **Gründe**, auf die sich die Behauptung der **Rechtswidrigkeit** stützt (Z 5),

Als Revisionsgründe können die inhaltliche Rechtswidrigkeit der angefochtenen Entscheidung, die Rechtswidrigkeit infolge Unzuständigkeit des Verwaltungsgerichts und/oder die Rechtswidrigkeit infolge Verletzung von Verfahrensvorschriften wegen Aktenwidrigkeit, Ergänzungsbedürftigkeit des Sachverhalts und/oder wesentlicher Verfahrensmängel geltend gemacht werden (vgl § 42 Abs 2). Die Gründe, auf die sich die

Behauptung der Rechtswidrigkeit der angefochtenen Entscheidung stützt, müssen in der Revision an den VwGH ausgeführt sein (§ 28 Abs 1 Z 5). Der Verweis auf andere Schriftsätze oder Akten ist unzulässig. Es besteht zwar eine Bindung des VwGH an die Revisionspunkte, aber keine (oder nur eine sehr eingeschränkte) Bindung an die geltend gemachten Revisionsgründe.

Es besteht **Neuerungsverbot** (§ 41 Abs 1: Bindung an den vom Verwaltungsgericht angenommenen Sachverhalt; vgl VwGH 18.11.2003, 2001/05/1129). Ausnahmen bestehen im Falle der Verletzung des Parteiengehörs (siehe VwGH 28.8.2008, 2008/22/0374; 28.4.2010, 2008/19/0979; ferner VwGH 19.7.2007, 2007/07/0068: Vorbringen zu einem Zustellmangel zulässig, weil die Behörde dem Beschwerdeführer die offenbare Verspätung seines Rechtsmittels nicht vorgehalten hatte) und beim Antrag auf aufschiebende Wirkung.

– ein bestimmtes **Begehren** (Z 6),

Das gemäß § 28 Abs 1 Z 6 bestimmt zu bezeichnende Begehren hat bei Revisionen nach Art 133 B-VG darauf zu lauten, die angefochtene Entscheidung wegen der in § 42 Abs 2 Z 1, 2 oder 3 genannten Gründe (ganz oder teilweise) aufzuheben und/oder sie gem § 42 Abs 4 abzuändern. Letzteres, die Entscheidung des VwGH in der Sache selbst, ist allerdings nicht antragsbedürftig (VwGH 29.1.2014, 2013/03/0004). Ein gestellter (Haupt-)Antrag, in der Sache selbst zu entscheiden, umfasst auch einen Antrag auf Aufhebung (vgl VwGH 17.12.2014, Ra 2014/03/0040; 10.1.2017, Ra 2016/02/0230).

– die **Angaben**, die erforderlich sind, um zu beurteilen, ob die Revision **rechtzeitig** eingebracht ist (Z 7),

Aus § 28 Abs 1 Z 7 folgt, dass ein Revisionswerber alle für die Frage der Rechtzeitigkeit seiner Revision maßgeblichen Tatsachen in der Revision vortragen muss. Anzugeben ist insb das Datum der Zustellung der Entscheidung (vgl dazu § 26).

– bei **außerordentlichen Revisionen** (dh wenn das Verwaltungsgericht im Erkenntnis ausgesprochen hat, dass die Revision gem Art 133 Abs 4 B-VG nicht zulässig ist) hat die Revision auch gesondert die **Gründe** zu enthalten, aus denen entgegen dem Ausspruch des Verwaltungsgerichtes die Revision für zulässig erachtet wird (§ 28 Abs 3; sog **Konkretisierungsgebot**). Dies gilt auch nach Bewilligung der Verfahrenshilfe (VwGH 22.2.2018, Ra 2017/18/0387). Fehlt die gesonderte Zulässigkeitsbegründung, erteilt der VwGH keinen Mängelbehebungsauftrag gem § 34 Abs 2, sondern er weist die Revision sogleich gem § 34 Abs 1 zurück (vgl VwGH 26.9.2017, Ra 2017/05/0114).

Der VwGH prüft die Zulässigkeit einer außerordentlichen Revision gem Art 133 Abs 4 B-VG nur im Rahmen der dafür in der Revision vorgebrachten Gründe (vgl § 34 Abs 1a). Nach der Rsp des VwGH erfolgt die Beurteilung der Zulässigkeit der Revision „ausschließlich" anhand des Vorbringens in der Zulassungsbegründung (VwGH 20.5.2015, Ra 2014/19/0175; siehe auch VwGH 17.2.2015, Ra 2014/09/0027; 26.6.2014, Ro 2014/10/0077). Ein Verweis auf die sonstigen Revisionsausführungen reicht nicht aus (VwGH 28.4.2015, Ra 2015/05/0019; 13.4.2018, Ra 2018/20/0021). Der VwGH sieht sich auch nicht als berechtigt an, von Amts wegen erkannte Gründe, die zur Zulässigkeit der Revision hätten führen können, aufzugreifen (VwGH 21.4.2015, Ra 2014/01/0212; 20.5.2015, Ra 2014/19/0175; 2.4.2019, Ra 2017/17/0328). Ein entsprechend ausführliches Vorbringen zur Zulässigkeit der Revision ist daher für den Erfolg einer außerordentlichen Revision entscheidend.

Im Einzelnen stellt der VwGH an die Darstellung der „gesonderten Gründe" folgende Anforderungen: In der Revision ist **konkret auf die vorliegende Rechtssache bezogen** aufzuzeigen, welche Rechtsfrage von grundsätzlicher Bedeutung der VwGH in einer Entscheidung über die Revision zu lösen hätte (VwGH 5.3.2015, Ra 2015/02/0027; 20.5.2015, Ra 2015/20/0002; 20.9.2017, Ra 2017/17/0035). Nicht ausreichend ist ein bloß allgemein gehaltenes Vorbringen (VwGH 16.10.2014, Ra 2014/16/0024; 26.3.2015, Ra 2014/17/0029), etwa derart, dass das Verwaltungsgericht von der ständigen Rsp des VwGH abgewichen sei (VwGH 28.4.2015, Ra 2015/05/0022). Vielmehr ist konkret darzulegen, in welchen Punkten die angefochtene Entscheidung von welcher Rsp des VwGH (die mit Datum und Geschäftszahl zitiert werden muss, vgl VwGH 9.3.2018, Ra 2017/03/0054) abweicht (VwGH 25.9.2014, Ra 2014/07/0056; 4.12.2014, Ra 2014/20/0112; 23.4.2015, Ra 2015/07/0031) bzw welche Rechtsfrage der VwGH uneinheitlich oder noch nicht beantwortet hat (VwGH 23.6.2015, Ra 2015/01/0045). Ungenügend sind auch der bloße Hinweis auf ein näher zitiertes Erkenntnis des VwGH (VwGH 19.3.2015, Ra 2015/16/0016) oder die nicht weiter substantiierte Behauptung des Vorliegens von Verfahrensmängeln (VwGH 30.6.2015, Ro 2015/03/0021; zur Notwendigkeit der Darlegung der Relevanz von Verfahrensmängeln vgl etwa VwGH 3.5.2018, Ra 2018/11/0071). Wenn geltend gemacht wird, dass die Rsp des VwGH uneinheitlich ist, muss ebenso konkret – unter Angabe der nach Datum und Geschäftszahl bezeichneten Entscheidungen des VwGH – angegeben werden, inwiefern die Rsp des VwGH uneinheitlich ist (vgl VwGH 11.8.2017, Ra 2017/17/0319). Nach der Rsp des VwGH muss der Revisionswerber **auch in einer ordentlichen Revision** die im Lichte des Art 133 Abs 4 B-VG maßgeblichen Gründe der Zulässigkeit der Revision darlegen, sofern er der Auffassung ist, dass die Begründung des Verwaltungsgerichts für die Zulässigkeit der Revision nicht ausreicht oder er andere Rechtsfragen grundsätzlicher Bedeutung für relevant erachtet (VwGH 17.12.2014, Ro 2014/06/0066; 23.4.2015, Ro 2014/07/0112; 24.6.2015, Ro 2014/10/0103; 30.6.2015, Ro 2015/03/0021; 8.3.2018, Ro 2015/12/0014; zu Sonderfällen vgl VwGH 24.3.2015, Ro 2014/05/0089, und 19.5.2015, Ro 2014/21/0071). Auf eine Rechtsfrage, die das Verwaltungsgericht bei der Zulassung der ordentlichen Revision als grundsätzlich angesehen hat, ist vom VwGH nicht einzugehen, wenn diese Rechtsfrage in der Revision nicht angesprochen wird (VwGH 26.3.2015, Ro 2014/07/0095; 31.1.2019, Ro 2017/15/0008).

Neben den notwendigen Inhaltserfordernissen des § 28 Abs 1 kann die Revision folgenden weiteren Inhalt haben (**fakultativer Inhalt**):
- Kostenersatzbegehren (vgl unten G. 5.2.);
- Antrag auf Zuerkennung der Verfahrenshilfe (§ 61 VwGG iVm §§ 63 ff ZPO; vgl unten G. 4.2.5. g.);
- Antrag auf Zuerkennung der aufschiebenden Wirkung (§ 30 Abs 2; vgl unten G. 4.2.5. h.);
- Antrag auf Durchführung einer mündlichen Verhandlung (§ 39; vgl unten G. 4.2.7. f.);
- Anregung eines Antrags an den VfGH auf Prüfung der Rechtmäßigkeit einer (präjudiziellen) generellen Norm (Art 139 Abs 1, Art 139a Abs 1, Art 140 Abs 1 und Art 140a Abs 1 B-VG, jeweils iVm Art 89 Abs 2 und Art 135 Abs 4 B-VG);
- Anregung auf Einholung einer Vorabentscheidung gem Art 267 AEUV (§ 38b VwGG; vgl unten G. 4.2.7. g.).

> Zur Rechtslage des VwGG vor der Einführung der mehrstufigen Verwaltungsgerichtsbarkeit hat der VwGH seine eigene Zuständigkeit zur Erlassung einstweiliger Anordnungen auf der Grundlage des Unionsrechts angenommen (vgl VwGH 26.9.2005, AW 2005/10/0029). Die zur Rechtslage nach der Einführung der mehrstufigen Verwaltungsgerichtsbarkeit ergangene Judikatur geht von der Zuständigkeit des VwG zur Entscheidung über Anträge auf Erlassung einstweiliger Anordnungen in unmittelbarer Anwendung von Unionsrecht im Revisionsverfahren aus (VwGH 29.10.2014, Ro 2014/04/0069; 29.1.2015, Ro 2014/07/0028; 25.2.2019, Ra 2018/19/0611).

c) Beilagen

Der Revision ist eine **Ausfertigung, Abschrift oder Kopie** des angefochtenen Erkenntnisses (bzw Beschlusses) anzuschließen, wenn es dem Revisionswerber zugestellt worden ist (§ 28 Abs 4); im ERV erfolgt dies im Wege der Anfügung einer PDF-Beilage zur elektronischen Haupteingabe. Andernfalls ist das Vorliegen der Voraussetzungen des § 25a Abs 4a letzter Satz (Ausfertigungsantrag nach mündlicher Verkündung) oder des § 26 Abs 2 (Revisionserhebung ohne vorherige Zustellung) nachzuweisen.

In den Fällen des § 24a Z 4 ist ferner der **Beleg über die Entrichtung der Eingabengebühr** im Original beizulegen. Im Fall der Einbringung der Revision durch Rechtsanwälte, Steuerberater und Wirtschaftsprüfer im Wege des ERV beim BVwG ist die Gebühr durch Abbuchung und Einziehung zu entrichten (§ 24a Z 5; näher unten G. 4.2.5. f.).

Die Beilage von **Beweismitteln** (va Urkunden) ist nur in jenen Fällen zulässig (dann aber mitunter notwendig), in denen das Neuerungsverbot nicht gilt (vgl oben G. 4.2.5. b.).

d) Gleichschriften

Für Schriftsätze, die **elektronisch eingebracht** werden, genügt eine **einfache Einbringung**. Soweit mehrere Ausfertigungen von im elektronischen Rechtsverkehr eingebrachten Schriftsätzen benötigt werden, hat der VwGH die entsprechenden Ausdrucke herzustellen. In Fällen, in denen Ausfertigungen von im elektronischen Rechtsverkehr eingebrachten Schriftsätzen mit außergewöhnlichem Umfang oder in außergewöhnlicher Anzahl benötigt werden, kann der Berichter der Partei unter Setzung einer angemessenen Frist die Beibringung der Ausfertigungen auftragen (§ 24 Abs 4).

Erfolgt die Eingabe **nicht im Wege des ERV**, so sind von jedem Schriftsatz samt Beilagen so viele gleichlautende Ausfertigungen beizubringen, dass jeder vom Verwaltungsgericht oder vom VwGH zu verständigenden Partei oder Behörde eine Ausfertigung zugestellt und überdies eine für die Akten des VwGH zurückbehalten werden kann. Sind die Beilagen sehr umfangreich, kann die Beigabe von Ausfertigungen unterbleiben. Beilagen gem § 28 Abs 4 und 5 sind nur in einfacher Ausfertigung beizubringen. Gleichschriften bedürfen keiner Unterschrift (§ 24 Abs 3).

Ist Partei im Sinne des § 21 Abs 1 Z 2 in einer Rechtssache in den Angelegenheiten der Bundesverwaltung nicht der zuständige Bundesminister oder in den Angelegenheiten der Landesverwaltung nicht die Landesregierung, ist außer den sonst erforderlichen Ausfertigungen der Revision samt Beilagen noch eine weitere Ausfertigung für den Bundesminister bzw die Landesregierung anzuschließen (§ 29; vgl VwGH 20.12.2006, 2004/08/0055).

e) Vertretung und Anwaltspflicht

Grundsätzlich können die Parteien – allerdings nur, soweit das VwGG nicht anderes bestimmt – ihre Rechtssache vor dem VwGH selbst führen oder sich durch einen Rechtsanwalt vertreten lassen. In Abgaben- und Abgabenstrafsachen können sie sich auch durch einen Steuerberater oder Wirtschaftsprüfer vertreten lassen (§ 23 Abs 1).

Besondere Vertretungsregeln gelten für Gebietskörperschaften, für Stiftungen, Fonds und Anstalten, die von Organen dieser Körperschaften oder von Personen (Personengemeinschaften) verwaltet werden, und für Selbstverwaltungskörperschaften (vgl § 23 Abs 2 und 3).

Gem § 24 Abs 2 sind folgende Eingaben durch einen bevollmächtigten **Rechtsanwalt** abzufassen und einzubringen (**Anwaltspflicht**):

- Revisionen,
- Fristsetzungsanträge,
- Anträge auf Wiederaufnahme des Verfahrens und
- Anträge auf Wiedereinsetzung in den vorigen Stand.

Anstelle eines Rechtsanwalts können diese Schriftsätze auch durch einen **Steuerberater** oder einen **Wirtschaftsprüfer** abgefasst und eingebracht werden, allerdings nur in **Abgaben- und Abgabenstrafsachen**, also beispielsweise bei Revisionen gegen Erkenntnisse oder Beschlüsse des BFG.

Ausnahmen bestehen für Revisionen von Gebietskörperschaften und in Dienstrechtsangelegenheiten (siehe im Einzelnen § 24 Abs 2 Z 1 und 2).

f) Gebührenpflicht

Die Revision unterliegt gem § 24a einer Eingabengebühr von 240 Euro. Gebietskörperschaften sind von der Entrichtung der Gebühr befreit.

Wird die Eingabe – wie es beim BVwG der Regelfall ist (vgl oben G. 4.2.5.a.) – im Weg des **elektronischen Rechtsverkehrs** eingebracht, so ist die Gebühr durch Abbuchung und Einziehung zu entrichten. In der Eingabe ist das Konto anzugeben, von dem die Gebühr einzuziehen ist, oder der Anschriftcode (§ 73), unter dem ein Konto gespeichert ist, von dem die Gebühr eingezogen werden soll (§ 24a Z 5).

Im Übrigen ist die Gebühr durch Überweisung auf ein entsprechendes Konto des Finanzamtes für Gebühren, Verkehrsteuern und Glücksspiel zu entrichten (§ 24a Z 4).

g) Verfahrenshilfe

Für das Revisionsverfahren kann nach Maßgabe des § 61 VwGG iVm §§ 63 ff ZPO Verfahrenshilfe gewährt werden. Die Bewilligung der Verfahrenshilfe schließt das Recht ein, dass der Partei ohne weiteres Begehren zur Abfassung und Einbringung der Revision und zur Vertretung bei der Verhandlung (§ 40) ein Rechtsanwalt beigegeben wird.

Die Gewährung der Verfahrenshilfe befreit nicht von der Kostenersatzpflicht, die im Unterliegensfall gegenüber den übrigen Parteien des Verfahrens vor dem VwGH entsteht.

Wurde das Erkenntnis des Verwaltungsgerichts gem § 29 Abs 2 VwGVG mündlich verkündet, ist ein Verfahrenshilfeantrag nur zulässig, wenn zuvor ein Ausfertigungsantrag gem § 29 Abs 4 VwGVG gestellt wurde (vgl § 61 Abs 1a VwGG).

Wird der Verfahrenshilfeantrag innerhalb der Revisionsfrist gestellt, beginnt die Revisionsfrist erst mit der Zustellung des Bescheids über die Bestellung eines Rechtsanwalts oder aber mit der Zustellung des den Antrag abweisenden Beschlusses zu laufen (vgl § 26 Abs 3; siehe dazu oben G. 4.2.4. h.).

Im Übrigen ist zwischen ordentlichen und außerordentlichen Revisionen zu differenzieren:

– Wenn das Verwaltungsgericht in seinem Erkenntnis oder Beschluss ausgesprochen hat, dass die Revision gem Art 133 Abs 4 B-VG zulässig ist, so ist der Verfahrenshilfeantrag beim **Verwaltungsgericht** einzubringen (§ 24 Abs 1 Satz 1), das auch darüber entscheidet (§ 61 Abs 2). Gegen seinen Beschluss ist eine Revision nicht zulässig (§ 25a Abs 2 Z 3).

– Wenn das Verwaltungsgericht in seinem Erkenntnis oder Beschluss ausgesprochen hat, dass die Revision gem Art 133 Abs 4 B-VG nicht zulässig ist, so ist der Verfahrenshilfeantrag beim **VwGH** einzubringen (§ 24 Abs 1 Z 2; VwGH 1.3.2018, Ra 2017/19/0583), der auch darüber entscheidet (§ 61 Abs 3).

Im Fall einer außerordentlichen Revision ist im Verfahrenshilfeantrag, soweit dies dem Antragsteller zumutbar ist, kurz zu begründen, warum entgegen dem Ausspruch des Verwaltungsgerichtes die Revision für zulässig erachtet wird (§ 61 Abs 3 Satz 2); siehe dazu oben G. 4.2.5. a.

Hat das Verwaltungsgericht bzw der VwGH die Verfahrenshilfe bewilligt, hat es bzw hat er den Ausschuss der nach dem gewöhnlichen Aufenthalt der Partei zuständigen Rechtsanwaltskammer zu benachrichtigen, damit der Ausschuss einen Rechtsanwalt zum Vertreter bestelle. Wünschen der Partei über die Auswahl dieses Rechtsanwalts ist im Einvernehmen mit dem namhaft gemachten Rechtsanwalt nach Möglichkeit zu entsprechen.

Hat der VfGH eine Beschwerde gem Art 144 Abs 3 B-VG dem VwGH abgetreten, gilt eine von ihm bewilligte Verfahrenshilfe und die Bestellung eines Rechtsanwaltes auch für das Revisionsverfahren (§ 61 Abs 7).

Die Verwaltungsgerichte und der VwGH stellen auf ihren Websites Muster für Verfahrenshilfeanträge samt Vermögensverzeichnis zur Verfügung (www.vwgh.gv.at).

h) Aufschiebende Wirkung

Die Revision gegen ein Erkenntnis oder einen Beschluss (vgl § 30 Abs 5) hat **grundsätzlich keine aufschiebende Wirkung** (§ 30 Abs 1), es sei denn, sie wird auf Antrag des Revisionswerbers vom Verwaltungsgericht oder vom VwGH zuerkannt.

Voraussetzung für die Zuerkennung der aufschiebenden Wirkung ist, dass
- dem nicht zwingende öffentliche Interessen entgegenstehen und
- nach Abwägung der berührten öffentlichen Interessen und Interessen anderer Parteien mit dem Vollzug des angefochtenen Erkenntnisses oder mit der Ausübung der durch das angefochtene Erkenntnis eingeräumten Berechtigung für den Revisionswerber ein unverhältnismäßiger Nachteil verbunden wäre (§ 30 Abs 2).

Der Revisionswerber hat konkret darzulegen, aus welchen tatsächlichen Umständen sich der von ihm behauptete Nachteil ergibt, es sei denn, die Voraussetzungen für die Zuerkennung der aufschiebenden Wirkung lassen sich je nach Lage des Falles ohne weiteres erkennen (VwGH 05.9.2018, Ra 2018/03/0056).

Voraussetzung für die Zuerkennung der aufschiebenden Wirkung ist die **Vollzugstauglichkeit** der bekämpften Entscheidung. Einem Vollzug sind grundsätzlich jene Entscheidungen zugänglich, welche eine – in die Rechtsposition des Revisionswerbers eingreifende – „Umsetzung in die Wirklichkeit" zulassen, deren Folgen eine Aushöhlung des Rechtsschutzes vor dem VwGH bewirken würden (vgl etwa VwGH 20.11.2014, Ro 2014/07/0049; 14.6.2017, Ra 2017/19/0169).

> **Beispiele:** Einem Vollzug nicht zugänglich sind: eine Entscheidung, mit dem eine Bewilligung nicht erteilt wird (vgl zu Bescheiden VwGH 23.2.2004, AW 2003/10/0061); eine zurückweisende Entscheidung, mit der eine Änderung der Rechtsposition des Revisionswerbers abgelehnt wird (vgl VwGH 10.2.2005, AW 2005/07/0014); eine Entscheidung, mit der die Parteistellung aberkannt wird (vgl VwGH 26.5.2003, AW 2003/06/0006); eine Entscheidung, die ein Ersuchen um Akteneinsicht zurückweist (vgl VwGH 30.9.2003, AW 2003/17/0052).

Um einer Revision aufschiebende Wirkung zuerkennen zu können, dürfen dem nicht **zwingende öffentliche Interessen** entgegenstehen. „Zwingende öffentliche Interessen" sind besonders qualifizierte öffentliche Interessen, die den sofortigen Vollzug der angefochtenen Entscheidung zwingend gebieten (VwGH 29.8.2003, AW 2003/10/0012; 20.2.2018, Ra 2017/05/0293).

Beispiele: Zwingende öffentliche Interessen sind gegeben, wenn mit dem Aufschub eine konkret drohende Gefahr für das Leben oder die Gesundheit von Menschen oder deren Eigentum verbunden wäre (VwGH 25.8.1999, AW 99/07/0009; 20.2.2018, Ra 2017/05/0293), wenn die Sicherheit im Straßenverkehr beeinträchtigt wäre (17.9.2002, AW 2002/11/0063; 19.04.2013, AW 2013/11/0013), oder wenn die Durchsetzung des staatlichen Strafanspruchs und des Abgabenanspruchs sowie die Versorgungslage breiterer Bevölkerungsteile (zB mit Wasser oder Energie) gefährdet wären (VwGH 22.10.1992, AW 92/10/0062; 20.5.1996, AW 96/17/0030; 2.12.2005, AW 2005/17/0060).

Stehen der Zuerkennung der aufschiebenden Wirkung keine zwingenden öffentlichen Interessen entgegen, ist in einem nächsten Schritt festzustellen, ob mit dem Vollzug der Entscheidung ein **unverhältnismäßiger Nachteil** für den Revisionswerber einhergeht, wobei alle berührten Interessen abzuwägen sind. Für die Beurteilung, ob ein Eingriff in diese geschützten Interessen einen unverhältnismäßigen Nachteil darstellt, ist maßgeblich, ob die Folgen des Eingriffs im Falle der Aufhebung der angefochtenen Entscheidung wieder beseitigt werden können (VwGH 17.3.2004, AW 2003/04/0046).

Beispiele: Ein unverhältnismäßiger Nachteil läge vor beim Vollzug von sehr hohen Geldstrafen (VwGH 5.9.2005, AW 2005/14/0022; 5.7.2018, Ra 2018/16/0075), einer (Ersatz)Freiheitsstrafe (VwGH 23.1.1992, AW 92/05/0002; vgl aber auch § 53b Abs 3 VStG) oder eines baupolizeilichen Beseitigungsauftrags hinsichtlich eines bereits errichteten Bauwerks (VwGH 24.6.1991, AW 91/05/0029). Keine unverhältnismäßigen Nachteile bilden jene, die im Falle des Prozesserfolgs vor dem VwGH ohne weiteres in Geld ausgeglichen werden können (VwGH 2.5.2006, AW 2006/15/0022; 24.6.2016, Ra 2016/15/0046), es sei denn, es treten besondere Umstände hinzu, wie etwa die Gefährdung des Unterhalts (VwGH 3.6.1998, AW 98/03/0026).

In Fällen, in denen der Revisionswerber eine Verletzung von aus dem **Unionsrecht** resultierenden Rechten geltend macht, ist aufschiebende Wirkung nicht zwingend zuzuerkennen, sondern – neben anderen Voraussetzungen – nur dann, wenn anders die volle Wirksamkeit der späteren Gerichtsentscheidung über das Bestehen der aus dem Unionsrecht hergeleiteten Rechte nicht sichergestellt werden kann (VwGH 29.8.2001, AW 2001/05/0024; 10.4.2019, Ra 2019/05/0047). Das Unionsrecht kann umgekehrt der Gewährung aufschiebender Wirkung sogar entgegenstehen, etwa wenn die damit verbundene Möglichkeit für den Auftraggeber im Vergabeverfahren, ohne neuerliche Zuschlagsentscheidung an den in Aussicht genommenen Zuschlagsempfänger zu vergeben, der Entscheidung der unionsrechtlich gebotenen Nachprüfungsinstanz die Effizienz nehmen und daher zwingenden öffentlichen Interessen widersprechen würde (VwGH 9.8.2004, AW 2004/04/0032).

Über die Zuerkennung der aufschiebenden Wirkung **entscheidet** bis zur Vorlage der Revision das Verwaltungsgericht (vgl auch § 30a Abs 3; der Beschluss ist gem § 25a Abs 2 Z 1 nicht revisibel), ab Vorlage der Revision der VwGH; beide mit Beschluss. Das Verwaltungsgericht ist somit auch im Fall einer außerordentlichen Revision bis zur Vorlage der Revision an den VwGH zur Entscheidung über einen Antrag auf Zuerkennung der aufschiebenden Wirkung der Revision zuständig und verpflichtet (VwGH 25.4.2017, Ra 2017/16/0039). Die Zuerkennung der aufschiebenden Wirkung bedarf nur dann einer Begründung, wenn durch sie Interessen anderer Parteien berührt werden. Der Beschluss ist den Parteien zuzustellen. Wird die aufschiebende Wirkung zuerkannt, ist der Vollzug des angefochtenen Erkenntnisses aufzuschieben und sind die hiezu erforderlichen Anordnungen zu treffen; der Inhaber der durch das angefochtene Erkenntnis eingeräumten Berechtigung darf diese nicht ausüben (§ 30 Abs 4). Die aufschiebende Wirkung tritt *ex nunc* mit der Zustellung des Beschlusses des Verwaltungsgerichts oder des VwGH ein und verpflichtet mithin nicht zur Zurücknahme bereits gesetzter Akte. Sie endet jedenfalls mit der Beendigung des Revisionsverfahrens, kann aber auch vor diesem Zeitpunkt wieder aberkannt werden.

Wenn sich die **Voraussetzungen**, die für die Entscheidung über die aufschiebende Wirkung der Revision maßgebend waren, **wesentlich geändert** haben, ist von Amts wegen oder auf Antrag einer Partei neu zu entscheiden (§ 30 Abs 2 letzter Satz). Von einer derartigen Änderung der Voraussetzungen kann aber nicht die Rede sein, wenn ein neuerlicher Antrag lediglich auf eine geänderte Begründung gestützt wird, also Argumente für eine neuerliche Entscheidung über den Antrag vorgetragen werden, die schon im Zusammenhang mit dem bereits erledigten Antrag hätten vorgebracht werden können, aber nicht geltend gemacht worden sind (VwGH 14.5.2010, AW 2010/08/0034).

Darüber hinaus kann der VwGH ab Vorlage der Revision Beschlüsse (des Verwaltungsgerichts) gem § 30 Abs 2 von Amts wegen oder auf Antrag einer Partei aufheben oder abändern, wenn er die Voraussetzungen der Zuerkennung der aufschiebenden Wirkung anders beurteilt oder wenn sich die Voraussetzungen, die für die Entscheidung über die aufschiebende Wirkung der Revision maßgebend waren, **wesentlich geändert** haben (§ 30 Abs 3). Dieses Verfahren dient aber nur einer Überprüfung der Entscheidung des VwG, und wiederum nicht dazu, dem Antragsteller etwa eine nachträgliche Begründung seines Antrags zu ermöglichen (VwGH 10.7.2015, Ro 2015/08/0017).

4.2.6. Vorentscheidung durch das Verwaltungsgericht und Vorlageantrag

Nach Einbringung der Revision beim Verwaltungsgericht (§ 25a Abs 5) hat dieses vorab über bestimmte formelle Aspekte der Revision zu entscheiden. Im Fall einer **ordentlichen Revision** sind folgende Verfahrensschritte zu setzen:

– **Zurückweisung unzulässiger Revisionen:** Revisionen, die sich wegen Versäumung der Einbringungsfrist oder wegen Unzuständigkeit des VwGH nicht zur Behandlung eignen oder denen die Einwendung der entschiedenen Sache oder der Mangel der Berechtigung zu ihrer Erhebung entgegensteht, sind ohne weiteres Verfahren mit Beschluss zurückzuweisen (§ 30a Abs 1).

Gegen diesen Beschluss ist eine Revision nicht zulässig (§ 25a Abs 2 Z 1), doch steht den Parteien der **Vorlageantrag** gem § 30b offen. Danach kann jede Partei binnen zwei Wochen nach Zustellung des Beschlusses beim Verwaltungsgericht den Antrag stellen, dass die Revision dem VwGH zur Entscheidung vorgelegt wird. Daraufhin hat das Verwaltungsgericht dem VwGH den Vorlageantrag und die Revision unter Anschluss der Akten des Verfahrens vorzulegen. Verspätete und unzulässige Vorlageanträge sind vom Verwaltungsgericht mit Beschluss zurückzuweisen (§ 30b Abs 3). Gegen diesen Beschluss ist eine Revision gem § 25a Abs 2 Z 2 nicht zulässig.

– **Mängelbehebungsverfahren:** Revisionen, die an sich zulässig sind, bei denen jedoch die Vorschriften über die Form und den Inhalt (§§ 23, 24, 28, 29) nicht eingehalten wurden, sind zur Behebung der Mängel unter Setzung einer kurzen Frist zurückzustellen; die Versäumung dieser Frist gilt als Zurückziehung. Dem Revisionswerber steht es frei, einen neuen, dem Mängelbehebungsauftrag voll Rechnung tragenden Schriftsatz unter Wiedervorlage der zurückgestellten unverbesserten Revision einzubringen (§ 30a Abs 2).

– **Aufschiebende Wirkung:** Wurde ein Antrag auf Zuerkennung der aufschiebenden Wirkung gestellt, so hat das Verwaltungsgericht darüber unverzüglich mit Beschluss zu entscheiden (§ 30a Abs 3; vgl oben G. 4.2.5. h.).

– **Aufforderung zur Revisionsbeantwortung:** Das Verwaltungsgericht hat den anderen Parteien Ausfertigungen der Revision samt Beilagen mit der Aufforderung zuzustellen, binnen einer mit höchstens acht Wochen festzusetzenden Frist eine Revisionsbeantwortung einzubringen (§ 30a Abs 4); im Fall des § 29 hat das Verwaltungsgericht eine Ausfertigung der Revision samt Beilagen auch dem zuständigen Bundesminister bzw der Landesregierung mit der Mitteilung zuzustellen, dass es ihm bzw ihr freisteht, binnen einer mit höchstens acht Wochen festzusetzenden Frist eine Revisionsbeantwortung einzubringen (§ 30a Abs 5). Nach Ablauf dieser Fristen hat das Verwaltungsgericht den anderen Parteien Ausfertigungen der eingelangten Revisionsbeantwortungen samt Beilagen zuzustellen und dem VwGH die Revision und die Revisionsbeantwortungen samt Beilagen unter Anschluss der Akten des Verfahrens vorzulegen (§ 30a Abs 6).

Im Fall einer **außerordentlichen Revision** gilt anderes:

– Das Verwaltungsgericht hat den anderen Parteien (sowie im Fall des § 29 dem zuständigen Bundesminister bzw der Landesregierung) lediglich eine Ausfertigung der außerordentlichen Revision samt Beilagen zuzustellen und dem VwGH die außerordentliche Revision samt Beilagen unter Anschluss der Akten des Verfahrens vorzulegen (vgl § 30a Abs 7). Gegebenenfalls ist auch über einen Antrag auf Zuerkennung der aufschiebenden Wirkung gem § 30 Abs 2 zu entscheiden (VwGH 25.4.2017, Ra 2017/16/0039; näher oben G. 4.2.5. h.).

– Das Vorverfahren führt daraufhin der VwGH selbst (§ 36): Er fordert die anderen Parteien auf, binnen einer mit höchstens acht Wochen festzusetzenden Frist eine Revisionsbeantwortung einzubringen (vgl VwGH 3.7.2015, Ra 2015/03/0041), nimmt im Fall des § 29 die Mitteilung an den zuständigen Bundesminister bzw die Landesregierung vor und stellt nach Ablauf der Fristen zur Revisionsbeantwortung den anderen Parteien Ausfertigungen der eingelangten Revisionsbeantwortungen samt Beilagen zu.

Hat das Verwaltungsgericht Verfahrensschritte gem den Abs 2 und 4 bis 7 nicht oder nicht vollständig vorgenommen, kann der VwGH dem Verwaltungsgericht die Revision samt Beilagen unter Anschluss der Akten des Verfahrens mit dem Auftrag zurückstellen, diese Verfahrensschritte binnen einer ihm zu setzenden kurzen Frist nachzuholen. Der VwGH kann diese Verfahrensschritte auch selbst vornehmen, wenn dies im Interesse der Zweckmäßigkeit, Raschheit, Einfachheit und Kostenersparnis gelegen ist (§ 30a Abs 10).

4.2.7. Revisionsverfahren vor dem VwGH

Der Präsident des VwGH weist jede anfallende Rechtssache dem nach der Geschäftsverteilung zuständigen **Senat** zu und bestellt ein Mitglied desselben zum **Berichter** sowie für die Beratungen der verstärkten Senate (§ 13) einen zweiten, nötigenfalls auch einen dritten Mitberichter (§ 14 Abs 1).

§ 14 Abs 2 zählt die Aufgaben des **Berichters** taxativ auf. Danach trifft der Berichter ohne Senatsbeschluss:

– Anordnungen prozessleitender Art im Vorverfahren,
– verfahrensleitende Anordnungen, die nur zur Vorbereitung der Entscheidung dienen,
– verfahrensleitende Anordnungen und Entscheidungen betreffend die Zuerkennung der aufschiebenden Wirkung sowie
– verfahrensleitende Anordnungen und Entscheidungen, die sich nur auf die Verfahrenshilfe beziehen (§ 61).

Der Senat entscheidet im gegebenen Zusammenhang über einen Antrag auf Wiedereinsetzung in den vorigen Stand wegen Versäumung einer Frist in einer Angelegenheit der Verfahrenshilfe; über einen Antrag auf Wiederaufnahme des Verfahrens zur Bewilligung der Verfahrenshilfe; über die Wiederaufnahme eines durch Berichterbeschluss abgeschlossenen Verfahrens; über das Ersuchen um Abänderung eines Beschlusses, mit dem im Mehrparteienverfahren der Revision die aufschiebende Wirkung zuerkannt wurde.

a) Abweisung und Aufhebung ohne weiteres Verfahren

In bestimmten Fällen kann der VwGH ohne weiteres Verfahren in nichtöffentlicher Sitzung entscheiden (§ 35):
– Der VwGH hat die **Revision** ohne weiteres Verfahren in nichtöffentlicher Sitzung als unbegründet **abzuweisen**, wenn der Inhalt der Revision erkennen lässt, dass die vom Revisionswerber behaupteten Rechtsverletzungen nicht vorliegen.
– Das angefochtene **Erkenntnis** oder der angefochtene **Beschluss** ist hingegen ohne weiteres Verfahren in nichtöffentlicher Sitzung **aufzuheben**, wenn
  • dem Verfahren keine Mitbeteiligten beizuziehen sind,
  • sich schon aus dem Erkenntnis oder dem Beschluss ergibt, dass eine der in der Revision behaupteten Rechtsverletzungen vorliegt, und
  • die Partei im Sinne des § 21 Abs 1 Z 2 in einer Revisionsbeantwortung oder innerhalb einer ihr zu setzenden angemessenen Frist nichts vorgebracht hat, was geeignet ist, das Vorliegen dieser Rechtsverletzung als nicht gegeben erkennen zu lassen.

Beispiele: Ohne weitere Prüfung abzuweisen ist eine Revision, die keine Rechtsverletzung durch die angefochtene Entscheidung geltend macht (vgl VwGH 3.11.1994, 94/15/0165), oder die Revision gegen eine Entscheidung, deren Inhalt von dem in der Revision angeführten verletzten Recht nicht erfasst wird (vgl VwGH 16.11.1995, 95/16/0276).

Ein Vorgehen nach § 35 kommt allerdings nur dann in Betracht, wenn nicht Art 6 EMRK oder Art 47 GRC dem Entfall einer mündlichen Verhandlung entgegensteht (vgl VwGH 10.8.2000, 2000/07/0083).

> **Beispiele:** Nach § 35 kann daher vorgegangen werden, wenn der Revisionswerber schon im Verfahren vor dem Verwaltungsgericht Gelegenheit hatte, seinen Standpunkt unter Wahrung der Verfahrensgarantien nach Art 6 EMRK vorzutragen, oder wenn das Verfahren keine „civil rights" bzw keine „strafrechtliche Beschuldigung" betrifft. In diesen Fällen kann der VwGH von der Durchführung einer mündlichen Verhandlung ungeachtet eines Antrags des Revisionswerbers absehen.

b) Mängelbehebungsauftrag

Mangelhafte (aber an sich zulässige) Revisionen sind gem § 34 Abs 2 zur Behebung der Mängel unter Setzung einer kurzen Frist zurückzustellen; die Versäumung dieser Frist gilt als Zurückziehung. Dem Revisionswerber steht es frei, einen neuen, dem Mängelbehebungsauftrag voll Rechnung tragenden Schriftsatz unter Wiedervorlage der zurückgestellten unverbesserten Revision einzubringen. Auch die nur teilweise Nichtbefolgung eines Mängelbehebungsauftrags bewirkt die gesetzliche Fiktion der Rückziehung der Revision (§ 34 Abs 2), weshalb das Revisionsverfahren gem § 33 Abs 1 einzustellen ist (VwGH 6.3.2018, Ra 2018/18/0006; 3.4.2019, Ro 2017/15/0016).

§ 34 Abs 2 kommt vor allem bei außerordentlichen Revisionen zur Anwendung, bei denen der VwGH das Vorverfahren führt (vgl oben G. 4.2.7. d.). Ordentliche Revisionen, die Mängel aufweisen, sind zuvörderst vom Verwaltungsgericht einem Verbesserungsverfahren zu unterziehen (§ 30a Abs 2); falls das Verwaltungsgericht dies unterlassen hat, kann der VwGH ihm entweder auftragen, das Mängelbehebungsverfahren nachzuholen (vgl § 30a Abs 10), oder er kann ein solches Verfahren – auf Grundlage des § 34 Abs 2 – selbst durchführen.

c) Aufforderung zur Ergänzung der Revisionsgründe (Vorhalteverfahren)

Der Berichter kann im Rahmen des Vorhalteverfahrens gem § 33 Abs 2 den Revisionswerber, sofern dessen in der Revision geäußerte Rechtsansicht jener der bisherigen Rechtsprechung des VwGH widerspricht, auffordern, die Revision durch die Angabe der Gründe hiefür zu ergänzen. Dabei ist eine angemessene Frist zu setzen, deren Versäumung als Zurückziehung der Revision gilt.

d) Vorverfahren und Revisionsbeantwortung bei außerordentlichen Revisionen

§ 36 regelt das **Vorverfahren** vor dem VwGH, das (in dieser Form) nur im Verfahren über **außerordentliche Revisionen** stattfindet. Bei ordentlichen Revisionen wird das Vorverfahren durch das Verwaltungsgericht geführt (vgl oben G. 4.2.6.).

Im Fall einer (zulässigen und mängelfreien) außerordentlichen Revision hat der VwGH die anderen Parteien aufzufordern, binnen einer mit höchstens acht Wochen festzusetzenden Frist eine **Revisionsbeantwortung** einzubringen (§ 36 Abs 1; vgl VwGH 3.7.2015, Ra 2015/03/0041). Unter den Voraussetzungen des § 29 (vgl oben G. 4.2.5. d.) ist auch der zuständige BM bzw die LReg unter Übermittlung einer Ausfertigung der Revision zur Revisionsbeantwortung aufzufordern. Die Revisionsbeantwortung dient der Auseinandersetzung mit dem Vorbringen in der Revision. Es kann der Revision entgegengehalten werden, sie sei unzulässig und/oder in der Sache unbegründet. Schließt sich eine andere Partei der Revision hingegen an, wertet der VwGH dies als (eigene) verspätete Revision und er geht mit Zurückweisung gem § 34 Abs 1 vor (VwGH 21.6.2017, Ro 2016/03/0002; 8.4.2019, Ro 2018/03/0058). Versäumen es die Parteien, eine Revisionsbeantwortung zu erstatten, oder nehmen sie bewusst davon Abstand, so ist das Verfahren dennoch fortzuführen (§ 37a).

Nach Ablauf der Frist für die Revisionsbeantwortungen hat der VwGH den anderen Parteien Ausfertigungen der eingelangten Revisionsbeantwortungen samt Beilagen **zuzustellen**. Die Parteien können daraufhin weitere Schriftsätze (Äußerungen zu den Revisionsbeantwortungen der übrigen Parteien) einbringen; der VwGH kann den Parteien aber auch weitere Schriftsätze auftragen (siehe gleich unten G. 4.2.7. e.).

e) Einbringung weiterer Schriftsätze

Nach § 37 kann der VwGH die Parteien **auffordern,** binnen angemessener Frist **weitere Schriftsätze** einzubringen oder sich zu Schriftsätzen der anderen Parteien zu äußern. Werden aufgetragene Schriftsätze nicht erstattet, so ist das Verfahren vor dem VwGH dennoch fortzuführen (§ 37a).

Die Parteien können auch **unaufgefordert** (fristungebunden) weitere Schriftsätze einbringen. Dies geschieht idR, um gegnerisches Vorbringen nicht unwidersprochen zu lassen.

§ 37 differenziert nicht danach, ob es sich um ein Verfahren über ordentliche oder außerordentliche Revisionen handelt, sodass die Erstattung von Schriftsätzen in beiden Fällen aufgetragen werden und/oder aus eigener Initiative einer Partei erfolgen kann.

f) Öffentliche mündliche Verhandlung

Nach Abschluss des Vorverfahrens ist gem § 39 Abs 1 über die Revision eine **Verhandlung** vor dem Verwaltungsgerichtshof durchzuführen, wenn

- der Revisionswerber innerhalb der Revisionsfrist oder eine andere Partei innerhalb der Frist zur Erstattung der Revisionsbeantwortung die Durchführung der Verhandlung **beantragt** hat; ein solcher Antrag kann nur mit Zustimmung der anderen Parteien zurückgezogen werden (Z 1);
- der **Berichter** oder der **Vorsitzende** die Durchführung der Verhandlung für **zweckmäßig** erachtet oder der **Senat** sie **beschließt** (Z 2).

Eine Sonderregelung enthält § 39 Abs 3 für den Fall, dass ein **verstärkter Senat** (§ 13) gebildet wird: Hat in diesen Fällen eine Verhandlung bereits vor dem Fünfersenat stattgefunden, so ist sie vor dem verstärkten Senat nur dann zu wiederholen, wenn der verstärkte Senat dies beschließt.

Ungeachtet eines Parteiantrags kann der VwGH gem § 39 Abs 2 **von einer Verhandlung absehen,** wenn

- das Verfahren einzustellen (§ 33) oder die Revision zurückzuweisen ist (§ 34);
- das angefochtene Erkenntnis oder der angefochtene Beschluss wegen Rechtswidrigkeit infolge Unzuständigkeit des Verwaltungsgerichtes aufzuheben ist (§ 42 Abs 2 Z 2);
- das angefochtene Erkenntnis oder der angefochtene Beschluss wegen Rechtswidrigkeit infolge Verletzung von Verfahrensvorschriften aufzuheben ist (§ 42 Abs 2 Z 3);
- das angefochtene Erkenntnis oder der angefochtene Beschluss nach der ständigen Rechtsprechung des VwGH wegen Rechtswidrigkeit seines Inhalts aufzuheben ist;
- keine andere Partei eine Revisionsbeantwortung eingebracht hat und das angefochtene Erkenntnis oder der angefochtene Beschluss aufzuheben ist;
- die Schriftsätze der Parteien und die Akten des Verfahrens vor dem Verwaltungsgericht erkennen lassen, dass die mündliche Erörterung eine weitere Klärung der Rechtssache nicht erwarten lässt und einem Entfall der Verhandlung weder Art 6 Abs 1 EMRK noch Art 47 GRC entgegenstehen. Aus diesem Grund sieht der VwGH auch dann von einer mündlichen Verhandlung ab, wenn das Verwaltungsgericht (ein Tribunal iSd EMRK) eine mündliche Verhandlung durchgeführt hat (VwGH 30.6.2015, Ra 2015/03/0020; 27.3.2019, Ro 2018/10/0040) oder wenn der Revisionswerber schon beim Verwaltungsgericht eine mündliche Verhandlung hätte beantragen können, dies aber unterlassen hat (VwGH 28.4.2015, Ra 2015/05/0016; 14.11.2018, Ra 2017/11/0308).

In der Praxis finden vor dem VwGH höchst selten mündliche Verhandlungen statt.

Verhandlungen werden vom Vorsitzenden angeordnet und finden vor dem Senat statt. Es sind alle Parteien zu laden, ihr Ausbleiben steht jedoch der Verhandlung und Entscheidung nicht entgegen.

Die Verhandlung ist **öffentlich**. Die Öffentlichkeit darf von der Verhandlung nur so weit ausgeschlossen werden, als dies aus Gründen der Sittlichkeit, der öffentlichen Ordnung oder der nationalen Sicherheit, der Wahrung von Geschäfts- und Betriebsgeheimnissen sowie im Interesse des Schutzes Jugendlicher oder des Privatlebens einer Partei, eines Opfers, eines Zeugen oder eines Dritten geboten ist. Der Ausschluss der Öffentlichkeit erfolgt durch Beschluss des Senates entweder von Amts wegen oder auf Antrag einer Partei oder eines Zeugen. Unmittelbar nach der Verkündung des Beschlusses über den Ausschluss der Öffentlichkeit haben sich alle Zuhörer zu entfernen, doch können die Parteien verlangen, dass je drei Personen ihres Vertrauens die Teilnahme an der Verhandlung gestattet wird. Wenn die Öffentlichkeit von einer Verhandlung ausgeschlossen wurde, ist es so weit untersagt, daraus Umstände weiterzuverbreiten, als dies aus den jeweiligen Ausschlussgründen geboten ist.

Der **Vorsitzende** eröffnet, leitet und schließt die Verhandlung und handhabt die Sitzungspolizei. Die Verhandlung beginnt mit dem Vortrag des Berichters. Der Vorsitzende hat von Amts wegen für die vollständige Erörterung der Rechtssache zu sorgen. Auch die sonstigen Mitglieder des Senates sind befugt, Fragen zu stellen. Über Einwendungen gegen Anordnungen, die das Verfahren betreffen, sowie über Anträge, die im Laufe des Verfahrens gestellt werden, ist durch Beschluss zu entscheiden. Über jede Verhandlung ist eine **Niederschrift** anzufertigen. Diese hat die Namen der Mitglieder des Senats, des Schriftführers, der Parteien und ihrer Vertreter sowie die wesentlichen Vorkommnisse der Verhandlung, insb Anträge der Parteien, zu enthalten und ist vom Vorsitzenden und vom Schriftführer zu unterfertigen.

Eine Verhandlung darf nur aus erheblichen Gründen **vertagt** werden; im Zuge einer Verhandlung beschließt die Vertagung der Senat, sonst verfügt sie der Vorsitzende.

g) Vorgehen bei verfassungsrechtlichen und unionsrechtlichen Bedenken

Nach Art 135 Abs 4 iVm Art 89 Abs 1 B-VG steht dem VwGH die Prüfung der Gültigkeit gehörig kundgemachter Verordnungen, Kundmachungen über die Wiederverlautbarung eines Gesetzes (Staatsvertrages), Gesetze und Staatsverträge nicht zu. Nach der nunmehrigen Judikatur des VfGH ist auch die Prüfung der gehörigen Kundmachung beim VfGH monopolisiert; gesetzwidrig kundgemachte Verordnungen bzw verfassungswidrig kundgemachte Gesetze sind bis zur Aufhebung durch den VfGH für jedermann verbindlich (VfSlg 20.182/2017). Hat der VwGH gegen die Anwendung einer Verordnung aus dem Grund der **Gesetzwidrigkeit** oder gegen die Anwendung eines Gesetzes aus dem Grund der **Verfassungswidrigkeit** Bedenken, so hat er einen Antrag auf Aufhebung der generellen Norm beim VfGH zu stellen (Art 135 Abs 4 iVm Art 89 Abs 2 B-VG).

Hat der VwGH Bedenken ob der **Unionsrechtskonformität** einer Regelung, ist er als letztinstanzliches Gericht regelmäßig zur Einholung einer Vorabentscheidung des EuGH verpflichtet, es sei denn, die Frage wäre in einem gleich gelagerten Fall vom EuGH bereits entschieden worden, sie wäre aufgrund einer gesicherten Rechtsprechung des EuGH bereits gelöst, oder die richtige Anwendung des Unionsrechts wäre derart offenkundig, dass keinerlei Raum für einen vernünftigen Zweifel an der Entscheidung der gestellten Frage bliebe (EuGH 6.10.1982, Rs 283/81, *CILFIT*, Slg 1982, 03415, Rz 13 ff).

Nach § 38b sind Beschlüsse des VwGH, dem EuGH eine Frage zur Vorabentscheidung vorzulegen, den Parteien zuzustellen. Hat der VwGH einen solchen Beschluss gefasst, so darf er bis zum Einlangen der Vorabentscheidung nur solche Handlungen vornehmen und nur solche Anordnungen und Entscheidungen treffen, die durch die Vorabentscheidung nicht beeinflusst werden können oder die die Frage nicht abschließend regeln und keinen Aufschub gestatten. Ist die beantragte Vorabentscheidung noch nicht ergangen und hat der VwGH die Bestimmung, die Gegenstand seines Vorabentscheidungsantrags war, nicht mehr anzuwenden, so hat er diesen unverzüglich zurückzuziehen.

Hat der VwGH Bedenken ob der Vereinbarkeit einer gesetzlichen Regelung mit der **GRC**, so hat er die Wahl, einen Antrag nach Art 140 B-VG an den VfGH (vgl VfSlg 19.632/2012: GRC als Prüfungsmaßstab in Verfahren der Normenkontrolle) oder ein Vorabentscheidungsersuchen nach Art 267 AEUV an den EuGH zu richten.

h) Massenverfahren

Ist beim VwGH eine erhebliche Anzahl von Verfahren über Revisionen anhängig, in denen gleichartige Rechtsfragen zu lösen sind, oder besteht Grund zur Annahme, dass eine erhebliche Anzahl solcher Revisionen eingebracht werden wird, so kann der VwGH dies gem § 38a mit Beschluss aussprechen („**Wartetaste**"). Ein solcher Beschluss hat die in diesen Verfahren anzuwendenden Rechtsvorschriften, die auf Grund dieser Rechtsvorschriften zu lösenden Rechtsfragen und die Angabe, welche der Revisionen der VwGH behandeln wird, zu enthalten. Die Beschlüsse werden von dem nach der Geschäftsverteilung zuständigen Senat gefasst.

> Der Zweck des § 38a und der darauf gestützten Beschlüsse besteht darin, Massenverfahren vor dem VwGH zu verhindern, indem Verfahren vor den Verwaltungsgerichten, in denen die dort genannten Normen anzuwenden sind, für die Dauer des Verfahrens vor dem VwGH nicht fortgeführt werden.

Ein Grund zu einer Annahme iSd § 38a Abs 1 besteht dann, wenn
- von der in Rede stehenden Rechtsfrage eine größere Zahl von Rechtssubjekten in einem relativ kurzen Beobachtungszeitraum potenziell betroffen ist (vgl VwGH 6.5.2011, 2011/08/0090),
- mehr als nur vereinzelte Revisionen beim VwGH anhängig gemacht wurden und
- nicht damit gerechnet werden kann, dass eine dem Standpunkt der Betroffenen Rechnung tragende Erledigung durch die Verwaltungsgerichte getroffen wird (vgl VwGH 20.11.2002, 2002/08/0202).

Beschlüsse des VwGH nach § 38a Abs 1 verpflichten, soweit es sich bei den darin genannten Rechtsvorschriften zumindest auch um Gesetze, politische, gesetzändernde oder gesetzesergänzende Staatsverträge oder Staatsverträge, durch die die vertraglichen Grundlagen der Europäischen Union geändert werden, handelt, den Bundeskanzler oder den zuständigen Landeshauptmann, ansonsten die zuständige oberste Behörde des Bundes oder des Landes zu ihrer unverzüglichen **Kundmachung** (§ 38a Abs 2).

Mit Ablauf des Tages der Kundmachung des Beschlusses gem § 38a Abs 1 treten folgende **Wirkungen** ein:
- in Rechtssachen, in denen ein Verwaltungsgericht die im Beschluss genannten Rechtsvorschriften anzuwenden und eine darin genannte Rechtsfrage zu beurteilen hat:
  - Es dürfen nur solche Handlungen vorgenommen oder Anordnungen und Entscheidungen getroffen werden, die durch das Erkenntnis des VwGH nicht beeinflusst werden können oder die die Frage nicht abschließend regeln und keinen Aufschub gestatten.
  - Die Revisionsfrist beginnt nicht zu laufen; eine laufende Revisionsfrist wird unterbrochen.
  - Die Frist zur Stellung eines Fristsetzungsantrages sowie in den Bundes- oder Landesgesetzen vorgesehene Entscheidungsfristen werden gehemmt.
- in allen beim VwGH anhängigen Verfahren gem § 38a Abs 1, die im Beschluss gem § 38a Abs 1 nicht genannt sind: Es dürfen nur solche Hand-

lungen vorgenommen oder Anordnungen und Entscheidungen getroffen werden, die durch das Erkenntnis des VwGH nicht beeinflusst werden können oder die die Frage nicht abschließend regeln und keinen Aufschub gestatten.

Die Nichtbeachtung dieser Wirkung der Unterbrechung des Verfahrens begründet die inhaltliche Rechtswidrigkeit der Entscheidung (vgl VwGH 4.9.2003, 2003/17/0124).

In seinem Erkenntnis fasst der VwGH seine Rechtsanschauung in einem oder mehreren Rechtssätzen zusammen, die nach Maßgabe des § 38a Abs 2 unverzüglich kundzumachen sind. Mit Ablauf des Tages der Kundmachung beginnt eine unterbrochene Revisionsfrist neu zu laufen und enden die sonstigen Wirkungen des § 38a Abs 3.

4.2.8. Entscheidung des VwGH über die Revision

a) Allgemeines

Der VwGH hat alle Rechtssachen – soweit das VwGG nicht anderes bestimmt – mit **Erkenntnis** zu erledigen. Mit dem Erkenntnis ist entweder die Revision als unbegründet abzuweisen, das angefochtene Erkenntnis oder der angefochtene Beschluss aufzuheben oder in der Sache selbst zu entscheiden (§ 42 Abs 1). Dem VwGH steht nicht die Kompetenz zu, die Rechtswidrigkeit der angefochtenen Entscheidung bloß festzustellen (vgl VwGH 24.4.2013, 2011/01/0216).

Gegenstand der Prüfung vor dem VwGH ist die Frage der **Rechtswidrigkeit** der angefochtenen verwaltungsgerichtlichen Entscheidung. Die „Rechtswidrigkeit" kann in einem Verstoß gegen alle Arten von Rechtsvorschriften bestehen, die die Entscheidung determinieren, wie etwa Verstöße gegen einfache Gesetze, Staatsverträge, Verordnungen oder europäisches Unionsrecht. Bei Revisionen ist die angefochtene Entscheidung auf Grundlage der zum Zeitpunkt der Erlassung bestehenden **Sach- und Rechtslage** zu überprüfen (siehe VwGH 25.6.2019, Ra 2019/10/0012). Nachträgliche Rechtsänderungen oder nachträgliche Sachverhaltsänderungen sind nicht zu berücksichtigen. Gegenstand der Kontrolle ist lediglich, ob die angefochtene Entscheidung zum Zeitpunkt seiner Erlassung rechtmäßig war (vgl zu Bescheiden VwGH 24.1.2001, 2000/16/0051).

Soweit nicht Rechtswidrigkeit infolge Unzuständigkeit des Verwaltungsgerichtes oder infolge Verletzung von Verfahrensvorschriften vorliegt (§ 42 Abs 2 Z 2 und 3), hat der VwGH das angefochtene Erkenntnis oder den angefochtenen Beschluss auf Grund des vom Verwaltungsgericht angenommenen Sachverhalts im Rahmen der geltend gemachten Revisionspunkte

(§ 28 Abs 1 Z 4) bzw der Erklärung über den Umfang der Anfechtung (§ 28 Abs 2) zu überprüfen (§ 41 Satz 1). Daraus folgt, dass im Revisionsverfahren **grundsätzlich Neuerungsverbot** gilt (zB VwGH 27.6.2017, Ra 2017/18/0005). Der VwGH kann die Tatsachenfeststellungen des Verwaltungsgerichts lediglich dahingehend überprüfen, ob der Sachverhalt ausreichend erhoben worden ist und ob die bei der Beweiswürdigung vorgenommenen Erwägungen insgesamt schlüssig sind (vgl VwSlg 8619 A/1974). Den von der Behörde als erwiesen angenommenen Sachverhalt überprüft der VwGH nur insoweit, als er aktenwidrig angenommen wurde oder ergänzungsbedürftig geblieben ist (VwGH 23.5.1952, 0033/49). Der VwGH ist sohin bloß zu einer beschränkten Kontrolle der Beweiswürdigung auf Schlüssigkeit, nicht aber zur Beweiswürdigung selbst befugt (vgl VwGH 29.1.2018, Ra 2015/08/0148). Die Befugnis zur Aufnahme von Beweisen besteht nur insoweit, als sie der Feststellung des Vorliegens eines der Tatbestände der Verletzung von Verfahrensvorschriften (§ 42 Abs 2 Z 3 lit a bis c) dient.

Ist der VwGH der Ansicht, dass für die Entscheidung über die Rechtswidrigkeit des Erkenntnisses oder Beschlusses in einem der Revisionspunkte oder im Rahmen der Erklärung über den Umfang der Anfechtung Gründe maßgebend sein könnten, die einer Partei bisher nicht bekannt gegeben wurden, so hat er die Parteien darüber zu hören und erforderlichenfalls eine Vertagung anzuordnen (§ 41 Satz 2; **Überraschungsverbot**). Unterbleibt dies, ist der Wiederaufnahmegrund des § 45 Abs 1 Z 4 verwirklicht (VwGH 26.4.2017, Ra 2016/19/0370).

b) Zurückweisung der Revision

In folgenden Fällen ist die Revision durch den VwGH mit Beschluss zurückzuweisen (§ 34):
- wegen **Versäumung** der Einbringungsfrist;
- wegen **Unzuständigkeit** des VwGH (vgl § 32 sowie oben G. 4.2.4. a.);
- wegen Nichtvorliegen der Voraussetzungen des **Art 133 Abs 4 B-VG**;
- bei **entschiedener Sache** (*res iudicata*);
- wegen **Fehlens der Berechtigung** zur Erhebung der Revision.

Der zurückweisende Beschluss ist ohne weiteres Verfahren in nichtöffentlicher Sitzung zu fassen, und zwar in jeder Lage des Verfahrens (vgl § 34 Abs 3).

c) Einstellung des Verfahrens

Die Einstellung des Verfahrens (mit Beschluss) hat in folgenden Fällen zu erfolgen (§ 33):
- bei **Klaglosstellung**: Eine Einstellung des Verfahrens wegen Klaglosstellung hat die Zulässigkeit der Revision zur Voraussetzung (VwGH

30.9.1993, 92/17/0223; 6.9.2018, Ra 2017/20/0494). Eine formelle Kla-glosstellung setzt die Beseitigung der beim VwGH angefochtenen Ent-scheidung voraus (VwGH 14.12.2017, Ro 2017/07/0029; 11.4.2018, Ra 2017/08/0122). Eine zur Verfahrenseinstellung führende Gegenstandslo-sigkeit der Revision kann auch dann eintreten, wenn durch die Ände-rung maßgebender Umstände das rechtliche Interesse des Revisionswer-bers an der Entscheidung wegfällt (materielle Klaglosstellung; VwGH 27.6.2019, Ra 2019/02/0017). Das ist insb dann der Fall, wenn durch ei-nen behördlichen Akt dasselbe Ergebnis herbeigeführt wird, das der Re-visionswerber mit der Anrufung des VwGH anstrebt (etwa im Wege des § 68 Abs 2 bis 4 AVG).

- bei **Zurückziehung** der Revision (durch ausdrückliche Erklärung);
- bei **fingierter Zurückziehung** nach Versäumung der Frist im Vorhalte-verfahren (§ 33 Abs 2, siehe oben G. 4.2.7. c.).

d) Entscheidung in der Sache durch stattgebendes oder abweisendes Erkenntnis

Wenn die Voraussetzungen für eine Sachentscheidung vorliegen, kann der VwGH

- der Revision stattgeben und die **angefochtene Entscheidung** gem § 42 Abs 2 **aufheben**;
- der Revision stattgeben und die **angefochtene Entscheidung** gem § 42 Abs 4 **abändern**;
- die **Revision abweisen,** wenn die Revisionsgründe nicht stichhaltig sind.

Das angefochtene Erkenntnis oder der angefochtene Beschluss ist gem § 42 Abs 2 **aufzuheben**

- wegen **Rechtswidrigkeit seines Inhalts** (Z 1),
  Eine zur Aufhebung der Entscheidung führende inhaltliche Rechtswid-rigkeit liegt dann vor, wenn der Inhalt der Entscheidung Rechtsvor-schriften materieller oder prozessualer Art widerspricht, und zwar auch dann, wenn er mit einem Ermessensfehler behaftet ist. Eine inhaltliche Rechtswidrigkeit liegt vor, wenn das Verwaltungsgericht das Gesetz falsch auslegt, das es auf den von ihm angenommenen Sachverhalt zur Anwendung bringt, nicht aber, wenn der von ihm angenommene Sach-verhalt zur Wirklichkeit im Widerspruch steht (VwGH 25.6.1992, 91/16/0057).

Beispiele: Das Verwaltungsgericht hat zu Unrecht die Parteistellung verneint (vgl VwGH 16.9.1999, 99/07/0042). Ein (wesentlicher) Milderungsgrund wurde bei der Strafbemessung nicht berücksichtigt (vgl VwGH 18.1.1996, 93/09/0312). Spruch und Begründung einer Entscheidung widersprechen einander (vgl VwGH 26.4.1994, 93/04/0004). Das Verwaltungsgericht hat die Unzuständigkeit der Behörde nicht wahrgenommen (vgl VwGH 14.3.2001, 2000/17/0141). Eine Entscheidung stützt sich auf eine Vorschrift, die wegen eines Verstoßes gegen Unionsrecht nicht anzuwenden ist (vgl VwGH 16.12.2002, 2002/10/0182).

> Rechtswidrigkeit liegt nicht vor, soweit das Verwaltungsgericht **Ermessen** im Sinne des Gesetzes geübt hat (Art 133 Abs 3 B-VG). Der VwGH kann somit nur Ermessensüberschreitungen aufgreifen (vgl VwGH 30.8.2018, Ra 2017/17/0517).

– wegen Rechtswidrigkeit infolge **Unzuständigkeit** des Verwaltungsgerichtes (Z 2),

Ein Verwaltungsgericht belastet seine Entscheidung mit Rechtswidrigkeit infolge Unzuständigkeit, wenn es bei seiner Entscheidung eine Zuständigkeit in Anspruch nimmt, die ihm nicht (mehr) zukommt.

> **Beispiele:** Eine antragsbedürftige Erledigung wird ohne Vorliegen eines Antrags erlassen (vgl VwGH 23.2.2006, 2005/16/0243). Aufgrund einer Beschwerde gegen einen gar nicht erlassenen Bescheid weist das Verwaltungsgericht nicht zurück, sondern entscheidet in der Sache (vgl VwGH 2.10.1997, 97/07/0082).

Die Unzuständigkeit des Verwaltungsgerichts wird vom VwGH – vorausgesetzt, die Revision ist zulässig (vgl VwGH 23.11.2016, Ra 2016/04/0021) – amtswegig aufgegriffen (vgl VwGH 12.11.2015, Ra 2015/21/0101).

– wegen Rechtswidrigkeit infolge **Verletzung von Verfahrensvorschriften,** und zwar weil
  • der Sachverhalt vom Verwaltungsgericht in einem wesentlichen Punkt **aktenwidrig** angenommen wurde (Z 3 lit a) oder
  Aktenwidrigkeit liegt dann vor, wenn sich das Verwaltungsgericht bei der Feststellung des maßgeblichen Sachverhalts mit dem Akteninhalt hinsichtlich der dort festgehaltenen Tatsachen in Widerspruch gesetzt hat (vgl VwGH 22.1.2019, Ra 2018/01/0437), nicht aber, wenn das Verwaltungsgericht bei widersprechenden Beweisergebnissen zu Feststellungen in einer bestimmten Richtung gelangt, die in den Beweisergebnissen ihre Deckung finden (VwGH 7.9.2005, 2002/08/0199). Die Aufhebung wegen Aktenwidrigkeit setzt jedenfalls eine aktenwidrige Sachverhaltsannahme durch die angefochtene Entscheidung voraus, sodass eine solche aktenwidrige Sachverhaltsannahme jedenfalls ausscheidet, wenn die Entscheidung überhaupt keine Sachverhaltsfeststellungen trifft. Eine Aktenwidrigkeit führt nur dann zur Aufhebung der angefochtenen Entscheidung, wenn sie wesentlich ist (VwGH 26.2.2019, Ra 2018/02/0307). Dies ist dann der Fall, wenn ohne Aktenwidrigkeit entweder der Spruch der Entscheidung anders

349

hätte lauten oder eine Erlassung der Entscheidung hätte unterbleiben können (vgl VwGH 20.1.1986, 84/15/0126).

- der Sachverhalt in einem wesentlichen Punkt einer **Ergänzung** bedarf (Z 3 lit b) oder
Die Ergänzungsbedürftigkeit des Sachverhalts bestimmt sich nach den im jeweiligen Verfahren anzuwendenden Vorschriften. Ergänzungsbedürftig ist der Sachverhalt etwa dann, wenn das Verwaltungsgericht eigene – vom Parteivorbringen abweichende – Feststellungen zu Ungunsten der Partei trifft; tut es dies, hat sie umfassend zu ermitteln und der Partei Gehör einzuräumen (vgl VwGH 13.3.1998, 95/19/1570). Die Ergänzungsbedürftigkeit des Sachverhalts kann auch die Folge einer unrichtigen Rechtsauffassung des Verwaltungsgerichts sein (vgl VwGH 12.12.1975, 0472/74); diesfalls liegt ein so genannter „sekundärer Feststellungsmangel" vor, der aus dem Grund des § 42 Abs 2 Z 1 (wegen inhaltlicher Rechtswidrigkeit) zur Aufhebung der Entscheidung zu führen hat.

- das Verwaltungsgericht bei Einhaltung der verletzten **Verfahrensvorschriften** zu einem anderen Erkenntnis oder Beschluss hätte kommen können (Z 3 lit c).
Schließlich ist die angefochtene Entscheidung aufzuheben, wenn Verfahrensvorschriften außer Acht gelassen wurden, bei deren Einhaltung das Verwaltungsgericht zu einer anderen Entscheidung hätte kommen können. Damit ist klargestellt, dass nicht jede Verfahrensverletzung zur Aufhebung einer damit belasteten Entscheidung führt, sondern es nur dann dazu kommt, wenn das Verwaltungsgericht bei deren Vermeidung zu einer anderen Entscheidung hätte kommen können. Verstöße gegen Verfahrensvorschriften liegen etwa vor, wenn sich das Verwaltungsgericht mit dem Antrag des Revisionswerbers nicht auseinandergesetzt und keine diesbezüglichen Ermittlungen durchgeführt hat (vgl VwGH 15.6.2004, 2003/18/0321), wenn der Partei kein Gehör gewährt wurde (vgl VwGH 28.3.1996, 95/07/0175) oder wenn die Begründung der Entscheidung Mängel aufweist (vgl VwGH 23.5.2001, 2000/06/0206).

Durch die Aufhebung des angefochtenen Erkenntnisses oder Beschlusses tritt die Rechtssache in die Lage zurück, in der sie sich vor Erlassung des angefochtenen Erkenntnisses bzw Beschlusses befunden hat (§ 42 Abs 3). Diese **ex-tunc-Wirkung des aufhebenden Erkenntnisses** bewirkt, dass das Verfahren wieder vor dem Verwaltungsgericht anhängig ist, welches die angefochtene Entscheidung erlassen hat, und dass die Rechtslage zwischen Erlassung der angefochtenen Entscheidung und ihrer Aufhebung so zu betrachten ist, als sei die Entscheidung nie erlassen worden, sodass solche Entscheidungen wieder in Kraft treten, die durch die nunmehr aufgehobene Entscheidung beseitigt wurden. Allen Rechtsakten und faktischen (Vollzugs)Akten, die während der Geltung der dann aufgehobenen Entscheidung auf deren Basis gesetzt wurden, wird im Nachhinein die Rechtsgrundlage entzogen (vgl VwGH 25.5.1998, 96/17/0053; 5.10.2017, Ra 2017/21/0161). Solche Rechtsakte gelten infolge der Gestaltungswirkung des aufhebenden Erkenntnisses mit diesem dann als beseitigt, wenn sie mit der aufgehobenen Entscheidung in einem untrennbaren (unlösbaren) rechtlichen Zusammenhang stehen (vgl VwGH 3.8.2004, 99/13/0207; 29.6.2017, Ra 2017/16/0054).

Der VwGH kann – statt das angefochtene Erkenntnis (den angefochtenen Beschluss) aufzuheben – auch **in der Sache selbst entscheiden** (§ 42 Abs 4), vorausgesetzt, die Sache ist **entscheidungsreif** und die Entscheidung in der Sache selbst liegt im Interesse der **Einfachheit, Zweckmäßigkeit und Kostenersparnis**. In diesem Fall hat der VwGH den maßgeblichen Sachverhalt festzustellen und kann zu diesem Zweck auch das Verwaltungsgericht mit der Ergänzung des Ermittlungsverfahrens beauftragen. Von der Möglichkeit einer Sachentscheidung macht der VwGH durchaus häufig Gebrauch (zB VwGH 24.3.2015, Ra 2015/03/0006). Auch die Entscheidung in der Sache selbst entfaltet *ex-tunc*-Wirkung (VwGH 24.4.2013, 2011/03/0085). Das Erkenntnis des VwGH tritt an die Stelle der Entscheidung des Verwaltungsgerichts (vgl VwGH 27.11.2018, Ra 2017/02/0141); dies gründet sich auf die Annahme einer impliziten Aufhebung der Entscheidung des Verwaltungsgerichts (vgl VwGH 20.3.2018, Ro 2017/16/0024).

Wenn der VwGH einer Revision stattgegeben hat, sind die Verwaltungsgerichte und die Verwaltungsbehörden verpflichtet, in der betreffenden Rechtssache mit den ihnen zu Gebote stehenden rechtlichen Mitteln unverzüglich den **der Rechtsanschauung des VwGH entsprechenden Rechtszustand herzustellen** (§ 63 Abs 1). Durch die Aufhebung der angefochtenen Entscheidung wird die Beschwerde beim Verwaltungsgericht neuerlich anhängig, sodass das Verwaltungsgericht verpflichtet ist, neuerlich in der Sache selbst zu entscheiden, wobei eine Bindung des Verwaltungsgerichts durch das vorangegangene Erkenntnis des VwGH nur insofern besteht, als sich nicht Sachverhalt und/oder Rechtslage geändert haben (vgl VwGH 12.2.2019, Ra 2016/06/0132). Im Übrigen hat der Revisionswerber ein subjektives Recht darauf, dass die Ersatzentscheidung der Rechtsanschauung des VwGH entspricht (VfSlg 7330/1974). Die Bindung beschränkt sich hiebei nicht auf das im Spruch geäußerte Ergebnis, sondern besteht auch hinsichtlich jener Ansichten des VwGH, die in der Begründung zum Ausdruck kommen. Bleibt das Verwaltungsgericht untätig, steht dem Revisionswerber der Fristsetzungsantrag zur Verfügung.

Liegt die in der Revision behauptete Rechtswidrigkeit nicht vor, ist die Revision mit Erkenntnis **abzuweisen**.

f) Verkündung und Ausfertigung der Erkenntnisse

Die Erkenntnisse sind im Namen der Republik zu verkünden und auszufertigen und stets zu **begründen** (§ 43). Hat – was selten der Fall ist – eine Verhandlung in Anwesenheit von Parteien stattgefunden, so hat in der Regel der Vorsitzende das Erkenntnis mit den wesentlichen Entscheidungsgründen sogleich zu **verkünden**. Aber auch dann, wenn eine Verhandlung stattfindet, entfällt die Verkündung des Erkenntnisses, wenn sich die Parteien vorzeitig entfernt haben oder wenn die Beratung vertagt werden muss. In diesen Fällen wird das Erkenntnis den Parteien nur in **schriftlicher Ausfertigung** zugestellt. Eine schriftliche Ausfertigung des Erkenntnisses ist auch den Parteien zuzustellen, denen es verkündet wurde (§ 43 Abs 6); darüber hinaus dem zuständigen BM bzw der LReg im Fall des § 29 (§ 44 Abs 1) sowie jenem Verwaltungsgericht, das dem VwGH gem § 34 Abs 2 VwGVG die Aussetzung des Verfahrens mitgeteilt hat (§ 44 Abs 2).

Allfällige **Schreib- oder Rechenfehler** oder andere offenbar **auf einem Versehen beruhende Unrichtigkeiten** im Erkenntnis können jederzeit von Amts wegen **berichtigt** werden (§ 43 Abs 7). Von einer offenbar auf einem Versehen beruhenden Unrichtigkeit kann nur dann gesprochen werden, wenn die ursprüngliche Entscheidung den Gedanken, den der Gerichtshof offenbar aussprechen wollte, unrichtig wiedergegeben, dh also wenn die zu berichtigende Entscheidung dem Willen des Gerichtshofes offensichtlich nicht entsprochen hat (VwGH 20.4.2005, 2002/08/0214). Den Parteien des verwaltungsgerichtlichen Verfahrens steht ein Antragsrecht auf Berichtigung von Schreibfehlern und Rechenfehlern nicht zu (VwGH 29.1.2008, 2005/05/0159).

4.3. Das Verfahren über Fristsetzungsanträge gem Art 133 Abs 1 Z 2 B-VG

4.3.1. Partei des Verfahrens

Als Partei im Verfahren über einen Antrag auf Fristsetzung wegen Verletzung der Entscheidungspflicht durch ein Verwaltungsgericht ist in § 21 Abs 3 lediglich der Antragsteller genannt (vgl auch VwGH 12.11.2014, Fr 2014/20/0028). Zur Antragstellung ist grundsätzlich auch die belangte Behörde legitimiert (vgl VwGH 27.6.2018, Fr 2018/09/0004; 22.3.2019, Fr 2019/01/0005). Das Verwaltungsgericht wird zwar nach Maßgabe des § 38 Abs 4 mit dem Fristsetzungsantrag konfrontiert, gleichwohl ist es nicht Partei des Verfahrens.

Die Volksanwaltschaft kann nach Maßgabe des Art 148c letzter Satz iVm Art 148a Abs 4 B-VG einen Fristsetzungsantrag anregen (siehe VwSlg 19.337 A/2016).

4.3.2. Der Fristsetzungsantrag

Wegen Verletzung der Entscheidungspflicht kann einen Antrag auf Fristsetzung stellen, wer im Verfahren vor dem Verwaltungsgericht als Partei zur Geltendmachung der Entscheidungspflicht berechtigt zu sein behauptet (Art 133 Abs 7 B-VG). Voraussetzung für die Antragslegitimation ist jedenfalls die Parteistellung vor dem VwG (vgl VwGH 6.4.2016, Fr 2015/03/0011). Ferner setzt ein Fristsetzungsantrag nach der Rsp des VwGH voraus, dass die antragstellende Partei in ihrem Recht auf Geltendmachung der Entscheidungspflicht verletzt wird; eine bloße (die Möglichkeit einer solchen Rechtsverletzung relevierende) Behauptung der Berechtigung zur Geltendmachung der Entscheidungspflicht reicht nicht aus (VwGH 6.4.2016, Fr 2015/03/0011). Diese Rsp steht mit dem Verfassungswortlaut (arg „berechtigt zu sein behauptet") in einem Spannungsverhältnis.

In einem Fristsetzungsantrag kann ausschließlich die Säumigkeit eines Verwaltungsgerichts (VwGH 2.12.2015, Fr 2015/03/0010) geltend gemacht werden (VwGH 24.3.2015, Ro 2014/05/0023); die Verwaltungssache selbst ist also nicht Gegenstand des Fristsetzungsverfahrens (VwGH 20.9.2017, Ra 2017/19/0219; 24.7.2019, Fr 2019/01/0011). Das Rechtsschutzziel besteht darin, ein Verwaltungsgericht, das seine Entscheidung nicht innerhalb der für die Entscheidung vorgesehenen Frist getroffen hat, zur Entscheidungsfällung zu veranlassen (VwGH 10.9.2014, Fr 2014/20/0022). Die Zuständigkeit zur Entscheidung der Verwaltungssache verbleibt somit stets beim Verwaltungsgericht (vgl VwGH 21.3.2017, Ra 2017/12/0019). Der VwGH kann auch keine „einstweiligen Anordnungen" oä treffen (VwGH 20.12.2016, Fr 2016/21/0020).

Ein Fristsetzungsantrag kann erst gestellt werden, wenn das Verwaltungsgericht die Rechtssache nicht binnen **sechs Monaten**, wenn aber durch Bundes- oder Landesgesetz eine kürzere oder längere Frist bestimmt ist, nicht binnen dieser entschieden hat (§ 38 Abs 1). Maßgeblich ist der Zeitpunkt des Einlangens beim säumigen Verwaltungsgericht (VwGH 12.11.2014, Fr 2014/20/0028). In die Frist werden nicht eingerechnet (§ 38 Abs 2):
- die Zeit, während deren das Verfahren bis zur rechtskräftigen Entscheidung einer Vorfrage ausgesetzt ist;
- die Zeit eines Verfahrens vor dem VwGH, vor dem VfGH oder vor dem EuGH;
- in Verwaltungsstrafsachen und Finanzstrafsachen
  • die Zeit, während deren nach einer gesetzlichen Vorschrift die Verfolgung nicht eingeleitet oder fortgesetzt werden kann;
  • die Zeit, während deren wegen der Tat gegen den Täter ein Strafverfahren bei der Staatsanwaltschaft, beim Gericht oder bei einer Behörde geführt wird.

Nach Ablauf der jeweiligen Entscheidungsfrist ist der Fristsetzungsantrag unbefristet zulässig.

Der Fristsetzungsantrag hat gem § 38 Abs 3 zwingend zu enthalten (**notwendiger Inhalt**):

– die Bezeichnung des Verwaltungsgerichtes, dessen Entscheidung in der Rechtssache begehrt wird,
– den Sachverhalt,
– das Begehren, dem Verwaltungsgericht für die Entscheidung eine Frist zu setzen,
– die Angaben, die erforderlich sind, um glaubhaft zu machen, dass die Antragsfrist gem § 38 Abs 1 abgelaufen ist.

> Dass das Verwaltungsgericht die Verzögerung **verschuldet** hat, ist – anders als bei Säumnisbeschwerden (§ 8 Abs 1 Satz 2 VwGVG) – nicht gefordert (vgl zu Art 132 B-VG aF VwGH 24.5.2005, 2002/05/0768). Allerdings kann der Umstand, dass dem Verwaltungsgericht ein Verschulden zur Last zu legen ist, in Ansehung des Kostenersatzes im Verfahren vor dem VwGH eine Rolle spielen (vgl § 56 Abs 2 VwGG), sodass auch dazu ein Vorbringen erstattet werden sollte.

Fristsetzungsanträge sind gem § 24 Abs 1 Satz 1 **beim Verwaltungsgericht einzubringen** (vgl auch ErläutRV 2009 BlgNR 24. GP 11). Es besteht grundsätzlich **Anwaltszwang** (vgl § 24 Abs 2).

Der Fristsetzungsantrag unterliegt gem § 24a einer **Eingabengebühr** von 240 Euro. Gebietskörperschaften sind von der Entrichtung der Gebühr befreit. Wird, wozu Rechtsanwälte verpflichtet sind, die Eingabe im Weg des elektronischen Rechtsverkehrs eingebracht, so ist die Gebühr durch Abbuchung und Einziehung zu entrichten. In der Eingabe ist dann das Konto, von dem die Gebühr einzuziehen ist, oder der Anschriftcode (§ 73), unter dem ein Konto gespeichert ist, von dem die Gebühr eingezogen werden soll, anzugeben (vgl § 24a Z 5). Im Übrigen ist die Gebühr durch Überweisung auf ein entsprechendes Konto des Finanzamtes für Gebühren, Verkehrsteuern und Glücksspiel zu entrichten (vgl § 24a Z 4).

Auch für das Verfahren über Fristsetzungsanträge kann dem Antragsteller **Verfahrenshilfe** gewährt werden (vgl § 61). Über den Verfahrenshilfeantrag entscheidet stets der VwGH (§ 61 Abs 4).

4.3.3. Vorentscheidung durch das Verwaltungsgericht und Vorlageantrag

Auf Fristsetzungsanträge ist § 30a Abs 1 und 2 sinngemäß anzuwenden (§ 30a Abs 8 Satz 1); dies bedeutet, dass das Verwaltungsgericht

– **unzulässige** Fristsetzungsanträge **zurückzuweisen** hat;
Dagegen steht den Parteien der **Vorlageantrag gem § 30b** offen (vgl auch VwGH 20.11.2014, Ra 2014/07/0084). Zur Stellung des Vorlageantrags ist letztlich nur derjenige legitimiert, der den zurückgewiesenen Fristsetzungsantrag gestellt hat, weil nur er Partei des Verfahrens ist (vgl § 21 Abs 3); die Wendung „jede Partei" in § 30b Abs 1 ist insoweit irreführend. Der Vorlageantrag ist binnen zwei Wochen nach Zustellung des Beschlusses beim Verwaltungsgericht zu stellen (§ 30b Abs 1). Das VwGG fordert keine bestimmte Begründung des Vorlageantrags, sondern lediglich das Begehren, dass der Fristsetzungsantrag dem VwGH zur Entscheidung vorgelegt werde (§ 30b Abs 1). Der Vorlageantrag ist beim Verwaltungsgericht einzubringen (vgl § 30b Abs 1).
Das Verwaltungsgericht hat verspätete und unzulässige Vorlageanträge mit Beschluss zurückzuweisen. Im Übrigen hat das Verwaltungsgericht dem VwGH den Vorlageantrag und den Fristsetzungsantrag unter Anschluss der Akten des Verfahrens vorzulegen. Daraufhin hat sich der VwGH mit dem Fristsetzungsantrag zu befassen.

– **mangelhafte** Fristsetzungsanträge einem **Mängelbehebungsverfahren** zuzuführen hat.

Im Übrigen hat das Verwaltungsgericht dem VwGH den Fristsetzungsantrag unter Anschluss der Akten des Verfahrens vorzulegen (§ 30a Abs 8 Satz 2).

4.3.4. Entscheidung durch den VwGH

Auch der VwGH hat noch die Möglichkeit, mangelhafte Fristsetzungsanträge einem Mängelbehebungsverfahren zuzuführen (§ 38 Abs 4 iVm § 34 Abs 2).

Über mangelfreie Fristsetzungsanträge hat er wie folgt zu entscheiden:

– **Einstellung des Verfahrens:** Wenn der Antragsteller klaglos gestellt wird (weil etwa das versäumte Erkenntnis nach Einbringung des Fristsetzungsantrags beim Verwaltungsgericht, aber noch vor dessen Vorlage an den VwGH nachgeholt wird, vgl VwGH 24.3.2015, Fr 2015/21/0001) oder den Fristsetzungsantrag zurückzieht (vgl VwGH 20.5.2015, Fr 2015/10/0004), ist der Fristsetzungsantrag mit Beschluss als gegenstandslos geworden zu erklären und das Verfahren einzustellen (§ 38 Abs 4 iVm § 33 Abs 1).

– **Zurückweisung:** Unzulässige Fristsetzungsanträge sind (auch noch vom VwGH) zurückzuweisen (§ 38 Abs 4 iVm § 34 Abs 1 und 3). Auch ein von Vornherein fehlendes Rechtsschutzinteresse bewirkt die Unzulässigkeit des Fristsetzungsantrags (VwGH 13.11.2018, Fr 2018/21/0019);

fällt das Rechtsschutzinteresse hingegen erst im Nachhinein weg, zieht dies – wie zuvor gesagt – die Klaglosstellung und Einstellung des Verfahrens nach sich (vgl VwGH 2.3.2018, Fr 2018/01/0003).

- **In allen sonstigen Fällen** ist dem Verwaltungsgericht zunächst aufzutragen, innerhalb einer Frist von bis zu drei Monaten das Erkenntnis oder den Beschluss zu erlassen und eine Ausfertigung, Abschrift oder Kopie desselben dem VwGH vorzulegen oder anzugeben, warum eine Verletzung der Entscheidungspflicht nicht vorliegt. Die Frist kann einmal verlängert werden, wenn das Verwaltungsgericht das Vorliegen von in der Sache gelegenen Gründen nachzuweisen vermag, die eine fristgerechte Erlassung des Erkenntnisses oder Beschlusses unmöglich machen. Wird das Erkenntnis oder der Beschluss erlassen, so ist das Verfahren über den Fristsetzungsantrag einzustellen (§ 38 Abs 4).

- Ergibt sich schließlich, dass das Verwaltungsgericht seiner Entscheidungspflicht nicht nachgekommen ist, so hat ihm der VwGH gem § 42a **aufzutragen**, das **Erkenntnis** oder den **Beschluss** innerhalb einer von ihm festzusetzenden angemessenen Frist **nachzuholen**.

Eine Entscheidung des VwGH **anstelle** des Verwaltungsgerichts ist (anders als nach der alten Rechtslage im Verfahren über Säumnisbeschwerden) nicht vorgesehen (VwGH 26.2.2016, Fr 2016/03/0001; 21.4.2017, Fr 2017/03/0005). Ebenso wenig eine Feststellung, dass die gesetzliche Verfahrensdauer überschritten wurde (VwGH 22.4.2015, Ro 2014/10/0122).

Mit einem Erkenntnis nach § 42a ist das Verfahren über den Fristsetzungsantrag beendet. Auch wenn das Verwaltungsgericht im konkreten Fall seine Entscheidung in der gesetzten Frist immer noch nicht nachgeholt hat, kann der Antragsteller keine weitere Entscheidung nach § 42a über seinen ursprünglichen Fristsetzungsantrag begehren. Für eine weitere Antragstellung nach einem nach den §§ 38 und 42a VwGG ausgelösten Verfahren fehlt es an einer gesetzlichen Grundlage. Die Missachtung der vom VwGH gem § 42a gesetzten Frist kann aber amtshaftungs-, disziplinar- und strafrechtliche Konsequenzen nach sich ziehen (VwGH 12.9.2017, Fr 2017/09/0009).

4.4. Das Verfahren über Kompetenzkonflikte gem Art 133 Abs 1 Z 3 B-VG

Gem Art 133 Abs 1 Z 3 B-VG erkennt der VwGH über **Kompetenzkonflikte**
- zwischen Verwaltungsgerichten oder
- zwischen einem Verwaltungsgericht und dem VwGH selbst.

Diese Zuständigkeit wurde dem VwGH in Anlehnung an den Rechtszustand im Bereich der ordentlichen Gerichtsbarkeit eingeräumt (vgl ErläutRV

1618 BlgNR 24. GP 19), wo Zuständigkeitskonflikte zwischen verschiedenen Gerichten von dem diesen Gerichten übergeordneten gemeinsamen höheren Gericht entschieden werden (vgl § 47 JN). Gleichermaßen soll innerhalb der Verwaltungsgerichtsbarkeit geklärt werden, ob ein Verwaltungsgericht (und gegebenenfalls welches) zu Unrecht seine Zuständigkeit abgelehnt hat (VwGH 18.2.2015, Ko 2015/03/0001).

Unter Kompetenzkonflikten sind sowohl **positive (bejahende) Kompetenzkonflikte** (bei denen zwei Gerichte in derselben Sache eine Zuständigkeit in Anspruch nehmen, eines davon zu Unrecht; VwGH 13.11.2018, Ko 2018/03/0004) als auch **negative (verneinende) Kompetenzkonflikte** (bei denen zwei Gerichte in derselben Sache ihre Zuständigkeit verneinen, eines davon zu Unrecht; vgl VwGH 18.2.2015, Ko 2015/03/0001; 19.5.2015, Ko 2014/03/0001; 19.6.2018, Ko 2018/03/0002) zu verstehen. Die Gerichte müssen ihre Zuständigkeit bereits förmlich (mit Beschluss) abgelehnt haben (vgl VwGH 3.5.2017, Ko 2017/03/0001; 31.10.2017, Ko 2017/03/0004); eine bloße Weiterleitung von Akten gem § 6 AVG genügt nicht (vgl VwGH 19.6.2018, Ko 2018/03/0002).

Ein Antrag auf Entscheidung eines Kompetenzkonfliktes setzt jedoch – neben förmlichen Entscheidungen der konkurrierenden Gerichte über ihre Zuständigkeit – auch voraus, dass (im Zeitpunkt der Antragstellung an den VwGH) diese Entscheidungen **nicht mehr mit Revision vor dem VwGH bekämpft** werden können. Solange die Frage der Zuständigkeit also in einem Revisionsverfahren geklärt werden kann, ist ein Antrag auf Entscheidung eines Kompetenzkonflikts unzulässig (vgl VwGH 22.6.2016, Ko 2016/03/0007; 27.3.2019, Ko 2019/03/0001).

Das **VwGG** regelt das Verfahren zur Entscheidung von Kompetenzkonflikten im Verweisungsweg: Gem § 71 sind in diesem Verfahren die §§ 43 bis 46, 48, 49, 51 und 52 VfGG sinngemäß anzuwenden. Daraus folgt:

Im Falle eines **bejahenden Kompetenzkonfliktes** darf nicht bereits ein rechtskräftiger Spruch in der Hauptsache gefällt sein (wenn dem so ist, bleibt die alleinige Zuständigkeit des Gerichts aufrecht). Liegt ein rechtskräftiger Spruch noch nicht vor, so ist das Verfahren zur Entscheidung des Kompetenzkonflikts einzuleiten, sobald der VwGH von dem Entstehen des Konflikts, sei es durch Anzeige eines Gerichtes oder der an der Sache beteiligten Behörden (diese sind zur Anzeige verpflichtet!) oder Parteien, sei es durch den Inhalt seiner eigenen Akten, Kenntnis erlangt (der VwGH hat daher bei Kompetenzkonflikten „in eigener Sache" von Amts wegen ein Verfahren einzuleiten; VwGH 13.11.2018, Ko 2018/03/0004). Die Einleitung des Verfahrens beim VwGH unterbricht das bei dem betreffenden Gericht anhängige Verfahren bis zur Entscheidung des Kompetenzkonflikts (§ 43 Abs 5 VfGG iVm § 71 VwGG); während der Unterbrechung kann die

Aufschiebung der Vollstreckung bewilligt werden (§ 44 VfGG iVm § 71 VwGG).

In den Fällen bejahender Kompetenzkonflikte sind die am Verfahren beteiligten Personen berechtigt, an die zur Antragstellung berufene Verwaltungs- oder Gerichtsbehörde das **Begehren** zu richten, den Antrag auf Entscheidung des Kompetenzkonflikts zu stellen. Wird diesem Antrag binnen einer Frist von vier Wochen nicht entsprochen, so ist die Partei **selbst berechtigt**, den Antrag auf Entscheidung des Kompetenzkonflikts binnen weiteren vier Wochen beim VwGH zu stellen (§ 48 VfGG iVm § 71 VwGG).

Im Verfahren über **verneinende Kompetenzkonflikte** kann der Antrag nur von der beteiligten Partei gestellt werden (§ 46 VfGG iVm § 71 VwGG; VwGH 19.5.2015, Ko 2014/03/0001).

Ein Antrag auf Entscheidung eines Kompetenzkonflikts ist unmittelbar beim VwGH einzubringen (vgl VwGH 19.5.2015, Ko 2014/03/0001; 20.3.2018, Ko 2018/03/0001).

Der Antrag einer Partei auf Entscheidung eines Kompetenzkonflikts unterliegt **keiner Anwaltspflicht** (vgl § 24 Abs 2 *e contrario*) und **keiner Eingabengebühr** (§ 24a; VwGH 19.5.2015, Ko 2014/03/0001). Gleichwohl kann nach Maßgabe des § 61 **Verfahrenshilfe** gewährt werden; über den Verfahrenshilfeantrag entscheidet stets der VwGH (§ 61 Abs 4).

Der VwGH hat gem § 45, § 46 Abs 2 und § 49 VfGG iVm § 71 VwGG eine **Verhandlung** durchzuführen. Ob er von der Durchführung der Verhandlung absehen kann, ist fraglich, aber wohl zu verneinen, weil sich § 39 VwGG nur auf das Revisionsverfahren bezieht und § 19 VfGG in § 71 VwGG nicht für anwendbar erklärt wird. Nach Ansicht des VwGH lässt allerdings die in § 71 angeordnete sinngemäße Anwendung des § 46 Abs 2 VfGG erkennen, dass sich die Durchführung einer mündlichen Verhandlung in einem vom VwGG normierten Verfahren wie dem vorliegenden an den im VwGG getroffenen Regelungen für Verhandlungen orientiere; aus diesem Grund wendet der VwGH § 39 an (vgl VwGH 19.5.2015, Ko 2014/03/0001).

Der VwGH kann über Kompetenzstreitigkeiten wie folgt entscheiden:
- **Zurückweisung** (wegen Unzuständigkeit des VwGH), wenn kein Kompetenzkonflikt vorliegt;
- **Entscheidung der Zuständigkeitsfrage in der Sache**, wobei das Erkenntnis des VwGH auch die Aufhebung der diesem Erkenntnis entgegenstehenden gerichtlichen Akte auszusprechen hat (§ 51 VfGG iVm § 71 VwGG; VwGH 19.5.2015, Ko 2014/03/0001; 30.6.2015, Ko 2015/03/0002).

Eine abweisende Entscheidung des VwGH ist nicht denkbar.

Kostenersatz gebührt nur, wenn der Antrag durch die Partei anhängig gemacht wurde (§ 52 VfGG iVm § 71 VwGG). Was die „sinngemäße" Anwendung des § 52 VfGG im Einzelnen bedeutet, ist unklar. Naheliegend ist, lediglich den Grund des Kostenersatzanspruchs in § 52 VfGG iVm § 71 VwGG zu sehen, wohingegen die Höhe des Kostenersatzanspruchs sich nach den §§ 47 ff VwGG bestimmt (in diesem Sinne auch VwGH 19.5.2015, Ko 2014/03/0001; ferner VwGH 3.5.2017, Ko 2017/03/0001).

4.5. Wiederaufnahme des Verfahrens

4.5.1. Voraussetzungen

Erkenntnisse und Beschlüsse des VwGH sind mit ihrer Erlassung rechtskräftig. Der Zweck des Rechtsinstituts der Wiederaufnahme des Verfahrens gem § 45 Abs 1 liegt darin, den Erkenntnissen und Beschlüssen des VwGH in bestimmten, besonders berücksichtigungswürdigen Fällen ihren endgültigen Charakter und die Rechtskraft zu nehmen. Die Wiederaufnahmegründe sind in § 45 Abs 1 erschöpfend aufgezählt. Danach ist die Wiederaufnahme eines durch Erkenntnis oder Beschluss abgeschlossenen Verfahrens ist auf Antrag einer Partei zu bewilligen, wenn

– das Erkenntnis oder der Beschluss durch eine **gerichtlich strafbare Handlung** herbeigeführt oder **sonstwie erschlichen** worden ist oder
Dieser Tatbestand ist erfüllt, wenn die gerichtlich strafbare Handlung im Zuge des Verfahrens vor dem VwGH (und nicht schon im Verfahren vor dem Verwaltungsgericht) gesetzt wurde und für den Antragsgegner durch die Entscheidung des VwGH ein rechtlicher Vorteil entstanden ist. Unter einer Erschleichung ist ein vorsätzliches Verhalten der Partei im Zuge des Verfahrens zu verstehen, das darauf abzielt, eine für sie günstigere Entscheidung zu erlangen, wobei die Verschweigung wesentlicher Umstände dem Vorbringen unrichtiger Angaben gleichzusetzen ist (VwGH 3.4.2003, 2002/05/1238). Eine bloß falsche Behauptung bzw der Umstand, dass Tatsachen unberechtigterweise in Zweifel gezogen werden, erfüllt noch nicht den Tatbestand einer gerichtlich strafbaren Handlung oder einer Erschleichungshandlung (VwGH 19.10.1982, 82/14/0278).

– das Erkenntnis oder der Beschluss auf einer nicht von der Partei verschuldeten **irrigen Annahme der Versäumung einer im VwGG vorgesehenen Frist** beruht oder
Ein Irrtum des Gerichtshofs liegt immer schon dann vor, wenn der Sachverhalt, von welchem der Gerichtshof ausgeht, mit dem in der Realität vorliegenden Sachverhalt nicht übereinstimmt, wie etwa wenn seine Annahme, die Revision sei verspätet, nicht zutrifft (sonstige verfehlte Sach-

verhaltsannahmen stellen aber keinen Wiederaufnahmegrund dar; VwGH 21.5.2019, Ro 2019/03/0016). Ein Rechtsirrtum des VwGH bildet keinen Wiederaufnahmegrund (VwGH 24.9.1986, 86/11/0132). Für ein „Verschulden" genügt leichte Fahrlässigkeit, ein minderer Grad des Versehens reicht jedoch nicht aus (VwGH 22.5.1990, 90/14/0067). Das Verschulden des anwaltlichen Vertreters ist dem Verschulden der Partei selbst gleichzuhalten und dieser zuzurechnen.

– nachträglich eine rechtskräftige gerichtliche Entscheidung bekannt wird, die in dem Verfahren vor dem VwGH die **Einwendung der entschiedenen Sache** begründet hätte, oder
Die Wiederaufnahme des Verfahrens nach Z 3 hat zur Voraussetzung, dass vor der Entscheidung des VwGH eine rechtskräftige gerichtliche Entscheidung in der gleichen Sache ergangen ist.

– im Verfahren vor dem Gerichtshof den Vorschriften über das **Parteiengehör** nicht entsprochen wurde und anzunehmen ist, dass sonst das **Erkenntnis oder der Beschluss anders gelautet hätte** oder
Eine Verletzung des Parteiengehörs im Verfahren vor dem VwGH liegt nur vor, wenn Vorschriften des VwGG, wie etwa § 36 über die Beteiligung der belangten Behörde und etwaiger Mitbeteiligter (vgl VwGH 3.4.2003, 2002/05/1238), verletzt oder wenn die Verpflichtung zur Anberaumung einer mündlichen Verhandlung gem § 39 Abs 1 Z 1 oder zur Anhörung der Parteien über diesen bislang unbekannte Gründe für die Entscheidung des VwGH gem § 41 Abs 1 letzter Satz missachtet werden (VwGH 14.4.1994, 92/15/0083; 18.4.2019, Ra 2019/08/0044). Die Wiederaufnahme des Verfahrens nach § 45 Abs 1 Z 4 bietet hingegen keine Handhabe dafür, eine in dem abgeschlossenen Verfahren vor dem VwGH seiner Entscheidung zugrunde gelegte Sachverhaltsannahme oder die vom VwGH geäußerte Rechtsansicht zu bekämpfen (VwGH 21.5.2019, Ro 2019/03/0016).

– das Verfahren vor dem Gerichtshof wegen Klaglosstellung oder wegen einer durch Klaglosstellung veranlassten Zurückziehung der Revision eingestellt wurde und der **Grund für die Klaglosstellung nachträglich weggefallen** ist.
Die Klaglosstellung iSd Z 5 umfasst nicht bloß die formelle Klaglosstellung, sondern auch die in sinngemäßer Anwendung des § 33 Abs 1 ausgesprochene Gegenstandslosigkeit der Revision (VwGH 29.9.1999, 99/12/0244).

In **Verfahrenshilfesachen** (§ 61) ist die Wiederaufnahme des Verfahrens **nicht zulässig** (§ 45 Abs 6). Es kann allerdings ein neuerlicher Antrag gestellt werden, wenn sich die für die Zuerkennung der Verfahrenshilfe maßgeblichen Umstände entsprechend geändert haben.

4.5.2. Der Wiederaufnahmeantrag

Der **Antrag auf Wiederaufnahme** des Verfahrens hat den Wiederaufnahmetatbestand sachverhaltsbezogen schlüssig darzutun. Er ist beim VwGH binnen zwei Wochen von dem Tag, an dem der Antragsteller von dem Wiederaufnahmegrund Kenntnis erlangt hat, jedoch spätestens binnen drei Jahren nach der Zustellung des Erkenntnisses oder des Beschlusses zu stellen (§ 45 Abs 2). Schon im Antrag muss mit Datum genau angegeben werden, wann der Antragsteller von dem Vorhandensein des Wiederaufnahmegrundes Kenntnis erlangt hat (VwGH 15.12.1994, 94/09/0342). Der Wiederaufnahmeantrag ist durch einen bevollmächtigten Rechtsanwalt (Steuerberater oder Wirtschaftsprüfer) abzufassen und einzubringen; Ausnahmen bestehen insb für Revisionen von Gebietskörperschaften und in Dienstrechtsangelegenheiten (vgl § 24 Abs 2).

Der Wiederaufnahmeantrag unterliegt gem § 24a einer **Eingabengebühr** von 240 Euro; Gebietskörperschaften sind von der Entrichtung der Gebühr befreit. Wird die Eingabe hingegen im Weg des elektronischen Rechtsverkehrs eingebracht (wozu Rechtsanwälte verpflichtet sind), so ist die Gebühr durch Abbuchung und Einziehung zu entrichten. In der Eingabe ist dann das Konto, von dem die Gebühr einzuziehen ist, oder der Anschriftcode (§ 73), unter dem ein Konto gespeichert ist, von dem die Gebühr eingezogen werden soll, anzugeben (vgl § 24a Z 5). Im Übrigen ist die Gebühr durch Überweisung auf ein entsprechendes Konto des Finanzamtes für Gebühren, Verkehrsteuern und Glücksspiel zu entrichten (vgl § 24a Z 4).

4.5.3. Vorentscheidung durch das Verwaltungsgericht

Auf Anträge auf Wiederaufnahme des Verfahrens ist § 30a Abs 1 und 2 sinngemäß anzuwenden (§ 30a Abs 9); dies bedeutet, dass
- das Verwaltungsgericht unzulässige Wiederaufnahmeanträge zurückzuweisen hat und
- über mangelhafte Wiederaufnahmeanträge ein Mängelbehebungsverfahren einzuleiten hat.

Vor diesem Hintergrund ist es wenig sinnvoll, wenn § 45 Abs 2 die Einbringung des Wiederaufnahmeantrags beim VwGH vorsieht, zumal dieser den Antrag stets an das Verwaltungsgericht zurückleiten muss, um dem Verwaltungsgericht eine Vorentscheidung gem § 30a Abs 1 und 2 zu ermöglichen.

4.5.4. Entscheidung durch den VwGH

Der VwGH entscheidet über den Wiederaufnahmeantrag in nichtöffentlicher Sitzung mit Beschluss (§ 45 Abs 3). Er weist den Antrag im Fall der Unzulässigkeit zurück (vgl § 34 Abs 4), im Fall der Unbegründetheit weist er ihn ab. Ansonsten spricht er aus, dass das Verfahren wieder aufgenommen wird. Der VwGH hat gegebenenfalls auch andere der in § 45 Abs 1 Z 1 bis 5 genannten Wiederaufnahmegründe zu berücksichtigen, sofern ein solcher Wiederaufnahmegrund nach den im Antrag behaupteten Umständen erkennbar ist.

4.5.5. Wiederaufnahme nach einer Entscheidung des VwGH in der Sache selbst

Wenn der VwGH in der Sache selbst entschieden hat (vgl § 42 Abs 4 sowie dazu oben G. 4.2.8. d.), gilt für die Wiederaufnahme § 69 AVG sinngemäß (vgl oben C. 5.6.).

4.5.6. Wiederaufnahme nach einer Vorentscheidung des Verwaltungsgerichts

Auch die Wiederaufnahme eines durch Beschluss des Verwaltungsgerichts gem §§ 30a Abs 1 und 30b Abs 3 beendeten Verfahrens richtet sich nach § 45 Abs 1 bis 4, wobei allerdings der Wiederaufnahmeantrag beim Verwaltungsgericht zu stellen und über ihn vom Verwaltungsgericht zu entscheiden ist (§ 45 Abs 5).

4.6. Wiedereinsetzung in den vorigen Stand

4.6.1. Voraussetzungen

Wenn eine Partei durch ein **unvorhergesehenes oder unabwendbares Ereignis** – so dadurch, dass sie von einer Zustellung ohne ihr Verschulden keine Kenntnis erlangt hat – eine **Frist versäumt** und dadurch einen **Rechtsnachteil** erleidet, so ist dieser Partei auf Antrag die Wiedereinsetzung in den vorigen Stand zu bewilligen. Dass der Partei ein Verschulden an der Versäumung zur Last liegt, hindert die Bewilligung der Wiedereinsetzung nicht, wenn es sich nur um einen minderen Grad des Versehens handelt (§ 46 Abs 1).

Ein Ereignis ist **unvorhergesehen**, wenn die Partei es tatsächlich nicht mit einberechnet hat und dessen Eintritt unter Bedachtnahme auf die zumutbare Aufmerksamkeit und Voraussicht nicht erwartet werden konnte (VwGH 2.9.1998, 98/12/0173). Die erforderliche zumutbare Aufmerksamkeit ist dann noch gewahrt, wenn der Partei (ihrem Vertreter) in Ansehung der Wahrung der Frist nur ein „minderer Grad des Versehens" unterläuft. **Unabwendbar** ist ein Ereignis dann, wenn es durch einen Durchschnittsmenschen objektiv nicht verhindert werden konnte, auch wenn die Partei dessen Eintritt voraussah (VwGH 31.10.1991, 90/16/0148). Dem gleichzustellen sind jene Fälle, in denen eine physisch mögliche Ausübung eines auf den Nichteintritt des Ereignisses gerichteten Willens verboten ist (VwGH 31.3.2005, 2005/07/0020).

> **Beispiele:** Fehlleistungen von – vom Rechtsanwalt in zumutbarem Maße beaufsichtigten – Kanzleikräften (VwGH 20.6.1990, 90/16/0042); das Nichteinlangen eines zur Post gegebenen Schriftsatzes (VwGH 26.5.1999, 99/03/0078); die plötzlich eingetretene Erkrankung eines Rechtsvertreters (VwGH 21.5.1992, 92/06/0086); uU eine falsche mündliche Rechtsauskunft (VwGH 29.3.1995, 93/05/0088).

§ 46 Abs 2 stellt klar, dass die Wiedereinsetzung in den vorigen Stand wegen Versäumung der Revisionsfrist und der Frist zur Stellung eines Vorlageantrags auch dann zu bewilligen ist, wenn die Frist versäumt wurde, weil das anzufechtende Erkenntnis, der anzufechtende Beschluss oder die anzufechtende Revisionsvorentscheidung **fälschlich einen Rechtsbehelf eingeräumt** und die Partei den Rechtsbehelf ergriffen hat oder **keine Belehrung** zur Erhebung einer Revision oder zur Stellung eines Vorlageantrages, keine Frist zur Erhebung einer Revision oder zur Stellung eines Vorlageantrages oder die Angabe enthält, dass kein Rechtsbehelf zulässig sei.

Gegen die Versäumung der Frist zur Stellung des Wiedereinsetzungsantrages findet hingegen keine Wiedereinsetzung statt (§ 46 Abs 6).

4.6.2. Der Wiedereinsetzungsantrag

Der Antrag auf Wiedereinsetzung ist in den Fällen des § 46 Abs 1 bis zur Vorlage der Revision beim Verwaltungsgericht, ab Vorlage der Revision beim VwGH binnen zwei Wochen nach dem Wegfall des Hindernisses zu stellen. In den Fällen des § 46 Abs 2 ist der Antrag binnen zwei Wochen
- nach Zustellung eines Bescheides oder einer gerichtlichen Entscheidung, der bzw die den Rechtsbehelf als unzulässig zurückgewiesen hat, bzw
- nach dem Zeitpunkt, in dem die Partei von der Zulässigkeit der Erhebung der Revision bzw der Stellung eines Antrages auf Vorlage Kenntnis erlangt hat,

beim Verwaltungsgericht zu stellen. Die versäumte Handlung ist gleichzeitig nachzuholen (§ 46 Abs 3).

Der Wiedereinsetzungsantrag ist durch einen bevollmächtigten Rechtsanwalt (Steuerberater oder Wirtschaftsprüfer) abzufassen und einzubringen. Ausnahmen bestehen insb für Revisionen von Gebietskörperschaften und in Dienstrechtsangelegenheiten (vgl § 24 Abs 2).

Der Wiedereinsetzungsantrag unterliegt gem § 24a einer **Eingabenge-bühr** von 240 Euro. Gebietskörperschaften sind von der Entrichtung der Gebühr befreit. Wird die Eingabe im Weg des elektronischen Rechtsver-kehrs eingebracht (wozu Rechtsanwälte verpflichtet sind), so ist die Gebühr durch Abbuchung und Einziehung zu entrichten. In der Eingabe ist dann das Konto, von dem die Gebühr einzuziehen ist, oder der Anschriftcode (§ 73), unter dem ein Konto gespeichert ist, von dem die Gebühr eingezogen werden soll, anzugeben (vgl § 24a Z 5). Im Übrigen ist die Gebühr durch Überweisung auf ein entsprechendes Konto des Finanzamtes für Gebühren, Verkehrsteuern und Glücksspiel zu entrichten (vgl § 24a Z 4).

Der Antrag auf Wiedereinsetzung in den vorigen Stand wegen Versäu-mung der Revisionsfrist hat grundsätzlich **keine aufschiebende Wirkung** (§ 30 Abs 1 Satz 2). Das Verwaltungsgericht oder der VwGH können dem Antrag auf Wiedereinsetzung die aufschiebende Wirkung zuerkennen (vgl § 46 Abs 4).

4.6.3. Vorentscheidung durch das Verwaltungsgericht

Auf Anträge auf Wiedereinsetzung in den vorigen Stand ist § 30a Abs 1 und 2 sinngemäß anzuwenden (§ 30a Abs 9); dies bedeutet, dass
- das Verwaltungsgericht unzulässige Wiedereinsetzungsanträge zurück-zuweisen hat und
- über mangelhafte Wiedereinsetzungsanträge ein Mängelbehebungsver-fahren einzuleiten hat.

Wurde der Antrag beim VwGH eingebracht, so ist er von diesem dem Ver-waltungsgericht zur Vorentscheidung zuzuleiten.

4.6.4. Entscheidung über den Wiedereinsetzungsantrag

Bis zur Vorlage der Revision hat über den Antrag das **Verwaltungsgericht** zu entscheiden. Ab Vorlage der Revision hat über den Antrag der **VwGH** in nichtöffentlicher Sitzung durch Beschluss zu entscheiden (§ 46 Abs 4). Durch die Bewilligung der Wiedereinsetzung tritt das Verfahren in die Lage zurück, in der es sich vor dem Eintritt der Versäumung befunden hat (§ 46 Abs 5).

4.7. Verfahren zur Feststellung der Rechtswidrigkeit

Auf der Grundlage des Art 133 Abs 2 B-VG begründen § 11 AHG (vgl dazu insb VwGH 13.9.2016, Fe 2016/01/0001; 25.10.2017, Fe 2016/22/0001), § 9

OrgHG, § 3 Abs 9 FERG, § 373 Abs 5 BVergG 2018, § 116 Abs 5 BVergG-Konz 2018 und § 142 Abs 4 BVergGVS 2012 Sonderzuständigkeiten des VwGH zur Entscheidung über Anträge der ordentlichen Gerichte auf **Feststellung der Rechtswidrigkeit** eines **Bescheids** oder eines **Erkenntnisses eines Verwaltungsgerichts**. Eine Antragstellung von Einzelpersonen mit dem Ziel der Feststellung der Rechtswidrigkeit eines Bescheids oder eines Erkenntnisses eines Verwaltungsgerichts ist hingegen nicht vorgesehen (vgl VwGH 24.4.2018, Fe 2018/07/0001). Der zweite Unterabschnitt des zweiten Abschnitts des VwGG (§§ 64 bis 70) regelt das Verfahren über solche Anträge.

Parteien des Verfahrens sind das antragstellende Gericht, die Behörde, die den Bescheid bzw das Verwaltungsgericht, das das Erkenntnis oder den Beschluss erlassen hat, und die Parteien des Rechtsstreites vor dem antragstellenden Gericht (§ 64). Die **Einleitung des Verfahrens** erfolgt über Antrag des Gerichts, der den Bescheid bzw das Erkenntnis oder den Beschluss und allenfalls die Punkte zu bezeichnen hat, deren Überprüfung das Gericht verlangt; dem Antrag sind die Akten des Rechtsstreits anzuschließen. Den übrigen Parteien steht es frei, ergänzende Ausführungen zur Frage der Rechtswidrigkeit des Bescheids bzw des Erkenntnisses oder des Beschlusses zu machen.

Der **VwGH** hat die Behörde, die den Bescheid bzw das Verwaltungsgericht, das das Erkenntnis oder den Beschluss erlassen hat, **aufzufordern**, die Akten des Verwaltungsverfahrens bzw des Gerichtsverfahrens, soweit sie nicht bereits dem Akt des antragstellenden Gerichtes beiliegen, binnen zwei Wochen vorzulegen. Kommt die Behörde dieser Aufforderung nicht nach, kann der VwGH seinen Beschluss aufgrund der ihm vorliegenden Akten und der Behauptungen einzelner Verfahrensparteien fassen (vgl im Einzelnen § 65 Abs 3). Die Durchführung einer Verhandlung bleibt dem Gerichtshof überlassen (§ 66). Im Übrigen ergeben sich die für den VwGH maßgeblichen Verfahrensbestimmungen aus dem Verweis in § 70.

Das **Erkenntnis** des VwGH über die Rechtswidrigkeit eines Bescheids bzw eines Erkenntnisses oder eines Beschlusses hat lediglich **feststellende Bedeutung**. Je eine Ausfertigung des Erkenntnisses ist den Parteien zuzustellen (§ 67). Die in diesem Verfahren erwachsenden Kosten sind Kosten des Rechtsstreits vor dem antragstellenden Gericht (§ 68).

4.8. Verfahren nach der DSGVO

Im Hinblick auf das Inkrafttreten der DSGVO wurde eine neue Zuständigkeit des VwGH geschaffen. Nach Art 133 Abs 2a B-VG erkennt der VwGH über die Beschwerde einer Person, die durch den VwGH **in Ausübung sei-**

ner gerichtlichen Zuständigkeiten in ihren **Rechten gem der DSGVO** verletzt zu sein behauptet.

§ 76a verweist für das Verfahrensrecht zur Gänze auf die §§ 84 und 85 GOG, die sinngemäß zur Anwendung kommen. Die einzige Abweichung besteht darin, dass ein Senat des VwGH nach den Bestimmungen des VwGG entscheidet.

5. Gebühren und Kosten

5.1. Gebühren

Für Revisionen, Fristsetzungsanträge und Anträge auf Wiederaufnahme des Verfahrens und auf Wiedereinsetzung in den vorigen Stand einschließlich der Beilagen ist nach Maßgabe des § 24a eine **Eingabengebühr** von **240 Euro** zu entrichten. Werden mit einer Revision mehrere Entscheidungen bekämpft, ist die Gebühr für jede der bekämpften Entscheidungen zu entrichten. **Gebührenbefreiungen** bestehen zugunsten von Gebietskörperschaften (§ 24a Z 2) sowie aufgrund sondergesetzlicher Anordnung (siehe zB § 110 ASVG sowie dazu VwGH 19.8.1997, 97/16/0206).

Wird eine Eingabe im Weg des **elektronischen Rechtsverkehrs (ERV)** eingebracht, so ist die Gebühr **durch Abbuchung und Einziehung** zu entrichten. In der Eingabe ist das Konto, von dem die Gebühr einzuziehen ist, oder der Anschriftcode (§ 73), unter dem ein Konto gespeichert ist, von dem die Gebühr eingezogen werden soll, anzugeben (§ 24a Z 5).

Für Rechtsanwälte genügt der Vermerk *„Gebühreneinzug vom Konto im Anschriftcode"* auf der ersten Seite des Schriftsatzes.

Erfolgt die Eingabe ausnahmsweise **nicht im Weg des ERV**, so ist die Gebühr unter Angabe des Verwendungszwecks **durch Überweisung** auf ein entsprechendes Konto des Finanzamtes für Gebühren, Verkehrsteuern und Glücksspiel zu entrichten. Die Entrichtung der Gebühr ist durch einen von einer Post-Geschäftsstelle oder einem Kreditinstitut bestätigten Zahlungsbeleg in Urschrift nachzuweisen. Dieser Beleg ist der Eingabe anzuschließen (§ 24a Z 4).

Die **Gebührenschuld entsteht** im Zeitpunkt der Überreichung der Eingabe oder, wenn diese im Weg des elektronischen Rechtsverkehrs eingebracht wird, mit dem Zeitpunkt der Einbringung beim VwGH gem § 75 Abs 1. Die Gebühr wird mit diesem Zeitpunkt fällig (§ 24a Z 3).

Neben der in § 24a vorgesehenen Eingabengebühr fällt keine weitere Gebühr nach dem Gebührengesetz mehr an (vgl § 14 TP 6 Abs 5 Z 1 GebG).

5.2. Kosten

Grundsätzlich hat jede Partei den ihr im Verfahren vor dem VwGH erwachsenden Aufwand selbst zu tragen, soweit die §§ 47 bis 56 nichts anderes bestimmen (§ 58 Abs 1: **Grundsatz der Kostenselbsttragung**).

Gem § 47 Abs 1 haben die Parteien unter folgenden Voraussetzungen einen **Anspruch auf Aufwandersatz** nach Maßgabe der §§ 47 bis 59:
- der **Revisionswerber** im Fall der Aufhebung des angefochtenen Erkenntnisses oder Beschlusses oder der Entscheidung in der Sache selbst (§ 47 Abs 2 Z 1); er hat Anspruch auf Ersatz der Kommissionsgebühren, der Eingabengebühr (§ 24a), des Schriftsatzaufwands sowie der Reisekosten und des Verhandlungsaufwands (§ 48 Abs 1);
- der **Rechtsträger** der im Verfahren vor dem Verwaltungsgericht belangten Behörde im Fall der Abweisung der Revision (§ 47 Abs 2 Z 2 iVm Abs 5); er hat Anspruch auf Ersatz des Schriftsatzaufwands sowie der Reisekosten und des Verhandlungsaufwands (§ 48 Abs 2 iVm § 47 Abs 5);
- die **Mitbeteiligten** im Fall der Abweisung der Revision (§ 47 Abs 3); sie haben Anspruch auf Ersatz der Kommissionsgebühren, der Eingabengebühr (§ 24a), des Schriftsatzaufwands sowie der Reisekosten und des Verhandlungsaufwands (§ 48 Abs 3); wenn mehrere Mitbeteiligte vorhanden sind, richtet sich der Aufwandersatz nach § 49 Abs 6.

Als Ersatz für den Schriftsatz- und den Verhandlungsaufwand, für den Vorlageaufwand der Behörde sowie für die Aufenthaltskosten sind jeweils **Pauschalbeträge** zu zahlen, deren Höhe vom Bundeskanzler durch Verordnung festgelegt wird (§ 49 Abs 1, 2 und 4; vgl die VwGH-Aufwandersatzverordnung). Fahrtkosten im Inland sind mit dem bei Inanspruchnahme der öffentlichen Verkehrsmittel notwendigen Ausmaß zu ersetzen (§ 49 Abs 3).

Sonderbestimmungen bestehen insb für folgende Fälle:
- Bei nur **teilweisem Erfolg einer Revision** ist Aufwandersatz so zu leisten, als ob die Revision zur Gänze erfolgreich gewesen wäre (vgl § 50).
- Wird die **Revision zurückgewiesen oder abgewiesen**, ist Aufwandersatz so zu leisten, als ob die Revision abgewiesen worden wäre (vgl § 51).
- Werden in einer Revision **mehrere Erkenntnisse oder Beschlüsse angefochten**, ist die Frage des Anspruchs auf Aufwandersatz so zu beurteilen, wie wenn jedes der Erkenntnisse bzw jeder der Beschlüsse in einer gesonderten Revision angefochten worden wäre (vgl § 52).
- Haben **mehrere Revisionswerber** ein Erkenntnis oder einen Beschluss gemeinsam in einer Revision angefochten, ist die Frage des Anspruchs auf Aufwandersatz so zu beurteilen, wie wenn die Revision nur von dem in der Revision erstangeführten Revisionswerber eingebracht worden wäre (vgl § 53).

– Wird der Revisionswerber **klaglos gestellt**, ist Aufwandersatz so zu leisten, als ob er obsiegt hätte (vgl § 55).

Besonderen Regelungen unterliegt auch der Ersatz von Aufwendungen im **Wiederaufnahmeverfahren** (vgl § 54), im Verfahren über **Fristsetzungsanträge** (vgl § 56) sowie im Verfahren nach dem zweiten Unterabschnitt des zweiten Abschnitts des VwGG (vgl § 68).

Aufwandersatz ist vom VwGH **nur auf Antrag** zuzuerkennen; alle Anträge sind schriftlich zu stellen und zu begründen (§ 59). Soweit für Aufwendungen Pauschalbeträge festgesetzt sind, genügt ein allgemeiner (nicht bezifferter) Antrag.

H. Muster für Eingaben

1. Antrag[1]

EINGESCHRIEBEN
An die
[nach den Verwaltungsvorschriften zuständige Verwaltungsbehörde]
[Adresse]

Antragsteller: *[Name, Geburtsdatum/FN, Zustelladresse]*

vertreten durch: *[R-Code, Name, Zustelladresse]*
                         [eigenhändige Unterschrift]

wegen: *[Gegenstand des Verfahrens]*

I. ANTRAG
II. URKUNDENVORLAGE

einfach[2]
1 Halbschrift[3]
[x] Beilagen
Vollmacht erteilt
gemäß § 10 Abs 1 AVG
und § 8 Abs 1 RAO

---

1   Siehe allgemein zu den Form- und Inhaltserfordernissen von Anträgen oben C. 3.1.
2   Ob Gleichschriften beizulegen sind, ergibt sich aus den anwendbaren Verwaltungsvorschriften. In Ermangelung solcher genügt es, den Antrag in einfacher Ausfertigung einzubringen.
3   Eine Halbschrift kann (gebührenfrei) beigelegt werden, doch ist die „Rücklaufquote" in der Praxis der Verwaltungsbehörden tendenziell gering.

I. ANTRAG

1. Sachverhalt

[entscheidungserhebliches Tatsachenvorbringen und Beweisanbot]

Beweis: *[...]*[4]

2. Rechtliche Begründung

[Rechtsausführungen sind jedenfalls dann notwendig, wenn der Sachverhalt erörterungsbedürftige Rechtsfragen aufwirft; wenn die Zulässigkeit des Antrags in Frage steht, etwa im Hinblick auf die Legitimation zur Antragstellung oder die Einhaltung einer Frist bei fristgebundenen Anträgen, so ist auch dahingehend ein Vorbringen zu erstatten.]

3. Antrag

Aus den vorstehend angeführten Gründen richte ich an die *[zuständige Verwaltungsbehörde]* den

Antrag,

[zB: die Bewilligung für die ... zu erteilen;

bescheidförmig festzustellen, dass ...].[5]

II. URKUNDENVORLAGE

Ich lege der erkennenden Behörde nachstehende Urkunden *[im Original/in Kopie]* vor:

Beilage ./A   *[...]*

Beilage ./B   *[...]*

[Ort], am *[Datum]*   *[Name des Antragstellers]*

[ggf Kostenverzeichnis][6]

---

4   Es gilt der Grundsatz der Unbeschränktheit der Beweismittel (vgl § 46 AVG). Insb kommen als Beweismittel Urkunden (§ 47 AVG), die Vernehmung von Zeugen (§§ 48 ff AVG) und Beteiligten (§ 51 AVG), Amtssachverständige und (subsidiär) nichtamtliche Sachverständige (§§ 52 ff AVG), ein Augenschein (§ 54 AVG) sowie mittelbare Beweisaufnahmen und Erhebungen (§ 55 AVG; zB Einvernahme eines Zeugen im Rechtshilfeweg; selbständige Durchführung eines Augenscheins durch einen Amtssachverständigen) in Betracht. Nicht beweispflichtig sind offenkundige und gesetzlich vermutete Tatsachen (§ 45 Abs 1 AVG). Das Beweisergebnis unterliegt der freien Beweiswürdigung (§ 45 Abs 2 AVG); das von § 45 Abs 2 AVG geforderte Beweismaß liegt in der „größeren inneren Wahrscheinlichkeit" eines Teiles der Beweisergebnisse gegenüber anderen (VwGH 21.12.2010, 2007/05/0231).

5   Der Antrag sollte an den Gesetzeswortlaut der anzuwendenden Verwaltungsvorschrift angepasst sein und so (präzise) formuliert werden, dass er gegebenenfalls in den Spruch des Bescheids übernommen werden kann.

6   Grundsätzlich gebührt kein Kostenersatz, außer die Verwaltungsvorschriften bestimmen anderes (§ 74 AVG).

2. Berufung gemäß §§ 63 ff AVG[7]

[Geschäftszahl]

EINGESCHRIEBEN
An die
[erstinstanzliche Gemeindebehörde]
[Adresse]

Berufungswerber: *[Name, Geburtsdatum/FN, Adresse]*

vertreten durch: *[R-Code, Name, Adresse]*
                     [eigenhändige Unterschrift]

wegen: Bescheid der *[erstinstanzlichen Gemeindebehörde]*
              vom *[Datum]*, *[Geschäftszahl]*,
              mit dem *[Inhalt des Bescheides]*

BERUFUNG
gemäß §§ 63 ff AVG

einfach
[x] Beilagen
Vollmacht erteilt
gemäß § 10 Abs 1 AVG
und § 8 Abs 1 RAO

---

7 Siehe allgemein zu den Form- und Inhaltserfordernissen von Berufungen oben C. 5.2.

371

1. Gegenstand der Berufung

Gegen den Bescheid der *[erstinstanzlichen Gemeindebehörde]* vom *[Datum]*, *[Geschäftszahl]*, meinem bevollmächtigten Vertreter zugestellt am *[Zustelldatum]*, erhebe ich gemäß §§ 63 ff AVG binnen offener Frist nachstehende

Berufung

an die *[übergeordnete Gemeindebehörde]*:

2. Sachverhalt

[Darstellung des Sachverhalts und des Verfahrensgangs]

3. Zulässigkeit der Berufung

[Vorbringen zur Berufungslegitimation, zur Zuständigkeit der angerufenen Berufungsbehörde und zur Rechtzeitigkeit der Berufung]

4. Berufungsgründe

[Ausführung der Berufungsgründe; ggf neues Tatsachenvorbringen und Beweisanbot]

Beweis: *[…]*

5. Berufungsanträge

Aus diesen Gründen richte ich an die *[übergeordnete Gemeindebehörde]* als Berufungsbehörde die

Anträge,

1. das Ermittlungsverfahren gemäß § 66 Abs 1 AVG antragsgemäß zu ergänzen und den angefochtenen Bescheid gemäß § 66 Abs 4 AVG dahingehend abzuändern, dass *[…]*;

in eventu

2. den angefochtenen Bescheid gemäß § 66 Abs 2 AVG zu beheben und die Angelegenheit zur neuerlichen Verhandlung und Erlassung eines neuen Bescheides an die *[erstinstanzliche Gemeindebehörde]* zurückzuverweisen.

[Ort], am *[Datum]*   *[Name des Berufungswerbers]*

[ggf Urkundenvorlage wie im Schriftsatzmuster unter H. 1.]

[ggf Kostenverzeichnis]

372

3. Vorlageantrag gemäß § 64a Abs 2 AVG[8]

[Geschäftszahl]

EINGESCHRIEBEN
An die
[Gemeindebehörde, die die BVE erlassen hat]
[Adresse]

Antragsteller: *[Name, Geburtsdatum/FN, Adresse]*

vertreten durch: *[R-Code, Name, Adresse]*
[eigenhändige Unterschrift]

wegen: Berufungsvorentscheidung der
[Gemeindebehörde, die die BVE erlassen hat]
vom *[Datum]*, *[Geschäftszahl]*,
mit der *[Inhalt der BVE]*

VORLAGEANTRAG
gemäß § 64a Abs 2 AVG

einfach
Vollmacht erteilt
gemäß § 10 Abs 1 AVG
und § 8 Abs 1 RAO

---

8 Siehe allgemein zu den Form- und Inhaltserfordernissen von Vorlageanträgen gem § 64a AVG oben C. 5.2.8.

Ich habe am *[Datum der Berufung]* gegen den Bescheid der *[erstinstanzlichen Gemeindebehörde]* vom *[Datum]*, *[Geschäftszahl]*, meinem bevollmächtigten Vertreter zugestellt am *[Zustelldatum]*, Berufung erhoben.

Diese Berufung hat die *[Gemeindebehörde, die die BVE erlassen hat]* gemäß § 64a AVG mit Berufungsvorentscheidung vom *[Datum]*, *[Geschäftszahl]*, meinem bevollmächtigten Vertreter zugestellt am *[Zustelldatum]*, dahingehend erledigt, dass *[Inhalt der BVE]*.

Meinem Berufungsantrag, wonach *[Inhalt des Berufungsantrags]*, wurde daher nicht *[zur Gänze]* stattgegeben.

Aus diesem Grund stelle ich binnen offener Frist gemäß § 64a Abs 2 AVG den

Antrag,

meine Berufung vom *[Datum der Berufung]* gegen den Bescheid der *[erstinstanzlichen Gemeindebehörde]* vom *[Datum]*, *[Geschäftszahl]*, der *[übergeordneten Gemeindebehörde]* als Berufungsbehörde zur Entscheidung vorzulegen.

[Ort], am *[Datum]*   *[Name des Antragstellers]*

4. Vorstellung gemäß § 57 Abs 2 AVG[9]

[Geschäftszahl]

EINGESCHRIEBEN
An die
[Behörde, die den Mandatsbescheid erlassen hat]
[Adresse]

Vorstellungswerber: *[Name, Geburtsdatum/FN, Adresse]*

vertreten durch: *[R-Code, Name, Adresse]*
             [eigenhändige Unterschrift]

wegen: Mandatsbescheid der *[Behörde, die den Mandats-*
bescheid erlassen hat]
vom *[Datum]*, *[Geschäftszahl]*,
mit dem *[Inhalt des Mandatsbescheides]*

VORSTELLUNG
gemäß § 57 Abs 2 AVG

einfach
[x] Beilagen
Vollmacht erteilt
gemäß § 10 Abs 1 AVG
und § 8 Abs 1 RAO

---

9   Siehe allgemein zu den Form- und Inhaltserfordernissen von Vorstellungen gegen Mandatsbescheide oben C. 5.3.

1. Gegenstand der Vorstellung

Gegen den Mandatsbescheid der *[Behörde, die den Mandatsbescheid erlassen hat]* vom *[Datum]*, *[Geschäftszahl]*, zugestellt am *[Zustelldatum]*, erhebe ich binnen offener Frist gemäß § 57 Abs 2 AVG nachstehende

Vorstellung

an die *[Behörde, die den Mandatsbescheid erlassen hat]*:

2. Sachverhalt

[Darstellung des Sachverhalts und des Verfahrensgangs]

3. Zulässigkeit der Vorstellung

[Vorbringen zur Legitimation und zur Rechtzeitigkeit der Vorstellung]

4. Gründe der Vorstellung

[Ausführung der Vorstellungsgründe]

[ggf Tatsachenvorbringen und Beweisanbot]

Beweis: *[...]*

5. Anträge

Aus diesen Gründen richte ich an die *[Behörde, die den Mandatsbescheid erlassen hat]* die

Anträge,

1.   das Ermittlungsverfahren einzuleiten und

2a. den angefochtenen Mandatsbescheid ersatzlos aufzuheben;

in eventu

2b. den angefochtenen Mandatsbescheid dahingehend abzuändern, dass *[...]*.

[Ort], am *[Datum]*   *[Name des Vorstellungswerbers]*

5. Antrag auf Wiedereinsetzung in den vorigen Stand gemäß § 71 AVG[10]

[Geschäftszahl]

EINGESCHRIEBEN
An die
[nach § 71 Abs 4 AVG zuständige Behörde]
[Adresse]

Antragsteller: *[Name, Geburtsdatum/FN, Adresse]*

vertreten durch: *[R-Code, Name, Adresse]*
[eigenhändige Unterschrift]

wegen: Wiedereinsetzung in den vorigen Stand gegen
[die Versäumung einer Frist oder einer mündlichen Verhandlung]

I. Antrag auf Wiedereinsetzung in den vorigen Stand
gemäß § 71 Abs 1 *[Z 1 oder Z 2]* AVG

[ggf II. Bezeichnung der versäumten und nachzuholenden Verfahrenshandlung]

[ggf III. Antrag auf Zuerkennung der aufschiebenden Wirkung gemäß § 71 Abs 6 AVG]

einfach
[x] Beilagen
Vollmacht erteilt
gemäß § 10 Abs 1 AVG
und § 8 Abs 1 RAO

---

10 Siehe allgemein zu den Form- und Inhaltserfordernissen von Wiedereinsetzungsanträgen oben C. 5.7.2.

I. ANTRAG AUF WIEDEREINSETZUNG IN DEN VORIGEN STAND

In der umseits bezeichneten Verwaltungssache stelle ich durch meinen bevollmächtigten Vertreter gemäß § 71 Abs 1 *[Z 1 oder Z 2]* AVG nachstehenden

Wiedereinsetzungsantrag

an die *[gemäß § 71 Abs 4 AVG zuständige Behörde]*:

1. Sachverhalt

[Darstellung des Sachverhalts und des Verfahrensgangs]

2. Zulässigkeit des Wiedereinsetzungsantrags

[Vorbringen zur Legitimation und zur Zuständigkeit der angerufenen Behörde; ferner Vorbringen zur Rechtzeitigkeit des Wiedereinsetzungsantrags]

3. Begründung des Wiedereinsetzungsantrags

[Glaubhaftmachung des Wiedereinsetzungsgrundes und des fehlenden Verschuldens; Beweisanbot]

Beweis: *[...]*

4. Anträge

Aus diesen Gründen richte ich an die *[gemäß § 71 Abs 4 AVG zuständige Behörde]* den

Antrag,

gemäß § 71 Abs 1 *[Z 1 oder Z 2]* AVG die Wiedereinsetzung in den vorigen Stand *[in die Frist zur ...]* zu bewilligen.

II. *[versäumte Verfahrenshandlung]*

[ggf Nachholen der versäumten Verfahrenshandlung]

III. Antrag auf Zuerkennung der aufschiebenden Wirkung gemäß § 71 Abs 6 AVG

[wenn es in Betracht kommt; ggf Vorbringen zum Vorliegen der gesetzlichen Voraussetzungen]

[Ort], am *[Datum]*   *[Name des Antragstellers]*

6. Antrag auf Wiederaufnahme des Verfahrens gemäß § 69 AVG[11]

[Geschäftszahl]

EINGESCHRIEBEN
An die
[Behörde, die den Bescheid in erster Instanz erlassen hat]
[Adresse]

Antragsteller: *[Name, Geburtsdatum/FN, Adresse]*

vertreten durch: *[R-Code, Name, Adresse]*
[eigenhändige Unterschrift]

wegen: Wiederaufnahme des mit Bescheid der *[Behörde]* vom *[Datum]*, *[Geschäftszahl]*, abgeschlossenen Verfahrens zur *[Gegenstand des Verfahrens]*

Antrag auf Wiederaufnahme des Verfahrens
gemäß § 69 Abs 1 *[Z 1 oder Z 2 oder Z 3]* AVG

einfach
[x] Beilagen
Vollmacht erteilt
gemäß § 10 Abs 1 AVG
und § 8 Abs 1 RAO

---

11 Siehe allgemein zu den Form- und Inhaltserfordernissen von Wiederaufnahmeanträgen oben C. 5.6.2. a.

In der umseits bezeichneten Verwaltungssache richte ich durch meinen bevoll-mächtigten Vertreter gemäß § 69 Abs 1 *[Z 1 oder Z 2 oder Z 3]* AVG nachstehenden

Wiederaufnahmeantrag

an die *[Behörde, die den Bescheid in letzter Instanz erlassen hat]*:

1. Sachverhalt

[Darstellung des Sachverhalts und des Verfahrensgangs]

2. Zulässigkeit des Wiederaufnahmeantrags

[Vorbringen zur Legitimation und zur Zuständigkeit der angerufenen Behörde sowie Glaubhaftmachung der Rechtzeitigkeit des Wiederaufnahmeantrags]

3. Begründung des Wiederaufnahmeantrags

[Vorbringen zum Vorliegen des Wiederaufnahmegrundes und Beweisanbot]

Beweis: *[...]*

4. Antrag

Aus diesen Gründen richte ich an die *[Behörde, die den Bescheid in letzter Instanz erlassen hat]* den

Antrag,

das mit rechtskräftigem Bescheid der *[Behörde]* vom *[Datum]*, *[Geschäftszahl]*, abgeschlossene Verfahren gemäß § 69 Abs 1 *[Z 1 oder Z 2 oder Z 3]* AVG wieder aufzunehmen.

[Ort], am *[Datum]*   *[Name des Antragstellers]*

7. Devolutionsantrag gemäß § 73 Abs 2 AVG[12]

EINGESCHRIEBEN
An die
[Berufungsbehörde][13]
[Adresse]

Antragsteller: *[Name, Geburtsdatum/FN, Adresse]*

vertreten durch: *[R-Code, Name, Adresse]*
[eigenhändige Unterschrift]

wegen: Verletzung der Entscheidungspflicht
bei der Erledigung *[des Antrags vom ...]*
im Verfahren *[Geschäftszahl]* der *[säumigen
Gemeindebehörde]*

DEVOLUTIONSANTRAG
gemäß § 73 Abs 2 AVG

einfach
[x] Beilagen
Vollmacht erteilt
gemäß § 10 Abs 1 AVG
und § 8 Abs 1 RAO

---

12 Siehe allgemein zu den Form- und Inhaltserfordernissen von Devolutionsanträgen oben
C. 5.8.2. und C. 5.8.3.

13 Im Devolutionszug ist gegenüber dem Bgm in der Regel der GR anzurufen (ausnahmsweise
auch der GV). Bei Säumnis der Berufungsbehörde steht gem Art 130 Abs 1 Z 3 B-VG die
Säumnisbeschwerde an das Verwaltungsgericht offen.

In der umseits bezeichneten Verwaltungssache stelle ich durch meinen bevollmächtigten Vertreter gemäß § 73 Abs 2 AVG nachstehenden

Devolutionsantrag

an die *[Berufungsbehörde]*:

1. Sachverhalt

[Darstellung des Verfahrensgegenstands und des Verfahrensgangs; Vorbringen zum Beginn der Entscheidungsfrist: Angabe des Datums des Einlangens des Antrags bei der säumigen Gemeindebehörde; Vorbringen, dass der Antrag bis zum Tag der Antragstellung unerledigt geblieben ist]

Beweis: *[...]*

2. Zulässigkeit des Devolutionsantrags

[Vorbringen zum Bestehen eines Erledigungsanspruchs, zur Zuständigkeit der angerufenen Berufungsbehörde und zum Ablauf der jeweiligen Entscheidungsfrist]

3. Begründung des Devolutionsantrags

[Vorbringen, dass die Entscheidungsfrist abgelaufen ist und die Säumnis der Gemeindebehörde auf ein Verschulden zurückgeht]

4. Antrag

Aus diesen Gründen richte ich an die *[Berufungsbehörde]* als Berufungsbehörde den

Antrag,

anstelle der *[säumigen Gemeindebehörde]* über *[meinen Antrag vom ...]* zu entscheiden und *[Wiederholung des Antrags]*.

[Ort], am *[Datum]*   *[Name des Antragstellers]*

8. Einspruch gemäß § 49 VStG[14]

[Geschäftszahl]

EINGESCHRIEBEN
An die
[Behörde, die die Strafverfügung erlassen hat]
[Adresse]

Einspruchswerber: *[Name, Geburtsdatum, Adresse]*

vertreten durch: *[R-Code, Name, Adresse]*
                     [eigenhändige Unterschrift]

wegen: Strafverfügung der *[Behörde]*
           vom *[Datum]*, *[Geschäftszahl]*

EINSPRUCH
gemäß § 49 VStG

einfach
[x] Beilagen
Vollmacht erteilt
gemäß § 8 Abs 1 RAO
und § 10 Abs 1 AVG
iVm § 24 VStG

---

14 Siehe allgemein zu den Form- und Inhaltserfordernissen von Einsprüchen oben D. 3.6.1.

1. Gegenstand des Einspruchs

Gegen die Strafverfügung der *[Behörde, die die Strafverfügung erlassen hat]* vom *[Datum]*, *[Geschäftszahl]*, zugestellt am *[Zustelldatum]*, erhebe ich gemäß § 49 VStG binnen offener Frist nachstehenden

Einspruch

an die *[Behörde, die die Strafverfügung erlassen hat]*:

2. Sachverhalt

[Darstellung des Sachverhalts und des Verfahrensgangs]

3. Zulässigkeit des Einspruchs

[Vorbringen zur Legitimation und zur Rechtzeitigkeit des Einspruchs]

4. Gründe des Einspruchs

[Tatsachenvorbringen und Beweisanbot, ggf Rechtsausführungen]

Beweis: *[…]*

5. Anträge

Aus diesen Gründen richte ich an die *[Behörde, die die Strafverfügung erlassen hat]* die

Anträge,

1. das Verfahren gemäß § 45 VStG einzustellen

in eventu

2. es bei einer Ermahnung gemäß § 45 Abs 1 letzter Satz VStG bewenden zu lassen,

in eventu

3. die Strafhöhe auf ein tat- und schuldangemessenes Maß herabzusetzen.

[Ort], am *[Datum]*   *[Name des Einspruchswerbers]*

9. Bescheidbeschwerde gemäß Art 130 Abs 1 Z 1 B-VG[15]

[Geschäftszahl]

EINGESCHRIEBEN
An die
[belangte Behörde als Einbringungsstelle]
[Adresse]

Beschwerdeführer: *[Name, Geburtsdatum/FN, Adresse]*

vertreten durch: *[R-Code, Name, Adresse]*
                                   [eigenhändige Unterschrift]

Belangte Behörde: *[Bezeichnung, Zustelladresse]*

Mitbeteiligte Partei: *[Bezeichnung, Zustelladresse]*

wegen: Bescheid *[in Verwaltungsstrafsachen: Strafer-
                                   kenntnis]* der *[belangten Behörde]* vom *[Datum]*,
                                   [Geschäftszahl],
                                   mit dem *[Inhalt des Bescheids]*

Beschwerde gemäß Art 130 Abs 1 Z 1 und Art 132 Abs 1 Z 1 B-VG

einfach
[x] Beilagen
Vollmacht erteilt gemäß § 8 Abs 1 RAO
und § 17 VwGVG iVm § 10 Abs 1 AVG[16]

---

15 Siehe allgemein zu den Form- und Inhaltserfordernissen von Bescheidbeschwerden oben
   F. 4.2. sowie zur Entrichtung der Eingabengebühr oben F. 4.1.3.
16 In Verwaltungsstrafsachen: „Vollmacht erteilt gemäß § 8 Abs 1 RAO und § 38 VwGVG iVm
   § 24 Satz 1 VStG iVm § 10 Abs 1 AVG".

1. Beschwerdegegenstand

Gegen den Bescheid *[das Straferkenntnis]* der *[belangten Behörde]* vom *[Datum]*, *[Geschäftszahl]*, meinem bevollmächtigten Vertreter zugestellt am *[Zustelldatum]*, erhebe ich gemäß Art 130 Abs 1 Z 1 und Art 132 Abs 1 Z 1 B-VG binnen offener Frist nachstehende

Beschwerde

an das *[zuständige Verwaltungsgericht]*:

2. Sachverhalt

[Darstellung des Sachverhalts und des Verfahrensgangs]

3. Zulässigkeit der Beschwerde

[Vorbringen zur Beschwerdelegitimation, ggf zur Zuständigkeit des angerufenen Verwaltungsgerichts und zur Rechtzeitigkeit der Beschwerde; Behauptung, durch den angefochtenen Bescheid in subjektiven Rechten verletzt und daher gemäß Art 132 Abs 1 Z 1 B-VG beschwerdelegitimiert zu sein]

4. Beschwerdegründe

[Ausführung der Beschwerdegründe, gegebenenfalls neues Tatsachenvorbringen und Beweisanbot]

5. Beschwerdeanträge[17]

Aus diesen Gründen richte ich an das *[zuständige Verwaltungsgericht]* die

Anträge,

1. gemäß § 24 VwGVG eine mündliche Verhandlung durchzuführen und

2a. gemäß Art 130 Abs 4 B-VG und § 28 Abs 2 VwGVG in der Sache selbst zu entscheiden und *[...]*

in eventu

2b. den angefochtenen Bescheid gemäß § 28 Abs 3 VwGVG[18] mit Beschluss aufzuheben und die Angelegenheit zur Erlassung eines neuen Bescheides an die Behörde zurückzuverweisen.

[Ort], am *[Datum]*   *[Name des Beschwerdeführers]*

---

17 Gegebenenfalls auch Antrag auf Zuerkennung der aufschiebenden Wirkung, falls in den Materiengesetzen (abweichend von § 13 Abs 1 VwGVG) vorgesehen.

18 Bei Ermessen: § 28 Abs 4 VwGVG.

[In **Verwaltungsstrafsachen** haben die Beschwerdeanträge idR wie folgt zu lauten:][19]

Aus diesen Gründen richte ich an das *[zuständige Verwaltungsgericht]* die

Anträge,

1. gemäß § 44 VwGVG eine mündliche Verhandlung durchzuführen und

2a. das angefochtene Straferkenntnis ersatzlos zu beheben und das Verfahren gemäß § 38 VwGVG iVm § 45 Abs 1 VStG einzustellen,

in eventu

2b. das Verfahren gemäß § 38 VwGVG iVm § 45 Abs 1 letzter Satz VStG unter Erteilung einer Ermahnung einzustellen,

in eventu

2c. die Strafhöhe auf ein tat- und schuldangemessenes Maß herabzusetzen.

---

19 Welches Rechtsschutzziel mit einer Beschwerde in Verwaltungsstrafsachen verfolgt wird, hängt von der Verfahrensstrategie ab: Soll der Strafausspruch an sich bekämpft werden, so zielt die Beschwerde darauf ab, dass das Verwaltungsgericht das angefochtene Straferkenntnis aufheben und das Verfahren gem § 45 VStG einstellen möge. Soll hingegen lediglich die Strafbemessung bekämpft werden, so möchte die Beschwerde erreichen, dass die Strafhöhe reduziert wird, gegebenenfalls auch in Anwendung des § 45 Abs 1 letzter Satz VStG von der Verhängung einer Strafe abgesehen wird. Im Formulierungsvorschlag dieses Musters wird davon ausgegangen, dass der Strafausspruch bekämpft werden soll, sodass der Hauptantrag auf die Aufhebung des Straferkenntnisses und die Einstellung des Verfahrens nach § 45 VStG gerichtet ist. Mit Eventualanträgen wird die Anwendung des § 45 Abs 1 letzter Satz VStG und die Reduzierung der Strafhöhe begehrt.

10. Vorlageantrag gemäß § 15 VwGVG[20]

[Geschäftszahl]

EINGESCHRIEBEN
An die
[Behörde, die die Beschwerdevorentscheidung erlassen hat]
[Adresse]

Beschwerdeführer: *[Name, Geburtsdatum/FN, Adresse]*

vertreten durch: *[R-Code, Name, Adresse]*
                          [eigenhändige Unterschrift]

Belangte Behörde: *[Bezeichnung, Zustelladresse]*

Mitbeteiligte Partei: *[Bezeichnung, Zustelladresse]*

wegen: Beschwerdevorentscheidung der *[Behörde]*
                          vom *[Datum]*, *[Geschäftszahl]*,
                          mit dem *[Inhalt der Beschwerdevorentscheidung]*

Vorlageantrag gemäß § 15 VwGVG

einfach
[x] Beilagen
Vollmacht erteilt gemäß § 8 Abs 1 RAO
und § 17 VwGVG iVm § 10 Abs 1 AVG

---

20 Siehe allgemein zu den Form- und Inhaltserfordernissen von Vorlageanträgen gem § 15 VwGVG oben F. 5.3.

Ich habe am *[Datum der Beschwerde]* gegen den Bescheid der *[Behörde]* vom *[Datum]*, *[Geschäftszahl]*, meinem bevollmächtigten Vertreter zugestellt am *[Zustelldatum]*, Beschwerde erhoben.

Diese Beschwerde hat die *[Behörde, die die Beschwerdevorentscheidung erlassen hat]* gemäß § 14 VwGVG mit Beschwerdevorentscheidung vom *[Datum]*, *[Geschäftszahl]*, meinem bevollmächtigten Vertreter zugestellt am *[Zustelldatum]*, dahingehend erledigt, dass *[Inhalt der Beschwerdevorentscheidung]*.

Meinem Beschwerdeantrag, wonach *[Inhalt des Beschwerdeantrages]*, wurde daher nicht *[zur Gänze]* stattgegeben.

Aus diesem Grund stelle ich binnen offener Frist gemäß § 15 VwGVG den

Antrag,

meine Beschwerde vom *[Datum der Beschwerde]* gegen den Bescheid der *[Behörde]* vom *[Datum]*, *[Geschäftszahl]*, dem *[zuständigen Verwaltungsgericht]* zur Entscheidung vorzulegen.

[Ort], am *[Datum]*   *[Name des Antragstellers]*

[Zusätzlich, wenn eine vom Beschwerdeführer verschiedene Partei den Vorlageantrag stellt:]

Begründung und *Begehren* (wie im Muster H. 9.), und ggf Verhandlungsantrag wie folgt:

Ferner stelle ich gemäß § 24 Abs 1 und 3 VwGVG *[in Verwaltungsstrafsachen: § 44 Abs 3 VwGVG]* den

Antrag,

gemäß § 24 VwGVG *[in Verwaltungsstrafsachen: § 44 VwGVG]* eine mündliche Verhandlung durchzuführen.

11. Maßnahmenbeschwerde gemäß Art 130 Abs 1 Z 2 B-VG[21]

An das
[zuständige Verwaltungsgericht]
[Adresse]

Beschwerdeführer: *[Name, Geburtsdatum/FN, Adresse]*

vertreten durch: *[R-Code, Name, Adresse]*
[eigenhändige Unterschrift]

Belangte Behörde: *[Bezeichnung der Behörde, Adresse]*

Belangtes Organ: *[Bezeichnung des Organs, Adresse]*

wegen: Verletzung in Rechten infolge Ausübung unmittelbarer verwaltungsbehördlicher Befehls- und Zwangsgewalt durch *[Organ der belangten Behörde]* am *[Datum]* in *[Ort]*

I. Beschwerde gemäß Art 130 Abs 1 Z 2 und Art 132 Abs 2 B-VG

II. Antrag auf Zuerkennung der aufschiebenden Wirkung gemäß § 22 Abs 1 VwGVG

[ggf: Im elektronischen Rechtsverkehr eingebracht.]

einfach
[x] Beilagen
Vollmacht erteilt gemäß § 8 Abs 1 RAO
und § 17 VwGVG iVm § 10 Abs 1 AVG

---

21 Siehe allgemein zu den Form- und Inhaltserfordernissen von Maßnahmenbeschwerden oben F. 4.3. sowie zur Entrichtung der Eingabengebühr oben F. 4.1.3.

I. Beschwerde gemäß Art 130 Abs 1 Z 2 und Art 132 Abs 2 B-VG

1. Beschwerdegegenstand

Gegen die Ausübung unmittelbarer verwaltungsbehördlicher Befehls- und Zwangsgewalt durch *[Organ der belangten Behörde]* am *[Datum]* in *[Ort]* erhebe ich gemäß Art 130 Abs 1 Z 2 und Art 132 Abs 2 B-VG binnen offener Frist nachstehende

Beschwerde

an das *[zuständige Verwaltungsgericht]*:

2. Sachverhalt

[erforderliches Tatsachenvorbringen und Beweisanbot]

3. Zulässigkeit der Beschwerde

[Vorbringen, dass es sich um einen AuvBZ handelt; Vorbringen zur Zuständigkeit des angerufenen Verwaltungsgerichts; Vorbringen zur Rechtzeitigkeit der Maßnahmenbeschwerde]

4. Beschwerdegründe

[Ausführung der Beschwerdegründe – Darstellung, warum der AuvBZ rechtswidrig ist]

5. Beschwerdeanträge

Aus diesen Gründen richte ich an das *[zuständige Verwaltungsgericht]* die

Anträge,

1. gemäß § 24 VwGVG eine mündliche Verhandlung durchzuführen und

2. die gegenständliche Ausübung unmittelbarer verwaltungsbehördlicher Befehls- und Zwangsgewalt gemäß § 28 Abs 6 VwGVG für rechtswidrig zu erklären *[und aufzuheben]* sowie

3. dem Rechtsträger der belangten Behörde gemäß § 35 VwGVG iVm der VwG-Aufwandersatzverordnung (VwG-AufwErsV), BGBl II 517/2013 idgF, den Ersatz der mir entstandenen Verfahrenskosten im gesetzlichen Ausmaß binnen zwei Wochen bei sonstiger Exekution aufzutragen.

II. Antrag auf Zuerkennung der aufschiebenden Wirkung gemäß § 22 Abs 1 VwGVG

[Vorbringen, dass zwingende öffentliche Interessen der Zuerkennung der aufschiebenden Wirkung nicht entgegenstehen und dass dem Beschwerdeführer ein unverhältnismäßiger Nachteil droht, die Interessenabwägung sohin zu seinen Gunsten ausgehen muss; gegebenenfalls Beweisanbot]

Ich stelle sohin an das *[zuständige Verwaltungsgericht]* den

Antrag,

dieser Beschwerde gemäß § 22 Abs 1 VwGVG aufschiebende Wirkung zuzuerkennen.

[Ort], am *[Datum]*   *[Name des Beschwerdeführers]*

12. Säumnisbeschwerde gemäß Art 130 Abs 1 Z 3 B-VG[22]

[Geschäftszahl]

EINGESCHRIEBEN
An die
[belangte Behörde als Einbringungsstelle]
[Adresse]

Beschwerdeführer: *[Name, Geburtsdatum/FN, Adresse]*

vertreten durch: *[R-Code, Name, Adresse]*
                      [eigenhändige Unterschrift]

Belangte Behörde: *[Bezeichnung, Zustelladresse]*

wegen: Verletzung der Entscheidungspflicht bei der
                      Erledigung *[des Antrags vom ...]* im Verfahren
                      [Geschäftszahl] der *[säumigen Behörde]*

Beschwerde gemäß Art 130 Abs 1 Z 3 und Art 132 Abs 3 B-VG

einfach
[x] Beilagen
Vollmacht erteilt gemäß § 8 Abs 1 RAO
und § 17 VwGVG iVm § 10 Abs 1 AVG

---

22 Siehe allgemein zu den Form- und Inhaltserfordernissen von Säumnisbeschwerden oben
  F. 4.4. sowie zur Entrichtung der Eingabengebühr oben F. 4.1.3.

1. Beschwerdegegenstand

In der außen bezeichneten Verwaltungssache erhebe ich durch meinen bevollmächtigten Vertreter gemäß Art 130 Abs 1 Z 3 und Art 132 Abs 3 B-VG nachstehende

Beschwerde

an das *[zuständige Verwaltungsgericht]*:

2. Sachverhalt

[Darstellung des Verfahrensgegenstands und des Verfahrensgangs; Vorbringen zum Beginn der Entscheidungsfrist – Angabe des Datums des Einlangens des Antrags bei der zuständigen Stelle; Vorbringen, dass der Antrag bis zum Tag der Erhebung der Säumnisbeschwerde unerledigt geblieben ist]

3. Zulässigkeit der Beschwerde

[Vorbringen zum Bestehen eines Erledigungsanspruchs, zur Zuständigkeit des angerufenen Verwaltungsgerichts und zum Ablauf der Entscheidungsfrist; Glaubhaftmachung, ggf Bescheinigungsmittel]

4. Zum überwiegenden Verschulden der belangten Behörde an der Säumnis

[Vorbringen, inwiefern die Säumnis im zumindest überwiegenden Verschulden der Behörde liegt]

5. Beschwerdeanträge

Aus diesen Gründen richte ich an das *[zuständige Verwaltungsgericht]* die

Anträge,

1. gemäß § 24 VwGVG eine mündliche Verhandlung durchzuführen und

2. gemäß § 28 Abs 7 VwGVG in der Sache selbst zu entscheiden und *[Wiederholung des Antrags]*.

[Ort], am *[Datum]*　　　　　　　　　　*[Name des Beschwerdeführers]*

13. Verhaltensbeschwerde gemäß Art 130 Abs 2 Z 1 B-VG[23]

An
[das zuständige Verwaltungsgericht]
[Adresse]

Beschwerdeführer:	*[Name, Geburtsdatum/FN, Adresse]*
vertreten durch:	*[R-Code, Name, Adresse]* *[eigenhändige Unterschrift]*
Belangte Behörde:	*[Bezeichnung der Behörde, Adresse]*
Belangtes Organ:	*[Bezeichnung des Organs, Adresse]*
wegen:	Verletzung in Rechten infolge eines rechtswidrigen Verhaltens des der belangten Behörde zurechenbaren belangten Organs in Vollziehung der Gesetze am *[Datum]* in *[Ort]*

I. Beschwerde gemäß Art 130 Abs 2 Z 1 und Art 132 Abs 5 B-VG iVm *[zB § 88 Abs 2 SPG]*

II. Antrag auf Zuerkennung der aufschiebenden Wirkung

[ggf: Im elektronischen Rechtsverkehr eingebracht.]

einfach
[x] Beilagen
Vollmacht erteilt gemäß § 8 Abs 1 RAO
und § 17 VwGVG iVm § 10 Abs 1 AVG

---

23 Siehe allgemein zu den Form- und Inhaltserfordernissen von Verhaltensbeschwerden oben F. 4.6. sowie zur Entrichtung der Eingabengebühr oben F. 4.1.3.

I. Beschwerde gemäß Art 130 Abs 2 Z 1 und Art 132 Abs 5 B-VG iVm *[zB § 88 Abs 2 SPG]*

1. Beschwerdegegenstand

Gegen das in Vollziehung der Gesetze gesetzte Verhalten des der belangten Behörde zurechenbaren belangten Organs am *[Datum]* in *[Ort]* erhebe ich gemäß Art 130 Abs 2 Z 1 und Art 132 Abs 5 B-VG iVm *[zB § 88 Abs 2 SPG]* binnen offener Frist nachstehende

Beschwerde

an das *[zuständige Verwaltungsgericht]*:

2. Sachverhalt

[erforderliches Tatsachenvorbringen und Beweisanbot]

3. Zulässigkeit der Beschwerde

[Vorbringen, dass es sich um ein Verhalten iSd Art 130 Abs 2 Z 1 B-VG und der jeweiligen materiengesetzlichen Regelung handelt, das von einer Verwaltungsbehörde in Vollziehung der Gesetze gesetzt wurde; Vorbringen zur Zuständigkeit des angerufenen Verwaltungsgerichts; Vorbringen zur Rechtzeitigkeit der Verhaltensbeschwerde]

4. Beschwerdegründe

[Ausführung der Beschwerdegründe – Darstellung, warum das Verhalten rechtswidrig ist]

5. Beschwerdeanträge

Aus diesen Gründen richte ich an das *[zuständige Verwaltungsgericht]* die

Anträge,

1. gemäß § 24 VwGVG eine mündliche Verhandlung durchzuführen und

2. das beschwerdegegenständliche Verhalten der belangten Behörde gemäß § 28 Abs 6 iVm § 53 VwGVG für rechtswidrig zu erklären *[und aufzuheben]* sowie

3. dem Rechtsträger der belangten Behörde gemäß § 35 iVm § 53 VwGVG iVm der VwG-Aufwandersatzverordnung (VwG-AufwErsV), BGBl II 517/2013 idgF, den Ersatz der mir entstandenen Verfahrenskosten im gesetzlichen Ausmaß binnen zwei Wochen bei sonstiger Exekution aufzutragen.

II. Antrag auf Zuerkennung der aufschiebenden Wirkung

[Vorbringen, dass zwingende öffentliche Interessen der Zuerkennung der aufschiebenden Wirkung nicht entgegenstehen und dass dem Beschwerdeführer ein unverhältnismäßiger Nachteil droht, die Interessenabwägung sohin zu seinen Gunsten ausgehen muss; gegebenenfalls Beweisanbot]

Ich stelle sohin den

Antrag,

dieser Beschwerde gemäß § 22 Abs 1 iVm § 53 VwGVG aufschiebende Wirkung zuzuerkennen.

[Ort], am *[Datum]*   *[Name des Beschwerdeführers]*

14. Vorstellung gemäß § 54 VwGVG[24]

[Geschäftszahl]

An das
[zuständige Verwaltungsgericht]
[Adresse]

Vorstellungswerber: *[Name, Geburtsdatum/FN, Adresse]*

vertreten durch: *[R-Code, Name, Adresse]*
[eigenhändige Unterschrift]

wegen: *[Erkenntnis/Beschluss]* des Rechtspflegers vom *[Datum]*, *[Geschäftszahl]*, mit dem *[Inhalt des Erkenntnisses/Beschlusses]*

Vorstellung gemäß § 54 VwGVG

[ggf: Im elektronischen Rechtsverkehr eingebracht.]

einfach
[x] Beilagen
Vollmacht erteilt gemäß § 8 Abs 1 RAO
und § 17 VwGVG iVm § 10 Abs 1 AVG

---

24 Siehe allgemein zu den Form- und Inhaltserfordernissen von Vorstellungen gem § 54 VwGVG oben F. 9.4.

1. Gegenstand der Vorstellung

Gegen *[das Erkenntnis/den Beschluss]* des Rechtspflegers vom *[Datum]*, *[Geschäftszahl]*, meinem bevollmächtigten Vertreter zugestellt am *[Zustelldatum]*, erhebe ich gemäß § 54 VwGVG binnen offener Frist nachstehende

Vorstellung

an das zuständige Mitglied des Verwaltungsgerichts:

2. Sachverhalt

[Darstellung des Sachverhalts und des Verfahrensgangs]

3. Zulässigkeit der Vorstellung

[Vorbringen zur Legitimation und zur Rechtzeitigkeit der Vorstellung]

4. Gründe der Vorstellung

[Ausführung der Gründe, warum das Erkenntnis/der Beschluss rechtswidrig ist; gegebenenfalls neues Tatsachenvorbringen und Beweisanbot]

5. Anträge

Aus diesen Gründen richte ich an das zuständige Mitglied des Verwaltungsgerichts die

Anträge,

[das angefochtene Erkenntnis/den angefochtenen Beschluss] dahingehend abzuändern, dass *[...]*.[25]

[Ort], am *[Datum]*   *[Name des Vorstellungswerbers]*

---

25 Gegebenenfalls (auch) Antrag auf *ersatzlose Behebung* des angefochtenen Erkenntnisses oder des angefochtenen Beschlusses.

15. Revision gemäß Art 133 Abs 1 Z 1 B-VG[26]

[Geschäftszahl]

An das
[zuständige Verwaltungsgericht]
[Adresse]

Revisionswerber: *[Name, Geburtsdatum/FN, Adresse]*

vertreten durch: *[R-Code, Name, Adresse]*
                          [eigenhändige Unterschrift]

Belangte Behörde:[27]   *[Bezeichnung der Behörde, Adresse]*

Mitbeteiligte Partei: *[Name, Geburtsdatum/FN, Adresse]*

wegen: *[Erkenntnis/Beschluss]* des *[Verwaltungsgerichts]*
                          vom *[Datum]*, *[Geschäftszahl]*,
                          mit dem *[Inhalt des Erkenntnisses/Beschlusses]*

I. *[Ordentliche/außerordentliche]* Revision gemäß Art 133 Abs 1 Z 1 B-VG

**II. Antrag auf Zuerkennung der aufschiebenden Wirkung
gemäß § 30 Abs 2 VwGG**

[ggf: Im elektronischen Rechtsverkehr eingebracht.]
[ggf: Gebühreneinzug vom Konto im Anschriftcode][28]

x-fach
angefochtenes Erkenntnis in Kopie (einfach)
y Beilagen (x-fach)
Vollmacht erteilt gemäß § 8 Abs 1 RAO und
§ 62 Abs 1 VwGG iVm § 10 Abs 1 AVG

---

26 Siehe allgemein zu den Form- und Inhaltserfordernissen von Revisionen (insb auch zur Entrichtung der Eingabengebühr) oben G. 4.2.4. und G. 4.2.5.

27 Das ist die belangte Behörde des Verfahrens vor dem Verwaltungsgericht (vgl § 21 Abs 1 Z 2 VwGG).

28 Im Falle der Einbringung außerhalb des ERV (rechts unten): „*Beleg über die Entrichtung der Eingabengebühr gemäß § 24a VwGG im Original*" (oder „*Gebührenbefreiung gemäß § …*" oder „*Verfahrenshilfe gewährt*").

I. Revision gemäß Art 133 Abs 1 Z 1 B-VG

1. Gegenstand der Revision

Gegen *[das Erkenntnis/den Beschluss]* des *[Verwaltungsgerichts]* vom *[Datum]*, *[Geschäftszahl]*, meinem bevollmächtigten Vertreter zugestellt am *[Zustelldatum]*, erhebe ich binnen offener Frist gemäß Art 133 Abs 1 Z 1 B-VG nachstehende

[ordentliche/außerordentliche] Revision

an den Verwaltungsgerichtshof:

2. Sachverhalt

[präzise Beschreibung des Sachverhalts und des Verfahrensgangs]

3. Zulässigkeit der Revision

3.1. Zur Zuständigkeit des Verwaltungsgerichtshofes

[Vorbringen zur Zuständigkeit des VwGH, vor allem dahin, dass kein Fall des Art 133 Abs 5 B-VG vorliegt]

3.2. Zur Legitimation zur Erhebung der Revision

[Vorbringen zur Legitimation des Revisionswerbers zur Erhebung der Revision]

3.3. Zum Vorliegen einer Rechtsfrage von grundsätzlicher Bedeutung iSd Art 133 Abs 4 B-VG und § 25a VwGG

[Vorbringen, dass eine Rechtsfrage von grundsätzlicher Bedeutung iSd Art 133 Abs 4 B-VG und § 25a VwGG vorliegt; bei ordentlicher Revision durch bekräftigenden Hinweis auf den entsprechenden Ausspruch des Verwaltungsgerichts und allenfalls erforderliche ergänzende Ausführungen; bei außerordentlicher Revision durch eingehende (!) Begründung, warum die Revision entgegen dem Ausspruch des Verwaltungsgerichts für zulässig erachtet wird; vgl § 28 Abs 3 VwGG sowie näher oben G. 4.2.4. g.]

3.4. *[Zu den Voraussetzungen des § 25a Abs 4a letzter Satz VwGG und]* zur Rechtzeitigkeit der Revision

[wenn die angefochtene Entscheidung des VwG zunächst mündlich verkündet wurde, muss unter diesem Punkt auch auf die Voraussetzungen des § 25a Abs 4a letzter Satz VwGG eingegangen werden, und zwar durch ein Vorbrin-

gen, dass (und wann) die Entscheidung mündlich verkündet wurde und daraufhin ein Antrag auf Ausfertigung gemäß § 29 Abs 4 VwGVG gestellt wurde, sodass die Revision gemäß § 25a Abs 4a letzter Satz VwGG zulässig ist]
Die angefochtene Entscheidung des Verwaltungsgerichts wurde meinem bevollmächtigten Vertreter am *[Zustelldatum]* zugestellt. Die vorliegende, am *[Datum]* erhobene Revision ist daher rechtzeitig.

4. Revisionspunkt

Ich erachte mich durch die angefochtene Entscheidung in meinem einfachgesetzlich gewährleisteten subjektiven Recht auf *[bestimmte Bezeichnung des als verletzt behaupteten Rechts]* verletzt und fechte aus diesem Grund die revisionsgegenständliche Entscheidung *[ihrem gesamten Umfang nach / im Spruchpunkt .../insoweit an, als ...]* an.
Die angefochtene Entscheidung ist *[mit Rechtswidrigkeit infolge Unzuständigkeit des Verwaltungsgerichts und/oder mit inhaltlicher Rechtswidrigkeit und/oder mit Rechtswidrigkeit infolge Verletzung von Verfahrensvorschriften]* belastet.

5. Revisionsgründe

5.1. Rechtswidrigkeit infolge Unzuständigkeit des Verwaltungsgerichts (§ 42 Abs 2 Z 2 VwGG)

[...]

5.2. Rechtswidrigkeit des Inhalts (§ 42 Abs 2 Z 1 VwGG)

[...]

5.3. Rechtswidrigkeit infolge Verletzung von Verfahrensvorschriften (§ 42 Abs 2 Z 3 VwGG)

5.3.1. Aktenwidrigkeit (§ 42 Abs 2 Z 3 lit a VwGG)

[...]

5.3.2. Ergänzungsbedürftigkeit des Sachverhaltes (§ 42 Abs 2 Z 3 lit b VwGG)

[...]

5.3.3. Wesentliche Verfahrensmängel (§ 42 Abs 2 Z 3 lit c VwGG)

[...]

6. Revisionsanträge

[ggf Vorbringen zum Vorliegen der Voraussetzungen des § 42 Abs 4 VwGG]
Aus den angeführten Gründen richte ich an den Verwaltungsgerichtshof die

Anträge,

1. nach Abschluss des Vorverfahrens gemäß § 39 Abs 1 Z 1 VwGG eine mündliche Verhandlung vor dem Verwaltungsgerichtshof durchzuführen und

2a. gemäß § 42 Abs 4 VwGG in der Sache selbst zu entscheiden und *[das angefochtene Erkenntnis/den angefochtenen Beschluss]* dahingehend abzuändern, dass *[...]*,[29]

in eventu

2b. *[das angefochtene Erkenntnis/den angefochtenen Beschluss]* wegen Rechtswidrigkeit infolge Unzuständigkeit des Verwaltungsgerichts gemäß § 42 Abs 2 Z 2 VwGG, *in eventu* wegen Rechtswidrigkeit seines Inhalts gemäß § 42 Abs 2 Z 1 VwGG, *in eventu* wegen Rechtswidrigkeit infolge Verletzung von Verfahrensvorschriften gemäß § 42 Abs 2 Z 3 VwGG *[und zwar weil der Sachverhalt vom Verwaltungsgericht in einem wesentlichen Punkt aktenwidrig angenommen wurde (§ 42 Abs 2 Z 3 lit a VwGG), weil der Sachverhalt in einem wesentlichen Punkt der Ergänzung bedarf (§ 42 Abs 2 Z 3 lit b VwGG) und/oder weil Verfahrensvorschriften außer Acht gelassen wurden, bei deren Einhaltung das Verwaltungsgericht zu einem anderen Erkenntnis oder Beschluss hätte kommen können (§ 42 Abs 2 Z 3 lit c VwGG)] [seinem gesamten Umfang nach/im Spruchpunkt ...]* aufzuheben,

sowie jedenfalls

3. dem Rechtsträger, in dessen Namen die Behörde in dem dem Verfahren vor dem Verwaltungsgericht vorangegangenen Verwaltungsverfahren gehandelt hat, gemäß §§ 47 ff VwGG iVm der VwGH-Aufwandersatzverordnung 2014, BGBl II 518/2013 idF BGBl II 8/2014, den Ersatz meiner Aufwendungen binnen zwei Wochen bei sonstiger Exekution aufzutragen.

II. Antrag auf Zuerkennung der aufschiebenden Wirkung gemäß § 30 Abs 2 VwGG

[Vorbringen, inwiefern die Entscheidung des Verwaltungsgerichts einem Vollzug zugänglich ist; Vorbringen, dass zwingende öffentliche Interessen der Zuerkennung der aufschiebenden Wirkung nicht entgegenstehen und

---

29 Die Entscheidung durch den VwGH in der Sache selbst ist nicht antragsbedürftig; vgl VwGH 29.1.2014, 2013/03/0004, sowie näher oben G. 4.2.5. b.

dass dem Revisionswerber ein unverhältnismäßiger Nachteil droht, die Interessenabwägung sohin zu seinen Gunsten ausgehen muss; gegebenenfalls Beweisanbot]

Ich stelle sohin den

Antrag,

dieser Revision gemäß § 30 Abs 2 VwGG aufschiebende Wirkung zuzuerkennen.

[Ort], am *[Datum]*   *[Name des Revisionswerbers]*

16. Fristsetzungsantrag gemäß Art 133 Abs 1 Z 2 B-VG[30]

[Geschäftszahl]

An das
[zuständige Verwaltungsgericht]
[Adresse]

Antragsteller: *[Name, Geburtsdatum/FN, Adresse]*

vertreten durch: *[R-Code, Name, Adresse]*
[eigenhändige Unterschrift]

wegen: Verletzung der Entscheidungspflicht bei der Erledigung *[der Beschwerde/des Antrags]* vom *[Datum]* im Verfahren *[Geschäftszahl]* des *[säumigen Verwaltungsgerichts]*

Fristsetzungsantrag gemäß Art 133 Abs 1 Z 2 B-VG

[ggf: Im elektronischen Rechtsverkehr eingebracht.]
[ggf: Gebühreneinzug vom Konto im Anschriftcode][31]

x-fach
y Beilagen (x-fach)
Vollmacht erteilt gemäß § 8 Abs 1 RAO und
§ 62 Abs 1 VwGG iVm § 10 Abs 1 AVG

---

30 Siehe allgemein zu den Form- und Inhaltserfordernissen von Fristsetzungsanträgen (insb auch zur Entrichtung der Eingabengebühr) oben G. 4.3.

31 Im Falle der Einbringung außerhalb des ERV (rechts unten): „*Beleg über die Entrichtung der Eingabengebühr gemäß § 24a VwGG im Original*" (oder „*Gebührenbefreiung gemäß § …*" oder „*Verfahrenshilfe gewährt*").

1. Gegenstand des Fristsetzungsantrags

Nach Ablauf der in § 38 Abs 1 VwGG bestimmten Frist für die Entscheidung über *[die Beschwerde/den Antrag]* vom *[Datum]* im Verfahren *[Geschäftszahl]* des *[säumigen Verwaltungsgerichts]* richte ich durch meinen bevollmächtigten Vertreter gemäß Art 133 Abs 1 Z 2 B-VG nachstehenden

Fristsetzungsantrag

an den Verwaltungsgerichtshof:

2. Sachverhalt

[präzise Beschreibung des Sachverhalts und des Verfahrensgangs, insb Vorbringen, wann die Beschwerde erhoben oder der Antrag gestellt wurde und wann die Entscheidungsfrist des Verwaltungsgerichts in Lauf gesetzt wurde; ferner Vorbringen, dass das Verwaltungsgericht innerhalb dieser Frist nicht entschieden hat]

3. Zulässigkeit des Fristsetzungsantrags

[Vorbringen zum Ablauf der Entscheidungsfrist und Glaubhaftmachung; Behauptung, in seinem subjektiven Recht auf Entscheidung verletzt zu sein]

4. Begründung des Fristsetzungsantrags

[Verweis auf die Verletzung der Entscheidungspflicht laut Punkt 2 und 3, zusätzliches Vorbringen zum Verschulden des Verwaltungsgerichts]

5. Anträge

Aus den angeführten Gründen richte ich an den Verwaltungsgerichtshof die

Anträge,

1. dem Verwaltungsgericht für die Entscheidung eine Frist zu setzen und gemäß § 42a VwGG aufzutragen, *[das Erkenntnis/den Beschluss]* innerhalb der vom VwGH festzusetzenden angemessenen Frist nachzuholen, und

2a. mir gemäß §§ 47 ff VwGG iVm der VwGH-Aufwandersatzverordnung 2014, BGBl II 518/2013 idF BGBl II 8/2014, den Ersatz meiner Aufwendungen binnen zwei Wochen bei sonstiger Exekution zuzusprechen.

[Ort], am *[Datum]*   *[Name des Antragstellers]*

Stichwortverzeichnis

A

Abgabensachen 7, 227 f
AbgEO 7, 11, 220, 222
Abwesenheitskurator 36
Adhäsionsmaterie 1 f
AgrVG **7**, 227, 259
Akteneinsicht 29, **53 ff**, 191, **261 ff**, 308 f, 334
Aktenvermerk 34, 41, **52**, 56, 100, 133, 204
Aktenwidrigkeit 327, 349, 402
Amtshandlungen, sprengelüberschreitende 188
Amtshilfe 103
Amtspflicht (als Rechtfertigungsgrund) 175
Amtssachverständige s *Sachverständige*
Amtssignatur 58
Amtsverschwiegenheit **53**, 99, 196
Anbringen 36 ff (s auch *Antrag*)
– Weiterleitung bei Unzuständigkeit 21
Anfechtungserklärung 245, 269, 327
AnhO 6, 216, 360
Anhörungsrecht 33 f
Annexmaterie s *Adhäsionsmaterie*
Anonymverfügung 196, **207**, 210
Anordnungen, einstweilige 140, **256**, **263**
Anstifter 178, 187, 202
Antrag
– Änderung 38 f
– Abweichen 38 f
– bedingter 37
– Eventualantrag 37 f, 241
– Formerfordernisse 39 f
– Gebührenpflicht 44 f
– *Muster:* 369 f
– unklarer 37
– Zeitpunkt 41 f
– Zurückziehung 38
– Zweifel an Echtheit 43 f
– Zweifel an Einschreiter 43 f
Anwaltspflicht 354, 358, 331
– absolute 308
– keine 138, 142, 147, 156, 163, 168, 213, **237**
– relative 308
Approbationsbefugnis 56
Äquivalenzgrundsatz 8
Aufsichtsbeschwerde 29
– mutwillige 149
Augenschein 96, **103**, 108
Ausfertigung (von Erledigungen) 51, **57 f**, 70
Aussageverweigerung 94, **99**, 102
Aussetzung
– des Verwaltungsstrafverfahrens 200 f
– des Verwaltungsverfahrens 105, 107
Ausspruch gem § 25a VwGG 282

B

BAO **7**, 78, 200
Beauftragter, verantwortlicher 179, **180**
Bedarfsgesetzgebung s *Bedarfskompetenz*
Bedarfskompetenz 2, 16
Befangenheit 9, **22 f**, 101 f, **235**
BeglV 6
Begründungspflicht 9, 146
Behörde 10
Beilagen 45 f, 330
Berichtigung
– von Bescheiden 129 f
Berufung 134 ff
– Anfechtungsgegenstand 135
– aufschiebende Wirkung 139 f
– Einbringungsstelle 138
– Form- und Inhaltserfordernisse 137 f

- Frist 139
- Legitimation 137
- *Muster:* 371 ff
Berufungsmitteilung 143 f
Berufungsvorentscheidung 140 ff
Bescheide 122 ff
- Abänderung und Aufhebung nach
  Rechtskraft **148 ff**, 212, **214 f**
- Fehlerhaftigkeit 128 ff
- Feststellungsbescheide 122 (s auch
  Feststellungsbegehren)
- Form und Bestandteile 124 ff
- Leistungsbescheide 122, 220
- Nebenbestimmungen 125, 243
- Nichtigerklärung 128, 134, 150 f
- Nichtigkeit 124, 128 f, 151
- Rechtsgestaltungsbescheide 122
Bescheidbegriff 121 f
Bescheidbeschwerde 242 ff
- aufschiebende Wirkung 246, 254 ff,
  257, 263, 293, 294
- Beschwerdegegenstand 242 f
- Einbringungsstelle 244 f
- Frist 243 f
- Inhalt 245
- Legitimation 243
- *Muster:* 385 ff
Bescheiderlassung 123 ff
Bescheidwirkungen s *Rechtskraft*
Beschlagnahme 193 f
- von Verfallsgegenständen 194 f
- vorläufige 194
Beschlüsse
- der Verwaltungsgerichte 220, 309, 312
Beschuldigter 188
- Ausforschung 195 f
- Vernehmung 192, 195, 197, 200, 297
Beschwerdemitteilung 252
Beschwerdeverzicht 241, 292
Beschwerdevorentscheidung 256 ff
Beteiligte 33
Beteiligtenvernehmung 96, 99 f
Beurkundungen, behördliche s *Aktenver-
merk* und *Niederschrift*
- keine Bescheidqualität 121
Beweiserhebungsverbote 96
Beweisaufnahme, mittelbare 103, 268
Beweismittel 96 ff
- Grundsatz der Unbeschränktheit
  der Beweismittel 94

Beweisverfahren 95 ff, 264 ff
Beweiswürdigung, freie 94
Beweisverwertungsverbote 96
Bezirksverwaltungsbehörde 12, 16, 186,
  221, 304
Bindungskonflikt 105
BKommGebV 6
Bodenreform 11
Bundesfinanzgericht 3, 7, 234, 228
Bundesverwaltungsgericht (s auch
  Verwaltungsgerichte)
- Organisation 228 ff
- Zuständigkeit 230 ff
Bürgerkarte 44, 47 f, 80 f
BVwAbgV 6, 172

D

Delegation 15
Deliktskonkurrenzen 185
Devolutionsantrag 19, 165 ff
- *Muster:* 381 ff
Dienstrechtsverfahren 11
Diskriminierung 13 f
Disziplinarverfahren 11
Dolmetscher 22, 296
Durchführungsverordnungen 6

E

Effektivitätsgrundsatz 8
Effektivitätsprinzip, unionsrechtliches
  152
E-GovG 6, 44, 47 f
Ehrenkränkung 211
Einspruch (gegen Strafverfügung) 212 ff
- *Muster:* 383 f
Einstellung
- des Verwaltungsstrafverfahrens 217,
  184 f, **203 ff**
- des Verwaltungsverfahrens 133
Einwendung 109 ff
Einwilligung (als Rechtfertigungsgrund)
  175
Einzelrichter 228, 232
E-Mail 39 f, 58, 78, 81 f, 325
Entscheidungspflicht
- der Verwaltungsbehörde 165 f, 249
- der Verwaltungsgerichte 286, 353 ff
- der Verwaltungsstrafbehörde 215
Erfolgsdelikte 174, 177

Erkenntnisse
- der Verwaltungsgerichte 272 ff
- des VwGH 346, 355, 362, 364
Erledigungen 56 ff
Ermahnung 87 ff, 204, 212
Ermessen 105, 116, 125, 148, 183, **275 ff**
Ermittlungsverfahren s *Beweisverfahren*
Ersatzfreiheitsstrafen **182 f**, 207, 216
Ersatzvornahme 224
Ersatzzustellung 72 ff
Exszindierungsgründe 223

F

Familienlastenausgleich 11
Fehlerkalkül 128
Festnahme 3, 190, **191 ff**
Feststellungsbegehren 31, 37, 315 (s auch
    Bescheide, Feststellungsbescheide)
FinStrG 7
Formalpartei s *Partei, Formalpartei*
    Freiheitsstrafen **182**, 215 f
Fristen 83 ff
Fristsetzungsantrag 286 ff, 300, 352 ff
- Entscheidung 355 f
- Vorentscheidung durch das Verwal-
    tungsgericht 354 f
Fristverlängerungsantrag 84

G

Gebühren **44 ff, 237 ff**, 289 f, 332, **366 f**
Gehilfe **178**, 187
Geldstrafen 182
Geschäftsordnung
- der Verwaltungsgerichte 4, 228 f, 230
- des Verwaltungsgerichtshofs 5, 7, 305 f
Geschäftsverteilung, feste 229
Gleichschrift 44, 331
Großverfahren 116 ff
Grundsatz der Amtswegigkeit 37, **92 f**,
    211
Grundsatz der arbiträren Ordnung 91 f
Grundsatz der Effizienz des Verfahrens
    89 f
Grundsatz der materiellen Wahrheit 92,
    109, 186
Grundsatz der Unmittelbarkeit 269
Grundsätze eines rechtsstaatlichen
    Verfahrens 9, 93

H

Halbschrift 44 f
Handlungsdelikte 174, 179
Hauptwohnsitz 17
Hinterlegung 69, 71, **74 ff**

I

Impugnationsgründe 223
Instanzenzug 135, **136 f**
- innergemeindlicher 290 ff
Intimation 58 f

K

Klaglosstellung 347 f, 356, 360
Kommunikation, elektronische 47, 78, 82
Kompetenzkonflikte 4, 19, **306 ff**, 356
Kompetenzverteilung 1 ff
Kosten
- des allgemeinen Verwaltungsverfah-
    rens 170 ff
- des Verfahrens vor den Verwaltungs-
    gerichten 237 ff, 288, 301
- des Verfahrens vor dem VwGH 366 ff
- des Verwaltungsstrafverfahrens 217 ff
- des Vollstreckungsverfahrens 226
Kostenselbsttragung 217, 237, 367
Kumulationsprinzip 185, 200

L

Ladungen **59 ff**, 264
- einfache 59 ff, 62, 264
- - *Muster:* 60 f
- Ladungsbescheid 59 f, 65
- - *Muster:* 63
Landespolizeidirektion 10, 12, 187, 221
Landesverwaltungsgerichte (s auch
    Verwaltungsgerichte)
- Organisation 228 ff, **230**
- Zuständigkeit 230 ff
Legalpartei s *Partei, Legalpartei*

M

Mandatsbescheide 126 ff
Mängelbehebung 43, 80, 241 f, 337, 340,
    355
Manuduktionspflicht 48 ff
Marken 11
Maßnahmenbeschwerde 246 ff

– aufschiebende Wirkung 248
– Beschwerdegegenstand 246
– Einbringungsstelle 248
– Entscheidung 277
– Frist 247
– Inhalt 248
– Kosten 288 ff
– Legitimation 247
– *Muster:* 390 ff
Massenverfahren 116, 344 ff
Mitteilungen 36, **46 f**
Mitwirkungspflicht 92 f
Muster 11
Mutwillensstrafe 88 f

N

nationalsozialistisches Gedankengut,
　　Verbreitung 12, **14**
Nebenbestimmungen, s *Bescheide,*
　　Nebenbestimmungen
Neuerungsverbot 137, 143, 245, 321, 328,
　　331, 347
Niederschrift 50 ff
Nothilfe 175
Notstand
– rechtfertigender 175
– schuldausschließender 177
Notwehr 175

O

Oppositionsgründe 223
Ordnungsstrafe 87 f
Organisationsrecht 1
Organpartei s *Partei, Organpartei*
Organstrafverfügung 6, 185, **210 f**

P

Partei 25
– Formalpartei 28, 111, 317
– Hauptpartei 28
– Legalpartei 25, 28, 260, 317
– mitbeteiligte 28, 313
– Organpartei 28, 112, 317
– übergangene 30 ff, 155, 319
– Verfahren vor dem Verwaltungsgericht
　　260 f
– Verfahren vor dem VwGH 313, 352
– Verwaltungsstrafverfahren 188

Parteiengehör 9, 93 f, 197, 360
Parteienrechte 29
Parteienvertreter, berufsmäßige 34
Parteifähigkeit 24, 315
Parteistellung 28 ff
– Rechtsnachfolge 32
Patentwesen 11
Postlaufprivileg 86
Postulationsfähigkeit 25
Präklusion 49 f, 108, **110 ff**
Privatanklage 211 ff
Privatbeteiligung 211 ff
Privatwirtschaftsverwaltung 9
Prozessfähigkeit 24 f, 315 f
Prozesskurator 36
Prüfungen 11, 121
Prüfungsumfang 256, **269 ff**

Q

Quasi-Wiedereinsetzung 85, **113**, 162

R

Rechte, subjektive öffentliche **26 f**, 109 f
Rechte, subjektive private 27
Rechte, unionsrechtliche 27
Rechtfertigung, Aufforderung zur 197
– *Muster:* 198 f
Rechtfertigungsgründe 175
Rechtsbehelfe 134
Rechtsbeistand 35
Rechtsfrage von grundsätzlicher
　　Bedeutung 320 ff
Rechtshilfe 235
Rechtsirrtum 177
Rechtskraft **131 ff**, 148, 158
– Durchbrechung kraft Unionsrechts
　　152
– formelle 131
– materielle 131
Rechtsmittel
– außerordentliche 134
– ordentliche 134
Rechtsmittelbelehrung 50, 125, **130**, 162,
　　281, 303
Rechtspfleger 228, 232, 265, 302 ff
Rechtsreflex 27
Rechtsverkehr, elektronischer 229, 237,
　　303, 325, 332, 366
reformatio in peius 146, 256, 270, 274, 299

Revision 309 ff
- Anwaltspflicht 331 f
- aufschiebende Wirkung 328 ff, **334 f**
- außerordentliche 338, 341
- Beilagen 330 f
- Einbringungsstelle 325
- Entscheidung 346 ff
- Form 325
- Frist 318 ff
- Gleichschriften 331
- Inhalt 326
- Legitimation 309 ff
- *Muster:* 400 ff
- Prozessvoraussetzungen 314, 316
- Vertretung (und Anwaltspflicht) 331 f
- Vorentscheidung durch das Verwaltungsgericht 337 f
Revisionsbeantwortung 337 ff, 341
Revisionspunkt 311, 346, **402**
Revisionsverzicht 318
Rückstandsausweis **121**, 220, 242
Rücktritt (vom Versuch) 179

S

Sachverständige 100 ff
- Amtssachverständige 22, 101 ff
- nicht-amtliche 172
- Privatsachverständige 102
Säumnis s *Entscheidungspflicht*
Säumnisbeschwerde 249 ff
- aufschiebende Wirkung 251, 263
- Beschwerdegegenstand 249
- Einbringungsstelle 250
- Entscheidung 271, **277 f**
- Frist 250
- Inhalt 251
- Legitimation 249
- *Muster:* 393 ff
- Nachholen des Bescheids 258 ff
Schonungsprinzip 219
Schreibweise, beleidigende 87 f
Schriftsätze **253, 261**, 325, 331, 341
Schuldausschließungsgrund 177
Schuldnerschutz 219
Schutznormtheorie 26
Schwarzfahren 12 f
Senate 228 f, 232 f, 305
Sicherheit (Sicherheitsleistung) 192 ff
- vorläufige 193 f

Sitzungspolizei 87 f
Strafbarkeitsverjährung **189**, 204, 215, 301
Strafbemessung 183 ff
Straferkenntnis 201 ff
Strafmilderung, außerordentliche 184
Strafmündigkeit 176
Strafverfügung 206 f

T

Tatbestandswirkung 104, **132**
Tatbildirrtum 177
Täter, unmittelbarer 178
Telefax 39 ff, 78, 325
Trunkenheit 176

U

Übergangsrecht s *Verwaltungsgerichtsbarkeits-Übergangsgesetz*
Überraschungsverbot 93, 347
Ungehorsamsdelikte **174**, 177
Unionsrecht, Vollziehung 8
Unterlassungsdelikte 174
Urkunden 97
UWG 30

V

Verfahrensanordnungen 42, **55**, 92, **121**, 136, 198, 242
Verfahrensautonomie 8
Verfahrenshilfe
- vor den Verwaltungsgerichten **237 ff**, 292 f
- vor dem VwGH 305, **319**, 324, **332 f**, 360
Verfahrensökonomie **89**, 98
Verfahrenspolizei 87 ff
Verfall **183**, 193 ff
Verfolgungshandlung 187 ff, **195 f**
Verfolgungsverjährung 188 f, 196, 214
Verfügung, einstweilige 225 f, 263 f
Verhaltensbeschwerde 232, 235, **251 ff**, 255, 288
- *Muster:* 395 ff
Verhandlung, mündliche
- Anberaumung, *Muster:* 114
- im allgemeinen Verwaltungsverfahren 107 ff
- im Großverfahren 118 ff

- im Verfahren vor den Verwaltungsgerichten 264, 266, 285, 294
- im Verfahren vor dem VwGH 342 ff
- im Verwaltungsstrafverfahren 200
Verjährung **188 ff**, 190, **300 f**
Verschulden 175 ff
Versuch 178
Vertagungsantrag 109
Vertretung
- gesetzliche 33
- gewillkürte 33 f
- vor dem VwGH 308
Verwaltungsgerichte
- Organisation 3 f, 228 ff
- Verfahren
- - anwendbares Verfahrensrecht 7, 9,
  216, 227, 236
- - Regelungskompetenz 1 ff
- Zuständigkeit 230 ff
- - funktionelle 232
- - örtliche 231
- - sachliche 230
Verwaltungsgerichtsbarkeits-Übergangs-
  gesetz 7
Verwaltungsgerichtshof
- Organisation 4 f, 305 f
- Verfahren
- - anwendbares Verfahrensrecht 7 f,
  307 f
- - Regelungskompetenz 4 f
- Zuständigkeiten 4 f, 306 f, 314 f
Verwaltungsrecht, formelles 1
Verwaltungsstrafverfahren
- abgekürztes 206 ff
- ordentliches 196 ff
Verwaltungsübertretung 10 ff, 173 ff
Verwaltungsverfahrensgemeinschaft 32
Verwaltungsvorschriften 10
VfllV 6
Volksanwaltschaft 29 f, 159
Vollstreckbarkeitsbestätigung 221
Vollstreckung
- Strafvollstreckung 186 ff, 215 ff
- von Entscheidungen der Verwaltungs-
  gerichte 219 ff, 304
Vollstreckungsmittel 219, **224 ff**
Vollstreckungstitel 219, 220 f
Vollstreckungsverfahren 222 f
Vollstreckungsverfügung 219, 223 ff

Vollstreckungsverjährung 190
Vorabentscheidung 106 f, 245, 344
Vorfrage **104 ff**, 153, 283 ff
Vorführung 65, 191
Vorhalteverfahren 340
Vorlageantrag
- bei Berufungsvorentscheidungen
  140 ff
- - *Muster:* 373 f
- bei Beschwerdevorentscheidungen
  256 ff
- - *Muster:* 388 f
- gem § 30b VwGG 324, 355, 362
Vorstellung
- gegen Entscheidungen des Rechts-
  pflegers 290, **302 ff**
- - *Muster:* 398 f
- gegen Mandatsbescheide 127, 134 ff,
  147
- - *Muster:* 375 f
VwFormV 6

W

Wahlen 11
Widerspruch 274
Wiederaufnahme
- des allgemeinen Verwaltungsverfahrens 152 ff
- - *Muster:* 379 f
- des Verfahrens der Verwaltungsgerichte 283 ff
- des Verfahrens des VwGH 359 ff
- des Verwaltungsstrafverfahrens 214
- rechtsstaatlicher Grundsatz 9
Wiedereinsetzung in den vorigen Stand
  159 ff
- *Muster:* 377 f
- im Verfahren der Verwaltungsgerichte
  285 ff
- im Verfahren des VwGH 362 ff
Winkelschreiberei 12

Z

Zeugen 98 ff
Zurechnungsfähigkeit 174 ff
Zuständigkeit
- allgemeines Verwaltungsverfahren 1
- - funktionelle 17
- - örtliche 16 f

– – sachliche 16
– amtswegige Wahrnehmung 20
– Festlegung durch den Materiengesetzgeber 16
– Verwaltungsgerichte s *Verwaltungsgerichte, Zuständigkeit*
– Verwaltungsgerichtshof s *Verwaltungsgerichtshof, Zuständigkeit*
– Verwaltungsstrafverfahren 186 ff
– – örtliche 187
– – sachliche 186 f
Zuständigkeitskonflikt 18 f
Zuständigkeitskonkurrenz 18

Zuständigkeitsverteilung, feste 15
ZustDV 6
Zustelladresse 66, **68 f**
Zustellgesetz 6, **66 ff**
Zustellmängel 83
Zustellungen 66 f
– elektronische 78 ff
Zustellung zur Kenntnisnahme 31 f
Zustellungsvollmacht 69 ff
Zustellverfügung 66, **67 ff**
ZustFormV 6
Zwang, unmittelbarer 225
Zwangsstrafe 65, 224 f